해심밀경소 제7 지바라밀다품
解深密經疏 地波羅蜜多品第七

동국대학교 불교기록문화유산아카이브사업단(ABC)
본서는 문화체육관광부 지원으로 동국대학교 불교학술원에서 간행하였습니다.

한글본 한국불교전서 신라 10
해심밀경소 제7 지바라밀다품

2022년 1월 10일 초판 1쇄 인쇄
2022년 1월 20일 초판 1쇄 발행

지은이 원측
옮긴이 백진순
발행인 박기련
발행처 동국대학교출판부

출판등록 제2020-000110호(2020. 7. 9)
주소 04626 서울시 중구 퇴계로36길2 신관1층 105호
전화 02-2264-4714
팩스 02-2268-7851
Homepage http://dgpress.dongguk.edu
E-mail abook@jeongjincorp.com

편집디자인 꽃살무늬
인쇄처 네오프린텍(주)

© 2022, 동국대학교(불교학술원)

ISBN 978-89-7801-016-0 93220

값 28,000원

이 책의 무단 전재나 복제 행위는 저작권법 제98조에 따라 처벌받게 됩니다.

한글본 한국불교전서 신라 10

해심밀경소 제7 지바라밀다품
解深密經疏 地波羅蜜多品第七

원측圓測
백진순 옮김

동국대학교 불교학술원

동국대학교출판부

해심밀경소解深密經疏 해제

백 진 순
동국대학교 불교학술원 조교수

1. 원측의 생애와 저서

1) 생애

　원측圓測(613~696) 스님은 7세기 동아시아에서 활동했던 신라 출신의 위대한 유식학자 중 한 사람이다. 어린 나이에 입당入唐해서 일생을 중국에서 보냈는데, 그가 활동했던 시대는 중국과 신라의 정치적 격변기에 해당하고, 또 현장玄奘(600~664)이 가져온 많은 유식학 경론들이 새로 번역됨으로써 법상종法相宗이 형성되었던 중국 유식학의 전성기였다. 그는 규기窺基(632~682)와 더불어 법상종 양대 학파의 시조가 되었는데, 그를 따르던 도증道證·승장勝莊·자선慈善 등 신라 출신의 학자들을 그가 주로 주석하던 서명사西明寺의 이름을 따서 '서명파'라고 부른다.
　원측의 행적을 알 수 있는 자료로는, 최치원崔致遠(857~?)이 찬한 「고번경증의대덕원측화상휘일문故翻經證義大德圓測和尙諱日文」(李能和의 『朝鮮佛敎

通史』에 수록. 이하 「휘일문」이라 약칭), 찬녕贊寧(919~1001)의 『송고승전宋高僧傳』에 실린 「당경사서명사원측법사전唐京師西明寺圓測法師傳」(T50, 727b4), 송복宋復(?~1115?)의 「대주서명사고대덕원측법사불사리탑명병서大周西明寺故大德圓測法師佛舍利塔銘并序」(『玄奘三藏師資傳叢書』 권2(X88, 384b9)에 수록, 이하 「탑명병서」라 약칭), 담악曇噩(1285~1373)의 「신수과분육학승전新脩科分六學僧傳」 권23(X77, 274a21) 등이 있다. 이 중에서 찬녕과 담악의 자료에는 '원측이 현장의 강의를 훔쳐 들었다'는 설 외에는 구체적 정보가 없고, 많은 학자들이 여러 이유를 들어 도청설을 비판해 왔으므로 여기서는 더 이상 언급하지 않겠다.[1] 근래에는 주로 송복의 「탑명병서」와 최치원의 「휘일문」에 의거해서 원측의 생애 및 저술·역경 활동 등을 연구하는 추세다.

먼저 비교적 객관적이고 상세한 정보를 담고 있는 송복의 「탑명병서」에 의거해서 원측의 생애를 재구성해 보면 다음과 같다.

스님의 휘諱는 문아文雅, 자字는 원측圓測이며, 신라 왕손이다. 그는 3세에 출가해서 15세(627년)에 중국 유학길에 올랐다. 처음에는 경사京師의 법상法常(567~645)과 승변僧辯(568~642) 두 법사에게 강론을 들으며 구舊유식의 주요 경론을 배웠다.[2] 정관 연간正觀年間(627~649)에 대종문황제大宗文皇帝가 도첩을 내려 승려로 삼았다. 원측은 장안의 원법사元法寺에 머물며 『비담론毗曇論』·『성실론成實論』·『구사론俱舍論』·『대비바사론大毘婆沙論』 및 고금의 장소章疏를 열람하였는데, 모르는 게 없어 명성이 자자했다고 한다. 이후 현장이 인도에서 귀환해 그에게 『유가사지론瑜伽師地論』·『성유식론成唯識論』 등의 논과 이미 번역되었던 대소승의 경론을 주자 이에 대

---

1 조명기趙明基, 『신라불교의 이념과 역사』(서울: 경서원, 1982), p.159; 박종홍朴鍾鴻, 『한국사상사―불교사상편』(서울: 서문당, 1974), p.63 참조.
2 두 법사 중에서 법상은 섭론종攝論宗과 지론종地論宗을 두루 섭렵한 사람으로서, 왕후의 조칙을 받아 공관사空觀寺의 상좌上座가 되어 『華嚴經』·『成實論』·『毗曇論』·『攝大乘論』·『十地經論』 등을 강의하였다. 승변은 『攝大乘論』을 널리 퍼뜨린 사람으로서, 또한 조칙을 받아 홍복사弘福寺에 머물면서 『攝大乘論』·『俱舍論』 등의 주석서를 저술하였다.

해서도 금방 통달하였다. 이처럼 원측은 법상·승변 등에게서 구舊유식을 두루 배웠을 뿐만 아니라 현장의 도움으로 신역 경론에도 통달하였기 때문에 신·구 유식학 경론에 대한 포괄적 지식을 갖게 되었다.

그 뒤에 원측은 왕의 칙명을 받고 서명사의 대덕이 되었다. 이때부터 본격적 저술 활동에 들어가서, 『성유식론소成唯識論疏』 10권, 『해심밀경소解深密經疏』 10권, 『인왕경소仁王經疏』 3권, 『금강반야金剛般若』·『관소연론觀所緣論』·『반야심경般若心經』·『무량의경無量義經』 등의 소疏를 찬술하였다. 이뿐만 아니라 『대인명론기大因明論記』(『인명정리문론因明正理門論』의 주석서)와 같은 논리학(因明) 주석서도 찬술하였다. 원측은 성품이 산수山水를 좋아해서 종남산終南山 운제사雲際寺에 가서 의지하였고, 또 그 절에서 30여 리 떨어진 한적한 곳에서 8년간 은둔하기도 하였다. 이 시기는 나당羅唐 전쟁이 일어났던 시기(671~676)와 거의 일치한다. 전쟁이 끝난 후에 원측은 서명사 승도들의 요청으로 다시 돌아와 『성유식론』 등을 강의하였다. 당唐 고종高宗 말기(측천무후 초기) 중천축中天竺 출신의 일조 삼장日照三藏(Ⓢ Divākara : 613~687)이 장안에 와서 칙명을 받들어 대덕 다섯 사람을 뽑아 함께 『밀엄경密嚴經』 등을 번역할 때는 법사가 그 수장이 되었다. 또 무후가 실차난타實叉難陀(Ⓢ Śikṣānanda : 652~710) 삼장을 모셔다 동도東都인 낙양洛陽에서 신역 『화엄경』 80권을 번역하게 했을 때 증의證義를 맡았는데, 미처 마치지 못한 채 낙양洛陽의 불수기사佛授記寺에서 생을 마감하였다. 이때가 만세통천萬歲通天 원년(696) 7월 22일이었고, 춘추春秋 84세였다.[3]

그런데 이러한 원측의 생애와 학문 활동에 대해 한번 생각해 볼 점이 있다. 원측은 신라 출신 승려이지만 평생을 중국에서 활동하였고, 게다가 중국 불교적 색채가 그다지 강하지 않은 '법상유식法相唯識'이라는 교학을 연구한 사람이다. 우리는 그가 신라 출신의 유식학자라는 이유만으로 그

---

[3] 송복宋復의 「大周西明寺故大德圓測法師佛舍利塔銘(幷序)」(X88, 384b12) 참조.

를 '신라 유식학'의 대변자처럼 간주하지만, 이와는 조금 다른 시각을 최치원의 「휘일문」에서 발견할 수 있다. 이 글은 문학적 미사여구가 많고 또 사료로서의 가치에 대해 논란이 있기는 해도 여기에는 원측을 좀 더 넓은 시야에서 바라볼 수 있게 해 주는 중요한 평가가 나온다.

우선 「휘일문」에서 눈에 띄는 대목은 원측의 선조에 대해 "풍향의 사족(馮鄕士族)이고 연국의 왕손(燕國王孫)"이라고 한 것이다. 여기서 말한 '풍향'에 대해 북연北燕의 집권 세력이었던 풍씨馮氏 일가가 모여 살던 지역을 가리킨다고 하는데, 말하자면 원측의 선조는 '연'에서 한반도로 망명해 온 지배층이었다는 것이다.[4] 원측은 마치 원류를 찾아가듯 어린 나이에 당唐으로 유학길에 올랐다. 그는 특히 6개 국어를 통달할 정도로 어학에 소질이 있어 마침내 천축어로 말을 하면 되풀이해서 중국어로 말할 수 있을 정도였다. 그는 측천무후 시대에 왕성하게 활동하면서 무후의 극진한 대접과 존경을 받았다. 측천무후의 수공垂拱 연간(685~688)에 신라 신문왕神文王이 법사를 사모하여 여러 번 표문表文을 올려 환국을 요청하였으나 무후가 정중하게 거절하였으므로 끝내 돌아오지 못하였다.[5] 「휘일문」에서는 이러한 원측의 일생에 대해 평가하기를, "그 온 것은 진을 피해 나온 현명한 후손이고(避秦之賢胤) 그 간 것은 한을 돕는 자비로운 영혼(輔漢之慈靈)"이라고 하였다. 말하자면 불법을 선양하면서 평생 이역 땅에서 보낸 원측의 생애에 대해 '중국에서 망명해 왔던 어진 후예가 다시 중국을 돕는 자비로운 영혼이 되어 돌아간 것'이라 평한 것이다. 이러한 평가는 얼핏 사대주의적 발상의 일면으로 여겨질 수도 있지만, 법상학자 원측이 특정 지역

---

4 남무희, 『신라 원측의 유식사상 연구』(서울: 민족사, 2009), pp.42~50 참조.
5 원측의 귀국 여부와 관련해서, 이능화는 『三國遺事』의 "효소왕대孝昭王代(692~702)에 원측 법사는 해동의 고덕이었는데 모량리牟梁里 사람이었기 때문에 승직을 제수하지 않았다."라는 문구에 의거해서 원측이 잠시 귀국했었지만 대우를 받지 못하자 다시 당에 돌아가서 임종했다고 추측하기도 하였다. 이능화李能和, 『朝鮮佛敎通史』 下編(서울: 寶蓮閣, 1972), p.166 참조.

에 한정되지 않고 동아시아라는 넓은 지평에서 활동했던 위대한 사상가였음을 새삼스럽게 일깨워 준다.[6]

2) 저서

원측은 규기와 더불어 법상종의 두 학파를 만들어 낸 장본인인 만큼 그가 찬술한 주석서들도 많다. 영초永超의 『동역전등목록東域傳燈目錄』(1094)과 의천義天(1055~1101)의 『신편제종교장총록新編諸宗教藏總錄』 등에 의거해서 원측이 찬술한 문헌들의 목록을 정리해 보면 다음과 같다.

- 『인왕경소仁王經疏』 3권
- 『반야바라밀다심경찬般若波羅蜜多心經贊』 1권
- 『해심밀경소解深密經疏』 10권
- 『무량의경소無量義經疏』 3권
- 『백법론소百法論疏』 1권
- 『이십유식론소二十唯識論疏』 2권
- 『성유식론소成唯識論疏』 10권과 『별장別章』 3권
- 『육십이견장六十二見章』 1권
- 『아미타경소阿彌陀經疏』 1권
- 『관소연연론소觀所緣緣論疏』 2권
- 『광백론소廣百論疏』 10권
- 『대인명론기大因明論記』 2권(『理門論疏』라고도 함.)

---

[6] 이상의 설명은 최치원의 「諱日文」을 참고한 것이다. 이 「諱日文」은 이능화李能和의 『朝鮮佛教通史』 下篇(서울: 寶蓮閣, 1972), pp.167~168에 실려 있다.

이 외에도 송복의 「탑명병서」에는 '금강반야金剛般若에 대한 소疏'도 언급되었는데, 현존하는 목록들에는 나오지 않는다.[7] 또 『한국불교찬술문헌목록』에 따르면, 원측에게 『유가론소瑜伽論疏』(권수 미상)가 있었다고 하는데, 이 또한 기존 목록에는 보이지 않는다.[8] 다만 현존하는 둔륜遁倫의 『유가론기瑜伽論記』에 원측의 주석이 많이 인용되는 것으로 보아 『유가론』 전권은 아니더라도 일부에 대한 주석서라도 있었을 것이다.[9]

위 목록에 열거된 문헌 중에 현재 전해지는 것은 『인왕경소』와 『반야심경찬』과 『해심밀경소』이고 모두 『한국불교전서韓國佛教全書』 제1책에 실려 있다. 그런데 산실된 것으로 알려진 『무량의경소』와 관련해서, 『천태종전서天台宗全書』 제19권에 수록되어 있는 연소憐昭 기記 『무량의경소』 3권이 원측의 저술이라는 주장이 일본 학자들에 의해 제기되었다.[10] 또 『성유식론측소成唯識論測疏』라는 표제가 붙은 집일본이 국내에 유통되고 있는데, 이 집일본은 혜소惠沼의 『성유식론요의등成唯識論了義燈』 등에 인용된 원측의 『성유식론소』 문장들을 뽑아서 엮은 것이다.

---

7 원측이 『金剛般若疏』를 찬술했다면, 그것은 아마도 『金剛般若經』이나 무착無著의 『金剛般若論』이나 천친天親(세친)의 『金剛般若波羅蜜經論』에 대한 주석서였을 것이다.
8 『韓國佛教撰述文獻目錄』(동국대학교출판부, 1976, p.13)의 '圓測' 찬술목록에 "19. 瑜伽論疏 卷數未詳 失"이라고 하였다. 이것의 전거가 된 것은 『佛典疏鈔目錄』(大日本佛教全書 第1冊 p.115)이다.
9 당대唐代 『瑜伽師地論』 연구사 안에서 원측이 차지하는 위상에 대해서는 백진순, 「『瑜伽論記』에 나타난 圓測의 위상」, 『東洋哲學』 제50집, 한국동양철학연구회, 2018), pp.273~298 참조.
10 이 주장을 맨 처음 제기한 것은 다이라 료쇼(平了照)의 「四祖門下憐昭 記 「無量義經疏」について」(福井康順 編, 『慈覺大師研究』, 天台學會 發行, 1964년 4월, pp.423~438)이고, 다시 그 논지를 더욱 상세하게 보완해서 기츠카와 도모아키(橘川智昭)가 근래에 「圓測新資料·完本『無量義經疏』とその思想」(『불교학리뷰』 4, 금강대학교 불교문화연구소, 2008, pp.66~108)이라는 논문을 발표하였다. 필자가 판단하기에도 현담의 내용과 경문 해석의 문체 그리고 인용된 문헌의 종류 등이 『解深密經疏』와 거의 일치하는 점으로 보아 원측의 저술이 분명한 듯한데, 이에 대해 차후에 더 많은 연구가 필요하다.

2. 『해심밀경解深密經』의 이역본과 주석서들

1) 네 종류 이역본

『해심밀경解深密經(S Saṃdhinirmocana-sūtra)』은 유가행파瑜伽行派의 소의 경전所依經典으로서 유식唯識 사상의 근간을 이루는 기본 교설들이 설해져 있다. 원측 소에 따르면, 『해심밀경』에는 광본廣本과 약본略本 두 종류가 있었다고 한다. 전자는 십만 송으로 되어 있고, 후자는 천오백 송으로 되어 있다. 이 『해심밀경』은 약본이고, 약본의 범본梵本은 한 종류인데, 중국에서 다른 역자들에 의해 네 차례 번역되었고 그에 따라 경문의 차이가 생겼다.

첫째, 남조南朝 송宋대 원가元嘉 연간(424~453)에 중인도 승려 구나발타라求那跋陀羅(S Guṇabhadra : 394~468)가 윤주潤州 강녕현江寧縣 동안사東安寺에서 번역한『상속해탈경相續解脫經』1권이다. 이 한 권에는 두 개의 제목이 있는데, 앞부분은 『상속해탈지바라밀요의경相續解脫地波羅蜜了義經』이라 하고, 뒷부분은 『상속해탈여래소작수순처요의경相續解脫如來所作隨順處了義經』이라 하며, 차례대로 현장 역『해심밀경』의 일곱 번째 「지바라밀다품」과 여덟 번째 「여래성소작사품」에 해당한다.

둘째, 후위後魏 연창延昌 2년(513)에 북인도 승려 보리유지菩提留支(S Bodhiruci)가 낙양의 숭산嵩山 소림사少林寺에서 번역한『심밀해탈경深密解脫經』5권이다. 이 경에는 11품이 있는데, 여기서는 제4품(현장 역『해심밀경』의「승의제상품」을 네 개의 품으로 나누었다.

셋째, 진조陳朝의 보정保定 연간(561~565)에 서인도 우선니국優禪尼國 삼장 법사인 구라나타拘羅那陀(S Kulanātha, 진제眞諦 : 499~569)가 서경의 사천왕사四天王寺에서 번역한『해절경解節經』1권이다. 이 경에는 4품이 있는데,

현장 역『해심밀경』의「서품」과「승의제상품」에 해당한다.

넷째, 대당大唐 정관貞觀 21년(647) 삼장 법사 현장玄奘이 서경의 홍복사 弘福寺에서 번역한『해심밀경』5권이다. 이 경은 8품으로 되어 있는데,「서품」·「승의제상품」·「심의식상품」·「일체법상품」·「무자성상품」·「분별유가품」·「지바라밀다품」·「여래성소작사품」이다.

이상의 네 본 중에서, 현장 역『해심밀경』은「서품」을 제외하고 나머지 7품이『유가사지론瑜伽師地論』(T30) 제75권~제78권에 수록되어 있다. 또 다른 세 개의 본을 현장 역『해심밀경』과 비교했을 때,『해절경』에는 단지 맨 앞의 2품만 있고 뒤의 6품은 빠져 있고,[11]『상속해탈경』은 맨 뒤의 2품에 해당하고 앞의 6품이 빠져 있으며,『심밀해탈경』에 나온 11품 중에서 4품은 현장 역「승의제상품」을 네 개로 세분한 것이다.[12] 다른 이역본에 비해 현장 역『해심밀경』이 비교적 문의文義가 잘 갖추어져 있기 때문에 중국 법상학자들은 대개 이에 의거해서 주석하였다.

2) 원측의『해심밀경소』

『해심밀경』의 주석서는 중국에서 여러 스님들에 의해 저술되었다. 앞서 언급되었듯, 진제眞諦(구라나타)는『해절경』1권을 번역하고 직접『의소義疏』

---

11 『解節經』의 내용은 현장 역『解深密經』의「序品」과「勝義諦相品」에 해당하는데, '서품'의 명칭을 빼고 그 내용을 '승의제상품' 서두에 배치시킨 다음 다시「勝義諦相品」을 네 개로 세분한 것이다.
12 『深密解脫經』의 제2「聖者善問菩薩問品」, 제3「聖者曇無竭菩薩問品」, 제4「聖者善清淨慧菩薩問品」, 제5「慧命須菩提問品」은 모두 현장 역「勝義諦相品」을 네 개로 구분한 것이다. 이 품에서는 승의제의 오상五相을 논하는데, 처음의 두 가지 상(離言·無二의 상)과 나머지 세 가지 상을 설할 때마다 각기 다른 보살들이 등장하여 세존 등에게 청문請問하기 때문에 별도의 네 품으로 나눈 것이다.

4권을 지었는데,[13] 이것은 오래전에 산실되었으며 단지 원측의 인용을 통해 일부의 내용만 간접적으로 확인해 볼 수 있다. 또 현장 역 『해심밀경』에 대한 주석서로는 원측의 『해심밀경소』 10권이 있고, 이외에도 영인슈因의 소疏 11권, 현범玄範의 소 10권, 원효元曉의 소 3권, 그리고 경흥璟興의 소도 있었다고 하는데,[14] 현재는 원측의 소만 전해진다.

원측의 『해심밀경소』는 『한국불교전서』 제1책에 실려 있는데, 이는 『만속장경卍續藏經』 제34책~제35책을 저본으로 하여 편찬된 것이다. 이 책은 총 10권이고 본래 한문으로 찬술된 것인데, 그중에 제8권의 서두 일부와 제10권 전부가 산실되었다. 이 산실된 부분을 법성法成(T Chos grub : 775~849)의 티베트 역(『影印北京版西藏大藏經』 제106책에 수록)에 의거해서 일본 학자 이나바 쇼쥬(稻葉正就)가 다시 한문으로 복원하였고,[15] 이 복원문은 『한국불교전서』 제1책에 함께 수록되어 있다. 또 1980년대 관공觀空이 다시 서장西藏의 『단주장丹珠藏(T Bstan-ḥgyur)』에 실린 법성 역 『해심밀경소』에 의거해서 산실되었던 제10권(金陵刻經處刻本에서는 제35권~제40권에 해당)을 환역還譯하였고,[16] 이 환역본은 『한국불교전서』 제11책에 수록되어 있다.

원측의 『해심밀경소』의 찬술 연대에 대해 측천무후가 주周를 건국한 690년 이전이라는 데는 이견이 없는 듯하다. 그 이유는 『해심밀경소』에서는 '대당 삼장大唐三藏'이라는 칭호를 여전히 쓰고 있는 데 반해 측천무후 시대에는 현장을 대당 삼장이라 하지 않고 '자은 삼장慈恩三藏'이라고 칭하기 때문이다. 따라서 원측의 소는 늦어도 689년까지는 찬술되었어야 한

---

13 앞서 언급되었듯 『解節經』은 현장 역 『解深密經』의 네 번째 「勝義諦相品」만 추려서 번역하여 증의證義를 본 다음 직접 소를 지은 것이다.
14 『法相宗章疏』 권1(T55, 1138b8); 『東域傳燈目錄』 권1(T55, 1153a22) 참조.
15 이나바 쇼쥬(稻葉正就), 「圓測・解深密經疏散逸部分の硏究」, 『大谷大學硏究年報』 제二十四集, 昭和 47.
16 관공觀空 역, 『解深密經疏』, 中國佛敎協會.

다. 그런데 그 상한선에 대해서는, 원측의 소에서 "지파가라(日照三藏)가 신도新都에서 번역할 때……"라는 문구 등을 근거로 해서 지파가라가 장안에 온 681년 이후라고 보는 학자도 있고,[17] 원측의 소에서 동도東都인 낙양을 신도新都라고 칭하고 있음을 근거로 해서 당唐 고종이 죽은 이듬해인 684년 이후라고 보는 학자도 있다.[18] 요컨대 빠르면 681년이나 684년에서 늦게는 689년까지 찬술되었을 것으로 추정된다.

3. 『해심밀경소解深密經疏』의 특징과 내용

1) 원측 소의 주석학적 특징

원측은 경전의 문구를 철저하게 교상敎相 혹은 법상法相에 의거해서 해석하는 전형적 주석가다. 그는 '삼승의 학설이 모두 궁극의 해탈에 이르는 하나의 유가도瑜伽道를 이룬다'는 관점에서 각 학파들의 다양한 교설들에 의거해서 경문을 해석한다.[19] 그의 사상을 흔히 '일승적' 혹은 '융화적'이라고 간주하는 일차적 이유를 여기서 찾을 수 있다. 이러한 원측의 태도는 『해심밀경소』에 가장 두드러지게 나타나는데, 그 특징을 몇 가지로 정리하면 다음과 같다.

---

17 남무희, 앞의 책, p.120 참조.
18 조경철, 「『해심밀경소』 승의제상품의 사상사적 연구」, 이종철 외, 『원측의『해심밀경소』의 승의제상품 연구』(한국학중앙연구원출판부, 2013), pp.167~168 참조.
19 원측의 경전 주석학에서 나타나는 종합의 원리는 유가행파의 '유가瑜伽의 이념'에 이미 내재되어 있다. 이에 대해서는 졸고 「원측의『인왕경소』에 나타난 경전 해석의 원리와 방법」, 『불교학보』 제56호(동국대학교 불교문화연구원, 2010), pp.151~153 참조.

먼저 원측의 해석에서 가장 두드러진 특징은 정교하고 세분화된 과목표에 의거해서 경문을 해석한다는 것이다. 경전 해석에서는 과목의 세부적 설계 자체가 그 주석가의 원전에 대한 독창적 해석이라 볼 수 있다. 왜냐하면 어떤 주석가가 경전의 문구를 어떤 단위로 분절하는가에 따라 그 경문의 해석이 달라지기 때문이다. 원측의 과목 설계는 삼분과경三分科經의 학설에 따라 경문 전체를 크게 세 부분으로 나누는 데서 시작된다.[20] 맨 먼저 삼분의 큰 틀 안에서 다시 계속해서 그 하위의 세부 과목들로 나누어 가면 하나의 세밀하게 짜여진 과목표가 만들어진다. 원측이 설계한 『해심밀경소』의 과목표만 따로 재구성해 보면 다른 주석서의 그것과 비교할 때 타의 추종을 불허할 정도로 정교하게 세분화되어 있고, 또한 그 과목들 간의 관계가 매우 정합적이고 체계적이다. 이 과목표에 의거해서 경문들을 읽어 가면, 마치 하나의 경전이 본래부터 그러한 정교한 체계와 구도에 따라 설해진 것처럼 보인다.

원측 소의 또 다른 특징은 그의 주석서가 방대한 백과사전적 형태를 띤다는 점이다. 그는 정교한 과목 설계에 맞춰서 모든 경문을 세분하고 그 각 문구에 대한 축자적 해석을 시도한다. 이러한 해석 방식을 거치면 하나의 주석서는 다양한 불교 개념들의 변천사를 일목요연하게 보여 주는 불교 교리서로 재탄생한다. 이 과정에서 문답의 형식으로 얼핏 상충되는 것처럼 보이는 문구와 주장들의 조화를 모색하는데, 간혹 특정한 설을 지지하거나 비판하기도 하지만 대개는 삼승의 모든 학설들이 각기 일리가 있으므로 상위되는 것이 아니라고 결론짓는다. 그는 언제나 다양한 학파의 해석이 근거하고 있는 나름의 논리를 이해하려고 하였다. 이런 학문적 태도를 갖고, 한편으로 하나의 경문에 대한 대소승의 다양한 해석들

---

[20] 삼분과경三分科經에 대해서는 뒤의 '2) 경문 해석의 구조 및 주요 내용'(p.17)에서 다시 후술된다.

간의 갈등·긴장 관계를 보여 주고, 다른 한편으로 적절한 원리와 방법을 동원해서 그것들을 체계적 구조 안에 정리하고 종합해 놓는다.

또 마지막으로 언급될 중요한 특징의 하나는 그 주석서의 정교함과 방대함이 수많은 경론의 인용문들에 의해 이루어졌다는 점이다. 원측 소에서 문헌적 전거가 없이 자의적으로 해석하는 경우는 거의 없다고 해도 과언이 아니다. 우선 눈에 띄는 것은 『해심밀경』의 경문을 그 경의 이역본인 『심밀해탈경深密解脫經』·『상속해탈경相續解脫經』·『해절경解節經』의 문구와 일일이 대조해서 그 차이를 밝힌 점이다. 또 그는 유식학자이기는 하지만 '유식唯識'의 교의에 국한하지 않고 대소승의 여러 학파나 경론들의 학설과 정의正義에 의거해서 그 경문의 의미를 총체적으로 보여 주고자 한다. 그는 여러 해석들을 종파별로 혹은 경론별로 나열하기도 하고, 때로는 서방 논사와 중국 논사의 해석을 대비시키기도 하고, 때로는 진제 삼장眞諦三藏의 해석을 길게 인용한 뒤 '지금의 해석(今解)'이나 '대당 삼장' 또는 '호법종護法宗' 등의 해석을 진술함으로써 구舊유식과 신新유식을 대비시키기도 한다.

원측 소에서 인용되는 문헌들의 범위와 수는 매우 광범위하고 방대해서 그 모든 인용 문헌의 명칭을 일일이 열거할 수 없을 정도다. 그러나 원측은 주로 종파별로 해석을 나열하되 그 종을 대표하는 논에서 주요 문장을 발췌하는데, 특히 소승의 살바다종薩婆多宗(설일체유부), 경부經部(경량부), 대승의 용맹종龍猛宗(중관학파), 미륵종彌勒宗(유식학파) 등 네 종파를 중심으로 기술하였다. 원측 소의 인용문을 살펴보면, 거의 대부분 직접 인용의 형태를 띠지만 때로는 원문을 요약·정리해서 인용하기도 하는데, 후자의 경우 간혹 문장을 구분하는 글자나 묻고 답하는 자를 명시하는 문구를 보완하기도 한다.

원측 소에서 각 종파의 견해를 대변하는 논서로 빈번하게 인용된 것은 다음과 같다. 먼저 살바다종의 학설은 『대비바사론大毘婆沙論』·『잡아

비담심론雜阿毘曇心論』・『구사론俱舍論』・『순정리론順正理論』 등에서, 경부종의 학설은 『성실론成實論』에서, 용맹종의 학설은 『대지도론大智度論』에서 주로 인용된다. 이에 비해 미륵종의 견해는 상대적으로 광범위한데, 대표적인 것은 『유가사지론瑜伽師地論』・『현양성교론顯揚聖教論』・『집론集論』・『잡집론雜集論』・『변중변론辨中邊論』・『대승장엄경론大乘莊嚴經論』, 그리고 다섯 종류 『섭론攝論』(무착의 『섭대승론』과 그 밖의 세친・무성의 『섭대승론석』 이역본들)・『유식이십론唯識二十論』・『성유식론成唯識論』・『대승광백론석론大乘廣百論釋論』・『불지경론佛地經論』 등이다. 이 외에도 자주 인용되는 경은 『묘법연화경妙法蓮華經』・『대반열반경大般涅槃經』・『대반야바라밀다경大般若波羅蜜多經』『대반야경大般若經』)・『십지경十地經』 등이다.

2) 경문 해석의 구조 및 주요 내용

원측의 경문 해석은 법상학자들이 일반적으로 수용하는 삼분과경三分科經에서 시작된다. 삼분과경이란 하나의 경전을 서분序分・정종분正宗分・유통분流通分 등으로 나누는 것을 말하는데, 이는 동진東晉의 도안道安 이후로 경전 해석의 기본 원칙이 되었다. 중국 법상종 학자들은 이 삼분을 특히 『불지경론佛地經論』에 의거해서 교기인연분教起因緣分・성교정설분聖教正說分・의교봉행분依教奉行分이라고 칭한다. '교기인연분'은 가르침을 설하게 된 계기와 이유 등을 밝힌 곳으로서 경전 맨 앞의 「서품」에 해당하고, '의교봉행분'은 그 당시 대중들이 부처님의 설법을 듣고 나서 수지하고 봉행했음을 설한 곳으로서 대개 경의 끝부분에 붙은 짧은 문장에 해당하며, 그 밖의 대부분의 경문은 모두 설하고자 했던 교법을 본격적으로 진술한 '성교정설분'에 해당한다.

그런데 이 삼분과경의 관점에 볼 때, 이 경의 구조에 대해 이견들이 있다. 그것은 이 경의 각 품 말미에 따로따로 봉행분들이 달려 있고 이 한 부部 전체에 해당하는 봉행분은 없기 때문이다.[21] 이런 이유로 '이 경에는 교기인연분과 성교정설분만 있고 마지막 의교봉행분은 없다'는 해석이 있고, 마지막의 봉행분을 한 부 전체의 봉행분으로 간주하면 '삼분을 모두 갖춘다'는 해석도 가능하다. 원측은 우선 '두 개의 분만 있다'는 전자의 해석을 더 타당한 설로 받아들였다.

교기인연분은 다시 증신서證信序(통서通序)와 발기서發起序(별서別序)로 구분된다. 증신서에서는 경전의 신빙성을 증명하기 위해 몇 가지 사항을 밝히는데, 이를 흔히 육성취六成就라고 한다. 원측은 『불지경론』에 의거해서 '총현이문總顯已聞·시時·주主·처處·중衆' 등 5사事로 나누어 해석하였다.[22] 발기서란 정설을 일으키기 전에 '여래께서 빛을 놓거나 땅을 진동시키는' 등의 상서를 나타냈음을 기록한 것이다. 『해심밀경』에서 교기인연분은 「서품」에 해당하는데, 이 품에는 증신서만 있고 발기서는 없다.

성교정설분은 「서품」을 제외한 나머지 일곱 개의 품에 해당한다. 원측에 따르면, 이 성교정설분은 경境·행行·과果라는 삼무등三無等을 설하기 때문에 일곱 개의 품도 크게 세 부분으로 나뉜다.[23] 「승의제상품勝義諦相品」·

---

[21] 이 『解深密經』은 특이하게 「無自性相品」·「分別瑜伽品」·「地波羅蜜多品」·「如來成所作事品」 등의 끝부분에 각각의 봉행분奉行分이 있고, 이에는 "이 승의요의의 가르침(此勝義了義之敎)을 너희들은 받들어 지녀야 한다."라거나 또는 "이 유가요의의 가르침(此瑜伽了義之敎)을 너희들은 받들어 지녀야 한다."는 등의 문구가 진술된다.

[22] 『佛地經論』 권1(T26, 291c3) 참조. 중국 법상종에서는 흔히 이 논에 의거해 통서通序를 다섯으로 나누어서, ① 총현이문總顯已聞, ② 설교시說敎時, ③ 설교주說敎主, ④ 소화처所化處, ⑤ 소피기所被機라고 하는 경우가 있다. 이 중에서 '총현이문'은 육성취 중에서 '여시如是'와 '아문我聞'을 합한 것이다.

[23] 『解深密經』의 내용을 유식의 경境·행行·과果의 구조로 나누는 것은 유식학파의 전형적인 사고방식이다. 여기서 '경境(S viṣaya)'은 보살들이 배우고 알아야 할 대상·이치 등을 가리키고, '행行(S pratipatti)'은 그 경에 수순해서 실천하고 익히는 것을 말하며, '과果(S phala)'는 앞의 두 가지로 인해 획득되는 결과로서 해탈과 보리를 가리킨다. 이 세 가지는 다른 것과 비교될 수 없을 만큼 수승한 것이므로 삼무등이라 한다.

「심의식상품心意識相品」・「일체법상품一切法相品」・「무자성상품無自性相品」 등 네 개의 품은 관해지는 경계(所觀境), 즉 무등의 경계(無等境)를 밝힌 것이다. 다음에 「분별유가품分別瑜伽品」・「지바라밀다품地波羅蜜多品」 등 두 개의 품은 관하는 행(能觀行), 즉 무등의 행(無等行)을 밝힌 것이다. 마지막의 「여래성소작사품如來成所作事品」은 앞의 경·행에 의해 획득되는 과(所得果), 즉 무등의 과(無等果)를 밝힌 것이다.

이상의 세 가지 경·행·과 중에서, 먼저 관찰되는 경계를 설한 네 개의 품은 다시 크게 두 종류로 나뉜다. 앞의 두 품은 진眞·속俗의 경계를 밝힌 것이다. 그중에 「승의제상품」은 진제를 밝힌 것이고, 「심의식상품」은 속제를 밝힌 것이다. 또 뒤의 두 품은 유성有性·무성無性의 경계를 밝힌 것이다. 그중에 「일체법상품」은 삼성三性의 경계를 밝힌 것이고, 「무자성상품」은 삼무성三無性의 경계를 밝힌 것이다.

다음에 관찰하는 행을 설한 두 개의 품도 차별이 있다. 앞의 「분별유가품」은 지止·관觀의 행문行門을 설명한 것이고, 다음의 「지바라밀다품」은 십지十地의 십도十度(십바라밀)를 설명한 것이다. 지·관의 행문은 총괄적이고 간략하기 때문에 먼저 설하고, 십지에서 행하는 십바라밀은 개별적이고 자세하기 때문에 나중에 설하였다.

마지막으로 획득되는 과를 설한 「여래성소작사품」에서는 여래가 짓는 사업에 대해 설명한다. 이치(경境)에 의거해서 행을 일으키고 행으로 인해 과를 획득하기 때문에 이 품이 맨 마지막에 놓였다. 여기서는 불과佛果를 획득한 여래께서 화신化身의 사업 등을 완전하게 성취시키는 것에 대해 설한다.

이상의 해석을 도표로 나타내면 다음과 같다.

三分科經	三無等	品 명	내 용	
敎起因緣分		「序品」		
聖敎正說分	無等境 (所觀境)	「勝義諦相品」	眞諦	眞·俗의 경계
		「心意識相品」	俗諦	
		「一切法相品」	三性	有性·無性의 경계
		「無自性相品」	三無性	
	無等行 (能觀行)	「分別瑜伽品」	止觀의 行門	總相門
		「地波羅蜜多品」	十地의 十度	別相門
	無等果 (所得果)	「如來成所作事品」	境·行에 의해 획득되는 果	
依敎奉行分			없음	

『해심밀경소』 품별 해제

지바라밀다품地波羅蜜多品 해제

1. 보살의 십바라밀十波羅蜜의 의의

『해심밀경』의 내용을 유식의 경境·행行·과果의 구조로 나누는 것은 유식학파의 전형적인 사고방식이다. 여기서 '경境(Ⓢ viṣaya)'은 보살들이 배우고 알아야 할 경계·대상·이치 등을 가리키고, '행行(Ⓢ pratipatti)'은 그 경계에 수순해서 실천하고 익히는 것을 말하며, '과果(Ⓢ phala)'는 앞의 두 가지로 인해 획득되는 결과로서 해탈과 보리를 가리킨다. 이 세 가지는 다른 것과 비교될 수 없을 만큼 수승한 것이므로 '삼무등三無等'이라 한다. 그리고 「분별유가품分別瑜伽品」·「지바라밀다품地波羅蜜多品」 등 두 개의 품은 능히 관하는 행(能觀行), 즉 무등의 행(無等行)을 밝힌 것이다. 무등의 행을 설한 두 품 중에 앞의 「분별유가품」은 유가실천의 핵심이라 할 수 있는 지止·관觀의 수행에 대해 밝힌 문이고, 이 「지바라밀다품」은 십지十地에서의 열 종류 바라밀행(十度)을 밝힌 문이다.

『해심밀경소』 「지바라밀다품」 서두의 원측圓測의 소문疏文에는 십바라밀十波羅蜜(十度)의 의의에 대해 간략히 설한 곳이 있다. 원측의 해석에 따르면, 지止에 의지해서 관觀을 일으키는 것은 관행의 총체적 모습을 밝힌 문(總相門)이기 때문에 먼저 「분별유가품」에서 설하였다. 그리고 십지十地에 의지해서 십바라밀을 일으키는 것은 관행의 개별적 모습을 밝힌 문(別相門)이기 때문에 나중에 「지바라밀다품」에서 설하였다. 혹은 지관 수행은 총괄적이고 간략하기 때문에 먼저 설하였고, 십지의 십바라밀행은 개별적이고 자세하기 때문에 나중에 설한 것이다.[1]

그런데 지관이라는 것은 삼승에게 모두 공통되는 수행이지만, 이 십바라밀은 오직 보살의 수행이다.[2] 대승의 모든 교법 전체를 보살의 바라밀행의 일환이라 받아들이는 사람들에게 있어서는 이 십바라밀행에 관한 설법이야말로 보살들이 시종일관 준수하고 실천해야 할 가장 중요한 강령이 아닐 수 없다. 무엇보다 이러한 의미에서 '십바라밀'의 일차적 의의를 찾을 수 있을 것이다. 십바라밀이란 보살이 대열반에 이르기 위해 보살의 십지에서 필수적으로 닦아야 할 열 종류 수승한 행이다. 이 『해심밀경』 제4권의 설법에 따르면, 보살의 바라밀행은 육바라밀을 벗어나지 않으며, 뒤의 네 종류는 별도의 독립적 바라밀이라기보다는 이전의 육바라밀을 도와주는 조반助伴의 행이다. 가령 방편바라밀은 앞의 보시·지계·인욕의 바라밀의 조반이고, 원바라밀은 정진바라밀의 조반이며, 역바라밀은 선정바라밀의 조반이고, 지바라밀은 반야바라밀의 조반이다.[3]

이 「지바라밀다품」에서 가장 중요한 내용 중의 하나는 아마도 보살의

---

1 『解深密經疏』 중 「地波羅蜜多品」의 앞부분 소문疏文이 결실되었다. 『韓國佛敎全書』의 편집자들이 이나바 쇼쥬(稻葉正就)가 서장역西藏譯에 의거해서 복원한 판본 『圓測解深密經疏散逸部分之硏究』(自一頁至二頁)를 참조하여 소실된 문구를 보입하였다. 그 복원문에 다음과 같은 문구가 있다. "《自下第二釋地度門。謂修觀行門。此有二種。一者依止度起觀。是總相門。故在先說。二者依地起度。是別相門。故在後說。》或可止觀。略故先說。依地起度。廣故後釋。"《 》안의 문구는 복원문이다. 『解深密經疏』(H1, 375c~376a).
2 『解深密經疏』 권1(X21, 178a22). "二行無等。所謂止觀及十度等。止觀即是三乘通行。行[—]十度唯是菩薩行門。" * [—]은 잉자.
3 『解深密經』 권4(T16, 705b11~c3) 참조.

십지十地와 여래지如來地 등 열한 개의 지에서 대치되는 스물두 종류의 우치와 추중에 대한 설법이다. 이 내용은 이전의 「분별유가품」 중 '열다섯 번째 지관에서의 모든 장애의 차별을 밝히는 문(第十五止觀諸障差別門)'의 설법과도 밀접한 연관이 있다. 그곳에서는 보살의 십지에서 지止·관觀을 능히 방해하는 장애들을 열거한 후, 다시 지와 관의 수행으로 그것들을 어떻게 대치해 가는지를 설명하는데, 문구의 표현과 내용이 완전히 일치하진 않지만 상당 부분 겹친다. 또 지바라밀행에 관한 설법은 그 밖의 다른 경론들에서도 나타난다. 먼저 구나발타라求那跋陀羅(Ⓢ Guṇabhadra) 역 『상속해탈경相續解脫經』과 보리유지菩提留支(Ⓢ Bodhiruci) 역 『심밀해탈경深密解脫經』과 같은 이역본들,[4] 그리고 현장玄奘 역 『유가사지론瑜伽師地論』「섭결택분攝決擇分」제78권(『해심밀경』 경문 수록) 등에서 모두 거론된다. 또 『금광명경』「최정지품最淨地品」에서도 모든 우치의 이름들을 열거하였고, 진제眞諦 역 양梁 『섭대승론석攝大乘論釋』과 현장 역 천친天親의 『섭대승론석』 제10권에서도 스물두 가지 우치가 열한 가지 추중麤重報를 불러낸다고 한다. 이와 같이 각 경론에서 지바라밀을 설하지만 그 명칭과 해석에서는 경론마다 차이가 있다. 원측은 「분별유가품」과 「지바라밀다품」의 십지의 바라밀행에 관한 해석에서는 특히 『성유식론』에 전적으로 의거해서 경문의 의미를 해석하였다.

2. 경문의 구조와 내용

원측의 해석에 따르면, 「지바라밀다품」에서 설한 지바라밀다의 내용은

---

4 『相續解脫經』에 실린 두 개의 경 중에 『相續解脫地波羅蜜了義經』, 또 『深密解脫經』 권 4~5에 실린 「聖者觀世自在菩薩問品」은 이 경의 「地波羅蜜多品」에 해당한다.

네 개의 큰 단락으로 구분된다. 첫 번째 단락에서는 모든 지地를 네 종류 청정 등의 몇 가지 범주들과 연관 지어 자세하게 설명하고, 두 번째 단락에서는 십바라밀(十度)에 대해 자세하게 설명한다. 세 번째 단락에서는 각 지에서 일으킨 바라밀(度)들이 각기 대치시키는 장애에 대해 따로따로 해석하고, 네 번째 단락에서는 여래가 일승一乘을 설하신 뜻을 설명한다. 이와 같이 네 단락을 순서대로 설한 이유는, 대승의 보살들은 지에 의지해서 바라밀행을 일으키고 그 바라밀행에 의지해서 장애(障)를 제거하고 일승의 과를 증득하기 때문이다.

1) 모든 지地를 자세히 설명함

이곳에서는 보살의 십지十地와 여래지如來地(佛地) 등에서 행해지는 바라밀다의 특징을 그 밖의 여러 범주들과 연관 지어 구체적으로 설명하였다. 가령 네 종류 청정(四種淸淨) 및 열한 가지 분(十一分)과의 상호 포섭 관계를 드러내거나, 혹은 십지의 명칭들의 의미를 해석하거나, 혹은 스물두 종류의 우치(二十二愚)를 중심으로 각 지에서 대치되는 장애들을 밝히거나, 혹은 여덟 종류 수승(八種殊勝), 혹은 수승한 생(勝生), 혹은 세 가지 원(三願) 등과 배대해서 모든 지地의 특징을 다각적이고 구체적으로 드러내었다.

[네 종류 청정淸淨, 열한 가지 분分과의 포섭 관계] 우선, 이 「지바라밀다품」에서는 열한 종류의 지地가 무엇보다 '청정淸靜'이라고 하는 공덕을 갖추고 있다고 한다. 경문에 따르면, 초지初地는 증상된 의요(增上意樂)가 청정하니, 즉 바라밀을 행하는 자의 의요意樂[S] aśaya : 의도·뜻)가 매우 순수하고 굳건한 것을 말한다. 제2지에서는 증상된 계(增上戒)가 청정하니, 즉 성계性戒를 완전히 구족하여 일체의 미세한 범구犯垢를 멀리 떠나는 것

을 말한다. 제3지에서는 증상된 마음(增上心)이 청정하니, 가령 세속의 정려靜慮와 무색정無色定 등을 획득하여 많이 안주할 수 있고 이로 인해서 다시 모든 정려 등을 버리고 욕계로 돌아와서 모든 유정들을 위해 이익(義利)을 지어 주는 것 등을 말한다. 제4지 이후로는 증상된 지혜(增上慧)가 청정하니, 즉 이후의 지들에서의 갖가지 혜문慧門들이 더욱 수승하고 묘해지는 것을 말한다.

또 이 품에서 열한 종류의 분分과 열한 종류의 지地를 각기 배대시켜 설명하는데, 경문에서는 단지 "이 분은" 혹은 "이 분에서는"이라고만 할 뿐 각각의 분의 명칭을 구체적으로 명시하지는 않았다. 원측의 해석에 따르면, 이는 열세 종류 주住에서 두 개의 주를 제외한 열한 개의 주를 말한다. 여기서 열세 종류 주라고 한 것은 예를 들어 『유가사지론』 제47권에서 종성주種性住, 승해행주勝解行住, 극환희주極歡喜住, 증상계주增上戒住, 증상심주增上心住, 각품覺品과 상응하는 증상혜주增上慧住, 모든 제諦와 상응하는 증상혜주, 연기緣起와 상응하는 증상혜주, 가행도 있고 공용도 있는(有加行有功用) 무상주無相住, 가행도 없고 공용도 없는(無加行無功用) 무상주, 무애해주無礙解住, 최상성만보살주最上成滿菩薩住, 여래주如來住 등을 말한다.[5] 이 『해심밀경』에서는 앞의 종성주와 승해행주 두 종류를 제외하고 뒤의 열한 주에 의거해서 '분分'을 설하였는데, 그 차례대로 이 경에서 설한 제1 극희지極喜地, 제2 이구지離垢地, 제3 발광지發光地, 제4 염혜지焰慧地, 제5 극난승지極難勝地, 제6 현전지現前地, 제7 원행지遠行地, 제8 부동지不動地, 제9 선혜지善慧地, 제10 법운지法雲地, 그리고 불지佛地(여래지)에 대응된다.

[스물두 종류 우치愚痴와 그 추중麤重] 다시 열한 종류의 지에서 각기

---

5 『瑜伽師地論』 권47(T30, 553a5) 참조.

대치되는 장애들에 의거해서 지바라밀의 특징을 설명하기도 한다. 경문에 따르면, 열한 종류 각각의 지마다 두 종류 우치와 그것의 추중들을 대치시키므로 지바라밀을 닦는 과정에서 총 스물두 종류의 우치를 대치한다. 이러한 우치의 본성을 정의함에 있어, 원측은 『성유식론』에 전적으로 의거하였다. 그런데 이 경에서는 스물두 종류 우치를 설하였던 데 비해, 『성유식론』에서는 십지에서 대치되는 열 종류 장애를 설한다. 이는 두 종류 우치를 하나의 장애로 포괄해서 설하기 때문이다. 그것들 간의 대응관계를 도시하면 다음과 같다.

地名	열한 종류 지에서 대치되는 장애		
	『해심밀경』「지바라밀다품」		『성유식론』
제1 극희지極喜地	執著補特伽羅及法愚癡	及 彼麤重	第1異生性障
	惡趣雜染愚癡		
제2 이구지離垢地	微細誤犯愚癡	及 彼麤重	第2邪行障
	種種業趣愚癡		
제3 발광지發光地	欲貪愚癡	及 彼麤重	第3闇鈍障
	圓滿聞持陀羅尼愚癡		
제4 염혜지焰慧地	等至愛愚癡	及 彼麤重	第4微細煩惱現行障
	法愛愚癡		
제5 난승지難勝地	一向作意棄背生死愚癡	及 彼麤重	第5於下乘涅槃障
	一向作意趣向涅槃愚癡		
제6 현전지現前地	現前觀察諸行流轉愚癡	及 彼麤重	第6麤相現行障
	相多現行愚癡		
제7 원행지遠行地	微細相現行愚癡	及 彼麤重	第7細相現行障
	一向無相作意方便愚癡		
제8 부동지不動地	於無相作功用愚癡	及 彼麤重	第8於無相中作加行障
	於相自在愚癡		
제9 선혜지善彗地	於無量說法無量法句文字後後慧辯陀羅尼自在愚癡	及 彼麤重	第9利他中不欲行障
	辯才自在愚癡		
제10 법운지法雲地	大神通愚癡	及 彼麤重	第10於諸法中未得自在障
	悟入微細秘密愚癡		
제11 여래지如來地	於一切所知境界極微細著愚癡	及 彼麤重	於第十障別開一障 於法雖得自在而有餘障
	極微細礙愚癡		

『성유식론』에서는 십지에서의 열 종류 장애를 설명하면서 차례대로 『해심밀경』의 스물두 종류 우치와 대응시켜 해석한다. 따라서 원측도 그 논의 해석에 의거해서 이 경에서 설한 스물두 종류 우치를 해석한다. 그 논에 따르면, 초지初地에서 제11 여래지에 이르기까지 대치시키는 스물두 종류 우치의 본성은 다음과 같다.

첫 번째 극희지(보살의 견도)에서 대치되는 '보특가라와 법에 집착하는 우치(執著補特伽羅及法愚癡)'와 '악취잡염의 우치(惡趣雜染愚癡)'라는 두 종류 우치는 견도에서 끊어지는 '이생성장異生性障'에 해당한다. 그런데 이 장애의 체에 대해, 호법종 내에서는 분별기의 소지장所知障과 번뇌장煩惱障을 가리킨다고 하거나, 혹은 소지장만을 가리킨다고 하는 두 가지 해석이 있다.

이 경에서는 각 지에서 두 종류 우치를 대치할 뿐만 아니라 '그것의 추중'도 대치한다고 했는데, 이 '추중'에 대해서는 해석이 분분하다. 다만, 『성유식론』에는 두 가지 해석이 있다. 하나는 두 종류 '우치(장애)의 종자種子'를 가리킨다는 것이고, 다른 하나는 두 종류 우치에 의해 일어난 '무감임성無堪任性'을 가리킨다는 것이다. 이하의 모든 지에서 대치되는 두 종류 우치의 추중도 이에 준해서 해석한다.

두 번째 이구지에서 대치되는 '미세오범의 우치(微細誤犯愚癡)'와 '갖가지 업취의 우치(種種業趣愚癡)'라는 두 종류 우치는 '사행장邪行障'에 해당한다. 다른 중생들의 몸 등에 대해 그릇된 행을 저지르는 것을 말한다.

세 번째 발광지에서 대치되는 '욕탐의 우치(欲貪愚癡)'와 '원만한 문지다라니에 대한 우치(圓滿聞持陀羅尼愚癡)'라는 두 종류 우치는 '암둔장闇鈍障'에 해당한다. 전자는 수승한 선정과 수혜修慧를 장애하는 것이고, 후자는 총지總持와 문혜聞慧·사혜思慧를 장애하는 것을 말한다.

네 번째 염혜지에서 대치되는 '등지애의 우치(等至愛愚癡)'와 '법애의 우치(法愛愚癡)'라는 두 종류 우치는 '미세번뇌현행장微細煩惱現行障'에 해당한다. 이는 소지장 중의 구생俱生의 일부로서 제6식과 함께 일어나는 신견身 見 등에 속하는 것을 말한다.

다섯 번째 난승지에서 대치되는 '오로지 생사를 등지려고 작의하는 우치(一向作意棄背生死愚癡)'와 '오로지 열반에 나아가려고 작의하는 우치(一向作意趣向涅槃愚癡)'라는 두 종류 우치는 '하승에서 반열반하는 장애(於下乘涅槃障)'에 해당한다. 이는 소지장 중 구생俱生의 일부가 생사를 싫어하고 열반에 즐거이 나아가서 하열한 이승과 동일하게 고苦를 싫어하고 멸滅을 기뻐하게 하는 것을 말한다.

여섯 번째 현전지에서 대치되는 '현전시켜 제행의 유전을 관찰하는 우치(現前觀察諸行流轉愚癡)'와 '상이 많이 현행하는 우치(相多現行愚癡)'라는 두 종류 우치는 '추상이 현행하는 장애(麤相現行障)'에 해당한다. 이는 소지장 중에 구생의 일부가 염·정의 거친 상이 있다고 집착해서 그 상이 현행하는 것을 말한다.

일곱 번째 원행지에서 대치되는 '미세한 상이 현행하는 우치(微細相現行愚癡)'와 '오로지 무상작의만을 방편으로 하는 우치(一向無相作意方便愚癡)'라는 두 종류 우치는 '미세한 상이 현행하는 장애(細相現行障)'에 해당한다. 이는 소지장 중에 구생의 일부가 생멸의 미세한 상이 있다고 집착해서 그 상이 현행하는 것을 말한다.

여덟 번째 부동지에서 대치되는 '무상 가운데서 공용을 짓는 우치(於無相作功用愚癡)'와 '상에서의 자재함에 대한 우치(於相自在愚癡)'라는 두 종류 우치는 '무상 가운데서 가행을 짓는 장애(於無相中作加行障)'에 해당한다. 이는 소지장 중에 구생의 일부가 무상관無相觀이 자연스럽게 일어나지 못하게 하는 것을 말한다.

아홉 번째 선혜지에서 대치되는 '한량없는 설법과 한량없는 법구문자와 후속된 지혜로운 변설에서의 다라니자재에 대한 우치(於無量說法無量法句文字後後慧辯陀羅尼自在愚癡)'와 '변재자재에 대한 우치(辨才自在愚癡)'라는 두 종류 우치는 '이타행 가운데서는 행하려고 하지 않는 장애(利他中不欲行障)'에 해당한다. 이는 소지장 중에 구생의 일부가 유정에게 이익과 즐거움을 주는 일에서는 부지런히 행하려 하지 않고 자기 이익만 즐거이 닦게 하는 것을 말한다.

열 번째 법운지에서 대치되는 '대신통에 대한 우치(大神通愚癡)'와 '미세한 비밀을 깨닫는 것에 대한 우치(悟入微細祕密愚癡)'라는 두 종류 우치는 '제법에서 자재를 얻지 못하는 장애(於諸法中未得自在障)'에 해당한다. 이는 소지장 중에 구생의 일부가 제법에서 자재를 얻지 못하게 하는 것을 말한다.

열한 번째 여래지에서 대치되는 '모든 알아야 할 경계에 지극히 미세하게 집착하는 우치(於一切所知境界極微細著愚癡)'와 '지극히 미세하게 장애하는 우치(極微細礙愚癡)'라는 두 종류 우치는 열 번째 장애에서 따로 한 개의 장애를 연 것이다. 『성유식론』에 따르면, 이 지에서는 법에서의 자재를 획득하기는 했지만 그 밖의 장애가 있으므로 아직 '최극最極'이라고 할 수 없다. 즉 구생의 미세한 소지장 및 자연스레 일어난 번뇌장의 종자가 있고, 금강유정金剛喩定이 현전하면 곧바로 모두 단박에 끊고 여래지에 들어간다.

[**여덟 종류 수승**殊勝**과 각 지**地**의 관계**] 다시 열한 종류의 지바라밀에서 여덟 종류의 수승한 청정함을 갖춘다는 것을 설한다.

경문에 따르면, 증상된 의요(增上意樂), 선정의 마음(心), 사무량 중의 비悲, 육바라밀과 십바라밀과 같은 도피안到彼岸, 부처님을 뵙고 공양하며 받들어 섬기는 일, 가령 사섭법四攝法처럼 유정을 성취시키는 일, 유정에게 이익을 주기 위해 갖가지로 받게 되는 생生, 가령『유가론』제37권의「위력품威力品」에서 설한 것과 같은 위덕威德, 이와 같은 여덟 가지 측면에서 청정함을 획득한다. 이 여덟 가지 청정은 초지에서부터 공통적으로 갖추지만, 이후의 지로 갈수록 더욱 수승해진다. 초지에서 제10지까지는 자기 지보다 더욱 수승한 것이 있지만, 불지의 공덕은 위없는 가장 최상의 청정이다.

[수승한 생(勝生)과 세 가지 원(三願)] 이밖에도 보살은 수승한 생을 받거나, 혹은 세 가지 원에 의거해서 지바라밀을 행한다는 것에 대해 설하였다.

경문에 따르면, 보살은 네 가지 인연에 의해 수승한 생을 받게 된다. 첫째, 지극히 청정한 선근에 의해 집기集起된 생을 받는다. 둘째, 고의로 사택思擇하는 힘에 의해 생을 취하기도 하는데, 가령 보살이 원력願力에 의해 생을 받는 것과 같다. 셋째, 중생을 가엾게 여기는 마음으로 모든 중생을 제도하기 위해 생사의 세계에 들기도 한다. 넷째, 십지 이상의 보살은 스스로 오염이 없고 타인의 오염도 능히 제거할 수 있기 때문에 생을 받기도 한다.

또 보살은 광대한 원(廣大願)과 묘한 원(妙願)과 수승한 원(勝願)을 가지고 바라밀을 행한다. 이러한 원을 발할 수 있는 것은 네 가지 인연 때문이다. 그가 열반을 능히 증득할 수 있고, 그럼에도 대비로 인해 열반에 머물기를 포기하고, 어떤 조건도 기대도 없이 대원의 마음을 내서, 모든 유정들을 이롭게 해 주려 하기 때문이다.

2) 십도十度(十波羅蜜)

이 품의 네 개의 큰 단락 중 십도十度(열 종류 바라밀)에 대해 자세히 해석한 것이다. 이곳에서는 시施바라밀(Ⓢ dāna-pāramitā), 계戒바라밀(Ⓢ śīla-pāramitā), 인忍바라밀(Ⓢ kṣānti-pāramitā), 정진精進바라밀(Ⓢ virya-pāramitā), 선정禪定바라밀(Ⓢ dhyāna-pāramitā), 반야般若바라밀(Ⓢ prajñā-pāramitā), 방편方便바라밀(Ⓢ upāya-pāramitā), 원願바라밀(Ⓢ praṇidhāna-pāramitā), 역力바라밀(Ⓢ bala-pāramitā), 지智바라밀(Ⓢ jñāna-pāramitā) 등 십바라밀을 설하였다.

'시施'란 재물과 법法과 무외無畏라는 세 종류를 베푸는 것이다. '계戒'란 계를 수지하면서 항상 스스로 성찰하는 것이다. '인忍'이란 핍박이나 어려움을 감내하는 것이다. '정진精進'이란 부지런히 힘쓰고 진수進修하면서 게으름을 피우지 않는 것이다. '선정禪定'이란 마음을 거두어서 안정시키는 것이다. '반야般若'란 진실한 지혜를 열어서 제법의 실상을 밝게 아는 것이다. '방편方便'이란 여러 가지 간접적 방법들을 사용해서 그 지혜를 계발하는 것이다. '원願'이란 항상 원의 마음을 가지고 모두 실현되기 바라는 것이다. '역力'이란 선행을 실천하면서 진위를 판별하는 능력을 더욱 배양하는 것이다. '지智'란 능히 일체법에 대해 잘 아는 지혜를 말한다.

그런데 이 십도는 기존의 육도六度(육바라밀)에 다시 방편·원·력·지 등 네 가지 바라밀을 추가한 것으로서, 이 경에 따르면, 뒤의 네 종류는 별개의 독립적 바라밀이라기보다는 이전의 육도를 보조하는 행이다. 따라서 이 「지바라밀다품」의 설법은 '보살들이라면 여섯 가지 도피안到彼岸(육도, 육바라밀)을 학습해야 한다'는 말씀으로부터 시작되며, 여섯 가지 도피안에 대해 알아야 할 것들에 대해 여러 측면에서 자세하게 설명하였다. 그중 몇 가지 중요한 것만 소개하면 다음과 같다.

[육바라밀과 삼학과의 관계] 보시·지계·인욕 세 가지는 오직 증상계학增上戒學에 속한다. 보시바라밀은 계戒의 자량資糧이 되는 것이고, 지계바라밀은 계 그 자체(自性)에 해당하며, 인욕바라밀은 계의 권속眷屬에 해당하기 때문이다.

정려바라밀은 오직 심학心學에 속하고, 반야(지혜)바라밀은 오직 증상혜학增上慧學에 속한다고 한다. 이것은 모든 교에서 공통적으로 인정하기 때문이다.

'정진'은 삼학에 두루 통한다고 한다. 이는 삼학을 책려하는 것이기 때문이다.

[**육바라밀의 오상**五相] 육바라밀은 다섯 가지 상相으로 특징지을 수 있다. 첫 번째 상은 육바라밀에 대한 대승의 교설을 믿는 것이다. 두 번째 상은 대승과 상응하는 보살장의 계경 등의 교법을 베껴서 수지하거나 공양하거나 다른 사람에게 베풀어 주는 등의 열 가지 법행(十法行)을 행하는 것이다.[6] 세 번째 상은 보리심을 발하고 난 후 물러서지 않는 것이다. 네 번째 상은 선지식을 가까이하는 것이다. 다섯 번째 상은 쉬지 않고 선법善法을 닦는 것이다.

[**육도**六度**와 사도**四度**의 관계**] 보살의 바라밀행은 여섯 가지 바라밀(六度)로 확정할 수 있지만, 이에 다시 추가시킨다면 네 종류 바라밀(四度)에 국한된다. 말하자면 보살이 배우고 익혀야 할 것은 여섯 종류 바라밀을 넘어서지 않으며, 뒤의 네 종류는 별도의 독립적 바라밀이라기보다는 이전의 육바라밀을 도와주는 조반助伴이다.

방편方便바라밀은 앞의 보시·지계·인욕의 바라밀을 도와주는 조반이다. 앞의 세 종류 바라밀로 거두어들인 유정들을 다시 모든 방편선교로써 거두어서 선품善品에 안주시킬 수 있다. 따라서 방편은 앞의 세 종류 바라밀의 조반이라 하였다.

원願바라밀은 정진바라밀을 도와주는 조반이다. 번뇌가 많아서 선품을 닦을 능력이 없거나, 의요意樂가 하열하여 내심內心에 머물지 못하거나, 문聞·사思·수修를 제대로 익히지 못하여 출세간의 지혜를 내지 못한다면, 보살은 '원'을 내어서 그 힘으로 정진하게 된다. 따라서 '원'은 정진

---

6 십법행이란 가령 『瑜伽師地論』 제74권에서 "대승과 상응하는 보살장의 계경 등의 교법을, ① 베껴서 갖고 있으면서, ② 공양하고, ③ 다른 사람에게 베풀어 주거나, ④ 남이 바로 설해 주면 공경하는 태도로 청문하고, ⑤ 혹은 스스로 음미하면서 읽거나, ⑥ 혹은 다시 받아들이고(領受), ⑦ 받아들이고 나서는 큰 소리로 암송하고, ⑧ 혹은 다시 남에게 자세하게 설해서 열어 보이고, ⑨ 홀로 한적한 곳에서 사유하고, ⑩ 관찰한 것을 따라 수행한다."라고 한 것과 같다 『瑜伽師地論』 권74(T30, 706c23) 참조.

의 조반이라 하였다.

역力바라밀은 정려바라밀을 도와주는 조반이다. 보살은 수승한 의요意樂와 승해勝解를 획득함으로써 내심에 머무는 정려바라밀을 잘 감당할 수 있는데, 여기서 '역'이라 한 것은 바로 수승한 의요와 승해를 가리킨다. 따라서 '역'은 정려의 조반이라 하였다.

지智바라밀은 반야바라밀을 도와주는 조반이다. 문혜聞慧·사혜思慧·수혜修惠를 잘 닦음으로써 정려를 일으킬 수 있다면, 출세간적인 반야의 지혜를 이끌어 낼 수 있다. 따라서 '지'는 반야의 조반이라 하였다.

차례

해심밀경소解深密經疏 해제 / 5
지바라밀다품地波羅蜜多品 해제 / 21
일러두기 / 48

제7편 지바라밀다품地波羅蜜多品

제1장 품명을 해석함 50

제2장 품의 내의來意를 설명함 54

제3장 경문에 따라 바로 해석함 55
  1. 정설분正說分 55
    1) 장행으로 자세히 해석함 55
      (1) 모든 지地를 자세히 설명함 55
        ① 네 종류 청정淸淨 및 열한 가지 분분에 의거해서 모든 지地를 분별함 55
          가. 보살의 청문 55
          나. 여래의 정설 59
            가) 간략한 대답 59
            나) 자세한 해석 60
              (가) 네 종류 청정이 모든 지地를 포괄함에 대해 해석함 60
                ㉮ 질문 60
                ㉯ 대답 61
                  a. 해석 61
                  b. 결론 69
              (나) 열한 종류 분분이 모든 지地를 포괄함에 대해 설명함 70
                ㉮ 질문 70
                ㉯ 대답 72
                  a. 질문에 따라 바로 답함 72

a) 초분初分이 극희지極喜地를 포괄함을 밝힘 ········ 72
　　　(a) 지전地前에 후행後行의 인因을 닦음을 밝힘 ········ 72
　　　(b) 자분自分이 원만해짐을 밝힘 ········ 78
　　b) 제2분이 이구지離垢地를 포괄함을 밝힘 ········ 83
　　　(a) 초분의 후행後行이 원만하지 않음을 밝힘 ········ 83
　　　(b) 자분을 부지런히 닦아 원만해지게 함을 밝힘 ········ 84
　　c) 제3분이 발광지發光地를 포괄함을 밝힘 ········ 86
　　　(a) 제2지의 후행이 원만하지 못함을 밝힘 ········ 86
　　　(b) 자분을 부지런히 닦아 원만해지게 함을 밝힘 ········ 99
　　d) 제4분이 염혜지燄慧地를 포괄함을 밝힘 ········ 100
　　　(a) 제3지의 후행이 원만하지 않음 ········ 101
　　　(b) 자기 지地를 부지런히 닦아 원만해지게 함을 밝힘 ········ 102
　　e) 제5분이 극난승지極難勝地를 포괄함을 밝힘 ········ 103
　　　(a) 제4지의 후행이 원만하지 못함을 밝힘 ········ 103
　　　(b) 자기 지를 수습해서 원만해짐을 밝힘 ········ 105
　　f) 제6분이 현전지現前地를 포괄함을 밝힘 ········ 107
　　　(a) 제5지의 후행이 원만하지 못함을 밝힘 ········ 107
　　　(b) 자기 지를 수습해서 원만해짐을 밝힘 ········ 108
　　g) 제7분이 원행지遠行地를 포괄함을 밝힘 ········ 110
　　　(a) 제6지의 후행이 원만하지 않음을 밝힘 ········ 110
　　　(b) 자기 지를 수습해서 원만해짐을 밝힘 ········ 111
　　h) 제8분이 부동지不動地를 포괄함을 밝힘 ········ 113
　　　(a) 제7분의 후행이 원만하지 않음을 밝힘 ········ 113
　　　(b) 자기 지를 수습해서 원만해짐을 밝힘 ········ 114
　　i) 제9분이 선혜지善慧地를 포괄함을 밝힘 ········ 115
　　　(a) 제8분의 후행이 원만하지 않음을 밝힘 ········ 116
　　　(b) 자기 지를 수습해서 원만해짐을 밝힘 ········ 117
　　j) 제10분이 법운지法雲地를 포괄함을 밝힘 ········ 120
　　　(a) 제9분의 후행이 원만하지 않음을 밝힘 ········ 120
　　　(b) 자분을 수습해서 원만해짐을 밝힘 ········ 121
　　k) 제11분이 불지佛地를 포괄함을 밝힘 ········ 123

　　　　(a) 제10분의 후행이 원만하지 않음을 밝힘 ········ 123
　　　　(b) 자분을 수습해서 원만해짐을 밝힘 ········ 124
　　　b. 총결지음 ········ 126
② 지명地名의 의미를 해석함 ········ 127
　가. 질문 ········ 127
　나. 대답 ········ 127
　　가) 극희지極喜地 ········ 127
　　나) 이구지離垢地 ········ 130
　　다) 발광지發光地 ········ 133
　　라) 염혜지焰慧地 ········ 135
　　마) 난승지難勝地 ········ 138
　　바) 현전지現前地 ········ 141
　　사) 원행지遠行地 ········ 143
　　아) 부동지不動地 ········ 146
　　자) 선혜지善慧地 ········ 149
　　차) 법운지法雲地 ········ 152
　　카) 불지佛地 ········ 160
③ 스물두 종류 우치愚痴에 의거해서 모든 지地를 분별함 ········ 164
　가. 질문 ········ 164
　나. 대답 ········ 166
　　가) 총괄적 표명 ········ 166
　　나) 따로따로 해석함 ········ 167
　　　(가) 초지初地의 우치와 추중 ········ 167
　　　(나) 이구지의 장애 ········ 172
　　　(다) 발광지의 장애 ········ 174
　　　(라) 염혜지의 장애 ········ 175
　　　(마) 난승지의 장애 ········ 178
　　　(바) 현전지의 장애 ········ 179
　　　(사) 원행지의 장애 ········ 180
　　　(아) 부동지의 장애 ········ 182
　　　(자) 선혜지의 장애 ········ 184

(차) 법운지의 장애 ········ 186
(카) 여래지의 장애 ········ 187
다) 우치愚癡를 설한 뜻을 나타냄 ········ 188
(가) 우치를 설한 뜻을 밝힘 ········ 189
(나) 보리가 모든 계박을 떠났음을 찬탄함 ········ 189
㉮ 부처님께서 설하심 ········ 189
㉯ 보살이 찬탄함 ········ 190
a. 총괄해서 찬탄함 ········ 190
b. 따로따로 찬탄함 ········ 191
④ 여덟 종류 수승殊勝에 의거해서 모든 지地를 분별함 ········ 192
가. 보살의 청문 ········ 192
나. 여래의 정설 ········ 192
가) 개수를 표시하며 간략히 답함 ········ 192
나) 개수에 따라 이름을 나열함 ········ 193
다) 지地에 의거해서 그 수승함과 하열함의 정도를 분별함 ········ 221
(가) 여덟 종류 수승殊勝에 의거해서 그 수승함과 하열함을 설명함 ········ 221
(나) 그 밖의 공덕에 의거해서 그 수승함과 하열함을 설명함 ········ 223
㉮ 수승함과 하열함을 밝힘 ········ 223
㉯ 위가 있는 것과 위가 없는 것의 차별을 밝힘 ········ 224
⑤ 수승한 생生에 의거해서 모든 지地를 분별함 ········ 226
가. 보살의 질문 ········ 226
나. 여래의 정설 ········ 226
가) 개수를 표시하며 간략히 답함 ········ 226
나) 네 가지 인연을 따로 해석함 ········ 227
⑥ 세 가지 원願에 의거해서 모든 지地를 분별함 ········ 230
가. 보살의 질문 ········ 230
나. 여래의 정설 ········ 232
가) 개수를 표시하며 간략히 답함 ········ 232
나) 네 가지 인연을 따로따로 해석함 ········ 232
(가) 첫 번째 연 ········ 233
(나) 두 번째 연 ········ 233

　　　　(다) 세 번째 연 233
　　　　(라) 네 번째 연 234
　　　다) 네 가지 연에 대해 총결지음 235
　(2) 십도十度를 자세히 설명함 235
　　① 배워야 할 것(所學)의 종류 수를 밝힌 문 235
　　　가. 질문 235
　　　나. 대답 237
　　　　가) 개수를 표시하며 간략히 답함 237
　　　　나) 개수에 따라 이름을 나열함 238
　　② 육도六度와 삼학三學 간의 상섭相攝을 분별한 문 246
　　　가. 청문 246
　　　나. 대답 246
　　③ 복덕·지혜의 자량을 분별한 문 254
　　　가. 청문 254
　　　나. 대답 255
　　④ 오상五相으로 육도六度의 수학을 밝힌 문 262
　　　가. 청문 262
　　　나. 대답 263
　　　　가) 표장으로서 개수를 듦 263
　　　　나) 차례로 오상을 따로 해석함 263
　　　　　(가) 대승의 가르침을 신해함 264
　　　　　(나) 열 종류 법행法行을 수행함 265
　　　　　(다) 보리심을 수호함 268
　　　　　(라) 선지식을 가까이함 268
　　　　　(마) 무간으로 선법을 닦음 271
　　⑤ 모든 도度의 수에 증감이 없음을 밝힌 문 273
　　　가. 육도六度의 수에 증감이 없음을 밝힘 274
　　　　가) 청문 274
　　　　나) 정설 274
　　　　　(가) 개수를 표시하며 간략히 답함 274
　　　　　(나) 두 가지 인여을 따로 서술함　275

(다) 두 가지 인연에 배속시킴 ········ 276
　　　(라) 따로 해석함 ········ 276
　　　　㉮ 앞의 세 가지 도는 유정에게 요익을 주는 것임을 밝힘 ········ 276
　　　　㉯ 뒤의 세 가지 도는 번뇌를 대치시키는 것임을 밝힘 ········ 278
　나. 사도四度의 수에 증감이 없음을 밝힘 ········ 286
　　가) 청문 ········ 286
　　나) 정설 ········ 287
　　　(가) 총괄해서 답함 ········ 287
　　　(나) 따로 해석함 ········ 288
　　　　㉮ 방편도方便度가 앞의 세 가지 도를 도와줌을 밝힘 ········ 288
　　　　　a. 해석 ········ 289
　　　　　b. 결론 ········ 290
　　　　㉯ 원도願度가 정진精進을 도와줌을 밝힘 ········ 290
　　　　　a. 해석 ········ 290
　　　　　　a) 원을 일으킨 이유를 밝힘 ········ 291
　　　　　　b) 원이 정진을 도와줌을 밝힘 ········ 292
　　　　　　　(a) 원을 일으킴 ········ 292
　　　　　　　(b) 원이 정진을 도와줌 ········ 293
　　　　　b. 결론 ········ 294
　　　　㉰ 역도力度가 정려靜慮를 도와주는 것을 해석함 ········ 294
　　　　　a. 해석 ········ 294
　　　　　　a) 역도를 해석함 ········ 294
　　　　　　b) 역이 정려를 도와줌 ········ 298
　　　　　b. 결론 ········ 298
　　　　㉱ 지도智度가 반야를 도와줌을 밝힘 ········ 298
　　　　　a. 해석 ········ 299
　　　　　　a) 지도를 해석함 ········ 299
　　　　　　b) 지도가 반야를 도와줌을 밝힘 ········ 300
　　　　　b. 결론 ········ 300
⑥ 육도六度의 차례를 분별한 문 ········ 301
　가. 청문 ········ 301

나. 대답 302
　　　가) 표장으로서 간략히 답함 302
　　　나) 종지에 의거해서 해석함 303
　　　다) 총결 304
⑦ 육도六度의 품류의 차별을 밝힌 문 308
　가. 청문 308
　나. 대답 308
　　가) 총괄해서 표명함 308
　　나) 차례대로 따로 해석함 310
　　　(가) 보시布施의 세 가지 품 310
　　　(나) 계戒의 세 가지 품 313
　　　(다) 인忍의 세 가지 품 317
　　　(라) 정진精進의 세 가지 품 320
　　　(마) 정려靜慮의 세 가지 품 323
　　　(바) 혜慧의 세 가지 품 328
⑧ 바라밀다라는 이름을 얻은 이유를 밝힌 문 332
　가. 청문 332
　나. 대답 333
　　가) 표장으로서 개수를 둠 333
　　나) 개수에 의거해서 이름을 나열함 334
　　다) 차례대로 따로 해석함 335
　　　(가) 집착이 없는 모습 335
　　　(나) 돌아보며 연연하지 않는 모습 337
　　　(다) 죄의 허물이 없는 모습 340
　　　(라) 분별이 없는 모습 342
　　　(마) 바르게 회향하는 모습 343
　　라) 난점을 따라가며 거듭 해석함 349
　　　(가) 문답으로 바라밀다와 상위하는 사事에 대해 분별함 349
　　　　㉮ 청문 349
　　　　㉯ 대답 350
　　　　　a. 표장으로 개수를 둠 350

b. 차례대로 따로 해석함 ……… 351
　　　　a) 시도施度와 상위하는 사事 ……… 351
　　　　b) 계도戒度와 상위하는 사事 ……… 354
　　　　c) 인도忍度와 상위하는 사事 ……… 354
　　　　d) 정진도精進度와 상위하는 사事 ……… 355
　　　　e) 정도定度와 상위하는 사事 ……… 356
　　　　f) 혜도慧度와 상위하는 사事 ……… 357
　　(나) 모든 과果의 이숙異熟을 분별함 ……… 358
　　　㉮ 청문 ……… 358
　　　㉯ 대답 ……… 358
　　　　a. 표장으로서 개수를 듦 ……… 358
　　　　b. 차례대로 따로 해석함 ……… 359
　　(다) 바라밀다의 간간의 잡염법을 분별함 ……… 363
　　　㉮ 청문 ……… 363
　　　㉯ 정설 ……… 363
　　　　a. 개수를 표시하며 간략히 답함 ……… 364
　　　　b. 차례대로 따로 해석함 ……… 364
　　　　c. 난점을 따라 거듭 해석함 ……… 366
　　(라) 그릇된 방편행에 대해 해석함 ……… 367
　　　㉮ 청문 ……… 368
　　　㉯ 대답 ……… 368
　　　㉰ 징문 ……… 369
　　　㉱ 해석 ……… 369
　　　㉲ 비유 ……… 370
　　　㉳ 결합 ……… 370
⑨ 육도六度의 청정淸淨의 개수를 밝힌 문 ……… 371
　가. 청문 ……… 371
　나. 대답 ……… 372
　　가) 청정은 오상五相을 떠나지 않음을 밝힘 ……… 372
　　나) 오상에 의거해서 총總·별別의 일곱 가지 상을 설했음을 밝힘 ……… 373
　　　(가) 총괄해서 답함 ……… 373

(나) 따로 해석함 374
　㉮ 총체적인 일곱 가지 상相을 해석함 374
　　a. 표장으로서 개수를 듦 374
　　b. 문답으로 따로 해석함 375
　　　a) 총괄해서 물음 375
　　　b) 일곱 가지 상을 따로 해석함 375
　　　　(a) 첫 번째 상 375
　　　　(b) 두 번째 상 376
　　　　(c) 세 번째 상 376
　　　　(d) 네 번째 상 377
　　　　(e) 다섯 번째 상 377
　　　　(f) 여섯 번째 상 378
　　　　(g) 일곱 번째 상 378
　㉯ 개별적인 일곱 가지 상을 해석함 379
　　a. 표장으로서 개수를 듦 379
　　b. 문답으로 따로 해석함 379
　　　a) 총괄해서 물음 379
　　　b) 개별적 해석 380
　　　　(a) 시施의 일곱 가지 상 380
　　　　　ⓐ 일곱 종류 깨끗한 상을 일으킴을 총괄해서 표명함 380
　　　　　ⓑ 일곱 종류 상을 따로 해석함 380
　　　　　ⓒ 일곱 종류 상에 대해 총결지음 382
　　　　(b) 계戒의 일곱 가지 상 384
　　　　　ⓐ 해석 384
　　　　　　ㄱ. 두 가지 상을 잘 요지함을 밝힘 384
　　　　　　ㄴ. 다섯 가지 상으로 수지受持를 바로 나타냄 385
　　　　　ⓑ 결론 388
　　　　(c) 인忍의 일곱 가지 상 388
　　　　　ⓐ 해석 388
　　　　　　ㄱ. 첫 번째 상 389
　　　　　　ㄴ. 두 번째 상 390

ㄷ. 세 번째 상 392

ㄹ. 네 번째 상 393

ㅁ. 다섯 번째 상 394

ㅂ. 여섯 번째 상 395

ㅅ. 일곱 번째 상 395

ⓑ 결론 396

(d) 정진精進의 일곱 가지 상 397

ⓐ 해석 397

ㄱ. 첫 번째 상 397

ㄴ. 두 번째 상 400

ㄷ. 뒤의 다섯 가지 상 401

ⓑ 결론 404

(e) 정려靜慮의 일곱 가지 상 405

ⓐ 해석 405

ㄱ. 초반부 세 종류 정려의 상 405

ㄴ. 네 번째, 다섯 번째, 여섯 번째 상 406

ㄷ. 일곱 번째 상 407

ⓑ 결론 409

(f) 혜慧의 일곱 가지 상 409

ⓐ 해석 409

ㄱ. 첫 번째 상 409

ㄴ. 두 번째 상 413

ㄷ. 세 번째 상 417

ㄹ. 네 번째 상 417

ㅁ. 다섯 번째 상 418

ㅂ. 여섯 번째 상 422

ㄱ) 경계를 들어 지혜를 나타냄 422

ㄴ) 세 가지 이유로 지혜를 성립시킴 423

ㅅ. 일곱 번째 상 425

ⓑ 결론 427

⑩ 오상五相의 오업五業을 분별한 문 427

가. 청문 427
　　　나. 대답 428
　　　　가) 총괄해서 답함 428
　　　　나) 따로 해석함 429
　　　　　(가) 무염착상無染著相의 작용 429
　　　　　(나) 무고연상無顧戀相의 작용 429
　　　　　(다) 무죄상無罪相의 작용 430
　　　　　(라) 무분별상無分別相의 작용 431
　　　　　(마) 정회향正迴向의 작용 432
　⑪ 가장 광대함(最廣大) 등의 오상五相을 밝힌 문 433
　　　가. 청문 433
　　　나. 대답 434
　　　　가) 오상을 두 종류로 분류함 434
　　　　　(가) 가장 광대한 상 434
　　　　　(나) 염오가 없는 상 435
　　　　나) 지위에 의거해서 뒤의 세 종류를 해석함 435
　　　　　(가) 밝고 치성한 상 435
　　　　　(나) 동요될 수 없는 상 436
　　　　　(다) 가장 청정한 상 437
　⑫ 육도六度의 인과가 다함없음을 밝힌 문 438
　　　가. 청문 438
　　　나. 대답 439
　⑬ 도度를 좋아하지만 도과度果를 좋아하지 않음을 밝힌 문 441
　　　가. 청문 441
　　　나. 대답 442
　　　　가) 표장으로서 개수를 듦 442
　　　　나) 차례대로 따로 해석함 442
　⑭ 모든 도의 위덕의 종류 수를 밝힌 문 443
　　　가. 청문 444
　　　나. 대답 444
　　　　가) 표장으로서 개수를 듦 444

나) 차례대로 따로 해석함 ······· 445
　　　　(가) 첫 번째 위덕 ······· 445
　　　　(나) 두 번째 위덕 ······· 446
　　　　(다) 세 번째 위덕 ······· 447
　　　　(라) 네 번째 위덕 ······· 447
⑮ 모든 바라밀의 인과因果와 이익(義利)을 밝힌 문 ······· 448
　가. 청문 ······· 448
　나. 대답 ······· 449
⑯ 중생의 자업自業의 과실을 밝힌 문 ······· 449
　가. 청문 ······· 450
　나. 대답 ······· 450
　　가) 법法 ······· 450
　　　(가) 순석順釋 ······· 450
　　　(나) 반해反解 ······· 451
　　나) 비유(喩) ······· 454
　　다) 결합(合) ······· 461
⑰ 반야로 법무성法無性을 취하는 것에 대해 밝힌 문 ······· 465
　가. 청문 ······· 465
　나. 대답 ······· 465
　다. 힐난 ······· 466
　라. 회통 ······· 467
　　가) 반해 ······· 467
　　나) 순석 ······· 468
　　다) 숨겨진 힐난(伏難)을 회통시킴 ······· 469
　마. 결론 ······· 471
⑱ 세 종류 바라밀다를 밝힌 문 ······· 471
　가. 청문 ······· 471
　나. 대답 ······· 472
　　가) 첫 번째 질문에 대한 해석 ······· 472
　　나) 두 번째 질문에 대한 해석 ······· 474
　　다) 세 번째 질문에 대한 해석 ······· 475

(3) 지地에 의거해 일으킨 도度가 대치시키는 장애를 따로 해석함 478
　① 수면隨眠의 종류 수 478
　　가. 청문 478
　　나. 대답 480
　　　가) 개수를 표시하며 간략히 답함 480
　　　나) 차례대로 따로 해석함 481
　　　　(가) 해반수면害伴隨眠 481
　　　　(나) 이열수면羸劣隨眠 484
　　　　(다) 미세수면微細隨眠 485
　② 추중麤重의 단멸에 의해 현시되는 것 488
　　가. 청문 488
　　나. 대답 502
　　　가) 개수를 표시하며 간략히 답함 502
　　　나) 두 종류를 따로 해석함 503
　　　　(가) 두 종류 추중을 끊음에 의해 현시되는 수면을 해석함 503
　　　　(나) 골추중을 끊음에 의해 수면이 별도로 현시되는 것은 아님 505
　③ 추중을 끊는 데 걸리는 시간 508
　　가. 청문 508
　　나. 대답 509
　④ 보살 번뇌의 공덕과 과실을 분별함 526
　　가. 청문 526
　　나. 대답 526
　　　가) 첫 번째 질문에 대한 대답 526
　　　　(가) 이름을 표시하며 간략히 답함 526
　　　　(나) 반힐反詰 527
　　　　(다) 해석 527
　　　　(라) 결론 528
　　　나) 두 번째 질문에 대한 대답 529
　　　다) 세 번째 질문에 대한 대답 531
　　　　(가) 여래의 대답 531
　　　　(나) 보살의 찬탄 533

　　　　　㉠ 불佛의 공덕에 대한 찬탄 ········ 533
　　　　　㉡ 보살의 공덕에 대한 찬탄 ········ 534
　　(4) 불여래佛如來께서 일승一乘을 설한 뜻을 설명함 ········ 538
　　　① 청문 ········ 538
　　　② 정설 ········ 538
　　　　가. 밀의密意를 바로 해석함 ········ 538
　　　　나. 미혹한 자가 잘못 집착함을 밝힘 ········ 540
　　　　　가) 증익增益과 손감損減에 대해 밝힘 ········ 540
　　　　　나) 쟁론을 일으킴을 밝힘 ········ 541
　　　　다. 밀의에 대해 결론지음 ········ 543
　2) 게송으로 간략히 설함 ········ 544
　　(1) 게송의 발기 ········ 544
　　(2) 게송을 바로 설함 ········ 544
　　　① 처음의 한 송 : 지도地度 ········ 544
　　　② 다음의 두 송 : 일승一乘 ········ 546
2. 의교봉지분依敎奉持分 ········ 549
　1) 청문 ········ 549
　2) 대답 ········ 549
　　(1) 배우고 받들어 지니라고 권함 ········ 549
　　(2) 교敎를 설한 수승한 이익을 밝힘 ········ 550

찾아보기 / 553

일러두기

1 '한글본 한국불교전서'는 문화체육관광부의 지원을 받아 동국대학교 불교학술원에서 수행하고 있는 '불교기록문화유산아카이브사업(ABC)'의 결과물을 출간한 것이다.
2 이 책의 번역은 『한국불교전서』(동국대학교출판부 간행) 제1책의 『해심밀경소解深密經疏』를 저본으로 하였다.
3 본 역서의 차례는 저자 원측圓測의 과목 분류에 의거해서 역자가 임의로 넣은 것이다.
4 본 역서에서는 시각적 효과를 고려하여 『해심밀경』 본문과 원측의 해석을 경과 석으로 구분하였다. 다시 원측의 해석에 나온 '問曰'은 문으로, '答曰'은 답으로, '解云과 又解云'은 해로, '論曰'은 논으로, '頌曰'은 송 등으로 처리하였다.
5 원문의 협주夾註는 【 】로 표시하였다.
6 『해심밀경』의 경문을 가리키거나 혹은 다른 경론의 문장을 그대로 직접 인용한 경우는 " "로 처리하였고, 그 밖에 출전의 문장을 요약·정리해서 인용하거나 출처가 확인되지 않는 학설을 진술한 경우는 ' '나 〈 〉로 묶어 주었다.
7 인용문에 나오는 '乃至廣說'이나 '乃至'가 문장의 생략을 뜻하는 경우, 인용문의 중간에 있으면 '······중간 생략······'으로, 문장의 끝에 있으면 '······이하 생략······'으로 처리하였다.
8 음역어는 현재의 한문 발음대로 표기하였다.
9 번역문에 이어 원문을 병기하였다. 원문은 『한국불교전서』를 저본으로 했으며, 띄어쓰기를 표시하기 위해 온점(。)을 사용하였다.
10 본 역서에서는 『해심밀경소』의 모든 인용문들에 대해 출전을 찾아서 확인·대조해서 원문 아래 별도의 교감주를 달았다. ㉠은 『한국불교전서』에 이미 교감된 내용이고, ㉡은 역주자가 새로 교감한 것이다.
   1) 원문을 그대로 직접 인용하였고 그 출전이 현존하는 경우, 원전과 대조해서 글자의 출입이 있거나 오탈자와 잉자剩字로 확인되면 원문 교감주에 표기하였다.
   2) 요약·정리된 인용문들이나 저자의 해석문 중에 전후 문맥상 오탈자나 잉자라고 여겨지면 교감주에 표시하였다.
   3) 『한국불교전서』의 교감주에서 발견되는 오류도 역자 교감주에 따로 표시하였다.
11 역주에서 소개한 출전은 약호로 표기하였다. T는 『대정신수대장경大正新脩大藏經』, X는 『신찬대일본속장경新纂大日本續藏經』, H는 『한국불교전서韓國佛敎全書』의 약자이다.

제7편
지바라밀다품
地波羅蜜多品

해심밀경소 권8【경본 제4】
서명사 사문 원측이 찬술하다
지바라밀다품 제7

解深密經疏卷第八【經本第四】¹⁾
西明寺沙門 圓測撰
地波羅蜜多品第七
1) ㉾ 저본에 제명題名과 찬호撰號와 품차品次가 빠졌기에 지금 그것을 추가하였다.

《*장차 이 품을 해석하면서 세 문으로 분별하겠다. 첫째로 품명의 뜻을 해석하고, 둘째로 품의 내의來意를 설명하며,** 셋째로 경문에 따라 바로 해석한다.

《¹⁾將釋此品三門分別。一釋品名義。二辨品來意。三依文正釋。

1) ㉾ '品題 하에 疏文이 결실되어 유감이다.'(底本의 註). 《 》 안은 稻葉正就씨가 西藏譯에 의거해서 복원한 문장이다.(『圓測解深密經疏散逸部分之研究』 一頁에서 二頁까지)

---

* 『解深密經疏』「地波羅蜜多品」의 서두의 일부분이 일실되었다. 『韓國佛敎全書』에 실린 원문은 이나바 쇼쥬(稻葉正就)의 『圓測解深密經疏散逸部分之研究』의 복원문에 의거해서 그 일실 부분을 보입한 것이다. 이하의 《將釋此品三門分別……二者依他起度是別相門故在後說》의 내용은 이나바의 복원문에 해당한다. 단, 역자가 전후 문맥을 참고하여 복원문의 글자를 조금 수정하였고, 수정 내용은 교감주에 표시하였다.
** '品의 來意를 설명한다'는 것은 경문 전체의 구조 안에서 이 「地波羅蜜多品」이 「分別瑜伽品」 뒤에 배치된 뜻이 무엇인지를 설명한 것이다.

제1장 품명을 해석함

품의 이름을 해석하겠다.

범음 '보미步彌(S) bhūmi)'는 '지地'라고 번역한다. 말하자면 극희지極喜地 등 열한 개의 지는 '생한다(生)'는 등의 의미를 갖추고 있기 때문에 '지'라고 이름한 것이다.

그런데 이 '지'의 뜻에 대해 여러 교敎에서의 여러 설들이 같지 않다.

한편에서는 한 가지 의미로 '지'라는 이름을 설명한다. 예를 들면 『인왕경』에서 "이치를 깨달아 가는 반야를 '주住'라고 하고, '주'가 덕행을 생하는 것을 '지地'라고 하네."[1]라고 하였다. 『십주론』 제1권에서는 '(보살의) 선근의 계급階級과 주처住處를 지라고 한다'라고 하였다.[2] 무성의 『섭대승론석』 제7권에서는 "법무아지法無我智의 분위分位를 지라고 한다."[3]라고 하였다. 『유가사지론』에서는 '열반을 섭지攝持하는 것을 지라고 한다'라고 하였다.[4]

한편에서는 두 가지 의미로 '지'라는 이름을 해석한다. 예를 들어 『본업경』에서는 말하길, 불지佛地란 천 아승기 공덕을 지니고 있기 때문에, 또한 일체의 인과를 생성시킨다고도 하기 때문에,[5] '지'라고 이름한다고 하

---

1 구마라집 역 『仁王般若波羅蜜經』 권1(T8, 827b25).
2 『十住毘婆沙論』 권1(T26, 23a4) 참조.
3 무성無性의 『攝大乘論釋』 권7(T31, 423b16).
4 『瑜伽師地論』에는 이와 정확하게 일치하는 문장은 없고, 다만 같은 책 권47(T30, 556b15)에 "如其次第。從極歡喜住乃至最上成滿菩薩住。應知此中。由能攝持菩薩義故。說名爲地."라는 구절이 있다.
5 이나바 쇼쥬의 복원문은 "持千阿僧祇功德故名生。成一切因果故名地."라고 되어 있는

였다.⁶ 『성유식론』 제9권에서는 "닦아야 할 행(所修行)에 대해서 수승한 의지依持가 되어 줌으로써 생하고(生) 자라게(長) 할 수 있기 때문에 '지'라고 한다."⁷라고 하였다. 의지가 되어 주기 때문에 '생한다(生)'라고 하였고, 섭지할 수 있기 때문에 '자란다(長)'라고 한 것이다.

한편에서는 세 가지 의미로 '지'라는 이름을 해석한다. 예를 들어『불지론』 제1권에서는 말한다. 〈'지地'란 소의所依와 소행所行과 소섭所攝을 말하니, 즉 진여, 사지四智, (그 지가) 수용하고 화합하는 한맛의 사事 등은 부처님의 소의이고 소행이며 소섭이기 때문에 '불지佛地'라고 이름한다.⁸〉

(해) '소의'란 진여이다. '소행'이란 네 가지 지혜를 말하니, 소행을 갖추기 때문이다.⁹ '소섭'이란 사지와 상응하는 심·심소 등이다.

데, 문장의 대구는 명료하지만 전후 문맥상 의미가 통하지 않는다. 원측은 '地'에 대한 다양한 해석을 소개하면서, 이전의 단락에서는 '生' 혹은 '持' 중 어느 한 가지 의미로만 해석하는 사례를 소개하였다. 지금 이곳에서는 그 두 가지 의미에 모두 의거하여 해석하는 사례로서『本業經』과『成唯識論』을 인용한 듯하다.『菩薩瓔珞本業經』권2(T24, 1017c22)의 원문은 "地名持. 持一切百萬阿僧祇功德. 亦名生成一切因果故名地."이고, 옛 주석가들은 대개 이 경문은 '持'와 '生成'이라는 두 가지 의미로 해석한 것이라 간주한다. 마찬가지로 뒤의『成唯識論』 인용문에서도 '持(依持, 攝持)'와 '生長'이라는 두 가지 의미로 해석한다. 이상의 사항들을 참조해서 위의 이나바의 복원문의 끊어 읽기를 "持千阿僧祇功德故. 名生成一切因果故. 名地."로 바꾸었다.

6 『菩薩瓔珞本業經』 권2(T24, 1017c21) 참조.
7 『成唯識論』 권9(T31, 51b6).
8 '불지佛地'라 한 것에서 '지地'의 다양한 의미를 설명하였다. '소의所依'란 부처님의 의지처, 즉 진여眞如를 말한다. '소행所行'이란 본래 인식 영역 혹은 범위를 뜻하지만, 여기서는 '인식 영역을 갖고 있는 것(有所行)', 즉 대원경지大圓鏡智·평등성지平等性智·묘관찰지妙觀察智·성소작지成所作智 등의 사지四智를 가리킨다. '소섭所攝'이란 앞의 사지와 상응해서 일어나는 '한맛의 사' 즉 심·심소법들을 가리킨다. 이와 같은 진여, 네 가지 지智, 그 지의 상응법들은 부처님의 의지처이고, 부처님의 지혜이며, 그 불지佛智와 화합하는 것이기 때문에 모두 총칭해서 '지地'라고 했다는 것이다.『佛地經論』 권1(T26, 291b14) 참조.
9 '소행을 갖는 것(有所行)' 혹은 '소행을 갖추는 것(具所行)'을 간단히 '소행'이라 칭했다는 것이다. 앞서 말했듯, 소행이란 인식 영역을 뜻하고 '소행을 갖는 것'이란 지혜를 뜻한다.

한편에서는 네 가지 의미로 '지'라는 이름을 해석한다. 예를 들어 『유가사지론석』에서는 말한다. "'지'란 경계境界와 소의所依와 소행所行과 소섭所攝의 뜻이다. 이는 유가사瑜伽師가 다니는 경계(所行境界)이기 때문에 '지'라고 하니, 마치 용마지龍馬地(용마를 가둬 놓은 땅)라고 하는 것과 같다. 오직 여기서만 다니고 밖으로 나가지 않기 때문이다. 혹은 유가사는 이 처소에 의지해서 자기 법(自法)을 증장시키기 때문에 '지'라고 하니, 마치 가색지稼穡地(농사짓는 땅)라고 하는 것과 같다. 혹은 유가사의 지地에 속하는 지智가 이에 의지해서 현행하고 이에 의지해서 증장하기 때문에 '지'라고 하니, 마치 진보지珍寶地(진귀한 보물이 묻힌 땅)라고 하는 것과 같다. 혹은 유가사는 이곳에서 행하면서 자기 법들을 수용하기 때문에 '지'라고 하니, 마치 우왕지牛王地(소가 풀 뜯는 땅)라고 하는 것과 같다."[10] 구체적으로 설하면 그 논과 같다. 자세하게 분별하면, 예를 들어 『장엄경론』과 양梁『섭대승론석』과 『불지경론』 등의 설명과 같으니, 알 수 있을 것이다.

이와 같이 여러 설명이 다른 까닭은, 마치 세간의 '땅(地)'처럼 위에서 말한 여러 가지 의미를 갖고 있는 것을 비유를 따라 이름을 건립하여 '지'라고 하였기 (때문이다.)

범음 '바라밀다波羅蜜多(Ⓢ pāramitā)'는 '도度'라고 번역된다. 보시 등의 힘에 의해서 생사의 이 언덕에서 열반의 저 언덕에 이르기 때문에 '도'라고 이름한 것이다.

이 품에서 모든 지 및 바라밀다에 대해 자세히 설명하기 때문에 '지바라밀다품'이라고 하였다.

釋品名者。梵音步彌。翻名爲地。謂極喜地等十一地。具生等義。故名爲地。
然此地義。諸敎中諸說不同。一者以一義說地名。如仁王經云。入理般若名

---

10 『瑜伽師地論釋』 권1(T30, 884c22).

爲住。住生德行名爲地。十住論第一卷云。善根階級住處名地。無性攝論第七卷云。法無我智分位名地。瑜伽論說。攝持涅槃故名爲地。一者以二義釋地名。如本業經云。佛地者。持千阿僧祇功德故。名生成一切因果故。名地。成唯識論第九卷云。與所修行。爲勝依持。令得生長。故名爲地。爲依持故名生。能攝持故名長。一者以三義釋地名。如佛地論第一卷云。地謂所依所行所攝。卽眞如四智。受用和合一味等事。是佛所依所行所攝。故名佛地。所衣者眞如。所行者四智。具所行故。所攝者四智相應心心所等。一者以四義釋地名。如瑜伽釋論云。地謂境界。所依所行。或所攝義。是瑜伽師所行境界。故名爲地。如龍馬地。唯此中行。不出外故。或瑜伽師。依此處所。增長自[1)]法。故名爲地。如稼穡地。或瑜伽師地所攝智。依此現行。依此增長。故名爲地。如珍寶地。或瑜伽師。行在此中。受用自[*]法。故名爲地。如牛王地。具說如彼。若廣分別。如莊嚴經論。梁攝論釋。及佛地論等說。可知。所以如是諸說異者。如世間地。具上說諸義。從喩立名。故說爲地。梵音波羅蜜多。翻爲度。依施等力。從生死此岸。到涅槃彼岸。故名爲度。於此品中。廣說諸地及波羅蜜多。故言地波羅蜜多品。

---

1) ㉑『瑜伽師地論釋』권1(T30, 884c28)에 '白'이라 되어 있고, 그 밖의『瑜伽論』주석서들에 대개 '自'로 되어 있다. 후자를 따랐다. 이하 동일.

제2장 품의 내의來意를 설명함

내의來意(이 품을 여기에 둔 뜻)를 설명하겠다.

무등행無等行을 밝힌 곳에서 두 가지 의미를 설명하는데, 처음에는 지관止觀을 설명하고, 나중에는 지도地度(지바라밀다)를 설명한다. 이상으로 이미 지관을 다 해석하였으니, 이하에서는 두 번째로 지도의 문을 해석하겠다.

관행을 닦는 문을 말하자면, 이에 두 종류가 있다. 첫째, 지止에 의지해서 관觀을 일으키는 것은 (관행의) 총체적 모습의 문(總相門)이기 때문에 먼저 설한다. 둘째, 지地에 의지해서 도度를 일으키는 것은 (관행의) 개별적 모습의 문(別相門)이기 때문에 나중에 설한다.》[11] 혹은 지관止觀은 간략하므로 먼저 설하였고, 지地에 의지해서 도度를 일으키는 것은 자세하므로 나중에 해석했다고 볼 수도 있다.

내의를 이미 설했으므로 이제 (경문을 바로) 해석하겠다.

辨來意者。就無等行上明兩義。初明止觀。後明地度。上來已釋止觀訖。自下第二釋地度門。謂修觀行門。此有二種。一者依止度[1]起觀。是總相門。故在先說。二者依地起度。是別相門。故在後說。》或可止觀。略故先說。依地起度。廣故後釋。來意已說。今當釋。

1) 옘 '度'는 잉자인 듯하다.

---

[11] 앞의 과목에서부터 여기까지 진술된 《 》안의 문장은 이나바의 복원문이다.

제3장 경문에 따라 바로 해석함

1. 정설분正說分

1) 장행으로 자세히 해석함

(1) 모든 지地를 자세히 설명함

① 네 종류 청정淸淨 및 열한 가지 분分에 의거해서 모든 지를 분별함

가. 보살의 청문

경 이때 관자재보살이 부처님께 여쭈었다. "세존이시여, 부처님께서 말씀하셨던 것처럼, 보살의 십지(菩薩十地)란 이른바 극희지, 이구지, 발광지, 염혜지, 극난승지, 현전지, 원행지, 부동지, 선혜지, 법운지이고, 다시 불지를 열한 번째라고 설합니다. 이와 같은 모든 지는 몇 종류 청정淸淨과 몇 개의 분分에 속합니까?"

爾時。觀自在菩薩白佛言。世尊。如佛所說。菩薩十地。所謂極喜地。離垢地。發光地。焰慧地。極難勝地。現前地。遠行地。不動地。善慧地。法雲地。復說佛地爲第十一。如是諸地。幾種淸淨。義[1]分所攝。

---
1) ⓖ『解深密經』권16(T16, 703b18)에 따르면 '義'는 '幾'의 오기다.

석 세 번째는 경문에 따라 바로 해석한 것이다.

이 품 안에서는 크게 두 가지로 구분하였다. 처음은 문답으로 바로 설한 부분이고, 나중의 "이때 관자재" 이하는 교에 의거해서 봉지하는 부분이다.

전자 중에 두 가지가 있다. 처음은 장행으로 자세히 해석한 것이고, 나중은 게송으로 간략히 설한 것이다.

혹은 이 품은 세 부분으로 나뉜다고 볼 수도 있다. 처음은 장행으로 자세히 해석한 것이고, 다음은 게송으로 간략히 설한 것이며, 마지막은 교에 의거해서 받들어 행하는 것이다.

비록 두 가지 설이 있지만 우선 전자의 해석에 의거하겠다.

釋曰。第三依文正釋。於此品內。大分爲二。初問答正說分。後爾時觀自在下。依教奉持分。前中有二。初長行廣釋。後以頌略說。或可此品。卽分爲三。初長行廣釋。次以頌略說。後依教奉行。雖有兩說。且依前釋。

앞의 장행으로 설한 곳에서 다시 네 가지로 구분된다. 첫째는 모든 지地를 자세하게 설명한 것이다. 둘째로 "관자재보살이 다시 부처님께 여쭈었다. 세존이시여, 이 보살들이 배워야 할 사事는 모두 몇 종류가 있습니까?" 이하는 십도十度를 자세하게 설명한 것이다. 셋째로 "관자재보살이 다시 부처님께 여쭈었다. 세존이시여, 이 모든 지에서 번뇌 수면" 이하는 '지地에 의거해 일으킨 도度가 대치시키는 장애'를 따로따로 해석한 것이다. 넷째로 "관자재보살이 다시 부처님께 여쭈었다. 세존이시여, 가령 세존께서는 설하시길 성문승" 이하는 불여래佛如來께서 일승一乘을 설하신 뜻을 설명한 것이다.

이와 같이 네 단락을 설한 까닭을 (말하자면), 지地에 의지해서 도度를 일으키고 도에 의지해서 장애(障)를 제거하기 때문에 일승의 과를 얻는다. 따라서 네 단락을 설한 것이다.

就前長行。復分爲四。一廣明諸地。二觀自在菩薩復白佛言世尊是諸菩薩凡有幾種所應學事下。廣明十度。三觀自在菩薩復白佛言世尊此諸地中煩惱隨眠下。別釋依地起度所對治障。四觀自在菩薩復白佛言世尊如世尊說若聲聞乘下。明佛如來說一乘意。所以如是說四段者。依地起度。依度除障。故得一乘果。故說四段。

지地를 해석한 곳에서 다시 여섯 가지로 구분된다. 첫째는 네 종류 청정 및 열한 가지 분에 의거해서 모든 지를 분별한 것이다. 둘째는 지명地名의 뜻을 해석한 것이다. 셋째는 스물두 가지 우치(愚)에 의거해서 모든 지를 분별한 것이다. 넷째는 여덟 종류 수승에 의거해서 모든 지를 분별한 것이다. 다섯째는 수승한 생(勝生)에 의거해서 모든 지를 분별한 것이다. 여섯째는 세 가지 원에 의거해서 모든 지를 분별한 것이다.
처음 단락 중에서 앞은 청문이고 뒤는 정설이다.
이것은 첫 번째로 보살이 청문한 것이다. 경문에 세 개의 절이 있다. 처음은 묻고 답한 자를 밝힌 것이다. 다음의 "부처님께서 말씀하셨던 것처럼" 이하는 질문하려는 교설을 든 것이다. 뒤의 "이와 같은" 이하는 질문할 말을 바로 말한 것이다.

就釋地中。復分爲六。一約四種淸淨及十一分。分別諸地。二釋地名義。三約二十二愚。分別諸地。四[1]八種殊勝。分別諸地。五約勝生。分別諸地。六就三願。分別諸地。就初段中。先請後說。此卽第一菩薩請問。文有三節。初明問答者。次如佛下。擧所問敎。後如是下。正發問辭。

----
1) ㉠ '四' 뒤에 '約'이 누락된 듯하다.

"관자재보살"이란 질문한 보살의 이름이다. 이 보살은 안으로는 지혜와 자비를 갖추고 밖으로는 삼업三業을 관함에 있어 공용을 짓지 않아도 자유자재하게(任運自在) 하기 때문에 '관자재'라 한다. 혹은 지혜와 경계에 의거해서 이름을 건립한 것일 수도 있다.[12] 따라서 『화엄경』에서는 '관음보살觀音菩薩은 대비문大悲門에 머문다'라고 하였고, 『법화경』에서는 "관음의 묘한 지혜의 힘으로 세간의 고통에서 구제해 준다."[13]라고 하였다.【『상속해탈경』에서는 '관세음觀世音'이라 하였고,[14] 『심밀해탈경』에서는 '관세자재보살觀世自在菩薩'이라 하였다.[15] □□에서는 '광세음보살光世音菩薩'이라 하였고,[16] 『아난목구다라니경』에서는 '변견보안보살遍見普安菩薩'이라고 하였다.[17] 『비마힐경』에서는 '규음보살闚音菩薩'이라 하였고,[18] 『결정총지경』에서는 '광세음여래光世音如來'라고 하였다.[19] 『방불경』에서는 '관세자재여래觀世自在如來'라고 하였고,[20] 『관음삼매경』에서는 '관음보살觀音菩薩은 이전에 성불했을 때 정법명여래正法明如來라고 이름했었다'라고 하였다.[21] 『관음수기경』에서는 관음보살은 '미타불의 자리를 보좌하는 자(補彌陀佛處)'이므로 '보광공덕산왕불普光功德山王佛'이라 부른다고 하였다.[22]】

다음에 "부처님께서 말씀하셨던 것처럼……"이라고 한 것은 질문하려는 교敎를 든 것이니, 즉 『십지경』 등의 경전에서 십지十地와 여래지如來地

---

12 '觀自在'나 '觀音'이나 '觀世音' 등의 이름은 지혜(觀智)와 그 지혜의 경계(自在, 音, 世音)를 따라서 이름을 건립했다는 말이다.
13 『妙法蓮華經』 권7(T9, 58a13) 참조.
14 구나발타라求那跋陀羅 역 『相續解脫地波羅蜜了義經』 권1(T16, 714c18) 참조. 이것은 『解深密經』의 이역본이고, 현장 역 『解深密經』의 일곱 번째 품인 「地波羅蜜多品」에 해당한다.
15 『深密解脫經』 권4(T16, 680a19) 참조.
16 '광세음보살光世音菩薩'이라는 이름은 『正法華經』 권10(T9, 128c26) 등에 나온다.
17 『阿難陀目佉尼呵離陀經』 권1(T19, 685a27) 참조.
18 '비마힐毗摩詰'은 범어 'Vimalakīrti'의 음역이며, 흔히 유마힐維摩詰이라 음역한다. '闚音菩薩'이라 의역하는 경우도 있었던 듯한데, 가령 오吳의 지겸支謙이 번역한 『維摩詰經』 권1(T14, 519b16)에 그 명칭이 나온다.
19 『決定總持經』 권1(T17, 771a27) 참조.
20 『謗佛經』 권1(T17, 876c5) 참조.
21 『千手千眼觀世音菩薩廣大圓滿無礙大悲心陀羅尼經』 권1(T20, 110a10) 참조.
22 『觀世音菩薩授記經』 권1(T12, 357a14) 참조. 이 경에는 '普光功德山王佛'이 '普光功德山王如來'라고 되어 있다.

를 다 갖추어 설했던 것을 말한다.

"이와 같은 모든 지는……"이라고 한 것은 질문할 말을 바로 한 것이다. 질문에 두 가지 뜻이 있다. 첫째, 이와 같은 십지는 네 종류 청정 중에 몇 종류 (청정에) 속하는지를 물은 것이다. 둘째, 열한 가지 분 중에 몇 개의 분에 속하는지를 물은 것이다.

言觀自在菩薩者。發問菩薩名也。謂此菩薩。內具智悲。外觀三業。不作功用。任運自在。觀¹⁾自在。或約智及境立名。故華嚴云。觀音菩薩。住大悲門。法華云。觀音妙智力能救世間苦。【相續經云。觀世音。深密經云。觀世自在菩薩。□□□。光世音菩薩。²⁾ 阿難目佉陀羅尼經云。遍見普安菩薩。毗摩詰經。闚³⁾音菩薩。決定總持經云。名光世音如來。誇佛經云。觀世自在如來。觀音三昧經云。觀音菩薩先已成佛。名正法明如來。觀音授記經云。觀音菩薩。補彌陀佛處。號普光功德山王佛⁴⁾也。】次言如佛所說等者。舉所問教。謂十地等經。具說十地及如來地。如是諸地等者。正發問辭。問有二意。一問如是十地四淸淨中幾種所攝。二問十一分中幾分所攝。

---

1) ㉤ '觀' 앞에 '名' 혹은 '故名'이 누락된 듯하다.   2) ㉤ '光世音菩薩'이라는 이름이 어느 경에 의거한 것인지 알 수 없다. 우선 그중 하나는 『正法華經』 권10에 나온다.   3) ㉤ 『維摩詰經』 권1(T14, 519b16)에 '闚'가 '闖'로 되어 있다.   4) ㉤ 『觀世音菩薩授記經』 권1(T12, 357a14)에 '佛'이 '如來'로 되어 있다.

나. 여래의 정설

가) 간략한 대답

경 이때 세존께서 관자재보살에게 말씀하셨다. "선남자여, 모든 지는 네 종류 청정과 열한 종류 분에 속함을 알아야 한다.

爾時。世尊告觀自在菩薩曰。善男子。當知諸地四種淸淨十一分攝。

석 이하는 두 번째로 여래께서 바로 설하신 것이다. 이 중에 두 가지가 있다. 처음은 종지를 표방하며 간략히 대답한 것이다. 나중은 문답으로 자세히 해석한 것이다.
이것은 처음에 해당한다.

釋曰。自下第二如來正說。於中有二。初標宗略答。後問答廣釋。此卽初也。

나) 자세한 해석

(가) 네 종류 청정이 모든 지地를 포괄함에 대해 해석함

㉮ 질문

경 어떤 것을 일컬어 네 종류 청정(四種淸淨)이 모든 지地를 능히 포괄한다고 하는가?

云何名爲四種淸淨能攝諸地。

석 이하는 두 번째로 문답으로 자세하게 해석한 것이다. 이 중에 두 가지가 있다. 처음은 네 종류 청정이 모든 지를 포괄하는 것에 대해 해석한 것이다. (다음의) "어떤 것을 일컬어" 이하는 열한 가지 분이 모든 지를 포괄하는 것에 대해 설명한 것이다.
전자 중에서 앞은 질문이고 뒤는 대답이다.
이것은 질문에 해당한다.

釋曰。自下第二問答廣釋。於中有二。初釋四種淸淨能攝諸地。云何名爲下。明十一分能攝諸地。前中。先問後答。此卽問也。

㈏ 대답

a. 해석

경 말하자면 증상의요의 청정은 초지를 포괄하고, 증상계의 청정은 제2지를 포괄하며, 증상심의 청정은 제3지를 포괄한다. 증상혜의 청정은 이후의 지들을 포괄하니, 점점 더 수승하고 묘해지기 때문에 능히 제4지에서 불지까지 포괄한다는 것을 알아야 한다.

謂增上意樂淸淨攝於初地。增上戒淸淨攝第二地。增上心淸淨攝第三地。增上慧淸淨於後後地。轉勝妙故。當知能攝從第四地乃至佛地。

석 이하는 두 번째로 바로 대답한 것이다. 이 중에 두 가지가 있다. 앞은 해석이고 뒤는 결론이다. 이것은 해석에 해당한다. 말하자면 모든 청정에는 본래 네 종류가 있으니, 경문에서 설한 것과 같다. 『유가사지론』 제79권에서는 '네 가지 머묾(四住)'이라 하였는데, 이것은 이 경에서 말한 '네 종류 청정'에 해당한다.[23]
"증상의요의 청정은 초지를 포괄하고"라고 했는데, 범음 '아세야阿世耶

---

23 『瑜伽師地論』 권79(T30, 737a8)에 나온 사종주四種住란 극환희주極歡喜住와 증상계주增上戒住와 증상심주增上心住와 증상혜주增上慧住이며, 이는 그 차례대로 『解深密經』에서 말한 증상의요청정, 증상계청정, 증상심청정, 증상혜청정 등의 네 종류 청정에 해당한다. 처음의 증상의요청정을 극환희주라고 한 것을 제외하고 나머지 명칭은 동일하다. 위의 경문에서 "증상의요의 청정은 초지初地를 포괄한다."라고 하였는데, 보살의 초지가 극환희지極歡喜地이므로 『瑜伽論』에서는 '극환희주'라고 한 것이다.

ⓈaŚaya)'는 여기 말로 '의요意樂'라고 한다. 이 의요의 체에 대해 여러 교에서 다르게 설한다.

양梁『섭대승론석』에 의하면 ('의요'는) 무분별지無分別智를 체로 삼는 것이다. 따라서 제9권에서는 "요신樂信은 무분별지에 해당한다."라고 하였고, 또 제11권에서는 "무분별지는 청정의행淸淨意行에 해당한다."라고 하였다.[24]

『유가사지론』 제47권에 의하면 ('의요'는) 승해勝解를 자성으로 삼는다. 따라서 「의요품」에서 말하길, "정신淨信이 선행되거나 택법擇法이 선행되어 (성취된), 모든 불법佛法에 대한 모든 승해의 인해印解와 결정決定을 일컬어 보살의 증상의요增上意樂라고 한다."라고 하였다.[25]

무성의 『섭대승론석』 제7권에 의하면 ('의요'는) 신信·욕欲을 체로 삼는다. 따라서 그 논에서는 '이 의요란 신과 욕을 그 체로 삼는다'라고 하였다.[26]

세친의 『섭대승론석』 제7권에서도 무성과 동일하게 설한다. 따라서 그 논에서는 의요 자체는 욕과 승해이고, '욕'은 희구하는 것이고 '신'은 승해

---

24 양梁『攝大乘論釋』에서 말한 '요신樂信'과 '의행意行'은 이 『解深密經』에서 말한 '의요意樂'에 대응하는 용어다. 진제 역, 세친의 『攝大乘論釋』 권9(T31, 214a29), 같은 책 권11(T31, 229b28) 참조.

25 『瑜伽師地論』 권47에 따르면, 오위백법五位百法 중에서 의요意樂의 법체를 나타내자면 승해勝解라는 심소법에 해당한다. 승해란 판단해야 할 어떤 대상에 대해 수승한 이해를 일으키는 정신작용을 가리킨다. 그런데 이러한 수승한 이해력은 제법을 관찰하는 자신의 지적 판단 작용(擇法)들이 선행되어 형성되거나, 혹은 타他에 대한 청정한 믿음(淨信)이 선행되어 형성되기도 한다. 전자가 이른바 '수법행隨法行'이라면 후자는 '수신해隨信解'에 해당한다. 『瑜伽師地論』 권47(T30, 552a10), 같은 책 권49(T30, 569c28) 참조.

26 무성의 『攝大乘論釋』 권7에 따르면, '의요'의 본질을 법수法數로서 나타낸다면 신信·욕欲이라는 두 가지 심소법에 해당한다. 의요라는 것은 의욕意欲과 같은 말로서, 결국 내심으로 하려고 하는 어떤 것을 욕락欲樂하는 것이고, 이 욕락은 기본적으로 신해信解에 기초해 있다. 이어지는 세친의 해석에 따르면, 여기서 말하는 '신해'는 '승해'와 같은 것이다. 『攝大乘論釋』 권7(T31, 419c23).

를 말한다고 하였다.[27]

『대업론』에서도 동일하게 설한다.[28]

또 양梁『섭대승론석』제9권에서는 "정교正敎에 대해 마음에 결정코 의심이 없기 때문에 '신信'이라 하고, 믿는 법에 맞게 수행하길 추구하기 때문에 '요樂'라고 한다."[29]라고 하였다.

釋曰。自下第二正答。於中有二。先釋。後結。此卽釋也。謂諸淸淨。自有四種。如經所說。若依瑜伽第七十九。名爲四住。卽當此經四種淸淨。言增上意樂淸淨攝於初地者。梵音阿世耶。此云意樂。此意樂體。諸敎不同。若依梁論。無分別智爲體。故第九云。樂信卽是無分別智。又十一云。無分別智卽是淸淨意行。若依瑜伽第四十七。勝解爲性。故意樂品云。淨信爲先。擇法爲先。於諸佛法所有勝解。印解決定。是名菩薩增上意樂。若依無性攝論第七。信欲爲體。故彼論云。意樂□[1)]信及欲爲體。世親第七亦同無性。故彼論云。意樂自體。謂欲勝解。欲名希求。信名勝解。大業論亦同。又梁論第九云。於正敎中。心決無疑。故名爲信。如所信法。求欲修行。故名爲樂。

1) ㉿『攝大乘論釋』권7(T31, 419c23)에 따르면 □는 '以'다.

그런데 이 의요의 종류 수를 구별하면 다음과 같다.

예를 들어『유가사지론』제48권에서는 열 종류 의요가 있다고 한다. 따라서 그 논에서는 말한다.

보살들은 먼저 극희주極喜住[30]에서 열 종류 마음의 의요로 인해 이미

---

27 세친의『攝大乘論釋』권7(T31, 354c27).
28 급다와 행구 역, 세친의『攝大乘論釋論』권6(T31, 295b14) 참조.
29 진제 역, 세친의『攝大乘論釋』권9(T31, 213b11).
30 극희주極喜住 : '극환희주極歡喜住'라고도 하며, 보살의 십지十地 중에 첫 번째 환희지

의요의 청정을 획득하니, 어떤 것이 열 가지인가?

첫째는 모든 사장師長과 존중하는 복전福田에게 헛되이 속이는 짓을 하지 않으려는 의요다.

둘째는 동법보살同法菩薩에게 인욕하고 어울려 주면서 편히 함께 머물게 해 주려는 의요다.

셋째는 일체 번뇌와 수번뇌의 온갖 마魔의 사업을 승복시키고 마음을 자재하게 일으키려는 의요다.

넷째는 일체의 행에서 과실을 깊이 통찰하려는 의요다.

다섯째는 대열반에서 수승한 이익을 깊이 통찰하려는 의요다.

여섯째는 모든 오묘하고 선한 보리분법菩提分法[31]을 항상 부지런히 닦아 익히려는 의요다.

일곱째는 그런 수행에 수순하기 위해서 즐거운 곳(樂處)을 멀리 떠나는 의요다.

여덟째는 모든 세간의 오염 있는 존귀한 지위와 이양利養(의복·와구 같은 공양물)과 공경에 대해 연연해하는 바가 없는 의요다.

아홉째는 하승下乘을 멀리 떠나서 대승에 나아가 증득하려는 의요다.

열째는 모든 유정에게 모든 이익(義利)을 지어 주려는 의요다.

이와 같은 열 종류 전도 없는 의요가 마음에 의지해서 일어나기 때문에 '의요청정'이라 설한 것이다.[32]

歡喜地에 해당한다. 이는 『瑜伽論』의 사종주四種住 중의 첫 번째이고, 『解深密經』의 사종청정四種清靜 중에서는 '증상의요增上意樂의 청정'에 대응한다.

31 보리분법菩提分法 : '보리분菩提分'이란 깨달음으로 인도하는 원인을 뜻하며, 넓은 의미에서는 지혜를 구하는 서른일곱 가지 수행방법 즉 삼십칠도품三十七道品을 총칭하는 말이다. 이 서른일곱 가지 법은 모두 보리(깨달음)에 수순해서 나아가기 때문에 보리분법이라 부르는데, 즉 사념처四念處와 사정근四正勤과 사여의족四如意足과 오근五根과 오력五力과 칠각분七覺分과 팔지성도八支聖道 등을 가리킨다.

32 『瑜伽師地論』 권48(T30, 556b29).

자세하게 분별하면 열다섯 종류 의요가 있는데, 예를 들어 『유가사지론』 제47권에서 설한 것과 같다.[33]

然此意樂種數別者。如瑜伽論第四十八。有十意樂。故彼論云。若諸菩薩。先極喜住由十種心意樂。已得意樂淸淨。何等爲十。一者。於一切師長尊重福田。不行虛誑意樂。二者於同法菩薩忍辱柔和易可共住意樂。三者勝伏一切煩惱及隨煩惱衆魔事業心自在轉意業。四者於一切行深見過失意樂。五者於大涅槃深見勝利意樂。六者於諸妙善菩提分法常勤修習意樂。七者卽於彼修爲順故樂處遠離意樂。八者於諸世間有染尊位利養恭敬無所顧戀意樂。九者遠離下乘趣證大乘意樂。十者欲作一切有情一切義利意樂如是十種無倒意樂 依止[1]而轉。是故說爲意樂淸淨。若廣分別。有十五意樂。如瑜伽論第四十七。

1) ㉠『瑜伽師地論』 권48(T30, 556c11)에 따르면 '止'는 '心'의 오기다.

무성이 (해석의) 저본으로 삼은 『섭대승론』 판본에 의하면, 증상의요增上意樂는 여덟 가지 특징을 갖는다.

첫째는 자량資糧 때문이다. 해행지解行地[34]에서 복덕과 지혜라는 두 종류 자량을 잘 닦은 것을 말한다.

둘째는 감인堪忍 때문이다. 상품의 제찰법인諦察法忍을 얻은 것을 말한다. 【이는 증상인增上忍 혹은 세제일법世第一法이다.[35]】

---

33 『瑜伽師地論』 권47(T30, 552a12) 참조.
34 해행지解行地 : 승해행지勝解行地라고도 한다. 아직 진여를 증득하지 못한 십지十地 이전의 삼현三賢의 보살들의 계위를 말한다.
35 원측의 해석에 따르면, 여기서 말한 '제찰법인諦察法忍'이란 견도에 들기 직전에 닦는 난煖·정頂·인忍·세제일법世第一法 등의 사선근위四善根位 중에서 세 번째 '인'의 최상품(增上忍)이거나, 혹은 그 다음 단계인 '세제일법'에 해당한다.

셋째는 소연所緣 때문이다. 대승의 심오하고 광대한 성교聖敎를 소연으로 삼는 것을 말한다.

넷째는 작의作意 때문이다. 말하자면 일체법은 오직 분별만 있음을 깨달은 것, 이를 '작의'라 하였다.[36]

다섯째는 대치對治 때문이다. 즉 무분별지無分別智를 말한다.

여섯째는 자체自體 때문이다. 이 의요는 신信과 욕欲을 자체로 삼기 때문이다.[37]

일곱째는 상서로운 상(瑞相) 때문이다. 지전과 지상의 (보살이) 선정 속에서 제불諸佛을 보는 것이 '상서로운 상'에 해당한다.

여덟째는 수승한 이익(勝利) 때문이다. 보리에 가까워졌음을 잘 알아서 (수승한 방편을) 얻는 데 어려움이 없기 때문이다.[38]

자세히 분별하면 (그 논에) 3행의 게송과 장행의 해석이 있으니, 구체적 설명은 그 논과 같다.[39]

세친 (해석의) 근거로 삼은 판본에 의하면 일곱 종류가 있는데, '대치'를 제외했기 때문이다.[40]

---

[36] 마음이 인식 대상을 문득 경각警覺하는 작용을 '작의作意'라고 한다. 증상의요를 획득한 보살은 가령 심오하고 광대한 대승법을 대상으로 하여 그 일체의 법들이 결국 오직 분별하는 마음만 있음을 깨닫는다. 이처럼 '오직 분별만 있음'을 깨닫는 것이 곧 '작의'의 청정함이다.

[37] 여섯 번째가 증상의요增上意樂 자체에 관해 논한 것이라면, 그 밖의 일곱 가지는 그것과 결부되어 있는 여러 측면들에 대해 논한 것이다. 무성無性의 해석에 따르면, '의요'의 본질은 '신信'과 '욕欲'이다. '신'이란 신해信解하는 것이고, '욕'은 희구하는 것이다. '증상의요'의 특징 중의 하나는 바로 신해하면서 희구하는 마음 그 자체가 청정하다는 것이다.

[38] 보살은 선정 속에서 제불을 보는 것과 같은 상서로운 상으로 인해 자신이 보리에 가까워졌음을 잘 안다. 이로 인해 수승한 방편을 얻는 데 있어서도 아무런 어려움이 없어지니, 이를 일컬어 '수승한 이익'이라 하였다.

[39] 이상은 『攝大乘論本』 권2(T31, 144a5), 무성의 『攝大乘論釋』 권7(T31, 419c9) 참조.

[40] 원측 소疏의 원문은 "謂有下□, 除對治故."라고 되어 있는데, 이 중에 '下□'는 '七種'인

若依無性所依論本。增上意樂。有八種相。一資粮故。謂解行地。善修福智二種資粮。二堪忍故。謂得上品諦察法忍。【是增上忍。或第一法】三所緣故。謂緣大乘深廣聖教。四作意故。謂覺一切法唯有分別。是謂作意。五對治故。謂無分別智。六自體故。謂此意樂。以信及欲。爲自體故。七瑞相故。謂地前地上處於□[1)]中。見諸佛者。卽是瑞相。八勝利故。謂了知菩提近以無難得故。廣分別有三行頌長行釋。具說如彼。若依世親所依本。謂有下□。[2)] 除對治故。

1) ㉠『攝大乘論釋』권7(T31, 419c25~26)에 따르면 □는 '定'이다. 2) ㉠『攝大乘論釋』권7(T31, 354c12~14)에 따르면 '下□'는 '七種'인 듯하다. 해당 번역문 역주 참조.

"증상계의 청정은 제2지를 포괄하며"라고 했는데, 즉 제2지에서 일체의 미세한 범구犯垢를 멀리 떠나는 것을 말한다. 이 지에 머무는 가운데 성계性戒[41]를 구족하여 지극히 작은 악업도 마땅히 현행하지 않는다. 이에 따르면, 계의 청정은 제2지에 속한다. 자세하게 분별하면『유가사지론』제48권의 설과 같다.

言增上戒[1)]攝二地者。謂第二地遠離一切微細犯垢。住此地中。性戒具足。極小惡業。當不現行。由斯戒淨攝第二地。若廣分別。如瑜伽論第四十八。

1) ㉠ '戒' 뒤에 '淸淨'이 누락된 듯하다.

듯하다. 가령 세친의『攝大乘論釋』권7(T31, 144a12)에서는 "由此三頌。總顯淸淨增上意樂。有七種相。謂資粮故。堪忍故。所緣故。作意故。自體故。瑞相故。勝利故。"라고 하였다. 이러한 세친의 해석에 따르면, 증상의요에는 일곱 종류의 특징이 있다. 무성의 해석에 나온 여덟 종류 중에 다섯 번째 '대치對治'를 제외했기 때문이다. 따라서 "謂有下□。除對治故。"라는 문구를 "謂有七種。除對治故。"로 간주하였다.

41 성계性戒 : 살생 등과 같은 근본죄에 해당하는 악업은 부처님의 제정 여부와 상관없이 그 자체로 나빠서 반드시 제재되어야만 하는데, 이런 근본죄를 제재시킨 것을 '성계'라고 한다.

"증상심의 청정은 제3지를 포괄한다."라고 한 것은, 예를 들어 『유가사지론』 제48권에서 말한다. 〈이 지에서는 세속의 네 종류 정려靜慮와 네 종류 무색정無色定과 사무량四無量과 다섯 종류 신통神通을 획득하여 구족해서 안주할 수 있는데, 이미 많이 안주하고 나면 다시 모든 정려 등을 버리고 다시 욕계로 돌아와서 모든 유정들을 위해 이익(義利)을 지어 줄 수 있다.〉[42] 구체적으로 설하면 그 논과 같다. 나아가 그 논에서는 말하길, "내적인 마음이 청정해짐에 따라 광명을 발할 수 있기 때문에 '증상심주增上心住'라고 설한다."라고 하였으니, 이런 의미 때문에 증상심의 청정은 제3지를 포괄한다.[43] 자세한 것은 『유가사지론』 제48권의 설과 같다.

言增上心淸淨攝第三地者。謂如瑜伽四十八云。於此地中。能得世俗四種靜慮四無色定。及四無量五種神通。具足安住。旣多住已。復還棄捨諸靜慮等。還來欲界。爲諸有情。能作義利。具說如彼。乃至彼云。由內心淨。能發光明。是故說言增上心住。由此義故。增上心淨攝第三地。廣如瑜伽第四十八。

"증상혜의 청정은 (이후의 지들을 포괄하니, 점점 더 수승하고 묘해지기 때문에) 제4지에서 불지까지 포괄한다."라고 한 것은 (다음과 같다.) 증상혜는 이후의 여덟 지地를 포괄하니, 제4지에서부터는 후속되는 지들에서의 갖가지 혜문慧門이 더욱 수승하고 묘해지기 때문이다. 제4지는 각품覺品과 상응하는 증상혜주이고, 제5지는 모든 제諦와 상응하는 증상혜

---

42 『瑜伽師地論』 권48(T30, 557c7) 참조.
43 앞서 언급했듯, 『瑜伽師地論』 권48의 사종주四種住는 이 『解深密經』에서 말한 사종청정四種淸淨에 해당한다. 그중 세 번째가 증상심주增上心住로서 경문에서 말한 '증상심의 청정'에 해당한다. 증상심주에서는 내심이 청정해짐에 따라 능히 빛을 발할 수 있기 때문에 '발광지發光地'라고도 한다. 이 발광지는 보살의 십지十地 중 제3지에 해당한다. 『瑜伽師地論』 권48(T30, 558a1).

주이며, 제6지는 연기와 상응하는 증상혜주이고, 제7지는 가행은 있고 상은 없는 주이며, 제8지는 가행도 없고 상도 없는 주이고, 제9지는 사무애해 주이며, 제10지는 최상성만보살주이고, 제11지는 여래주이다. 자세한 것은 『유가사지론』제48권과 같다.[44]

[문] 어떻게 제4지 이상은 모두 '혜'임을 알 수 있는가?

[답] 이전에 예로 들었던 제79권의 사종주四種住 중에 네 번째 주를 '증상혜주'라고 하였기 때문에 (제4지) 이상은 '혜'에 의거해서 지地를 분별한 것임을 알 수 있다.

言增上慧淸淨從第四地乃至佛地者。謂增上慧。攝後八地。從第四地。後後地中。種種慧門。轉勝妙故。第四地覺品相應增上慧住。第五地諸諦相應增上慧住。第六緣起相應增上慧住。第七有加行無相住。第八無加行無相住。第九四無礙解住。第十最上成滿菩薩住。第十一如來住。廣如瑜伽第四十八。問。如何得知第四地上並是慧也。答。如前所列第七十九四種住中第四住。名增上慧住。故知已上約慧辨地。

b. 결론

[경] 선남자여, 이와 같은 네 종류 청정이 두루 모든 지를 포괄함을 알아야 한다.

善男子。當知如是四種淸淨。普攝諸地。

[석] 두 번째는 총결지은 것이다. 말하자면 네 종류 청정은 실재의 공덕

---

44 『瑜伽師地論』 권48(T30, 558a5) 참조.

이고, '지地'는 가립된 이름이니, 이는 실재로써 가립을 포괄한 것이다.

釋曰。第二攝[1]結。謂四淸淨是實功德。地是假名。是則以實攝假。

1) ㉘ '攝'은 '總'인 듯하다.

(나) 열한 종류 분分이 모든 지地를 포괄함에 대해 설명함

㉮ 질문

경 어떤 것을 일컬어 열한 종류 분(十一種分)이 모든 지를 능히 포괄한다고 하는가?

云何名爲第[1]十一種分能攝諸地。

1) ㉘『解深密經』권4(T16, 703b25)에 따르면 '第'는 잉자다.

석 이하에서는 두 번째로 열한 종류 분이 열한 종류 지를 포괄하는 것에 대해 설명한다.[45] 이 중에 두 가지가 있다. 앞은 질문이고 뒤는 대답이다.

이것은 첫 번째로 교에 의거해서 질문한 것이다. 비록 열한 종류 분과 열한 종류 지의 분위分位는 차별이 없지만 의미상으로 차이가 있다. 따라서『유가사지론』에서는 말하길, "보살을 섭지攝持할 수 있다는 의미에서 '지地'라고 이름하고, 수용하는 거처가 될 수 있다는 의미에서 '주住'라고 설하였다."[46]라고 하였다.

---

[45] '열한 종류 분分'이란 곧이어 진술되는 열세 종류 주住 중에서 앞의 종성주種性住와 승해행주勝解行住를 제외하고 그 다음의 극환희주極歡喜住에서 여래주如來住까지의 열한 종류 주를 가리킨다. 이것을 보살의 초지初地(極喜地)에서 제11 불지佛地(여래지)까지 열한 종류 지地와 차례대로 대응시켜 설명하였다.

[46]『瑜伽師地論』권47(T30, 556b17).

『장엄경론』에서는 '낙주樂住를 주住라고 한다'라고 하였으니,[47] 자세하게 설하면 그 논과 같다.

해 '분分'이란 '분단分段'의 뜻이다. 말하자면 열한 종류 주는 분단들이 각기 구별된다는 의미에서 '분'이라 하였다.

『십주비바사론』「비유품」에서는 '초지분初地分이란 모든 법들이 합해져서 초지를 이루므로 초지분이라 한다'라고 하였다.[48]

이것은 13주住에서 처음 두 개의 주를 제외한 열한 개의 주가 된다. '열한 개의 주'라는 것은, 가령 『유가사지론』 제47권에서 종성주, 승해행주, 극환희주, 증상계주, 증상심주, 각품覺品과 상응하는 증상혜주, 모든 제諦와 상응하는 증상혜주, 연기와 상응하는 증상혜주, 가행도 있고 공용도 있는 무상주, 가행도 없고 공용도 없는 무상주, 무애해주, 최상성만보살주, 여래주라고 한 것과 같다. 자세하게 해석하면 그 논과 같다.[49] 이 『해심밀경』에서는 처음의 두 주를 제외하고 열한 개의 주에 의거해서 '분分'이라는 이름으로 설하였다. 따라서 지금 여기에서 '분으로 지地를 포괄한다'라고 한 것이다.

釋曰。自下第二明十一分攝十一地。於中有二。先問。後答。此卽第一依敎發問。雖十一分與十一地分位無別。而義有異。故瑜伽云。由能攝持菩薩義故。說名爲地。能爲受用居處義故。說名爲住。莊嚴論云。樂住名住。廣說如彼。解云。分者□□[1)]義。謂十一住。分段各別。義說爲分。依十住婆沙譬喩品云。初地分者。所有諸法。合成初地。名初地分。此卽十三住中。許[2)]初三[3)]住。爲十一住。十一住者。如瑜伽論四十七云。謂種性住。勝解行住。極

---

[47] 『大乘莊嚴經論』 권13(T31, 659b23) 참조.
[48] 마치 누룩과 쌀 등이 합해서 '술'을 이루듯, 초지初地에 있는 모든 공덕들의 총합을 일컬어 '초지분初地分'이라 한다고 하였다. 『十住毘婆沙論』 권12 「譬喩品」(T26, 89a22).
[49] 『瑜伽師地論』 권47(T30, 553a5) 참조.

歡喜住。增上戒住。增上心住。覺品相應增上慧住。諸諦相應增上慧住。緣起相應增上慧住。有加行有功用無相住。無加行無功用無相住。無礙解住。最上成滿菩薩住。如來住。廣釋如彼。於此經中。除初二住。依十一住。以分名説。故今此中。以分攝地。

1) ㉘ □□는 '分段'인 듯하다. 2) ㉘ '許'는 '除'인 듯하다. 3) ㉘ '三'은 '二'인 듯하다.

㉯ 대답

a. 질문에 따라 바로 답함

a) 초분初分이 극희지極喜地를 포괄함을 밝힘

(a) 지전地前에 후행後行의 인因을 닦음을 밝힘

경 모든 보살들은 앞서 승해행지에서 십법행에 의지해서 승해인勝解忍[50]을 매우 잘 수습했기 때문에,

謂諸菩薩先於勝解行地。依十法行。極善修習勝解忍故。

석 이하는 두 번째로 여래께서 바로 설하신 것이다. 이 중에 두 가지가 있다. 처음은 질문에 따라서 바로 답하신 것이다. 나중의 "선남자여"

---

[50] 승해인勝解忍 : 이에 대한 진제와 원측의 해석이 다르다. 이하에 진술된 진제의 해석에 따르면, 승해인이란 초지初地(극희지, 보살의 견도)에서 획득되는 무생원인無生願忍을 가리키며, 이때 '인忍'이란 무분별지無分別智에 해당한다. 이와는 달리 원측의 해석에 따르면, '인忍'이란 난煖·정頂·인忍·세제일법世第一法 등의 사선근위四善根位를 총칭한 것이거나, 혹은 그중에 '인'의 상품上品(增上忍)과 세제일법을 일컬어 '승해인'이라 한 것이다.

이하는 해석하고 나서 총결지은 것이다.

바로 답한 곳에서 열한 가지 분分을 해석하였으니, 곧 (경문도) 열한 가지가 된다.

이것은 최초의 분이 극희지를 포괄함을 해석한 것이다. 이 중에 두 가지가 있다. 첫째는 지전에서 아직 초지에 들지 못했음을 밝힌 것이고, 나중의 "(그 지를) 넘어서서" 이하는 그 지전을 넘어서서 초지에 들어감을 밝힌 것이다.

이것은 처음에 해당한다.[51]

> 釋曰。自下第二如來正說。於中有二。初依問正答。後善男子下。釋已總結。就正答中。釋十一分。卽爲十一。此釋初分攝極喜地。於中有二。初明地前未入初地。後超過下。超彼地前得入初地。此卽初也。

그런데 열한 종류 지地를 해석하면서 열한 종류 분分에 의거했는데, 이에 두 종류 해석이 있다.

첫째, 양梁 『섭대승론석』 제10권에 의하면, 하나하나의 지에서 세 가지 장애를 끊고 수승한 공덕을 획득한다는 데 의거해서 열한 개의 지를 해석하였다. 그런데 차이점은, 처음의 한 지에서는 세 종류 장애를 끊고 열 가지 공덕을 획득하고, 다음에 아홉 지가 있는데 각기 세 가지 장애를 끊고 여덟 가지 공덕을 획득하며, 마지막 한 지에서는 세 종류 장애를 끊고 일곱 가지 공덕을 획득하니, (이런 것들이) 인연이 되어 지가 원만해짐을 밝

---

51 처음의 분분을 설한 경문은 두 가지로 구분될 수 있다. 여기서 "初明地前未入初地。後超過下超彼地前得入初地。"라고 구분한 것, 그리고 뒤에서 다시 "初明地前修後行因。後明自分圓滿。"이라고 구분한 것이다. 이후의 원측의 경문 해석을 보면, 앞의 분류는 적용되지 않고 뒤의 분류가 적용되었다. 즉 위의 경문은 초지를 해석하는 가운데, 처음에는 지전地前의 단계에서 후행後行의 인因을 닦음을 밝힌 것이다.

힌 것이다. 뒤에 가서 대조하며 해석할 것이다.

한편에서는 말한다. 〈지와 지 안에 그 대응하는 바에 따라서 닦았던 제행諸行을 인연으로 삼으니, 예를 들면 극희지는 (지전에) 십법행과 승해인을 닦은 것을 인연으로 삼는 것과 같다. 이른바 '분分'이란, 열한 종류 지의 부분들이 각기 구별되므로 그것을 '분'이라 이름한 것이다.〉

초지를 해석한 곳에서 경문은 두 가지로 구별된다. 처음은 지전에 후행後行의 인因을 닦음을 밝힌 것이다. 나중은 자분自分의 원만함을 밝힌 것이다.

이것은 처음에 해당한다.

然釋於二¹⁾地。約十一分。自有兩釋。一依梁攝論第十。於一一地。約斷三障得勝功德。釋十一地。而差別者。初之一地。斷三種障。得十功德。次有九地。各斷三障。得八功德。後之一地。斷三種障。得七功德。以爲因緣。明地圓滿。如後對釋。一云。於地地中。隨其所應。所修諸行。以爲因緣。如極喜地。修十法行及勝解忍。以爲因緣。所言分者。謂十一地分段各別。名之爲分。就釋初地。文則有二。初明地前修後行因。後明自分圓滿。此卽初也。

---
1) ㉕ 전후 문맥상 '二'는 '十一'의 오기인 듯하다.

"모든 보살들은"이라고 한 것은 관행인觀行人을 든 것이니, 말하자면 성性·습習의 두 가지 종성을 갖춘 보특가라를 말한다.

"앞서 승해행지에서"라고 한 것은 행의 의지처가 되는 지위를 밝힌 것이다. 말하자면 이전에 설했던 자량위·가행위·견도위·수도위·구경위 등 다섯 지위 중에서 앞의 두 지위에 의지해서 깊은 신해信解를 일으키는 것을 '승해행지'라고 이름한다. 따라서 『섭대승론석』 제7권에서 말하길, "'모든 지地에 대한 깊은 신해를 얻는 것이다'라고 한 것은 지地의 교법敎法에 대해 진실로 이와 같다고 결정해서 인가忍可하는 것을 말한다."[52]라고 하였다.

"십법행에 의지해서……"라고 한 것은 지위에 의거해서 행을 일으키는 것이다. 말하자면 승행지勝行地(승해행지)에 의거해서 십정행十正行을 일으키는 것이다. '십정행'이란 예를 들어 『유가사지론』 제74권에서 말한다.

> 다시 또 대승 중에는 십법행이 있으니, 이것이 보살들로 하여금 유정을 성숙시키게 할 수 있다. 무엇이 열 가지인가? 말하자면 대승과 상응하는 보살장菩薩藏에 속하는 계경 등의 법을 베껴 써서 수지하고, 공양하며, 타인에게 혜시惠施하고, 만약 타인이 바르게 설해 주면 공경하면서 청문하며, 혹은 자기가 완독翫讀하거나, 혹은 영수領受하며, 영수하고 나서 큰소리로 외우고(諷誦), 혹은 다시 남에게 자세히 설하여 열어 보이며, 홀로 한적한 곳에 있으면서 사유하고 관찰하고, 그에 따라 수상修相을 깨닫는 것이다.
>
> 문 이와 같은 열 종류 법행에서 몇 개가 광대한 복덕을 내는 도道입니까? 답 일체이다.[53]
>
> 문 몇 개가 가행도加行道입니까? 답 한 개다. 아홉 번째를 말한다.
>
> 문 몇 개가 정장도淨障道입니까? 답 한 개다. 열 번째를 말한다.[54]

---

52 이 인용문은 『攝大乘論本』 권3(T31, 145c29)에서 "得此諸地云何可見。由四種相。一得勝解。謂得諸地深信解故……"라는 문구에 대한 해석이다. 본론에서는 보살들이 제지諸地를 획득했음을 알 수 있는 징표로서 네 가지 특징을 거론하였다. 그중 첫 번째로 '승해의 획득'을 들었는데, 이는 특히 승해행지勝解行地와 연관된다. 여기서 '승해'는 '신해信解'와 동의어로 쓰였으며, '승해를 획득했다'는 것은 그 지地와 상응하는 교법敎法들에 대해 깊은 믿음을 갖게 되는 것을 말한다. 이러한 교법에 대한 신해에 기초해서 수행하는 지위를 승해행지라고 한다. 자세한 것은 『攝大乘論釋』 권7(T31, 424c9) 참조.

53 이상의 열 가지 법행은 모두 자량資糧의 뜻을 가지므로 '복福을 내는 도'라고 한다.

54 아홉 번째는 가행도加行道로서 문문·사思·수修 중 '사'의 단계라면, 열 번째는 장애를 청정하게 하는 '수'의 단계다. 이상은 『瑜伽師地論』 권74(T30, 706c22), 『瑜伽論記』 (T42, 765a11) 참조.

이 열 가지 정행에 대해 자세하게 설하자면 앞의 제4권의 기記와 같다.

謂諸菩薩者。擧觀行人。謂具性習二種種姓補特伽羅。先於勝解[1])地者。行所依位。謂前所說資粮加行見修究竟五位之內。依前二位。起深信解。名勝解行地。故攝大乘第七卷云。謂得諸地深信解者。於地敎法。決定印可眞實如是。依十法行等者。依位起行。謂依勝行地。起十正行。十正行者。如瑜伽論七十四云。復次於大乘中有十法行。能令菩薩成熟有情。何等爲十。謂於大乘相應菩薩藏攝契經等法。書持供養。惠施於他。若他正說。恭敬聽聞。或自翫讀。或復領受。受已廣音。而爲諷誦。或復爲他。廣說開示。獨處空閑。思量觀察。隨入修相。問。如是十種法行。幾是能生廣大福德道。答。一切。問。幾是加行道。答。一。謂第九。問。幾淨障道。答。一。謂第十。此十正行。廣說如前第四卷記。

---

1) ㉯ '解' 뒤에 '行'을 보입해야 한다.

"승해인을 매우 잘 수습했기 때문에"라고 한 것에 대해, 양梁『섭대승론석』제10권에서는 말한다. 〈보살은 앞서 원행지願行地에 있을 때 열 종류 법행에 (의지해서) '원인願忍'을 닦아 성취했고, 원인이 성취됨에 따라 원행지를 넘어서서 (보살의) 정정위正定位에 들어간다. ('원인'이라 한 것에서) '원願'은 열 가지 대원을 말하고,[55] '인忍'은 무분별지를 말한다.[56]

---

[55] 진제 역, 세친의 『攝大乘論釋』 권10(T31, 225c8)에서는 열 가지 큰 원을 구체적으로 열거한다. 첫째는 공양원供養願이니, 수승한 복전인 법주法主를 공양하길 원하는 것이다. 둘째는 수지원受持願이니, 수승한 정법正法을 수지하길 원하는 것이다. 셋째는 전법륜원轉法輪願이니, 대집회에서 미증유未曾有의 법륜을 굴리길 원하는 것이다. 넷째는 수행원修行願이니, 설한 대로 모든 보살의 바른 행을 수행하길 원하는 것이다. 다섯째는 성숙원成熟願이니, 이 기세계의 중생들과 삼승의 선근을 성숙시키길 원하는 것이다. 여섯째는 승사원承事願이니, 모든 불국토에서 항상 부처님들을 뵙고 정법을 듣기를 원하는 것이다. 일곱째는 정토원淨土願이니, 청정자토淸淨自土에서 정법을 안립하고 중생을 수행시킬 수 있길 원하는 것이다. 여덟째는 불리원不離願이니, 모든 생처

진제의 기기記에서 말하길, '초지에서 무생원인無生願忍을 획득하여 열 가지 대원을 성취한다'라고 하였다.

이 양梁『섭대승론석』에 준해 보면, '승행勝行'이란 초지의 무분별지에 해당한다.

지금 경문의 뜻을 풀이하자면, 사선근을 통틀어 '인忍'이라 이름한 것이다. 혹은 증상된 인忍과 세제일법世第一法을 '승해인'이라 이름했을 수 있다.[57]

『심밀해탈경』에서는 "신행지信行地에서 열 종류 신심信心을 수행한다."[58]라고 하였고, 『상속해탈경』에서는 "해행지解行地의 보살은 열 종류 법행이 있어서 보살해탈인菩薩解脫忍을 잘 수습한다."[59]라고 하였다.】

極善修習勝解忍故者。梁攝大乘第十卷云。菩薩先在願行地中。於十種法行。隨[1]願忍得成。由願忍成。過願行地。入正定位。願者十大願。忍者無分別智。眞諦記云。於初地得無生願忍十大願成就。准此梁論。勝行卽是初地無分別智。今解經意。謂四善根通名爲忍。或可增上忍及世第一。名勝解忍。【深密經云。信行地修行十種信心。相續經云。解行地菩薩有十法行。善修習菩

生處에서 항상 불보살을 떠나지 않고 의행意行을 함께할 수 있길 원하는 것이다. 아홉째는 이익원利益願이니, 언제나 중생에게 이익을 지어 주길 원하는 것이다. 열째는 정각원正覺願이니, 모든 중생들과 함께 무상보리를 얻고 항상 불사佛事를 짓기를 원하는 것이다.

56 『解深密經』 경문에는 "승해행지勝解行地에서 열 가지 법행에 의지해서 승해인勝解忍을 닦는다."라고 하였는데, 양梁『攝論』에서는 '승해행지'를 '원행지願行地'라 하였고, '승해인'을 '원인願忍'이라 하였다. 승해행지(원행지)의 지전地前 보살이 최상의 승해인(無生願忍)을 획득했을 때 초지初地(극희지)에 든 것이다. 진제의 해석에 따르면, 승해인이란 결국 초지(보살의 견도)의 무분별지에 해당한다.

57 승해인에 대해 진제는 초지에 들 때 증득한 무분별지無分別智라고 해석한 데 비해, 원측은 초지 이전의 사선근위四善根位에서 획득되는 인忍이라고 간주하였다.

58 『深密解脫經』 권4(T16, 680a29).

59 『相續解脫地波羅蜜了義經』 권1(T16, 714c26).

薩解脫忍。】

1) ㉠ 진제 역『攝大乘論釋』권10(T31, 225c6)에 따르면 '隨'는 '修'의 오기다.

(b) 자분自分이 원만해짐을 밝힘

경 그 지를 넘어서서 보살의 정성리생을 깨달아 들어가니, 그 모든 보살들은 이런 인연으로 이 분을 원만하게 한다.

超過彼地。證入菩薩正性離生。彼諸菩薩。由是因緣。此分圓滿。

석 이하는 두 번째로 자분自分의 원만에 대해 설명한 것이다.

말하자면 극희지는 이전의 방편지方便地(승해행지)에서의 열 가지 법행 등의 인연의 힘 때문에 그 방편지를 넘어서서 초지(극희지)의 정성리생을 깨달아 들어가니, 이런 인연으로 이 (최초의) 분이 원만해진다는 것이다.

해 '정성正性'이란 무루의 성도에 해당한다. 삿된 성질(邪性)을 뒤집었기 때문에 '정성'이라 이름한 것이다. 견도소단見道所斷의 번뇌가 유정을 손상시키는 것이 마치 숙식宿食[60]과 같으니 (그 번뇌를) '생生'이라 이름한다. 무루의 성도는 견혹見惑을 떠날 수 있기 때문에 '정성리생'이라 한 것이다.[61] 자세하게 분별하면,「분별유가품」의 기記 중에서 이미 설했던 것과 같다.[62]

---

60 숙식宿食: 소화되지 않고 위장에 정체된 음식을 말한다.
61 규기窺基의『瑜伽師地論略纂』권16(T43, 226b2)에 의하면, 서방에서는 '숙식宿食'을 '생식生食'이라고 한다. 여기서 '생生'이란 일종의 비유적 표현이다. 마치 사람의 숙식이 몸에서 빠져나오지 않으면 병이 되는 것처럼, 견도소단의 번뇌도 유정의 몸에 있으면 생사의 우환이 되므로 '생'이라 한 것이다. 한편 무루의 성도는 이러한 '생'을 떠나게 하기 때문에 '이생離生'이라고 한다.
62 "이것을 획득했기 때문에 보살의 정성리생正性離生에 들어갔다.……"는 경문 해석에서 '정성리생'에 대해 자세히 해석한 바 있다.『解深密經疏』「分別瑜伽品」중에 '⑯ 지관으로 보리를 증득함을 밝히는 문(止觀能證菩提門)' 참조.

『심밀해탈경』에서는 "그 신지信地를 넘어서서 정취定聚[63]에 들어간다."[64]라고 하였고, 『상속해탈경』에서는 "뛰어넘어 이생離生(정성리생)에 오른다."[65]라고 하였으니, 문장은 비록 차이가 있지만 의미는 어긋나지 않는다.

釋曰。自下第二明自分滿。謂極喜地。由前方便地十法行等因緣力故。超過彼方便地。證入初地正性離生。由是因緣此分圓滿。解云。正性即是無漏聖道。翻邪性故。名爲正性。□[1]斷煩惱損害有情。猶如宿食。名之爲生。無漏聖道能離見惑。故言正性離生。若廣分別。如瑜伽品記中已說。深密經云。過彼信地。入於定聚。相續經云。超昇離生。文雖有異。義不乖違。

1) ㉯ □는 '見'인 듯하다.

『대반야경』에 의하면 '정성리생正性離生'에 대해 두 가지 해석이 있다.[66] 한편에서는 말하길, 유소득有所得을 '생'이라 하고, 무소득지無所得智를 '정성리생'이라 한다. 따라서 『대반야경』 제468권에서는 말한다.

> 선현이 부처님께 여쭈었다.
> "세존이시여, 보살의 정성리생에 깨달아 들어가는데, 보살은 무엇을 '생生'으로 여기고 무엇을 '이생離生'으로 여깁니까?"

---

63 정취定聚 : 중생의 부류를 정정취正定聚와 사정취邪定聚와 부정취不定聚 등의 세 종류로 구분한 것을 삼취三聚라고 하며, 이 삼취 중에 '정정취'를 가리킨다. 유학법有學法과 무학법無學法을 성취한 자를 '정정취'라고 하고, 반대로 오무간업五無間業을 성취하여 반드시 악도에 떨어질 자를 사정취라고 하며, 그 두 종류가 아닌 자를 부정취라고 한다.
64 『深密解脫經』 권4(T16, 680b2).
65 『相續解脫地波羅蜜了義經』 권1(T16, 714c28).
66 보살의 견도見道, 즉 초지初地(극희지)에 드는 것을 '정성리생正性離生'이라 한다. 말하자면 바른 종성을 획득한 성자는 '생을 떠난다(離生)'라고 하는데, 이때 '생'이란 무엇이고 그 생을 떠난다는 것은 어떤 의미인가에 대해서는 각 경론의 해석들이 다양하다.

부처님께서 선현에게 말씀하셨다.

"모든 보살들은 일체의 유소득을 '생'이라 여기고, 일체의 무소득을 '이생'으로 여긴다."[67]

구체적으로 설하면 그 경과 같다.

한편에서는 말하길, 법애法愛에 수순하는 것을 '생'이라 한다. 마치 숙식宿食(소화되지 않은 음식)이라는 '생'이 과환이 되는 것과 같다. 공을 이해한 지혜는 그 생을 소멸시킬 수 있으므로 '정성리생'이라 한다. 따라서 『대반야경』제484권에서는 말한다.

(선현이 답하였다.)
"보살이 방편선교 없이 육도六度를 수행한다면 이승二乘의 지地에 떨어지고 보살의 정성리생에 들 수 없습니다."
이때 사리자가 선현에게 물었다.
"어떤 법을 '생'이라 합니까?"
선현이 답하였다.
"'생'이란 보살이 법애에 수순하는 것을 말합니다.[68] 이 법애를 '생'이라 하니, 마치 숙식이라는 생이 과환이 될 수 있는 것과 같습니다. 이것을 제거했기 때문에 '이생'이라 합니다."[69]

구체적으로 설하면 그 경과 같다.

---

67 『大般若波羅蜜多經』권468(T7, 366c15).
68 '법애에 수순한다'는 것은 보살이 반야바라밀을 수행할 때 색·수·상·행·식 등의 공空에 안주하면서 그 상想을 일으키고 집착을 일으키는 것 등을 말한다. 자세한 설명은 『大般若波羅蜜多經』권484(T7, 455c8) 참조.
69 『大般若波羅蜜多經』권484(T7, 455c1).

또 『대반야경』 제36권과 제408권, 『대품경』 제4권에서도 역시 후자와 같이 해석한다. 그 경문에 대한 자세한 해석은 『대지도론』 제31권의 설과 같다.

依大般若. 正性離生. 有其兩釋. 一云. 有所得爲生. 無所得智爲正性離生. 故大般若四百六十八云. 善現白佛言. 世尊. 證入菩薩正性離生. 菩薩以何 爲生. 以何爲離生. 佛告善現. 諸菩薩一切有所得爲生. 以一切無所得爲 離生. 具說如彼. 一云. 隨順法愛說名爲生. 如宿食生能爲過患. 解空之智 能滅彼生. 是故說名正性離生. 故大般若四百八十四云. 菩薩無方便善巧 修行六度. 墮二乘地. 不入菩薩正性離生. 時舍利子. 問善現言. 何法名生. 善現答言. 生謂菩薩隨順法愛. 卽此法愛. 說名爲生. 如宿食生能爲過患. 除遣此故. 名爲離生. 具說如彼. 又大般若三十六四百八. 大品第四. 亦同 後釋. 廣釋彼經. 如智度論第三十一.

양梁 『섭대승론석』에서 이 경문을 해석한 것에 따르면, 세 종류 장애를 끊고 십분十分의 공덕을 획득한 인연의 힘 때문에 초지初地가 원만해지는 것이다. 따라서 제10권에서 말한다.

모든 지地에서 각기 세 가지 장애를 소멸시키고 각기 수승한 공덕을 획득한다. '초지에서 세 가지 장애를 소멸시킨다'는 것은, 첫째는 법아를 분별하는 무명(法我分別無明)이고, 둘째는 악도업의 무명(惡道業無明)이 며, (셋째로) 이 두 무명에 의해 초감된 방편생사方便生死로서 추중보麤重報라고 이름한다.[70]

---

[70] 진제 역 『攝大乘論』에 따르면 보살은 십지十地의 각각의 지에 존재하는 두 종류 무명無明들에 의해 초감된 생사의 과보를 받는데, 이것을 '추중보麤重報'라고 한다. '생사生死'란 중생이 육도六道에서 윤회유전輪廻流轉하는 것인데, 여기서 십지 보살들이 받

세 가지 장애를 소멸시키기 위해 정근을 닦고, 정근을 닦음으로 인해 세 가지 장애를 소멸시키고 나면 십분十分의 원만을 획득하게 된다. 첫째는 보살의 정정위正定位에 들어가고, 둘째는 불가佛家에 태어나며, 셋째는 종성에 있어 나무랄 데가 없는 것이다. 넷째는 일체의 세간행을 이미 전환시킨 것이니, 결정코 살생 등 사행을 짓지 않기 때문이다. 다섯째는 이미 출세행에 이른 것이니, 획득된 모든 지地들은 필시 무루이기 때문이다. 여섯째는 이미 보살법의 여여함(菩薩法如)을 획득한 것이니, 자타의 평등을 획득했기 때문이다. 일곱째는 이미 보살처菩薩處를 잘 안립한 것이니, 진실한 보살법을 증득했기 때문이다. 여덟째는 이미 삼세의 평등에 이른 것이니, 일체법무아·진여를 깨달았기 때문이다. 아홉째는 이미 결정적으로 여래의 종성(如來姓) 중에 있는 것이니, 당래에 성불할 것이기 때문이다. 열째는 이미 괴란사壞卵事를 떠난 것이니, 불도佛道로 무명의 껍질을 깨 버리고 나와 그 바깥에서 반열반하기 때문이다.

보살은 초지에서 법계의 '편만遍滿'의 뜻을 통찰하고,[71] 이러한 열 개의 부분을 획득한다. 이 분分으로 인해 초지가 원만해진다.

는 '추중보'란 변역생사變易生死의 과보를 가리킨다. 이 논에서는 그 변역생사를 다시 네 종류로 나누었다. 초지에서 제3지까지의 과보는 '방편생사方便生死'라고 하고, 제4지에서 제6지까지의 과보는 '인연생사因緣生死'라고 하며, 제7지에서 제9지까지의 과보는 '유유생사有有生死'라고 하고, 제10지에서는 '무유생사無有生死'를 받는다. 이것이 소멸하면 곧바로 여래지如來地에 들어간다. 이 중에서 '방편생사'란 십지 이전 및 제3지까지의 보살들이 중생에게 이익을 주기 위해 방편으로 생사유전하는 것을 말한다.

71 『攝大乘論』에 따르면, 진여법계는 열 가지 공덕의 상相을 갖추고 있는데, 또 그것을 알지 못하는 것이 수행의 장애로 작용할 수 있다. 보살들은 십지十地에서 각기 그 상들을 차례대로 깨달아 가는데, 초지에서는 '일체편만一切遍滿'의 의미를 통해 법계를 통달하게 된다. 여기서 '편만'이란 진여법계가 일체법 가운데 남김없이 편재해 있음을 뜻한다. 다만 인집人執·법집法執에 의해 일으켜진 분별이 법계의 일체 편만의 뜻을 뒤덮고 있기 때문에 그것을 모를 뿐이다. 이상은 진제 역, 세친의 『攝大乘論釋』 권10(T31, 225c22) 참조.

해 열한 개의 지에서 각기 세 종류 장애를 소멸시킨다고 한 것은 이 『해심밀경』에서 말한 스물두 가지 무명과 열한 가지 추중에 해당하니, 뒤에서 자세하게 해석하겠다.

若依梁論。釋此經者。斷三種障。得十分功德因緣力故。初地圓滿。故第十云。諸地各能滅三障。各得勝功德。初地能滅三障者。一法我分別無明。二惡道業無明。此二無明感方便生死。名麤重報。爲滅三障故修正勤。因修正勤。滅三障已。得十分圓滿。一入菩薩正定位。二生在佛家。三種姓無可譏嫌。四已轉一切世間行。決定不作殺生耶[1]行故。五已至出世行。所得諸地必無漏故。六已得菩薩法如。由得自他平等故。七已善立菩薩處。由證眞實菩薩法故。八已至三世平等。由覺了一切法無我眞如故。九已決定在如來姓中。當來必成佛故。十已離壞卵事。由佛道破無明㲉[2]於外般涅槃故。菩薩於初地。由見法界遍滿義。得此十分。由此分故。初地圓滿。解云。十一地各滅三障者。卽是經中二十二無明。十一麤重。如後廣釋。

1) ⓔ 진제 역『攝大乘論釋』권10(T31, 226a1)에 따르면 '耶'는 '邪'이고, '邪' 앞에 '等'이 있다. 2) ⓔ『攝大乘論釋』권10(T31, 226a7)에 '㲉'은 '䜈'으로 되어 있다.

b) 제2분이 이구지離垢地를 포괄함을 밝힘

(a) 초분의 후행後行이 원만하지 않음을 밝힘

경 그런데 미세한 훼법의 과오가 현행하는 가운데 바른 앎을 현행시킬 수 없으니, 이런 인연으로 이 분에는 여전히 아직 원만하지 못함이 있다.

而未能於微細毀犯誤現行中。正知而行。由是因緣。於此分中。猶未圓滿。

석 이하는 두 번째로 제2분이 이구지를 포괄함을 설명한 것이다. 이 중에 두 가지가 있다. 처음에는 이전 분(초분)의 후행이 아직 원만하지 않음을 밝힌 것이다. 나중의 "(이 분의 원만이 원만해지게) 하기 위해서" 이하는 그가 자분(제2분)을 부지런히 수습하여 원만해지게 함을 밝힌 것이다.

이것은 처음에 해당한다.

초분일 때는 여전히 미세한 오범誤犯의 우치(愚)가 있기 때문에 아직 오범의 과실을 제거하지 못하니, 이런 인연으로 여전히 아직 원만하지 않다는 것이다.

釋曰。自下第二辨第二分攝離垢地。於中有二。初明前分後行未滿。後爲今¹⁾下。明其自分對²⁾修圓滿。此卽初也。初分時猶有微細誤犯愚故。未能除滅誤犯之失。由此因緣。猶未圓滿。

1) ㉹ 뒤의 경문에 따르면 '今'은 '令'의 오기다. 2) ㉹ 뒤의 석문에 따르면 '對'는 '勤'의 오기다.

(b) 자분을 부지런히 닦아 원만해지게 함을 밝힘

경 이 분을 원만해지도록 하기 위해 정근을 수습하여 곧 증득할 수 있으니, 그런 보살들은 이런 인연으로 이 분을 원만하게 한다.

爲令此分得圓滿故。精勤修習。便能證得。彼諸菩薩。由是因緣。此分圓滿。

석 두 번째는 그 자분(제2지)을 부지런히 수습해서 원만해지게 함을 밝힌 것이다.

가령 『유가사지론』 「주품住品」에서 말한 것과 같다. "곧 이와 같은 열 종류 의요意樂가 상품上品이 되었기 때문에, 지극히 원만해졌기 때문에, 이 보살들은 두 번째 증상계주增上戒住를 깨달아 들어간다. 이와 같은 주住 안에서는 성계性戒가 구족되고,[72] 극히 소소한 '사악업도邪惡業道에 속하는 모든 악한 범계犯戒'도 오히려 현행하지 않는데, 하물며 중품·상품의 (악한 범계는) 어떻겠는가?"[73] 자세하게 설하면 그 논과 같다. 이런 인연으로 이 분分이 원만해지는 것이다.

양梁『섭대승론석』에서는 말한다.

> 보살은 초지에 대해 아직 수승한 능력(勝能)이 없으니, 보살계 중에서 미세범계微細犯戒의 과실이 현행함을 요달하지 못하기 때문이다.
> 아직 (요달하지) 못하는 까닭은 세 가지 장애 때문이니, 첫째는 미세 범과무명微細犯過無明이고, 둘째는 종종상업행무명種種相業行無明이며, (셋째는) 이 두 가지 무명이 불러들인 방편생사方便生死로서 추중보麤重報라고 이름한다.
> 세 가지 장애를 소멸시키기 위해서 정근을 수행하고, 정근을 수행함으로 인해 세 가지 장애를 소멸시키고 나면, 제2지에 들어가서 여덟 종류 청정한 공덕을 획득한다. 첫째는 신요信樂의 청정이고, 둘째는 마음의 청정이며, 셋째는 자비의 청정이고, 넷째는 바라밀의 청정이며, 다섯째는 부처님을 보고 부처님을 섬기는 청정이고, 여섯째는 중생을 성숙시키는 청정이며, 일곱째는 생生의 청정이고, 여덟째는 위덕의 청정이다.

---

[72] '성계性戒를 구족하였다'라고 한 것에 대해, 규기의 『瑜伽師地論略纂』 권12(T43, 160a4)에서는 다음과 같이 말한다. 〈제2지의 보살이 율의계律儀戒(잘못을 방지하고 악을 그치게 하는 계체戒體)를 성취하였음을 밝혔다. 단지 '성계'뿐만 아니라 '차계遮戒'의 차원에서도 죄를 방호할 능력을 성취한 것이다.〉 여기서, 성계란 살생 등과 같은 근본죄에 해당하는 악업을 제재시킨 것을 말하고, 이에 비해 본질적인 죄악은 아니지만 불교도들이 세간의 혐오를 받거나 다른 범죄를 유발시킬 수 있는 소지가 있기 때문에 그것을 방지하기 위해 제정된 것을 차계라고 말한다.
[73] 『瑜伽師地論』 권48 「瑜伽處住品」(T30, 556c12).

더 높은 지地로 갈수록, 여래지를 제외하고, 이 여덟 종류는 더욱 향상되고 더욱 수승해진다. 이 분分으로 인해 제2지가 원만해진다.[74]

해 여덟 종류 청정에 대해서는 뒤에 가서 자세하게 해석할 것이다.

釋曰。第二明其自分勤修圓滿。謂如瑜伽住品說云。卽由如是十種意樂。成上品故。極圓滿故。是諸菩薩入證第二增上戒住。如是住中。性戒具足。極小邪惡業道所攝諸惡犯戒。尙不現行。況中上品。廣說如彼。由是因緣。此分圓滿。梁攝論云。菩薩於初地。未有勝能。未能了達菩薩戒中微細犯戒過行故。所以未能者。由三障故。一微細犯過無明。二種種相業行無明。此二無明感方便生死。故名麤重報。爲滅三障故修正勤。因修正勤。滅三障已。入第二地。得八種淸淨功德。一信樂淸淨。二心淸淨。三慈悲淸淨。四波羅蜜淸淨。五見佛事佛淸淨。六成熟衆生淸淨。七生淸淨。八威德淸淨。於上上地。離如如[1)]來地。此八功德轉上轉勝。由此分故。二地圓滿。解云。八種淸淨。後當廣釋。

---

1) ㉠ '如'는 잉자인 듯하다. ㉡ 진제 역『攝大乘論釋』권10(T31, 226a17)에 '如'가 없다.

c) 제3분이 발광지發光地를 포괄함을 밝힘

(a) 제2지의 후행이 원만하지 못함을 밝힘

경 그런데 아직은 세간의 원만한 등지等持[75]와 등지等至[76] 및 원만한 문지

---

74 진제 역, 세친의『攝大乘論釋』권10(T31, 226a9).
75 등지等持 : 정정·정정正定이라고도 하며, 범음 '삼마지([S] samādhi)'의 의역이다. 이는 선정의 다른 이름들 중의 하나인데, 혼침惛沈·도거掉擧의 상태를 멀리 떠나서 하나의

다라니聞持陀羅尼[77]를 증득하지 못하였으니, 이런 인연으로 이 분에는 여전히 아직 원만하지 않음이 있다.

> 而未能得世間圓滿等持等至及圓滿聞持陀羅尼。由是因緣。於此分中。猶未圓滿。

석 이하는 세 번째로 제3분이 발광지를 포괄함을 설명한 것이다. 이 중에 두 가지가 있다. 처음은 제2지의 후행이 아직 원만하지 않음을 밝힌 것이다. 나중은 자기 지를 수습해서 원만해지게 함을 밝힌 것이다.

이것은 처음에 해당한다. 말하자면 저 보살은 이미 증상계분을 원만하게 했지만 아직은 제3지 중의 수승한 선정에 속하는 등지等持·등지等至 및 그것의 원만한 문지다라니聞持陀羅尼를 증득할 수는 없다는 것이다.

"등지等持"라고 했는데, 범음 삼마지三摩地(Ⓢ samādhi)는 여기 말로 '등지'라고 한다. 가라앉음(沉)과 들뜸(浮)을 떠나기 때문에 '등等'이라 하고, 마음을 붙잡아(持) 하나의 경계에 머물게 하기 때문에 '등지'라고 이름한 것이다. 범음 삼마발저三摩鉢底(Ⓢ samāpatti)는 여기 말로 '등지等至'라고 한다. '등'의 의미는 이전과 같다. '지至'는 '지극至極'을 말하니, 즉 그 적정함이 극한 곳에 이르렀기 때문에 '등지'라고 이름한 것이다. 이와 같은 두 종류는 모두 유루이기 때문에, 파괴될 수 있기 때문에, '세간'이라 하

경계에 집중하고 있는 상태를 가리킨다. 그런데 이 용어는 정위定位와 산위散位의 정신 집중 상태를 모두 통칭하지만 유심위有心位에 국한되고 무심위無心位에는 통용되지 않는다.

76 등지等至 : 정수正受·정정현전正定現前이라고도 하며, 범음 '삼마발저(Ⓢ samāpatti)'의 의역이다. 이것도 선정의 다른 이름들 중의 하나로서, 기본 정의는 앞의 '삼마지'의 경우와 같다. 다만 이 용어는 오직 정위定位에 국한해서 사용되고 산위散位에서는 사용되지 않으며, 정위의 유심有心·무심無心에 모두 통칭한다.

77 문지다라니聞持陀羅尼 : 이하의 해석에 나온 '법다라니法陀羅尼'를 말한다. 들었던 교법을 오랫동안 잊지 않고 기억하는 능력을 가리킨다.

였다.[78]

釋曰。自下第三辨第三分攝發光地。於中有二。初明二地後行未滿。後明自地修令圓滿。此卽初也。謂彼菩薩雖已圓滿增上戒分。而未能得第三地中勝定所攝等持等至及彼圓滿聞持陀羅尼。言等持者。梵音三摩地。此云等持。離沉浮故。名之爲等。持心令住一境。故名等持。梵音三摩鉢底。此云等至。等義如前。至謂至極。謂彼寂靜至極處故。名爲等至。如是二種。皆有漏故。可破壞故。名爲世間。

그런데 이 선정의 이름은 『유가사지론석』에 의하면 세 가지 이름이 있으니, 삼마희다三摩呬多[S] samāhita와 삼마지와 삼마발저를 말한다. 따라서 그 논에서는 말한다.

然此定名。依瑜伽釋。有其三名。謂三摩呬多。三摩地。三摩鉢底。故彼論云。

이른바 '삼마희다지'란 승정지勝定地를 말하니, 혼침과 도거 등을 떠나서 평등하게 능히 이끌어 내고, 혹은 평등을 이끌어 냈거나, 혹은 평등에 의해 이끌려 나온 것이기 때문에 '등인지等引地'라고 이름한다.[79]

---

78 위의 경문에서 "세간의 원만한 등지等持·등지等至"라고 했는데, 이 두 종류 선정은 아직까지는 여전히 번뇌를 띤 것(有漏)이고 언제라도 파괴될 수 있으므로 '세간의 선정'이라 한다.
79 '등인等引'이라 의역한 이유를 설명하였는데, 이에 대한 해석에 차이가 있다. 가령 규기窺基의 『瑜伽師地論略纂』 권5(T43, 67a1)에 따르면 이것은 "① 平等能引, ② 或引平等, ③ 或是平等所引發."이라는 세 가지 의미로 '등인'을 해석한 것이다. 말하자면 ① 수승한 선정(勝定)들은 모두 평등하게 능히 공덕을 이끌어 내고(平等能引), ② 또 그 선정들이 평등한 공덕을 이끌어 내며(引平等), 또 ③ 그 선정들 자체가 평등한 방편(가행)에 의해 이끌려 나온 바(平等所引)이다. 이처럼 능히 이끌어 내는 주체(能引)와 그에 의

어떤 이는 다음과 같이 말한다.

이 이름은 오직 일체의 유심有心의 모든 선정을 포괄하니, 모두 평등하게 공덕을 이끌어 낼 수 있기 때문이다. 무심정無心定에는 통용되지 않으니, 이전의 게송에서 '삼마지를 갖춘 지'라고 하였기 때문이다.[80] '삼마지'란 별경심소別境心所에 (속하는) 심소법이기 때문에,[81] 두 가지 무심정은 공덕들을 평등하게 이끌어 낼 수 없기 때문에,[82] 등인지等引地가 아니다.

(문) 그렇다면 어째서 '등인지'라고 설했는가?[83]

(답) 이 등인지에는 대략 네 종류가 있으니, 정려靜慮와 해탈解脫과 등지等持와 등지等至를 말한다. '정려'란 사정려[84]를 말하고, '해탈'이란

해 이끌려 나온 바(所引)가 모두 평등하다는 의미에서 '등인'이라 이름한다. 『一切經音義』 권48(T54, 624b17)에서는 그와 조금 달리 해석하는데, "① 평등하게 능히 이끌어 낸다"는 것은 총괄적 진술이고, 이 말의 의미를 구체적으로 풀이하면 위의 두 가지 ②와 ③ 의미가 있다.

80 『瑜伽師地論』「本地分」 중의 '오식신상응지五識身相應地' 서두에서는 맨 먼저 게송으로 유가사의 십칠지十七地를 열거하였는데, 이 게송에서 "삼마지를 갖춘 지(三摩地俱)"라고 한 것은 여섯 번째 삼마희다지三摩呬多地를 가리킨다. 여기서 '삼마지'만 말하지 않고 '삼마지를 갖춘 지'라고 한 이유는 다음과 같다. '삼마지'라고만 하면, 이는 심소법(心數) 중의 하나인 '정정定(S samādhi)'을 가리키는 말이다. 따라서 '삼마지를 갖춘 지'라고 함으로써 산위散位를 제외한 정위定位의 모든 선정들과 그에 의해 인발된 공덕들을 통칭하였다. 그런데 위의 해석에 따르면, 이처럼 '삼마지를 갖춘 지'라고 한 이상, 정위라 해도 두 종류 무심정無心定은 배제된다. 무심정에서는 일체의 심·심소가 소멸했기 때문에 '삼마지를 갖춘 지'라고 말할 수 없다.

81 '삼마지三摩地'라는 용어는 좁게는 심소법(心數) 중의 하나인 '정정定(S samādhi)'을 가리킨다. 이 '삼마지'는 유식의 오위백법五位百法 중에서는 오별경五別境 심소 중의 하나로서, 마음을 하나의 경계에 집중하는 정신 작용이다. 따라서 '삼마지'라는 용어 대신에 '등인지' 혹은 '삼마지를 갖춘 지'라는 용어로 모든 유심정을 포괄했다는 것이다.

82 두 가지 무심정이란 무상정無想定과 멸진정滅盡定을 가리킨다. 이 두 선정에서는 일체의 심상心想이 전혀 일어나지 않기 때문에 어떤 공덕을 일으킬 수 없다고 하였다.

83 앞의 주장(有義)에 따르면 두 가지 무심정은 공덕을 이끌어 내지 못하기 때문에 등인지가 아닌데, 어째서 그것들도 '등인지'라고 이름했겠는가라고 반문한 것이다.

84 사정려四靜慮 : 색계의 네 종류 선정을 가리키는 말이다. 이에 대해서는 이전의 「分別瑜伽品」 중 '여덟 종류 사마타'를 설명하면서 이에 관한 대소승의 학설을 자세히 논한

팔해탈[85]을 말하며, '등지等持'란 공등지空等持·무원등지無願等持·무상등지無相等持[86]를 말한다. '등지等至'란 다섯 가지 현견등지現見等至【다섯 가지 등지란, 첫째는 내신內身의 갖가지 부정不淨을 관하는 것이고,[87] 둘째는 백골白骨 속에서 식식識이 돌아다님을 관하는 것이고,[88] 셋째는 백골 속에서 식이 돌아다니면서 금세와 후세에 머묾을 관하는 것이며,[89] 넷째는 백골 속에서 식이 돌아다니면서 금세에는 머물지 않고 단지 후세에만 머묾을 관하는 것이며,[90] 다섯째는 백골 속에서

바 있다.
85 팔해탈八解脫 : 여덟 종류 선정의 힘에 의거해서 색계와 무색계의 탐욕을 퇴치하는 것을 말한다. 첫째는 내적으로 색상色想이 있어서 색에 대한 탐욕을 제거하기 위해 외부의 모든 색에 대해 부정관不淨觀을 닦는 것이다. 둘째는 내적으로 색상이 없어도 욕계의 탐욕을 완전히 끊기 어려우므로 다시 외계의 부정不淨한 상을 관하는 것이다. 셋째는 외부 색의 청정한 모습(淨相)을 관함으로써 번뇌가 일어나지 않게 하고 정해탈淨解脫을 신증身證하여 구족하는 것이다. 넷째는 공무변처空無邊處에 드는 것이고, 다섯째는 식무변처識無邊處에 드는 것이며, 여섯째는 무소유처無所有處에 드는 것이고, 일곱째는 비상비비상처非想非非想處에 드는 것이며, 여덟째는 상수멸想受滅(滅盡定)해탈에 드는 것이다.
86 공등지空等持·무원등지無願等持·무상등지無相等持 : 공과 무상과 무원을 관하는 등지를 삼삼매三三昧라고 말한다. 이것을 사제四諦의 십육행상十六行相에 배대시켜 설명하면, 고제의 4행상 중에 '공空과 무아無我'를 관하는 것은 공문空門에 해당하고, 멸제의 네 가지 행상(滅, 靜, 妙, 離)을 관하는 것은 무상문無相門에 속하며, 그 밖에 고제의 2행상(非常, 苦)과 집성제의 4행상(因, 集, 生, 緣)과 도제의 4행상(道, 如, 行, 出) 등 열 가지 행상을 관하는 것은 모두 무원문無願門에 해당한다.
87 첫 번째는 자기 자신의 발끝에서 머리까지 온갖 더러운 것들로 가득 차 있음을 관하는 것을 말한다. 말하자면 머리카락·손톱·이빨·때·살갗·골수·근육과 간·폐·위·신장·대장·소장 등이 똥·오줌·눈물·침·가래·고름·피·기름 등으로 가득 차 있음을 관하는 것을 말한다. 『大毘婆沙論』 권40(T27, 208a24) 참조.
88 두 번째는 앞에서 설명한 것처럼 자신의 발끝에서 머리까지 갖가지 부정한 것들로 가득 차 있음을 관하고 나서, 다시 관하여 살갗이나 혈육 등을 제거하고 나서 오직 해골만 남겨 두고 그 안에 식이 돌아다님을 관하는 것이다. 『大毘婆沙論』 권40(T27, 208a26) 참조.
89 세 번째는 첫 번째와 두 번째 부정관에서처럼 자신의 발끝에서 머리까지 갖가지 부정한 것들로 가득 차 있음을 관하고, 다시 관하여 살갗이나 혈육 등을 제거하고 나서 오직 해골만 남겨 두고 그 안에 식이 돌아다니면서 금세와 후세에 머무는 것을 관하는 것이다.
90 네 번째는 나머지는 이전과 동일하고 단지 백골 속의 식이 금세에 머물지 않고 후세에

식이 돌아다님을 관하되 금세에도 후세에도 머물지 않음을 관하는 것이다.[91] 자세한 것은 예를 들어 『대비바사론』 제40권과 『유가사지론』 제12권과 같다.]와 팔승처등지八勝處等至[92]와 십변처등지十遍處等至[93]와 사무색등지四無色等至,[94] 무상등지無想等至와 멸진등지滅盡等至[95]를 말한다. 이에 과실이 없으니, 두 종류 무심정(무상정·멸진정)은 등인等引의 과果이기 때문에 그 이름을 부여한 것이지 실로 등인지는 아니다.[96]

所言三摩呬多地者。謂勝定地。離沉掉等。平等能引。或引平等。或是平等

머무는 것을 관하는 것이다.
91 다섯 번째는 나머지는 이전과 동일하고 백골 속의 식이 금세에도 후세에도 머물지 않음을 관하는 것이다.
92 팔승처등지八勝處等至 : 욕계의 색色과 상相을 관하여 그것을 제거하고 조복시키는 여덟 단계를 가리킨다. 첫째는 내적으로 색상色想이 있어서 색에 대한 탐욕을 제거하기 위해 우선 외부의 적은 색을 관하는 것이다. 둘째는 내적으로 색상이 있어서 그것을 제거하기 위해 외부의 많은 색을 관하는 것이다. 셋째는 내심에 색상이 없는 상태에서 외부의 적은 색을 관하는 것이다. 넷째는 내심에 색상이 없는 상태에서 외부의 많은 색을 관하는 것이다. 앞의 네 가지 관을 통해 이미 내심의 색상을 제거하여 없앴으므로, 이제 다시 외부의 색 중에 청·황·적·백을 관하여 모두 그것을 제거하고 승복시킴으로써 탐욕을 대치하는데, 이것이 다시 네 종류가 된다.
93 십변처등지十遍處等至 : 십일체입十一切入이라고도 한다. 이것은 지·수·화·풍과 청·황·적·백과 공空·식識 등의 열 가지 법을 관의 대상으로 삼아서, 그것들이 빈틈없이 모든 곳에 두루 편재해 있음을 관찰하는 것이다. 행자들은 팔해탈八解脫과 팔승처八勝處를 닦은 후에는 색 등에 대해 청정한 모습을 얻고 나서 또 관의 경계에 대해 자유자재하게 되면, 다시 이 관법을 닦는다. 이 중에서 앞의 여덟 가지는 색계에 해당하고 뒤의 두 가지는 무색계에 해당한다.
94 사무색등지四無色等至 : 무색계의 네 종류 선정, 즉 공무변처空無邊處·식무변처識無邊處·무소유처無所有處·비상비비상처非想非非想處를 가리킨다. 이에 관해서는 이전의 「分別瑜伽品」에서 '여덟 종류 사마타'를 설명하면서 자세히 논한 바 있다.
95 무상등지無想等至와 멸진등지滅盡等至 : 두 종류 무심정無心定을 가리킨다. 무상정은 색계의 제4선禪에 해당하고, 멸진정은 무색계의 맨 꼭대기에 있는 선정이다. 이 두 종류 선정에서는 일체의 심·심소가 일어나지 않는다.
96 무심정無心定은 등인지等引地라는 선정 자체에 속하는 것이 아니라 그 선정의 힘에 의해 인발된 과果를 가리킨다. 선정 자체와 그것이 이끌어 낸 결과들까지 포괄해서 '등인지'라고 통칭한 것이므로 '무심지'를 '등인지'라고 해도 과실이 없다고 하였다.

所引發故。名等引地。有義。此名唯攝一切有心諸定。皆能平等引功德故。不通無心。以前頌中言三摩地俱故。三摩地者。是別境中心數法故。二無心定。不能等引諸功德故。非等引地。若爾何故等引地說。此等引地。略有四種。謂靜慮解脫等持等至。言靜慮者。謂四靜慮。言解脫者。謂八解脫。言等持者。謂空等持。無願等持。無相等持。言等至者。謂五現見等至。【五等至者。一觀內身種種不淨。二觀白骨識於中行。三觀白骨識於中行住今世後世。四觀白骨識於中行不住今世但住後世。五觀白骨識於中行不住今世後世。廣如婆沙第四十卷。瑜伽十二也。】八勝處等至。十遍處等至。四無色等至。無想等至。滅盡等至。此無有失。二無心定是等引果。故與其名。實非等引。

어떤 이는 주장한다.

이 이름은 유심위有心位와 무심위無心位의 모든 선정의 체를 통칭하는 것이다. 유심정은, 평등하게 모든 공덕들을 이끌어 낼 수 있기 때문에, 또한 평등한 근의 대종(根大) 등을 이끌어 내기 때문에, 또 혼침·도거를 떠나서 계무회戒無悔[97] 등의 평등한 방편에 의해 인발된 것이기 때문에, '등인'이라 이름한다. 무심정이라면 비록 수승한 공덕을 이끌어 낼 수는 없지만 평등한 근의 대종 등을 이끌어 내기 때문에, 평등한 선정에 의해 인발된 것이기 때문에, 또한 '등인'이라 이름한다.

(문) 그렇다면 어째서 이전의 게송에서는 '삼마지를 갖춘 지(三摩地俱)'라고 했는가?[98]

---

[97] 계무회戒無悔 : 계가 갖추어져서 죄를 범하지 않을 뿐만 아니라 설사 범했더라도 참괴慚愧하여 마음에 회한이 없는 것을 말한다.

[98] 위의 해석에 따르면, '등인지'라는 용어는 모든 정신 작용이 사라진 '무심위無心位'까지 포괄하는 용어다. 그렇다면, 『瑜伽論』의 게송에서 '삼마지를 갖춘 지(三摩地俱)'라고 말한 것과는 모순된다. 이 게송에 따르면 적어도 '삼마지(定)'라는 심소가 존재한다고 정의되기 때문이다.

(**답**) 여기에는 과실이 없다. 게송 중에서는 문구를 생략했기 때문에 우선 '그것(삼마지)을 갖춘다'라고 했지만, 실제로 등인이 (삼마지를) 갖추는 것은 아니니, 역시 뒤에서 '등인은 무심정에 통한다'라고 설하기 때문이다.

有義。此名通有心位及無心位所有定體。若有心定。平等能引諸功德故。亦引等根大等故。及離沉掉戒無悔等平等方便所引發故。名爲等引。若無心定。雖不能引殊勝功德。而引平等根大等故。是平等定所引發故。亦名等引。若爾。何故前頌中言三摩地俱。此無有失。頌中變[1]略。且言彼俱。其實等引非俱。亦是後說等引通無心故。

1) ㉭『瑜伽師地論釋』권1(T30, 886c23)에 따르면 '變'은 '文'의 오기다.

여실한 의미는 (다음과 같다.)

등인지等引地라는 이름은 통칭하는(通) 경우와 국한되는(局) 경우가 있다. 유심위와 무심위라는 두 가지 지위를 둘 다 포괄하기 때문에 '통칭한다'라고 하였다. 뒤에서 설하길, '무상정·멸진정도 역시 등인지의 체'라고 설하기 때문이다.

오직 유루·무루의 수승한 선정에 있을 때만 (가리키고), 욕계 등의 모든 산심散心을 (포함하지) 않기 때문에 '국한된다'라고 하였다. 뒤에서 설하길, 오직 정려 등만을 등인지라고 하고 욕계에서의 심일경성心一境性[99]을 (포함하지) 않는다고 설하기 때문이다.[100] 이 등인은 무회無悔와

---

99 심일경성心一境性 : 선정의 다른 이름으로서, 마음을 하나의 경계에 집중하는 것을 말한다.
100 여실한 의미에서 말하자면, '등인지'란 색계 이상 정위定位의 유심정·무심정을 통칭하기는 해도 욕계의 산위散位의 삼마지(심일경성)에 대해서는 사용되지 않는 용어이다.

환희歡喜와 안락安樂에 의해 인발되는 것인데, 욕계는 그렇지 않다. 이에 준해 볼 때 상계라도 산심의 상태라면 또한 등인이 아니니, 욕계와 동일하기 때문이다.

이에 따르면 (등인等引과 등지等持를) 서로 배대해서 네 개의 구(四句)를 만들어 볼 수 있다. 어떤 경우는 등지를 갖추지만 등인지는 아니다. 즉 욕계 등의 산심위散心位의 삼마지를 갖춘 심心·심소心所 등을 말한다.[101] 어떤 경우는 등인지이지만 등지를 갖추지 않는다. 즉 정위定位 중의 삼마지의 체體 및 무상정無想定·멸진정滅盡定의 지위의 모든 법들을 말한다.[102] 어떤 경우는 등지를 갖추면서 또한 등인지이기도 하다. 즉 모든 정려 및 모든 무색계의 유심정의 지위에서의 심·심소 등을 말하고, 삼마지는 제외한다.[103] 어떤 경우는 둘 다 아니기도 하다. 즉 이상에서 (말한) 지위의 모든 법들 이외의 것을 말한다.

또 삼마지와 삼마발저와 삼마희다라는 이름에는 넓고 좁음(寬狹)이 있다. '삼마지'라는 이름은 심소법 중의 '등지等持'라는 하나의 법을 가리키는데, 통틀어 일체의 유심위에서의 심일경성心一境性(선정의 다른 이름)을 포괄하며 정위定位와 산위散位를 통칭한다. 그런데 여러 경론들에서는 수승한 것에 의거해서 다만 공空·무원無願 등을 '삼마지'라고 이름한

---

[101] 욕계의 산심의 지위에서도 삼마지가 있을 수 있으므로 '등지等持(삼마지)를 갖춘다'라고 말할 수 있지만, 욕계의 산심의 지위는 '등인지'에 포함되지 않는다. 등인지란 색계 이상의 모든 선정에 대해 사용되는 용어이다.
[102] '정위定位 중의 삼마지의 체體'란 바로 등지(삼마지)를 가리키므로 '등지(삼마지)가 삼마지를 갖춘다'고는 말하지 않지만, 이것은 정위定位에 해당하므로 등인지에는 포함된다. 또 무상정無想定·멸진정滅盡定이라는 두 종류 무심정에서는 삼마지라는 심소가 현행하지 않기 때문에 '등지(삼마지)를 갖춘다'고 말하지는 않지만, 두 종류 무심정은 산위散位는 아니기 때문에 '등인지'라고 이름한다.
[103] 등지等持 그 자체가 삼마지이므로 '등지가 삼마지를 갖춘다'고 말하지 않는다. 따라서 색계의 사정려와 무색계의 유심정의 심·심소들 중에서 삼마지 자체를 제외한 그 밖의 심·심소를 일컬어 '등지를 갖추는 것'이라 하였다. 또한 이러한 정위定位의 심·심소는 욕계의 산심이 아니므로 모두 '등인지'에 속한다.

것이다. 삼마발저는 일체의 유심·무심의 모든 정위 중에 있는 정定의 체를 통틀어 지칭하는 것이다. (그런데) 여러 경론들에서는 수승한 것에 의거해서 오현견五現見[104] 등과 상응하는 모든 선정을 '등지等至(삼마발저)'라고 이름한 것이다. '등인지(삼마희다)'라는 이름은 통틀어 일체의 유심·무심의 정위의 공덕을 지칭한다. 따라서 이 지(삼마희다지)에서는 통틀어 모든 정위의 공덕을 포괄하는 것이다. 이 ('등인'이라는 이름은) 총괄적인 것이기 때문에 유독 '지地'라는 이름으로 지칭하였다.[105]

如實義者。等引地名。有通有局。有心無心兩位俱攝。故名爲通。後說無想滅盡定。亦是等引地體故。唯在有漏無漏勝定。非欲界等一切散心。故名爲局。以後說言唯靜慮等。名等引地。非於欲界一[1]境性。由此等引。無悔歡喜安樂所引。欲界不爾。准此上界。若在散心。亦非等引。同欲界故。由此相對。得作四句。或等持俱。非等引地。謂欲界等散心位中三摩地俱心心所等。或等引地。非等持俱。謂定位中三摩地體。及無想定滅盡定位所有諸法。或等持俱。亦等引地。謂諸靜慮及諸無色有心定位心心所等。除三摩地。或有俱非。謂除上位所有諸法。又三摩地。三摩鉢底。三摩呬多。名有寬狹。三摩地名。目心數中等持一法。通攝一切有心位中心一境性。通定散位。然諸經論。就勝但說空無願等。名三摩地。三摩鉢底。通目一切有心無心諸定位中所有定體。諸經論中。就勝唯說五現見等相應諸定。名爲等至。等引地名。通目一切有心無心定位功德。故此地中。通攝一切定位功德。由是總故。偏目地名。

---

1) ㉭『瑜伽師地論釋』권1(T30, 886c29)에 '一' 앞에 '心'이 있다.

104 '오현견'이란 같은 인용문의 앞 단락에 나왔던 '오현견등지'를 가리킨다. 이에 대한 자세한 설명은 원측의 협주 참조.
105 『瑜伽師地論釋』권1(T30, 886c5).

그런데 지금 이 경문에서는 대략 두 가지 이름(等持와 等至)을 설명하였으니, 그 두 가지 이름이 정위·산위의 유심·무심을 포괄할 수 있기 때문이다.

然今此中。略辨二名。以彼二名。能攝定散有無心故。

"다라니"라고 한 것은 여기 말로 '총지總持'라고 하고, 염념과 혜慧를 체로 삼는 것이다. 그런데 이 다라니에는 대략 네 종류가 있으니, 예를 들어 『유가사지론』제45권과 같다. 따라서 그 논에서는 말한다.

보살의 묘한 다라니란 어떤 것인가? 이와 같은 묘한 다라니에는 대략 네 종류가 있음을 알아야 한다. 첫째는 법다라니法陀羅尼, 둘째는 의다라니義陀羅尼, 셋째는 주다라니呪陀羅尼, 넷째는 능히 보살인을 증득하는 다라니(能得菩薩忍陀羅尼)이다.
보살의 법다라니란 어떤 것인가? 말하자면 보살들이 이와 같은 염념·혜慧의 힘에 의한 기억(持)¹⁰⁶을 획득하여 이러한 힘으로 기억함에 따라, '일찍이 들었던 적이 없는 말'이나 '아직 익힌 적이 없고 아직 잘 통달하지(通利) 못한 명·구·문들로 기록된 것(所攝錄)'을 차례로 착종해 놓고 차례로 결집해 놓은 무량한 경전'을 듣고 나서, 무량한 시간이 지나도록 능히 간직하면서(任持) 잊지 않으니(不忘), 이것을 보살의 법다라니라고 이름한다.¹⁰⁷

---

106 여기서는 총지總持(다라니)의 '지持'를 설명한 것이다. '지持'란 염념과 혜慧의 힘으로 어떤 대상을 계속 간직하면서(任持) 잊지 않는 것(不忘)을 말한다. 이하에서는 염력과 혜력에 의해 기억되는 대상에 따라서 법法·의義·주呪 그리고 보살인菩薩忍의 다라니를 구분한다.
107 이상에서 말한 '법다라니法陀羅尼'란 언어 자체로서의 무량한 교법教法들을 염념과 혜慧의 힘으로 계속 간직하면서 잊지 않는 것을 말한다.『瑜伽師地論略纂』권12(T43,

보살의 의다라니란 어떤 것인가? 말하자면 앞서 설했던 것과 같은데, 이것의 차이점은 그 법(교법)의 무량한 의취義趣에 대해 마음으로 아직 익힌 적이 없고 아직 잘 통달하지 못하였음에도 무량한 시간이 지나도록 간직하면서 잊지 않는 것이니,[108] 이것을 보살의 의다라니라고 이름한다.

보살의 주다라니란 어떤 것인가? 말하자면 보살들이 이와 같은 등지等持의 자재함을 획득하여 이것의 자재한 (힘이) 유정의 재환災患을 제거할 수 있는 주술의 장구章句를 가피하여 그 장구들이 다 신묘한 효험을 내도록 하여, (유정들이) 손상 받는 바 없이 하나 아닌 갖가지 재환들을 제거할 수 있으니, 이것을 보살의 주다라니라고 한다.[109]

보살이 능히 보살인을 증득하는 다라니란 어떤 것인가?[110] 보살들이 '자연견고自然堅固한 인행因行을 성취하고 묘한 지혜를 구족하며,[111] 홀로 한적한 곳에 있으면서 고요히 말하지 않으며, 일찍이 사물을 소유함이 없고 길을 보고 다니며,[112] 양을 알고 먹되 잡다하고 더러운 것을 먹지

154c23) 참조.
108 법다라니와 의다라니란 염과 혜의 힘에 의해 간직된다는 점에서는 동일하지만 간직되는 경계가 다를 뿐이다. 즉 법다라니는 무량한 교법 자체를 오랫동안 기억하면서 잊지 않는 것이고, 의다라니는 그 교법에 의해 나타내려 했던 무량한 의미 혹은 이치를 오랫동안 기억하면서 잊지 않는 것이다.
109 선정(定)의 자재함을 획득했기 때문에 더욱 수승한 염念·혜慧를 발하여 그 힘으로 주呪의 장구章句를 지니면서 주술의 신비한 효험을 나타내는 것을 '주다라니呪陀羅尼'라고 한다.
110 『瑜伽師地論略纂』 권12(T43, 154c27)에 다음과 같은 설명이 나온다. 〈'능히 인을 증득하는 다라니'란 무분별지無分別智를 인忍의 체로 삼아서 곧장 진여를 증득하는 것이다. '능히 인을 증득한다(能得忍)'는 것은, 가행지加行智가 능히 주呪를 지니는 공능이 있어서 진여를 증득할 수 있기 때문이다.〉
111 『瑜伽師地論略纂』 권12(T43, 155a4)에 따르면, '자연견고한 인행(自然堅固因行)을 성취한 자'란 지전地前의 보살을 말하고, '묘한 지혜를 구족했다'는 것은 출세간으로 향하는 묘한 지혜를 성취한 것을 말한다.
112 '일찍이 사물을 소유함이 없다(曾無有物)'는 것은 그 밖의 살림도구(資具)를 소유하지 않음을 말하고, '길을 보고 다닌다(見路而行)'는 것은 껌껌하지 않고 밝은 상이 생겨났

않고 한 종류만 먹으며, 항상 지극한 정려靜慮 상태에서 밤중에도 적게 자고 많이 깨어 있으며, 부처님이 설하셨던 바의 '보살인을 증득하는 모든 주술의 장구'에 대해 능히 자세히 사유하는 것이다.[113]

자세하게 설하면 그 논과 같고, 구체적인 것은 『별장』의 설과 같다.

言陀羅尼者。此云總持。念慧爲體。然此陀羅尼。略有四種。如瑜伽論第四十五。故彼論云。云何菩薩妙陀羅尼。當知如是妙陀羅尼。略有四種。一者法陀羅尼。二者義陀羅尼。三者呪陀羅尼。四者能得菩薩忍陀羅尼。云何菩薩法陀羅尼。謂諸菩薩。獲得如是念慧力持。由是力持。聞未曾聞言。未溫習未善通利名句文身之所攝錄。次第錯綜。次第結集。無量經典。經無量時能持不忘。是名菩薩法陀羅尼。云何菩薩義陀羅尼。謂如前說。此差別者。則於彼法無量義趣。心未溫習。未善通利。經無量時能持不忘。是名菩薩義陀羅尼。云何菩薩呪陀羅尼。謂諸菩薩獲得如是等持自在。由此自在。加被能除有情災患諸呪章句。令彼章句。悉皆神驗。無所唐捐。能除非一種種災患。是名菩薩呪陀羅尼。云何菩薩能得菩薩忍陀羅尼。謂諸菩薩成就自然堅固因行。具足妙慧。獨處空閑。寂無言說。曾無有物。見路而行。知量而食。不雜穢食。一類而食。常極靜慮。於夜分中少眠多寤。於佛所說得菩薩忍諸呪章句。能諦思惟。廣說如彼。具如別章。

이 경문의 뜻을 설하겠다. 〈등지等持·등지等至는 바로 수혜의 인因이고, 다라니는 문혜와 사혜의 인이다. 그런데 저 보살은 아직 등지等持·

　　을 때라야 돌아다니는 것을 말한다. 또 다니는 처소에서는 반드시 바른 길(正路)을 보아야 하는데, '바른 이치(正理)'를 '길(路)'이라 하고 이 바른 이치에 의거해서 행하는 것을 '길을 보고 다닌다'고 하였다. 『瑜伽師地論略纂』 권12(T43, 155a9) 참조.
113 『瑜伽師地論』 권45(T30, 542c16).

등지等至 등의 '세 가지 혜를 내는 인'을 획득하지 못하였고, 이런 인연으로 이 증상심분增上心分(제2지의 후행의 마음)에 여전히 원만하지 않음이 있다.〉

此中意說。等持等至。是修慧因。陀羅尼者。是聞思慧因。然彼菩薩。未得等持及等至等發三慧因。由是因緣。於此增上心分。於[1]未圓滿也。

1) ㉭ 해당 경문인 '猶末圓滿'에 의거할 때, '於'는 '猶'인 듯하다.

(b) 자분을 부지런히 닦아 원만해지게 함을 밝힘

경 이 분이 원만해지도록 하기 위해 정근을 수습하여 곧 (등지等持 등을) 증득할 수 있으니, 그런 보살들은 이런 인연으로 이 분을 원만해지게 한다.

爲令此分得圓滿故。精勤修習。便能證得。彼諸菩薩。由是因緣。此分圓滿。

석 두 번째는 그 자분을 부지런히 닦아서 원만하게 함을 밝힌 것이다. 말하자면 제3지에서는 등지等持와 등지等至 및 다라니라는 인연의 힘을 증득하였기 때문에 이 분이 원만해진다는 것이다.
양梁『섭대승론석』에서 말한다.

보살은 제2지에서 아직 수승한 능력을 갖지 못한다. 아직 (세간의) 사정(색계의 사선)과 사공삼마발제(사무색정) 및 문지다라니를 구족한 염념의 힘을 얻지 못하였다.
아직 얻지 못하는 까닭은 세 가지 장애 때문이다. 첫째 욕애무명欲愛無明이고, 둘째 구족문지다라니무명具足聞持陀羅尼無明이며, (셋째는) 이 두 가지 무명에 의해 초래된 방편생사로서 추중보麤重報라고 이름하는 것이다.

세 가지 장애를 소멸하기 위해 정근을 수습하고, 정근을 수습함으로 인해 세 가지 장애를 소멸시키고 나면, 제3지에 들어가서 여덟 종류 더욱 수승한 청정 및 네 종류 선정 등을 증득하며, 나아가서는 법계의 '승류勝流의 의미'를 통달한다.[114]

이 분分으로 인해 제3지가 원만해진다.[115]

釋曰。第二明其自分勤修圓滿。謂第三地證得等持等至及陀羅尼因緣力故。此分圓滿。梁論釋云。菩薩於二地未有勝能。未得[1]四定四空三摩跋提。及聞持陀羅尼具足念力。所以未得者。由三障故。一欲愛無明。二具足聞持陀羅尼無明。此二無明所感方便生死。名麤重報。爲滅三障故修正勤。因修正勤。滅三障已。入第三地。得八種轉勝淸淨及四定等。乃至通達法界勝[2]義。由此分故。三地圓滿。

1) ㉑ 진제 역 『攝大乘論釋』 권10(T31, 226a19)에 '得' 뒤에 '世間'이 있다. 2) ㉑ 진제 역 『攝大乘論釋』 권10(T31, 226a25)에 '勝' 뒤에 '流'가 있다.

d) 제4분이 염혜지焰慧地를 포괄함을 밝힘

---

114 진제 역 『攝大乘論』 권3(T31, 126a2) 등에 따르면, 진여법계는 편만遍滿, 최승最勝, 승류勝流, 무섭無攝 등 열 가지 공덕의 상이 갖추어져 있고 이것이 보살의 정행正行을 일으킬 수 있다. 그런데 보살들이 그 상을 알지 못하고 그에 대한 무명無明이 있기 때문에 수행의 장애가 될 수 있다. 보살은 십지十地에서 차례로 법계의 상들을 깨달음으로써 그에 대한 무명을 제거해 간다. 진여법계의 열 종류 상 중에 세 번째를 '수승한 유출(勝流)'이라 하였다. 이것은 근원적 진리의 세계로부터 그 밖의 공덕들이 유출되어 나오는 것을 가리킨다. 가령 진여를 인식 대상으로 삼아서 무분별지無分別智를 일으키면, 이 무분별지는 진여로부터 흘러나온 것이다. 또 이 무분별지로부터 유출된 후득지後得智에 의해 대비大悲가 생겨나고, 이 대비로 인해 여래께서 정법을 안립하여 중생을 구제하게 되는 것 등을 말한다.
115 진제 역, 세친의 『攝大乘論釋』 권10(T31, 226a18).

(a) 제3지의 후행이 원만하지 않음

경 그런데 아직은 획득된 바의 보리분법[116]에 수순해서 많이 수습하여 안주하도록 하지 못하고, 마음에서 아직은 모든 등지애[117]와 법애[118]를 버리지 못한다. 이런 인연으로 이 분에는 여전히 원만하지 않음이 있다.

> 而未能令隨所獲得菩提分法。多修習住。心未能捨諸等至愛及與法愛。由是因緣。於此分中。猶未圓滿。

석 이하는 네 번째로 제4분이 염혜지를 포괄함을 설명한 것이다. 이 중에 두 가지가 있다. 처음은 제3지의 후행이 원만하지 않음을 밝힌 것이다. 나중은 자기 지를 부지런히 닦아 원만해지게 함을 밝힌 것이다.

이것은 처음에 해당한다. 말하자면 저 보살은 두 가지 인연으로 인해 아직 네 번째 각분覺分의 원만함을 획득하지 못한다. 첫째는 획득된 바의 모든 도품道品(보리분법)에 수순하면서 그에 많이 안주하지 못하는 것이고, 둘째는 정애定愛[119]와 법애法愛를 여전히 버리지 못하는 것이다. 이런 두 가지 인연으로 이 분에는 여전히 원만하지 못함이 있다.

---

116 보리분법菩提分法 : '보리분'이란 깨달음으로 인도하는 원인을 뜻하며, 넓은 의미에서는 지혜를 구하는 서른일곱 가지 수행방법 즉 삼십칠도품三十七道品을 총칭하는 말이다. 이 서른일곱 가지 법은 모두 보리에 수순해서 나아가기 때문에 보리분법이라 부르는데, 즉 사념처四念處와 사정근四正勤과 사여의족四如意足과 오근五根과 오력五力과 칠각분七覺分과 팔지성도八支聖道 등을 가리킨다.
117 등지애等至愛 : 제4지에서 끊어지는 장애로서 '정애定愛'라고도 한다. 수승한 선정(勝定)을 증득한 것에 대해 자만하는 마음이 있는 것을 가리킨다.
118 법애法愛 : 제4지에서 끊어지는 장애로서, 법에 대한 수승한 이해를 얻음으로 인해 자만심이 생긴 것을 말한다. 『瑜伽論記』 권20(T42, 781c5) 참조.
119 정애定愛 : 위의 경문에서 말한 '등지애等至愛'와 같다. 앞의 각주 '등지애' 참조.

釋曰。自下第四辨第四分攝飲慧地。於中有二。初明三地後行未滿。後明自
地勤修圓滿。此卽初也。謂彼菩薩。由二緣故。未得第四覺分圓滿。一者隨
所獲得諸道品中未能多住。二者定愛法愛猶未能捨。由此二緣。於此分中。
猶未圓滿。

(b) 자기 지地를 부지런히 닦아 원만해지게 함을 밝힘

경 이 분이 원만해지도록 하기 위해 정근을 수습해서 곧 (보리분법 등을)
증득할 수 있으니, 그런 보살들은 이런 인연으로 이 분을 원만하게 한다.

爲令此分得圓滿故。精勤修習。便能證得。彼諸菩薩。由是因緣。此分圓滿。

석 두 번째는 그 자기의 지地를 수습해서 원만해지게 함을 밝힌 것이
다. 말하자면 제4지에서 도품을 증득한 이후에 정애·법애라는 두 가지
애를 버린 인연의 힘 때문에 이 분이 원만해진다.
양조梁朝『섭대승론석』에서는 말한다.

　　보살은 제3지에서 아직 수승한 능력을 갖지 못한다. 아직 자기가 획
득한 조도품법助道品法(보리분법)에 수순하면서 그 안에 뜻한 대로 오래
머물지 못하고, 아직 정애와 법애를 버리고 떠난 마음으로 청정하게 머
물지는 못한다.
　　아직 못 하는 까닭은 세 가지 장애 때문이다. 첫째는 삼마발제애무명
三摩跋提愛無明이고, 둘째는 법애무명法愛無明이며, (셋째는) 이 두 가지
무명에 의해 초감된 방편생사[120]로서 추중보麤重報라고 한다.

120　방편생사方便生死 : 보살이 십지十地 중에서 두 종류 무명에 의해 변역생사變易生死

이 (세 가지) 장애를 소멸시키기 위해 정근을 수습하고, 정근을 수습함으로 인해서 세 가지 장애를 소멸시키고 나면 제4지에 들어가서 여덟 종류 더욱 수승한 청정을 증득하고, 또 조도법 안에 뜻한 대로 오래 머물며, 나아가서는 법계의 '무섭無攝'의 의미를 통달하게 된다.[121]
　　이 분分으로 인해 제4지가 원만해진다.[122]

釋曰。第二明其自地修令圓滿。謂第四地證得道品。而後能捨定法二愛因緣力故。此分圓滿。梁朝論云。菩薩於三地。未有勝能。未能隨自所得助道品法中。如意久住。未能捨離定愛法愛心淸淨住。所以未能者。由三障故。一三摩跋提愛無明。二[1)]法愛無明。此二無明所感方便生死爲麤重報。爲滅此[2)]障。故修正勤。因修正勤。滅三障已。入第四地。得八種轉勝淸淨。及於助道法中如意久住等。乃至通達法界無攝義。由此分故。四地圓滿。

1) ㉧ 진제 역『攝大乘論釋』권10(T31, 226a29)에 '二' 뒤에 '行'이 있다.　2) ㉧ 진제 역『攝大乘論釋』권10(T31, 226b1)에 '此' 뒤에 '三'이 있다.

e) 제5분이 극난승지極難勝地를 포괄함을 밝힘

(a) 제4지의 후행이 원만하지 못함을 밝힘

경 그런데 아직은 모든 제諦의 도리를 진실 그대로 관찰하지 못하고, 또

　　의 과보를 받는데, 그중 초지에서 제3지까지의 과보를 '방편생사'라고 한다.
121 『攝大乘論』에서는 진여법계에 갖추어진 열 가지 공덕의 상相을 설하는데, 이 중에 네 번째가 '무섭無攝'이다. 보살은 이 '무섭'의 의미를 통달함으로써 제4지에 든다. 여기서 '무섭'이라 한 것은 진여와 그로부터 흘러나온 일체의 법들이 어디에도 '포섭됨이 없음'을 뜻한다. 말하자면 이것은 나(我)에 속하는 것도 아니고 남(他)에게 속하는 것도 아니니, 보살은 법계의 이러한 모습을 깨닫기 때문에 법애法愛를 내지 않는다. 진제 역, 세친의『攝大乘論釋』권10(T31, 222b) 참조.
122 진제 역, 세친의『攝大乘論釋』권10(T31, 226a25).

아직은 생사와 열반에 대해 한결같이 등지거나 (한결같이) 나아가려는 작의를 버리지 못하며, 또 아직은 방편에 속하는 보리분법을 닦지 못하니, 이런 인연으로 이 분에 여전히 원만하지 않음이 있다.

> 而未能於諸諦道理如實觀察。又未能於生死涅槃。棄捨一向背趣作意。又未能修方便所攝菩提分法。由是因緣。於此分中。猶未圓滿。

석 이하는 다섯 번째로 제5분이 극난승지를 포괄함을 설명한 것이다. 이 중에 두 가지가 있다. 처음은 제4지의 후행이 원만하지 못함을 밝힌 것이고, 나중은 자기 지를 수습해서 원만해지게 함을 밝힌 것이다.

이것은 처음에 해당한다. 말하자면 제4지에서 이미 도품을 획득하기는 했지만 세 가지 인연 때문에 제5지를 획득하지 못한다. 첫째, 비록 삼십칠도품을 획득하기는 했지만 아직은 모든 제諦의 도리를 여실하게 관찰하지 못한다. 이른바 '모든 제(諸諦)'라는 것은 예를 들어 『십지경론』에 나온 사종성제四種聖諦(고·집·멸·도)와 이제二諦 등과 같으니, 구체적으로 설하면 그 논과 같다. 둘째, 아직은 한결같이 생사를 등지고 한결같이 열반에로 나아가려는 두 종류 작의를 버리지 못한다. 예를 들어 『성유식론』에서 설한 것처럼, 아직은 생사와 열반의 차별 없는 도道를 증득하지 못했기 때문이다.[123] 셋째, 아직 방편에 속하는 보리분법을 닦지 못하는 것이다.

문 제4지에서 이미 도품을 획득했는데, 어째서 보리분법을 닦지 못한

---

[123] 『成唯識論』 제10권에는 변행遍行, 최승最勝, 승류勝流, 무섭수無攝受, 유무별류無別 등의 열 가지 진여眞如를 건립하는데, 이는 이전의 『梁攝論』에 나온 열 가지 법계의 상相과 유사하다. 십지의 보살은 각각의 지에서 그 열 가지 진여를 차례로 통달함으로써 수행이 원만해진다. 이 중에 다섯 번째가 '유무별진여類無別眞如'로서, 『梁攝論』에서는 '상속무차별相續無差別'이라고 한 것과 같다. 보살은 생사와 열반 두 가지가 모두 평등하여 '차별이 없음'을 통달함으로써 제5지地에 들어간다. 『成唯識論』 권10(T31, 54b14), 『成唯識論述記』 권10(T43, 592b9) 참조.

다는 것인가?

해 보리분법에는 두 종류가 있다. 첫째는 삼십칠도품이니, 이전에 이미 설했던 것과 같다. 둘째는 방편에 속하는 세 종류 도품이다. 예를 들어 『십지경론』 중의 제5지地에서 말한다. 〈첫째는 싫증내지 않는 조도助道이니, 공덕행을 잘 쌓는 조도이기 때문이다. 둘째는 휴식하지 않고 정진하는 조도이니, 항상 지혜의 행을 추구하는 조도이기 때문이다. 셋째는 피곤해 하지 않는 조도이니, 대자비의 행을 쌓는 조도이기 때문이다.〉[124] 따라서 앞의 설과 뒤의 설이 서로 어긋나는 것은 아니다.

이상의 세 가지 인연으로 이 분分에는 여전히 원만하지 않음이 있다.

釋曰。自下第五辨第五分攝極難勝地。於中有二。初明四地後行未滿。後明自地修令圓滿。此卽初也。謂第四地。已得道品。而三緣故。未得第五地。一者。雖得三十七品。而未能得諸諦道理如實觀察。所言諸諦。如十地經四種聖諦及二諦等。具說如彼。二未得棄捨一向背生死一向取[1]涅槃二種作意。如成唯識。未得生死涅槃無差別道故。三未能修方便所攝菩提分法。問。第四地已得道品。如何未修菩提分法。解云。菩提分法。有其二種。一三十七品。如前已說。二者方便所攝三種道品。如十地經第五地云。一者無厭足助道。善集功德行助道故。二不休息精進助道。常求智慧行助道故。三無疲惓助道。集大慈悲行助道故。故前後說。互不相違。由此三緣。於此分中。猶未圓滿。

---
1) 옉 '取'는 '趣'인 듯하다.

(b) 자기 지를 수습해서 원만해짐을 밝힘

---

124 『十地經論』 권7(T26, 165c25) 참조.

경 이 분을 원만해지도록 하기 위해 정근을 수습해서 곧 (제관諦觀 등을) 증득할 수 있으니, 그런 보살들은 이런 인연으로 이 분을 원만하게 한다.

爲令此分得圓滿故。精勤修習。便能證得。彼諸菩薩。由是因緣。此分圓滿。

석 두 번째는 자기 지地의 법을 수습해서 원만해지도록 함을 밝힌 것이다. 말하자면 제5지의 보살은 위에서 설했던 세 가지 인연의 힘으로 인해 이 분을 원만하게 한다.
양梁『섭대승론석』에서는 말한다.

> 보살은 제4지에서 아직 수승한 능력을 갖지 못한다. (보살이) 사제관四諦觀을 닦으면서 생사와 열반에 대해 아직 한결같이 등지거나 (한결같이) 취하기만 하는 마음을 버리지 못하고, 아직 네 종류 방편에 속하는 보살도품을 닦지 못한다.
> 아직 못 하는 까닭은 세 가지 장애 때문이다. 첫째는 생사와 열반을 한결같이 등지거나 취하는 사유의 무명無明이고, 둘째는 방편에 속하는 수습도품에 대한 무명이며, (셋째는) 이 두 가지 무명에 의해 초래된 인연생사[125]로서 추중보麤重報라고 이름한다.
> 이 세 가지 장애를 소멸시키기 위해 정근을 닦고, 정근을 닦음으로 인해 세 가지 장애를 소멸시키고 나면, 제5지에 들어가서 여덟 종류 더욱 수승한 청정을 획득하고 또 (생사를) 등지거나 (열반을) 취하려는 마

---

[125] 인연생사因緣生死 : 양梁『攝大乘論釋』에 따르면, 십지의 보살들은 각각의 지에서 두 종류 무명에 의해 초감된 생사의 과보를 받는다. 초지初地에서 제3지까지는 방편생사方便生死를 받지만 그것을 소멸시키고 나면 제4지에 들어서 다시 인연생사를 받는다. 인연생사란 팔상八相을 시현示現하는 생사를 말하는데, 제4지~제6지에서 받는 생사이고, 이것을 소멸시키고 나면 제7지에 들어간다

음 등을 버리고 떠날 수 있으며, 나아가서는 법계의 '상속불이相續不異'의 뜻을 통달하게 된다.[126]

이 분分으로 인해 제5지가 원만해진다.[127]

釋曰。第二明自地法修令圓滿。謂五地菩薩。由上所說三緣力故。此分圓滿。梁攝論云。菩薩於四地。未有勝能。修四諦觀。於生死涅槃。未能捨離一向背取心。未能得修四種方便所攝菩提[1)]道品。所以未能者。由三障故。一生死涅槃一向背取思惟無明。二方便所攝修習道品無明。此二無明所感因緣生死。名麤重報。爲滅此三障。故修正勤。因修正勤。滅三障已。入第五地。得八種轉勝淸淨。及得捨離背取心等。乃至通達法界相續不異義。由此分故。五地圓滿。

1) ㉭ 진제 역 『攝大乘論釋』 권10(T31, 226b7)에 '提'가 '薩'로 되어 있다.

f) 제6분이 현전지現前地를 포괄함을 밝힘

(a) 제5지의 후행이 원만하지 못함을 밝힘

경 그런데 아직은 생사유전에 대해 여실하게 관찰하지 못하고, 또 그것에 대해 싫증을 많이 내기 때문에 아직은 무상작의에 많이 머물지 못하니, 이런 인연으로 이 분에는 여전히 원만하지 않음이 있다.

---

126 양梁 『攝大乘論釋』에 따르면, 진여법계의 열 종류 상을 증득함으로써 보살의 수행이 원만해지는데, 그중에 '상속불이의 뜻(相續不異義)'을 깨달음으로써 제5지에 든다. '상속하면서 변함이 없다'는 것은 진여에서 흘러나온 법들이 어디에 속하는 것은 아니며 상속하면서도 달라짐이 없다. 왜냐하면 이런 법들은 분별에 의해 일어난 것이 아니기 때문이고, 진여에 의해 현현된 것이기 때문이다. 진제 역, 세친의 『攝大乘論釋』 권10(T31, 222b18) 참조.
127 진제 역, 세친의 『攝大乘論釋』 권10(T31, 226b4).

而未能於生死流轉如實觀察。又由於彼多生厭故。未能多住無相作意。由
是因緣。於此分中。於¹⁾未圓滿。

1) ㉠『解深密經』권4(T16, 703c18)에 '於'가 '猶'로 되어 있다.

석 이하는 여섯 번째로 제6분이 현전지를 포괄함을 설명한 것이다. 이 중에 두 가지가 있다. 처음은 제5지의 후행이 원만하지 않음을 밝힌 것이다. 나중은 자기 지를 수습해서 원만해짐을 밝힌 것이다.

이것은 처음에 해당한다. 말하자면 제5지에서 비록 제관諦觀을 증득하기는 했지만 두 가지 인연이 있어서 제6지를 증득하지 못한다. 첫째는 아직 생사유전에서 연생緣生의 도리를 여실하게 관찰하지 못하는 것이다. 둘째는 그 고제·집제의 오염에 대해 싫증을 많이 내기 때문에 아직은 무상작의無相作意에 많이 머물지 못하는 것이다. 이 두 가지 인연으로 제6지에 대해서는 여전히 원만하지 않음이 있다.

釋曰。自下第六辨第六分攝現前地。於中有二。初明五地後行未滿。後明自地修令圓滿。此卽初也。謂第五地。雖得諦觀。有二因緣。未得第六地。一未能於生死流轉。如實觀察緣生道理。二由於彼苦集染中。多生厭故。未能多住無相作意。由是二緣。於第六分。猶未圓滿。

(b) 자기 지를 수습해서 원만해짐을 밝힘

경 이 분을 원만해지게 하기 위해 정근을 수습해서 곧 (연생緣生의 도리 등을) 증득할 수 있으니, 그런 보살들은 이런 인연으로 이 분을 원만하게 한다.

爲令此分得圓滿故。精勤修習。便能證得。彼諸菩薩。由是因緣。此分圓滿。

석 두 번째는 자기 지地의 법을 수습해서 원만해짐을 밝힌 것이다. 말하자면 제6지의 보살은 연생관緣生觀을 증득하기 때문에 이 분이 원만해진다.

양梁 『섭대승론석』에서는 말한다.

보살은 제5지에서 아직은 수승한 능력을 갖지 못한다. 모든 행법行法의 생기와 상속에 대해 이치에 맞게 증득하였기 때문에, (이러한 관을) 많이 수행해서 유위법의 상相을 싫어하기 때문에, (이로 인해) 아직은 장시간 뜻한 대로 무상사유無相思惟에 머물지 못하기 때문이다.

아직 못 하는 까닭은 세 가지 장애 때문이다. 첫째는 모든 행법의 생기와 상속을 증득하는 무명이고,[128] 둘째는 상相에 대한 생각(想)을 자주 일으키는 무명이며, (셋째는) 이 두 가지 무명이 불러낸 인연생사로서 추중보라고 이름하는 것이다.

이 세 가지 장애를 소멸시키기 위해 정근을 수행하고, 정근을 수행함으로 인해 세 가지 장애를 소멸시키고 나면 제6지에 들어가서 여덟 종류 더욱 수승한 청정을 증득하고 또 제행의 생기와 상속 등을 증득하지는 않으며,[129] 나아가서는 법계의 '무염정無染淨'의 의미를 통달한다.[130]

---

[128] 제행의 생기와 상속에 대해 이치에 맞게 증득하는 것 자체가 그릇된 것은 아니지만, 생사유전하는 유위법有爲法의 오염된 상相을 자주 관하여 그것을 싫어하는 마음을 많이 내게 된다. 이것이 제6지의 수행이 원만해지지 못하게 하는 장애가 될 수 있기 때문에 '무명'이라 칭하였다.

[129] '제행의 생기와 상속을 증득하지 않는다'는 것은 더 이상 연생緣生의 도리를 관하는 유상관有相觀에 머물지 않는다는 것이다.

[130] 법계의 열 종류 상 중에 여섯 번째 '무염정의 뜻(無染淨義)'을 관하여 깨달음으로써 제6지에 들어간다. 말하자면 삼세 제불의 법은 미래의 부처님의 때에도 결코 오염되는 일이 없으니, 본성이 청정하기 때문이다. 또 과거·현재의 부처님 때에도 청정해지는 일도 없으니, 본성이 오염되지 않았기 때문이다. 진제 역, 세친의 『攝大乘論釋』권10(T31, 222b24) 참조.

이 분으로 인해 제6지가 원만해진다.[131]

釋曰。第二明自地法修令圓滿。謂六地菩薩證得緣生觀故。此分圓滿。梁攝論云。菩薩於五地。未有勝能。於[1]諸行法生起相續如理證故。由多修行厭惡有爲法相故。未能長時如意住無相思惟故。所以未能者。由三障故。一證諸行法生起相續無明。二相想數起無明。此二無明感因緣生死。名麤重報。爲滅此三障故修正勤。由修正勤。滅三障已。入第六地。得八種轉勝淸淨。及不證諸行生起相續等。乃至通達法界無染淨義。由此分故。六地圓滿。

1) ㉠ 진제 역 『攝大乘論釋』 권10(T31, 226b14)에 '於'가 없다.

g) 제7분이 원행지[遠行地]를 포괄함을 밝힘

(a) 제6지의 후행이 원만하지 않음을 밝힘

경 그런데 아직은 무상작의를 빠짐없이 간격 없이 많이 수습해서 머물게 하지는 못하니, 이런 인연으로 이 분에는 여전히 원만하지 않음이 있다.

而未能令無相作意。無缺無間多修習住。由是因緣。於此分中。猶未圓滿。

석 이하는 일곱 번째로 제7분이 원행지를 포괄함을 설명한 것이다. 이 중에 두 가지가 있다. 처음은 제6지의 후행이 아직 원만하지 않음을 밝힌 것이다. 나중은 자기 지를 수습해서 원만해짐을 밝힌 것이다.
　이것은 처음에 해당한다. 말하자면 제6지에서는 연기관[緣起觀]을 획득하지만, 아직은 제7지 중의 순수한 무상관[無相觀]을 획득하지는 못한다.

---

131 진제 역, 세친의 『攝大乘論釋』 권10(T31, 226b13).

무상관에 있어서 때로 빠뜨림(缺減)이 없으므로 "빠짐없이"라고 하였고, 유상有相이 틈새로 끼어듦이 없으므로 "간격 없이"라고 하였다. 따라서 『성유식론』 제9권에서는 '이전의 제5지에는 유상관有相觀이 많고 무상관은 적으며, 제6지에는 무상관이 많고 유상관은 적으며, 제7지에는 순수한 무상관만 있다'라고 하였다.[132] 이런 인연으로 이 분에는 여전히 원만하지 않음이 있다.

> 釋曰。自下第七明第七分攝遠行地。於中有二。初明六地後行未滿。後明自地修令圓滿。此卽初也。謂第六地得緣起觀。而未能得第七地中純無相觀。於無相觀時無缺減。故言無缺。非有相間。故名無間。故成唯識第九卷云。前五地中。有相觀多。無相觀少。第六地中。無相觀多。有相觀少。第七地中。純無相觀。由是因緣。於此分中。猶未圓滿。

(b) 자기 지를 수습해서 원만해짐을 밝힘

경 이 분이 원만해지게 하기 위해 정근을 수습해서 곧 (무상작의를) 증득할 수 있으니, 그런 보살들은 이런 인연으로 이 분을 원만하게 한다.

> 爲令此分得圓滿故。精勤修習。便能證得。彼諸菩薩。由此因緣。此分圓滿。

석 두 번째는 자기 지地의 법을 수습해서 원만해지게 함을 밝힌 것이다. 말하자면 제7지의 보살은 빠짐없고 빈틈없는 무상작의를 증득할 수 있으니, 이런 인연으로 이 분을 원만하게 한다.
양梁『섭대승론석』에서는 말한다.

---

[132] 『成唯識論』 권9(T31, 53b16) 참조.

보살은 제6지에서는 아직 수승한 능력을 갖지 못하니, 아직은 유위법의 미세한 상들이 현행하는 것에서 떠나지 못하고, 아직 오랜 시간 뜻한 대로 간격 없고 흐름 없는 무상사유無相思惟에 머물지 못한다.[133]

아직 못 하는 까닭은 세 가지 장애 때문이다. 첫째는 미세한 상의 행을 일으키는 무명(微細相行起無明)이고, 둘째는 한결같은 무상사유의 방편에 대한 무명(一向無相思惟方便無明)이며, (셋째는) 이 두 가지 무명에 의해 초래된 인연생사로서 추중보라고 이름한다.

이 세 가지 장애를 소멸하기 위해 정근을 수습하고, 정근을 수습함으로 인해 세 가지 장애를 제거하고 나면, 제7지에 들어가 여덟 종류 수승한 청정을 획득하고 또 유위법의 미세한 행이 상들을 일으키는 것을 떠나며, 나아가서는 법계의 '갖가지 법들의 차별 없음(種種法無差別)'[134]의 의미를 통달한다.

이 분으로 인해 제7지가 원만해진다.[135]

釋曰。第二明自地法修令圓滿。謂七地菩薩。而能證得無缺無間無相作意。由是因緣。此分圓滿。梁攝論云。菩薩於六地。未有勝能。未能離有爲法微細諸相行起。未能長時如意住無間無流無相思惟中。所以未能者。由三障故。一微細相行起無明。二一向無相思惟方便無明。此二無明所感因緣生死。名麤重報。爲滅三障故修正勤。由修正勤。滅三障已。入第七地。得八

---

[133] 양梁『攝大乘論釋』에서 무상사유無相思惟라고 한 것은 이『解深密經』에서 말한 무상작의無相作意와 같다.

[134] 『攝大乘論』에서 설한 법계의 열 종류 상 중에 일곱 번째는 '갖가지 법들의 차별 없음(種種法無別義)'이다. 보살은 이 의미를 통달함으로써 제7지에 들어간다. '갖가지 법들이 차별 없다'는 것은 십이부경十二部經에서 나타낸 법문들은 각각의 의미를 갖고 있고 차이가 있기는 하지만, 보살들은 일미一味로 수행하고 일미로 통달하고 일미로 증득하기 때문에 그것들이 차이가 있다고 보지 않는다. 진제 역, 세친의『攝大乘論釋』권10(T31, 222b28) 참조.

[135] 진제 역, 세친의『攝大乘論釋』권10(T31, 226b22).

種勝淸淨。及離有爲法微細行起諸法。[1] 乃至通達法界種種法無差別義。由
此分故。七地圓滿。

---

1) ㉕ 진제 역 『攝大乘論釋』 권10(T31, 226b28)에 '法'이 '相'으로 되어 있다.

h) 제8분이 부동지不動地를 포괄함을 밝힘

(a) 제7분의 후행이 원만하지 않음을 밝힘

경 그런데 아직은 무상주無相住 안에서 공용을 버리고 떠나지는 못하고, 또 아직은 상相에서의 자재함을 증득하지는 못하니, 이런 인연으로 이 분에는 여전히 원만하지 않음이 있다.

> 而未能於無相住中捨離功用。又未能得於相自在。由是因緣。於此分中。猶
> 未圓滿。

석 이하는 여덟 번째로 제8분이 부동지를 포괄함을 설명한 것이다. 이 중에 두 가지가 있다. 처음은 이전 분(제7분)의 후행이 원만하지 않음을 밝힌 것이다. 나중은 자분自分을 부지런히 수습해서 원만해짐을 밝힌 것이다.

이것은 처음에 해당한다. 말하자면 제7지의 보살은 아직 무상無相에 머무는 가운데 공용(인위적 노력)을 버리고 떠나지는 못하고, 또 아직 상相에서의 자재함을 증득하지 못하니,[136] 이런 인연으로 제8분에 여전히 원만

---

136 제8지의 보살은 별다른 인위적 노력(功用) 없이도 뜻한 대로 '무상관無相觀'에 머물 수도 있고, 또 속제俗諦의 상相에 대해서는 비록 인위적 노력이 있기는 해도 나름대로 자재함을 획득한다. 그러나 제7지의 보살은 능히 이와 같이 할 수가 없다. 『瑜伽論記』 권21(T42, 784a5) 참조.

하지 않음이 있다.

> 釋曰。自下第八明第八分攝不動地。於中有二。初明前分後行未滿。後明自分勤修圓滿。此卽初也。謂七地菩薩。而未能於無相住中捨離功用。又未能得於相自在。由是因緣。於第八分。猶未圓滿。

(b) 자기 지를 수습해서 원만해짐을 밝힘

경 이 분이 원만해지게 하기 위해 정근을 수습해서 곧 (공용 없음 등을) 증득할 수 있으니, 그런 보살들은 이런 인연으로 이 분을 원만하게 한다.

> 爲令此分得圓滿故。精勤修習。便能證得。彼諸菩薩。由是因緣。此分圓滿。

석 두 번째는 자기 지地의 법을 부지런히 수행해서 원만해지게 함을 밝힌 것이다. 말하자면 제8지의 보살은 능히 저 무상無相에 머무는 가운데 공용(인위적 노력)을 버리고 떠나며, 또 다시 능히 상相에서의 자재함을 증득하니, 이런 인연으로 이 분이 원만해진다.
양梁『섭대승론석』에서는 말한다.

  보살은 제7지에서는 아직 수승한 능력을 갖지 못한다. 아직 공용을 떠난 마음으로 무상의 닦음(無相修) 안에 머물 수가 없고, 아직 자리·이타의 상相 안에서 마음이 자재함을 획득하지는 못한다.
  아직 못 하는 까닭은 세 가지 장애 때문이다. 첫째는 무상관에서 공용을 일으키는 무명(於無相觀作功用無明)이고, 둘째는 상에서의 행의 자재에 대한 무명(於相行自在無明)이며, (셋째는) 이 두 가지 무명에 의해 초래된 유유생사有有生死[137]로서 추중보라고 이름한다. 세 가지 장애를 소멸시키기 위해 정근을 수습하고, 정근을 수습함으로 인해 세 가지 장애를 소멸시키고 나면, 제8지에 들어가서 여덟 종류 더욱 수승한 청정을 증득하고 또 공용을 떠난 마음으로 무상수에 머물 수 있는 등, 나아가서는 법계의 '무증감無增減'의 의미를 통달한다.[138]

이 분으로 인해 제8지가 원만해진다.[139]

釋曰。第二明自地法勤修圓滿。謂八地菩薩。而能於彼無相住中捨離功用。又復能得於相自在。由是因緣。此分圓滿。梁攝論云。菩薩於七地。未有勝能。未能離功用心得住無相修中。未能於自利利他相中心得自在。所以未能者。由三障故。一於無相觀作功用無明。二於相行自在無明。此二無明所感有有生死。名麤重報。爲滅三障故修正勤。因修正勤。滅三障已。入第八地。得八種轉勝淸淨及離功用心。得住無相修中等。乃至通達法界無增減義。由此分故。八地圓滿。

i) 제9분이 선혜지善慧地를 포괄함을 밝힘

---

[137] 유유생사有有生死 : 보살이 십지에서 받게 되는 네 종류 생사의 과보 중의 하나다. 『攝大乘論』에 따르면 십지 이전에서 제3지까지는 방편생사方便生死를 받고, 제4지에서 제6지까지는 인연생사因緣生死를 받는데, 이것이 소멸하면 곧 제7지에 들어간다. 제7지에서 제9지까지의 보살이 받는 생사를 '유유생사'라고 하는데, 여기서 '유유'란 '후유後有(다음 생)가 있음'을 뜻한다.
[138] 진제 역 『攝大乘論』에서 설했던 '법계의 열 종류 상相' 중에서 여덟 번째는 '늘거나 줄어듦 없음(不增減)'이다. 보살은 이 의미를 깨달음으로써 제8지에 들어간다. '늘거나 줄어듦이 없다'는 것은 보살이 일체법을 통찰하여 도도를 성취했을 때도 '늘어남'이 없고 미혹이 멸했을 때도 '줄어듦'이 없다는 뜻이다. 자세한 것은 진제 역, 세친의 『攝大乘論釋』 권10(T31, 222c3) 참조.
[139] 진제 역, 세친의 『攝大乘論釋』 권10(T31, 226c1) 참조.

(a) 제8분의 후행이 원만하지 않음을 밝힘

경 그런데 아직은 다른 이름들, 많은 상들, 훈석하는 말들의 차별, 모든 품류의 선설법에서 대자재를 얻지는 못하였으니, 이런 인연으로 이 분에는 여전히 원만하지 않음이 있다.

而未能於異名衆相訓詞差別。一切品類宣說法中得大自在。由是因緣。於此分中。猶未圓滿。

석 이하는 아홉 번째로 제9분이 선혜지를 포괄함을 설명한 것이다. 이 중에 두 가지가 있다. 처음은 이전 분(제8분)의 후행이 원만하지 않음을 밝힌 것이다. 나중은 자분自分을 부지런히 닦아서 원만해지게 함을 밝힌 것이다.
이것은 처음에 해당한다.
"다른 이름들"이란 법무애法無礙의 경계이고, "많은 상들"이란 의무애義無礙의 경계이며, "훈석하는 말들(訓詞)의 차별"이란 사무애詞無礙의 경계이고, "모든 품류의 선설법에서 대자재를 얻는다."라는 것은 요설무애樂說無礙의 경계이다.140 따라서 『유가사지론』 제43권에서는 말한다. "첫째는 법의 이문異門에 의거한 지智이니, 이른바 보살의 법무애혜이다. 둘째는

---

140 원측은 위의 『解深密經』의 경문을 법法·의義·사辭·요설樂說 등 네 종류 무애혜無礙 혜(無礙解)에 배당시켜 해석하였다. 이 중에 '법무애'란 온갖 교법에 통달한 것인데, 위의 해석에 따르면 교법으로 시설해 놓은 상이한 명칭들에 대해 통달하는 것과 같다. 또 '의무애'란 온갖 교법의 의미를 잘 아는 것인데, 이는 교법으로 시설된 명칭들이 가리키는 온갖 상(衆相)들에 대해 통달하는 것과 같다. 또 '사무애'란 여러 가지 각종의 말들을 잘 알아듣는 것인데, 위의 해석에 따르면 이는 교법에 대한 다양한 훈석과 풀이에 대해 통달하는 것과 같다. 또 '요설무애'란 온갖 교법을 잘 알아 중생의 근기에 맞춰 자재하게 말해 주는 것인데, 이것은 경문에서 '모든 품류의 선설법에서 대자재를 획득한다'고 한 것과 같다.

법상法相에 의거한 지이니, 이른바 보살의 의무애혜義無礙慧이다. 셋째는 법의 해석 문구(釋詞)에 의거한 지이니, 이른바 보살의 석사무애혜釋詞無礙慧다. 넷째는 법의 품류·구의 차별에 의거한 지이니, 이른바 보살의 변재무애혜辯才無礙慧이다."[141] 말하자면 제8지보살은 아직 제9지의 사무애해四無礙解를 얻지 못했기 때문에 '아직 (얻지) 못한다'라고 하였다. 이런 인연으로 제9분에는 아직 원만하지 않음이 있다.

> 釋曰。自下第九明第九分攝善慧地。於中有二。初明前分後行未滿。後明自分勤修圓滿。此卽初也。異名者。法無礙境。衆相者。義無礙境。訓詞差別者。詞無礙境。一切品類宣說法中得大自在者。樂說無礙境。故瑜伽論四十三云。一依法異門智。所謂菩薩法無礙慧。二依法相智。所謂菩薩義無礙慧。三依法釋詞智。所謂菩薩釋詞無礙慧。四依法品類句差別智。所謂菩薩辨才無礙慧。謂八地菩薩。未得九地四無礙解。故名未能。由是因緣。於第九分。於未圓滿。

(b) 자기 지를 수습해서 원만해짐을 밝힘

경 이 분을 원만하게 하기 위해 정근을 수습해서 곧 (네 가지에 대한 자재함을) 증득할 수 있으니, 그런 보살은 이런 인연으로 이 분을 원만하게 한다.

> 爲令此分得圓滿故。精勤修習。便能證得。彼諸菩薩。由是因緣。此分圓滿。

석 두 번째는 자기 지의 분分을 부지런히 수습해서 원만해짐을 밝힌

---

141 『瑜伽師地論』 권43(T30, 529a26).

것이다. 말하자면 제9지에서 사무애四無礙를 얻기 때문에 '얻는다'라고 하였고, 이런 인연으로 이 분이 원만해진다.

양梁『섭대승론석』에서는 말한다.

보살은 제8지에서 아직 수승한 능력을 갖지 못한다. 아직 정설正說에서 구족하는 상相과 각기 다른 명언名言의 품류 등에 대한 자재함을 획득하지 못하고, 아직 선교설다라니善巧說陀羅尼를 획득하지 못한다.[142]

아직 못 하는 까닭은 세 가지 장애 때문이다. 첫째는 한량없는 정설의 설법, 한량없는 명名·구句·미味,[143] 힐난·대답에서의 교언자재다라니巧言自在陀羅尼에 대한 무명이고, 둘째는 사무애변四無礙辯(四無礙慧)에 의거해서 의심을 풀어 주고 이해를 내게 하는 것에 대한 무명이며, (셋째는) 이 두 가지 무명에 의해 초래된 유유생사(제7지~제9지에서 받는 생사)로서 추중보라고 이름한다.

이 세 가지 장애를 소멸시키기 위해 정근을 수습하고, 정근을 수습함으로 인해 세 가지 장애를 소멸시키고 나면, 제9지에 들어가 여덟 종류 더욱 수승한 청정을 증득하고, 또 법을 정설하는 가운데 구족하는 '상의 자재함(相自在)' 등을 획득하며, 나아가서는 법계의 '지자재의지智自在依

---

142 "未得於正說中其足相別異名言品類等自在。未得善巧說陀羅尼。"라는 문장의 의미가 불분명하다. 다만 이하의 원측의 풀이에 따르면, 이와 같은 문구는 범본『攝大乘論釋』에는 전혀 없는데, 역자인 진제 삼장이『解深密經』과『瑜伽師地論』등에 의거해서 삽입한 것이라고 한다. 이『攝大乘論釋』의 문구는 이어지는 두 가지 무명 중에 첫 번째 무명과 연관되는데, 거기에서는 "① 한량없는 정설의 설법, ② 한량없는 명名·구句·미味, ③ 힐난·대답에서의 교언자재다라니巧言自在陀羅尼에 대한 무명"이라고 하였다. 이에 맞춰서 위의 문장을 "① 정설正說 가운데 갖추어진 상相, ② 각기 다른 명언名言의 품류 등에 대한 자재함을 증득하지 못하였고, ③ 선교설다라니善巧說陀羅尼를 증득하지 못하였다."로 번역하였다.
143 명名·구句·미味 : 명名·구句·문文을 가리킨다. 이 중에 '미味'는 '문文'의 구역으로서 언어의 최소 음운 단위를 가리키고, '명'은 하나의 이름 혹은 단어를 가리키며, '구'는 두 개 이상의 단어들이 조합해서 하나의 차별적 의미를 드러내는 것을 말한다.

止'의 의미를 통달한다.[144]

이 분으로 인해 제9지가 원만해진다.[145]

해 양梁『섭대승론석』에 의하면, 두 종류 무명이 사무애를 장애한다. 처음의 무명은 세 종류 무애를 장애하고, 두 번째 무명은 네 종류 무애를 장애한다고 했는데, 이는『유가사지론』과 이『해심밀경』의 문장을 인용해서 진제眞諦 자신이 집어넣은 것이지, 범본『섭대승론』에는 전혀 이런 문장이 없다. 또 인용된 문장에서 두 번째 무명은 오직 변재辯才(요설무애)만을 장애하니, 따라서 "사무애변에 의거해서"라고 한 것은 번역자의 잘못이다.[146]

釋曰. 第二明自地分勤修圓滿. 謂第九地得四無礙. 故名證得. 由是因緣. 此分圓滿. 梁攝論云. 菩薩於八地. 未有勝能. 未得於正說中具足相別異名

---

144 진제 역『攝大乘論釋』에서는 초지에서 제10지까지 열 종류 상을 증득하는데 그중에 아홉 번째 '지자재의지智自在依止의 뜻'을 통달함으로써 제9지에 들어간다고 한다. 사무애해四無礙解에 의해 현현된 것을 '지智'라고 하고, 이 지는 무분별의 후득지를 체로 삼는 것이다. 이 지로 인해 대법사大法師가 되어 무궁한 대천세계의 중생들이 심오한 뜻을 깨치도록 할 수 있고, 뜻한 대로(如意) 성취시킬 수 있으므로, '자재自在'라고 하였다. 진제 역, 세친의『攝大乘論釋』권10(T31, 222c15) 참조.
145 진제 역, 세친의『攝大乘論釋』권10(T31, 226c9).
146 원측 소疏에 "① 又所引文第三無明唯障辨才. ② 故知依四無礙辨才者. 譯家謬也."라고 되어 있는데, 전후 문맥상 ①·② 두 곳에 모두 오자가 있는 듯하다. 이 문장은 위의 진제 역『攝大乘論釋』인용문 중에서 두 번째 무명에 대한 내용을 비판적으로 검토한 것이다. 우선, 문장 ①에서 '세 번째(第三)'라 한 것은 '두 번째(第二)'의 오기이다. 또 문장 ②에서 '四無礙辨才'에서 마지막 '才'는 잉자인 듯하다. 그것을 적용하면, 본래의 원문은 "又所引文第二無明唯障辨才. 故知依四無礙辨者. 譯家謬也."가 된다. 원측의 해석에 따르면, 두 번째 무명은 본래 변재무애辨才無礙(樂說無礙)에 의거해서 중생의 근기에 맞게 잘 설명해 주는 자재한 능력에 대해 아직 무지한 것을 말한다. 따라서 정확하게 번역하면 "둘째는 변재무애에 의거해서(依辨才無礙)……"라고 했어야 하는데, 진제 역에서 "사무애변에 의거해서(依四無礙辨)"라고 한 것은 번역의 오류라는 것이다.

言品類等自在。未得善巧說陀羅尼。所以未能者。由三障故。一無量正說說
法。無量名句味。難答巧言自在陀羅尼無明。二依四無礙辨。決疑生解無
明。此二無明所感有有生死。名麤重報。爲滅此三障。故修正勤。因修正勤。
滅三障已。入第九地。得八種轉勝淸淨。及於正說法中。得具足相自在等。
乃至通達法界智自在依止義。由此分故。九地圓滿。解云。若依梁論。二種
無明。障四無礙。謂初無明。障三無礙。第二無明。障四無礙者。此引瑜伽
及此經文。眞諦自安。梵本攝論都無此文。又所引文第三[1]無明唯障辨才。
故知依四無礙辨才[2]者。譯家謬也。

1) ㉣ '三'은 '二'의 오기인 듯하다. 해당 번역문 역주 참조. 2) ㉣ '才'는 잉자인 듯하다. 해당 번역문 역주 참조.

j) 제10분이 법운지法雲地를 포괄함을 밝힘

(a) 제9분의 후행이 원만하지 않음을 밝힘

㉓ 그런데 아직 능히 원만법신을 현전에서 증수하지는 못하니, 이런 인연으로 이 분에는 여전히 원만하지 않음이 있다.

而未能得圓滿法身現前證受。由是因緣。於此分中。猶未圓滿。

㉔ 이하는 열 번째로 제10분이 법운지를 포괄함을 설명한 것이다. 이 중에 두 가지가 있다. 처음은 이전 분(제9분)의 후행이 원만하지 않음을 밝힌 것이다. 나중은 자분을 부지런히 수습해서 원만해짐을 밝힌 것이다.
이것은 처음에 해당한다. 말하자면 제9지의 인因이 아직 원만하지 않기 때문에 원만법신을 현증現證할 수 없다. 진제는 해석하길, '제9지의 인이 아직 원만하지 않아서 원만한 삼신三身을 증득할 수 없다'라고 하였다.

이런 인연으로 이 분에는 여전히 원만하지 않음이 있다.

> 釋曰。自下第十明第十分攝法雲地。於中有二。初明前分後行未滿。後明自
> 分勤修圓滿。此卽初也。謂第九地因未滿故。未能現證圓滿法身。眞諦釋云。
> 謂第九地因未圓滿。未能證得圓滿三身。由是因緣。於此分中。猶未圓滿。

(b) 자분을 수습해서 원만해짐을 밝힘

경 이 분을 원만하게 하기 위해 정근을 수습해서 곧 (원만법신을) 증득할 수 있으니, 그런 보살들은 이런 인연으로 이 분을 원만하게 한다.

> 爲令此分得圓滿故。精勤修習。便能證得。彼諸菩薩。由是因緣。此分圓滿。

석 두 번째로 그 자분自分을 부지런히 수습해서 원만해짐을 밝힌 것이다. 말하자면 제10지의 인因이 원만해졌기 때문에 곧 원만법신을 증득하고, 이런 인연으로 이 분이 원만해진다.

양梁 『섭대승론석』에서는 말한다.

　　보살은 제9지에서는 아직 수승한 능력을 갖지 못한다. 아직 정설원만법신正說圓滿法身[147]을 획득하지 못하고, 아직 집착 없고 장애 없는 원만한 육신통의 지혜를 획득하지 못한다.
　　아직 못 하는 까닭은 세 가지 장애 때문이다. 첫째는 육신통의 지혜에

---

[147] 정설원만법신正說圓滿法身 : 제10지에서 증득된 원만한 법신을 정설법신正說法身이라 한다. 원만법신을 증득하면 그 법신의 청정한 법계로부터 정법正法이 교화의 대상에 맞춰 유출되어 나오기 때문에 그 법신을 정설법신이라 한다. 『佛性論』 권4(T31, 808a19) 등 참조.

대한 무명(六神通慧無明)이고, 둘째는 미세하고 비밀스런 불법을 깨닫는 것에 대한 무명(入微細秘密佛法無明)이며, (셋째는) 그 두 가지 무명에 의해 초래된 유유생사(제7지~제9지에서 받는 생사)로서 추중보라고 이름한다.

이 세 가지 장애를 소멸시키기 위해 정근을 수습하고, 정근을 수습함으로 인해 세 가지 장애를 소멸시키고 나면, 제10지에 들어가서 여덟 종류 더욱 수승한 청정을 증득하고, 또 정설의 원만법신을 증득할 수 있으며, 나아가서는 법계의 '업자재의지業自在依止'의 의미를 통달한다.[148]

이 분으로 인해 제10지가 원만해진다.[149]

진제는 해석하길, 제10지의 원만에 의해 획득된 삼신三身을 원만법신圓滿法身이라 하고, 정설법신正說法身이라 한다. 그 법신으로부터 육신통의 지혜가 유출되니, 지혜가 바로 화신化身이다. 업의 자재를 획득함으로써 화신이 성취된 것이다.

> 釋曰。第二明其自分勤修圓滿。謂第十地因圓滿故。而能證得圓滿法身。由是因緣。此分圓滿。梁攝論云。菩薩於九地。未有勝能。未能得正說圓滿法身。未得無著無礙圓滿六通慧。所以未能者。由三障故。一六神通慧無明。二入微細秘密佛法無明。此二無明所感有有生死。名麤重報。爲滅此三障故修正勤。因修正勤。滅三障已。入第十地。得八種轉勝淸淨。及能得正說圓滿法身等。乃至通達法界業自在依止義。由此分故。十地圓滿。眞諦釋

---

148 『攝大乘論』에 따르면, 초지에서 제10지까지 법계의 열 종류 상을 증득하며 그중에 열 번째 상이 '업자재의지業自在依止'이다. 말하자면 시방의 중생을 교화하기 위해서 신身·구口·의意 삼업三業의 자재함을 획득하였기 때문에 '업자재'라고 하였고, 또 이러한 삼업의 자재함은 진여眞如를 근거(依止)로 하는 것이다. 보살은 이것의 의미를 관하여 '업자재의지의 의미'에 통달함으로써 제10지에 들어간다. 진제 역, 세친의 『攝大乘論釋』 권10(T31, 222c21) 참조.

149 진제 역, 세친의 『攝大乘論釋』 권10(T31, 226c18).

云。十地圓滿所得三身名圓滿法身。正說法身。從法身出六通慧。慧即是化
身。由得業自在。化身成就也。

k) 제11분이 불지佛地를 포괄함을 밝힘

(a) 제10분의 후행이 원만하지 않음을 밝힘

경 그런데 아직은 두루 모든 알아야 할 경계에 대해 집착 없고 걸림 없는 묘지·묘견을 획득하지는 못하니, 이런 인연으로 이 분에는 여전히 원만하지 않음이 있다.

而未能得遍於一切所知境界。無著無礙妙智妙見。由是因緣。於此分中。猶
未圓滿。

석 이하는 별도로 제11분이 불지를 포섭함을 밝힌 것이다. 이 중에 두 가지가 있다. 처음은 이전 분(제10분)의 후행이 원만하지 않음을 밝힌 것이다. 나중은 자분을 부지런히 닦아서 원만해짐을 밝힌 것이다.

이것은 처음에 해당한다. 말하자면 제10지에서는 아직 모든 경계의 법공法空을 두루 아는 집착 없는 묘지·묘견과 인공人空을 (두루 아는) 걸림 없는 묘지·묘견을 획득하지는 못한다. 이런 인연으로 이 분에는 여전히 원만하지 않음이 있다.

釋曰。自下別明第十一分攝於佛地。於中有二。初明前分後行未滿。後明自
分勤修圓滿。此卽初也。謂第十地。未得遍知一切境界法空無著妙智妙見。
人空無礙妙智妙見。由是因緣。於此分中。猶未圓滿。

(b) 자분을 수습해서 원만해짐을 밝힘

경 이 분을 원만하게 하기 위해 정근을 수습해서 곧 (묘지·묘견을) 증득할 수 있으니, 이런 인연으로 이 지가 원만해진다. 이 분이 원만해졌기 때문에 일체의 분에서 다 원만함을 증득한다.

爲令此分得圓滿故。精勤修習。便能證得。由是因緣。此分圓滿。此分滿故。於一切分。皆得圓滿。

석 두 번째는 자기 지의 분分을 부지런히 수습해서 원만해짐을 밝힌 것이다. 말하자면 이 불지佛地에서는 '일체를 두루 아는 지智와 견見'을 증득하고, 이런 인연으로 불지가 원만해지며, 불지가 원만하기 때문에 열한 종류 분들이 다 원만해질 수 있다.
양梁『섭대승론석』에서는 말한다.

보살은 제10지에서 아직은 수승한 능력을 갖지 못한다. 아직은 청정한 원만법신圓滿法身을 획득하지 못하고, 아직은 일체의 알아야 할 경계에 대한 집착 없고 걸림 없는 견見과 지智를 획득하지 못한다.
아직 못 하는 까닭은 세 가지 장애 때문이다. 첫째는 일체의 알아야 할 경계에 대해 미세하게 집착하는 무명(於一切應智境微細著無明)이고, 둘째는 일체의 알아야 할 경계에 대해 미세하게 장애하는 무명(於一切應知境微細礙無明)이며, (셋째는) 이 두 가지 무명에 의해 초래된 무유생사無有生死[150]로서 추중보라고 이름한다.

---

150 무유생사無有生死 : 양梁『攝大乘論釋』에서 제시된 네 종류 생사 중의 하나이다. 이 네 종류는 변역생사變易生死를 다시 네 가지로 나눈 것으로서, 십지 이전에서 제3지까지는 방편생사方便生死를 받고, 제4지에서 제6지까지는 인연생사因緣生死를 받으

이 세 가지 장애를 제거하기 위해 정근을 수습하고, 정근을 수습함으로 인해 세 가지 장애를 소멸시키고 나면, 제11 여래지如來地에 들어가서 일곱 종류 가장 수승한 청정과 생을 떠나는 청정을 획득하고, 또 청정한 원만법신의 집착 없고 걸림 없는 견·지 등을 획득한다.

이 분으로 인해 불지佛地가 원만해진다.[151]

釋曰。第二明自地分勤修圓滿。謂此佛地證得遍知一切智見。由是因緣。佛地圓滿。佛地圓滿故。十一種分皆得圓滿。梁攝論云。菩薩十地。未有勝能。未得淸淨圓滿法身。未能於一切應知境得無著無礙見及智。所以未能者。由三障故。一於一切應智[1])境微細著無明。二於一切應知境微細礙無明。此二無明所感無有生死。名麤重報。爲滅此三障故修正勤。因修正勤。滅三障已。入第十一如來地。得七種最勝淸淨離生淸淨。及得淸淨圓滿法身無著無礙見智等。由此分故。佛地圓滿。

1) ㉑ '智'는 '知'인 듯하다.

한편에서는 말한다.[152]

열한 가지 분분이 열한 가지 지地를 포섭함을 밝힌 곳에는 세 가지 예例가 나온다.

처음 하나의 분을 설한 곳에서 경문은 두 개의 절로 되어 있다. 처음은 이전 지위의 수행이 아직 성숙하지 않았음을 밝힌 것이고, 나중의

며, 제7지에서 제9지까지는 유유생사有有生死를 받는다. 제10지에서는 무유생사를 받는다고 하는데, 이것이 소멸하면 곧 여래지如來地에 들어간다. '무유'란 후유後有와 같은 과果가 없는 것을 말한다.
151 진제 역, 세친의 『攝大乘論釋』 권10(T31, 226c25).
152 지금까지 양梁 『攝大乘論釋』과 대조해 가며 경문에 설한 열한 가지 분분이 보살의 열한 종류 지地를 포괄함을 설명하였고, 이하에서는 그와는 또 다른 해석을 소개하였다.

"그 지를 넘어서서" 이하는 자기 지가 이미 원만해졌음을 밝힌 것이다.

다음에 "그런 모든 보살들은" 이하의 아홉 가지 분의 사례에는 (각기) 세 단락이 있다. 처음은 이전 지위가 원만해졌다고 결론지은 것이다. 다음에 "그런데 아직은……못하고" 이하는 뒤의 지위가 아직 원만하지 않음을 밝힌 것이다. 마지막에 "(이 분이 원만해지도록) 하기 위해" 이하는 수습해서 원만해지게 함을 밝힌 것이다.

마지막의 "그런 보살들은" 이하는 제11분을 밝힌 것이다. 경문은 네 가지로 구별된다. 처음은 이전의 지위가 원만해졌다고 결론지은 것이다. 다음의 "그런데 아직은……못하고" 이하는 뒤의 지위가 아직 원만하지 않음을 밝힌 것이다. 그 다음의 "(이 분이 원만해지도록) 하기 위해" 이하는 수습해서 원만해지게 함을 밝힌 것이다. 마지막의 "이 분이 원만해졌기 (때문에)" 이하는 거듭해서 이미 원만해졌다고 결론지은 것이다.

비록 두 가지 설명이 있지만 앞의 설명이 바르다.

一云。就十一分攝十一地。有三例。初一分中。文有二節。初明前位修行未成。後超過彼地下明自地已滿。次彼諸菩薩下九分。例有三段。初結前位滿。次而未能下。明後位未滿。後爲令下。明修令圓滿。後彼諸菩薩下。明第十一分。文別有四。一結前位滿。次而末下。明後位未滿。次爲令下。修令圓滿。後此分滿下。重結已滿。雖有兩說。前說爲正。

b. 총결지음

경 "선남자여, 이와 같은 열한 종류 분이 널리 모든 지들을 포괄함을 알아야 한다."

善男子。當知如是十一種分。普攝諸地。

두 번째는 총괄적 결론임을 알아야 한다.

釋曰。第二總結應知。

② 지명地名의 의미를 해석함

가. 질문

경 관자재보살이 다시 부처님께 여쭈었다. "세존이시여, 어떤 이유에서 최초를 '극희지'라고 이름하고 나아가서 어떤 이유에서 (최후를) '불지'라고 이름합니까?"

觀自在菩薩。復白佛言。世尊。何緣最初名極喜地。乃至何緣說名佛地。

석 이하는 두 번째로 지명의 의미를 해석한 것이다. 앞은 질문이고, 뒤는 대답이다.
이것은 모든 지명의 의미를 총괄해서 물은 것이다.

釋曰。自下第二釋地名義。先問。後答。此卽總問諸地名義。

나. 대답

가) 극희지極喜地

경 부처님께서 관자재보살에게 말씀하셨다. "선남자여, 대의를 성취하고 일찍이 얻은 적이 없던 출세간의 마음을 얻어 큰 환희를 내기 때문에 최초를 '극희지'라고 이름한다.

佛告觀自在菩薩曰。善男子。成就大義。得未曾得出世間心。生大歡喜。是故最初名極喜地。

석 이하는 두 번째로 여래께서 바로 설해 주신 것이다. 열한 가지 지의 (이름을) 해석하였으므로 (경문을 나누면) 열한 가지가 된다.

이것은 극희지를 해석한 것이다. 해석하면 두 가지 의미가 있다. 첫째는 자리와 이타를 증득하는 것이고, 둘째는 무루심을 증득한 것이다. 따라서 『십지경론』 제1권에서는 "위없는 자리·이타의 행을 성취하고 처음으로 성처聖處를 증득하여 (환희를 많이 내므로) '환희지'라고 이름한다."153)라고 하였다.

해 '성처'란 무루지이다.

釋曰。自下第二如來正說。釋十一地。卽爲十一。此釋極喜地。釋有二義。一得自他利。二得無漏心。故十地論第一卷云。成就無上自利利他。[1] 初證聖處。[2] 故名歡喜。解云。聖處卽無漏智。

1) ㉢『十地經論』 권1(T26, 127a18)에 '他' 뒤에 '行'이 있다.　2) ㉢『十地經論』 권1(T26, 127a19)에 '處' 뒤에 '多生歡喜' 4자가 있다.

이 지의 이름을 해석한 것은 여러 교에서 매우 많아서 다 진술할 수가 없다. 요점만 말하면 다음과 같다.

---

153 『十地經論』 권1(T26, 127a18).

혹은 하나의 의미로 '극희極喜'라는 이름을 해석한다. 예를 들면 『인왕경』에서 "선각의 보살(善覺菩薩)은 사천왕이니, 이제二諦의 평등한 도리를 짝지어 비추네."라고 하였다.[154] 『섭대승론』에서는 "이 지는 최초로 자·타의 이익(義利)을 성취해 줄 수 있는 수승한 공덕을 획득하기 때문이다."[155]라고 하였고, 무성과 세친의 『섭대승론석』에서도 『섭대승론』과 동일하게 설한다.[156] 『현양성교론』 제3권에서는 '위없는 현관(無上現觀)'을 바로 증득함으로 말미암아 증상된 기쁨(增上喜)에 머물기 때문에 환희라고 이름한다'라고 하였다.[157] 『십주비바사론』 제1권에서는 "처음으로 선법의 맛(善法味)을 증득하여 마음에 환희가 많기 때문이다."[158]라고 하였다.

혹은 두 가지 의미로 '극희'라는 (이름을) 해석하니, 예를 들어 이 『해심밀경』과 『십지경』 등과 같다.[159]

혹은 세 가지 의미로 해석하니, 예를 들어 『금광명경』 제1권에서는 말한다. "출세심出世心을 증득하였고, 증득하지 못했던 것을 비로소 증득했으며, 대사大事와 대용大用을 마음(意)으로 원하는 대로 이루기 때문에 '환

---

[154] 원측의 해석에 따르면, 이 게송에서 "善覺菩薩"이라고 한 것은 선각지善覺地에 오른 보살을 가리키며, 선각지는 보살의 초지(극희지)에 해당한다. 처음으로 생공生空·법공法空의 평등한 진여를 깨닫는 무상無相의 견도見道 및 삼심三心 등을 가리켜 '선각'이라 한다. 『仁王經疏』 권2(T33, 395a5~21) 참조.
[155] 『攝大乘論本』 권3(T31, 145c14).
[156] 이상의 『攝大乘論』과 그 석론 등에서는 『解深密經』에서 말한 두 가지 의미 중에 '자리·이타의 성취'라고 하는 하나의 의미에 의거해서 '극희'라는 이름을 해석하였다. 즉 보살이 이 초지初地의 현관現觀에 들 때는 자리와 이타를 능히 성취하며, 이러한 수승한 공능功能이 지극한 환희를 생하기 때문에 '극희지'라고 한다. 반면에 성문이 현관에 들 때는 자리만을 성취하기 때문에 이와 같은 지극한 환희가 생하지 않는다. 현장 역 세친의 『攝大乘論釋』 권7(T31, 358c18), 무성의 『攝大乘論釋』 권7(T31, 424a18) 참조.
[157] 『顯揚聖敎論』 권3(T31, 491b23) 참조.
[158] 『十住毘婆沙論』 권1(T26, 23a9).
[159] 『解深密經』 등에서 말한 두 가지 의미란 자리와 이타라는 대의大義를 성취하는 것, 그리고 출세간의 무루심이 생기는 것을 말한다.

희'라고 이름하였다."¹⁶⁰ 【'대사'란 자리이고, '대용'이란 이타이다.】『성유식론』 제9권에서는 "처음으로 성성聖性을 획득하고,¹⁶¹ 이공二空을 모두 증득하며, 자·타에게 이익을 주면서 큰 기쁨을 내기 때문이다."¹⁶²라고 하였다.

많이 믿고 공경함 등 아홉 종류, 염불 등 열 종류, 세간의 경계를 떠나는 등 열 종류 환희에 대해 자세하게 분별하면, 예를 들어 『십지경론』의 설명과 같다.¹⁶³

釋此地名。諸教極多。不可具述。以要言之。或以一義釋極喜名。如仁王經。善覺菩薩四天王雙照二諦平等理。¹⁾ 攝大乘云。由此最初得能成辦自他義利勝功德故。無性世親攝大乘釋。亦同攝論。顯揚第三。由正證得無上現觀。住增上喜。故名歡喜。十住婆沙第一卷云。始得善法味。心多歡喜故。或以二義。以釋極喜。如卽此經十地論等。或以三義。如金光明第一卷云。得出世心。未得始得。大事大用。如意所願。故名歡喜。【大事者自利。大用者利他。】成唯識論第九卷云。初獲聖性。具證二空。能益自他。生大喜故。若廣分別。多信敬等九種。念佛等十種。離世間境等十種歡喜。如十地論。

---
1) ㉔『仁王般若波羅蜜經』권1(T8, 827b23)에 '理'가 '道'로 되어 있다.

나) 이구지離垢地

경 모든 미세한 범계를 멀리 떠나니, 따라서 두 번째를 '이구지'라고 이름한다.

---
160 『合部金光明經』권3(T16, 374b16).
161 '처음으로 성성聖性을 획득한다'는 것은 처음으로 범부의 성질을 끊고 '성인의 종성(聖性)'을 획득하는 것을 말한다. 번뇌 없는 무분별지無分別智에 의지해서 함께 현행하는 오온五蘊의 종자種子를 성인의 종성이라 한다. 『成唯識論述記』권10(T43, 574b26) 참조.
162 『成唯識論』권9(T31, 51a22).
163 『十地經論』권2(T26, 135c27) 참조.

遠離一切微細犯戒。是故第二名離垢地。

석 두 번째는 이구지를 설명한 것이다.

『상속해탈경』과 『심밀해탈경』도 역시 이 경과 동일하게 설한다.[164]

『인왕경』에서는 '이달離達'이라 이름한다. 따라서 그 경의 게송에서는 "이달의 보살(離達開士)은 도리천의 왕이니 육도의 천 국토에 형상을 나타내네."라고 하였다.[165]

『금광명경』에서는 '모든 미세한 죄와 파계의 과실이 다 청정해지므로 이구지라고 한다'라고 하였다.[166]

『십지경』에서는 인색(慳)·시기(嫉)와 파계의 때 묻은 마음을 멀리 떠나는 것을 '이구지'라고 하였고, 『십지경론』에서는 "잘못된 마음(誤心)과 범계犯戒를 일으키는 번뇌의 때 등을 떠나서 청정한 계를 구족하기 때문에 '이구지'라고 이름한다."[167]라고 하였다.

『섭대승론』에서는 "범계의 때를 아주 멀리 떠나기 때문이다."[168]라고 하였고, 세친은 다음과 같이 해석한다. "(이 지에서는) 성계性戒[169]를 성취하

---

164 『相續解脫地波羅蜜了義經』 권1(T16, 715a23), 『深密解脫經』 권4(T16, 680c6) 참조.
165 원측의 해석에 따르면, 이 게송에서 "이달지의 보살(離達菩薩)"이란 제2 이구지離垢地에 오른 보살을 가리킨다. 이 지에서는 범계의 허물을 여의고(離犯戒垢) 한맛의 진여를 통달하여 비추기(達照一味眞如) 때문에 '이달離達'이라 한다. 『仁王經疏』 권2(T33, 395b8) 참조.
166 『合部金光明經』 권3(T16, 374b18) 참조.
167 초지初地에서는 지계持戒가 청정하지 못하기 때문에 보시布施도 여전히 청정하지 못한 측면이 있는데, 제2지에서 지계의 청정을 획득함으로써 보시의 청정도 더욱 수승해지고, 인색함이나 파계의 때 묻은 마음(垢心)을 멀리 떠나기 때문에 '이구지離垢地'라고 한다. 『十地經論』 권1(T26, 127a19).
168 『攝大乘論本』 권3(T31, 145c16).
169 성계性戒 : 본질적인 죄악에 속하는 성죄性罪를 금지한 계를 말한다. 가령 살생殺生·투도偸盜·사음邪淫·망어妄語 등과 같은 행위는 부처님의 제정을 기다릴 필요 없이 본질적인 악행으로서 사회공동체 안에서 금지되며, 이를 범하면 반드시 엄중한 과보를 받는다. 이와 비교해서, 부처님이 상황에 따라 하지 못하게 막기 위해서 제정한 계

니, 이는 초지에서 사택思擇하여 계를 수호하는 것과는 달리, 성계를 성취하였기 때문에 모든 범계의 때를 이미 아주 멀리 떠난 것이다."¹⁷⁰ 무성의 뜻도 세친과 동일하다.

『현양성교론』에서는 이승지二乘地를 넘어서서 청정한 시라尸羅(계)를 증득하고 모든 범계의 때를 대치시킨다고 하였다.¹⁷¹

『십주론』에서는 "(이 지에서는) 십선도十善道를 행하여 모든 때를 떠나기 때문이다."¹⁷²라고 하였다.

『성유식론』에서는 "청정한 시라를 갖추어서, 미세한 훼범을 일으킬 수 있는 번뇌의 때를 멀리 떠나기 때문에 이구지라고 한다."¹⁷³라고 하였다.

釋曰。第二辨離垢地。相續深密亦同此經。仁王經云。名爲離遠。¹⁾ 故彼偈云。離遠²⁾開士忉利王。現形六道千國土。金光明云。一切微細之誤。³⁾ 破戒過失。皆淸淨故。名離垢地。十地經云。遠離慳嫉破戒垢心。名離垢地。十地論云。離能起誤心犯戒煩惱垢等。淸淨戒具足故。名離垢地。攝大乘云。由極遠離犯戒垢故。世親釋云。性戒成就。非如初地思擇護戒。性戒成故。諸犯戒垢已⁴⁾遠離故。⁵⁾ 無性意同世親。顯揚論云。超二乘地。證淨尸羅。對治一切犯戒垢。十住論云。行十善道。離諸戒垢故。成唯識云。具淨尸羅。遠離能起微細毀犯煩惱垢故。名離垢地。

1) ㉝『仁王般若波羅蜜經』권1(T8, 827b27)에 따르면 '遠'은 '達'의 오기다. 2) ㉝『仁王般若波羅蜜經』권1(T8, 827b27)에 따르면 '遠'은 '達'의 오기다. 3) ㉝『合部金光明經』권3(T16, 374b18)에 '誤'가 '罪'로 되어 있다. 4) ㉝ 세친의『攝大乘論釋』권7(T31, 358c23)에 '已' 뒤에 '極'이 있다. 5) ㉝ 세친의『攝大乘論釋』권7(T31, 358c23)에 '故'가 없다.

율을 차계遮戒라고 한다.
170 『攝大乘論釋』권7(T31, 358c22).
171 『顯揚聖敎論』권3(T31, 491b25) 참조.
172 『十住毘婆沙論』권1(T26, 23a10).
173 『成唯識論』권9(T31, 51a23).

다) 발광지發光地

경 거기서 증득된 삼마지와 문지다라니는 무량한 지광智光의 의지처가 될 수 있기 때문에 세 번째를 '발광지'라고 한다.

由彼所得三摩地及聞持陀羅尼。能爲無量智光依止。是故第三名發光地。

석 세 번째는 발광지를 밝힌 것이다. 말하자면 제3지에서는 정定(삼마지)을 증득함으로 인해 수혜修慧의 광명을 발하고, 문지다라니를 증득함으로 인해 문혜聞慧·사혜思慧의 광명을 발하기 때문에 세 번째를 '발광지'라고 이름한다. 혹은 이 지地가 능히 빛을 발하기 위한 의지처가 되기 때문에 '발광지'라고 이름했다고 볼 수도 있다.

『상속해탈경』에서는 '명지明地'라고 하였고, 『심밀해탈경』에서는 '광명지光明地'라고 하였는데,[174] '발광지'라고 설하지 않은 것은 역자가 다르기 때문이다.

『인왕경』에서는 '명혜明慧'라고 이름하였다. 따라서 그 경의 게송에서는 "명혜의 공조(明慧空照)는 염천炎天의 왕이니 만 국토에 응현하여 중생을 이끄네."라고 하였다.[175]

『금광명경』에서는 말한다. "무량지혜광명삼매를 잠깐이라도 동요시킬 수 없고 굴복시킬 수 없으니, 문지다라니를 근본으로 삼기 때문이다. (그러므로 이 제3지를) '명지明地'라고 이름한다."[176]

---

[174] 『相續解脫地波羅蜜了義經』 권1(T16, 715a24)과 『深密解脫經』 권4(T16, 680c7) 참조.
[175] 『仁王經』에서 '명혜의 공조(明慧空照)'라고 한 것은 명혜지明慧地에 오른 보살을 가리킨다. '명혜지'란 제3 발광지를 가리키며, 제3지에 오른 보살은 인공人空과 법공法空에 통달하였기 때문에 '공조空照'라고 하였다. 『仁王護國般若經疏』 권4(T33, 274b28).
[176] 『合部金光明經』 권3(T16, 374b20).

『십지경』에서는 무탐無食·무진無瞋 등 세 종류 선근이 더욱 늘어나고 명정明淨해지기 때문에 '명지'라고 한다고 하였다.[177] 『화엄경』과 『십주경』과 『선계경』도 『십지경』과 거의 동일하게 설한다.

『섭대승론』에서는 "물러남 없는 등지等持·등지等至의 의지처이기 때문에, 대법광명大法光明[178]의 의지처이기 때문에 발광지發光地라고 한다."[179]라고 하였다. 세친의 해석은 다음과 같다. "이 지地에서는 삼마지·삼마발저와 항상 서로 떨어지지 않고 (그로부터) 물러남이 없기 때문에 대승법에 대해 (지혜의) 광명을 일으킬 수 있다. (따라서 이 지를) 발광지라고 이름한다."[180] 자세하게 분별하면 무성의 해석과 같다.[181]

『현양성교론』에서는 '지극히 청정한 삼마지온三摩地蘊(定蘊)을 증득하고 (이것이) 대지광명大智光明의 의지처이므로 발광지라고 이름한다'라고 하였다.[182]

『성유식론』에서는 '수승한 선정과 대법총지大法總持[183]를 성취하여 끝없는 묘한 지혜의 빛을 발할 수 있기 때문에 발광지라고 이름한다'라고 하였다.[184]

『대지도론』 제49권에서는 '유광지有光地'라고 이름하였다.[185]

釋曰. 第三明發光地. 謂第三地由得定故. 發修慧光. 由得聞持陀羅尼故.

---

177 『十地經論』 권5(T26, 158c26) 참조.
178 대법광명大法光明 : 뛰어난 선정의 힘에 의거해서 대승 경전의 교법들에 대한 지혜의 광명이 발하는 것을 말한다.
179 『攝大乘論本』 권3(T31, 145c16).
180 세친의 『攝大乘論釋』 권7(T31, 358c24).
181 무성의 『攝大乘論釋』 권7(T31, 424a24) 참조.
182 『顯揚聖教論』 권3(T31, 491b29).
183 대법총지大法總持 : 앞에서 말한 '문지聞持다라니' 혹은 '법法다라니'에 해당한다. 즉 들었던 교법을 오랫동안 잊지 않고 기억하는 것을 말한다.
184 『成唯識論』 권9(T31, 51a25).
185 『大智度論』 권49(T25, 411a28) 참조.

發聞思慧光。是故第三名發光地。或可假¹⁾地能與發光爲所依止。名發光
地。相續經云。明地。深密經云。光明地。而不說云發光地者。譯家別故。
仁王經云。名爲明慧。故彼偈云。明慧空照炎天王。應形萬國導群生。金光
明云。無量智慧光明三昧。不可傾動。無能摧伏。聞持陀羅尼爲作本故。說
名明地。十地經云。無貪瞋等三種善根。轉增明淨。故名明地。華嚴十住及
善戒經。大同十地。攝大乘云。由無退轉等持等至所依止故。大法光明所
依止故。名發光地。世親釋云。由此地中。與三摩地三摩鉢底。嘗²⁾不相離。
無退轉故。於大乘法能作光明。名發光地。若廣分別。如無性釋。顯揚論
云。證得極淨三摩地蘊。大智光明之所依止。名發光地。成唯識云。成就
勝定大法總持。能發無邊妙慧光故。名發光地。大智度論第四十九。名有
光地。

---

1) ㉠ '假'는 '此'의 오기인 듯하다. 2) ㉠ 세친의 『攝大乘論釋』 권7(T31, 358c25)에 따르면 '嘗'은 '常'의 오기다.

라) 염혜지(焰慧地)

[경] 거기서 증득된 보리분법으로 모든 번뇌를 태워 버리니 지혜가 마치 화염과 같기 때문에 네 번째를 '염혜지'라고 이름한다.

由彼所得菩提分法。燒諸煩惱。智如火焰。是故第四名焰慧地。

[석] 네 번째는 염혜지를 설명한 것이다. 말하자면 모든 보리분법의 지혜의 불꽃이 번뇌의 땔감을 태워 버리기 때문에 '염혜'라고 이름한다.
『상속해탈경』과 『심밀해탈경』의 뜻도 이 경과 동일하다.
『인왕경』에서 또한 '염혜'라고 이름하였다. 따라서 그 경의 게송에서는 "염혜의 묘광(焰慧妙光)은 대정진大精進이니 도솔천의 왕이 되어 억 국토에

노니네."라고 하였다.[186]

『금광명경』에서는 "능히 번뇌를 태워 버리고 지혜의 불로 광명을 증장시키니, 이것은 도품을 수행하는 처소이기 때문에 염지炎地라고 이름한다."[187]라고 하였다.

『십지경』에서는 밤낮으로 항상 지혜의 광명의 불꽃을 방출하므로 마치 마니摩尼의 빛이 그 밖의 빛에 의해 사라지지 않는 것과 같으니, 따라서 '염지燄地'라고 이름하였다. 『십주경』과 『화엄경』에서도 『십지경』과 거의 동일하게 설한다. 『십지경론』에서는 말한다. "망실되지 않는 번뇌(不忘煩惱)의 땔감을 지혜의 불로 능히 태워 버리기 때문에 '염지'라고 이름한다.【'망실되지 않는다(不忘)'라고 한 것은, 구생번뇌俱生煩惱가 저절로 상속하는데 일어나려 하면 곧 알기 때문에 '망실되지 않는다'라고 하였다.[188]】"[189]

『대승장엄경론』에서는 말한다. "보리분법의 지혜가 염燄의 자성이고, 혹장惑障·지장智障[190] 두 장애는 땔감의 자성이니, 이 지의 보살은 지혜의 불꽃을 일으켜서 두 가지 장애의 땔감을 태워 버릴 수 있기 때문에 '염혜

---

186 '염혜의 묘광(燄慧妙光)'이란 제4 염혜지焰慧地에 오른 보살을 가리킨다. 이 지에 오른 보살은 도품道品(보리분법)의 혜광慧光으로 소지장所知障을 끊어 버리는 것이 마치 불꽃이 땔나무를 태워 버리는 것과 같으므로 '염혜의 묘광'이라 표현하였다. 염혜지의 보살은 십도十度 중에서 정진도精進度를 행하기 때문에 '대정진大精進'이라 한다. 『仁王經疏』 권2(T33, 395c17).
187 『合部金光明經』 권3(T16, 374b22).
188 원측의 협주에 따르면, 『十地經論』에서 "망실되지 않은 번뇌(不忘煩惱薪)"라고 한 것은 구생번뇌俱生煩惱가 끊기지 않고 저절로 상속하는 것을 말한다. 이와는 조금 다른 해석도 있다. 가령 『花嚴經探玄記』 권9(T35, 287b18) 등에 따르면, 이전 제3지에서의 문지聞持(잊지 않고 기억하는 것)를 '불망'이라 하고, 이것이 '만慢' 번뇌를 일으키면, 그 번뇌를 일컬어 '불망번뇌'라고 한다.
189 『十地經論』 권1(T26, 127a21).
190 혹장惑障·지장智障 : 번뇌장煩惱障과 소지장所知障을 말한다. 전자는 중생의 몸과 마음을 어지럽혀서 열반에 이르는 것을 방해하고 생사의 세계에서 떠돌게 만드는 모든 번뇌를 가리킨다. 후자는 알아야 할(所知) 경계를 가려 바른 지혜가 일어나지 못하게 하는 모든 번뇌를 가리킨다.

지'라고 한다."[191]

『섭대승론』에서는 "모든 보리분법이 모든 장애를 불태워 없애기 때문에 염혜지焰慧地라고 이름한다."[192]라고 하였다. 세친은 해석하길, "이 지에서는 가장 수승한 보리분법에 안주하니, 이에 안주함으로 인해서 일체의 근본번뇌 및 수번뇌를 불태워 다 재(灰燼)가 되게 하기 때문에 (이 지를) 염혜지라고 이름한다."[193]라고 하였다. 무성의 뜻도 동일하다.

『성유식론』에서는 "가장 수승한 보리분법에 안주하면서 번뇌의 땔감을 태워 버리고 지혜의 불꽃이 증가하기 때문에 염혜지라고 이름한다."[194]라고 하였다.

『대지도론』에서는 '증요지增曜地'라고 하였다.[195]

해 『대승장엄경론』 등에서는 '두 가지 장애의 땔감을 태워 버리므로 염지焰地라고 한다'라고 하였고, 세친의 『섭대승론석』에서는 '모든 근본번뇌 및 수번뇌를 불태워 다 재가 되게 한다'라고 해석하였다. 이는 소지장所知障(지장)을 영단永斷하고 번뇌장煩惱障(혹장)을 복단伏斷하는 것을 일컬어 '재가 되게 한다'라고 한 것이다.[196] 그렇지 않다면 『섭대승론』에서 "미혹을 남겨서 미혹의 다함에 이른다……"라고 설한 것과는 어긋난다.[197]

---

191 『大乘莊嚴經論』권13(T31, 659a26).
192 『攝大乘論本』권3(T31, 145c18).
193 『攝大乘論釋』권7(T31, 358c26).
194 『成唯識論』권9(T31, 51a26).
195 『大智度論』권49(T25, 411a28) 참조.
196 소지장은 영원히 끊어서 다시 일어나지 않도록 하므로 '영단永斷한다'고 하였고, 번뇌장은 잠시 조복시켜서 일어나지 못하게 한 것이므로 '복단伏斷한다'라고 하였다.
197 『攝大乘論釋』권10(T31, 375c17) 등에서 '미혹을 남겨서 미혹의 다함에 이른다(留惑至惑盡)'라고 한 것은 수면번뇌隨眠煩惱를 남겨 둔다는 말이다. 이것은 성문들이 신속하게 반열반하여 구경에 이르러 모든 번뇌를 다하는 경우와 구분한 것이다. 말하자면 보살은 번뇌를 남겨 두어 그것을 인因으로 삼아서 번뇌의 완전한 소멸에 도달해서 일체지一切智를 획득하려 한다. 따라서 원측은 '두 가지 번뇌의 땔감을 완전히 태워 버린다'라고 한 것은 이장二障을 완전히 영단永斷했음을 뜻하는 것은 아니라고 하였다.

釋曰。第四辨焰慧地。謂諸菩提分法智焰。燒煩惱薪。故名焰慧。相續深密意同此經。依仁王經。亦名焰慧。故彼偈云。焰慧妙光火[1]精進。兜率天王遊信[2]國。金光明云。能燒煩惱。以智慧火增長光明。修[3]行道品依處[4]故。名爲炎地。十地經云。日夜常放智光明炎故。如摩尼光非餘光滅。故名焰地。十住華嚴大同十地。十地論云。不忘煩惱薪。智火能燒故。名爲焰地。【不忘者。俱生煩惱。任運相續。欲起即智。[5]故言不忘也。】莊嚴論云。以菩提分慧爲焰自性。以惑智二障爲薪自性。此地菩薩。能起智慧焰。燒二障薪。名焰慧地。攝大乘云。由諸菩提分法。焚滅一切障故。名焰慧地。世親釋云。由此地中。安住最勝菩提分法。由住此故。能燒一切根本煩惱及隨煩惱。皆爲灰燼。名焰慧地。無性意同。成唯識云。安住最勝菩提分法。燒煩惱薪。慧焰增故。名焰慧地。智度論云。增曜地。解云。莊嚴論等。燒二障薪名焰地。世親釋云。能燒一切根本煩惱及隨煩惱皆爲灰燼者。永斷所智。[6]伏斷煩惱。名爲灰燼。不爾。便違攝大乘說留惑至惑盡等。

1) ㉎『仁王般若波羅蜜經』권1(T8, 827c4)에 따르면 '火'는 '大'의 오기다. 2) ㉎『仁王般若波羅蜜經』권1(T8, 827c4)에 따르면 '信'은 '億'의 오기다. 3) ㉎『合部金光明經』권3(T16, 374b22)에 '修' 앞에 '是'가 있다. 4) ㉎『合部金光明經』권3(T16, 374b22)에 '處' 뒤에 '所'가 있다. 5) ㉎ 전후 문맥상 '智'는 '知'인 듯하다. 6) ㉎ '智'는 '知'의 오기인 듯하다.

마) 난승지難勝地

[경] 곧 그 보리분법의 방편을 수습함에 있어 매우 극심한 어려움에서 비로소 자재함을 획득하였기 때문에 다섯 번째를 '극난승지'라고 이름한다.

由即於彼菩提分法方便修習。最極艱難。方得自在。是故第五。名極難勝地。

석 다섯 번째는 난승지를 설명한 것이다. 말하자면 어려운 수행 가운데서 자재함을 얻기 때문에 난승지라고 이름한다.

『상속해탈경』도 이 경과 동일하게 설한다. 『심밀해탈경』에서는 "보리분법의 방편을 수행하면서 '이기기 어려운 것을 이길 수 있으므로(難勝得勝)' 난승지難勝地라고 한다."[198]라고 하였다.

『인왕경』에서는 '승혜지勝慧地'라고 하였다. 따라서 그 경의 게송에서는 "승혜는 삼제三諦에 스스로 통달하고 화락천의 왕이 되어 백억 국토를 다스리네."라고 하였다.[199]

『금광명경』에서는 "방편을 수행하는 수승한 지혜의 자재함을 증득하기 어렵기 때문에, 견사번뇌見思煩惱[200]를 조복시킬 수 없기 때문에, 난승지라고 한다."[201]라고 하였다.

『십지경』에 따르면, 그 지地의 선근은 방편지方便智의 사량하는 힘으로 인해 더욱 수승해지고 명정해지는데, 하지下地의 선근이나 이승의 선근이나 세간의 선근이 미칠 수 없는 것이므로 난승지라고 한다. 『십주경』과 『화엄경』과 『선계경』의 뜻도 『십지경』과 동일하다. 『십지경론』에서는 "출세간지의 방편선교를 증득하여 제도하기 힘든 것을 능히 제도하기 때문에 난승지라고 이름한다."[202]라고 하였다.

『유가사지론』에서는 "이 지에서는 보살이 모든 성제聖諦에 대한 결정적 묘지妙智로 극히 어려운 것을 이길 수 있음(極難可勝)을 현시하였기 때문에

---

198 『深密解脫經』 권4(T16, 680c12).
199 원측의 해석에 따르면, 제5지의 보살은 진제眞諦·속제俗諦를 요달하고 다시 제일의第一義를 요달함으로써 삼제三諦에 통달한다. 이는 스스로 통달하여 밝아진 것이지 남의 힘에 의지한 것은 아니다. 따라서 이 '지'를 '승혜지勝慧地'라고 한 것이다. 『仁王經疏』 권2(T33, 395c29) 참조.
200 견사번뇌見思煩惱 : 견혹見惑과 사혹思惑(修惑), 즉 견도에서 끊어지는 번뇌(見道所斷)와 수도에서 끊어지는 번뇌(修道所斷)를 말한다.
201 『合部金光明經』 권3(T16, 374b23).
202 『十地經論』 권1(T26, 127a22).

(제5지를) 난승지라고 이름한다."²⁰³라고 하였다.

『대승장엄경론』에서는 말한다. "(보살은) 제5지에서 두 종류 어려움(難)이 있다. 첫째는 부지런히 중생을 교화하면서 마음에 괴로움(惱)이 없어야 하는 어려움이고, 둘째로 중생들이 교화에 따라 주지 않아도 마음에 괴로움이 없어야 하는 어려움이다. 이 지地의 보살은 이 두 가지 어려움을 물리치고 '어려움'을 이겨낼 수 있으므로 '난승難勝'이라 이름한다."²⁰⁴

『섭대승론』에서는 "진제지眞諦智와 세간지世間智는 서로 위배되니, 이러한 화합하기 어려운 것을 화합시켜 상응하도록 하였기 때문에 난승지라고 이름한다."²⁰⁵라고 하였다. 무성과 세친의 뜻은『섭대승론』과 동일하다.

『현양성교론』에서는 말한다. "지극히 청정한, '제諦의 알아야 할 제법을 반연하는 미묘한 혜온慧蘊'을 증득하여, 지극히 성취하기 어려운 것을 성취한다. (이는) 유전流轉과 적정寂靜에 머물지 않는 성도聖道이기 (때문에 이 지를) '극난승極難勝'이라 이름한다."²⁰⁶

『십주론』에서는 "제5지에서는 공덕의 힘이 왕성하여 모든 마魔들이 무너뜨릴 수 없기 때문에 '난승지'라고 이름한다."²⁰⁷라고 하였다.

『성유식론』의 뜻은『섭대승론』과 동일하다.²⁰⁸

釋曰。第五明難勝地。謂難修中。得自在故。名爲難勝。相續同此。深密經云。菩提分法方便修行。難勝得勝。名難勝地。仁王經。名勝慧地。故彼偈

---

203 『瑜伽師地論』권48(T30, 559a17).
204 『大乘莊嚴經論』권13(T31, 659a29).
205 『攝大乘論本』권3(T31, 145c19).
206 『顯揚聖教論』권3(T31, 491c7).
207 『十住毘婆沙論』권1(T26, 23a13).
208 『成唯識論』권9(T31, 51a27)에서는 "진지眞智·속지俗智라는 두 가지 지의 행상行相은 서로 위배되는 것인데 화합시켜 상응하도록 하기 때문에 난승지라고 한다."라고 하였다.

云。勝慧三諦自遠[1]明。化樂天王百億國。金光明云。是修行方便勝智自在難得故。見思煩惱不能伏故。名難勝地。十地經。彼地善根。以方便智思量力故。轉勝明淨。下地善根二乘善根世間善根所不能及。名難勝地。十住華嚴及善戒經意同十地。論云。得[2]世間智方便善巧。能度難度故。名難勝地。瑜伽論云。今此地中。顯示菩薩於諸聖諦決定妙智。極難可勝。名難勝地。莊嚴論云。於五地中。有二種難。一勤化衆生[3]無惱難。二[4]生不從化心無惱難。此地菩薩。能退二難。於難得勝。名難勝地。攝大乘云。由眞諦智。與世間智。更互相違。合此難合。令相應故。名難勝地。無性世親。意同攝論。顯揚論云。證得極淨緣諦所知諸法微妙慧薀。成極難[5]不住流轉寂靜聖道。名極難勝。十住論云。第五地中功德力盛。一切諸魔不能壞故。名難勝地。成唯識論。意同攝論。

---

1) ㉠『仁王般若波羅蜜經』권1(T8, 827c6)에 따르면 '遠'은 '達'의 오기다. 2) ㉠『十地經論』권1(T26, 127a22)에 '得' 뒤에 '出'이 있다. 3) ㉠『大乘莊嚴經論』권14(T31, 659b1)에 '生' 뒤에 '心'이 있다. 4) ㉠『大乘莊嚴經論』권14(T31, 659b1)에 '二' 뒤에 '衆'이 있다. 5) ㉠『顯揚聖敎論』권3(T31, 491c8)에 '難' 뒤에 '成'이 있다.

바) 현전지現前地

경 현전에서 제행의 유전을 관찰하고, 또 무상을 많이 수습하고 작의하여 (무상관이) 바야흐로 현전해 있기 때문에 여섯 번째를 '현전지'라고 이름한다.

現前觀察諸行流轉。又於無相多修作意。方現在前。是故第六名現前地。

석 여섯 번째는 현전지를 설명한 것이다. 말하자면 이 지에서는 현전에서 제행의 유전을 관찰하고, 또 무상無相을 많이 수습하고 작의하여 무상관無相觀을 바야흐로 현전하게끔 하니, 이 두 가지 의미를 갖추고 있으므로 '현전지'라고 이름한다.

『상속해탈경』과 『심밀해탈경』의 뜻도 이 경과 동일하다.

『인왕경』에 의하면 '법현지法現地'라고 이름한다. 따라서 그 경의 게송에서 "법현의 보살(法現開士)은 자재천의 왕이니 천억 국토를 비추며 일체를 교화하네."라고 하였다. 『금광명경』의 뜻도 이 경과 동일하다.[209]

『십지경』에서는 '장애 없는 지혜의 문을 증득하여 현전하는 것을 일컬어 반야광명의 현전(般若光明現前)이라 한다'라고 하였고,[210] 『화엄경』과 『십주경』과 『선계경』의 뜻도 『십지경』과 동일하다. 『대승장엄경론』에서는 '생사와 열반에 머물지 않는 관혜觀慧가 현전해 있으므로 현전지라고 한다'라고 하였다.[211]

『섭대승론』에서는 "'연기를 아는 지(緣起智)'를 의지처로 삼아 반야바라밀다를 항상 현전해 있도록 할 수 있다."[212]라고 하였다. 세친의 해석은 다음과 같다. "이 지에서는 '연기를 아는 지혜'에 머물면서, 이 지혜의 힘으로 무분별에 머물면서 가장 수승한 반야바라밀다를 현전해 낼 수 있고, 일체법이 오염됨도 없고 청정함도 없음을 깨닫는다. 제7지에서는 유행有行을 성취할 것이고 제8지에서는 무행無行을 성취할 것이다.[213~214] 무성의 『섭대승론석』의 뜻도 세친의 것과 동일하다.

『십주론十住論』에서는 "마의 일(魔事)을 막아 내고 나면 모든 보살의 도법道法들이 다 현전한다.[215~216]라고 하였다.

---

209 원측의 해석에 따르면, "법현의 보살(法現開士)"이란 제6지의 보살을 가리킨다. 제6지에는 '연생공관법緣生空觀法(연생의 공함을 관하는 행법)'이 현전해 있기 때문에 '법현法現'이라 이름한다. 『仁王經疏』 권2(T33, 396a10) 참조.
210 『十地經論』 권8(T26, 172a4)의 경문에서 "即時得無障礙智門現前。名般若波羅蜜行光明現前。"이라고 한 것을 말한다.
211 『大乘莊嚴經論』 권13(T31, 659b4) 참조.
212 『攝大乘論本』 권3(T31, 145c21).
213 제7지에서는 공용功用의 행이 궁극에 이르는데 여전히 공용이 있기 때문에 제7지의 행을 '유행有行'이라 하였다. 제8지에서는 공용이 없이 무분별지無分別智가 자유자재로 일어나기 때문에 제8지의 행을 '무행無行'이라 하였다.
214 세친의 『攝大乘論釋』 권7(T31, 359a3).

『성유식론』은『섭대승론』과 동일하게 설한다.[217]

『대지도론』도 또한 '현전지'라고 하였다.[218]

釋曰。第六辨現前地。謂此地中。現前觀察諸行流轉。又相[1]無相多修作意。令無相觀方得現前。具此二義。名現前地。相續深密意同此經。依仁王經。名爲法現。故彼偈云。法現開士自在王。照千億土敎一切。金光明經。意同此經。十地經云。得無障礙智門現前。名般若光明現前。華嚴十住善戒經。意同十地經。莊嚴論云。不住生死涅槃。觀慧現前。名現前地。攝大乘云。由緣起智爲所依止。能令般若波羅蜜多。恒現在前。世親釋云。謂此地中。住緣起智。由此智力。無分別住。最緣[2]般若波羅蜜多。而得現在[3]悟一切法無染無淨。於第七地。當成有行。於第八地中。當成無行。無性釋論。意同世親。十住論云。障魔事已。諸菩薩道法。皆現在前。成唯識論。同攝大乘。智度論亦名現前地。

1) ㉠ 경문에 의하면 '相'은 '於'의 오기인 듯하다. 2) ㉠『攝大乘論釋』권7(T31, 359a4)에 따르면 '緣'은 '勝'의 오기이다. 3) ㉠『攝大乘論釋』권7(T31, 359a4)에 따르면 '在'는 '前'의 오기이다.

사) 원행지遠行地

경 멀리 나아가(遠) 빠짐없고 간격 없는 무상작의를 깨달아 들어, 청정지

---

215 이 논에 따르면, 제5지는 그 공덕의 힘이 강력하여 모든 마군들이 절대로 무너뜨릴 수 없기 때문에 '난승지'라고 한다. 이처럼 마의 일들을 막아 내고 나면, 제6지에서는 보살도법菩薩道法들이 다 현전하기 때문에 '현전지'라고 한다는 것이다.
216 『十住毘婆沙論』권1(T26, 23a14).
217 『成唯識論』권9(T31, 51a28)에서는 "여섯 번째 현전지에서는 연기를 아는 지(緣起智)에 머물면서 무분별無分別의 가장 수승한 반야를 이끌어 내어 현전시킬 수 있기 때문이다."라고 하였다.
218 현존하는『大智度論』권49(T25, 411a28)에는 '現在地'라고 되어 있다. 그런데 원측이 "……또한 현전지라고 하였다."라고 한 것에 따르면, '現前地'로 된 판본도 있는 듯하다.

와 함께 서로 인접하기 때문에, 일곱 번째를 원행지라고 이름한다.

能遠證入無缺無間無相作意。與淸淨地。共相隣接。是故第七名遠行地。

석 일곱 번째는 원행지를 해석한 것이다. 말하자면 이 지에서는 빠짐없고 간격 없이 무상無相을 깨달아 들어가니, 이는 제6지에서 (무상관이) 잠시 현전하는 것과는 같지 않다. 또 다시 여덟 번째 정지淨地에 근접해 있다. 이 두 가지 의미를 갖추기 때문에 '원행지'라고 한다.

『상속해탈경』과 『심밀해탈경』의 뜻도 이 경과 동일하다.

『인왕경』에 의하면 '원달지遠達地'라고 이름한다. 따라서 그 경의 게송에서는 "원달의 무생(遠達無生)은 초선의 왕이니 항상 만억 국토에서 중생을 교화하네."라고 하였다.[219]

『금광명경』에서는 말하길, "샘이 없고 간격 없는 무상사유無相思惟의 해탈삼매를 멀리 나아가(遠) 수행하기 때문에, 이 지地는 청정하여 막힘도 없고 걸림도 없기 때문에, 원행지라고 이름한다."[220]라고 하였다.

『십지경』에서는 말한다. 〈심오한 원리遠離와 무행無行을 증득하여[221] 신업·구업·의업으로 수승한 행을 더욱 추구하게 되고, 다시 중생들에게 이익을 줄 수 있기 때문에 법인法忍이 더욱 청정해진다. (따라서 이 지를) 원행지라고 이름한다.〉 『화엄경』과 『십주경』과 『선계경』의 뜻도 『십지경』과 동일하다. 『십지론』에서는 "무상행을 잘 닦는 공용功用(인위적 노력)이 궁극

---

219 원측의 해석에 따르면, 제7의 보살은 아주 멀리 나아가(遠) 인위적으로 노력하는 지위(功用位) 중에서는 가장 궁극적 단계에 도달하였고, 오직 '진여무생관眞如無生觀' 만을 짓기 때문에, '원달의 무생(遠達無生)'이라 하였다. 『仁王般若波羅蜜經』 권1(T8, 827c12), 『仁王經疏』 권2(T33, 396b8) 참조.
220 『合部金光明經』 권3(T16, 374b27).
221 '원리遠離'란 그 장애가 소멸한 것을 말하고, '무행無行'이란 그 밖의 다른 출세간·세간의 지지에서는 행할 수 없는 것을 가리킨다. 『十地經論』 권9(T26, 177c1) 참조.

에 이르러 능히 세간과 이승의 출세간도를 넘어섰기 때문에 원행지라고 이름한다."²²²라고 하였다.

『장엄경론』에서는 말한다. "보살은 제7지에서는 일승도一乘道에 가까워졌으므로 '원거遠去'라고 이름한다. 문 누가 원거인가? 답 공용방편功用方便의 궁극, 이러한 먼 곳을 능히 가는 자이다. 이 원거로 말미암아서 '원행지'라고 이름한 것이다."²²³

『섭대승론』에서는 "공용행의 최후의 궁극에 이르렀기 때문이다."²²⁴라고 하였다. 세친은 해석하길, "이 지에서는 공용행이 구경에 이를 수 있으니, 비록 모든 상相이 동요시킬 수 없어도 무상無相에 있어서는 여전히 '유행有行(공용행이 있음)'이라 이름한다."²²⁵라고 하였다. 무성의 뜻도 동일하다.

『십주론』에서는 "삼계三界와의 거리는 멀어지고 법왕의 지위에 가까워지기 때문에 '심원지深遠地'라고 이름한다."²²⁶라고 하였다.

『성유식론』에서는 "무상주無相住의 공용의 마지막 끝에 이르러 세간·이승의 도를 넘어섰기 때문에 원행지라고 이름한다."²²⁷라고 하였다.

釋曰。第七解遠行地。謂此地中。無缺無間證入無相。不同六地蹔時現前。又復隣近第八淨地。具斯二義。名遠行地。相續深密。意同此經。依仁王經。名遠達地。故彼偈云。遠達無生初禪王。常萬億土教衆生。金光明云。無漏無間無相思惟解脫三昧。遠修行故。是地淸淨無障無礙。名遠行地。十地經云。得甚深遠離無¹⁾身口意業轉求勝行。復能利益衆生故。法忍轉淨。名遠行地。華嚴十住及善戒經。意同十地。十地論云。善修無相行功用究

---

222 『十地經論』권1(T26, 127a24).
223 『大乘莊嚴經論』권13(T31, 659b6).
224 『攝大乘論本』권3(T31, 145c23).
225 세친의 『攝大乘論釋』권7(T31, 359a7).
226 『十住毘婆沙論』권1(T26, 23a16).
227 『成唯識論』권9(T31, 51a29).

竟。能過世間二乘出世間道故。名遠行地。莊嚴論云。菩薩於七地中。近一乘道。名爲[2]遠行。[3] 問。誰是遠去。答。功用方便究竟。此遠能去。由此遠去故。名遠行地。攝大乘云。至功用行。最後邊故。世親釋云。謂此地中。於功用行。得至究竟。雖一切相。不能動漂。而於無相。猶名有行。無性意同。十住論云。去三界遠。近法王位。故名深遠地。成唯識云。至無相住功用後邊。出過世間二乘道去。[4] 名遠行地。

1) 옘『十地經論』권9(T26, 177b28)에 '無' 뒤에 '行'이 있다. 2) 옘『大乘莊嚴經論』권13(T31, 659b7)에 '名爲'가 '故名'으로 되어 있다. 3) 옘『大乘莊嚴經論』권13(T31, 659b7)에 '行'이 '去'로 되어 있다. 4) 옘『成唯識論』권9(T31, 51b1)에 '去'가 '故'로 되어 있다.

아) 부동지不動地

경 무상에서 공용 없음을 획득함으로 말미암아, 모든 상相 안에서 현행한 번뇌에 의해 동요되지 않으니, 따라서 여덟 번째를 '부동지'라고 이름한다.

由於無相。得無功用。於諸相中。不爲現行煩惱所動。是故第八名不動地。

석 여덟 번째는 부동지를 설명한 것이다. 말하자면 이 지에서는 공용과 번뇌가 동요시킬 수 없기 때문에 부동지라고 이름한다.

양梁『섭대승론석』에서는 이 경문을 해석하면서 두 가지 의미가 있다고 하였다. 따라서 그 논에서는 말한다.〈상相과 혹惑(번뇌)과 공용功用이 동요시킬 수 없기 때문이다. 말하자면 이 지에는 두 종류 경계가 있다. 첫째는 진경眞境이니, '무상無相'이라 이름한다. 보살이 이 경계에 머물면, 일체의 상 및 공용에 의해 동요될 수가 없다. 둘째는 속경俗境이니, '일체상一切相'이라 이름한다. 보살이 이 경계에 머물면, 일체 번뇌가 동요시킬 수 없

다. 따라서 '부동지'라고 이름한다.〉²²⁸

『상속해탈경』과『심밀해탈경』의 뜻도 이 경과 동일하다.

『인왕경』에서는 '등관지等觀地'라고 하였다. 따라서 그 경의 게송에서는 "등관의 보살은 제2선禪의 왕이니……백 항하사 국토에 들어가 일체를 교화하네."²²⁹라고 하였다.

『금광명경』에서는 "무상의 바른 사유(無相正思惟)로 자재함을 수득修得하여, 모든 번뇌행이 능히 동요시킬 수 없기 때문에 (제8지를) 부동지라고 한다."²³⁰라고 하였다.

자세하게 분별하면, 예를 들어『십지경』과『화엄경』등과 같다.

『십지론』에서는 "보행報行²³¹이 순숙純熟하여 무상無相이 무간無間으로 (이어지므로) '부동'이라 이름한다."²³²라고 하였다.

『대승장엄경론』에서는 말하길, "제8지 중에서는 상이 있는 상념(有相想) 및 상은 없지만 공용이 있는 상념(無相有功用想), 이 두 가지 상념이 모두 동요시킬 수 없으니, 이러한 동요가 없기 때문에 부동지라고 이름한다."²³³라고 하였다.

『섭대승론』에서는 "일체의 상相과 공용이 있는 행行이 동요시킬 수 없기 때문이다."²³⁴라고 하였다. 세친은 해석하길, "이 지에 있는 모든 상 및 모든 행이 모두 능히 동요시킬 수가 없음으로 말미암아 무분별지가 자유

---

228 진제 역, 세친의『攝大乘論釋』권10(T31, 223c22) 참조.
229 이 게송은 등관지等觀地(제8지)의 보살의 왕위와 교화행과 다스리는 국토의 범위를 설한 것이다.『仁王般若波羅蜜經』권1(T8, 827c17),『仁王經疏』권2(T33, 396c21) 참조
230 『合部金光明經』권3(T16, 374b29) 참조.
231 보행報行 : 그대로 따르면서 자유로이 일어나도록 하되 가행加行을 필요로 하지 않는 것을 '보행'이라 이름한다.『成唯識論演祕』권7(T43, 966c18) 참조.
232 『十地經論』권1(T26, 127a26).
233 『大乘莊嚴經論』권13(T31, 659b9).
234 『攝大乘論本』권3(T31, 145c24).

로이(任運) 유행한다."²³⁵라고 하였다. 무성은 해석하길, "모든 상 및 모든 행이 다 그 마음을 동요시킬 수 없기 때문이다. 제7지에서도 비록 모든 상들이 동요시킬 수 없기는 해도 (이는 그 상들이) 현행하지 않기 때문이다. 그런데 (무상관이) 자재하게 자유로이 일어나는 것은 아니니, 가행이 있기 때문이다. 제8지에서는 자유로이 일어나되 가행을 짓지 않으니, 공용이 없기 때문이다. 이것을 제7지와 제8지의 차별이라 한다.【양梁『섭대승론석』에서 두 번의 '부차復次'로써 (거듭) 해석했는데, 처음은 이 경과 동일하고, 나중은 신역 경전(新經)과 동일하다.²³⁶】

『십주론』에서는 "천・마・범・사문・바라문이라도 능히 그의 원願을 움직이게 할 수 없기 때문에 부동지라고 이름한다."²³⁷라고 하였다.

『성유식론』에서는 "무분별지가 자유로이 상속하니, 상相과 용用(공용)과 번뇌에 의해 움직여질 수 없기 때문이다."²³⁸라고 하였다.

釋曰。第八明不動地。謂此地中。功用煩惱。皆不能動。名不動地。梁攝大乘。釋此經文。有其三¹⁾義。故彼論云。相惑功能。²⁾不能動故。謂此地中。有二種境。一眞境名無相。菩薩住此境。一切相及功用所不能動。二俗境名一切相。菩薩住此境。一切煩惱不能動故。名不動地。相續深密。意同此經。依仁王經。名爲等觀。故彼偈云。等觀菩薩二禪王。入百億³⁾土化一切。金光明云。無相正思惟。修得自在。諸煩惱行。不能令動。名不動地。若廣分

---

235 세친의 『攝大乘論釋』 권7(T31, 359a9).
236 양梁『攝大乘論釋』에서는 부동지에 대한 두 가지 해석을 소개하였다. 그중 앞의 해석이란, 앞서 인용했던 것처럼, 보살의 마음이 진경眞境과 속경俗境에서 동요되지 않는 것을 말한다. 뒤의 해석은 다음과 같다. "다시 다음에, 모든 상相과 모든 법法과 모든 공용功用이 보살의 무분별심無分別心을 능히 바뀌게 할 수 없다. 어째서인가? 이 무분별심이 자연스레 상속하면서 항상 흐르기 때문이니, (그래서 이 지를) '부동'이라 칭한다." 진제 역, 세친의 『攝大乘論釋』 권10(T31, 223c28) 참조.
237 『十住毘婆沙論』 권1(T26, 23a17).
238 『成唯識論』 권9(T31, 51b2).

別。如十地經及華嚴等。十地論云。報行純熟。無相無間。名爲不勤。莊嚴論云。於八地中。有相想及無相有功用想。二想俱不能動。由無此動故。名不動地。攝大乘云。由一切相有功用行。不能動地。[4] 世親釋云。由此地中。所有諸相及一切行相。[5] 皆不能動。無分別智。任運流行。無性釋云。謂一切相及一切行。皆悉不能動彼心故。第七地中。雖一切相所不能動。不現行故。然不自在。任運而轉。有加行故。第八地中。任運而轉。不作加行。無功用故。是名七八二地差別。【梁攝論大乘。[6] 二復次釋。初同此經。後同新經】十住論云。若天魔梵沙門婆羅門。無能動其願故。名不動地。成唯識云。無分別智任運相續。相用煩惱不能動故。

1) ㉯ '三'은 '二'인 듯하다. 2) ㉯ '能'은 다른 곳에 '用'으로 되어 있다. ㉰『攝大乘論釋』권10(T31, 223c236)에 따르면 '用'이 바른 듯하다. 3) ㉰『仁王般若波羅蜜經』권1(T8, 827c18)에 '億'은 '恒'으로 되어 있다. 4) ㉰『攝大乘論本』권3(T31, 145c24)에 '地'가 '故'로 되어 있다. 5) ㉰ 세친의『攝大乘論釋』권7(T31, 359a9)에 '相'이 없다. 6) ㉰ '攝論大乘'은 '攝大乘論'인 듯하다.

자) 선혜지善慧地

경 모든 종류의 설법에서 자재하고 죄 없는 광대한 지혜를 획득하니, 따라서 아홉 번째를 '선혜지'라고 이름한다.

於一切種說法自在。獲得無罪廣大智慧。是故第九名善慧地。

석 아홉 번째는 선혜지를 설명한 것이다.
'죄罪'란 과오(過)이고, 장애(礙)이며, 우환(患)이다. 말하자면 이 지에서는 모든 곳의 갖가지 설법에 있어서 자재를 획득하고 장애 없는 광대한 지혜를 획득하니, 이 지혜가 묘하고 훌륭하기(善) 때문에 '선혜'라고 이름한다.
『상속해탈경』과『심밀해탈경』의 뜻도 이 경과 동일하다.

『인왕경』에서는 '혜광지慧光地'라고 하였다. 따라서 그 경의 게송에서는 "혜광의 보살(慧光開士)은 제3선禪의 왕이니 천 항하사 국토에 일시에 나타나네."라고 하였다.[239]

『금광명경』에서는 말하길, "설법이 자재하여 우환의 누累가 없기 때문에, 증장된 지혜가 자재하여 장애가 없기 때문에, (선혜지라고 이름한다.)"[240]라고 하였다.

『십지경』에서는 말하길, '여실하게 중생의 삼취三聚[241]의 모습을 알고, 이와 같은 지智에 수순하기 때문에 선혜지라고 한다'라고 하였다. 『화엄경』 등의 뜻도 『십지경』과 동일하다.

『십지론』에서는 "무애無礙[242]의 힘으로 법을 설하여 이타행을 성취하기 때문이다."[243]라고 하였다.

『장엄경론』에서는 말한다. "제9지에서는 사무애혜四無礙慧가 가장 수승하니, 한 찰나에 삼천세계에 있는 모든 인人·천天의 상이한 부류, 상이한 언음, 상이한 의미, 상이한 물음에 대해, 이 보살은 일음으로 널리 온갖 질문에 답하여 두루 온갖 의심을 끊을 수 있다. 이런 설법이 훌륭하기(善) 때문에 '선혜지善慧地'라고 이름한다."[244]

『섭대승론』에서는 말하길, "가장 수승한 무애지無礙智를 획득하기 때문

---

[239] 이 게송은 혜광지慧光地의 보살의 왕위와 교화행과 다스리는 국토의 범위를 설한 것이다. 『仁王般若波羅蜜經』 권1(T8, 827c20), 『仁王經疏』 권2(T33, 397a14) 참조.
[240] 『合部金光明經』 권3(T16, 374c2).
[241] 삼취三聚 : 중생의 종류를 정정正定과 사정邪定과 부정不定 등 세 무리로 나눈 것이다. 이 중에서 '정정'이란 모든 번뇌를 다 끊고 반드시 열반에 들어갈 수 있는 자이고, '사정'이란 무간 지옥에 떨어질 큰 죄를 지어 반드시 지옥에 떨어질 자이며, '부정'이란 인연에 따라 깨치거나 깨치지 못하는 자를 말한다.
[242] 무애無礙 : 뒤의 경론에서 언급되는 법法·의義·사辭·변설辨說 등의 사무애지四無礙智를 말한다.
[243] 『十地經論』 권1(T26, 127a26).
[244] 『大乘莊嚴經論』 권13(T31, 659b12).

이다."²⁴⁵라고 하였다. 세친이 해석하였다. "이 지에서의 무애해지無礙解
智를 '혜'라고 이름하고, 이 혜가 묘하고 훌륭하므로 '선혜善慧'라고 이름한
다."²⁴⁶ 무성이 해석하였다. "(이 지에서는) 가장 수승한 사무애해를 증득
하니, 무애해의 지智는 모든 지들 중에서 가장 수승하고, 지가 곧 혜慧이
기 때문에 '선혜'라고 이름하였다. '사무애'란 법法과 의義와 사詞와 변辯의
무애를 말한다. 법무애로 인해 일체의 법구法句를 자재하게 안다. 의무애
로 인해 일체의 의리義理를 자재하게 통달한다. 사무애로 인해 일체의 언
사言詞를 자재하게 분별한다. 변무애로 인해 두루 시방에서 그 경우에 맞
게 자재하게 변설해 준다. 이 지地에서는 최초로 예전에 증득하지 못했던
무애해지를 증득하기 때문에 선혜지라고 이름하였다."²⁴⁷

『십주론』에서는 "그 지혜가 더욱 밝아지고 유연함(調柔)이 증상되므로
선혜지라고 이름한다."²⁴⁸라고 하였다.

『성유식론』에서는 "미묘한 사무애해를 성취하고 능히 두루 시방에서
법을 잘 설하기 때문이다."²⁴⁹라고 하였다.

『대지도론』에서는 '선상지善相地'라고 하였다.

釋曰。第九明善慧地。罪者。過也。礙也。患也。謂此地中。於一切處。種種
說法。而得自在。獲得無礙廣大智慧。此慧妙善。故名善慧。相續深密。意
同此經。依仁王經。名爲慧光。故彼偈云。慧光開士三禪王。能於千億¹⁾一
時現。金光明云。說法自在。無患累故。增長智慧。自在無礙。十地經云。如
實知衆生三聚相。隨順如是智。名善慧地。華嚴等經。意同十地。十地論云。

---

245 『攝大乘論本』권3(T31, 145c25).
246 세친의 『攝大乘論釋』권7(T31, 359a11).
247 무성의 『攝大乘論釋』권7(T31, 424b18).
248 『十住毘婆沙論』권1(T26, 23a18).
249 『成唯識論』권9(T31, 51b3).

無礙力說法。成就利他行故。莊嚴論云。於九地中。四無礙慧。最爲殊勝。於一刹那。三千世界所有人天異類異音異義[2]問。此菩薩能以一音。普答衆問。遍斷衆疑。由此說言。[3] 名善慧地。攝大乘云。由得最勝無礙智故。世親釋云。由此地中。無礙解智。說名爲慧。此慧妙善。故名善慧。無性釋云。謂得最勝四無礙解 無礙[4]智。於諸智中。最爲殊勝。智卽是慧。故名善慧。四無礙者。法義詞辨。由法無礙。自在了知一切[5]句。由義無礙。自在通達一切義理。由辭無礙。自在分別一切言詞。由辨無礙。遍於十方。隨其所宜。自在辨說。於此地中。最初證得先未曾得無礙解智。故名善慧。十住論云。其慧轉明。調柔增上。名善慧地。成唯識云。成就微妙四無礙解。能遍十方。善說法故。智度論云。善相地智。[6]

---

1) ⓘ『仁王般若波羅蜜經』권1(T8, 827c20)에 '億'이 '恒'으로 되어 있다. 2) ⓘ『大乘莊嚴經論』권13(T31, 659b13)에 '義' 뒤에 '異'가 있다. 3) ⓘ『大乘莊嚴經論』권13(T31, 659b15)에 따르면 '言'은 '善'의 오기다. 4) ⓘ『攝大乘論釋』권7(T31, 424b19)에 '礙' 뒤에 '解'가 있다. 5) ⓘ『攝大乘論釋』권7(T31, 424b21)에 '切' 뒤에 '法'이 있다. 6) ⓘ『大智度論』권49(T25, 411a29)에 '智'가 없다.

차) 법운지法雲地

경 추중의 몸은 허공처럼 넓고, 법신의 원만함은 비유하면 큰 구름이 다 덮어 주는 것과 같으니, 따라서 열 번째를 '법운지'라고 이름한다.

麤重之身。廣如虛空。法身圓滿。譬如大雲。皆能遍覆。是故第十名法雲地。

석 열 번째는 법운지를 해석한 것이다.
아집·법집에 의해 훈습된 종자는 (성스런 도를) 감당할 수 없기(無堪任) 때문에 '추중'이라고 이름하였다. (그것이) 이공무아二空無我의 도리를 두루 장애하기 때문에 경문에서 '허공처럼 넓다'라고 하였다. 그 제10지에서는 법계에 종자를 심어 법신이 원만해지니, 비유하면 큰 구름과 같다. 법계를 증득할 때 원만법신圓滿法身과 수생법신修生法身이 허공처럼 광대한 추중을 덮어 버리기 때문에 '법운지'라고 이름한다.

『상속해탈경』에서는 "마치 허공 등과 같은 잘못과 악함을 큰 구름 같은 법신이 두루 덮어 버리기 때문이다."[250]라고 하였다. 『심밀해탈경』에서는 "중생의 번뇌·과환의 몸은 마치 허공과 같고 여래의 법신은 마치 큰 구름과 같아서 중생계를 덮어 주면서 설법을 시현한다."[251]라고 하였다.

『인왕경』에서는 '관정지灌頂地'라고 이름하였다. 따라서 그 경의 게송에서 말하길, "관정의 보살은 제4선의 왕이니 억 항하사 국토에서 중생을 교화하네."라고 하였다.[252]

釋曰。第十解法雲地。謂我法執所熏種子無堪任故。名爲麤重。遍障二空無我理故。是故經云。廣如虛空。其第十地下種法界。法身圓滿。喩如大雲。證法界時。由圓滿法身及修生法身覆隱如空廣大麤重故。名法雲地。相續經云。如虛空等過惡。以如大雲法身周遍覆故。深密經云。衆生煩惱過患之身。如虛雲[1)]等。如來成[2)]法身猶如大雲。覆衆生界。說法示現。依仁王經。名爲灌頂。故彼偈云。灌頂菩薩四禪王。於億恒土化群生。

1) ㉥『深密解脫經』권4(T16, 680c19)에 따르면 '雲'은 '空'의 오기다. 2) ㉫ '成'은 다른 곳에는 없다. ㉥『深密解脫經』권4(T16, 680c19)에 '成'이 없다.

『금광명경』에서는 말하길, "법신은 허공과 같고 지혜는 큰 구름과 같아서 능히 일체를 두루 가득 덮기 때문이다."[253]라고 하였다.

---

250 『相續解脫地波羅蜜了義經』권1(T16, 715b5).
251 『深密解脫經』권4(T16, 680c18).
252 이 게송은 관정지灌頂地의 보살의 왕위와 교화행과 다스리는 국토의 범위를 설한 것이다. 『仁王般若波羅蜜經』권1(T8, 827c22), 『仁王經疏』권2(T33, 397a17) 참조.
253 『合部金光明經』권3(T16, 374c4).

【진제는 설명한다. '허공과 같다'는 것은 세 종류 여여如如를 비유한 것이다. 허공에는 세 가지 뜻이 있다. 첫째는 받아들임(容受)이니, 자성법신自性法身이 생사를 장애하지 않음을 비유한 것이다. 둘째는 끝없음(無邊)이니, 현료법신顯了法身이 비록 분명하게 드러나기는 하지만 궁극이 아님을 비유한 것이다. 마치 공중(空)에는 청정한 곳도 있고 먼지 낀 곳도 있는 것과 같고, 도내법신道內法身(성도를 닦는 과정에서 드러난 법신)은 혹혹·해해解 중의 도道에 통하는 것과 같다. 셋째는 청정하여 진무塵霧가 없음이니, 성과법신聖果法身(성도의 과로서 획득된 법신)의 지혜를 비유한다.

(『금광명경』경문에서) '큰 구름과 같다'라고 한 것은 여여한 지혜(如如智)에 세 종류가 있음을 비유한 것이다. 첫째는 도를 닦기 이전의 성득(道前性得)이고, 둘째는 도를 닦는 중의 수득(道內修得)이며, 셋째는 도를 닦은 이후의 지득(道後至得)이다.[254]

또 '두루(遍)'라고 한 것은 성득의 여여한 지혜가 여여한 이치(如如理)에 두루함을 말한다. '가득하다(滿)'라고 한 것은 수득의 여여한 지가 여여한 이치에 가득한 것을 말한다. '덮는다(覆)'라고 한 것은 지득의 여여한 지가 여여한 이치를 덮어 주니, 즉 경境과 지智가 서로 덮어 주는 것이다.

'구름'이 곧 '비(雨)'이니, 비에는 세 가지 뜻이 있다. 첫째는 능히 먼지를 막으니, 도道 이전의 자성지自性智가 청정하고 오염이 없다는 뜻이다. 둘째는 능히 때를 씻어 주니, 도 닦는 과정에서 미혹을 없애고 악을 제거한다는 뜻이다. 셋째는 능히 싹을 트게 하니, 도 닦은 이후에 (지혜를) 능히 내는 것이 마치 싹이 이미 생겨난 것과 같다. 또 '허공'은 법신法身과 같고, '구름'은 응신應身과 같다.】

金光明云。法身如虛空。智慧如大雲。能令遍[1]覆一切故。【眞諦說云。如虛空者。譬三如如也。虛空有三義。一容受。譬自性法身。不礙生死。二無邊。譬顯了法

---

[254] '도를 닦기 이전의 성득(道前性得)'이란 도를 닦기 이전에 본성에 이미 갖추어진 지혜를 말하고, '도를 닦는 중의 수득(道內修得)'이란 도를 닦는 과정에서 획득된 지혜를 말하며, '도를 닦은 이후의 지득(道後至得)'이란 도를 닦은 이후에 지극한 과(至果)로서 증득된 지혜를 말한다.

身。雖復顯了而未究竟。如空有淸淨處。有塵霧處。如道內法身。通惑解中道也。三淸淨無塵霧。譬聖果法身智慧。如大雲者。譬如如智有三。一道前性得。二道內修德。²⁾ 三道後至得。又言遍者。性得如如智。遍如如理。滿者。修得如如智。滿如如理。覆者。至得如如智。覆如如理。境智相覆也。雲卽是雨。雨有三義。一能障塵。道前自性智。淸淨無染義。二能洗垢。道內滅惑除惡義。三能萌牙。道後能出。如牙³⁾已生。又空如法身。雲如應身。】

---

1) ㉰『合部金光明經』권3(T16, 374c4)에 '遍' 뒤에 '滿'이 있다. 2) ㉰ '德'은 '得'의 오기인 듯하다. 3) ㉰ '牙'는 '芽'의 오기인 듯하다.

『십지경』에서는 말한다.

　마치 대용왕大龍王의 지혜의 대법우大法雨가 오직 큰 바다를 제외하고 그 밖의 땅에서는 수용될 수 없는 것처럼, 이와 같이 불자여, 모든 여래의 비밀스런 운우雲雨는 범부와 이승과 9지의 보살도 다 수용하지 못하고 오직 법운지 보살만 수용할 수 있다. 따라서 '법운지法雲地'라고 이름한 것이다.

　다시 또 이 지의 보살은 큰 자비의 구름을 떨쳐 일으키고 대법大法의 천둥을 내리치니, 무외無畏는 번갯불 같고 지혜는 빠른 바람 같으며 선근은 촘촘한 구름 같다. 갖가지 색신을 잡다한 색깔의 구름으로 삼고, 정법의 비를 설하고 모든 마원魔怨을 무너뜨리며, 한 순간에 세계를 두루 뒤덮으면서 대법의 비를 흘려 내려 중생의 번뇌의 불꽃(塵炎)을 소멸시키고, 팔상八相으로 도를 이룸으로써 모든 중생을 제도한다. 따라서 '법운지'라고 이름한 것이다.²⁵⁵

---

255 이상은 『十地經』 권8(T10, 569b9~570c6)의 내용을 요약한 것이다.

구체적으로 설하면 그 경과 같다.

『대승장엄경론』에서는 말한다. "제10지에서는 삼매의 문門 및 다라니의 문으로 말미암아 모든 문훈습聞熏習의 인因을 거두어 아리야식 안에 가득 채우니,²⁵⁶ 비유하면 마치 떠다니는 구름이 허공에 가득 차는 것과 같다. 능히 이 문훈습의 구름으로 하나하나의 찰나에 하나하나의 상相(부처님의 삼십이상)에서 하나하나의 호好(부처님의 팔십종호)에서 하나하나의 모공에서 무량무변한 법의 비를 내려서 일체의 교화 가능한 중생들을 충족시켜 준다. 능히 구름처럼 법의 비를 내려 주기 때문에 '법운지'라고 이름한 것이다."²⁵⁷

十地經云。如大龍王智大法雨。餘地處所不能容受。唯除大海。如是佛子。一切如來秘密雲雨。凡夫二乘九地菩薩皆不能受。唯法雲地菩薩能受。故名法雲地。復次此地菩薩起大慈雲。震大法雷。無畏電光。智慧疾風。善根密雲。種種色身。爲雜色雲。說正法雨。破諸魔怨。於一念間。遍覆世界。澍大法雨。滅除衆生煩惱塵炎。八相成道。度諸衆生。故名法雲地。具說如彼。莊嚴論云。於第十地中。由三昧門及陀羅尼門。攝一切聞熏習因。遍滿阿梨耶識中。譬如浮雲遍滿虛空。能以此聞熏習雲。於一一刹那。於一一相。於一一好。一¹⁾一毛孔。雨無量無邊法雨。充足一切可化衆生。由能如雲雨法故。名法雲地。

---
1) ⓔ『大乘莊嚴經論』 권13(T31, 659b19)에 '一' 앞에 '於'가 있다.

---

256 '문훈습聞熏習'이란 경전 등의 언음을 자주 들음으로써 이러한 바른 청문(正聞)이 아뢰야식에 훈습되어 상속하는 것을 말한다. 이러한 문훈습이 인因이 되어 출세간의 마음을 일으키게 된다. 이 법운지의 보살이 법우法雨를 내려 줄 수 있는 것도 이와 같은 문훈습의 인을 아뢰야식에 저장하고 있기 때문이다.
257 『大乘莊嚴經論』 권13(T31, 659b16).

『섭대승론』에서는 말한다. "('법운'이라 한 것은,) '일체법을 총괄해서 반연하는 지혜(總緣一切法智)'를 획득함으로 말미암아 일체의 다라니문과 삼마지문을 함장하니, 비유하면 마치 큰 구름이 능히 허공처럼 광대한 장애를 뒤덮는 것과 같기 때문이다. 또 법신을 원만하게 할 수 있기 때문이다."[258]

세친이 해석하였다.

(법운이라 한 것은) 이 지(地) 중에 있는 모든 '일체법을 총괄해서 반연하는 지혜'는 비유하면 큰 구름과 같고, 다라니문과 삼마지문은 마치 깨끗한 물과 같으며, 이 지혜에 함장되어 있는 것이 마치 구름이 물을 머금고 있는 것과 같음에 따른 것이다.

또 마치 큰 구름이 허공을 능히 뒤덮는 것처럼, 이와 같이 일체법을 총괄해서 반연하는 지혜도 널리 모든 광대한 장애를 능히 뒤덮어 소멸시킨다.

또 '법신을 원만하게 할 수 있다'는 것은 마치 큰 구름이 일어나서 허공에 두루 가득한 것처럼, 이와 같이 이 지혜는 모든 보살의 소의(所依)인 법신에 모두 능히 두루 미친다(周遍). 여기서 '원만(圓滿)'이라 했는데, 뜻은 '두루 미침(周遍)'을 말한 것이다.[259]

무성이 해석하였다.

'일체법을 총괄해서 반연하는 지혜'를 획득함으로 말미암아 '모든 계경 등의 법들이 진여와 분리되지 않음'을 총괄해서 반연한다. 이러한 일

---

[258] 『攝大乘論本』 권3(T31, 145c26).
[259] 세친의 『攝大乘論釋』 권7(T31, 359a12).

체법의 공상共相의 경계를 (반연하는) 지혜는 비유하면 마치 큰 구름과 같고, 다라니문과 삼마지문은 마치 깨끗한 물과 같다. 지혜가 그것(다라니·삼마지)을 능히 함장하는 것이 마치 구름이 물을 머금은 것과 같으니, 능히 그것을 생하는 수승한 공능이 있기 때문이다.

또 마치 큰 구름이 허공을 덮어서 가리는 것처럼, 이와 같이 '일체법을 총괄해서 반연하는 지혜'는 허공처럼 광대하고 끝없는 혹장惑障(번뇌장)·지장智障(소지장) 두 가지 장애를 뒤덮어 가린다(覆隱). '뒤덮어 가린다'는 것은 '격리한다(隔)'는 뜻이자 '끊는다(斷)'는 뜻이다.

또 큰 구름이 맑고 시원한 물을 흘려보내 허공을 가득 채우는 것처럼, 이와 같이 '일체법을 총괄해서 반연하는 지혜'는 한량없는 수승한 공능을 내면서, (지혜로) 증득해야 할 바(所證)이자 의지하는 바(所依)인 법신을 가득 채운다.[260]

【양梁『섭대승론석』은 문장은 다름이 있어도 의취는 다름이 없다.】

攝大乘云。由得總緣一切法智。含藏一切陀羅尼門三摩地門。譬如大雲。能覆如空廣大障故。又於法身。能圓滿故。世親釋云。由此地中。所有總緣一切法智。譬如大雲。陀羅尼門三摩地門。猶如淨水。此智所藏。如雲含水。又如大雲。能覆虛空。如是總緣一切法智。普能覆滅諸廣大障。又於法身能圓滿者。如大雲起周遍虛空。如是此智。於諸菩薩所依法身。悉能周遍。此中圓滿。意說周遍。無性釋云。由得總緣一切法智。總緣一切契經等法不離眞如。此一切法共相境智。譬如大雲。陀羅尼門三摩地門。猶如淨水。智能藏彼。如雲含水。有能生彼勝功能故。又如大雲覆隱虛空。如是總緣一切法智。覆隱如空廣大無邊惑智二障。言覆隱者。攝[1]義斷義。又如大雲澍淸冷水。充滿虛空。如是總緣一切法智。出生無量殊勝功能。充滿所證所依法

---

260 무성의『攝大乘論釋』권7(T31, 424b25).

身。【梁攝大乘。文雖有異。意無異也。】

1) ㉣ 무성의 『攝大乘論釋』 권7(T31, 424c1)에 따르면 '攝'은 '隔'의 오기다.

『성유식론』에서는 말하길, "대법지大法智의 구름이 온갖 공덕의 물을 머금고 있고, 허공 같은 추중을 덮어 버리며, 법신을 가득 채우기 때문에, '법운지'라고 이름한다."²⁶¹라고 하였다.

해 이에 세 가지 의미가 있다.

첫째, 대법지의 구름이 온갖 공덕의 물을 머금고 있으니, 비유하면 큰 구름과 같다는 것이다. '일체법을 총괄해서 반연하는 지혜'를 획득한 것은 마치 큰 구름과 같은 것이고, 다라니문과 삼마지문은 마치 깨끗한 물과 같으며, 지혜가 그것을 함장하는 것은 마치 구름이 물을 머금고 있는 것과 같다.

둘째, 허공 같은 추중을 덮어 버리니, 비유하면 큰 구름과 같다는 것이다. 마치 큰 구름이 허공을 덮어 가리는 것처럼, 이와 같이 '일체법을 총괄해서 반연하는 지혜'는 허공처럼 광대무변한 혹장惑障·지장智障 두 가지 장애를 덮어서 가린다. '덮어서 가린다(覆隱)'는 것은 '격리(隔)'의 뜻이고 '단절(斷)'의 뜻이다.

셋째, 법신을 가득 채우기 때문에 비유하면 큰 구름과 같다는 것이다. 마치 큰 구름이 깨끗하고 시원한 물을 흘려보내 허공을 가득 채우는 것처럼, 이와 같이 '일체법을 총괄해서 반연하는 지혜'는 한량없는 수승한 공덕을 내고, (지혜에 의해) 증득되는 바(所證)이자 의지하는 바(所依)인 법신을 가득 채운다는 것이다.

成唯識云。大法智雲。含衆德水。蔽如空麤重。充滿法身故。名法雲地。解

---

261 『成唯識論』 권9(T31, 51b4).

云。此有三義。一大法智雲含衆德水譬如大雲。由得總緣一切法智。猶如大雲。陀羅尼門。三摩地門。猶如淨水。智能藏彼。如雲含水。二蔽如雲[1]麤重。譬如大雲。由如大雲。覆隱虛空。如是總緣一切法智。覆隱如虛空廣大無邊戒[2]智二障。言覆隱者。隔義斷義。三充滿法身故。譬如大雲。由如大雲。澍清冷水。充滿虛空。如是總緣一切法智。出生無量殊勝功德。充滿所證所依法身。

---
1) ㉥ 앞의 『成唯識論』의 문장과 대조할 때 '雲'은 '空'의 오기인 듯하다. 2) ㉥ '戒'는 '惑'인 듯하다.

카) 불지佛地

경 가장 극히 미세한 번뇌장 및 소지장을 영원히 끊어 버리고, 차별 없고 걸림 없이 모든 종류의 알아야 할 경계에 대해 등정각을 실현하니, 따라서 열한 번째를 '불지'라고 이름한다."

永斷最極微細煩惱及所知障。無差無礙。於一切種所知境界。現等正覺。故第十一。說名佛地。

석 열한 번째는 불지를 따로 해석한 것이다. 말하자면 한 찰나의 금강삼마지를 무간도로 삼아서 미세한 두 가지 장애의 종자를 짝지어 끊어 버리니, 번뇌장을 끊었기 때문에 '차별 없다(無差)'라고 하였고 소지장을 끊었기 때문에 '걸림 없다(無礙)'라고 하였다. 두 번째 찰나를 해탈도로 삼아서 모든 종류의 알아야 할 경계에 대해 등정각을 실현하니, 곧 이 '사지四智와 상응하는 심품'을 '등각等覺'이라 이름한다.[262]

---
262 '사지와 상응하는 심품(四智相應心品)'이란 사지심품四智心品 또는 간략히 사지四智라고도 한다. 이 사지는 불과佛果에 갖추어진 네 종류 지혜를 말한다. 유식종에서는 전

釋曰。第十一別解佛地。謂一利那金剛三摩地。爲無間道。雙斷微細二障種子。斷煩惱障。故名爲無差。斷所知障。故說名無礙。第二利那爲解說道。於一切種所知境界。現等正覺。卽是四智相應心品。名爲等覺。

'불지佛地'라고 한 것에서, '불佛'은 다섯 가지 의미를 갖추고 있고, '지地'는 세 가지 의미를 갖고 있다. 따라서 『불지경론』 제1권에서는 말한다.

'불지'라 한 것은 (다음과 같다.)
일체지一切智와 일체종지一切種智를 갖추고, 번뇌장과 소지장을 떠나며, 모든 법과 모든 종류의 상에 대해 스스로 깨달음을 열 수 있고 또한 모든 유정들을 깨우쳐 줄 수 있으니, 마치 꿈에서 깨어나는 것과 같고 마치 연꽃이 피어나는 것과 같기 때문에 '불佛'이라 하였다.
'지地'란 의지하는 곳(所依)과 다니는 곳(所行)과 거두는 바(所攝)를 말한다.[263] 즉 설했던 바 청정법계, 대원경지·평등성지·묘관찰지·성소작지, 수용하고 화합하는 한맛의 사事 등은 불佛이 의지하는 곳이자 다니는 곳이며 거두는 바이기 때문에 '불지'라고 이름한다.[264]

의전의依를 이루고 불과를 획득하면 제8식·제7식·제6식·전오식前五識을 전환시켜 네 종류 무루지無漏智를 얻는다고 하는데, 즉 제8식은 대원경지大圓鏡智, 제7식은 평등성지平等性智, 제6식은 묘관찰지妙觀察智, 전오식은 성소작지成所作智로 전환된다. 이 네 가지 지혜와 상응하는 심품을 바로 등각等覺이라 이름한다는 것이다.

263 '불지佛地'에서 '지地'에 내포된 세 가지 의미를 설명하였다. 이에 따르면, 소의所依란 '불佛이 의지하는 곳', 즉 청정법계를 말한다. 소행所行이란 본래 인식의 영역·경계를 뜻하지만, 여기서는 '소행'이라는 말로 사실상 '인식 영역을 갖는 것(有所行)'을 지칭하였다. 즉 불佛이 갖추는 대원경지 등 네 종류 지智를 가리킨다. 소섭所攝이란 '한맛의 사(一味事)', 구체적으로는 부처님의 네 종류 지혜와 상응하는 사사들을 말한다. 이처럼 법계와 지혜와 그 상응법들을 총칭해서 '지地'라고 했다는 것이다.
264 『佛地經論』 권1(T26, 291b11).

해 ('불佛'의) 다섯 가지 의미란 다음과 같다. 첫째 진지眞智·속지俗智를 갖춘다. 둘째 두 종류 장애를 떠난다. 셋째 진·속의 경계를 통달한다. 넷째 스스로 깨치고 남을 깨우친다(는 의미를) 갖춘다. 다섯째 무명을 떠나기 때문에 혜로 해탈을 얻으니 마치 꿈에서 깨는 것과 같고, 탐욕을 끊기 때문에 마음으로 해탈을 얻으니 마치 연꽃이 피는 것과 같다. 이 다섯 가지 의미를 갖추고 있기 때문에 '불'이라 이름한다.

지금 이 경문에는 네 가지 의미가 갖추어져 있다. 첫째는 두 가지 장애를 떠나는 것이다. 경문에서 "가장 극히 미세한 번뇌장 및 소지장을 영원히 끊어 버리고"라고 한 것과 같다. 둘째는 두 가지 지智를 갖추는 것이니, 생공生空·법공法空의 지혜를 말한다. 경문에서 "차별 없고 걸림 없이"라고 한 것과 같다. 셋째는 진·속의 경계에 통달한 것이다. 경문에서 "모든 종류의 알아야 할 경계에 대해"라고 한 것과 같다. 넷째는 스스로 깨치고 남을 깨우친다(는 의미를) 갖춘다. 경문에서 "등정각을 실현하니"라고 한 것과 같다.

'지地'의 세 가지 의미란 다음과 같다. 첫째는 의지하는 곳(所依)이고, 둘째는 다니는 곳(所行)이며, 셋째는 거두는 바(所攝)이다. 이상에서 이미 설한 것과 같다.

또 『불지경』에서는 다섯 종류 법이 있어서 대각지大覺地를 포괄한다고 하니, 즉 청정법계와 저 네 가지 지혜를 말한다. 자세하게 설하면 그 경과 같다.[265]

따라서 지금 경문에서 "따라서 열한 번째를 불지佛地라고 이름한다."라고 하였다. 『상속해탈경』에서는 말하길, "미세한 번뇌장과 이염장爾炎障(소지장)[266]을 끊고, 걸림 없고 막힘없이 이염의 일체종각一切種覺(일체종지)을 증득하기 때문에 열한 번

---

[265] 『佛地經』 권1(T16, 721a1) 참조.
[266] 이염爾焰은 S ñeya의 음역이고, '소지所知'라고 번역한다.

째를 '불지'라고 이름한다."²⁶⁷라고 하였다. 『심밀해탈경』에서는 말하길, "모든 무명미세습기無明微細習氣를 떠나고 모든 경계지장습기境界智障習氣를 떠나서, 막힘없고 걸림 없이 일체법에서 자재함을 얻기 때문에 열한 번째를 '불지'라고 이름한다."²⁶⁸라고 하였다.】

자세하게 분별하면, 예를 들어 『십지경론』 제1권과 양梁 『섭대승론석』 제10권과 『유가사지론』 제79권 등의 설과 같다.

言佛地者。佛具五義。地有三義。故佛地論第一卷云。言佛地者。具一切智一切種智。離煩惱障及所知障。於一切法。於¹⁾一切衆²⁾相。能自開覺。一³⁾切有情。如睡夢悟。如蓮華開。故名爲佛。地謂所依所行所攝。卽當所說淸淨法界。大圓境智。平等性智。妙觀察智。成所作智。受用和合一味事等。是佛所依所行所攝。故名佛地。解云。言五義者。一具眞俗智。二離二種障。三達眞俗境。四具自他覺。五離無明故慧得解脫。如睡夢悟。斷貪欲故心得解脫。如蓮華開。具此五義。故名爲佛。今此經中。具有四義。一離二障。如經永斷最極微細煩惱及所智障。二具二智。謂生空法空智。如經無差無礙。三達眞俗境。如經於一切種所知境界。四具自他覺。如經現等正覺。地三義者。一所依。二所行。三所攝。如上已說。又佛地經云。有五種法。攝大覺地。謂淸淨法界及彼四智。廣說如彼。故今經云。故第十一名爲佛地。【相續經云。微細煩惱爾炎障斷。得無閡無障爾炎一切種覺。故第十一。名爲佛地。深密經云。離一切無明微細習氣。離一切境界智障習氣。無障無礙。於一法中而得自在。故十一名爲佛也。⁴⁾】若廣分別。如十地論第一卷。及梁攝論第十。及瑜伽七十九等。

1) ㉠ 『佛地經論』 권1(T26, 291b12)에 '於'가 없다. 2) ㉠ 『佛地經論』 권1(T26, 291b12)에 따르면 '衆'은 '種'의 오기다. 3) ㉡ '一' 앞에 '亦能開覺'이 누락된 듯하다. ㉠ 『佛地經論』 권1(T26, 291b13)에 '一' 앞에 '亦能開覺'이 있다. 4) ㉠ 『深密解脫經』

---

267 『相續解脫地波羅蜜了義經』 권1(T16, 715b6).
268 『深密解脫經』 권4(T16, 680c20).

권4(T16, 680c23)에 따르면 '也'는 '地'의 오기다.

③ 스물두 종류 우치愚癡에 의거해서 모든 지地를 분별함[269]

가. 질문

경 관자재보살이 다시 부처님께 여쭈었다. "이 모든 지에는 몇 개의 우치가 있고, 몇 개의 추중이 있어서, 대치의 대상이 됩니까?"

觀自在菩薩。復白佛言。於此諸地。有幾愚癡。有幾麤重。爲所對治。

석 이하는 세 번째로 스물두 가지 우치에 (의해) 모든 지의 (특징을) 분별한 것이다. 이 중에 두 가지가 있다. 앞은 질문이고, 뒤는 대답이다.

이것은 총괄해서 '열한 개 지地에 몇 가지 우치와 추중들이 있어서 대치되는 대상이 되는가'라고 질문한 것이다.

그런데 이 모든 우치와 열한 개 추중에 대해 여러 교설들이 같지 않다.

『상속해탈경』과 『심밀해탈경』과 『유가사지론』「섭결택분」제78권은 모두 이 경과 더불어 동본이역同本異譯이다.

『금광명경』「최정지품最淨地品」에서는 모든 우치의 이름들을 열거하였지만 해석하지는 않았다.

양梁『섭대승론』천친석天親釋(진제 역, 세친의 『섭대승론석』) 제10권에서는 스물두 가지 우치가 열한 가지 추중보麤重報를 초감한다고 한다. 처음의

---

269 이하는 십지에서 대치되는 장애를 설명한 것이다. 여기서는 열한 개의 지에 있는 두 종류 우치와 그 추중에 대해 자세히 설한다. 이 내용은 예를 들어『解深密經』「分別瑜伽品」중 '⑮ 지관의 모든 장애의 차별을 밝히는 문(止觀諸障差別門)'에서 지관止觀으로 대치되는 열한 가지 장애를 설한 것과 상당 부분 겹친다. 앞서 원측은 「分別瑜伽品」중 해당 경문의 주석에서 그 차이를 대조한 바 있다.

여덟 가지 우치는 네 종류 생사 중에 방편생사方便生死를 초감하고, 다음의 여섯 가지 우치는 인연생사因緣生死를 초감하며, 다음의 여섯 가지는 유유생사有有生死를 초감하고, 마지막 두 가지는 무유생사無有生死를 초감한다. 즉 그것에 의해 초감된 바의 변역과보變易果報가 '추중보'다.[270]

지금 양梁『섭대승론석』을 살펴보니 세 가지 과실이 있다. 첫째, 범본梵本『섭대승론석』에는 (이런 식으로) 분별한 것이 없다. 둘째, 열거된 바의『해심밀경』에서는 네 종류 생사를 판별하지 않았다. 셋째, 소지장으로써 분단分段·변역變易의 두 종류 생사를 초감하지는 않는다.

예를 들어『성유식론』제9권에서 경문의 뜻을 자세하게 해석하였으니, 따라서 이제 그 논에 의거해서 이 경문을 해석하겠다. 그것들 간의 같은 점과 다른 점은 문구를 따라가며 바로 해석하겠다.

釋曰。自下第三二十二愚分別諸地。於中有二。先問。後答。此卽總問。於十一地。有幾愚痴及諸麤重。爲所對治。然此諸愚十一麤重。諸敎不同。謂相續深密。瑜伽決擇第七十八。皆與此經同本異譯。金光明經最淨地品。列

---

[270] 앞 절에서 11분分과 모든 지地들 간의 관계를 설명하면서, 원측은 진제 역, 세친의『攝大乘論釋』을 상세하게 인용한 바 있다. 이 논에서는 보살들이 십지에 받는 생사生死의 종류를 방편方便·인연因緣·유유有有·무유無有 등 네 가지로 구분하였는데, 이 중에서 십지 이전 및 초지에서 제3지까지는 방편생사를 받고, 제4지에서 제6지까지는 인연생사를 받으며, 제7지에서 제9지까지는 유유생사를 받고, 제10지에서는 무유생사를 받는다. 또 이 논에서는 스물두 종류 무명無明과 열한 종류 추중보麤重報가 열한 개의 지地를 장애한다고 하며, 각 지의 두 종류 무명에 의해 초감된 네 종류 생사生死를 '추중보'라고 한다고 하였다. 말하자면 십지 이전 및 초지에서 제3지까지의 여덟 종류 무명에 의해 초감된 것은 방편생사이고, 제4지에서 제6지까지의 여섯 종류 무명에 의해 초감된 것은 인연생사이며, 제7지에서 제9지까지의 여섯 종류 무명에 의해 초감된 것은 유유생사이고, 마지막 지의 두 종류 무명은 무유생사를 초감한다. 이러한 무명에 의해 초감된 변역과보變易果報를 '추중보'라고 하는데, 이에 따르면 이상의 4종 생사는 변역생사變易生死·분단생사分段生死 중에 변역생사를 다시 네 가지로 구분한 것임을 알 수 있다. 자세한 것은 진제 역, 세친의『攝大乘論釋』권10(T31, 225c21) 참조.

諸愚名。而不解釋。梁攝大乘天親論第十卷中。二十二愚。感十一麤重報。初八愚痴。能感四中方便生死。次六能感因緣生死。次六能感有有生死。後二能感無有生死。卽彼所感變易果報。爲麤重報。今詳梁論。有三種失。一梵本攝大乘釋無分別。二所列解深密經。不辨四種生死。三以所知障。不感分段變易二種生死。如成唯識第九卷中。廣釋經意。故今依彼。釋此經文。其間同異。依文正釋。

나. 대답

가) 총괄적 표명

경 부처님께서 관자재보살에게 말씀하셨다. "선남자여, 이 모든 지地에는 스물두 종류 우치와 열한 종류 추중이 있어서 대치의 대상이 된다.

佛告觀自在菩薩曰。善男子。此諸地中。有二十二種愚痴。十一麤重。爲所對治。

석 두 번째는 여래께서 바로 설하신 것이다. 이 중에 세 가지가 있다. 처음은 총괄해서 표명한 것이고, 다음은 따로 해석한 것이며, 마지막의 "선남자여" 이하는 우치를 설한 의도를 나타낸 것이다.

이것은 총괄적 표명에 해당한다. 열한 개 지地에 스물두 종류 우치와 열한 개 추중이 있고 그것이 대치되는 장애라는 것이다.

釋曰。第二如來正說。於中有三。初總標。次別釋。後善男子下。顯說愚意。此卽總標。十一地有二十二愚及十一麤重。爲所治障。

나) 따로따로 해석함

(가) 초지初地의 우치와 추중

경 말하자면 초지에는 두 종류 우치가 있으니, 첫째는 보특가라와 법에 집착하는 우치이고, 둘째는 악취잡염의 우치이며, 또 그것의 추중이 있어서, 대치의 대상이 된다.

謂於初地。有二愚痴。一者執著補特迦羅及法愚痴。二惡趣雜染愚痴。及彼麤重。爲所對治。

석 이하는 두 번째로 차례대로 따로 해석한 것이다. 열한 개 지地마다 각기 두 종류 우치와 하나의 추중이 있으니, (경문은) 열한 개의 단락이 된다. 이것은 초지의 두 종류 우치와 추중에 해당한다.

釋曰。自下第二次第別釋。於十一地。各有二愚及一麤重。爲十一段。此卽初地二愚麤重。

그런데 이 두 종류 우치에 대해, 『성유식론』에 의하면, 본래 두 가지 해석이 있다.[271]

한편에서는 말한다. 〈우愚와 우품愚品을 총괄해서 '우'라고 설하였으니, 말하자면 초지의 두 종류 우치다. 첫째, 아·법에 집착하는 우치는 이 논(『성유식론』)에서 '이생성장異生性障'에 해당한다.[272] 둘째, 악취잡염

---

[271] 이하는 『成唯識論』 권9(T31, 52c3 이하)의 내용을 발췌한 것이다.

의 우치는 악취의 모든 업과業果 등에 해당한다. 우품까지 총괄해서 설해서 '우'라고 했음을 알아야 한다.²⁷³ 나중의 (지地들에 대한) 해석도 이 해석에 준한다.〉

한편에서는 말한다.〈이곳(『해심밀경』)에서는 오직 우치만 설한 것이다. 따라서 그 논(『성유식론』)에서는 다시 말하길, "혹은 그것은 오직 이장利障·둔장鈍障의 품과 함께 일어나는 두 종류 우치를 설한 것이다."²⁷⁴라고 하였다.〉

해 다섯 가지 날카로운 장애(利障)와 함께 하는 우치를 '아법에 집착하는 우치'라고 하고, 다섯 가지 둔한 장애(鈍障)와 함께 하는 것은 '악취잡염의 우치'라고 한다.²⁷⁵

문 그렇다면 이혹利惑·둔혹鈍惑 두 가지와 함께 하는 우치는 어떤 우치에 속하는가?

해 강한 정도에 따라서 (어떤 우치인지를) 설한다. 혹은 동시同時적인 것인데 의미상 두 가지 우치로 (구분해서) 설하였다고 볼 수도 있다.

문 호법종에서는 이생성장異生性障은 무엇을 체로 삼는다고 하는가?²⁷⁶

---

272 초지의 장애를 지칭하는 이름은 경론마다 다르다. 가령 양梁 『攝大乘論釋』 권10에서는 '범부성무명凡夫性無明'이라고 하였고, 현장 역 세친의 『攝大乘論釋』과 『成唯識論』 권9(T31, 52b20)에서는 '이생성장異生性障'이라고 하였다.
273 '우愚'라는 말에는 우치 그 자체뿐만 아니라, 그 우치에 속하는 품들, 즉 우치에 의해 생기하는 악취의 모든 업과業果까지도 포괄해서 '우'라고 칭하였다. 초지의 두 종류 우치도 그 두 종류를 포괄한 것이다.
274 『成唯識論』 권9(T31, 52c6).
275 '다섯 가지 날카로운 장애'란 오리사五利使라고도 하며, 열 가지 근본 번뇌 중에 성질이 맹리猛利한 유신有身·변집邊執·사邪·견취見取·계금취戒禁取의 오견五見을 말한다. '다섯 가지 둔한 장애'란 오둔사五鈍使라고도 하며, 열 가지 근본 번뇌 중에 성질이 둔한 탐貪·진瞋·치癡·만慢·의疑를 말한다.
276 이하에서는 '이생성장異生性障'이라 불리는 우치의 법체法體를 설명한다. 여기서 '이생성異生性'이란 육도六道 안에서 중생이 성자가 되지 못하고 범부가 되는 근거·성질 (凡夫性)을 뜻한다. 이하의 한 해석에 따르면, '이생성'이란 분별기의 번뇌장·소지장

해 호법종에 본래 두 가지 해석이 있다.

첫째, 실제로 공통적으로 논하자면,[277] (이생성장이란) 두 가지 장애 중에 분별기分別起[278]라고 한 것은 (다음과 같다.) 이승二乘의 견도가 현전해 있을 때는 오직 한 종류 장애(번뇌장)를 끊는 것을 '성성聖性'[279]을 획득했다고 한다. 보살의 견도가 현전해 있을 때는 두 종류 장애(번뇌장과 소지장)를 모두 끊은 것을 '성성'을 획득했다고 한다. 두 가지 참된 견도(眞見道)가 현전해 있을 때는 저 두 종류 장애의 종자는 결코 '성취成就(得)'되지 않는다.[280] 마치 밝음과 어둠이 결정코 함께 생길 수 없는 것처럼, 마치 저울의 양 끝이 내려갔다 올라갔다 할 때 등과 같이, 모든 상반되는 법들은 이치상 반드시 그러한 것이다. 그러므로 두 가지 성질(범부성과 성성)이 모두 성립한다는 과실은 없다.

무간도無間道일 때 이미 혹의 종자(惑種)를 없앴는데, 다시 해탈도解脫

의 종자에 의거해서 가립된 것으로 그 실체는 없다. 그런데 이생異生 범부가 견도에 들었을 때는 이 분별기의 두 가지 장애를 단박에 끊어 버리므로 '성자聖者'라고 불린다. 이러한 이생성의 종자는 보살이 견도(십지 중 初地)에 들면 끊어지는 장애이기 때문에 '이생성장'이라고 한 것이다. 또 다른 해석에 따르면, 이 『解深密經』에서는 오직 소지장만을 체로 삼는다고도 한다. 왜냐하면 오직 소지장만 보살의 십지를 장애할 수 있고 또한 오직 보살에 의해서 끊어지는 것이기 때문이다.

277 원문에는 '거실통론據實通論'이라 되어 있는데, 이것은 두 가지 이상의 것을 비교하여 공통점이 있으면 그에 의거해서 논하는 것을 말한다. 이에 대해 서로 비교해서 각자만의 우수한 점이 있어서 그에 의거해서 따로 논하는 것을 '거승위론據勝爲論'이라고 한다.
278 분별기分別起 : 후천적인 분별에 의해서 생긴 번뇌를 말한다.
279 성성聖性 : '이생성異生性'과 대비되는 말로서 견도에서 '이생성'(범부의 성질)을 버렸을 때 획득되는 '성인의 성질'을 말한다.
280 이승과 보살이 참된 견도를 현전시키고 있을 때는 이러한 성도聖道와 '이장二障의 성취成就'와는 병존할 수 없음을 밝히고 있다. 여기서 '성취'란 '득得'과 같은 말로서, 어떤 성질을 하나의 개체에 결합시키는 힘을 가리킨다. 범부가 범부로 되는 근거는 '이장의 득' 때문인데, 참된 견도가 현전하면 범부의 성질을 버리게 되기 때문에 성도와 '이장의 득'과는 병립할 수 없다는 것이다.

道를 일으키는 것이 무슨 소용이 있겠는가?²⁸¹ '혹을 끊고 멸滅을 증득하겠다'라고 기약한 마음(期心)이 구별되기 때문이고,²⁸² 그 품의 추중성麤重性을 버리려 하였기 때문이다. 무간도일 때 비록 혹의 종자를 없애기는 했지만 아직은 그것의 무감임성無堪任性을 버리지는 못했다. 이것을 버리려 하였기 때문에 해탈도를 일으키고, 또 이 품의 택멸무위擇滅無爲를 증득하는 것이다.²⁸³

한편에서는 말한다. 〈실제로는 통틀어 두 가지 장애를 포괄한다. 경론의 의취意趣는 (이생성장의 체는) 오직 소지장이라는 것이니, 십지十地를 장애하기 때문이고, 오직 보살들만이 끊을 수 있는 것이기 때문이다.〉

能¹⁾此二愚。依成唯識。自有兩釋。一云。愚及愚品。總說爲愚。謂初地二愚。一執著我法。²⁾ 卽是此中異生性障。二惡趣雜染愚。卽是惡趣諸業果等。應知愚品。總說爲愚。後准此釋。一云。此中唯說愚痴。故彼復云。或彼唯說利鈍障品俱起二愚。解云。五利俱愚。名爲執著我法愚。五鈍俱者。名爲惡趣雜染愚。問。若爾。利鈍二惑俱愚。何愚所攝。解云。隨强而說。或可同時

---

281 이것은 성도聖道와 '이장의 획득(得)'은 양립될 수 없다는 앞의 견해에 대해 소승의 입장에서 비난을 제기한 것이다. 소승에 따르면, 무간도에서 여전히 '번뇌의 득(惑得)'이 있으므로 다시 다음 순간의 해탈도를 일으킨다고 한다. 따라서 무간도에서 이미 '혹의 종자'가 멸하였다면 다음 순간의 해탈도가 무슨 소용이 있겠는가라고 힐난하였다. 『成唯識論述記』권10(T43, 584c7) 참조.
282 이것은 앞의 비난에 대한 첫 번째 해명이다. 이전에 보살이 '혹惑을 끊고 멸滅을 증득하겠다'라고 기약한 마음에서 '혹을 끊겠다'라고 기약한 마음과 '멸을 증득하겠다'라고 기약한 마음이 구별되기 때문에 성도에서도 '미혹을 끊는 무간도'와 '멸을 증득하는 해탈도'가 구별된다는 것이다.
283 이상은 『成唯識論』권9(T31, 52b21)에 소개되었던 견해. 이것은 앞의 비난에 대한 두 번째 해명이다. 무간도에서는 아직 무감임성無堪任性, 즉 두 가지 장애의 습기習氣를 제거하지 못했기 때문에 이것을 제거하기 위해 해탈도를 일으킨다. 그런데 단지 그런 목적뿐만 아니라, 또한 택멸무위를 증득하기 위해서도 해탈도를 일으킨다.

義說二愚。問。護法宗。異生性障。用何爲體。解云。護法自有兩釋。一據實
通論。於二障中分別起者。二乘見道現在前時。唯斷一種。名得聖性。菩薩
見道現在前時。其斷二種。名得聖性。二眞見道現在前時。彼二障種。必不
成就。猶明與闇。定不俱生。如稱兩頭。低昂時等。諸相違法。理必應然。是
故二性。無俱成失。無間道時。已無惑種。何用復起解脫道爲。斷惑證滅期
心別故。爲捨彼品麤重性故。無間道時。雖無惑種。而未捨彼堪³⁾任性。爲
捨此故。起解脫道。及證此品擇滅無爲。一云。據實通攝二障。經論意趣。
唯所知障。障十地故。唯諸菩薩之所斷故。

1) ㉡ '能'은 '然'인 듯하다. 2) ㉠ '法' 뒤에 '愚'가 누락된 듯하다. 3) ㉡ '堪' 앞에 다른 곳에 '無'가 있다. ㉠『成唯識論』권9(T31, 52b29)에 '堪' 앞에 '無'가 있다.

"추중麤重"이라고 한 것에 대해 여러 교설들이 같지 않다.

『상속해탈경』에서는 '열한 종류의 대치되는 허물(所治過)'이라 하였고,[284] 『심밀해탈경』에서는 '열한 종류의 대對'라고 하였다.[285]

『금광명경』에서는 "두 종류 추중의 마음에 의거한다."[286]라고 하였다.

이와 같이 여러 교설의 말은 차이가 있지만 의미는 서로 어긋나지 않는다. 종자에 의거해서 설하면 혹은 (추중을) '무감임無堪任'이라고도 하니, 모두 어긋나지 않기 때문이다.

양梁『섭대승론석』에서 '추중보麤重報'라고 한 것은 진제 자신이 써 놓은 말이지 범본梵本과는 맞지 않다.

『성유식론』에는 본래 두 가지 해석이 있으니, 따라서 그 논에서는 다시 말한다.

---

[284] 『相續解脫地波羅蜜了義經』 권1(T16, 715b9) 참조.
[285] 『深密解脫經』 권4(T16, 680c24)에서는 "此諸地有幾種無明幾種障對"라고 하였는데, 여기서 '無明'은 우치에 해당하고, '障對'는 추중에 해당한다.
[286] 『合部金光明經』 권3(T16, 374c7).

'그것의 추중'이라는 말은 그 두 가지(번뇌장·소지장)의 종자를 나타낸 것이다.

혹은 두 가지에 의해 일어난 무감임성無堪任性이다.[287] 마치 이정二定(제2선禪)에 들어갈 때 '고근苦根을 끊는다'라고 설하고 그 끊어진 고근은 비록 현행도 종자도 아니지만 (그것을) 추중이라고 이름하는 것처럼, 이것도 역시 그러해야 한다.

이후에 나온 '추중'이라는 말도 이것을 예로 삼아 해석해야 한다.[288]

言麤重者。諸教不同。相續經云。十一所治過。深密經云。十一對。金光明云。依二麤重[1]心。如是諸教。言雖有異。義不相違。依種子說。惑[2]無堪任。俱不違故。梁攝大乘。麤重報者眞諦自安。非正梵本。成唯識論。自有兩釋。故彼復云。及[3]麤重言。顯彼二種。或二所起無堪任性。如入二[4]定。說斷苦根。所斷苦根雖非現種。而名麤重。此亦應然。後麤重言。例此應釋。

1) ⓗ『合部金光明經』권3(T16, 374c7)에 '麤重'이 '種麤'라고 되어 있다. 2) ⓗ '惑'은 다른 곳에 '或'으로 되어 있다. ⓗ '或'이 바른 듯하다. 3) ⓗ『成唯識論』권9(T31, 52c7)에 따르면 '及'은 '彼'의 오기다. 4) ⓗ '二'는 '一'로 된 경우도 있다. ⓗ『成唯識論』권9(T31, 52c8)에 따르면 '二'가 바르다.

(나) 이구지離垢地의 장애

경 제2지에는 두 종류 우치가 있으니, 첫째는 미세오범의 우치이고, 둘째는 갖가지 업취의 우치이며, 또 그것의 추중이 있어서, 대치의 대상이 된다.

於第二地。有二愚痴。一者微細誤犯愚痴。二者種種業趣愚痴。及彼麤重。

---

287 첫 번째 해석에 따르면 두 가지 장애의 종자를 추중이라 하였고, 이 해석에 따르면 두 가지 장애에 의해 일으켜진 무감임성을 추중이라 한 것이다.
288 『成唯識論』권9(T31, 52c7).

爲所對治。

석 두 번째는 이구지離垢地의 장애를 설명한 것이다. 『성유식론』에 의하면 본래 두 가지 설명이 있다.[289]

한편에서는 말한다. 〈(첫째,) 미세오범의 우치는 구생俱生의 일부에 해당한다. 둘째, 갖가지 업취의 우치는 그것에 의해 일어난 바인 오범의 세 가지 업에 해당한다.〉

한편에서는 말한다. 〈혹은 오직 업을 일으키면서 업을 알지 못하는 우치다.〉

해 전자의 의미에 따르면, 우愚와 우품愚品을 모두 '우'라고 설한 것이다.[290] 뒤의 부차復次에서 설명한 의취에 따르자면, 그 차례대로 첫 번째는 업을 발생시키는 우치이고 두 번째는 업을 알지 못하는 우치다.[291]

이상의 두 가지 우치는 (『성유식론』에서 설한) 열 가지 장애 중에 사행장邪行障[292]에 해당한다.

'추중'이라는 말을 해석하면, 이전에 이미 설명했던 것과 같다.

---

289 제2지에서 대치되는 두 종류 우치를 『成唯識論』에서는 '사행장邪行障'이라고 총칭하였다. 이하에서 원측은 『成唯識論』 권9(T31, 52c22)의 '사행장'에 대한 설명에 의거해서 '제2지의 두 종류 우치'에 대해 두 가지 해석이 가능함을 보여 준다.
290 앞에 제시된 첫 번째 견해에 의하면, 구생 번뇌의 일부는 그 자체가 우치라면 그 우치에 의해 일어난 삼업은 우치에 포섭되는 품이다. 따라서 우愚와 우품愚品을 모두 우치라고 설했다는 것이다.
291 앞에 제시된 두 번째 견해, 즉 "오직 업을 일으키면서 업을 알지 못하는 우치다."라고 말했던 의미를 설명한 것이다.
292 사행장邪行障 : 『成唯識論』에서 제시된 열 종류 장애 중의 두 번째로서, 중생들의 몸 등에 대해 그릇된 행을 저지르는 것을 말한다.

釋曰。第二辨離垢地障。依成唯識。自有兩說。一云。微細誤犯愚。卽是俱生一分。二種種業趣愚。卽彼所起誤犯三業。一云。或唯起業不了業愚。解云。前義愚及愚品俱說爲愚。後復次意。如其次第。一能發業愚。二不了業愚。此上二愚。卽十障中耶[1]行障也。釋麤重言。如上已說。

1) ㉠ '耶'는 '邪'의 뜻이다.

(다) 발광지發光地의 장애

경 제3지에는 두 종류 우치가 있으니, 첫째는 욕탐의 우치이고 둘째는 원만한 문지다라니에 대한 우치이며, 또 그것의 추중이 있어서, 대치의 대상이 된다.

於第三地。有二愚癡。一者欲貪愚癡。二者圓滿聞持陀羅尼愚癡。及彼麤重。爲所對治。

석 세 번째는 발광지의 장애를 설한 것이다.
『성유식론』에서는 말한다.

첫째, '욕탐우欲貪愚'라고 한 것은 이 논에서 '수승한 선정과 수혜를 장애한다'라고 한 것에 해당한다. 그것(제3지의 우치)은 예전부터 대개 욕탐과 함께 일어났기 때문에 '욕탐우'라고 이름한다. 【해 실제로는 이것은 소지장이다. 그런데 '탐욕'이라고 한 것은 탐욕과는 동일한 체이기 때문이다.】이제 수승한 선정과 수소성혜를 획득하여 그것(소지장)이 이미 영원히 끊어졌으므로 욕탐도 따라서 조복되니, 이것(욕탐)은 무시이래로 그것(소지장)에 의지해서 일어났기 때문이다.
둘째, '원만한 문지다라니에 대한 우치'라고 한 것은 이 논에서 '총지

와 문혜·사혜를 장애한다'라고 한 것에 해당한다.[293]

(『성유식론』에서는) 두 가지 우치를 합해서 설하여 '암둔장闇鈍障'이라 하였다.

釋曰。第三發光地障。成唯識云。一欲貪愚。卽是此中能障勝定及修慧者。彼昔多與欲貪俱故。名欲貪愚。【解云。據實是所知障。而言貪欲者。與貪欲同體故。】今得勝定。及修所成。復[1]旣永斷。欲貪隨伏。此無始來依彼轉故。二圓滿[2]陀羅尼愚。卽是此中能障總持聞思慧者。合說二愚爲闇鈍障。

1) ㉐『成唯識論』 권9(T31, 53a4)에 따르면 '復'는 '彼'의 오기다.　2) ㉐『成唯識論』 권9(T31, 53a5)에 '滿' 뒤에 '聞持'가 있다.

(라) 염혜지焰慧地의 장애

경 제4지에는 두 종류 우치가 있으니, 첫째는 등지애의 우치이고 둘째는 법애의 우치이며, 또 그것의 추중이 있어서, 대치의 대상이 된다.

於第四地。有二愚痴。一者等至愛愚痴。二者法愛愚痴。及彼麁重。爲所對治。

석 네 번째는 염혜지焰慧地의 장애를 밝힌 것이다.
『성유식론』에서는 말한다. "첫째, '등지애의 우치'라는 것은 이 논에서 '정애定愛와 함께한다'라고 한 것에 해당한다. 둘째, '법애의 우치'라는 것은 이 논에서 '법애와 함께한다'라고 한 것에 해당한다. 소지장에 속하는

---
[293] 『成唯識論』 권9(T31, 53a2).

두 가지 우치가 끊어졌기 때문에 번뇌인 두 가지 애도 현행하지 않게 된다."²⁹⁴

『성유식론』에서는 다시 말한다. 이것은 열 가지 장애 중에 네 번째 미세번뇌현행장微細煩惱現行障에 해당한다.

> 말하자면 소지장 중의 구생俱生의 일부로서 제6식과 함께하는 신견身見 등에 속하는 것을 말한다. 최하품最下品이기 때문에, 작의作意하지 않고 반연하기 때문에,²⁹⁵ 오래전부터 따라서 현행하였기 때문에, '미세微細'라고 이름하였다.【해】 세 가지 의미에서 '미세'의 뜻을 해석했음을 알아야 한다.】
> 그것은 제4지地의 보리분법을 장애하니, 제4지에 들어갈 때 곧 영원히 끊어 버린다. 그것은 예전부터 대개 제6식 가운데서 자유로이(任運) 생겨나서 아我라고 집착하는 견見 등과 더불어 한 몸이 되어 일어나기 때문에 '번뇌'라는 이름을 설한 것이다.²⁹⁶ 이제 제4지에서는 이미 무루의 보리분법을 획득하였으니, 그것도 곧 영원히 소멸하고, 이 아견我見 등도 역시 영원히 현행하지 않는다.
> 초지와 제2지와 제3지에서는 시施·계戒·수修를 행하므로 그 모습이 세간世間과 동일한데,²⁹⁷ 제4지에서는 보리분법을 수득修得하므로 비로

---

294 『成唯識論』 권9(T31, 53a22).
295 의식적으로 작의하지 않아도 자연적으로 경계에 대한 애착을 일으킨다는 것이다.
296 네 번째 장애는 번뇌장煩惱障이 아니라 소지장所知障인데, 어째서 이것을 '번뇌'라고 했는가라는 의문에 답한 것이다. 이것은 소지장 중에 생득적인(俱生) 장애인데, 단독으로 일어나는 경우도 있지만 대개는 견見 등과 같은 번뇌와 함께 일어났기 때문에 '번뇌'라고 부른다는 것이다.
297 세속적 차원에서는 보시布施·지계持戒·수정修定과 같은 선행을 닦는다. 이 세 종류 행은 선善이기 때문에 복福이고, 신업·어업 등으로 짓는 것이기 때문에 업業이며, 그런 업을 일으키려는 의지(思)의 근거가 되기 때문에 사事라고 한다. 이 세 종류 복·업·사는 세간의 유정들도 많이 닦기 때문에 '세간과 동일하다'라고 하였다.

소 '출세出世'라고 이름한다. 따라서 두 종류 신견身見(分別記와 俱生起) 등을 영원히 없앨 수 있다.

이것이 제6식과 함께한다는 것을 어찌 아는가?

제7식과 함께하면서 '아'에 집착하는 견 등은 무루도無漏道와는 성질이 모순되기 때문에, 제8지 이상에서만 비로소 (영원히) 현행하지 않고, 7지까지는 여전히 현기現起할 수 있다. 그 밖의 번뇌에 대해 의지依持가 되어 주기 때문이다. 이것(제6식 아견)은 거칠고 그것(제7식 아견)은 미세하니, 조복시키는 데 전후가 있다.[298] 따라서 이것(아견)은 단지 제6식과 상응하는 것이다.

'신견身見 등'이라는 말은 또한 무시이래의 소지장에 속하는 정애定愛와 법애法愛를 포괄한다. 그 정애와 법애는 제3지에서는 오히려 증가하고, 제4지에 들어갔을 때 비로소 영원히 끊을 수 있다. 보리분법은 특히 그것과는 어긋나기 때문이다.[299]

釋曰。第四焰慧地障。成唯識云。一等至愛愚。卽是此中定愛俱者。二法愛愚。卽是此中法愛俱者。所知障攝二愚斷故。煩惱二愛亦不現行。唯識復云。此卽十障中第四微細煩惱現行障。謂所知中俱生一分第六識俱身見等攝。最下品故。不作意緣故。遠隨現行故。說名微細。【解云。三義釋微細義。慮[1])知】彼障四地菩提分法。入四地時。便能永斷。彼昔多與第六識中。任運而生。執我見等。同體起故。說煩惱名。今四地中。旣得無漏菩提分法。彼便永滅。此我見等。亦永不行。初二三地。行施戒修。相同世間。四地修得菩提分法。方名出世。故能永害二身見等。寧知此與第六識俱。第七識俱執我見等。與無漏道。性相違故。八地已去。方不行。七地已來。猶得現起。

---

288 거친 것을 먼저 조복시키고 미세한 것을 나중에 조복시킨다는 것이다.
289 『成唯識論』 권9(T31, 53a6).

與餘煩惱爲依持故。此麤彼細。伏有前後。故此但與第六相應。身見等言。
亦攝無始所知障攝定愛法愛。彼定法愛。三地尙增。入四地時。方能永斷。
菩提分法。特違彼故。

1) ㉠ '慮'는 '應'인 듯하다.

(마) 난승지難勝地의 장애

경 제5지에는 두 가지 우치가 있으니, 첫째는 오로지 생사를 등지려고 작의하는 우치이고, 둘째는 오로지 열반에 나아가려고 작의하는 우치이며, 또 그것의 추중이 있어서, 대치의 대상이 된다.

> 於第五地。有二愚痴。一者一向作意棄背生死愚痴。二者一向作意趣向涅
> 槃愚痴。及彼麤重。爲所對治。

석 다섯 번째는 난승지難勝地의 장애를 밝힌 것이다.
『성유식론』에서는 그 차례대로 '생사를 싫어하고 열반을 즐거워하게 하는 것'이라 하였다. 이는 열 가지 장애 중에서 다섯 번째인 '하승에서 반열반하게 하는 장애'에 해당한다. "말하자면 소지장 중 구생俱生의 일부가 생사를 싫어하고 즐거이 열반에 나아가도록 하니, 하열한 이승과 동일하게 고苦를 싫어하고 멸滅을 기뻐하게 한다. 그것이 제5지의 무차별도無差別道를 장애하니, 제5지에 들 때 곧 영원히 끊을 수 있다."[300]

해 제5지에서는 사제관四諦觀에 의지하여 (그것을) 방편으로 삼아서, 저 사제의 염정인과染淨因果의 무차별도를 깨달아 들어간다. 그러므로 등지거나[301] 나아가는 두 가지 우

---

300 『成唯識論』 권9(T31, 53a25).
301 원문은 '是故能斷皆趣二愚'라고 되어 있는데, 의미가 통하지 않는다. 전후 문맥상 이곳에서는 '오로지 생사를 등지거나(背) 오로지 열반에 나아가려(趣) 하는 두 종류 우치를

치를 능히 끊는 것이다.】

釋曰。第五難勝地障。成唯識云。如其次第。能[1]厭生死樂涅槃者也。卽十障中第五於下乘涅槃障。謂所知障中俱生一分。令厭生死樂趣涅槃。同下二乘厭苦欣滅。彼障五地無差別道。入五地時。便能永斷。【解云。五地依四諦觀。以爲方便。入彼四諦染淨因果無差別道。是故能斷皆[2]趣二愚。】

---
1) ㉯『成唯識論』권9(T31, 53a25)에 따르면 '能'은 '令'의 오기인 듯하다. 2) ㉯ '皆'는 '背'인 듯하다. 해당 번역문 역주 참조.

(바) 현전지現前地의 장애

【경】 제6지에는 두 가지 우치가 있으니, 첫째는 현전에서 제행의 유전을 관찰하는 우치이고, 둘째는 상이 많이 현행하는 우치이며, 또 그것의 추중이 있어서, 대치의 대상이 된다.

於第六地。有二愚痴。一者現前觀察諸行流轉愚痴。二者相多現行愚痴。及彼麤重。爲所對治。

【석】 여섯 번째는 현전지現前地의 장애를 밝힌 것이다.
『성유식론』에서는 말한다.

첫째, '현전시켜 행의 유전을 관찰하는 우치'라고 한 것은 이 논에서 '염染이 있다고 집착한다'는 것에 해당한다. 제행의 유전은 염분染分에 속하기 때문이다.

능히 끊는다'는 문구가 있어야 한다. 따라서 '皆趣二愚' 중의 '皆'를 '背'로 수정하였다.

둘째, '상이 많이 현행하는 우치'라고 한 것은 이 논에서 '정淨이 있다고 집착한다'는 것에 해당한다. 정상淨相을 취하기 때문에 상관相觀이 많이 현행해서 능히 많은 시간을 무상관無相觀에 머물 수가 없다.[302]

【해】 처음의 우치는 고苦·집集의 유전문流轉門에 집착하는 것이고, 뒤의 우치는 멸滅·도道의 정상문淨相門에 집착하는 것이다.】

이것은 열 가지 장애 중에서 여섯 번째인 추상현행장麤相現行障이다. "말하자면 소지장 중에 구생俱生의 일부가 염·정의 거친 상이 있다고 집착해서 (그 상이) 현행하는 것이다. 그것은 6지의 무염정도無染淨道를 장애하니, 6지에 들 때 곧 영원히 끊을 수 있다."[303]

釋曰。第六現前地障。成唯識云。一現觀察行流轉愚。卽是此中執有染者。諸行流轉。染分攝故。二相多現行愚。卽是此中執有淨者。取淨相故。相觀多行。未能多時住無相觀。【解云。初愚執苦集流轉門。後愚執滅道淨相門。】卽十障中第六麤相現行障。謂所知障中俱生一分。執有染淨麤相現行。彼障六地無染淨道。入六地時。便能永滅。

(사) 원행지遠行地의 장애

【경】 제7지에는 두 가지 우치가 있으니, 첫째는 미세한 상이 현행하는 우치이고, 둘째는 오로지 무상만 작의하는 방편의 우치이며, 또 그것의 추중이 있어서, 대치의 대상이 된다.

---

302 『成唯識論』 권9(T31, 53b4).
303 『成唯識論』 권9(T31, 53b1).

於第七地。有二愚痴。一者微細相現行愚痴。二者一向無相作意方便愚痴。
及彼麤重。爲所對治。

석 일곱 번째는 원행지遠行地의 장애를 밝힌 것이다.
『성유식론』에서는 말한다.

첫째, '미세한 상이 현행하게 하는 우치'라는 것은 이 논에서 '생生이 있다고 집착한다'라고 한 것에 해당한다. 여전히 유전流轉의 미세한 생生의 상相을 취하기 때문이다.【해 연생緣生의 생멸유전生滅流轉의 (상이) 있다고 집착하는 것이다. (이런 집착은) 실제로 '멸멸'에도 통하지만 우선 처음 것을 들어 말하였다.[304]】

둘째, '오로지 무상만 작의하며 추구하는 우치'라는 것은 이 논에서 '멸멸이 있다고 집착한다'라고 한 것에 해당한다. 오히려 환멸還滅의 미세한 멸멸의 상을 취하기 때문이다.【해 연생의 환멸의 상이 있다고 집착하는 것이다.】오로지 무상만 작의하고 열심히 구하면서 공空 안에서 유有(有觀)의 수승한 행을 일으키지 못한다.[305]

이는 열 가지 장애 중에 일곱 번째인 세상현행장細相現行障에 해당한다. "말하자면 소지장 중에 구생의 일부가 생·멸의 미세한 상이 있다고 집착해서 (그 상이) 현행하는 것이다. 그것은 7지의 묘한 무상도無相道를 장애하니, 8지에 들 때 곧 영원히 끊을 수 있다."[306]

---

304 '생멸유전'에 대해 '생하는 모습(生相)'뿐만 아니라 '멸하는 모습(滅相)'도 있다고 집착하지만, 앞의 것만 거론했다는 것이다.
305 『成唯識論』권9(T31, 53b10).
306 『成唯識論』권9(T31, 53b8).

釋曰。第七遠行地障。成唯識云。一細相現行愚。卽是此中執有生者。猶有[1]
流轉細生相故。【解云。執有緣生生滅流轉。據實通滅且擧初言】二純作意求無
相愚。卽是此中執有滅者。尙取還滅細滅相故。【解云。執有緣生還滅相也】純
於無相作意勤求。未能空中起有勝行。卽十障中第七細相現行障。謂所知障
中俱生一分。執有生滅細相現行。彼障七地妙無相道。入七地時。便能永斷。

1) ㉘『成唯識論』권9(T31, 53b11)에 '有'가 '取'로 되어 있다.

(아) 부동지不動地의 장애

경 제8지에는 두 가지 우치가 있으니, 첫째는 무상에서 공용을 짓는 우치이고 둘째는 상에서의 자재함에 대한 우치이며, 또 그것의 추중이 있어서, 대치의 대상이 된다.

於第八地。有二愚痴。一者於無相作功用愚痴。二者於相自在愚痴。及彼麤
重。爲所對治。

석 여덟 번째는 부동지不動地의 장애를 밝힌 것이다.
『성유식론』에서는 말한다.

첫째는 무상에서 공용을 짓게 하는 우치다.
둘째는 상相에서의 자재함에 대한 우치다. 상 중에서 자재하지 못하게 하기 때문이다. 이 (상에는) 또한 국토를 포괄하니, 상의 일부이기 때문이다.
8지 이상에서는 순수한 무루도無漏道가 자유로이(任運) 일어나기 때문에 삼계의 번뇌가 영원히 현행하지 않는다. 제7식 중의 미세한 소지장은 여전히 현기現起할 수 있으니, 생공生空의 지智와 과果는 그것과 어긋나지 않기 때문이다.[307·308] 【해】 '생공의 지와 과'라는 것은 생공지生空智에 의해 인발된 후득지後得智 및 멸진정(滅定)을 말한다.】

이는 열 가지 장애 중에 여덟 번째인 '무상 중에서 가행을 짓게 하는 장애'에 해당한다. "말하자면 소지장 중에 구생의 일부가 무상관無相觀이 자유로이 일어나지 못하도록 하는 것이다. 이전의 다섯 지에서는 유상관有相觀은 많고 무상관은 적으며, 제6지에서는 유상관은 적고 무상관은 많다. 제7지에서는 순수한 무상관이 항상 상속하기는 해도 가행이 있다. 무상 중에서 가행이 있기 때문에 아직은 자유로이 상相과 국토(土)를 현현시키지 못한다. 이와 같은 가행은 제8지의 무공용도無功用道를 장애한다. 따라서 제8지를 획득했을 때는 곧 영원히 끊을 수 있다. 그것이 영원히 끊어지기 때문에 두 가지 자재(상과 국토에 대한 자재)를 획득하는 것이다."[309]

釋曰。第八不動地障。成唯識云。一於無相作功用愚。二於相自在愚。令於相中。不自在故。此亦攝土。相一分故。八地已上。純無漏道。任運起故。三界煩惱。永不現行。第七識中細所知障。猶可現起。生空智果。不違彼故。【解云。生空智果者。謂生空智所引後得智及滅定】即十障中。第八於無相中作加行障。謂所知障中俱生一分。令無相觀。不任運起。前之五地。有相觀多。無相觀少。於第六地。有相觀少。無相觀多。第七中純無相觀。雖恒相續。

---

307 8지 이상에서는 제6식과 동시에 일어나는 소지장은 나지 않는다. 이때부터는 인공人空(생공)·법공法空에 대한 무루의 무분별지와 그 과果인 멸진정과 후득지 등이 끊임없이 상속해서 제6식의 두 가지 집착과는 서로 거스르기 때문이다. 그러나 제7말나식과 함께 일어나는 미세한 소지장은 8지 이상에서도 여전히 현행할 수 있다. 아직은 제6식의 생공지生空智와 그 과의 행상이 모두 거칠어서 제7식의 미세한 소지장과는 서로 어긋나지 않기 때문이다.『成唯識論述記』권10(T43, 590a17) 참조.
308 『成唯識論』권9(T31, 53b22)
309 『成唯識論』권9(T31, 53b14).

而有加行。由無相中。有加行故。未能任運現相及土。如是加行。障八地中無功用道。故若得入第八地時。便能永斷。彼永斷故。得二自在。

(자) 선혜지善慧地의 장애

경 제9지에는 두 가지 우치가 있으니, 첫째는 한량없는 설법과 한량없는 법구·문자와 후속된 지혜로운 변설에서의 다라니자재에 대한 우치이고, 둘째는 변재자재에 대한 우치이며, 또 그것의 추중이 있어서, 대치의 대상이 된다.

於第九地。有二愚痴。一者無量說法。無量法句文字。後後慧辨陀羅尼自在愚痴。二者辨才自在愚痴。及彼麤重。爲所對治。

석 아홉 번째는 선혜지의 장애를 밝힌 것이다.
『성유식론』에서는 말한다.

첫째는 한량없는 설해진 바의 법, 한량없는 명·구·자, 후속되는 지혜로운 변설에서의 다라니자재에 대한 우치라고 한다.[310]
'한량없는 설해진 바의 법에서의 다라니자재'란 의무애해義無礙解이니, 즉 소전所詮[311]에서의 총지자재總持自在(다라니자재)에 해당한다. 하나의 의미 중에서 일체의 의미를 나타내기 때문이다.
'한량없는 명·구·자에서의 다라니자재'란 법무애해法無礙解이니, 즉

---
[310] 이하에서는 아홉 번째 장애를 사무애해와 연관시켜 해석하였다. 이 논에 의하면, 사무애해는 이타법利他法에 속한다. 이 이타법에 대한 우치가 이타행을 행하려 하지 않도록 만들기 때문에 제9지에서는 그것을 제거한다는 것이다.
[311] 소전所詮 : 법에 의해 드러내려 했던 의미 혹은 이치 등을 말한다.

능전能詮[312]에서의 총지자재에 해당한다. 하나의 명·구·자 중에서 일체의 명·구·자를 나타내기 때문이다.

'후속되는 지혜로운 변설에서의 다라니자재'란 사무애해詞無礙解이니, 즉 언음言音의 연속적 훈석訓釋에서의 총지자재에 해당한다. 하나의 음성 중에서 일체의 음성을 나타내기 때문이다.

둘째는 변재자재에 대한 우치이. '변재자재'란 변무애해辨無礙解를 말하니, 근기가 마땅한지를 잘 통달해서 교묘하게 설해 주기 때문이다.

(이상의 두 가지) 우치가 이 네 종류 자재를 장애할 수 있으니, 모두 이 논에서 말한 아홉 번째 장애에 속한다.[313]

이는 열 가지 장애 중에 아홉 번째인 '이타행 중에서 행하려고 하지 않는 장애'에 해당한다. "말하자면 소지장 중에 구생의 일부가 유정에게 이익과 즐거움을 주는 일에서는 부지런히 행하려 하지 않고 자기 이익만 즐거이 닦도록 하는 것이다. 그것은 제9지의 네 종류 무애해를 장애하니, 제9지에 들 때 곧 영원히 끊을 수 있다."[314]

釋曰。第九善慧地障。成唯識云。一於無量所說法無量名句字後後慧辯陀羅尼自在愚。於無量所說法陀羅尼自在者。謂義無礙解。卽於所詮總持自在。於一義中。現一切義故。於無量名句字陀羅尼自在者。謂法無礙解。卽於能詮總持自在。於一名句字中。現一切名句字故。於後後慧辯陀羅尼自在者。謂詞無礙解。卽於言音展轉訓釋總持自在。於一音聲中。現一切音聲故。二辯才自在愚。辯才自在者。謂辯無礙解。善達機宜。巧爲說故。愚能障此四種自在。皆是此中第九障攝。卽十障中第九利他中不欲行障。謂所

---

[312] 능전能詮 : 의미 혹은 이치를 나타내는 언어적 수단으로서의 법 자체를 가리킨다.
[313] 『成唯識論』 권9(T31, 53c1).
[314] 『成唯識論』 권9(T31, 53b27).

知障中俱生一分。令於利樂有情事中。不欲勤行。樂修己利。彼障九地四無
礙解。入九地時。便能永斷。

(차) 법운지法雲地의 장애

경 제10지에는 두 종류 우치가 있으니, 첫째는 대신통에 대한 우치이고, 둘째는 미세한 비밀을 깨달아 드는 것에 대한 우치이며, 또 그것의 추중이 있어서, 대치의 대상이 된다.

於第十地。有二愚痴。一者大神通愚痴。二者悟入微細祕密愚痴。及彼麤
重。爲所對治。

석 열 번째는 법운지法雲地의 장애를 밝힌 것이다.
『성유식론』에서는 말한다.

첫째, '대신통에 대한 우치'라는 것은 이 논에서는 '일으킨 바의 사업을 장애한다'[315]고 한 것에 해당한다.
둘째, '미세하고 비밀스러운 것을 깨달아 드는 것에 대한 우치'라고 한 것은 이 논에서 '대법지大法智의 구름과 (그에) 함장된 것들을 장애한다'라고 한 것에 해당한다.[316]

이는 열 가지 장애 중에서 열 번째인 '제법에서 자재를 얻지 못하도록 하는 장애'에 해당한다. "말하자면 소지장 중에 구생의 일부가 제법에서

---

[315] '일으킨 사업을 장애한다'는 것은 지혜로 일으킨 대신통의 사업을 장애한다는 것이다.
[316] 『成唯識論』 권9(T31, 53c16).

자재를 얻지 못하도록 하는 것이다. 그것은 십지十地의 대법지의 구름 및 (그 지혜에) 함장된 것과 (그 지혜로) 일으킨 바의 사업을 장애하니, 십지에 들 때 곧 영원히 끊을 수 있다."³¹⁷

釋曰。第十法雲地障。成唯識云。一大神通愚。卽是此中障所起事業者。二悟入微細秘密愚。卽是此中障大法智雲及所含藏者。卽十障中第十於諸法中未得自在障。謂所知障中俱生一分。令於諸法。不得自在。彼障十地大法智雲及所含藏所起事業。入十地時。便能永斷。

(카) 여래지如來地의 장애

경 여래지에는 두 종류 우치가 있으니, 첫째는 '모든 알아야 할 경계에 지극히 미세하게 집착하는 우치'이고, 둘째는 '지극히 미세하게 장애하는 우치'이며, 또 그것의 추중이 있어서, 대치의 대상이 된다.

於如來地。有二愚痴。一者於一切所知境界極微細著愚痴。二者極微細礙¹⁾ 及彼麤重。爲所對治。

1) ㉠『解深密經』 권4(T16, 704c1)에 '礙' 뒤에 '愚痴'가 있다.

석 열한 번째는 여래지의 장애를 밝힌 것이다.
『성유식론』에서는 말한다.

첫째, '모든 알아야 할 경계에 지극히 미세하게 집착하는 우치'라는 것은 이 논에서 '미세한 소지장'이라고 한 것에 해당한다.

---
317 『成唯識論』 권9(T31, 53c12).

둘째, '지극히 미세하게 장애하는 우치'라는 것은 이 논에서 '일체의 자유로이 일어나는 번뇌장의 종자'라고 한 것에 해당한다.

따라서 『집론』에서는 말하길 '보리를 증득할 때 번뇌장과 소지장을 단박에 끊고 아라한이 되고 또 여래가 된다'라고 하니, 대열반과 대보리를 증득했기 때문이다.[318]

이는 열 가지 장애 중의 열 번째 장애에서 따로 하나의 장애를 연 것이다. 따라서 『성유식론』에서는 다시 이런 말을 하였다. "이 지에서는 법에서의 자재를 획득하기는 했지만 그 밖의 장애가 있으므로 아직 '최극最極'이라 이름할 수는 없다. 말하자면 구생의 미세한 소지장이 있고, 또 자유로이 일어나는 번뇌장의 종자가 있으니, 금강유정金剛喩定이 현전해 있을 때 그것을 모두 단박에 끊고 여래지에 들어간다."[319]

여러 교설을 자세하게 인용하자면, 구체적인 것은 『별장別章』과 같다.

釋曰。第十一如來地障。成唯識云。一於一切所知境界極微細著愚。卽是此中微所知障。二極[1)]細礙愚。卽是此中一切任運煩惱障種。故集論說。得菩提時。頓斷煩惱及所知障。成阿羅漢。及成如來。證大涅槃大菩提故。卽十障中。於第十障。別開一障。故成唯識。復作此言。此地於法。雖得自在。而有餘障。未名最極。謂有俱生微所知障。及有任運煩惱障種。金剛喩定。現在前時。彼皆頓斷。入如來地。廣引諸敎。其如別章。

1) ㉥『成唯識論』 권9(T31, 53c23)에 '極' 뒤에 '微'가 있다.

다) 우치를 설한 뜻을 나타냄

---

[318] 『成唯識論』 권9(T31, 53c21).
[319] 『成唯識論』 권9(T31, 53c18).

(가) 우치를 설한 뜻을 밝힘

경 선남자여, 이 스물두 종류 우치와 열한 종류 추중으로 인해서 모든 지를 안립한 것이다.

善男子。由此二十二種愚痴。及十一種麤重故。安立諸地。

석 이하는 세 번째로 우치 등을 설한 뜻을 밝힌 것이다. 이 중에 두 가지가 있다. 처음에는 우치 등을 설한 뜻을 밝혔고, 나중에는 보리가 모든 계박을 떠났다고 찬탄하였다.
이것은 처음에 해당한다. 말하자면 열한 개의 지를 안립하려 하였기 때문에 모든 우치들과 열한 개 추중을 설한 것이다.

釋曰。自下第三說愚等意。於中有二。初明說愚等意。後讚菩提離諸繫縛。此卽初也。謂欲安立十一地故。說諸愚痴十一麤重。

(나) 보리가 모든 계박을 떠났음을 찬탄함

㉮ 부처님께서 설하심

경 그리고 아뇩다라삼먁삼보리는 그것의 계박을 떠나 있다."

而阿耨多羅三藐三菩提。離彼繫縛。

석 두 번째는 위없는 깨달음(無上覺)은 모든 계박을 떠났음을 찬탄한 것이다. 이 중에 두 가지가 있다. 처음에는 부처님이 스스로 설하였고,

제7 지바라밀다품 • 189

나중에는 보살이 찬탄하였다.

　이것은 부처님이 설한 것이다. 말하자면 묘각위는 모든 우치 및 그것의 추중을 멀리 떠난다.

> 釋曰。第二讚無上覺離諸繫縛。於中有二。初佛自說。後菩薩讚。此卽佛說。謂妙覺位。遠離諸愚及彼麤重。

㈁ 보살이 찬탄함

a. 총괄해서 찬탄함

경 관자재보살이 다시 부처님께 여쭈었다. "세존이시여, 아뇩다라삼먁삼보리는 매우 기이하고 희유하며 나아가서는 큰 이익과 큰 과를 성취하니,

> 觀自在菩薩。復白佛言。世尊。阿耨多羅三藐三菩提。甚奇希有。乃至成就大利大果。

석 이하는 두 번째로 보살이 찬탄한 것이다. 이 중에 두 가지가 있다. 처음은 총괄해서 찬탄하였고, 나중은 따로 찬탄하였다.

　이것은 총괄해서 찬탄한 것이다. 그에 두 가지 의미가 있다. 첫째는 큰 이익을 성취하는 것이니, 곧 이타의 공덕에 해당한다. 둘째는 큰 과를 성취하는 것이니, 곧 자리의 공덕에 해당한다.

　혹은 보리를 획득하므로 '큰 이익'이라 하였고 열반을 증득하기 때문에 '큰 과'라고 했다고 볼 수 있다. 혹은 소지장을 끊는 것을 '큰 이익'이라 하였고 번뇌장을 끊는 것을 '큰 과'라고 했다고 볼 수 있다.

釋曰。自下第二菩薩讚嘆。於中有二。初總。後別。此卽初總讚。有其二義。一成就大利。卽是利他功德。二成就大果。卽是自利功德。或可得菩提。故名大利。證涅槃故。名爲大果。或可斷所知障。名爲大利。斷煩惱障。名爲大果。

b. 따로따로 찬탄함

경 보살들로 하여금 이와 같은 거대한 우치의 그물을 능히 깨뜨리게 하고, 이와 같은 거대한 추중의 숲을 능히 넘어서게 하며, 현전에서 아뇩다라삼먁삼보리를 증득하게 합니다."

令諸菩薩。能破如是大愚癡羅網。能越如是大麤重稠林。現前證得阿耨多羅三藐三菩提。

석 두 번째는 따로 찬탄하였다. 그에 세 가지 의미가 있다. 첫째는 모든 우치를 깨뜨리는 것이고, 둘째는 모든 추중을 넘어서는 것이며, 셋째는 현전에서 보리를 증득하는 것이다. 보살들로 하여금 이 세 가지 이익을 갖추도록 할 수 있다.
　우치는 능히 유정을 그물질하여 잡아들이기 때문에 '그물'에 비유하였고, 추중은 아주 많아서 비유하면 빽빽한 숲과 유사하다.
해 또 스물두 가지 우치를 해석한 곳에서 경문을 네 가지로 구별할 수도 있다. 첫째는 물음이다. 둘째는 대답이다. 셋째, "선남자여" 이하는 결론이다. 넷째, "관자재" 이하는 보살이 보리의 공덕을 찬탄한 것이다.

釋曰。第二別讚。有其三義。一破諸愚癡。二越諸麤重。三現證菩提。能令菩薩。具此三利。愚能羅覆網悎有情。故喩羅網。麤重衆多。譬似稠林。又

제7 지바라밀다품 • 191

解。就釋二十二愚中。文別有四。一問。二答。三善男子下。結。四觀自在下。菩薩讚嘆菩提功德。

④ 여덟 종류 수승殊勝에 의거해서 모든 지地를 분별함

가. 보살의 청문

경 관자재보살이 다시 부처님께 여쭈었다. "세존이시여, 이와 같은 모든 지地는 몇 종류 수승殊勝에 의해 안립되는 것입니까?"

觀自在菩薩。復白佛言。世尊。如是諸地。幾種殊勝之所安立。

석 이하는 네 번째로 여덟 종류 수승에 의해 모든 지를 안립했음을 밝힌 것이다. 이 중에 두 가지가 있다. 앞은 청문이고, 뒤는 정설이다.
이것은 첫 번째로 보살이 청문한 것이다. '이와 같은 열한 종류 지는 각기 몇 종류 (수승에 의해) 안립된 것이 있는가.'

釋曰。自下第四八種殊勝安立諸地。於中有二。先請。後說。此即第一菩薩請問。如是十一地。各有幾種之所安立。

나. 여래의 정설

가) 개수를 표시하며 간략히 답함

경 부처님께서 관자재보살에게 말씀하셨다. "선남자여, 대략 여덟 종류가 있다.

佛告觀自在菩薩曰。善男子。略有八種。

석 이하는 두 번째로 여래께서 바로 설하신 것이다. 이 중에 세 가지가 있다. 처음은 개수를 표시하며 간략히 대답한 것이다. 다음은 수에 따라서 이름을 나열한 것이다. 마지막의 "선남자여" 이하는 지地에 의거해서 그 수승함과 하열함의 정도를 분별한 것이다.

이것은 첫 번째로 개수를 표시하고 총괄해서 답하면서, '열한 종류 지에 여덟 종류 수승이 있다'라고 하였다.

釋曰。自下第二如來正說。於中有三。初標數略答。次依數列名。後善男子下。約地分別勝劣多少。此即第一標數總答。於十一地。有八種勝。

나) 개수에 따라 이름을 나열함

경 첫째는 증상의요의 청정이고, 둘째는 심心의 청정이며, 셋째는 비悲의 청정이고, 넷째는 도피안의 청정이며, 다섯째는 부처님을 뵙고 공양하며 받들어 모심의 청정이고, 여섯째는 유정을 성취시킴의 청정이며, 일곱째는 생生의 청정이고, 여덟째는 위덕의 청정이다.

一者增上意樂淸淨。二者心淸淨。三者悲淸淨。四者到彼岸淸淨。五者見佛供養承事淸淨。六者成就有情淸淨。七者生淸淨。八者威德淸淨。

석 두 번째는 개수에 따라 이름을 나열한 것이다.
『상속해탈경』과 『심밀해탈경』과 『섭대승론』 제10권과 『유가사지론』 제75권에 (열거된 여덟 종류 청정의) 명칭은 거의 동일하다.
"증상의요"라고 한 것은 가령 이전에 청정의요淸淨意樂에서 설명했던 것과 같다.³²⁰【('의요'는) 『상속해탈경』에서 '희망悕望'이라 하였고 『심밀해탈경』에서 '직심直心'이라 하였으며 양梁 『섭대승론석』에서 '신요信樂'라고 하였고 『유가사지론』에서 '의요意樂'라고 하였는데, 이는 번역가가 다르기 때문이다.】

釋曰。第二依數列名。相續深密。攝大乘第十。瑜伽七十五。名字大同。言增上意樂者。如前淸淨意樂中說【相續悕望。深密直心。梁論信樂。瑜伽意樂者。譯家異故。】

"심心의 청정"이란 여덟 종류 선정³²¹을 통틀어 설하여 '심의 청정'이라 한 것이다. 따라서 모든 성스런 가르침에서는 모든 선정을 통틀어 설하여 '심학心學'이라 이름한다.

『현양성교론』 제3권에서 사정려를 '심의 청정(心淨)'이라 설한 것은, 가령 『유가사지론』 제28권에서 설하길 '처음으로 능히 성스런 진리를 현관現觀³²²하는 정성리생正性離生(견도에 든 성자)에 들어갔기 때문에 특별히 증상심학이라 설한다'라고 했던 것과 같다.³²³

心淸淨者。通說八定。爲心淸淨。故諸聖敎。通說諸定。名爲心學。顯揚第三說四靜慮爲心淨者。如瑜伽論二十八說。最初能入聖諦現觀正性離生。故偏說爲增上心學。

---

320 앞에서 모든 지地와 네 종류 청정淸淨의 관계를 논하는 가운데, 그 첫 번째인 증상의 요增上意樂의 청정에 대해 자세히 설명한 바 있다.
321 여덟 종류 선정(八定) : 색계色界의 사선四禪과 무색계無色界의 사무색정四無色定을 합한 것을 말한다.
322 현관現觀 : 진리(諦)를 관찰할 때 그 진리의 경계가 눈앞에 분명하게 현현하는 것을 말한다.
323 『瑜伽師地論』 권28(T30, 436a4) 참조.

"비悲의 청정"이란 네 가지 무량 중에서 비무량悲無量을 말한다.

문 비悲와 대비大悲는 어떤 차별이 있는가?

답 살바다종은, 『구사론』에 의하면, 여덟 가지 이유에서 차별된다고 한다. 따라서 제27권에서 말한다.

이것(대비)과 비가 다른 것은 여덟 가지 이유 때문이다.

첫째는 자성自性 때문이다. 무치無癡와 무진無瞋이라는 자성이 다르기 때문이다.[324]

둘째는 행상行相 때문이다. 세 가지 고苦와 한 가지 고의 행상이 다르기 때문이다.[325]

셋째는 소연所緣 때문이다. 세 가지 계와 하나의 계라는 소연은 다르기 때문이다.[326]

넷째는 의지하는 지(依地) 때문이다. 제4정려에 (의지하는 것과) 통틀어 그 밖의 지에 (의지하는 것은) 다르기 때문이다.[327]

다섯째는 의지하는 몸(依身) 때문이다. 오직 부처님 몸에만 (의지하는 것과) 통틀어 그 밖의 몸에도 (의지하는 것이) 다르기 때문이다.[328]

---

[324] '대비大悲'는 무치無癡 심소를 자성으로 하고, '비悲'는 무진無瞋 심소를 자성으로 한다는 점에서 차이가 있다.

[325] '대비大悲'는 세 가지 고苦, 즉 고고苦苦·괴고壞苦·행고行苦의 행상을 짓는 데 비해, '비悲'는 단지 고고의 행상만을 짓는다는 점에서 차이가 난다. '세 가지 고' 중에서 '고고'란 좋아하지 않는 대상에 대해서 고통을 느끼는 것이고, '괴고'란 좋아하는 것이 파괴되는 것에서 고통을 느끼는 것이며, '행고'란 세간의 모든 무상함에서 고통을 느끼는 것이다. 『俱舍論記』 권27(T41, 406b29) 참조.

[326] '대비大悲'는 삼계의 유정을 대상(所緣)으로 삼고, '비悲'는 욕계의 유정만을 대상으로 삼는다. 『俱舍論記』 권27(T41, 406c1) 참조.

[327] '대비大悲'는 제4정려에 의지해서 일어나는 것이고, '비悲'는 공통적으로 그 밖의 정려에 의지해서 일어나는 것이다. 『俱舍論記』 권27(T41, 406c2) 참조.

[328] '대비大悲'는 오직 부처님의 몸에 의지해서 일어나는 것이고, '비悲'는 공통적으로 그 밖의 몸들에 의거해서 일어나는 것이다. 『俱舍論記』 권27(T41, 406c3) 참조.

여섯째는 증득證得 때문이다. 유정有頂을 (떠나서 증득하는 것과) 욕계를 떠나서 증득하는 것은 다르기 때문이다.[329]

일곱째는 구제救濟 때문이다. 일을 성취시키는 (구제와) 희망하는 구제는 다르기 때문이다.[330]

여덟째는 애민哀愍 때문이다. 평등한 애민과 불평등한 애민이 다르기 때문이다.[331·332]

『순정리론』 제75권 또한 『구사론』과 동일하게 설한다.
『잡심론』 제7권에서는 다섯 가지 의미로 차이를 설명했다.
『대비바사론』 제83권에서는 열다섯 번의 부차復次로 (대비와 비의) 차별에 대해 해석하였으니, 자세한 설명은 그 논과 같다.[333]

悲清淨者。四無量中悲無量也。問。悲與大悲。有何差別。答。薩婆多宗。依俱舍論。八因差別。故第二十七云。此與悲異。由八種因。一由自性。無礙[1]無瞋。自性異故。二由行相。三苦一苦行相異故。三由所緣。三界一界所緣異故。四由依地。第四靜慮通餘異故。五由依身。唯佛通餘身有異故。六由證得。離有頂欲證得異故。七由救濟。事成希望救濟異故。八由哀愍。平等不平等哀愍異故。正理七十五。亦同俱舍。雜心第七。五義辨異。婆沙第八十三。十五復次。以釋差別。廣說如彼。

---

329 '대비大悲'는 유정有頂(제9지, 무색계의 제4지)을 떠나서 증득되는 것이고, '비悲'는 욕계를 떠나서 증득되는 것이다. 『俱舍論記』 권27(T41, 406c4) 참조.
330 '대비大悲'는 일을 성취시킴으로써 구제하는 것이지만, '비悲'는 단지 마음으로 희망하는 것일 뿐이다. 『俱舍論記』 권27(T41, 406c4) 참조.
331 '대비大悲'는 평등하게 일체의 유정들을 고통에서 벗어나게 해 주지만, '비悲'는 불평등하게 단지 욕계의 유정들만 고통에서 벗어나게 해 준다. 『俱舍論記』 권27(T41, 406c5) 참조.
332 『俱舍論』 권27(T29, 141a21).
333 『大毘婆沙論』 권83(T27, 428a14) 참조.

1) ㉮『俱舍論』 권27(T29, 141a22)에 따르면 '礙'는 '癡'의 오기다.

경부사종經部師宗은 가령 『성실론』에서 일곱 가지 의미로 설명한 것과 같다. 따라서 그 논의 제12권에서 말한다.

🔲 비悲와 대비大悲는 어떤 차별이 있는가?

🔲 비는 다만 마음의 연민을 가리키고, 일을 완전히 성취시킬 수 있기 때문에 대비라고 한다. 그 이유는 무엇인가? 보살은 중생의 고통을 보면 이 고통을 없애기 위해 부지런히 정진을 닦는다. 또 무량한 겁 동안 수습해서 성취된 것이기 때문에 대비라고 한다. 또 지혜의 눈으로 중생의 고통을 보고 결정적으로 '반드시 당래에 제거해 주리라'라고 발심하기 때문에 대비라고 한다. 또 이익 받는 대상이 많기 때문에 대비라고 한다.

또한 장애가 없기 때문에 대비라고 한다. 그 이유는 무엇인가? 비심悲心은 간혹 남의 악惡을 생각하기 때문에 장애가 생길 수 있지만, 대비는 갖가지 심한 악에 통달하여 장애가 없다. 또 비심은 간혹 후하기도 하고 박하기도 한 불평등이 있지만, 일체에 평등하기 때문에 대비라고 한다. 또 스스로 자기의 이익을 버리고 단지 남의 이익만 구하기 때문에 대비라고 하는데, 비는 이와 같지 않다.

이런 것을 (대비와 비의) 차별이라 한다.[334]

經部師宗。如成實論。七義以辨。故彼第二十[1])云。問曰。悲與大悲。有何差別。答曰。悲名但心憐愍。能成辦事故大悲。所以者何。菩薩見眾生苦。爲盡此苦。懃修精進。又於無量劫。修習所成。故名大悲。又以智眼。見眾生苦。決定發心要當除滅。故名大悲。又多所利益。故名大悲。亦無障礙。故

---

334 『成實論』 권12(T32, 337c11).

名大悲。所以者何。悲心或念他惡。故生障礙。大悲於種種深惡。通²⁾無礙。
又悲心或有厚薄不等。一切平等故名大悲。又自捨已³⁾利。但求他利。⁴⁾故名
大悲。悲不如是。是名差別。

1) ㉠ '二十'은 '十二'의 도치인 듯하다.   2) ㉠ 『成實論』 권12(T32, 337c18)에 '通' 뒤
에 '達'이 있다.   3) ㉠ 『成實論』 권12(T32, 337c19)에 따르면 '已'는 '己'의 오기다.   4)
㉠ 『成實論』 권12(T32, 337c20)에 따르면 '他利'는 '利他'의 도치다.

이제 대승에 의하면, 예를 들어 『장엄경론』에서 여섯 가지 의미로 비와 대비의 차별을 설명한 것과 같다. 따라서 제9권에서는 말한다.

다시 여섯 종류 차별이 있다.

[송] 평등하지 않고 또한 항상되지 않으며
심오하지 않고 또한 수순하지 않으며
도가 아니고, 얻지 않음이 아닌
여섯 종류 비悲를 뒤집으면 이와 같다네.

[석] 대비가 아닌 여섯 종류 차별을 뒤집으면 곧 대비의 여섯 종류 차별이다. 첫째는 평등함(平等)이고, 둘째는 항상됨(常恒)이며, 셋째는 심오함(深極)이고, 넷째는 수순함(隨順)이며, 다섯째는 청정한 도(淨道)이고, 여섯째는 얻지 않음(不得)이다.
'평등'이라 한 것은 낙수樂受 등 중생이 가진 모든 느낌(受)들에 대해서 이는 모두 고苦임을 알기 때문이다.
'항상됨'이라 한 것은 무여열반無餘涅槃에 이르기까지 또한 다함이 없기 때문이다.
'심오함'이라 한 것은 지地에 든 보살(初地에 든 보살)들은 자타의 평등

을 획득하기 때문이다.

'수순함'이라 한 것은 모든 중생의 고통에 대해 이치에 맞게 구제해 주기 때문이다.

'청정한 도'라 한 것은 대치되어야 할 번뇌를 끊어 없앨 수 있기 때문이다.

'얻지 않음'이라 한 것은 무생인無生忍[335]을 증득했을 때는 제법을 얻을 수 없기 때문이다.[336]

『대지도론』 제27권에서도 또한 여섯 가지 의미로 두 가지(대비와 비)의 차별을 설명하는데, 『대승장엄경론』과는 같지 않다. 자세한 것은 그 논에서 설한 것과 같다.

『유가사지론』 제44권과 『현양성교론』 제4권은 함께 네 가지 연緣으로 인해 여래의 비悲가 대비大悲로 될 수 있음을 설명하는데, 그 두 종류의 차별에 대해 설하지는 않았다. 『장엄경론』 또한 네 가지 인연으로 대비를 성취할 수 있다고 하는데, 『유가사지론』 등의 문장의 뜻과는 같지 않다. 자세한 것은 그 논에서 설한 것과 같다.

今依大乘。如莊嚴論。六義辨悲大悲差別。故第九卷云。復有六種差別。偈曰。非等亦非常。非深亦非順。非道非不得。翻六非[1]如是。釋曰。翻非大悲六種差別。即是大悲六種差別。一者平等。二者常恒。三者深極。四者隨順。五者淨道。六者不得。平等者。於樂受等衆生所有諸受。皆知是苦故。常恒

---

335 무생인無生忍 : 무생법인無生法忍이라고도 한다. 생멸을 멀리 떠난 진여실상의 이치 자체를 무생법無生法이라 하고, 진지眞智로 그 이치에 편안히 머물면서 움직이지 않는 것을 무생법인이라 한다. 보살은 견도(初地)에 들 때 모든 법이 끝내 '생하지 않는(不生)' 이치를 통찰한다.
336 『大乘莊嚴經論』 권9(T31, 637b13).

者。乃至無餘涅槃。亦無盡故。深極者。入地諸菩薩。得自他平等故。隨順者。於一切衆生苦。如理拔濟故。淨道者。所對治煩惱。得斷除故。不得者。得無生忍時。諸法不可得故。大智度論第二十七。亦以六義。辨二差別。不同莊嚴。廣如彼說。瑜伽四十四。顯揚第四。俱以四緣。辨如來悲得成大悲。而不說彼二種差別。莊嚴。亦以四因緣。得成大悲。與瑜伽等文意不同。廣如彼說。

1) ㉹『大乘莊嚴經論』권9(T31, 637b15)에 따르면 '非'는 '悲'의 오기다.

그런데 이 대비는, 살바다의 『구사론』 등에 의하면 오직 여래만 갖는 것이고, 대승의 『대지도론』 제27권에 의하면 또한 『구사론』과 동일하다. 『보리자량론』 제2권과 『대지도론』 제20권과 『대승장엄경론』 제9권에 의하면, 보살도 대비를 소유한다.

『대지도론』 제27권에서는 말한다.

> 다시 모든 부처님 마음 중의 자비를 '대大'라고 하고, 그 밖의 사람의 마음 중의 자비를 '소小'라고 한다.
> 문 그렇다면 어째서 보살이 대자대비를 행한다고 말하는가?
> 답 보살의 대자大慈란 부처님에 비해서는 작고 이승에 비해서는 크므로 이것을 가짜로 이름하여 '대'라고 하였다. 부처님의 대자대비야말로 진실하고 가장 위대한 것이다.[337]

然此大悲。依薩婆多俱舍論等。唯如來有。若依大乘。智度論第二十七。亦同俱舍。依菩提資糧論第二。大智度論第二十。莊嚴第九。菩薩亦有大悲。依智度二十七云。復次。諸佛心中慈悲。名爲大。餘人心中。名爲小。問曰。

[337] 『大智度論』 권27(T25, 256b23).

若爾者。何以言菩薩行大慈大悲。答曰。菩薩大慈者。於佛爲小。於二乘爲大。此是假名爲大。佛大慈大悲。眞實最大。

"도피안의 청정"이란 육도와 십도 등을 말하니, 뒤에 가서 설할 것이다.

到彼岸淸淨者。六度十度等。如下當說。

"부처님을 뵙고 공양하며 받들어 모심의 청정"이란 『십지론』 중에서 설했던 세 종류의 '남김 없음(無餘)'에 해당한다. 첫째는 부처님을 뵙는 데 있어 남김 없음(見佛無餘)이고, 둘째는 공양하는 데 있어 남김 없음(供養無餘)이며, 셋째는 공경하는 데 있어 남김 없음(恭敬無餘)이다. 따라서 『십지론』 제3권에서는 말한다.

> 보살의 대원의 남김 없음(大願無餘)에는 세 가지가 있다. 첫째는 모든 부처님을 뵙는 데 있어 남김 없는 것이고, 둘째는 모든 공양에 있어 남김 없는 것이며, 셋째는 모든 공경에 있어 남김 없는 것이다.
> '부처님을 뵙는 데 있어 남김 없다'는 것은 응신·보신·법신의 부처님을 보는 것을 말한다.
> '공양供養'에는 세 종류가 있다. 첫째는 이양공양利養供養이니, 말하자면 의복이나 와구 등을 (공양하는 것이다.) 둘째는 공경공양恭敬供養이니, 말하자면 향과 꽃과 번과 덮개 등을 (공양하는 것이다.) 셋째는 행공양行供養이니, 말하자면 신행·계행 등을 수행하는 것이다.
> '공경恭敬'도 역시 세 종류가 있다. 첫째는 곁에서 모시는 공경이고, 둘째는 마중하거나 배웅하는 공경이며, 셋째는 수행에 의한 공경이다.[338]

---

338 『十地經論』 권3(T26, 138b10).

見佛供養承事淸淨者。卽當十地論中所說三種無餘。一見佛無餘。二供養
無餘。三恭敬無餘。故十地論第三卷云。菩薩大願無餘有三。一見一切佛無
餘。二一切供養無餘。三一切恭敬無餘。見佛無餘者。見應身報身法身佛。
供養有三。一利養供養。謂衣服臥具等。二恭敬供養。謂香華幡蓋等。三者
行供養。謂修行信戒行等。恭敬亦有三種。一者給侍恭敬。二者迎送恭敬。
三者修行恭敬。

혹은 "부처님을 뵙고 공양하며 받들어 모심의 청정"이란 열 종류 공양에 해당한다고 볼 수 있다. 따라서 『유가사지론』 제44권에서는 말한다.

或可見佛供養承事淸淨者。卽十種供養也。故瑜伽論四十四云。

보살이 여래를 공양하는 것에 대략 열 종류가 있다.

첫 번째는 설리라공양設利羅供養[339]이다.【『선계경』에서는 '색신色身'이라 하였고, 『지지경』에서는 '신身'이라 하였다.】

두 번째는 제다공양制多供養[340]이다.【『선계경』에서는 '탑塔'이라 하였고, 『지지경』에서는 '지제支提[341]'라 하였다.】

세 번째는 현전공양現前供養이다.【『선계경』에서는 '현견現見'이라 하였고,

---

[339] 설리라設利羅(S sarīra) : '사리舍利'라고도 하고, 체體·신身·신골身骨·유신遺身 등으로 의역되기도 한다. 일반적으로는 부처님의 유골을 가리키는데, 여기서 말한 '설리라'란 부처님의 몸을 뜻한다.

[340] 제다制多(S caitya) : 적취積聚라고도 하며, 돌이나 금·은 등을 쌓아서 만든 불탑을 말한다. 이 불탑을 조성함으로써 자타의 복업福業을 적취할 수 있기 때문에 '적취'라고 부른다. 이 '제다'와 '솔도파窣堵波(S stūpa)'의 차이는 그 안에 사리가 있는가 없는가의 차이라고 말하기도 한다. 그런데 『瑜伽論記』 권11(T42, 549a9)에 따르면, 그 안에 사리가 있든 없든 돌 등을 쌓아서 조성한 것을 모두 '불탑' 혹은 '제다'라고 하고, '스투파'는 가령 '부도浮圖'처럼 높게 만들어진 것을 가리킨다.

[341] 지제支提 : S caitya의 음사어. 앞의 주 '제다制多' 참조.

『지지경』에서는 『유가사지론』과 동일하게 설한다.】

네 번째는 불현전공양不現前供養이다. 『선계경』에서는 '불현견不現見'이라 하였고, 『지지경』에서는 『유가사지론』과 동일하게 설한다.】

다섯 번째는 자작공양自作供養이다. 『선계경』과 『지지경』에서는 모두 『유가사지론』과 동일하게 설한다.】

여섯 번째는 교타공양教他供養이다. 『선계경』과 『지지경』에서도 또한 『유가사지론』과 동일하게 설한다.】

일곱 번째는 재경공양財敬供養이다. 『선계경』에서는 '이익利益'이라 하였고, 『지지경』에서는 '재물財物'이라 하였다.】

여덟 번째는 광대공양廣大供養이다. 『선계경』에서는 '최승最勝'이라 하였고, 『지지경』에서는 '승공양勝供養'이라 하였다.】

아홉 번째는 무염공양無染供養이다. 『선계경』에서는 '청정淸淨'이라 하였고, 『지지경』에서는 '불염오不染汚'라 하였다.】

열 번째는 정행공양正行供養이다. 『선계경』에서는 '수지受持'라고 하였고, 『지지경』에서는 '지처도至處道'라고 하였다.】

菩薩供養如來。略有十種。一設利羅供養。【善戒經云供養已[1]身。地持云身。】二制多供養。【善戒經云塔。地持云支提。】三現前供養。【善戒至[2]云現見。地持同瑜伽。】四不現前供養。【善戒云不[3]見。地持同瑜伽。】五自作供養。【善戒地持。皆同瑜伽。】六教他供養。【善戒地持。亦同瑜伽。】七財敬供養。【善戒云利益。地持云財物。】八廣大供養。【善戒云最勝。地持云勝。】九無汙供養。【善戒云淸淨。地持云不[4]汙。】十正行供養。【善戒云受持。地持云至處道。】

---

1) ㉯『菩薩善戒經』 권6(T30, 991a23)에 따르면 '已'는 '色'의 오기다.   2) ㉯ '至'는 '經'의 오기인 듯하다.   3) ㉯『菩薩善戒經』 권6(T30, 991a23)에 '不' 뒤에 '現'이 있다.
4) ㉯『菩薩地持經』 권7(T30, 925c7)에 '不' 뒤에 '染'이 있다.

만약 보살들이 여래의 색신을 친히 현견하여 공양한다면, 이것을 '설리라공양'이라고 한다.

만약 보살들이 여래를 위해 조성된 일체의 솔도파窣堵波나 감실龕室이나 대臺라든가 옛(故) 제다라든가 새(新) 제다의 처소에다 모든 공양을 바친다면, 이것을 '제다공양'이라고 한다.

만약 보살들이 여래의 몸이나 혹은 제다의 처소를 직접 면전에 마주하고 현재 눈으로 보면서 공양을 바친다면, 이것을 '현전공양'이라고 한다.

만약 보살들이 여래의 처소나 제다의 처소에서 현전에 공양거리를 차려 놓을 때 증상의요增上意樂를 갖춘 마음과 정신淨信을 갖춘 마음을 일으켜서 이와 같이 〈한 여래의 법성은 삼세의 모든 여래의 법성이고, 한 여래의 제다의 법성은 시방의 모든 여래의 제다의 법성이니, 그러므로 내가 지금 현전한 여래를 공양하는 것은 그 밖의 삼세의 모든 여래를 공양하는 것이고, 현전한 제다를 공양하는 것은 그 밖의 시방의 모든 제다를 공양하는 것이다.〉라고 사유한다면, 이것을 일컬어 '보살이 현전·불현전의 모든 여래와 제다를 함께 공양하는 것'이라고 함을 알아야 한다.

만약 보살이 불현전의 모든 여래 및 제다에 대해 '여래'의 상想을 지으면서, 널리 삼세의 모든 여래와 모든 시방의 여래의 제다를 위해 공양을 바친다면, 이것을 일컬어 '보살이 오직 불현전의 부처님 및 제다를 공양하는 것'이라 함을 알아야 한다.

이 중에서, 보살이 오직 현전의 부처님 및 제다를 공양하는 것이 '광대한 복과廣大福果'를 획득함을 알아야 한다.

오직 불현전의 부처님 및 제다를 공양하는 것은 '크고 큰 복과大大福果'를 획득함을 알아야 한다.

현전·불현전의 부처님 및 제다를 함께 공양하는 것은 최대의 복과(最

大福果)를 획득하고 위없는 것임을 알아야 한다.

若諸菩薩。親現供養如來色身。是名設利羅供養。若諸菩薩。於爲如來所造一切。若窣堵波。若龕若一。[1] 若故制多。新制多所。設諸供養。是名制多供養。若諸菩薩。於如來身。或制多所。親面對前。現囑[2]現見。而設供養。是名現前供養。若諸菩薩。於如來所。若制多所。現前施設供養具時。發起增上意樂俱心淨信俱心。作是思惟。若一如來法性。即是三世一切如來法性。若一如來制多法性。即是十方一切如來制多法性。是故我今供現如來。即是供養其餘三世一切如來。供現制多。即是供養其餘十方一切制多。當知是名菩薩俱供現不現前一切如來及以制多。若諸菩薩。於不現前一切如來及以制多。作如來想。普爲三世一切如來一切十方如來制多。施設供養。當知是名菩薩唯供不現前佛及制多。此中菩薩。唯供現前佛及制多。應知獲得廣大福果。若唯供養不現前佛及以制多。應知獲得大大福果。若俱供養現不現前佛及制多。應知獲得最大福果。爲無有上。

---

1) ㉧ '一'은 '臺'로 된 곳도 있다. ㉹『瑜伽師地論』권44(T30, 533b16)에 따르면 '臺'가 바르다. 2) ㉹『瑜伽師地論』권44(T30, 533b18)에 따르면 '囑'은 '矚'의 오기다.

만약 보살들이 여래의 처소나 제다의 처소에 공양을 바치고 싶어서, 오직 자기 손으로 만들되 노비 등을 시켜서 만들지 않으며 나태한 모든 방일처放逸處에 의지하지 않고 공양을 바친다면, 이것을 '보살의 자작공양自作供養'이라고 한다.

만약 보살들이 여래의 처소나 제다의 처소에 공양을 바치고 싶어서, 오직 자기 손으로만 만들 뿐만 아니라 또한 부모·처자·노비 내지는 외도 등의 무리에게 권하기도 하여, 여래의 처소나 제다의 처소에서 능력이 되는 대로 공양물들을 만들게 한다면, 이것을 '보살 자신과 타인이 함께하는 공양'이라고 한다.

만약 보살들이 현재 조금의 공양할 만한 물건이 있는데 가엾은 마음을 일으켜서, 일부러 빈곤하고 복이 적고 힘이 없는 유정에게 베풀어 주어서 여래나 제다의 처소에서 사용해서 공양하도록 하고, 그가 당래에 항상 안락함을 받기를 원하니, 그(빈곤한 유정)는 이 물건을 얻어 여래와 제다의 처소에 공양하지만 보살은 이곳에 스스로 공양한 것이 없다면, 이것을 '보살이 오직 타인을 시켜서 공양을 바치는 것'이라고 함을 알아야 한다.

이 중에서, 만약 보살이 오직 스스로 부처님과 제다를 공양한다면, '광대한 복과'를 획득함을 알아야 한다.

만약 오직 타인을 시켜서 (공양한다면,) '크고 큰 복과'를 획득함을 알아야 한다.

만약 능히 자기와 타인이 함께 공양한다면, '최대의 큰 복과'를 획득하니 (그것은) 위없는 것임을 알아야 한다.

若諸菩薩。於如來所。若制多所。欲設供養。唯自手作。不使奴婢等作。不依懈墮[1]諸放逸處。而設供養。是名菩薩自作供養。若諸菩薩。於如來所。若制多所。欲設供養。非唯自作。亦勸父母妻子奴婢乃至外道等衆。令於如來。若制多所。隨力隨能。作諸供養。當知是名菩薩自他咸共供養。若諸菩薩。現有少分可供養物。興悲愍心。故思施與貧苦少福無力有情。令於如來若制多所持用供養。願彼當來恒受安樂。彼得此物。供養如來及以制多。菩薩於斯自無所供。當知是名菩薩唯教他設供養。此中菩薩若唯自供佛及制多。應知獲得廣大福果。若唯教他。應知獲得大大福果。若能自他俱共供養。應知獲得最大福果。爲無有上。

---

1) ㉑『瑜伽師地論』 권44(T30, 533c17)에 '墮'는 '懈'로 되어 있고, 교감주에 따르면 '墮'로 된 곳도 있다.

만약 보살들이 여래의 처소나 제다의 처소에 경문敬問하고 예배하며 봉영奉迎하고 합장하거나, 가송歌頌하고 칭찬하며 오륜귀명五輪歸命(오체투지)하고 그 주위를 걸어 오른쪽으로 돌면서 공양하거나, 혹은 다시 무진한 재물을 바치면서 공양한다면, 이것을 일컬어 '보살의 재경공양財敬供養'이라고 한다.

만약 보살들이 여래의 처소나 제다의 처소에 오랫동안 곧 앞에서 진술했던 바의 재경공양을 바치되, 현전해 있거나 현전해 있지 않은 것을 (공양하거나), 자기가 만든 것이나 타인을 시켜서 만든 것을 (공양하거나 하여), 이와 같이 심어진 바의 선근을 무상정등보리에 회향한다면, 이것을 일컬어 '보살의 광대공양廣大供養'이라고 한다.

만약 보살들이 여래의 처소나 제다의 처소에 자기 손으로 공양하고, 오염되지 않은 마음으로 공양하되, 부처님을 믿는 국왕과 대신 같은 모든 존귀하고 뛰어난 자 앞에서 재경공양을 위해 일부러 속여 갖가지 헛된 사업의 공양을 바치지 않는다면, 이것을 일컬어 '보살의 무염공양無染供養'이라고 한다.

또 보살들이 공양을 바칠 만한 재물은 없지만, 있는 바의 (재물) 혹은 섬부주瞻部洲나 사대주四大洲 내지는 시방의 무변무제한 모든 세계 안에 있는 하품·중품·상품의 '여래를 공양하는 모든 공양거리들'에 대해, 보살이 정신淨信이 갖추어지고 승해勝解가 갖추어진 마음으로 그것을 두루 널리 사유하면서 일체를 따라서 기뻐한다면, 이와 같은 보살은 조금 공력을 써서 무변광대한 공양을 일으키고, 보살의 광대한 자량을 섭수하는 것이다.【이상으로 재공양財供養을 (밝혔으니), 이하에서는 법공양法供養을 밝힌다.】

若諸菩薩。於如來所。若制多所。敬問禮拜。奉迎合掌。歌頌稱讚。五輪皈命。趨遶右旋。而爲供養。或復奉施無盡財。而爲供養。是名菩薩財敬供

養。若諸菩薩。於如來所。若制多所。長時施設即上所陳財敬供養。若現在
前。不現在前。若自造作。敎他造作。即以如是所種善根。迴向無上正等菩
提。是名菩薩廣大供養。若諸菩薩。於如來所。若制多。自手供養。無染汚
心。而爲供養。不於信佛國王大臣諸貴勝前。爲財敬故詐設種種虛事供養。
是名菩薩無染供養。又諸菩薩。若無財物可設供養。然於所有。或瞻部洲四
大洲。乃至十方無邊無際諸世界中。上[1])中上品供養如來一切供具。菩薩於
彼。以淨信俱勝解俱心。周遍思惟。一切隨喜。如是菩薩。少用功力。而興
無邊廣大供養。攝受菩薩廣大資糧。【以上是財供養。以下明法供養】

1) ㊣『瑜伽師地論』권44(T30, 534b19)에 따르면 '上'은 '下'의 오기다.

 만약 보살들이 잠시잠시 잠깐잠깐 내지는 우유를 짜는 동안만큼이라
도 널리 모든 살아 꿈틀대는 유정들에 대해 자慈·비悲·희喜·사捨가 갖
추어진 마음을 닦아 익히고, 일체행에 대해서는 '무상하다(無常)'라는 상
想과 '무상은 고이다(無常苦)'라는 상과 '고는 무아다(苦無我)'라는 상을 닦
으며, 그 열반에 대해서는 수승한 이익(勝利)의 상을 닦고, 불·법·승에
대해서는 수념隨念[342]하는 것을 닦아 익힌다면, 잠시잠시 잠깐잠깐 일체
법에 대해 조금의 하열한 인忍·지智를 내고, 언어를 떠난 법성진여를 신
해하며, 무분별의 무상심주無相心住를 일으키는데, 하물며 이보다 초과
하거나 증가한 경우는 어떻겠는가?
 이와 같이 보살이 받았던 바의 시라율의를 수호하고, 사마타·비발사
나의 보리분법을 정근수학精勤修學하고, 또한 모든 바라밀다 및 모든 섭
사攝事[343]를 정근수학한다면, 이것을 일컬어 '보살이 여래의 처소에서의

---

342 수념隨念 : 기억하는 경계를 따라서 계속해서 잊지 않고 생각하는 것을 말한다.
343 섭사攝事 : 사섭법四攝法을 말하며, 보시섭布施攝과 애어섭愛語攝과 이행섭利行攝과
 동사섭同事攝 등 보살이 중생을 불도佛道에 끌어들이는 네 종류 방법이다. 이에 대해
 서는 다음의 "유정을 성취(성숙)시키는 청정"에 대한 설명에서 자세히 논의된다.

정행공양正行供養'이라고 이름한다. 이와 같은 공양은 가장 제일의 것이니, 이전에 설했던 것보다 백 배 천 배 내지는 오파니살담鄔波尼殺曇[344] 배를 넘어서는 것이다.

이 열 가지 상相으로 말미암아, 이것을 일컬어 '여래를 공양한다'라고 함을 알아야 한다. 법法이나 승僧을 (공양하는 것은) 그 대응되는 바에 따라 또한 이와 같음을 알아야 한다.[345]

若諸菩薩。少時少時須臾須臾。乃至下如搆牛乳頃。普於一切蠢動有情。修習慈悲喜捨俱心。於一切行。修無常想無常苦想苦無我想。於其涅槃。修勝利想。於佛法僧。修習隨念。少時少時須臾須臾。於一切法。發生少分下劣忍智。信解離言法性眞如。起無分別無相心住。何況於此。若過若增。如是守護菩薩所受尸羅律儀。於奢摩他毘鉢舍那菩提分法。精勤修學。亦於一切波羅蜜多及諸攝事。正勤修學。是名菩薩於如來所正行供養。如是供養爲最第一。過前所說。百倍千倍。乃至鄔波尼殺曇倍。由此十相。應知是名供養如來。若法若僧。隨其所應。當知亦爾。

구체적으로 설하면 저 논과 같다.

자세하게 분별하면 예를 들어 『선계경』 제6권과 『지지경』 제7권과 『장엄경론』 제9권과 『대지도론』 제30권과 『대비바사론』 제29권 및 제30권에서 설한 것과 같다.

具說如彼。若廣分別。如善戒經第六。地持第七。莊嚴第九。智度第三十。

---

344 오파니살담鄔波尼殺曇 : 인도에서 사용하던 수를 세는 단위이다. 특히 대승의 경론에는 120수數가 등장하는데, 이 수의 단위 중에서 가장 큰 궁극의 수를 '오파니살담'이라고 한다. 『瑜伽論記』 권10(T42, 528c12) 참조.
345 이상은 『瑜伽師地論』 권44(T30, 533b10) 참조.

婆沙二十九及第三十。

"유정을 성취시킴의 청정"이란 사섭사四攝事에 해당한다. 따라서『현양성교론』제3권에서 말한다.

'유정을 성취시키는 행'이란, 사섭사로 총괄해서 거두어들이는 것을 일컬어 '유정을 성취시키는 행'이라고 하였다.

만약 이미 성스런 가르침에 의해 교화되는 유정계에 들어갔다면, 재물과 법이라는 두 종류로 섭수攝受한다는 뜻이 있기 때문이다.

이 중에서 '재물로 섭수함(財攝)'이란 섭수를 보조하는 것이니, 방편으로 성취되도록 하기 때문이다. '법으로 섭수함(法攝)'이란 바른 섭수이니, '전轉과 수전隨轉의 방편'[346]으로 성취되도록 하기 때문이다.

이와 같은 사섭사는 다섯 종류 거두는 행(攝行)에 의거해서 '섭사'라고 설한 것이다. 다섯 종류 거두는 행이란, 첫째는 자기에 의지하도록 함으로써 거두는 것이고, 둘째는 선善을 받아들이도록 함으로써 거두는 것이며, 셋째는 선을 일으키게 하는 정근正勤으로 거두는 것이고, 넷째는 선을 성취하도록 함으로써 거두는 것이며, 다섯째는 선해탈善解脫하도록 함으로써 거두는 것이다.[347]

---

[346] 전轉과 수전隨轉의 방편 : 사섭사 중에서 '이행利行'과 '동사同事(또는 同利)'를 가리키는 듯하다. 보살이 이것을 행함으로써 선법을 '일으키는 것(轉)'을 '전방편'이라 하고, 보살이 일으킨 것을 '따라서 일으키는 것(隨轉)'을 '수전방편'이라 한다. 예를 들어『大乘莊嚴經論』권8(T31, 633c11)에 다음과 같은 해석이 나온다. "'이행'은 정전正轉방편이니, 이 행으로 인해 모든 선善들이 일어나기 때문이다. '동리(동사)'는 수전隨轉이니, 보살 스스로 설한 것처럼 행했음을 중생이 이미 알고 나면 이전에 아직 선을 행한 적이 없더라도 또한 따라서 행하기 때문이다.(利行者。是正轉方便。由此行。諸善轉故。同利者。是隨轉方便。菩薩自如說行。衆生知已。先未行善。亦隨行故。)"
[347] 『顯揚聖敎論』권3(T31, 492b24).

『유가사지론』 제37권에서 말한다.

성취에는 대략 여섯 종류가 있음을 알아야 한다.

첫째는 성취의 자성(成就自性)이다.【선법의 종자 및 자주 수습한 현행을 자성으로 삼는다.[348]】

둘째는 성취되는 보특가라(所成就補特伽羅)이니, 이에 대략 네 부류가 있다.【삼승종성과 무종성인을 말한다.[349]】

셋째는 성취의 차별(成就差別)이니, 이에 대략 여섯 종류가 있다.【첫째는 모든 근根,[350] 둘째는 선근, 셋째는 지혜, 넷째는 하품, 다섯째는 중품, 여섯째는 상품의 (여섯 가지 성취를 말한다.)】

넷째는 성취의 방편이니, 이에 스물일곱 종류가 있다.【첫째는 계의 증장(界增長)에서부터 구성취俱成就 등까지를 말한다.[351]】

다섯째는 능히 성취시키는 자(能成就者)이니, 이에 여섯 부류가 있다.【첫째는 해행지解行地이니, 지전地前을 말한다. 둘째는 정의요지淨意樂地이니, 초지初地를 말한다. 셋째는 정행지正行地이니, 제2지에서 제7지까지를 말한다. 넷째는 결정지決定地이니, 제8지를 말한다. 다섯째는 결정행지決定行地이니, 제9지를 말한다. 여섯째는 구경지究竟地이니, 제10지 및 불지를 말한다.】

---

348 이것은 '유정을 성취(성숙)시키는 행'에 있어서 본질적인 것, 즉 자성이 무엇인가를 논한 것이다. 우선 가장 근본적인 것은 선법종자善法種子를 들 수 있다. 또 그 선법을 자주 수습함으로 인해 이장二障이 소멸되고 청정함이 증상된 상태, 즉 몸과 마음이 도道에 능히 수순하는 유연한 상태(堪任性)를 획득한다. 유정의 성숙 혹은 성취라고 할 때, 이와 같은 두 가지 측면이 '성숙' 혹은 '성취'의 본질에 해당한다는 것이다.
349 불보살이 사섭사로 유정을 성숙시킨다고 할 때, '성숙된 유정'을 대략 네 부류 종성으로 나누어 설명할 수 있다. 첫째는 성문종성聲聞種性이고, 둘째는 독각종성獨覺種性이며, 셋째는 불종성佛種性이고, 넷째는 종성이 없는 자이다.
350 '모든 근根을 성숙시킨다'는 것은 몸의 각각의 근들의 수량이나 모양 등이 완전히 갖춰지게 하는 것이니, 이것들은 용맹정진의 토대가 되기 때문이다.
351 『瑜伽師地論』 권37(T30, 497a11)에는 중생을 성숙시키는 스물일곱 종류 방편을 열거하고 나서, 그에 관해 따로따로 자세하게 해석하였다.

여섯째는 이미 성취한 사람의 모습(已成就人相)이니, 삼승인에 각기 3품과 9품의 차별이 있는 것을 말한다.³⁵²

자세하게 설하면 그 논과 같다.

成就有情淸淨者。卽四攝事。故顯揚第三云。成就¹⁾行者。謂四攝事。總攝說爲成就²⁾有情行。若已入聖敎所化有情界。以財法二種攝受義故。此中財攝者。謂助攝受。方便令成就*故。法攝者。謂正攝受。轉及隨轉方便。令成就故。如是四攝事。依五種攝行。說爲攝事。五攝行者。一令附已攝。二令受善攝。三令起善正勤攝。四令善成就*攝。五令善解脫攝。瑜伽三十七云。當知成就³⁾略有六種。一者成就*自性【謂善法種子。及數習現行。以爲自性】二者所成就*補特伽羅。略有四種【謂三乘種性。及無種姓人也】三者成就*差別。略有六種【一者謂⁴⁾根。二善根。三智慧。四下品。五中品。六上品】四成就*方便。有二十七種【一界增長。乃至俱成就等】五能成就*者。⁵⁾有六種【一解行地。謂地前。二淨意樂地。謂初地也。三正行地。從二地至七地。四決定地。謂八地。五決定行地。謂九地也。六究竟地。謂十地及佛地也】六已成就人⁶⁾相。謂三乘人。各有三品九品差別相。廣說如彼。

1) 옌『顯揚聖敎論』권3(T31, 492b23)에 '就'가 '熟'으로 되어 있고, 그 뒤에 '有情'이 있다. 2) 옌『顯揚聖敎論』권3(T31, 492b24)에 '就'가 '熟'으로 되어 있다. 이하 동일. 3) 옌『瑜伽師地論』권37(T30, 496b26)에 '就'가 '熟'으로 되어 있다. 이하 동일. 4) 옌 '謂'는 '諸'의 오기인 듯하다. 5) 옌『瑜伽師地論』권37(T30, 496b28)에 '者'가 '補特伽羅'로 되어 있다. 6) 옌『瑜伽師地論』권37(T30, 496b29)에 '人'이 '補特伽羅'로 되어 있다.

"생生의 청정"이라고 했는데, 즉 보살들이 유정에게 이익을 주기 위해 갖가지 생을 받는 것을 '생의 청정'이라 이름한 것이다. 따라서 『유가사지

---

352 『瑜伽師地論』권37(T30, 496b26).

론』제38권에서 말한다.

보살들의 생에 대략 다섯 종류가 있어서 일체의 생을 거두어서, 일체의 유정들에게 이익과 안락을 준다. 어떤 것이 다섯 종류인가?

첫째는 '재난을 제거해 주는 생(除災生)'이다.【『지지경』에서는 '고통을 그치게 하는 생(息苦生)'이라 하였고, 『선계경』에서는 '고통을 떠나게 하는 유(離苦有)'라고 하였다.】

둘째는 '부류를 따르는 생(隨類生)'이다.【『지지경』에서도 동일하게 설하고, 『선계경』에서는 '심행을 따르는 유(隨心行有)'라고 하였다.】

셋째는 '큰 세력의 생(大勢生)'이다.【『지지경』에서는 '승생勝生'이라 하였고, 『선계경』에서는 '승유勝有'라고 하였다.】

넷째는 '증상된 생(增上生)'이다.【『지지경』에서도 동일하게 설하고, 『선계경』에서는 '자재유自在有'라고 하였다.】

다섯째는 '최후의 생(最後生)'이다.【『지지경』에서도 동일하게 설하고, 『선계경』에서는 '후유後有'라고 하였다.】

'재난을 제거해 주는 생'이란, 말하자면 보살들은 대원大願의 힘이나 혹은 자재한 힘으로, 기근의 시절에는 큰 물고기 등이 되어 그 살코기를 굶주린 중생에게 베풀어 주고, 질병의 시절에는 위대한 의사가 되어 모든 유정의 질병을 그치게 하며, 투쟁의 시절에는 큰 땅의 주인이 되어 싸움을 그치게 하므로 '재난을 제거해 주는 생'이라 이름한 것이다.『유마경』에서 설한 뜻도 이와 동일하다.

'부류에 따르는 생'이란, 말하자면 보살들이 대원의 힘이나 대자재한 힘으로 육취六趣의 갖가지 부류 가운데 따라서 태어나고 그들의 악행을 따라서 교화하여 선을 행하게 하므로 '부류에 따르는 생'이라고 이름한 것이다.

'큰 세력의 생'이란, 말하자면 보살들의 품성이 생할 때 (과보로) 초감된 바의 수명의 양과 생김새(形色)와 족성族姓과 자재自在와 부富 등 모든 이숙과는 모든 세간에서 가장 수승한 것이므로 '큰 세력의 생'이라 이름한 것이다.[353]

'증상된 생'이란, 말하자면 보살들이 처음에 초지에서 전륜왕이 되어 섬부주의 왕이 되어 대자재를 획득하고, 나아가 제10지에서는 대자재천大自在天[354]이 되어 색구경천色究竟天[355]을 넘어서니, 이는 일체의 생처生處 중에 가장 수승한 것이다. 저 보살은 이러한 업의 증상에 의해 초감된 바이므로 '증상된 생'이라고 이름한 것이다.

'최후의 생'이란, 말하자면 보살들이 이 생 중에서 보리의 자량이 이미 지극히 원만해져서 혹은 찰리刹利의 집안(크샤트리아 계급)이나 바라문 집안에 태어나서 등정각을 실현하고 널리 일체의 부처님이 지었던 바의 사업을 지으므로 '최후의 생'이라 이름한 것이다.

삼세의 보살이 과거(曾)와 미래(當)와 현재(現)에 받은 생은 모두 다 이러한 다섯 가지 생에 포섭되고, 이것 외에 초과하거나 증가함은 있지 않으니, 단 범지凡地[356]의 보살이 생을 받는 것은 예외다. 어째서인가?

여기서 말하려는 뜻은, 지혜를 가진(有智) 보살이 받는 바의 모든 생은 '다섯 종류 생'이기 때문에 이와 같은 모든 생들이 대보리과大菩提果의 의지처로서 보살들로 하여금 빠르게 무상정등보리를 증득하니, '생의 청정'이라 이름한다는 것이다.[357]

---

353 큰 세력의 생(大勢生)이란 지극히 청정한 선근들을 많이 쌓아서 그 과보로서 받게 된 생을 말하며, 여기서 말한 '큰 힘'이란 바로 '청정한 선근들'을 가리킨다.
354 대자재천大自在天 : 색계의 제4선천禪天에 머무는 마혜수라천왕摩醯首羅天王을 가리키며, 그 형상은 세 개의 눈과 여덟 개의 팔을 가졌고 흰 소를 타고 다닌다고 한다.
355 색구경천色究竟天 : 색계사선천色界四禪天의 가장 꼭대기로서 최상품의 4선을 닦는 자가 태어나는 곳이고, 그 과보는 유색계有色界 중에서 가장 뛰어나다고 한다.
356 범지凡地 : 아직 견도에 들지 못한 지위, 즉 십지 이전의 범부 지위에 있는 보살을 가리킨다.
357 『瑜伽師地論』 권48(T30, 562c22).

구체적으로 설하면 그 논과 같다. 『선계경』 제9권과 『지지경』 제10권에서도 『유가사지론』과 거의 동일하게 설한다.

해 또는 보살이 생을 받는 데 있어 네 가지 인연을 갖추므로 '생의 청정'이라고 이름한 것이다. 네 가지 인연은 이하의 문장에서 설명하는 것과 같다.[358]

生淸淨者。謂諸菩薩。爲利有情。受種種生。名生淸淨。故瑜伽論三十八云。諸菩薩生。略有五種。攝一切生。利益安樂一切有情。何等爲五。一者除灾生。【地持云。息苦生。善戒經云。離苦有。】二者隨類生。【地持亦同。善戒經云。隨心行有。】三者大勢生。【地持云勝生。善戒云勝有。】四者增上生。【地持亦同。善戒云。自在有。】五者最後生。【地持亦同。善戒云後有。】除灾生者。謂諸菩薩。以大願力。或自在力。於飢饉時。作大魚等。以肉給施飢餓衆生。於疾疫時。作大醫王。息一切有情疾疫。於鬪諍時。作大地主。息除鬪諍。名除灾生。維摩經中意亦同此。隨類生者。謂諸菩薩。以大願力。或自在力。隨生六趣種種類中。隨彼惡行。化令行善。名隨類生。大勢生者。謂諸菩薩稟性生時。所感壽量。形色族姓。自在富等。諸異熟果。一切世間最爲殊勝。名大勢生。增上生者。謂諸菩薩。始從初地。作轉輪王。王瞻部洲。得大自在。乃至十地。作大自在。過色究竟。一切生處最爲殊勝。彼菩薩即由此業增上所感。名增上生。最後生者。謂諸菩薩。於此生中。菩提資糧。已極圓滿。或生刹利婆羅門家。現等正覺。廣作一切佛所作事。名最後生。三世菩薩曾當現生。一切皆此五生所攝。除此無有。若過若增。唯除凡地菩薩受生。何以故。此中意取。有智菩薩諸所受生。爲五生故。如是諸生。大菩提果之所依處。令諸菩薩。疾證無上正等菩提。名生淸淨。具說如彼。善戒經第九。地持第十。大同瑜伽。又解。菩薩受生。具四因緣。名生淸淨。四種因緣。如下文說。

---

[358] 뒤에 나오는 '수승한 생에 의거해서 지地를 분별함' 참조.

🔲 십지 이상의 보살은 이미 세 가지 악을 떠났는데, 어떻게 '재난을 제거해 주는 생(除災生)' 등이 있을 수 있는가?

🔲 '변화變化'에 의거해서 이와 같이 말한 것이다. 따라서 『대반야경』 제394권에서는 말한다.

"어째서 보살마하살은 이와 같은 일체의 선하고 깨끗하며 성스런 무루법을 성취했으면서도 악취에 태어나 방생의 몸을 받습니까?"

부처님께서 선현에게 말씀하셨다. "그 의취는 어떤 것인가? 여래가 방생의 몸으로 화작할 때 이는 실재의 방생의 몸으로 그 고통을 받는 것인가, 아닌가?"

선현이 대답하였다. "아닙니다, 세존이시여. 아닙니다, 선서여. 여래께서 방생의 몸으로 화작할 때 이는 실재의 방생이 아니고 그 고통을 받는 것도 아닙니다."

부처님께서 선현에게 말씀하셨다. "보살마하살들도 또한 이와 같으니, 비록 일체의 선하고 깨끗한 무루법을 성취했어도 유정들을 성취시키기 위해 방편으로 방생의 몸을 받는다. 그런 몸을 받음에 따라서 경우에 맞게 모든 유정의 부류를 성취시키는 것이다."[359]

또 말하길, "보살들은 현재 갖가지 방생 등의 몸을 받으니, 비록 그 몸을 받더라도 실제로는 그 몸이 아니고 또한 그것의 허물에 의해 오염되는 것도 아니다."[360]라고 하였고, 나아가 자세히 설하였다.

🔲 이미 "보살마하살들도 또한 이와 같으니"라고 하였고, 또 "실제로 그 몸이 아니고"라고 하였기 때문에, 이는 변화해 낸 (몸이지) 실재의 몸

---

[359] 『大般若波羅蜜多經』 권394(T6, 1039c9).
[360] 『大般若波羅蜜多經』 권394(T6, 1040a7).

이 아님을 알 수 있다.

🏮 이미 화신은 저 여래와 동일한데, 어째서 불과佛果에서 '생의 청정'을 제외했는가?[361]

🏮 비록 삼악도(축생·아귀·지옥)에서는 (보살은) 부처님(佛)과 차이가 없지만 인人·천天 중에서는 보살도 역시 실제로 생을 받는 수가 있다. 따라서 불과의 지위에서는 '생의 청정'은 제외시켰다. 말하자면 다섯 가지 생 중에서 처음의 둘은 부처님과 동일하고, 나중의 셋은 여래와는 차이가 있다.

問。地上菩薩。已離三惡。如何得有除灾生等。答。依變化故。作如[1]說。故大般若第三百九十四云。云何菩薩摩訶薩。成就如是一切白淨聖無漏法。而生惡趣。受傍生身。佛言善現。於意云何。如來化作傍生身時。是實傍生受彼苦不。善現答言。不也。世尊。不也。善逝。如來化作傍生身時。非實傍生。不受彼苦。佛告善現。諸菩薩摩訶薩。亦復如是。雖成就一切白淨無漏法。而爲成就諸有情故。方便受傍生身。由受彼身如應成就諸有情類。又云。菩薩現受種種傍生等身。雖受彼身。而實非彼。亦不爲彼過所染汙。乃至廣說。解云。既云菩薩亦復如是。又云而實非彼。故知變化而非實身。問。既是化身。同彼如來。何故佛果。除生淸淨。答。雖於三惡。與佛無異。於人天中。菩薩亦有實受生故。於佛果位。除生淸淨。謂五生中。初二同佛。後三即與如來有異。

---
1) ㉠ '如' 뒤에 '是'가 누락된 듯하다.

---

361 이러한 질문을 한 까닭은 뒤의 경문에서 '오직 불지에서는 생의 청정은 제외된다'고 말하였기 때문이다. 그에 따르면, 초지에서 모든 증상의요의 청정 내지는 위덕의 청정 등 여덟 종류 청정이 갖추어지고, 이후의 모든 지地에서 불지佛地에 이르기까지 그 여덟 종류 청정은 뒤로 갈수록 점점 더 증가하고 수승해지는데, 단 오직 불지에서는 생의 청정은 제외된다고 한다.

"위덕청정威德淸淨"이란 곧 위력威力에 해당한다. 이것은 예를 들어 『유가사지론』 제37권 「위력품」에서 설한 것과 같다. 그 논에서는 말한다.

불보살들의 위력이란 어떤 것인가? 대략 세 종류가 있다.

첫째는 성스런(聖) 위력이다. 말하자면 불보살은 선정의 자재함을 획득하여 선정의 자재함에 의지해서 그가 바라는 대로 모든 사업을 성취하니, 마음이 유연하기(調柔) 때문이고, 마음을 잘 닦았기 때문이다. 이것을 '성스런 위력'이라고 이름한다.

둘째는 법法의 위력이다. 말하자면 모든 수승한 법에는 광대한 과果가 있고 크고 수승한 이익이 있으니, 이것을 '법의 위력'이라고 이름한다. 여기서의 법이란 곧 여섯 종류 바라밀다에 해당하니, 이른바 보시에서 반야까지를 말한다. 이와 같은 모든 법에는 큰 위력이 있으므로 법의 위력이라고 한다.

셋째는 구생俱生의 위력이다. 말하자면 불보살들은 이전에 광대한 복덕과 자량을 쌓고, 구생의 매우 희유하고 기이한 법을 증득하니, 이것을 '구생의 위력'이라고 이름한다.

또 불보살의 이와 같은 위력의 품류들이 차별되니, 다시 다섯 종류가 있다. 첫째는 신통의 위력이고, 둘째는 법의 위력이며, 셋째는 구생의 위력이고, 넷째는 모든 성문·독각과 공유하는 위력이며, 다섯째는 성문·독각과는 공유하지 않는 위력이다.

'신통의 위력'이란 구체적으로는 그 논의 설명과 같다.[362]

---

362 '신통의 위력'이란 육신통을 가리키는데, 『瑜伽師地論』에서는 ① 신경지작증통神境智作證通, ② 수념숙주지작증통隨念宿住智作證通, ③ 천이지작증통天耳智作證通, ④ 사생지작증통死生智作證通, ⑤ 지심차별지작증통知心差別智作證通, ⑥ 누진지작증통漏盡智作證通이라 하였다. 그 논에 따르면, '신경지작증통'이란 능변能變과 능화能化로 구분된다. '능변'이란 선정의 힘에 의지해서 대지를 진동시키거나 몸에서 불꽃이 일어나게 하는 등 열여덟 가지 신통변화를 일으키는 것이다. '능화'란 없었던 사물을 존재

'법의 위력'이란 보시의 위력 내지는 반야의 위력을 말한다.[363]

'구생의 위력'이란 (타고난) 본성이 능히 모든 본생의 일(本生事)을 기억해 내고, 모든 유정에게 이익을 주려 하기 때문에 사택思擇에 의하지 않고 극히 오랜 장기간의 갖가지 맹렬한 무간대고無間大苦를 다 능히 참아 내는 것 등을 말한다.

'공유하거나 공유하지 않는 위력'이라 한 것은, 대략 세 가지 상으로 말미암아 (불보살이 성문·독각과는) '공유하지 않음'을 알아야 한다. 첫째는 미세함 때문이고, 둘째는 품류 때문이며, 셋째는 계界 때문이다.

모든 불보살은 한량없는 수의 모든 유정의 부류 및 한량없는 수의 위력의 방편으로 가령 마땅히 지어야 할 바의 모든 이익 되는 일들을 다 여실하게 알아서 지어 주지 못하는 경우는 없으니, 이것을 '미세'라고 이름한다. 모든 품류의 신통위력과 법위력과 구생위력을 다 성취하니, 이것을 '품류'라고 이름한다. 모든 세계의 모든 유정계를 위력의 경계로 삼으니, 이것을 '계'라고 이름한다. 성문은 다만 이천세계 및 유정계를 신

하게끔 변화해 내는 것인데, 가령 몸이나 경계나 언어 등을 마음대로 변화해 내는 것을 말한다. 또 '수념숙주지작증통'이란 전생에 자신과 타인이 겪었던 모든 갖가지 일들의 차별을 모두 낱낱이 기억해 내는 능력을 말한다. 또 '천이지작증통'이란 불보살들이 청정한 천이天耳를 획득하여 이로써 일반인이 들을 수 없는 욕계와 색계의 각종의 소리를 들을 수 있는 것을 말한다. 또 '사생지작증통'이란 불보살들이 청정한 천안天眼을 획득하여 이 지혜의 눈으로 모든 중생이 죽을 때와 태어날 때, 각자가 행한 선업·악업의 차이에 따라 미래의 생에 어디에서 태어나는지 등에 대해 모두 아는 것을 말한다. 또 '지심차별지작증통'이란 불보살이 타심지他心智를 증득하여 진실하게 타인의 심중의 차별적 상태를 아는 것을 말한다. 또 '누진지작증통'이란 불보살들의 번뇌가 다한(漏盡) 몸에서 일어나는 지혜로서, 모든 번뇌의 다함에 대해 여실하게 알기 때문에 현재세의 모든 일을 잘 알아서 행하면서도 오염되지 않는데, 모든 신통력 중에서도 이 누진통이 가장 수승한 것이다. 『瑜伽師地論』 권37(T30, 491b27~495a5) 참조.

363 앞서 말했듯 '법의 위력'이란 보시·지계·인욕·정진·정려·반야 등 육바라밀의 위력을 말한다. 『瑜伽師地論』 권37(T30, 495a6)에서는 여섯 가지 바라밀의 위력을 각기 네 가지 특징(四相)에 의거해서 상세하게 설명했는데, 원측 소에서는 그 내용을 생략하였다.

통의 경계로 삼고, 독각은 다만 삼천세계를 신통을 일으키는 경계로 삼는다. 어째서인가? 그는 오직 한 몸을 조복시키기 위해 정행正行을 닦는 것이지 모든 유정을 (조복시키기 위해 닦는 것은) 아니기 때문에 가장 궁극적으로는 오직 하나의 계界만 신통의 경계로 삼는 것이다.

이상에서 설한 것을 제외하고 그 밖의 모든 불보살의 위력이란, 거친 모습만 이승 등과 공유하는 것임을 알아야 한다. 이와 같은 모든 불보살의 위력은 성문·독각도 오히려 미칠 수가 없는데 하물며 그 밖의 모든 천天·인人이나 범부나 외도는 어떻겠는가?[364]

『선계경』「신통품」과 『지지론』「위력품」도 『유가사지론』과 거의 동일하다. 이상의 위력을 갖추기 때문에 '위덕의 청정'이라 이름한 것이다.

威德者。即威力也。此如瑜伽第三十七威力品說。彼云。云何諸佛菩薩威力。略有三種。一者聖威力。謂佛菩薩。得定自在。依定自在。隨其所欲。一切事成。心調柔故。善修心故。是名聖威力。二者法威力。謂諸勝法。有廣大果。有大勝利。是名法威力。此中法者。即是六種波羅蜜多。所謂布施乃至波若。如是諸法。有大威力。名法威力。三者俱生威力。謂佛菩薩。先集廣大福德資糧。證得俱生甚希奇法。是名俱生威力。又佛菩薩如是威力品類差別。復有五種。一者神通威力。二者法威力。三者俱生威力。四者共諸聲聞獨覺威力。五者不共聲聞獨覺威力。神通威力者。具如彼說。法威力者。謂布施威力。乃至波若威力。俱生威力者。謂性能憶念諸本生事。爲欲利益諸有情故。不由思擇。於極長時。種種猛利無間大苦。悉能堪忍等。共不共威力者。略由三相。應知不共。一者微細故。二者品類故。三者界故。諸佛菩薩。於無量數諸有情類。及無量數威力方便。如所應作諸利益事。皆

---

364 이상은 『瑜伽師地論』 권37(T30, 491b14~496b4)의 내용을 요약한 것이다.

如實知。無不能作。是名微細。一切品類神通威力。法威力。俱生威力。悉皆成就。是名品類。以一切世界一切有情界爲威力境。是名爲界。聲聞但以二千世界及有情界爲神通境。獨覺但以三千世界爲神通境。何以故。由彼唯爲調伏一身。而修正行。非諸有情。是故最極唯以一界爲神通境。除上所說。所餘諸佛菩薩威力。當知。麤相與二乘等共。如是諸佛菩薩威力。聲聞獨覺。尚不能及。何況所餘一切天人異生外道。善戒經神通品。地持論威力品。大同瑜伽。具上威力故。名威德淸淨也。

다) 지地에 의거해서 그 수승함과 하열함의 정도를 분별함

(가) 여덟 종류 수승殊勝에 의거해서 그 수승함과 하열함을 설명함

경 선남자여, 초지 중에 있는 모든 증상의요의 청정 내지는 위덕의 청정, 이후의 모든 지地에서부터 불지佛地까지 (그중에) 있는 모든 증상의요의 청정 내지는 위덕의 청정, 그 모든 청정들은 갈수록 더욱 증가하고 수승해지니, 오직 불지에서는 생의 청정은 제외된다.

善男子。於初地中。所有增上意樂淸淨。乃至威德淸淨。後後諸地乃至佛地。所有增上意樂淸淨。乃至威德淸淨。彼諸淸淨。展轉增勝。唯於佛地。除生淸淨。

석 이하는 세 번째로 지地에 의거해서 수승함과 하열함의 정도를 분별한 것이다. 이 중에 두 가지가 있다. 처음은 여덟 종류 수승에 의거해서 그것의 수승함과 하열함을 설명한 것이다. 나중의 "또 초지" 이하는 통틀어 그 밖의 공덕에 의거해서 그것의 수승함과 하열함을 설명한 것이다.

이것은 처음에 해당한다. 말하자면 초지에서 제10지까지 하나하나의

지에 모두 여덟 종류를 갖추고, (그 공덕들은 뒤로) 갈수록 더욱 증가되고 수승해지는데, 불지에 이르면 '생生의 청정'은 제외하고 오직 일곱 종류만 있다.

해 불지에서 생의 청정을 제외한 것은 '재난을 제거해 주는 생(除災生)' 등 다섯 종류 생에 의거해서 설한 것이다. 『유가사지론』 등에서 다섯 종류 수생受生에 대해 설하면서 오직 십지만 설하였는데, 지전地前 및 불지에는 통하지 않기 때문이다.

해 또는 십지 중의 섭보과攝報果[365]를 말한다. 시왕十王이라는 과보의 체는 분단생分段生과 변역생變易生[366]에 통하는 것이다. 그것은 모두 지전의 유루의 모든 바라밀을 총보總報[367]의 인因으로 삼고, 지상의 유루의 바라밀을 별보別報[368]의 인으로 삼으며, 무루의 바라밀을 증상연增上緣으로 삼으니, 모두 청정한 인에서 생긴 것으로서 (그 과보의) 체體가 수승하고 오묘한 과이기 때문에 '생의 청정'이라 이름한 것이다. 따라서 뒤의 경문에서는 "지극히 청정한 선근에 의해 집기集起된 것이기 때문"이라고 하였

---

[365] 섭보과攝報果 : 『十地經論』 등에서 말한 네 종류 과果 중의 하나로서, 보살이 십지에 올라서 초지에서부터 제10지에 이르기까지 염부제왕閻浮提王에서 마혜수라천왕摩醯首羅天王에 이르는 보과報果를 받는 것을 말한다.
[366] 분단생分段生과 변역생變易生 : '분단생'이란 삼계 내에서 거친 과보를 받는 것으로서, 그 과보는 수명의 장단이나 육체의 대소 등에 일정한 제한을 받기 때문에 '분단分段'이라고 한다. '변역생'이란 아라한·벽지불·대력보살 등이 삼계 밖에서 뛰어나고 미묘한 과보신 즉 의생신意生身을 받는 것으로서, 수명이나 육체를 모두 자유롭게 변화시키거나 뒤바꿀 수 있기 때문에 '변역變易'이라 한다.
[367] 총보總報 : 인업引業(總報業)에서 유래한 과보를 말하며, 유식학설에 따르면 제8아뢰야식은 업의 담지자로서 신체·종자·기세간 등 세 가지를 총체적 과보(總報)로서 변현해 낸다. 즉 한 사람이 태어나는 순간부터 그는 자기의 몸, 언젠가 경험적 활동으로 현행할 잠재적 종자들, 그리고 자기가 수용하는 세계를 과거의 업의 대가로서 받아 가지고 태어난다. 이 중에서 기세간은 자타가 과거에 공통적 업(共業)을 지음으로써 자타가 공통으로 받은 과보(共相果)에 해당한다.
[368] 별보別報 : 만업滿業(別報業)에서 유래한 과보를 말하며, 중생들 각각 개별적으로 받는 과보를 말한다. 예를 들어 '사람'으로 태어났어도 남男·여女·빈貧·부富의 구분은 이 별보 때문이다.

다. 불지佛地에는 없기 때문에 '생의 청정은 제외된다'고 하였다.

釋曰。自下第三約地。分別勝劣多少。於中有二。初依八殊勝。辨其勝劣。後又初地下。通約餘德。辨其勝劣。此即初也。謂從初地。乃至第十。於一一地。皆具八種。展轉增勝。若至佛地。唯有七種。除生淸淨。解云。佛地除生淸淨者。約除災等五種生說。瑜伽等說五種受生。唯說十地。不通地前及佛地故。又解。謂十地中攝報果。十王報體。通分段變易。皆用地前有漏諸波羅蜜。爲總別[1]報因。用地上有漏波羅蜜。爲別報因。無漏波羅蜜。爲增上緣。並從淨因生。體是勝妙果。故名生淸淨。故下文言。極淨善根所集起故。佛俱[2]無故。名除生淸淨。

---
1) ㉠ '別'은 잉자인 듯하다. 2) ㉡ '俱'는 '地'의 오기인 듯하다.

(나) 그 밖의 공덕에 의거해서 그 수승함과 하열함을 설명함

㉮ 수승함과 하열함을 밝힘

경 또 초지 중에 있는 모든 공덕은 상위의 모든 지에도 평등하게 모두 있고, 자기 지의 공덕의 수승함이 (있음을) 알아야 한다.

又初地中所有功德。於上諸地。平等皆有。當知自地功德殊勝。

석 이하는 두 번째로 통틀어 그 밖의 공덕에 의거해서 그 수승함과 하열함을 설명한 것이다. 이 중에 두 가지가 있다. 처음에는 수승함과 하열함을 밝히고, 나중은 위가 있는 것과 위가 없는 것의 차별을 밝힌다.

이것은 첫 번째로 수승함과 하열함을 밝힌 것이다. 말하자면 초지 중에 있는 모든 공덕은 지와 지마다 다 있다. 우선 가령 열 종류 바라밀다는 모두 있기는 한데, 초지 중에서는 시도施度가 수승하지만 그 밖의 아홉 가지는 수승하지 않고, 제2지에서는 계도戒度는 수승하지만 그 밖의 아홉 가지는 수승하지 않다. 그 밖의 모든 지에서도 이에 준해서 알아야 한다.

> 釋曰。自下第二通約餘德。辨其勝劣。於中有二。初明勝劣。後明有上無上差別。此即第一明勝劣。謂初地中所有功德。地地皆有。且如十種波羅蜜多。地地皆有。而初地中。施度殊勝。餘九非勝。第二地中。戒度殊勝。餘九非勝。餘諸地中。准此應知。

㈃ 위가 있는 것과 위가 없는 것의 차별을 밝힘

[경] 모든 보살들의 십지의 공덕은 모두 위가 있지만, 불지의 공덕은 위가 없음을 알아야 한다."

> 一切菩薩十地功德。皆是有上。佛地功德。當知無上。

[석] 두 번째는 위가 있음과 위가 없음에 의해 모든 지地를 분별한 것이다.
 십지의 공덕은 다시 더 뛰어난 위의 것이 있기 때문에 '위가 있다'고 하고, 불지의 공덕은 더 수승한 것이 없기 때문에 '위가 없다'고 한다.
 『선계경』 제3권에서는 말한다.

> 위없는 보리는 일곱 종류 '위없음'을 갖추기 때문에 '위없음'이라 한다.
> 첫째는 몸의 위없음이니, 32가지 상相으로 몸을 장엄하고 있기 때문이다. 둘째는 수지受持의 위없음이니, 자리와 이타로 남에게 즐거움을

주기 때문이다. 셋째는 구족具足의 위없음이니, 말하자면 수명을 구족하고 견見을 구족하며 계戒를 구족하고 행行을 구족하기 때문이다. 넷째는 지혜의 위없음이니, 사무애혜四無礙慧를 말한다. 다섯째는 불가사의한 위없음이니, 이른바 육바라밀을 구족하기 때문이다. 여섯째는 해탈의 위없음이니, 여래는 능히 두 종류 장애를 무너뜨리기 때문이다. 일곱째는 행行의 위없음이니, 이른바 성행聖行·천행天行·범행梵行[369]이다.

여래는 이 위없는 몸 때문에 '대장부大丈夫'라고 불리고, 수지의 위없음 때문에 '대비大悲'라고 불리며, 구족의 위없음 때문에 '도피안到彼岸'이라 불리고, 지혜의 위없음 때문에 '일체지一切智'라고 불리며, 불가사의한 위없음 때문에 '아라가阿羅呵'[370]라고 불리고, 해탈의 위없음 때문에 '대열반'이라고 불리며, 행의 위없음 때문에 '삼먁삼불타三藐三佛陀'[371]라고 불린다.

이 일곱 가지를 갖추기 때문에 불타의 공덕을 '위없다'라고 이름한 것이다.[372]

釋曰。第二有上無上分別諸地。十地功德。更有勝上。故名有上。佛地功德。無有勝故。名無上也。依善戒經第三卷說。無上菩提。具七無上。故名無上。一者身無上。三十二相莊嚴身故。二者受持無上。自利利他與他樂故。三者具足無上。謂壽命具足。見具足。戒具足。行具足故。四者智慧無上。謂四

---

369 성행聖行·천행天行·범행梵行 : 공空·무상無相·무원無願의 삼삼매三三昧와 멸진정滅盡定을 '성행'이라 하고, 사선四禪과 사무색정四無色定을 '천행'이라 하며, 사무량심四無量心을 '범행'이라 한다. 『菩薩善戒經』권3(T30, 976a11) 참조.
370 아라가阿羅呵 : ⓢ arhat의 음역으로서 '응공應供'이라고 번역된다. 여래의 열 가지 명호 중의 하나이다.
371 삼먁삼불타三藐三佛陀 : ⓢ samyak-sambuddha의 음역으로서 '정변지正遍知'라고 번역된다. 여래의 열 가지 명호 중의 하나다.
372 『菩薩善戒經』권3(T30, 976a1) 참조.

無礙。五者不可思議無上。所謂具足六波羅蜜故。六者解脫無上。如來能壞二種障故。七者行無上。所謂聖行天行梵行。如來以是無上身故。名大丈夫。受持無上故。名爲大悲。具足無上故。名到彼岸。智慧無上故。名一切智。不可思議無上故。名阿羅呵。解脫無上故。名大涅槃。行無上故。名三藐三佛陀。具此七故。佛陀功德。名無上也。

⑤ 수승한 생生에 의거해서 지地를 분별함

가. 보살의 질문

경 관자재보살이 부처님께 여쭈었다. "세존이시여, 어떤 인연으로 보살의 생生이 모든 유정들 중에 가장 수승하다고 설하셨습니까."

觀自在菩薩。白佛言。世尊。何因緣故。說菩薩生。於諸有情。最爲殊勝。

석 다섯 번째는 수승한 생에 의거해서 모든 지地에 대해 분별한 것이다. 이 중에 두 가지가 있다. 앞은 질문이고, 뒤는 대답이다.
이것은 보살이 앞의 말을 받아서 질문을 일으킨 것이다. 말하자면 이전에 설했던 '생의 수승'이라는 것은 어떤 의미에서 '수승'이라 했는가.

釋曰。第五約殊勝生。分別諸地。於中有二。先問。後答。此即菩薩。乘前發問。謂前所說生殊勝者。依何義故。名爲殊勝。

나. 여래의 정설

가) 개수를 표시하며 간략히 답함

경 부처님께서 관자재보살에게 말씀하셨다. "선남자여, 네 가지 이유 때문이다.

佛告觀自在菩薩曰。善男子。四因緣故。

석 이하는 두 번째로 여래가 바로 설한 것이다. 이 중에 두 가지가 있다. 처음에는 개수를 표시하며 간략히 답하였고, 나중에는 네 가지 인연을 따로 해석하였다.
이것은 처음에 해당한다.

釋曰。自下第二如來正說。於中有二。初標數略答。後別釋四因緣。此即初也。

나) 네 가지 인연을 따로 해석함

경 첫째는 지극히 청정한 선근에 의해 집기된 것이기 때문이다. 둘째는 고의로 사택하는 힘에 의해 취해진 것이기 때문이다. 셋째는 가엾게 여기는 마음으로 모든 중생을 제도하기 때문이다. 넷째는 스스로 능히 오염됨이 없고 남의 오염도 제거하기 때문이다."

一者極淨善根所集起故。二者故意思擇力所取故。三者悲愍濟度諸衆生故。四者自能無染除他染故。

석 두 번째는 네 가지 연을 따로 해석한 것이다.
첫째, '대보리를 구하는 지극히 청정한 선근에 의해 집기集起된 것이기 때문'이라 했는데, 이는 『유가사지론』에서 설했던 '세력의 수생(勢力受生)'

에 해당한다.

둘째, '고의로 사택하는 (힘)'이라 한 것은 '원력의 수생(願力受生)'에 해당한다. 따라서 『대승장엄경론』 제13권에서는 '원력의 수생이란 대지大地에 든 보살이다'라고 하였다.[373]

이상의 두 종류는 가까운 연(近緣)에 해당한다.

셋째, '가엾게 여기는 마음 때문'이라 한 것은 생사에 드는 것이다.

넷째, '스스로 능히 오염됨이 없고 남의 오염도 제거할 수 있기 때문'이라고 했는데, 말하자면 지상의 보살은 능히 번뇌장·소지장을 제거하기 때문에 능히 남의 오염도 제거하는 것이다. 만약 자기에게 오염이 있다면 능히 남의 오염을 제거하지 못한다. 따라서 『유마경』에서는 "자기 질병을 능히 고치지 못하면서 어찌 모든 병든 사람들을 고칠 수 있겠는가?"[374]라고 하였고, 또 "자기에게 속박이 있으면 저 사람의 속박을 풀어 주지 못하지만, 자기에게 속박이 없으면 저 사람의 속박을 풀어 주는 것은 있을 수 있다."[375]라고 하였다.【『십지론』에도 동일하게 이런 해석이 있다.】

문 이것은 '수승'에 대해 설한 것인데, 어떤 생에 의거해서 설한 것인가?

답 이상에서 설했던 '재난을 제거해 주는 생(除災生)' 등 다섯 종류 생에 의거해서 설한 것이니, 이치상으로 과실이 없다.

---

373 『大乘莊嚴經論』에서는 보살의 네 종류 수생受生을 설하면서, 신행지信行地의 보살은 업력業力으로 생을 받고, '대지大地에 든 보살'은 원력願力으로 생을 받으며, 선정을 획득한 보살은 선정의 힘으로 자재하게 생을 받고, 신통을 획득한 보살은 신통력으로 자재하게 생을 받는다고 한다. 이 중에 '대지의 보살'이란 이전의 신행지의 보살과 대비해서 이미 십지의 초지初地에 들어간 보살을 가리키는 듯하다. 자세한 것은 뒤의 『大乘莊嚴經論』 권13(T31, 657b3~8) 인용문 참조.
374 『維摩詰所說經』 권1(T14, 542a14).
375 『維摩詰所說經』 권2(T14, 545b3).

釋曰。第二別釋四緣。一者求大菩提極淨善根所集起故。此即瑜伽所說勢力受生也。二故意思擇者。即是願力受生。故莊嚴十三卷云。願力受[1]生者。入大地菩薩。此上二種。即是近緣。三悲愍故者。此入生死。四自能無染除他染故。謂地上菩薩。能除煩惱所知障故。能除他染。若自有染。不能除他。故維摩云。自疾不能救。那能救諸疾人。又云。若自有縛。能解彼縛。無有是處。若自無縛。能解彼縛。斯有是處。【十地論。同有此釋。】問。此說殊勝。依何生說。答。如上所說除灾生等五種生說。於理無失。

1) ㉠『大乘莊嚴經論』권13(T31, 657b8)에 '受'가 없다.

『대승장엄경론』에 의하면, 보살의 수생受生에는 모두 네 종류가 있다. 따라서 그 논의 제13권에서는 말한다.

다음에 보살의 네 종류 수생에 대해 설하겠다.

송 업력과 원력과
정력과 또한 통력,
이 네 가지 세력에 의해
보살은 생을 받네.

석 '네 종류 수생'이란, 첫째는 업력생業力生이고, 둘째는 원력생原力生이며, 셋째는 정력생定力生이고, 넷째는 통력생通力生이다.

'업력생'이라 한 것은, 신행지信行地 보살은 업력이 자재하여 원하는 처소를 따라 생을 받기 때문이다.

'원력생'이라 한 것은, 대지大地(초지인 極喜地)에 든 보살은 원력이 자재하여 남을 성숙시키기 위해 축생 등의 생을 받기 때문이다.

'정력생'이라 한 것은, 선정을 획득한 보살은 선정의 힘이 자재하여

상계를 버리고 하계에서 생을 받기 때문이다.

'통력생'이라 한 것은, (신통을 획득한) 보살은 신통력이 자재하여 능히 도솔천 등에서 모든 상들을 시현하면서 생을 받기 때문이다.[376]

지금 이 『해심밀경』에 의하면, 처음의 업력생을 제외하고 그 밖의 생에 의거해서 설한 것이다.

> 依莊嚴論。菩薩受生。總有四種。故十三卷云。次說菩薩四種受生。偈曰。業力及願力。定力亦通力。依此四種力。菩薩而受生。釋曰。四種受生者。一業力生。二願力生。三定力生。四通力生。業力生者。謂信行地菩薩。業力自在。隨所欲處。而受生故。願力生者。謂入大地菩薩。願力自在。爲成熟他。受畜生等生故。定力生者。謂得定菩薩。定力自在。捨於上界。下受生故。通力生者。謂菩薩得神。[1] 通力自在。能於兜率天等。示現諸相。而受生故。今依此經。除初業力。依餘生說。

1) ㉑ 『大乘莊嚴經論』 권13(T31, 657b10)에 '謂菩薩得神'은 '謂得神通菩薩'로 되어 있고, 후자를 따랐다.

⑥ 세 가지 원願에 의거해서 모든 지地를 분별함

가. 보살의 질문

【경】 관자재보살이 다시 부처님께 여쭈었다. "세존이시여, 어떤 인연으로 모든 보살은 광대한 원과 묘한 원과 수승한 원을 행한다고 설하셨습니까?"『상속해탈경』에서는 "어째서 묘한 원과 수승한 원을 발하는 것을 역원力願이라 이름합니까?"

---

376 이것은 부처님이 도솔천에서 내려와 강림하시는 모습(降兜率相), 태에 드는 모습(託胎相) 등 여덟 종류 상(八相)을 보이신 것을 말한다. 이상 『大乘莊嚴經論』 권13(T31, 657b3).

라고 하였다. 『심밀해탈경』에서는 "일체의 묘한 원과 수승한 원과 수승한 역원"이라고 하였다.】

觀自在菩薩。復白佛言。世尊。何因緣故。說[1]菩薩行廣大願妙[2]勝願。【相續經云。何故。發妙願勝願。名力願。深密經云。一切妙願。勝願。殊勝力願也。】

1) ㉠『解深密經』 권4(T16, 704c27)에 '說' 뒤에 '諸'가 있다.　2) ㉠『解深密經』 권4(T16, 704c27)에 '妙' 뒤에 '願'이 있다.

석 이하는 여섯 번째로 세 가지 큰 원에 의거해서 십지를 분별한 것이다. 이 중에 두 가지가 있다. 앞은 질문이고, 뒤는 정설이다.

이것은 세 가지 원을 발하는 인연에 대해 총괄해서 물은 것이다. 그런데 이 세 가지 원에 대해 여러 설들이 같지 않다.

한편에서는 말한다. 〈모든 중생을 반연하는 것을 일컬어 '광대한 원(大願)'이라 하니, 대상(所緣)이 광대하기 때문이다. 위로 보리를 구하는 것을 일컬어 '묘한 원(妙願)'이라 하니, 묘각妙覺을 원하기 때문이다. 곧 이 두 가지를 '수승한 원'이라 한 것이니, 이승二乘의 원 및 십지 이전의 원을 넘어섰기 때문이다.〉

한편에서는 말한다. 〈세 가지 원은 네 가지 연에 의거해서 말한 것이다. 처음의 두 가지 연은 '광대한 원'을 나타낸 것이다. 세 번째 하나의 연은 그 '묘한 원'을 나타낸 것이다. 네 번째 하나의 연은 그 '수승한 원'을 나타낸 것이다.〉

한편에서는 말한다. 〈세 가지 원은 체는 동일한데 의미에 따라 세 가지를 설한 것이다. 소연이 광대하기 때문에 '광대한 원'이라 하고, 이승보다 뛰어나기 때문에 '묘한 원'이라 하고 '수승한 원'이라 한다.〉

釋曰。自下第六約三大願。分別十地。於中有二。先問。後說。此即總問發三願緣。然此三願。諸說不同。一云。緣諸衆生。名爲大願。所緣廣故。上求菩提。名爲妙願。願妙覺故。即說此一。[1] 名爲勝願。過二乘願及地前故。一云。三願約四緣說。初之二緣。顯廣大願。第三一緣。顯其妙願。第四一緣。顯其勝願。一云。三願同體。隨義說三。所緣廣故。名爲廣願。勝二乘故。名妙名勝。

---

1) ㉠ '一'은 '二'로 된 곳도 있다. ㉡ '二'가 바른 듯하다.

나. 여래의 정설

가) 개수를 표시하며 간략히 답함

경 부처님께서 관자재보살에게 말씀하셨다. "선남자여, 네 가지 인연 때문이다.

佛告觀自在菩薩曰。善男子。四因緣故。

석 이하는 두 번째로 여래의 정설이다. 이 중에 세 가지가 있다. 처음은 개수를 표시하며 간략히 답한 것이다. 다음은 네 가지 연을 따로 해석한 것이다. 마지막은 네 가지 연에 대해 총결지은 것이다.

이것은 간략히 대답한 것이다. 네 가지 인연 때문에 세 가지 원을 발할 수 있다는 것인데, 세 가지 원의 개별적 상을 따로 해석하지는 않았다.

釋曰。自下第二如來正說。於中有三。初標數略答。次別釋四緣。後總結四緣。此即略答。四因緣故。能發三願。而不別釋三願別相。

나) 네 가지 인연을 따로따로 해석함

(가) 첫 번째 연

경 모든 보살들은 열반락주를 잘 알아서 능히 빠르게 증득할 수 있지만,

謂諸菩薩。能善了知涅槃樂住。堪能速證。

석 이하는 두 번째로 네 가지 연을 따로따로 해석한 것이다.
이것은 첫 번째 연으로서 '열반을 증득할 수 있는 능력'이다. 이는 곧 그가 무분별지로 인해 생사에 머물지 않는다는 것이다.

釋曰。自下第二別釋四緣。此即第一。堪證涅槃。此即是其由無分別智。不住於生死。

(나) 두 번째 연

경 그럼에도 다시 낙주를 빠르게 증득하는 것도 버리며,

而復棄捨速證樂住。

석 이것은 두 번째 연으로서 (보살들은 빨리 증득할 수 있으나) '그럼에도 낙주의 빠른 증득을 버린다'는 것이다. 곧 항상 대비를 일으키기 때문에 열반에 들지 않는 것이다.

釋曰。此即第二。而捨速證樂。即是常起大悲故。不入於涅槃。

(다) 세 번째 연

경 연하는 것도 없고 기대는 것도 없이 대원의 마음을 내고,

無緣無待。發大願心。

석 세 번째 연을 설명하였다. 보은을 연으로 하지도 않고 보은을 기대하지도 않으면서 대비를 일으킨다는 것이다. 따라서『심밀해탈경』에서는 "보은을 바라지 않으면서도 큰마음을 낸다."[377]라고 하였고,『상속해탈경』에서는 "이유(所因)도 없고 목적(所爲)도 없이"[378]라고 하였다.

釋曰。辨第三緣。不緣報恩。不待報恩。而起大悲。故深密經云。不爲報恩而發大心。相續經云。無所用[1]無所爲也。

---
1) ㉮ '用'은 '因'으로 된 곳도 있다. ㉯『相續解脫經』 권1(T16, 715c15)에 '因'으로 되어 있다.

(라) 네 번째 연

경 모든 유정에게 이익을 주려 하기 때문에 많은 갖가지 오랜 시간의 큰 고통에 처하니,

爲欲利益諸有情故。處多種種長時大苦。

석 네 번째 연을 나타낸 것이다. 즉 다섯 가지 생生 중에 '재난을 제거해 주는 생'에 해당하고, 혹은 '부류에 따르는 생'이라 할 수도 있다.[379]

---
377 『深密解脫經』 권4(T16, 681b13).
378 『相續解脫地波羅蜜了義經』 권1(T16, 715c15).
379 '재난을 제거해 주는 생(除災生)'과 '부류에 따르는 생(隨類生)'에 대해서는 이전의 8종

釋曰。顯第四緣。卽五生中除災生。或可隨類生也。

다) 네 가지 연에 대해 총결지음

[경] 그러므로 나는 저 보살들이 광대한 원과 묘한 원과 수승한 원을 행한다고 설한 것이다."

是故我說。彼諸菩薩。行廣大願妙願勝願。

[석] 세 번째는 총결지은 것이니, 알 수 있을 것이다.

釋曰。第三總結可知。

(2) 십도十度를 자세히 설명함

① 배워야 할 것(所學)의 종류 수를 밝힌 문

가. 질문

[경] 관자재보살이 다시 부처님께 여쭈었다. "세존이시여, 이 보살들에게는 무릇 몇 종류의 배워야 할 사事가 있습니까?"

觀自在菩薩。復白佛言。世尊。是諸菩薩。凡有幾種所應學事。

청정을 설한 곳에서 '생생의 청정' 참조.

석 이하는 두 번째로 모든 도度에 대해 자세하게 해석한 것이다. 이 중에 열여덟 가지 질문이 있으니, (경문은) 곧 열여덟 단락이 된다.

첫 번째는 배워야 할 것(所學)의 종류 수의 정도(多少)를 밝힌 문이다.

두 번째는 (배워야 할 것들과) 삼학三學 간의 상호 포섭(相攝)을 분별한 문이다.

세 번째는 복덕·지혜의 자량을 분별한 문이다.

네 번째는 오상五相으로 육도六度를 수학함을 밝힌 문이다.

다섯 번째는 모든 도度의 개수는 늘거나 줄어들지 않음을 밝힌 문이다.

여섯 번째는 모든 도의 차례를 분별한 문이다.

일곱 번째는 육도의 품류의 차별을 밝힌 문이다.

여덟 번째는 '바라밀다'라는 이름을 얻게 된 (이유를) 밝힌 문이다.

아홉 번째는 모든 도의 청정淸淨의 종류 수를 밝힌 문이다.

열 번째는 오상五相과 오업五業을 분별한 문이다.

열한 번째는 '가장 광대함(最廣大)' 등의 다섯 가지 상을 밝힌 문이다.

열두 번째는 육도의 인과가 다함없음을 밝힌 문이다.

열세 번째는 도를 좋아하지만 도의 과果를 좋아하지 않음을 밝힌 문이다.

열네 번째는 모든 도의 위덕의 종류 수를 밝힌 문이다.

열다섯 번째는 모든 도의 인因·과果·이익(義利)을 밝힌 문이다.

열여섯 번째는 중생의 자업自業의 과실을 밝힌 문이다.

열일곱 번째는 반야로 '법무성法無性'을 취함을 밝힌 문이다.

열여덟 번째는 세 종류 바라밀다를 밝힌 문이다.

이것은 첫 번째로 배워야 할 것의 종류 수가 어느 정도인지 밝힌 문이다. 앞은 질문이고, 뒤는 대답이다.

이것은 질문에 해당한다.

釋曰。自下第二廣釋諸度。於中有十八問。即爲十八段。一所學種數多少門。二分別三學相攝門。三分別福智資糧門。四五相修學六度門。五諸度數無增減門。六分別諸度次第門。七六度品類差別門。八波羅蜜多得名門。九諸度淸淨種數門。十分別五相五業門。十一最廣大等五相門。十二六度因果無盡門。十三愛度不得[1]度果門。十四諸度威德種數門。十五諸度因果義利門。十六衆生自業過失門。十七般若取法無性門。十八三種波羅蜜多門。此即第一所學種數多少門。先問。後答。此即問也。

1) ㉓ 열세 번째 과목은 '十三愛度不愛度果'이고, 이에 따르면 '得'은 '愛'의 오기인 듯하다.

나. 대답

가) 개수를 표시하며 간략히 답함

경 부처님께서 관자재보살에게 말씀하셨다. "선남자여, 보살이 배워야 할 사는 대략 여섯 종류가 있다.

佛告觀自在菩薩曰。善男子。菩薩學處[1] 略有六種。

1) ㉓ 『解深密經』 권4(T16, 705a6)에 '處'가 '事'로 되어 있다.

석 두 번째는 여래께서 바로 설하신 것이다. 이 중에 두 가지가 있다. 처음에는 개수를 표시하며 간략히 답하였고, 나중에는 개수에 따라 이름을 나열하였다.

이것은 첫 번째로 개수를 표시하며 간략히 대답한 것이다. 말하자면 배워야 할 사는 모두 여섯 종류가 있다는 것이다.

釋曰。第二如來正說。於中有二。初標數略答。後依數列名。此即第一標數略答。謂所學事。總有六種。

나) 개수에 따라 이름을 나열함

경 이른바 보시와 지계와 인욕과 정진과 정려와 지혜의 도피안이다.

所謂布施。持戒。忍辱。精進。靜慮。到¹⁾彼岸。
1) ㉮ '到' 앞에 경문에는 '慧'가 있다.

석 두 번째는 개수에 따라서 이름을 나열한 것이다.【『심밀해탈경』에서는 "단檀바라밀, 시라尸羅, 찬제羼提, 비리야毗梨耶, 선禪, 반야般若"380라고 하였다. '바라밀'이란 '피안彼岸'의 범음인데, 이 경(『해심밀경』)에서는 당나라 말로 (도피안이라) 표기하였다.】
이것은 육도의 총명總名과 별명別名의 의미를 해석한 것이다.
'육도피안'이란 그것의 총명이고, 보시·지계 등은 개별적으로 지목한 것이다.

釋曰。第二依數列名。【深密經云。檀波羅蜜。尸羅。羼提。毗梨耶。禪。般若。波羅蜜者。彼岸梵音。此標唐言。】此釋六度總別名義。六到彼岸。是其總名。施戒等者。即是別目。

(＊총명에 대한 해석)
그런데 '도피안'에 대해 여러 교설이 다르다.
『유가사지론』 제49권에 의하면 세 가지 의미로써 도피안을 해석한다. 첫째는 시時이고, 둘째는 자성청정自性淸淨이며, 셋째는 묘과妙果의 획득

---
380 『深密解脫經』 권4(T16, 681b19).

이다. 따라서 그 논에서는 말한다. "이와 같은 열 가지 법은 지극히 오랜 시간이 걸려야 이에 능히 원만하게 증득하고, 자성이 지극히 청정하고 수승하며, 최극의 보리라는 오묘한 과를 능히 증득하기 때문에 '바라밀다'라고 이름한다."[381]

『선계경』 제9권과 『지지론』 제10권에서도 『유가사지론』과 거의 동일하다.

양梁『섭대승론석』에 의하면 '삼무등三無等'으로써 도피안에 대해 해석할 수 있다. 따라서 그 논의 제9권에서 말한다. 〈첫째는 시時의 무등이니, 즉 3대겁大劫을 말한다.[382] 둘째는 가행加行의 무등이니, 네 가지 수(四修) 등을 말한다. 셋째는 과果의 무등이니, 즉 삼신三身에 의해 현현되는 바의 보리다. '피안'이란 모두 이 세 가지 의미를 갖추고 있기 때문에 '바라밀'이라 통칭한 것이다.〉[383] 구체적으로 설하면 그 논과 같다.【신역『섭대승론석』에는 모두 이런 말이 없다.】[384]

신역『섭대승론』에 의하면, 곧 '육바라밀의 가장 수승함(最勝)'이라는 의미 때문에 '도피안'이라 설한 것이다. 따라서 『섭대승론석』 제7권에서는 말한다. "論 이 모든 바라밀다에 대해 그 이름을 훈석한다면 어떻게 볼 수 있는가? 그것들은 모든 세간이나 성문·독각의 보시 등의 선근에 비해서 가장 수승하여 피안에 도달할 수 있기 때문에 '바라밀다'라고 통칭한 것이다."

세친은 해석하길, "모든 세간·성문·독각의 보시 등의 피안을 넘어섰

---

[381] 『瑜伽師地論』 권49(T30, 566a16).
[382] 보살의 수행이 완성되는 데 걸리는 시간을 3대겁(3아승기겁)이라 하는데, 위의 논에 따르면 하나하나의 바라밀마다 모두 3아승기겁을 수행해야 한다고 한다. 이처럼 오랜 시간의 수행을 통해서 바라밀이 원만해지므로 '시간에 있어서 이와 비길 만한 것이 없다.(時無等)'라고 하였다.
[383] 진제 역, 세친의『攝大乘論釋』 권9(T31, 216b22) 참조.
[384] 진제 역, 세친의 양梁『攝大乘論釋』에 대응해서, 현장이 번역한 세친과 무성의 두 종류『攝大乘論釋』을 신역『攝大乘論釋』이라 하였다. 진제 역, 세친의『攝大乘論釋』에는 삼무등三無等에 의거해서 '도피안'을 해석하는 내용이 있는데, 이는 신역에는 없다.

기 때문에 공통적으로 '바라밀다'라고 이름한 것이다."³⁸⁵라고 하였다. 무성의 『섭대승론석』 제7권도 세친의 (해석과) 거의 동일하다.

> 然到彼岸。諸敎不同。依瑜伽論第四十九。以三種義。釋到彼岸。一時。二自性淸淨。三得妙果。故彼論云。如是十法。最極長時。乃至¹⁾能圓證。自性最極淸淨殊勝。能得最極菩提妙果。是故說名波羅蜜多。善戒第九。地持論第十。大同瑜伽。依梁攝論。以三無等。釋到彼岸。故第九云。一時無等。謂三大劫。二加行無等。謂四修等。三果無等。卽是三身所顯菩提。彼岸皆具此三義故。通稱波羅蜜。具說如彼【新攝大乘釋。皆無此言。】依新攝論。卽說六度最勝義故。名到彼岸。故攝大乘第七卷云。論曰。此諸波羅蜜多。訓釋名言。云何可見。於諸世尊。²⁾聲聞獨覺施等善根。最爲殊勝。能到彼岸。是故通稱波羅蜜多。世親釋云。超諸世間聲聞獨覺施等彼岸。是故通名波羅蜜多。無性第七。大同世親。

1) ⓨ『瑜伽師地論』 권49(T30, 566a16)에 '至'가 없다. 2) ⓨ 현장 역 세친의 『攝大乘論釋』 권7(T31, 355c20) 등에 따르면 '尊'은 '間'의 오기인 듯하다.

『대지도론』 제12권에는 다섯 번의 '부차復次'로써 도피안을 해석한 것이 있다.

> 첫 번째에서 말한다. 〈보시 등에서 퇴전하여 소승에 회향하여 마치 사리불 등과 같아지는 것을 차안此岸이라 이름한다면, 곧장 나아가 퇴전하지 않고 불도佛道를 성취하는 것을 도피안이라 이름한다.〉
> 두 번째에서 말한다. 〈인색함(慳) 등의 여섯 가지 폐해를 차안이라 이름한다면, 보시 등의 육도를 도피안이라 이름한다.〉³⁸⁶

---

385 세친의 『攝大乘論釋』 권7(T31, 356a4).
386 이 견해에 따르면, 인색함 등과는 상반되는 보시 등은 '도피안'에 해당한다.

세 번째에서 말한다. 〈유有·무無에 (집착하는) 두 가지 견見을 차안이라 이름한다면, 유·무의 견을 깨뜨린 지혜를 도피안이라 이름한다.〉

네 번째에서 말한다. 〈결사結使(번뇌)에 속박되어서 행한 바의 보시 등을 차안이라 이름한다면, 결사에 속박되지 않고 행한 바의 보시 등을 도피안이라 이름한다.〉

다섯 번째에서 말한다. 〈생사의 큰 바다를 차안이라 이름한다면, 열반의 큰 성을 도피안이라 이름한다.〉[387]

구체적으로 설하면 그 논과 같다.
『잡집론』 제11권에 의하면 세 종류의 '가장 수승함(最勝)'으로써 '바라밀'을 나타낸다. 그 논에서는 말한다.

> 첫째는 자체自體의 가장 수승함 및 (그것의) 적집積習이다. 둘째는 방편方便의 가장 수승함이다. 셋째는 과果의 가장 수승함이다.
> '적집'이란 오랜 시간 (행하는 것을) 말한다. 이 세 가지 의미를 갖추었기 때문에 '도피안'이라 이름한 것이다.[388]

또 그 논에서는 다시 말한다.

> 가장 수승한 것에 의해 지어졌기(最勝所作) 때문에, 가장 수승한 것에 의해 도달되기(最勝所至) 때문에, '바라밀다'라고 이름한다.
> 모든 불보살이 목적하는 바(所爲)이고 도달하는 바(所到)이기 때문에, 다시 또 알아야 할 피안(所知彼岸)에 이르기 때문에, '바라밀다'라고 이름

---

387 이상은 『大智度論』 권12(T25, 145a29) 참조.
388 『雜集論』 권11(T31, 747c27) 참조.

한다.

불성佛性에 안주하기 때문에, 다시 또 자타의 가장 극심한 재난에서 구제하기 때문에, '바라밀다'라고 이름한다. 능히 자타로 하여금 생사의 큰 고통의 바다를 건너도록 해 주기 때문이다.[389]

依智度論第十二卷。有五復次釋到彼岸。一云。於施等退。迴向小乘。如舍利弗等。名爲此岸。直進不退成辦佛道。名到彼岸。二云。慳等六弊名爲此岸。施等六度名到彼岸。三云。有無二見名爲此岸。破有無見智名到彼岸。四云。爲結使縛所行施等名爲此岸。非結使縛所行施等名到彼岸。五云。生死大海名爲此岸。涅槃大城名到彼岸。具說如彼。依雜集論第十一卷。以三最勝顯波羅蜜。彼云。一自體最勝幷積習。二方便最勝。三果最勝。積習者。謂長時也。具此三義。名到彼岸。又彼復云。最勝所作故。最勝所至故。名波羅蜜多 一切佛菩薩所爲所到故。復次到所知彼岸故。名波羅蜜多。安住佛性故。復次濟度自他最極灾橫故。名波羅蜜多。能令自他越度生死大苦海故。

(＊별명에 대한 해석)

개별적 이름을 해석하겠다.
예를 들어『대승장엄경론』제7권에서는 말한다.

빈궁함을 제거해 줄 수 있기 때문에 '시施'라고 한다.
깨끗하고 맑아지게 하기 때문에 '계戒'라고 하니, 계를 갖춘 자는 경계 안에서 뜨거운 번뇌를 그치게 하기 때문이다.
성내는 것(瞋恚)을 깨뜨리기 때문에 '인忍'이라고 하니, 성내는 것을 참

---

[389]『雜集論』권11(T31, 748a18).

고 무너뜨려서 다 없어지게 할 수 있기 때문이다.

선善을 건립할 수 있기 때문에 '진進'이라 하니, 선법이 건립되는 것은 이 힘에 말미암기 때문이다.

마음을 지킬 수 있기 때문에 '정定'이라 하니, (이 힘으로) 내면의 의意를 거두어 지니기 때문이다.

참된 법을 이해할 수 있기 때문에 '혜慧'라고 하니, (이것으로) 제일의第一義를 밝게 알기 때문이다.[390]

釋別名者。如莊嚴論第七卷云。能除貧窮故名施。能令清涼故名戒。由具戒者。於境界中。熱惱息故。能破瞋恚故名忍。忍破瞋恚能令盡故。能建善故名進。建立善法。由此力故。能持心故名定。攝持內意故。能解眞法故名慧。曉了第一義故。

『섭대승론』 제7권에서 말한다.

또 인색함과 빈궁함을 능히 깨뜨리고, 또 광대한 재위財位와 복덕의 자량을 능히 이끌어 내고 획득하기 때문에 '시'라고 한다.

또 악계惡戒와 악취惡趣를 능히 그치게 하고, 또 선취善趣와 등지等持(삼마지)를 취하고 획득하기 때문에 '계'라고 한다.

또 분노와 원한을 능히 소멸시키고, 또 자기와 남의 안은함에 능히 잘 머물기 때문에 '인'이라 한다.

또 모든 게으름과 나쁜 불선법을 능히 멀리 떠나고, 또 한량없는 선법을 능히 내어 증장되도록 하기 때문에 '정진'이라 한다.

또 모든 산동散動을 능히 소멸시키고, 또 내심의 안주를 능히 이끌어

---

[390] 『大乘莊嚴經論』 권7(T31, 628b20).

내기 때문에 '정려'라고 한다.

또 모든 종류의 견취見趣[391]와 그릇된 악혜惡慧를 능히 제거해 버리고, 또 진실하게 품별品別로 법을 능히 알기 때문에 '혜'라고 한다.[392]

세친이 해석하였다.

인因의 시기에 혜시惠施에 대한 인색함을 깨뜨리고, 과果의 시기에 모든 빈궁함을 능히 깨뜨리며, 또 과의 시기에 광대한 재위와 광대한 복덕의 자량을 이끌어 내기 때문에, '시'라고 한다.

또 인의 시기에 모든 악계를 그치고, 과의 시기에 악취를 능히 소멸시키며, 또 미래에는 선취를 능히 취하며 현재에는 등지를 능히 획득하기 때문에, '계'라고 한다.

이와 같이 모든 바라밀다의 언사言詞를 훈석하는 것은 (본론에서) 마땅하게 바로 설한 것과 같다.

"또 자기와 남의 안은함에 능히 잘 머물기 (때문에)"라고 했는데, 말하자면 자신을 분노의 과실에 의해 괴롭혀지지 않게 하고, 남의 고통을 생기게 하지도 않기 때문에 안은함을 얻는 것이다.[393]

무성이 해석하였다.

인의 시기에는 인색함을 능히 깨뜨리고 또한 광대한 복덕의 자량을 능히 이끌어 내며, 과의 시기에는 빈궁함을 능히 깨뜨리고 광대한 재산

---

391 견취見趣 : '취趣'란 품류品類를 뜻하니, 즉 살가야견薩迦耶見(유신견)을 비롯한 62종류의 견들을 모두 '견취'라고 한다. 무성의 『攝大乘論釋』 권4(T31, 405a29) 참조.
392 『攝大乘論本』 권2(T31, 144b22).
393 세친의 『攝大乘論釋』 권7(T31, 356a6).

을 능히 획득하기 때문에 '시'라고 한 것이다.

그 밖의 개별적 이름을 해석한 것은, 그 문장이 알기 쉽다.[394]

해 세친의 논에서 말한 뜻은 '자량은 과果에 속한다'는 것이고, 무성의 논에서 (말한 뜻은) '자량이 인因에 속한다'는 것이며, 그 밖의 것은 모두 동일하다.

양梁『섭론』제9권의 뜻도 신역『섭론』들과 동일하다.

『장진론』제2권과『승만경』에서 이름을 해석한 것은 조금 차이가 있는데, 번거로울까 봐 서술하지 않겠다.

依攝大乘第七卷云。又能破裂慳吝貪窮。及能引得廣大財位福德資粮。故名爲施。又能息滅惡戒惡趣。及能取得善趣等持。故名爲戒。又能滅盡忿怒纏。及能善住自他安隱。故名爲忍。又能遠離所有懈怠惡不善法。及能出生無量善法。令其增長。故名精進。又能消除所有散動。及能引得內心安住。故名靜慮。又能除遣一切見趣諸耶[1)惡慧。及能眞實品引[2)知法。故名爲慧。世親釋云。以於因時。破慳惠施。果時能裂一切貧窮。及於果時。引大財位廣福資粮。故名爲施。又於因時。息諸惡戒。果時能滅惡趣。及於未來。能取善趣。於現在。能得等持。故名爲戒。如是一切波羅蜜多訓釋言詞。如應當說。及能善住自他安穩者。謂於自身。不爲忿怒過失所惱。不生他苦。故得安穩。無性釋云。謂於因時。能破慳吝。亦能引廣福德資粮。及於果時。能裂貧窮。得大財位。故名爲施。餘釋別名。其文易了。解云。世親論意。資粮屬果。無性論。資粮屬因。餘者皆同。梁論第九意同新論。掌珍第二。及勝鬘經。釋名少異。恐繁不述。

1) ㉚ '耶'는 '邪'와 같다.　2) ㉚ 세친의『攝大乘論釋』권7(T31, 356a1)에 '引'이 '別'로

394　무성의『攝大乘論釋』권7(T31, 421a2).

되어 있다.

② 육도六度와 삼학三學 간의 상섭相攝을 분별한 문

가. 청문

[경] 관자재보살이 다시 부처님께 여쭈었다. "세존이시여, 이와 같은 여섯 종류의 마땅히 배워야 할 사事 중에, 몇 개가 증상계학에 속하고 몇 개가 증상심학에 속하며 몇 개가 증상혜학에 속합니까?"

觀自在菩薩。復白佛言。世尊。如是六種所應學事。幾是增上戒學所攝。幾是增上心學所攝。幾是增上慧學所攝。

[석] 이하는 두 번째로 (육도와) 삼학 간의 상섭相攝을 분별한 문이다. 이 중에 두 가지가 있다. 앞은 질문이고, 뒤는 대답이다.
이것은 청문에 해당한다.

釋曰。自下第二分別三學相攝門。於中有二。先問。後答。此即請問。

나. 대답

[경] 부처님께서 관자재보살에게 말씀하셨다. "선남자여, 처음의 셋은 단지 증상계학에 속하고, '정려'라는 한 종류는 단지 증상심학에 속하며, '혜'는 증상혜학에 속하고, '정진'은 일체에 두루한다고 나는 설하였음을 알아야 한다."

佛告觀自在菩薩曰。善男子。當知。初三但是增上戒學所攝。靜慮一種。但是增上心學所攝。慧是增上慧學所攝。我說精進遍於一切。

석 두 번째는 여래께서 바로 설하신 것이다.

말하자면 작용을 따라 설할 경우 '계戒'는 앞의 세 가지를 포함하니, 계의 자량資糧, 계의 자성自性, 계의 권속眷屬이기 때문이다.[395]

'정定'은 심학에 속하고, '반야般若'는 혜학에 속한다. 이는 모든 교에서 다 동일하게 설하니, 명칭 그대로 알 수 있을 것이다.

'정진精進'은 삼학에 두루하니, 이는 삼학을 책려하는 것이기 때문이다. 『상속해탈경』과 『심밀해탈경』도 이 경과 동일하다.

釋曰。第二如來正說。謂隨用說。戒攝前三。以戒資糧。是戒自性。戒眷屬故。定即心學。般若是慧。諸教皆同。如名可知。精近[1]遍三。策三學故。相續深蜜。亦同此經。

1) ㉯ '近'은 '進'의 오기인 듯하다.

문 『선계경』에서는 계학은 계도를 포섭하고 심학은 정도를 포섭하며 혜학은 혜도를 포섭한다고 했는데, 어째서 이 경은 그 경과는 차이가 있는가?

해 '상섭相攝'이란 여러 가지 의미가 있기 때문이다. 지금 우선 삼학에 대해 설명하고, 나중에 상섭의 같고 다른 점에 대해 밝히겠다.

'삼학'이라 한 것은 가령 세친의 『섭대승론석』 제1권에서 말한 것과 같다.

증상계增上戒란, 말하자면 십지十地에서 계에 의지해서 배우기 때문

---

395 '시施'란 계의 자량資糧에 해당하고, '계戒'는 계 그 자체(自性)에 해당하며, '인忍'은 계의 권속眷屬에 해당하기 때문에 증상계학增上戒學이 보시·지계·인욕의 바라밀을 포괄한다고 하였다. 이에 대해서는 뒤의 '수용상섭隨用相攝'에 대한 주석 참조.

에 증상계라고 한 것이다. 즉 모든 보살들이 가진 모든 율의律儀이니, 모든 불선에 대해 다시 마음을 일으키지 않는 것이다.

증상심增上心이란, 말하자면 내심內心에 있으면서 혹은 마음에 의지해서 배우기 때문에 증상심이라 한 것이다. 이는 모든 삼마지에 해당한다.

증상혜增上慧란, 말하자면 혜를 향해 달려가 증득하기 때문에 증상혜라고 하였거나 혹은 혜에 의지해서 배우기 때문에 증상혜라고 한 것이다. 이는 무분별지에 해당한다.[396]

'증상增上'이란 바로 '가장 수승한 의미(最勝義)'다. 따라서 『유가사지론』 제28권에서는 말한다. "오직 성스런 교(聖敎)에만 유독 이 세 가지(증상계학·증상심학·증상혜학)가 있으니, (이는) 외도와는 공유하지 않는 것이다. 이와 같은 것을 일컬어 '가장 수승한 의미'라고 하기 때문에 '증상'이라 한 것이다."[397] 구체적으로 설하면 그 논과 같다.

삼학에 대해 자세하게 해석하면 예를 들어 무성의 『섭론』과 양梁『섭론』 제1권과 『현양성교론』 제7권과 『유가사지론』 제28권과 『법집경』 제6권과 『잡아함경』 제40권과 같다.

삼학의 차별을 자세하게 설명한 것은 예를 들어 『성유식론』 제9권과 『섭대승론』 제7권·제8권과 같다.

問。善戒經云。戒攝戒度。心攝定度。慧攝慧度。如何此經。與彼有異。解云。相攝有其多義故。今先辨三學。後明相攝同異。言三學者。如世親攝論第一卷云。增上戒者。謂十地中。依戒而學。故名增上戒。即諸菩薩所有律儀。

---

396 세친의 『攝大乘論釋』 권1(T31, 322c14).
397 『瑜伽師地論』 권28(T30, 436b1).

於諸不善。無復作心。增上心者。謂在內心。或即依心而學。故名增上心。
即諸三摩地。增上慧者。謂趣證慧。故名增上慧。或依慧而學。故名增上慧。
即是無分別智。言增上者。是最勝義。故瑜伽論第八[1]云。唯於佛。[2] 獨有此
三。不共外道。如是名爲最勝義故。名爲增上。具說如彼。廣釋三學。如無
性攝論。梁論第一。顯揚第七。瑜伽二十八。法集經第六。雜阿含第四十。
廣辨三學差別。如成唯識第九。攝大乘第七第八。

1) ㉮ '八'은 '二十八'이라고 된 곳도 있다. ㉯ '二十八'이 바르다. 2) ㉯『瑜伽師地
論』권28(T30, 436b1)에 '佛'이 '聖敎'로 되어 있다.

다음에 (육도와 삼학 간의) 상섭相攝에 대해 밝히자면, 여러 교설들이 같지 않다.

『선계경』에 의하면 계도는 오직 계학만 포섭하고, 정도는 오직 심학만 포섭하며, 혜도는 오직 혜학만 포섭한다고 하고, 그 외의 도에는 배대하지 않는다. 따라서 제9권에서 말한다. "육도에는 세 가지 계가 있으니, 첫째는 계에 수순하는 계(隨戒戒)이고, 둘째는 마음에 수순하는 계(隨心戒)이며, 셋째는 지혜에 수순하는 계(隨智戒)이다. 시도尸度(계도)를 '계에 수순하는 계'라고 한다. 선도禪度(정도)를 '마음에 수순하는 계'라고 한다. 지도智度(혜도)를 '지혜에 수순하는 계'라고 한다."[398]【이것은 자성을 서로 포섭하는(自性相攝) 경우다.[399]】

이 경(『해심밀경』)과 『상속해탈경』과 『심밀해탈경』에 의하면 앞의 세 가지 도는 계학을 포섭하니, (보시는) 계의 자량이고 (지계는) 계의 자성이

---

398 『菩薩善戒經』권9(T30, 1009b8).
399 이하에서 원측은 삼학과 육바라밀의 상호 관계를 ① 자성상섭自性相攝, ② 수용상섭 隨用相攝, ③ 수현상섭隨顯相攝, ④ 조반상섭助伴相攝으로 나누어 설명하였다. 이 중에서 첫 번째 '자성상섭'이란 자성自性 혹은 법체法體의 차원에서 삼학三學과 육바라밀의 상호 포함 관계를 논한 것인데, 즉 계戒는 단지 계만 포함하고 정정은 단지 정려靜慮만 포함하며 혜慧는 단지 반야(智)만 포함한다는 것이다.

며 (인욕은) 계의 권속이기 때문이다. 정려는 심학에 속한다. 반야는 혜학에 속한다. 정진은 삼학에 두루 통하니, 삼학을 책려하는 것이기 때문이다. 【이것은 작용에 따라서 서로 포섭하는(隨用相攝) 경우다.400】

『대승장엄경론』에 의하면 그 뜻이 이 경과 같다. 따라서 제7권에서 말한다.

> 송 삼학을 포섭하기 때문에
> 도度에 여섯 종류가 있다고 설하였네.
> 처음 세 종류는 두 가지로서 처음의 하나이고
> 뒤의 두 종류는 둘이며 하나는 셋이라네.401

【해】 "처음 세 종류는"이라고 한 것은 앞의 세 가지 도를 말한다. "두 가지로서"라고 했는데, 처음의 세 가지 도度는 곧 두 가지임을 말하니, 첫째는 취聚이고 둘째는 권속眷屬이다. 시라尸羅(계)가 취에 해당한다면, 단檀(보시) 및 찬제羼提(인욕)는 권속에 해당한다. "처음의 하나이고"라는 것은 처음의 세 종류 도의 두 가지(취와 권속)402가, 즉 삼학 중에 처음의 하나인 계학임을 말한다. "뒤의 두 종류는"이란 뒤의 두 가지 선도禪度와 반야도般若度를 말한다. 거듭해서 "둘이며"라고 한 것은 뒤의 두 종류 도는 그 차례대로 심학과 혜학 두 가지라는 말이다. "하나는"이라고 한 것은 '정진'이라는 하나의 도를 말한다. "셋이라네"라고 한 것은 이 하나의 도는 삼학에 두루

---

400 수용상섭隨用相攝은 작용(用)의 차원에서 논한 것인데, 수행의 작용이라는 관점에서 보면 특히 앞의 세 가지 바라밀이 모두 계학으로 간주된다. 이는 '시施'와 '계戒'와 '인忍'은 모두 서로 순차적으로 연관되기 때문이다. 즉 세속의 재물을 보시하고 출가하는 것은 지계持戒의 자량資糧이 되고, 계는 계 자체(自性)이며, 인내하는 것은 계행에 수순하는 것들(眷屬)이니, 따라서 세 가지가 모두 계학에 속한다는 것이다. 그 밖의 바라밀은 위의 본문에서 해석한 것과 같다.
401 『大乘莊嚴經論』 권7(T31, 628a9).
402 원측 소에 "謂初三及二"라고 되어 있는데, 중간의 '及'은 '度'인 듯하다. 전후 문맥상 이곳에는 "앞의 세 가지 도度(지계·보시·인욕)의 두 가지(취·권속)"라는 문구가 나와야 하므로, 중간의 '及'을 바라밀을 뜻하는 '度'의 오기로 간주하였다.

한다는 말이다.】

『유가사지론』 제49권에 의하면, 앞의 네 가지는 계학戒學을 포섭하고, 다섯 번째는 심학心學을 포섭하며, 여섯 번째는 혜학慧學을 포섭한다. 따라서 그 논에서 말한다. 〈앞의 네 가지 도의 자량資糧과 자성自性과 권속眷屬과 수호守護로 말미암아 증상계학을 원만하게 닦음을 알아야 한다.[403] 정려의 도로 말미암아 증상심학을 원만하게 닦음을 알아야 한다. 반야의 도로 말미암아 증상혜학을 원만하게 닦음을 알아야 한다.〉[404] 구체적으로 설하면 그 논과 같다. 『지지론地持論』 제10권에서도 역시 『유가사지론』과 동일하게 설한다.【이것은 현저한 점을 따라서 서로 포섭하는(隨顯相攝) 경우다.[405]】

『섭대승론』 등에 의하면 육도 하나하나가 다시 서로를 포섭하니, 이에 준해 보면 삼학 하나하나가 모두 육도를 포섭한다는 것을 알 수 있다. 따라서 『섭대승론』에서는 말한다. 〈이와 같이 여섯 종류가 소속되는 모습을 결택한 것을 어떻게 보아야 하는가? 세존께서는 이 일체의 육도에 대해 혹은 어떤 곳에서는 시施라는 말(聲)로 설하셨고, 이와 같이 나아가서는, 혹은 어떤 곳에서는 혜慧라는 말로 설하셨다. 말하자면 일체의 바라밀다에서 가행을 닦는 가운데 모두 일체의 바라밀다가 있어서 상호 도와서 이루어 주니, 이와 같은 의취에서 (그렇게 설하신 것이다.)〉[406] 자세하게 설하면 그 논과 같다.【이것은 조반을 (아울러) 서로 포섭하는(助伴相攝) 경우다.[407]】

---

[403] '자량資糧과 자성自性과 권속眷屬과 수호守護'에 대해서는 이하의 '수현상섭隨顯相攝'에 대한 역주 참조.
[404] 『瑜伽師地論』 권49(T30, 566b20).
[405] 수현상섭隨顯相攝은 현저한 모습에 수순해서 서로를 포섭시킨 것이다. 이 경우, 앞의 네 가지 바라밀이 모두 계학에 속한다. 즉 보시와 지계와 인욕은 차례대로 계의 자량이고 계의 자성이며 계의 권속이기 때문에 계학에 속한다. 이것은 이전의 견해와 같다. 다시 정진바라밀은 계를 수호하는 것이기 때문에 계학에 속한다고 볼 수 있다.
[406] 『攝大乘論本』 권2(T31, 145b2) 참조.
[407] 조반상섭助伴相攝은 상응해서 따라 일어나는(相應隨轉) 것들이 서로서로 협조해서 성

後明相攝。諸教不同。依善戒經。戒唯攝戒。定唯攝心。慧唯攝慧。不配餘度。故第九云。六度有三戒。一隨戒戒。二隨心戒。三隨智戒。尸度名爲隨戒戒。禪度名爲隨心戒。智度名爲隨智戒。【此即自性相攝】若依此經。相續深密。前三攝戒。是[1]資糧。是戒自性。戒眷屬故。靜慮攝心。般若攝慧。精進遍三。策三學故。【此即隨用相攝】依莊嚴論。意同此經。故第七云。偈曰。爲攝三學故。說度有六種。初三二初一。後二二一三。【解云。初三者。謂初三度。二者。謂初三度即是二。一聚二眷屬。尸羅爲聚。檀及羼提爲眷屬。初一者。謂初三及[2]二。即三學中。是初一戒學。後二者。即是後二禪度般若度。重二者。謂後二度。如其次第。即是心慧二學。一者。謂精進一度。三者。謂此一度遍三學也。】若依瑜伽第四十九。前四攝戒。第五攝心。第六攝慧。故彼論云。由前四度。資糧自性眷屬守護。當知圓滿[3]增上戒學。由靜慮度。當知圓滿＊增上心學。由般若度。當知圓滿＊增上慧學。具說如彼。地持論第十。亦同瑜伽。【此即隨顯相攝】依攝論等。六度一一。更互相攝。以此准知。三學一一。皆攝六度。故攝論云。如是六屬相決擇。[4]云何可見。世尊。於此一切六度。[5]戒[6]有處所。以施聲說。如是乃至。戒[7]有處所。以慧聲說。謂於一切波羅蜜多。修加行中。皆有一切波羅蜜多。互相助成。如是意趣。廣說如彼。【此即助伴相攝】

---

1) ㉑ '是' 뒤에 '戒'가 누락된 듯하다. 2) ㉑ '及'은 '度'의 오기인 듯하다. 해당 번역문 역주 참조. 3) ㉑『瑜伽師地論』권49(T30, 566b21)에 '滿' 뒤에 '修諸菩薩'이 있다. 이하 동일. 4) ㉑ '六屬相決擇'은『攝大乘論本』권2(T31, 145b2)에 '六種波羅蜜多互相決擇'이라 되어 있다. 5) ㉑『攝大乘論本』권2(T31, 145b2)에 '度'가 '波羅蜜多'로 되어 있다. 6) ㉑『攝大乘論本』권2(T31, 145b2)에 따르면 '戒'는 '或'의 오기다. 7) ㉑『攝大乘論本』권2(T31, 145b3)에 따르면 '戒'는 '或'의 오기다.

그런데 이 여러 교에서 말한 '포섭(攝)'의 의미가 같지 않다. 따라서『성유식론』에서는 네 종류 의미에 의거해서 상섭相攝에 대해 설명한다. 첫째

립시켜 준다는 측면을 강조한 것이다. 이런 관점에서 삼학과 육바라밀(혹은 십바라밀)의 관계를 설명할 경우, 삼학과 십바라밀 하나하나가 모두 일체의 것을 포섭한다.

는 자성을 포섭하는(自性攝) 경우고, 둘째는 조반을 포섭하는(助伴攝) 경우며, 셋째는 작용에 따라서 포섭하는(隨用攝) 경우고, 넷째는 현저한 점을 따라서 포섭하는(隨顯攝) 경우다. 따라서 제9권에서 말한다.

자성을 포섭하는 경우라면, 계학은 오직 계도를 포섭하고, 정학은 오직 정려도만 포섭하며, 혜학은 뒤의 다섯 가지 도를 포섭한다.【십도十度의 문에 의거해서 상섭相攝을 설명하였다.[408]】

조반을 아울러 (포섭하는) 경우라면, 모두 다 갖추어서 서로를 포함한다.

작용에 따라서 포섭하는 경우라면, 계학은 앞의 세 가지를 포섭하니, (보시와 지계와 인욕은 차례대로 계의) 자량이고 자체이며 권속의 성질이기 때문이다. 정학은 정려를 포함하고, 혜학은 뒤의 다섯 가지를 포함한다.【이는 십도의 행에 의거해서 설한 것이다.】 정진은 삼학에 포함되니, 이는 삼학을 두루 책려하는 것이기 때문이다.

현저한 점을 따라서 포섭하는 경우라면, 계학은 이전의 네 가지를 포함하니, 앞의 세 가지는 앞에서 설한 것 및 수호하는 것이기 때문이다.[409] 정학은 정려를 포함하고, 혜학은 뒤의 다섯 가지를 포함한다.[410]

---

[408] 오직 자성自性에 국한해서 삼학과 도度(바라밀)의 상호 포섭 관계를 논한다면, 계학戒學은 계도戒度만 포섭하고 정학定學은 정려도靜慮度(선정바라밀)만 포섭한다. 그런데 '혜학慧學은 뒤의 다섯 가지 도를 포섭한다'고 한 것은 십도十度에 의거해서 말한 것이다. 십도란 육도에 방편方便·원願·력力·지智 등의 사도를 추가한 것이다. 가령 『섭대승론攝大乘論』 등에 따르면, 십도 중에 여섯 번째 혜도慧度와 뒤의 사도는 모두 지혜의 성질로서, 근본지根本智와 후득지後得智에 해당한다.

[409] 현저한 점에 의거해서 상호 포섭 관계를 말하자면, 증상계학增上戒學은 보시와 지계와 인욕과 정진 등 네 종류 바라밀을 포섭한다. 우선, 앞에서 설한 세 가지 이유, 구체적으로 말하면 보시는 계의 자량이고, 지계는 계 그 자체이며, 인욕은 그 계의 권속이기 때문이다. 또 정진은 계를 수호하는 것이기 때문이다.

[410] 『成唯識論』 권9(T31, 52a27).

해 오직 이 모든 성스런 가르침들에서는 (각기) 하나의 뜻에 의거해서 말한 것이니, 따라서 서로 어긋나는 것이 아니다.

> 然此諸教。攝義不同。故成唯識。約四種義。以辨相攝。一自性攝。二助伴攝。三隨用攝。四隨顯攝。故第九云。若自性攝。戒唯攝戒。定攝靜慮。慧攝後五。【約十度門。以辨相攝。】若辨[1]助伴。皆具相攝。若隨用攝。戒攝前三。資糧自體眷屬性故。定攝靜慮。慧攝後五。【約十度行說】精進三攝。遍策三故。若隨顯攝。戒攝前四。前三如前。及守護故。定攝靜慮。慧攝後五。解云。唯此諸聖教中。若據一義。故不相違。

1) ㉠『成唯識論』권9(T31, 52a28)에 따르면 '辨'은 '幷'의 오기다.

③ 복덕·지혜의 자량을 분별한 문

가. 청문

경 관자재보살이 다시 부처님께 여쭈었다. "세존이시여, 이와 같은 여섯 종류의 마땅히 배워야 할 사 중에, 몇 개가 복덕의 자량에 속하고, 몇 개가 지혜의 자량에 속합니까?"

> 觀自在菩薩。復白佛言。世尊。如是六種所應學事。幾是福德資粮所攝。幾是智慧資粮所攝。

석 이하에서는 세 번째로 복덕과 지혜의 자량을 분별하는 문이다. 앞은 청문이고, 뒤는 대답이다.
이것은 청문에 해당한다.

釋曰。自下第三分別福智資糧門。先問。後答。此即請問。

나. 대답

경 부처님께서 관자재보살에게 말씀하셨다. "선남자여, 증상계학에 속하는 것이면 이를 복덕의 자량에 속하는 것이라 하고, 증상혜학에 속하는 것이면 이를 지혜의 자량에 속하는 것이라 하며, 정진과 정려 두 종류는 두루 일체에 속한다고 나는 설하였다."

佛告觀自在菩薩曰。善男子。若增上戒學所攝者。是名福德資糧所攝。若增上慧學所攝者。是名智慧資糧所攝。我說精進靜慮二種。遍於一切。

석 이것은 여래께서 바로 설하신 것이다. 말하자면 육도 중에 처음의 세 가지는 복덕에 해당하고, 나중의 하나는 지혜에 해당하며, 그 밖의 두 가지는 두 종류 자량에 통한다.

이 경문의 의도를 해석하자면 가령 『유가사지론』 제36권에서 설한 것과 같다. 그 논에서는 말한다.

> 어떤 것이 복덕인가? 보시·지계·인욕의 세 가지를 말한다.
> 어떤 것이 지혜인가? 여섯 번째 반야를 말한다.
> 정진과 정려는 (복분福分·지분智分의) 두 부분에 통한다. 만약 정진에 의지해서 보시·지계·인욕 및 사무량을 닦는다면 이를 '복분'이라 한다. 만약 정진에 의지해서 문聞·사思·수修에 성취되는 삼혜 및 온蘊 등의 선교善巧를 닦는다면 이를 '지분'이라 한다. 만약 정려에 의지해서 자慈 등의 네 종류 무량을 수습한다면 이를 '복분'이라 한다. 만약 정려에 의지해서 온·계 등의 갖가지 선교를 닦는다면 이를 '지분'이라 한다.[411]

『지지론』제1권과 『선계경』제2권과 세친의 『섭대승론석』제6권과 양梁 『섭대승론석』제8권도 『유가사지론』과 거의 동일하다.

> 釋曰。此卽如來正說。謂六度中。初三是福。後一是智。餘二卽通二種資糧。釋此經意。如瑜伽論第三十六。彼云。云何爲福。謂施戒忍三。云何爲智。謂第六般若。精進靜慮。通於二分。若依精進。修施戒忍及四無量。名爲福分。若依精進。習聞思修所成三慧及蘊等善巧。名爲智分。若依靜慮。修習慈等四種無量。名爲福分。若依靜慮。修蘊界等種種善巧。名爲智分。地持論第一。善戒經第二。世親攝論第六。梁論第八。大同瑜伽。

그런데 이 복덕·지혜라는 두 종류 자량에 대해, (먼저) 이름의 의미를 간략히 해석하고, 나중에 상호포섭에 대해 설명하겠다.

(* 복덕·지혜의 자량의 의미)

'이름의 의미'라 한 것은, 복덕의 과果를 낼 수 있고 복덕에 대해 인因이 되기 때문에 '복덕의 자량'이라 하였고, 지혜의 과를 낼 수 있고 지혜에 대해 인이 되기 때문에 '지혜의 자량'이라 한 것이다.

'자량資糧'이라 한 것은 양梁 『섭대승론석』에 의하면 '성취成就'라는 의미에서 자량이라 이름한 것이다. 따라서 제8권에서 말하길, "이 복덕과 지혜에는 두 종류 공용이 있으니, 첫째 도道를 능히 돕는다는 것이고, 둘째 도체道體를 능히 이룬다는 것이다. 이 두 가지로 인해 도가 성취될 수 있기 때문에 이 두 가지를 도의 자량이라 설한다."[412]라고 하였다.

무성의 『섭대승론석』에 의하면 '운집運集'이라는 의미에서 자량이라 이

---

411 이상 『瑜伽師地論』 권36(T30, 485b17) 참조.
412 진제 역, 세친의 『攝大乘論釋』 권8(T31, 211c7).

름한 것이다. 따라서 제6권에서는 "자량이라 한 것은 한량없는 겁을 거치며 실어서 쌓은 것이기 때문이다."[413]라고 하였다.

『보리자량론』에 의하면 그에 다섯 가지 의미가 있으니, 첫째는 '가득 채운다(滿)'의 뜻이고 둘째는 '유지한다(持)'의 뜻이며 셋째는 '장양長養'의 뜻이고 넷째는 '인因'의 뜻이며 다섯째는 '구족具足'의 뜻이다. 따라서 제1권에서 말한다.

> 자량이라 한 것은 '가득 채운다'는 뜻이니, 이것이 보리법菩提法(삼십칠보리분법)을 능히 가득 채우기 때문이다.
> 또 '유지한다'는 뜻이니, 이것이 보리법을 능히 유지하기 때문이다.
> 또 '장양한다'는 뜻이니, 이것이 보리법을 장양하기 때문이다.
> 또 '인'을 뜻하니, 이것이 보리법을 능히 생하기 때문이다.
> 또 '많은 분분分을 구족한다'는 뜻이니, 이것이 보리법을 구족하기 때문이다.
> (이런 의미에서) 자량이라 이름한다.[414]

구체적으로 설하면 그 논과 같다.

然此福智二種資粮。略釋名義。後辨相攝。言名義者。能生福果。與福爲因。名福資粮。能生智果。與智爲因。名智資粮。言資粮者。若依梁論。成就義故。名爲資粮。故第八云。此福及智。有二種功用。一能助道。二能成道體。由此二故。道得成就。故說此二爲通[1]資粮。若依無性攝論。運集義故。名爲資粮。故第六云。言資粮者。經無量劫所運集故。若依菩提資粮論。有其

---

413 무성의『攝大乘論釋』권6(T31, 417b28).
414 『菩提資糧論』권1(T32, 517b26) 참조.

五義。一者滿義。二者持義。三長養義。四者因義。五具足義。故第一云。言資粮者。是其滿義。由此能滿菩提法故。又以持爲義。由此能持菩提法故。又以長養爲義。由此長養菩提法故。又以因爲義。由此能生菩提法故。又以衆分具足爲義。由此具足菩提法故。名爲資粮。具說如彼。

1) ㉭ 진제 역『攝大乘論釋』권8(T31, 211c9)에 따르면 '通'은 '道'의 오기다.

(*육도와 두 종류 자량 간의 상호 포섭)

'상섭相攝'이라 한 것에 대해 여러 교설들이 같지 않으니, 대략 여덟 가지 사례가 있다.

첫째, 앞의 세 가지(보시·지계·인욕)는 복덕이고 뒤의 세 가지(정진·정려·지혜)는 지혜라는 것이다. 예를 들어 무성의『섭대승론석』제6권에서는 "복덕의 자량이란 보시·지계·인욕 등 세 종류 가행을 말하고, 지혜의 자량이란 정진·정려와 문혜聞慧 등을 말한다."[415]라고 하였다.『대지도론』제15권에서는 말한다.〈불도佛道를 성취하려 한다면 무릇 두 가지 문이 있으니, 첫째는 복덕이고, 둘째는 지혜이다. 보시·지계·인욕을 행하는 것은 복덕의 문이고, 일체법의 실상實相을 아는 반야는 지혜의 문이다. 반야는 반드시 선정으로 인한 것이고, 선정은 반드시 대정진의 힘을 필요로 한다.〉[416]

둘째, 처음의 두 가지(보시·지계) 및 네 번째(정진)는 복덕이고 뒤의 두 가지 바라밀과 세 번째 바라밀은 지혜라는 것이다. 예를 들어『우바새계경』제2권의「이장엄품二莊嚴品」에서는 "보시·지계·정진은 복덕의 장엄이라 하고 인욕·선정·지혜는 지혜의 장엄이라 한다."[417]라고 하였다.

셋째, 앞의 두 가지와 뒤의 한 가지는 지혜이며 (중간의) 세 가지 바라

---

415 『攝大乘論釋』권6(T31, 417b26).
416 『大智度論』권15(T25, 172b11) 참조.
417 『優婆塞戒經』권2「二莊嚴品」(T24, 1045b9).

밀은 두 종류에 통한다는 것이다. 예를 들어 『대승장엄경론』 제10권에서는 말한다.

문 두 가지 취聚가 육도를 어떻게 포섭하는가?

송 처음 두 가지는 복덕의 취이고, 여섯 번째는 지혜의 취이며, 그 밖의 세 가지는 두 취의 인因이고, 다섯 가지는 또한 지혜의 취이기도 하다네.

석 보시와 지계는 복덕의 체體이고, 반야는 지혜의 체이다. 인욕·정진·선정 등 세 가지는 공통적으로 두 취의 인이니, (복덕과 지혜를) 모두 짓기 때문이다. 다섯 가지는 또한 지혜의 취이기도 하니, 지혜로 회향하는 것이기 때문이다.[418]

구체적으로 설하면 그 논과 같다.

言相攝者。諸教不同。略有八例。一者。前三是福。後三是智。如無性攝論第六卷云。福資糧者。謂施戒忍三種加行。智資糧者。精進靜慮。及聞慧等。智度論第十五云。欲成佛道。凡有二門。一者福德。二者智慧。行施戒忍。是福德門。知一切法實相般若。是智慧門。般若要因禪定。禪定必須大精進力。二者。初二及第四是福。後二及第三是智。如優婆塞戒經第二卷二莊嚴品云。施戒精進。名福莊嚴。忍定智慧。名智莊嚴。三者。前二是福。後一是智。三通二種。如莊嚴論第十卷云。問。二聚攝六度云何。偈曰。初二爲福聚。第六即是智。餘三二聚因。五亦成智聚。釋曰。施戒爲福體。波若爲智體。忍進定三。通爲二聚因。由俱作故。五亦成智聚。由智迴向故。其說如彼。

---

418 여섯 번째 반야(智)를 제외한 그 밖의 다섯 가지 바라밀도 또한 '지혜의 자량' 즉 '지취智聚'라고 간주할 수도 있으니, 그것들은 모두 지혜에 능히 회향하는 것이기 때문이다. 이상은 『大乘莊嚴經論』 권10(T31, 642c9) 참조.

넷째, 앞의 세 가지(보시·지계·인욕)는 복덕이고 뒤의 한 가지(지혜)는 지혜이며 그 밖의 것(정진·정려)은 두 종류에 통한다는 것이다. 예를 들어 이 『해심밀경』과 『상속해탈경』과 『심밀해탈경』, 『지지론』 제1권, 『선계경』 제2권, 무성과 세친의 『섭대승론석』 제6권, 양梁 『섭대승론석』 제8권, 『유가사지론』 제36권에서 설한 것과 같다.

다섯째, 앞의 다섯 가지는 복덕이고 뒤의 한 가지는 지혜라는 것이다. 예를 들어 『가야경』에서는 '조도助道란 다섯 가지 바라밀을 말하고 단도斷道란 반야바라밀을 말한다'라고 하였다.[419] 또 『대지도론』에서는 "다섯 가지 바라밀은 모든 공덕을 자라게 하고 반야바라밀은 집착하는 마음을 제거할 수 있다."[420]라고 하였다.

여섯째, 앞의 다섯 가지는 복덕이고 뒤의 한 가지는 복덕과 지혜에 통한다는 것이다. 예를 들어 『열반경』 제27권의 「사자후품」에서는 말한다. 〈복덕의 장엄이란 단檀(보시)바라밀에서 반야바라밀까지의 (육바라밀에서) 반야바라밀이 아닌 것을 말한다.[421] 지혜의 장엄이란 제1지地에서 제10지까지를 말한다.〉[422]

해 '지地'란 '혜慧'에 해당한다. 따라서 무성의 『섭대승론석』 제7권에서는 "법무아지法無我智의 분위分位를 '지'라고 이름한다."[423]라고 하였다.

四者。前三是福。後一是智。餘通二種。如即此經相續深密。地持論第一。

---

419 이 경에는 '조도助道'를 자량도資糧道라고 하였고 '단도斷道'를 결택도決擇道라고 하였는데, 그 외는 동일하다. 『大乘伽耶山頂經』 권1(T14, 491b2) 참조.
420 『大智度論』 권29(T25, 272c2).
421 보시에서 반야에 이르는 여섯 가지 바라밀 중에서 앞의 다섯 가지 바라밀에는 지혜가 있기는 해도 지혜 그 자체는 아니므로 '복덕'이라 하고, 반야바라밀만 '지혜'에 속한다는 것이다.
422 이상은 담무참曇無讖 역 『大般涅槃經』 권27 「師子吼菩薩品」(T12, 523a16) 참조.
423 무성의 『攝大乘論釋』 권7(T31, 423b16).

善戒經第二。無性世親攝論第六。梁攝論第八。瑜伽三十六。五者。前五是
福。後一是智。如伽耶經云。助道者。五波羅蜜。斷道者。般若波羅蜜。又智
度論云。五波羅蜜。殖諸功德。般若波羅蜜。能除著心。六者。前五是福。後
一通福智。如涅槃經第二十七獅子吼品云。福莊嚴者。謂從[1]波羅蜜乃至般
若。非般若波羅蜜。慧莊嚴者。謂從一地乃至十地。解云。地者。即是慧也。
故無性攝論第七卷云。法無我智分位名地。

1) ㉠『大般涅槃經』권27(T12, 523a17) 등에 따르면 '從' 뒤에 '檀'이 누락된 듯하다.

일곱째, 앞의 다섯 가지는 복덕이지만 여섯 가지는 모두 지혜라는 것
이다. 예를 들어 이전에 인용했던 『대승장엄경론』에서는 "다섯 가지는 또
한 지혜의 취(智聚)이기도 하니, 다시 반야로 말미암아 능히 회향하기 때
문이다. 일체의 바라밀들이 다 지혜의 취를 이룬다."[424]라고 하였다.

해 앞의 다섯 가지 도度는 단지 복덕의 취일 뿐만 아니라 또한 지혜의
취에도 통하니, 지혜로 회향하는 것이기 때문이다.

여덟째, 보시·지계와 선정은 복덕이고, 반야는 지혜이며, 인욕·정진
의 두 가지 도는 생략해 버리고 배정하여 해석하지 않은 경우다. 예를 들
어 『대보살장경』「반야품」[425]에서는 말한다. 〈어떤 것을 일컬어 두 종류의
자량선교資糧善巧라고 하는가? 복덕과 지혜를 말한다. 어떤 것이 복덕인
가? 보시와 지계와 수정修定을 말한다. 어떤 것이 지혜인가? 반야를 수행
하는 것은 지혜를 포섭한다.〉[426] 구체적으로 설하면 그 경과 같다.

혹은 여섯 가지 도가 모두 복덕과 지혜에 통한다고 한다. 하나하나의

---

424 『大乘莊嚴經論』 권10(T31, 642c16).
425 『대보살장경』「반야품」: '대보살장경大菩薩藏經'이란 『大寶積經』(T11) 권52 이하에 나
  오는 「菩薩藏會」에 해당하며, '반야품般若品'이란 「菩薩藏會」 중에 나오는 '반야바라밀
  다품般若波羅蜜多品'을 가리킨다.
426 이상 『大寶積經』 권52(T11, 305a11) 참조.

도 가운데서 서로 간에 도와서 성취시키면서 각기 여섯 가지를 갖추고 있기 때문이다.

해 여러 경과 논에서는 근기가 같지 않음에 따라 갖가지로 다르게 설하지만, 각기 서로 어긋나는 것은 아니다.

七者。前¹⁾是福。六皆是智。如前所引大莊嚴論云。五亦成智聚者。後²⁾由般若能迴向故。一切諸波羅蜜。皆成智聚。解云。前五度非但是福。亦通智聚。由智迴向故。八者。施戒及定爲福。般若爲智。略不配釋忍進二度。如大菩薩藏經般若品云。云何名爲二種資粮善巧。謂福及智。云何爲福。謂施戒修。云何爲智。謂修行般若。攝取於智。具說如彼。或可六度。皆通福智。一一度中。互相助成。各具六故。解云。諸經及論。隨機不同。種種異說。各不相違。

1) ㉠ '前' 뒤에 '五'가 누락된 듯하다. 2) ㉠ 『大乘莊嚴經論』 권10(T31, 642c17)에 '後'가 '復'로 되어 있다.

④ 오상五相으로 육도六度의 수학을 밝힌 문

가. 청문

경 관자재보살이 다시 부처님께 여쭈었다. "세존이시여, 이 여섯 종류의 배워야 할 사에서 보살은 마땅히 어떻게 수학해야 합니까?"

觀自在菩薩。復白佛言。世尊。於此六種所學事中。菩薩云何應當修學。

석 이하는 네 번째로 다섯 가지 상相으로 육도를 수학하는 것에 대해 밝힌 문이다. 앞은 청문이고, 뒤는 대답이다.

이것은 다섯 가지 상을 따라 수학하는 법에 대해 청문한 것이다.

釋曰。自下第四五相修學六度門。先問。後答。此即請問五相修法。

나. 대답

가) 표장으로서 개수를 듦

경 부처님께서 관자재보살에게 말씀하셨다. "선남자여, 다섯 종류 상을 따라 수학해야만 한다.

佛告觀自在菩薩曰。善男子。由五種相。應當修學。

석 이하는 두 번째로 여래께서 바로 대답하신 것이다. 이 중에 두 가지가 있다. 처음에는 표장으로서 개수를 들었고, 나중에는 차례대로 따로 해석하였다.
이것은 처음에 해당한다.【『심밀해탈경』에서는 "다섯 종류의 관법이 있다."[427]라고 하였다.】

釋曰。自下第二如來正答。於中有二。初標章擧數。後次第別釋。此即初也。【深密經云。有五種觀法。】

나) 차례로 오상을 따로 해석함

---

[427] 『深密解脫經』 권4(T16, 681c4).

(가) 대승의 가르침을 신해함

경 첫 번째, 최초에는 보살장바라밀다와 상응하는 미묘한 정법의 가르침에 대해 맹렬하게 신해하는 것이다.

一者。最初於菩薩藏波羅蜜多相應微妙正法教中。猛利信解。

석 이하에서는 두 번째로 차례대로 다섯 가지 상을 따로 해석하였는데, 곧 다섯 단락이 된다.

이것은 첫 번째로 '맹렬하게 신해하는 모습'에 대해 해석한 것이다.

예를 들어 『섭대승론석』 제7권에서는 "모든 도度와 상응하는 성스런 가르침에 대해 비록 지극히 심오하지만 능히 신해하는 것이다."[428]라고 하였다.

해 '모든 도度와 상응하는 가르침의 심오함'이란, 예를 들어 『잡집론』 제11권에서 말한 것과 같다. 〈십이분의 성스런 가르침 중에 방광분方廣分[429]을 '보살바라밀다장菩薩波羅蜜多藏'이라 이름한다. 가령 경에서 '대승이란 보살바라밀다장에 해당한다'라고 한 것과 같다.〉[430] 또 제12권에서는 말한다. "다시 어떤 인연으로 방광분은 '광대하고 심오하다'고 하였는가? 일체종지성一切種智性은 광대하고 심오하기 때문이다. 말하자면 이것에 의해 획득된 바의 '일체종지성'이라는 과果는 가장 광대하고 심오하기 때문이다. 인因(방광분)이 과果(일체종지성)의 이름을 부여받았으니, 그러므로

---

[428] 세친의 『攝大乘論釋』 권7(T31, 354b28).
[429] 방광분方廣分 : 십이분교十二分教 중의 하나로서, 광대하고 심오한 의미를 자세하게 설해 놓은 것을 말한다. 주로 대승경전을 가리키는 용어로 사용된다.
[430] 『雜集論』 권11(T31, 746c16) 참조.

'방광분'을 별도로 설하여 '광대하고 심오하다'고 한 것이다."^431

釋曰。自下第二次第別釋五相。即爲五段。此釋第一猛利信解相。如攝大乘
即^1) 七卷云。謂於諸度相應聖敎。雖極甚深。而能信解。解云。諸度相應敎
甚深者。如雜集論第十一云。十二分聖敎中方廣分。名菩薩波羅蜜多藏。如
經中說。大乘者。即是菩薩波羅蜜多藏。又第十二云。復次。何緣說方廣分。
爲廣大甚深耶。由一切種智性。廣大甚深故。謂此所得一切種智性果。最廣
大甚深故。因受果名。是故別說方廣分。爲廣大甚深。

1) ㉠ '即'은 '第'의 오기인 듯하다.

(나) 열 종류 법행法行을 수행함

경 두 번째, 다음으로 열 종류 법행을 문·사·수에 의해 성취된 묘한 지혜로 정진·수행하는 것이다.

二者。次於十種法行。以聞思修所成妙慧。精進修行。

석 두 번째는 열 종류 법행을 수행하는 것이다.
열 종류 법행이란 이전에 인용했던『유가사지론』「결택분」제74권에서 설한 것과 같고,^432 『현양성교론』제2권에서 설한 것과 같다.

431『雜集論』권12(T31, 750c23) 참조.
432 '열 종류 법행(十法行)'에 대해서는 경론마다 조금씩 다르게 정의한다. 예를 들어『瑜伽師地論』권74(T30, 706c23)에서는 다음과 같이 말한다. "대승과 상응하는 보살장의 계경 등의 교법을, ① 베껴서 갖고 있으면서, ② 공양하고, ③ 다른 사람에게 베풀어 주거나, ④ 남이 바로 설해 주면 공경하는 태도로 청문하고, ⑤ 혹은 스스로 음미하면서 읽거나, ⑥ 혹은 다시 받아들이고(領受), ⑦ 받아들이고 나서는 큰 소리로 암송하고, ⑧ 혹은 다시 남에게 자세하게 설해서 열어 보이고, ⑨ 홀로 한적한 곳에서 사유

지금 경문을 해석하자면 두 가지 설이 같지 않다.
한편에서는 말한다.

열 종류 법행이란 삼혜三慧에 해당하기 때문에 삼혜로 열 종류 법행을 정진·수행하는 것이다.

따라서 『상속해탈경』에서는 이와 같이 설하길 "그것에 대해 열 종류 법행을 행하는 문혜·사혜·수혜"[433]라고 하였다.

또 『심밀해탈경』에서는 "열 종류 법행을 여실하게 수행하는 문혜 등의 혜가 있기 때문이다."[434]라고 하였다.

한편에서는 말한다.

(경문에서 말한) '세 가지 혜'는 바로 그 관觀을 나타낸 것이고, '열 종류 법행'이란 (그것의) 조반助伴에 해당한다.

따라서 『변중변론』 제3권에서는 말한다. "송 보살이 세 가지 혜로 항상 대승을 사유하며 시설되었던 법과 같이 (행한다면) 작의정행作意正行[435]이라 하네."[436]

나아가서 그 논에서 말한다.

하고, ⑩ 관찰한 것을 따라 수행하는 것이다."

433 『相續解脫地波羅蜜了義經』 권1(T16, 716a2).
434 『深密解脫經』 권4(T16, 681c6).
435 작의정행作意正行 : 『辯中邊論』에서는 십바라밀의 상相을 여섯 종류 정행(六種正行)으로 설명했는데, 여섯 가지란 최승最勝의 정행, 작의作意정행, 법을 따르는(隨法) 정행, 양극단을 떠나는(離二邊) 정행, 차별적(差別) 정행, 무차별적(無差別) 정행이다. 이 중에서 작의정행이란, 위 인용문에서 언급된 것처럼, 삼혜三慧로 대승의 법에 대해 주의를 기울여 잘 사유하는 것을 말한다. 또 이 작의정행과 상응해서 일어나는 행들을 다시 열 가지로 구분한 것이 바로 베껴 쓰는(書寫) 등의 열 종류 법행(十種法行)이다.
436 『辯中邊論』 권3(T31, 474b6).

작의정행에는 어떤 조반이 있는가.

송 '이것의 조반이 곧 열 종류 법행임을 알아야 하네.'

열 종류란 어떤 것들인가?

송 '베껴 쓰고, 공양하며, 남에게 베풀고, 청문하며, 펼쳐 읽고, 수지하며, 바르게 설명해 주고, 암송하며, 사유하고, 수습하는 것이네.'

논 이 대승에는 열 종류 법행이 있다. 첫째는 베껴 쓰는 것이다. 둘째는 공양하는 것이다. 셋째는 남에게 베푸는 것이다. 넷째는 남이 송독誦讀하면 전심으로 자세히 듣는 것이다. 다섯째는 스스로 펼쳐서 읽는 것이다. 여섯째는 수지하는 것이다. 일곱째는 바르게 남을 위해 문장의 의미를 설명해 주는 것이다. 여덟째는 풍송諷誦하는 것이다. 아홉째는 사유하는 것이다. 열째는 수습하는 것이다.[437]

해 후자의 설이 우수하다. 그 이유는 무엇인가? 그 논에서는 다시 "작의정행은 열 종류 법행으로 섭수되는 것이다."[438]라고 하였다.

釋曰。第二行十法行。十種法行。如前所引瑜伽決擇七十四說。顯揚第二。今釋經文。兩說不同。一云。十種法行。即是三慧。故以三慧精進修行十種法行。故相續經。作如是說。於彼行十法行聞思修慧。又深密云。有十法行如實修行聞等慧故。一云。三慧正顯其觀。十種法行。即是助伴。故辨中邊論第三卷云。頌曰。菩薩以三慧。恒思惟大乘。如所施設法。名作意正行。乃至彼云。作意正行。有何助伴。頌曰。此助伴應知。即十種法行。何等爲十。頌曰。謂書寫供養。施他聽披讀。受持正開演。諷誦及思修。論曰。於此大乘。有十法行。一書寫。二供養。三施他。四若他誦讀專心諦聽。五自披

---

437 『辯中邊論』 권3(T31, 474b18).
438 『辯中邊論』 권3(T31, 474b20).

讀。六受持。七正爲他開演文義。八諷誦。九思惟。十修習。解云。後說爲勝。
所以者何。彼論復云。作意正行。由十法行之所攝受。

(다) 보리심을 수호함

경 세 번째, 보리의 마음을 따르며 수호하는 것이다.

三者。隨護菩提之心。

석 세 번째는 보리심을 수호하는 것이다. 말하자면 보리심을 발하고 서 물러나지 않도록 하는 것을 '보리심을 수호한다'고 한다.
　보리심을 발하는 것에 대해 자세하게 해석하면, 가령『발보리심경』제1 권에서 보리심을 자세하게 찬탄한 것과 같고, 가령『화엄경』제59권에서 설한 것과 같다.

釋曰。第三護菩提心。謂發菩提心。令不退轉。名護菩提心。廣釋發菩提心。
如發菩提心經第一。廣讚菩提心。如華嚴經五十九。

(라) 선지식을 가까이함

경 네 번째, 참된 선지식과 친근하게 지내는 것이다.

四者。親近眞善知識。

석 이것은 네 번째로 선지식을 가까이하는 것에 대해 해석한 것이다.
가령『유가사지론』제44권에서 설한 것과 같으니, 그 논에서는 말한다.

팔지八支를 성취하면 능히 선우善友의 온갖 상들이 원만해진다.

첫째는 계에 머무는 것(住戒)이니, 모든 보살의 율의계律儀戒⁴³⁹에 묘하게 잘 안주하되 결함이 없는 것을 말한다.

둘째는 많이 듣는 것(多聞)이니, 각혜覺慧가 성취되는 것을 말한다.

셋째는 (지·관을) 함께 증득하는 것(具證)이니, 수소성修所成을 획득하고 나서 어느 하나의 수승한 선善을 따라서 사마타·비발사나에 이르는 것을 말한다.

넷째는 불쌍히 여기는 것(哀愍)이니, 내면에 자비를 갖추고 능히 자기의 현법락주現法樂住⁴⁴⁰를 버리고, 정근하면서 나태함 없이 타인을 요익되게 하는 것을 말한다.

다섯째는 두려움이 없는 것(無畏)이니, 남을 위해 정법의 가르침을 설해 줄 때 공포로 인해 기억(念)과 분별(辯)을 상실하지 않는 것을 말한다.

여섯째는 참고 견뎌 내는 것(堪忍)이니, 남들의 비웃음과 조롱과 상스러운 말, 거스르고 막는 등의 일, 좋지 않은 언행이나 갖가지 악행을 모두 다 참는 것을 말한다.

일곱째는 지치는 일이 없는 것(無倦)이니, 그 힘이 충분히 강력해서 능히 사택思擇을 많이 하고 사중四衆 가운데 처하여 정법을 설할 때 말을 더듬거림이 없고 마음에서 지쳐 하거나 싫증냄이 없는 것을 말한다.

여덟째는 훌륭한 언사(善詞)이니, 말이 원만함을 갖추어서 법성을 무너뜨리지 않으면서 언사로 분별하는 것을 말한다.⁴⁴¹

---

439 율의계律儀戒 : 섭률의계攝律儀戒라고도 하며, 불교에서 제정한 각종의 계율을 준수하여 선을 쌓고 악을 방지하는 것으로서, 칠중七衆(비구·비구니·식차마나·사미·사미니·우바새·우바이)이 받은 계를 말한다. 이에 관해서는 이후의 '계戒바라밀의 세 품'에서 자세한 해석이 나온다.
440 현법락주現法樂住 : 뒤에 나오는 '정려의 세 품'에 대한 해석 참조.
441 『瑜伽師地論』 권44(T30, 534c28).

'선지식'에 대해 자세하게 찬탄한 것은, 예를 들어 『법구경』과 『화엄경』 제58권에서 설한 것과 같다.

釋曰。此釋第四近善知識。如瑜伽論第四十四。彼云。成就八支。能爲善友衆相圓滿。一者住戒。於諸菩薩律儀戒中。妙善安住。無缺無穿。二者多聞。覺慧成就。三者具證。得修所成。隨一勝善。逮奢摩他毗鉢舍那。四者哀愍。內具慈悲。能捨自己現法樂住。精勤無怠。饒益於他。五者無畏。爲他宣說正法敎時。非由恐怖忘失念辨。六者堪忍。於他輕譏。[1]調弄鄙言。違拒等事。非愛言路。種種惡行。皆悉能忍。七者無倦。其力充强。能多思擇。處在四衆。說正法時。言無謇澁。心不疲厭。八者善詞。語具圓滿。不壞法性。言詞辨了。廣讚善知識。如法句經。及華嚴經五十八。

---
1) ㉠『瑜伽師地論』 권44(T30, 535a6)에 따르면 '譏'는 '笑'의 오기다.

또 『유가사지론』에서는 말한다.

　네 종류 상으로 인해 비로소 원만하게 선우와 친근하게 될 수 있다.
　첫째는 선우가 병이 있거나 병이 없음에 있어 때에 따라서 공손히 모시며, 항상 경애하는 마음과 깨끗한 믿음을 내는 것이다.
　둘째는 선우를 때에 따라서 경문敬問하고 예배하며, 받들어 맞이하여 합장하며 친절히 대하고, 화경和敬[442]의 업을 닦으면서 공양하는 것이다.

---
442 화경和敬 : 깨달음을 구하기 위해 청정한 행을 닦는 사람들이 서로 함께 조화하고(同和) 친애하며 공경하는 것(愛敬)을 말한다. 이에 여섯 종류가 있다. 첫째는 함께 예배하는 등의 신업身業의 화경이다. 둘째는 똑같이 찬영讚詠하는 등의 구업口業의 화경이다. 셋째는 똑같은 신심信心을 갖는 등의 의업意業의 화경이다. 넷째는 계법戒法이 동일한 것이니, 계戒의 화경이라고 한다. 다섯째는 견해가 동일한 것이니, 이는 견見의 화경이라 한다. 여섯째는 옷이나 음식 등의 이익을 동일하게 나누는 것인데, 이것을 이利의 화경 또는 시施의 화경 또는 학學의 화경이라고 한다.

셋째는 선우에게 여법한 의복과 음식과 와구, 병났을 때 쓸 의약품 등 몸을 자량하는 십물什物[443]을 때에 따라서 공양하는 것이다.

넷째는 선우를 바로 의지하고 있다면, 여법한 의미(如法義)에 합치하든 괴리되든,[444] (그 선우의) 자재한 전법轉法을 따르되 잠깐이라도 동요함 없이 여실하게 그대로 드러내어 교를 받드는 마음을 일으키고, 때에 따라서 찾아가서 공경하며 받들어 섬기고 청문하여 듣고서 받아들이는 것이다.[445]

구체적으로 설하면 그 논과 같다.

又瑜伽云。由四種相。方得圓滿親近善友。一於善友。有病無病。隨時供待。[1] 恒常發起愛敬淨信。二於善友。隨時敬問禮拜。奉迎合掌慇懃。[2] 修和敬業。而爲供養。三於善友。如法衣服。飮食臥具。病緣醫藥。資身什物。隨時供養。四於善友。若正依止。於如法義。若合若離。隨自在轉。無有傾動。如實顯發。作奉敎心。隨時往詣。恭敬承事。請問聽受。具說如彼。

1) ⓨ『瑜伽師地論』권44(T30, 535b5)에 따르면 '待'는 '侍'의 오기다.　2) ⓨ『瑜伽師地論』권44(T30, 535b7)에 '殷勤'이 '慇懃'으로 되어 있다.

(마) 무간으로 선법을 닦음

---

443 십물什物 : 승려 개인이 몸에 갖고 다니는 삼의三衣옷과 바리때(鉢)와 좌구坐具 등의 열 종류 물건을 가리킨다.
444 의지하고 있는 스승의 설법이 옛 경론들과 동일한 경우를 '합치한다'고 하였고, 반면에 그 경론에 의거하지 않고 별도로 자기 견해를 내는 경우를 '괴리된다'고 하였다. 만약 그가 그의 스승을 바로 의지하고 있다면, 그 어떤 경우든 그의 설법의 자재함을 따르면서 조금도 동요하지 않고 공경하는 마음을 내야 한다는 것이다. 『瑜伽師地論略纂』권11(T43, 151a21) 참조.
445 『瑜伽師地論』권44(T30, 535b4).

경 다섯 번째, 무간으로 부지런히 선법을 닦는 것이다.

五者。無間勤修善法。

석 이것은 다섯 번째로 무간으로 부지런히 닦는 것에 대해 설명한 것이다.

가령 『섭대승론』에서 '항상 무간으로 수습하면 육도가 비로소 원만해질 수 있다'라고 설한 것과 같다.[446] 이것은 장시수長時修·무간수無間修·은중수慇重修·무여수無餘修 등 네 종류 수 중에 무간수이다.

『성유식론』에 의하면 다시 '초발심初發心'을 추가해서 다섯 종류 수로 삼기도 한다.[447]

이 경문의 뜻을 설명하자면, 다섯 가지 근(五根)을 설한 것은 육도를 닦으려면 반드시 다섯 가지 상을 갖추어야 한다는 것이다.[448] 첫째는 도度의 가르침에 대해 수승한 신해를 내는 것이니, 바른 가르침에 의지하지 않으면 삿된 행(邪行)이 되기 때문이다. 둘째는 이미 성스런 가르침을 믿는다면 열 종류 공양을 일으키고 세 종류 혜를 내니, 이것이 행(바라밀행)의 체이기 때문이다. 셋째는 선근을 수호하는 것이니, 물러나지 않도록 해 주기 때문이다. 넷째는 선지식을 가까이하는 것이니, 수승한 연緣에 의지하기 때문이다. 다섯째는 무간으로 닦는 것이니, 속히 (바라밀을) 원만해지

---

[446] 『攝大乘論本』 권2(T31, 144a3)에는 "恒常無間相應方便修習六種波羅蜜多速得圓滿"이라는 문구가 나온다.
[447] 이것은 『成唯識論』 권6(T31, 30b1)에서 "혹은 초발심과 장시수와 무간수와 은중수와 무여수가 차별되기 때문이다.(或初發心長時無間慇重無餘修差別故)"라는 문구를 가리킨다. 이 논에서는 선위심소善位心所 중 '근근(정근)'이라고 하는 수행의 차별에 대해 설명하는 과정에서 네 종류 수에다 초발심을 추가하여 정근을 다섯 종류로 차별시켰다. 이에 관해서는 규기의 『成唯識論述記』 권6(T43, 437c24) 참조.
[448] 여기서 '다섯 가지 근(五根)'이라고 한 것은 이상의 경문에서 설했던 바 '육바라밀행의 토대가 되는 다섯 가지 상(五相)'을 가리킨다.

도록 하기 때문이다.

『섭대승론』에 의하면 '수修'에 다섯 종류가 있다고 설한다. 첫째는 현기가행수現起加行修이고, 둘째는 승해수勝解修이며, 셋째는 작의수作意修이고, 넷째는 방편선교수方便善巧修이며, 다섯째는 성소작사수成所作事修다.[449]

또 『잡집론』 제12권에 의하면 '수'에 대략 다섯 종류가 있다. 말하자면 의지임지수依止任持修와 의지작의수依止作意修와 의지의요수依止意樂修와 의지방편수依止方便修와 의지자재수依止自在修다.[450] 자세하게 설하면 그 논과 같으니, 번거로울까 봐 서술하지 않겠다.

釋曰。此辨第五無間勤修。如攝大乘說。恒常無間修習。六度方[1]得圓滿。此即長[2]無間慇重無餘。四種修中。無間修也。依成唯識。更加發心。以爲五修。辨此經意。說五根者。欲修六度。要具五相。一於度教發勝信解。若不依正教。成耶[3]行故。二已信聖教。起十供養。發三種慧。是行體故。三隨護善根。令不退故。四近善知識。藉勝緣故。五無間修。令速滿故。若依攝大乘論。說修有五。一現起加行修。二勝解修。三作意修。四方便善巧修。五成所作事修。又雜集論第十二卷。修略有五。謂依止住[4]持修。依止作意修。依止意樂修。依止方便修。依止自在修。廣說如彼。恐繁不述。

1) ㉭『攝大乘論本』권2(T31, 144a4)에 '方'이 '速'으로 되어 있다. 2) ㉲ '長' 뒤에 '時'가 누락된 듯하다. 3) ㉭ '耶'는 '邪'와 같다. 4) ㉭『雜集論』권12(T31, 748b25)에 따르면 '住'는 '任'의 오기다.

⑤ 모든 도度의 수에 증감이 없음을 밝힌 문

---

449 『攝大乘論本』 권2(T31, 144c2).
450 『雜集論』 권12(T31, 748b25) 참조.

가. 육도의 수에 증감이 없음을 밝힘

가) 청문

경 관자재보살이 부처님께 말하였다. "세존이시여, 어떤 인연으로 이와 같이 배워야 할 사들이 단지 여섯 개의 수가 있다고 시설하셨습니까?"

觀自在菩薩白佛言。世尊。何因緣故。施設如是所應學事。但有六數。

석 이하는 다섯 번째로 모든 도의 개수에 증감이 없음을 밝힌 문이다. 열 종류 도가 있는데, 그것을 나누면 둘이 된다. 처음은 여섯 가지 도의 개수에 증감이 없음을 밝히고, 나중은 네 가지 도의 개수에 증감이 없음을 밝힌다.
전자 중에 두 가지가 있다. 앞은 청문이고, 뒤는 정설이다.
이것은 오직 여섯 개라고 한 이유에 대해 청문한 것이다.

釋曰。自下第五諸度數無增減門。有十種度。分之爲二。初明六度數無增減。後明四度數無增減。前中有二。先請。後說。此即請問唯六所由。

나) 정설

(가) 개수를 표시하며 간략히 답함

경 부처님께서 관자재보살에게 말씀하셨다. "선남자여, 두 가지 인연 때문이다.

佛告觀自在菩薩曰。善男子。二因緣故。

【석】 이하는 세존께서 바로 설하신 것이다. 이 중에 네 가지가 있다. 첫째는 개수를 표시한 것이고, 둘째는 따로 서술한 것이며, 셋째는 (육도를 두 가지 인연에) 배속시킨 것이고, 넷째는 따로 해석한 것이다.

이것은 첫 번째로 개수를 표시하며 간략히 답하길, '두 가지 인연 때문에 수에 증감이 없다'라고 한 것이다.【『상속해탈경』에서는 '두 가지 사事'라고 하였고, 『심밀해탈경』에서는 '두 가지 의미(二義)'라고 하였다. (위 경문에서 말한) '인연'은 '사事'를 뜻하니, 이름은 달라도 뜻은 같다.】

釋曰。自下世尊正說。於中有四。一者標數。二者別叙。三者屬當。四者別釋。此卽第一標數略答。由二緣故。數無增減【相續經云二事。深密二義者。因緣事義。名異意同。】

(나) 두 가지 인연을 따로 서술함

【경】 첫째는 유정에게 요익을 주기 때문이고, 둘째는 모든 번뇌를 대치시키기 때문이다.

一者。饒益有情故。二者。對治諸煩惱故。

【석】 두 번째는 두 가지 인연을 따로 서술한 것이니, 경문 그대로 알 수 있을 것이다.

釋曰。第二別叙二緣。如經可知。

(다) 두 가지 인연에 배속시킴

경 앞의 세 가지는 유정에게 요익을 주는 것이고, 뒤의 세 가지는 모든 번뇌를 대치시키는 것임을 알아야 한다.

當知。前三饒益有情。後三對治一切煩惱。

석 세 번째로 앞의 세 바라밀과 뒤의 세 바라밀을 들어서 두 가지 인연에 배당시킨 것이다. 말하자면 육도 중에 보시·지계·인욕 등 세 가지는 유정에게 요익을 주는 것이고, 정진 등의 세 가지는 번뇌를 대치시키는 것이다.

釋曰。第三擧前三後三。屬當二緣。謂六度中。施戒忍三。饒益有情。精進等三。對治煩惱。

(라) 따로 해석함

㉮ 앞의 세 가지 도는 유정에게 요익을 주는 것임을 밝힘

경 앞의 세 가지가 유정에게 요익을 준다는 것은, 말하자면 모든 보살은 보시로 인해 살림거리를 섭수하여 유정에게 요익을 주고, 지계로 인해 손해와 핍박과 뇌란을 행하지 않고 유정에게 요익을 주며, 인욕으로 인해 그에게 손해와 핍박과 뇌란을 주더라도 참고 받아들이면서 유정에게 요익을 준다는 것이다.

前三益饒諸有情者。謂諸菩薩。由布施故。攝受資具。饒益有情。由持戒故。

不行損害逼迫惱亂。饒益有情。由忍辱故。於彼損害逼迫惱亂。堪能忍受。 饒益有情。

석 이하는 네 번째로 차례로 따로 해석한 것이다. 앞의 세 가지는 요익을 주는 것이고, 뒤의 세 가지는 대치시키는 것이다.

이것은 앞의 세 가지가 유정에게 요익을 주는 것임을 해석한 것이다. 『심밀해탈경』 등에서는 앞의 세 종류 도는 차례대로 세 종류 이익이라 하였으니, 즉 생활을 도와주면서 거두어들이는 이익, 해를 끼치지 않고 거두어들이는 이익, 앙갚음의 마음 없이 (거두어들이는) 이익이다.[451]

『성유식론』에서는 말한다. "또 앞의 세 종류는 유정에게 요익을 주는 것이다. 그들에게 자재資材를 베풀어 주고, 그들에게 손해와 괴롭힘을 주지 않으며, 그들의 괴롭힘을 참아 내면서 요익을 주기 때문이다."[452] 자세하게 설하면 『잡집론』 등의 설과 같다.

釋曰。自下第四次第別釋。前三饒益。後三對治。此釋前三饒益[後三對治此釋前三饒益][1)]有情。深密等云。前三種度。如次三益。資世[2)]攝受益。不加攝受益。無報怨心益。成唯識云。又前三種。饒益有情。施彼資財。不損惱彼。堪忍彼惱。而饒益故。廣如雜集等。

1) ㉠ '後三對治此釋前三饒益'은 잉자인 듯하다.   2) ㉢ 『深密解脫經』 권4(T16, 681c15)에 따르면 '世'는 '生'의 오기다.

---

451 이 경에 따르면, 보살은 단바라밀檀波羅蜜(보시)을 수행함으로써 '중생을 도와주고 이익 되게 하면서(資生利益)' 거두어들인다. 또 시바라밀尸波羅蜜(지계)을 수행함으로써 '괴롭히지 않고 해치지도 않고(不惱不害)' 중생을 거두어들인다. 또 찬제바라밀羼提波羅蜜(인욕)을 수행함으로써 '앙갚음의 마음 없이(無報怨心)' 중생을 거두어들인다. 『深密解脫經』 권4(T16, 681c14) 참조.
452 『成唯識論』 권9(T31, 51c12).

㉯ 뒤의 세 가지 도는 번뇌를 대치시키는 것임을 밝힘

경 뒤의 세 가지가 모든 번뇌를 대치시킨다는 것은, 말하자면 보살들은 정진精進으로 인해서, 비록 아직 모든 번뇌를 영원히 조복시키지는 못했고 또한 아직 모든 수면을 영원히 없애지는 못했다 해도, 능히 용맹하게 모든 선품을 닦아서 저 모든 번뇌들이 선품의 가행을 잠시라도 동요시킬 수가 없다. 정려靜慮로 인해서 영원히 번뇌를 조복시킨다. 반야般若로 인해서 수면을 영원히 없앤다.

> 後三對治諸煩惱者。謂諸菩薩。由精進故。雖未永伏一切煩惱。亦未永害一切隨眠。而能勇猛修諸善品。彼諸煩惱。不能傾動善品加行。由靜慮故。永伏煩惱。由般若故。永害隨眠。

석 이것은 뒤의 세 가지(정진·정려·반야)가 번뇌를 대치시킴을 밝힌 것이다.

말하자면 저 정진은 가령 정려처럼 영원히 모든 현행한 번뇌를 조복시키는 것도 아니고, 가령 반야처럼 모든 종자의 수면隨眠을 영원히 없애는 것도 아니지만, 정진으로 인해서 모든 선을 능히 닦아서 이 모든 미혹들이 잠시라도 동요시킬 수 없다. "선품의 가행"이 정진에 해당하니, 능히 정定(정려바라밀)과 혜慧(반야바라밀)에 대해서는 방편이기 때문에 (그 정진을) '가행'이라 설하였다.

정려로 인해서 현행한 번뇌를 영원히 조복시키고, 반야로 인해서 종자를 영원히 없앤다. 따라서 뒤의 세 가지가 번뇌를 대치시킨다고 한 것이다.

『성유식론』에서는 말한다. "정진 등의 세 가지는 번뇌를 대치시킨다. 비록 아직 조복시키거나 소멸시키지 못하였어도, 능히 정근精勤하여 그것을 대치하는 모든 선한 가행을 닦아서 모든 번뇌를 영원히 조복시키고 영원히 소멸시키기 때문이다."[453]

자세한 것은 『잡집론』 등에서 설한 것과 같다.

釋曰。此明後三對治煩惱。謂彼精進。非如靜慮永伏一切現行煩惱。非如般若永害一切種子隨眠。而由精進。能修諸善。由此諸惑。不[1)]傾動。善品加行。即是精進。能與定慧方便故。說名加行。由靜慮故。永伏現惑。由般若故。永害種子。故說後三對治煩惱。成唯識云。精進等三。對治煩惱。雖未伏滅。而能精勤。修對治彼諸善加行。永伏永滅諸煩惱故。廣如雜集等。

1) ㉑ '不' 뒤에 '能'이 누락된 듯하다.

그런데 이 육도六度가 오직 여섯 가지인 이유, 내지는 다섯 종류가 있다고 (한 이유는 다음과 같다.)

어떤 곳에서는 하나의 의미로 '여섯'이라는 수를 해석한다. 가령 『우바새계경』 제1권에서는 말한다.

외도의 육방六方에 대한 그릇된 교설을 제거하기 위해서 육도를 설한 것이다.[454] 부처님께서 말씀하셨다.

동방은 시施와 같으니, 처음으로 (지혜의 광명이) 나오는 곳이기 때문이다.

---

453 『成唯識論』 권9(T31, 51c14).
454 이 『優婆塞戒經』에서는 육방六方에 각기 천신들이 있어서 그들을 공양하면 보호와 도움을 받게 된다는 외도들의 그릇된 믿음을 깨뜨리기 위해서, 부처님께서 불법佛法 안의 진정한 '육방'에 대해 설하시는 대목이 있다. 그에 따르면, 이 육바라밀을 육방에 각기 배당시킬 수 있는데, 이 육바라밀을 잘 수행하는 것이야말로 진정으로 수명과 재산을 증장시키는 길이라는 것이다. 『優婆塞戒經』 권1(T24, 1034a27) 참조.

남방은 계戒와 같으니, 오른쪽(右)과 유사하기 때문이다.[455]

서방은 인忍과 같으니, 악을 견디며 뒤쪽(後)에 두기 때문이다.[456]

북방은 정진精進과 같으니, 명호가 뛰어나기 때문이다.[457]

하방下方은 선禪과 같으니, 악도惡道를 관찰하기 때문이다.

상방上方은 혜慧와 같으니, 위도 없고 생함도 없기 때문이다.[458]

또 『대지도론』 제46권에서는 말한다.

(문) 어째서 여래께서는 정확히 여섯 가지 도度를 설하시되 더 많거나 더 적게 설하지는 않으셨는가?

답 부처님은 법왕이 되시어 중생의 근기를 따라서 어떤 때는 간략하게 하나, 둘, 세 가지 (바라밀) 등을 설하신다. 어떤 때는 자세하게 설하시기도 하니, 가령 『현겁경賢劫經』에 나오는 팔만 사천 종류의 바라밀과 같다.

다시 또 육도六道의 중생들이 모두 몸과 마음의 고뇌를 받는다. 보살은 큰 자비심을 내어 육도 중생들의 고통을 없애 주기 위해서 육바라밀

---

[455] 계바라밀이 어떤 의미에서 '오른쪽과 유사하다'는 것인지는 정확히 알 수 없으나, 이는 고대 인도의 풍습과 연관된 말인 듯하다. 예를 들어 의정義淨의 『南海寄歸內法傳』 권3(T54, 225b17)에서는 "서국의 오천축에서는 모두 동쪽을 앞쪽(前方)이라고 부르고 남쪽을 오른쪽(右方)이라고 부른다."라고 하였다.

[456] 의정義淨의 글에서 동쪽을 앞쪽(前方)이라고 했다는 데서 추측하건대, 인도에서는 서쪽을 뒤쪽(後方)이라 불렀던 듯하다. 예를 들어 『優婆塞戒經』 권1(T24, 1034b14)에서는 다음과 같이 말한다. "서방은 찬제羼提(인욕)바라밀에 해당한다. 그 이유는 무엇인가. (세간에서) 저 서방을 뒤쪽(後方)이라고 부르는데, (인욕바라밀은) 일체의 악법을 뒤쪽으로 버리는 것이기 때문이다."

[457] 이에 대해 『優婆塞戒經』 권1(T24, 1034b16)에서는 "북방은 비리야毘離耶(정진)바라밀에 해당한다. 그 이유는 무엇인가. 북방의 명호는 모든 악법들보다 뛰어나기 때문이다."라고 하였는데, 여기서 북방의 명호가 모든 악법들보다 뛰어나다(勝)는 것은 정진바라밀이 모든 악법들을 이긴다(勝)는 것을 비유적으로 나타낸 말인 듯하다.

[458] 『優婆塞戒經』 권1(T24, 1034b7) 참조.

을 생하니, (그 수는) 더 많지도 않고 더 적지도 않다.[459]

또 『유가사지론』 제49권에서는 말한다. 〈삼학三學을 포괄하기 위해서 오직 '여섯 개'를 설한 것이다. 처음의 네 가지는 계학을 포괄하고, 다음의 한 가지는 심학을 포괄하며, 마지막 한 가지는 혜학을 포괄한다. 이로 인해 바라밀다에 오직 여섯 종류만 있다고 건립하되 늘어남도 없고 줄어듦도 없는 것이다.〉[460]

然此六度。唯六所由。乃至有五種。有處一義。以釋六數。如優婆塞戒經第一卷云。爲除外道六方耶[1]說。故說六度。佛言東方如施。初始出故。南方如戒。以似右故。西方如忍。忍惡於後故。北方如精進。名號勝故。下方如禪。觀察惡道故。上方如慧。無上無生故。又智度論四十六云。何故如來正說六度。不多不少。答。佛爲法王。隨衆生機。或時略說。一二三等。或時廣說。如賢劫經八萬四千諸波羅蜜。復次。六道衆生。皆受身心苦惱。菩薩生大悲心。爲滅六道衆生苦故。生六波羅蜜。不多不少。又瑜伽論四十九云。爲攝三學。故唯說六。初四攝戒。次一攝心。後一攝慧。由此。建立波羅蜜多。唯有六種。無增無減。

1) ㉠ '耶'는 '邪'와 같다.

혹은 두 가지 의미로 (육바라밀의 수에) 증감이 없음에 대해 해석한다. 예를 들면 이 『해심밀경』과 『상속해탈경』과 『심밀해탈경』과 양梁『섭대승론석』 제10권에 해당한다.

---

459 『大智度論』 권46(T25, 395a4) 참조.
460 『瑜伽師地論』 권49(T30, 566b20) 참조.

或以二義。釋無增減。如即此經。相續深密。梁論第十。

혹은 세 가지 의미로 (육바라밀의 수에) 증감이 없음에 대해 해석한다. 예를 들면 『섭대승론』 제7권에서는 말한다. "어떤 인연으로 바라밀다는 오직 여섯 개의 수만 있다고 했는가? 대치하는 것(對治)과 (그에 의해) 대치되는 장애(所治障)를 성립시키기 때문이고,[461] 모든 불법佛法을 증득하는 의지처이기 때문이며, 수순해서 모든 유정들을 성취시키기 때문이다."[462] 자세하게 설하면 그 논과 같다. 세친과 무성의 『섭대승론석』에서도 본론과 동일하게 설한다.

또 『잡집론』 제11권에서는 말한다. 〈수數에 두 종류가 있다. 첫째는 계산수計算數이고, 둘째는 결정수決定數이다. 계산수란 '육바라밀'이라 하는 것이다. 결정수란 바라밀은 오직 여섯 개이고 늘지도 않고 줄지도 않음을 말한다. 어째서인가? 모든 보살도菩薩道에 대략 두 종류가 있다. 첫째는 증상생도增上生道[463]이니, 앞의 세 가지 바라밀에 해당한다. 둘째는 결정승도決定勝道[464]이니, 뒤의 세 가지 바라밀에 해당한다.〉[465] 구체적으로 설하면 그 논과 같다. 【이것은 첫 번째 이유(緣)에 해당한다.】 〈다시 또 바라밀다는 무주열반의 방편이기 때문에 그 수가 오직 '여섯'이다. 그 이유는 무

---

461 이 논에 따르면, 발취發趣하지 못하게 하는 원인을 대치하고자 했기 때문에 보시·지계의 바라밀다를 건립하였다. 또 이미 발취하기는 했어도 다시 퇴보하게 되는 원인을 대치하고자 했기 때문에 인욕·정진의 바라밀다를 건립하였다. 또 비록 발취하고 다시는 퇴보하지 않는다 해도 실괴失壞하게 되는 원인을 대치하고자 했기 때문에 정려·지혜의 바라밀다를 건립하였다. 자세한 것은 『攝大乘論本』 권2(T31, 144a18) 참조.
462 『攝大乘論本』 권2(T31, 144a16).
463 증상생도增上生道 : 인천人天의 과果나 대재大財의 과와 같은 증상된 생을 불러내는 도를 뜻하며, 육바라밀 중에서는 보시·지계·인욕 등 세 종류 바라밀에 해당한다.
464 결정승도決定勝道 : 번뇌를 제거하고 가행을 거듭해서 열반의 과에 도달하게 해 주는 도를 말하며, 육바라밀 중에 정진·정려·반야 등 세 종류 바라밀에 해당한다.
465 이상은 『雜集論』 권11(T31, 746c22) 참조.

엇인가? 앞의 세 가지 바라밀 때문에 열반에 머물지 않고, 뒤의 세 가지 바라밀 때문에 생사에 머물지 않는다.〉[466] 구체적으로 설하면 그 논과 같다.【이것은 두 번째 이유이다.】〈다시 유정을 거두어 이익을 주기 위해, 번뇌를 대치시키기 위해, 오직 '여섯 개'라고 설한 것이다.〉[467] 이는 이 『해심밀경』에서 두 가지 의취에서 '여섯 개'라고 설했다고 한 것과 동일하다.【이것은 세 번째 이유다.】

或以三義。釋無增減。如攝大乘第七卷云。何因緣故。波羅蜜多。唯有六數。成立對治所治障故。證諸佛法所依處故。隨順成就[1]諸有情故。廣說如彼。世親無性攝大乘釋。亦同本論。又雜集論第十一云。數有二種。一計算數。二決定數。計算數者。謂六波羅蜜。決定數者。謂波羅蜜唯有六不增不減。何以故。諸菩薩道。略有二種。一增上生道。即前三度。二決定勝道。即後三度。具說如彼。【此是初緣。】復次。羅蜜多是無住[2]涅槃方便故。其數唯六緣。[3] 所以者何。前三度故。不住涅槃。後三度故。不住生死。具說如彼。【第二緣。】復次。攝益有情故。對治煩惱故。說唯六數。即同此經二意說六。【第三緣】

1) ㉭『攝大乘論釋』권7(T31, 355a13)에 '就'는 '熟'으로 되어 있다.　2) ㉭『雜集論』권11(T31, 747a6)에 '住' 뒤에 '處'가 있다.　3) ㉭『雜集論』권11(T31, 747a7)에 '緣'이 없다.

혹은 네 가지 의미로 (바라밀다의 수가) 증감이 없음을 해석하니, 가령 『성유식론』 제9권에서 설한 것과 같다. 그런데 그 논에 의하면 세 가지 의미가 있다.

첫 번째는 십도十度의 수가 증가함도 없고 감소함도 없음을 총괄해서 설명한 것이니, 그에 두 가지 의미가 있다. 첫째는 열 가지 장애를 제거하

466　이상은 『雜集論』 권11(T31, 747a6) 참조.
467　이상은 『雜集論』 권11(T31, 747a13) 참조.

기 때문이고, 둘째는 열 가지 진여를 증득하기 때문이다.

두 번째는 육도六度의 수가 증감이 없음을 총괄해서 설명한 것이니, 그에 네 가지 의미가 있다. 첫째는 세 가지 이유에 의거한 것이다. (말하자면) 여섯 종류의 서로 어긋나는 장애들을 제거하기 때문이고, 점차로 모든 불법을 수행하기 때문이며, 점차로 모든 유정을 성숙시키기 때문이다. 구체적인 것은 가령 『섭대승론』과 같다. 둘째는 두 가지 도道에 의거한 것이니, 증상생도增上生道와 결정승도決定勝道를 말한다. 『잡집론』에서 처음의 부차復次에서 해석한 것과 같다.468 셋째는 중생에게 이익을 주고 장애를 제거한다는 뜻에 의거한 것이니, 즉 이 경과 동일하다. 넷째는 도道에 머물지 않음에 의거해서 증감이 없음을 설명한 것이다. 말하자면 앞의 세 가지 때문에 열반에 머물지 않고, 뒤의 세 가지 때문에 생사에 머물지도 않는다. 구체적으로 설하면 그 논과 같다.

해 『섭대승론』에서는 (두 번째 해석 중에) 오직 첫째의 세 가지 이유를 설한 것이다. 말하자면 점차로 장애를 제거하고, 점차로 불법을 수행하며, 점차로 유정을 성숙시키기 (때문이다.) 『잡집론』에서는 오직 뒤의 세 종류 뜻을 설했으니, 두 가지 도道(증상생도와 결정승도) 등을 말한다.469 『성유식론』에서는 두 논에서 설했던 여섯 종류를 통틀어 포괄해서 네 가지 연緣으로 만든 것이다. 혹은 『성유식론』에서 여섯 가지 연으로 나누었다고 볼 수도 있으니, 『섭대승론』 중의 세 가지 이유를 나누어 구별하였기 때문이다. 이 『해심밀경』의 두 가지 연이란 『잡집론』과 『성유식론』에서 설한 것과 같으니, 생각해 보면 알 수 있을 것이다.

---

468 이전의 『雜集論』 인용문에서 결정수의 차원에서 바라밀의 수를 '6'이라고 확정지었는데, 이처럼 '6'으로 확정지은 이유는 보살도에 두 가지 도가 있기 때문이라고 했던 것을 말한다.

469 원측의 해석에 따르면, 『雜集論』에서는 직전에 소개된 두 번째 해석의 네 가지 의미 중에서 둘째와 셋째와 넷째 의미를 포괄해서 '육바라밀의 수에 증감이 없음'에 대해 설명하였다.

세 번째는 사도四度의 수가 증감이 없음을 따로 설명한 것이다. 이는 해당 경문에 가서 해석하겠다.⁴⁷⁰

或以四義。釋無增減。如成唯識第九卷說。然依彼論。有其三義。一總明十度數無增無減。有其二義。一除十障故。二證十如故。二別明六度數無增減。有其四義。一依三因。爲除六種相違障故。漸次修行諸佛法故。漸次成就諸有情故。具如攝論。二約二道。謂增上生道。決定勝道。同雜集論初復次釋。三利生除障。即同此經。四不住道。明無增減。謂前三故。不住涅槃。以後三故。不住生死。具說如彼。解云。攝大乘論。唯說前三。謂漸除障。漸行佛法。漸熟有情。雜集唯說後三種意。二種道等。成唯識論。通攝二論所說六種。故成四緣。或可唯識開爲六緣。開攝論中三因別故。此經二緣。如雜集論。及成唯識。尋即可知。三別明四度數無增減。至文當釋。

『장엄경론』 제7권에 의하면 여섯 행의 게송이 있는데, 각기 모두 여섯 가지를 건립한 이유를 설한 것이다. 첫째는 자기를 이롭게 하는(自利) 세 가지 사事를 포괄하려 하였기 때문이다.⁴⁷¹ 둘째는 (자기와 남) 둘을 이롭게 하는 여섯 가지 사를 포괄하려 하였기 때문이다.⁴⁷² 셋째는 남을 이롭

---

470 이상은 『成唯識論』 권9(T31, 51c6)의 내용을 요약한 것이다.
471 오직 '자리自利'와 연관해서 여섯 종류 바라밀을 설했다는 것이다. 『大乘莊嚴經論』에 따르면 '자기를 이롭게 하는 세 가지 사事'란 증진增進과 불염不染과 부도不倒를 말한다. 앞의 네 종류 바라밀로 자생資生과 자신과 권속과 모든 사업 등이 성취되는 것을 '증진'이라 하고, 다섯 번째 선바라밀로 인해 번뇌에 오염되지 않는 것을 '불염'이라 하며, 여섯 번째 반야바라밀로 인해 업이 전도되지 않도록 하는 것을 '부도'라고 한다. 『大乘莊嚴經論』 권7(T31, 627b19) 참조.
472 이것은 '자리와 이타'라는 두 가지 목적을 위해 여섯 종류 바라밀을 설했다는 것이다. '자기와 남을 이롭게 하는 여섯 가지 사'란 다음과 같다. 보시·지계·인욕 등의 바라밀에 의해 그 차례대로 ① 남에게 베풀어 주고(施彼), ② 괴롭히지 않으며(不惱), ③ 남의 괴롭힘을 참는(忍彼惱) 등의 세 가지 이타적 사업을 성취하고, 정진·선정·반야 등의 바라밀에 의해 그 차례대로 ④ 과를 낼 인을 소유하고(有因), ⑤ 마음이 안정되며

게 하는 여섯 가지 사를 포괄하려 하였기 때문이다.[473] 넷째는 대승의 네 가지 인(四因)을 포괄하려 하였기 때문이다.[474] 다섯째는 대승의 도道를 포괄하려 하였기 때문이다. 여섯째는 대승의 삼학三學을 포괄하려 하였기 때문이다.[475] 문장을 생각해 보면 알 수 있으니, 따라서 번거롭게 해석하지 않겠다.

依莊嚴論第七卷中。有六行偈。各各皆說立六所由。一者爲攝自利三事故。二者爲攝二利六事故。三者爲攝他利六事故。四者爲攝大乘四因故。五者爲攝大乘道故。六者爲攝大乘三學故。尋文可知。故不繁釋。

나. 사도四度의 수에 증감이 없음을 밝힘

가) 청문

경 관자재보살이 다시 부처님께 여쭈었다. "세존이시여, 어떤 인연 때문에 그 밖의 바라밀다는 단지 네 개의 수만 있다고 시설하셨습니까?"

(心住), ⑥ 해탈解脫을 이루는 등의 세 가지 자리의 사를 성취한다. 『大乘莊嚴經論』 권7(T31, 627b29) 참조.
473 이것은 오직 '이타利他'와 연관해서 여섯 종류 바라밀을 설했다는 것이다. '남을 이롭게 하는 여섯 가지 사'란 다음과 같다. 여섯 종류 바라밀은 그 차례대로 ① 그를 수용함에 있어 궁핍하지 않게 해 주고(於彼受用令不乏), ② 그를 괴롭히지 않으며(不惱彼), ③ 그의 괴롭힘을 참아 내고(忍彼惱), ④ 그가 지어야 할 일을 도와서 물러나지 않도록 해 주며(助彼所作令不退), ⑤ 신통력으로 귀향하게 하고(以神通力令歸向), ⑥ 선설법으로써 그의 의심을 끊어 주는(以善說法斷彼疑) 등의 여섯 가지 이타의 사를 성취한다. 『大乘莊嚴經論』 권7(T31, 627c9) 참조.
474 '대승의 네 가지 인'이란 불염不染과 극경極敬과 불퇴不退와 무분별無分別이다. 이에 관한 자세한 설명은 『大乘莊嚴經論』 권7(T31, 627c18) 참조.
475 이상은 『大乘莊嚴經論』 권7(T31, 627b15)의 내용을 요약한 것이다.

觀自在菩薩。復白佛言。世尊。何因緣故。施設所餘波羅蜜多。但有四數。

석 이하는 두 번째로 (십도 중에) 뒤의 사도의 개수에 증감이 없음을 설명한 것이다.

'4'라고 한 것은 십도 중에 뒤의 네 종류 도를 말하니, 이른바 방편方便·원願·력力·지智이다.[476]

이 중에 앞은 청문이고 뒤는 정설이다.

이것은 오직 네 개인 이유를 청문한 것이다.

釋曰。自下第二辨後四度數無增減。所言四者。即十度中後四種度。所謂方便願力及智。於中先請。後說。此即請問唯四所由。

나) 정설

(가) 총괄해서 답함

경 부처님께서 관자재보살에게 말씀하셨다. "선남자여, 이전의 여섯 종류 바라밀다에 대해서는 조반이 되기 때문이다.

---

[476] 앞의 여섯 종류 바라밀에다 다시 방편方便바라밀과 원願바라밀과 역力바라밀과 지智바라밀을 더해서 십바라밀이라고 한다. 이 중에서 방편바라밀이란 갖가지 간접적 방법으로 그 지혜를 개발하는 것이고, 원바라밀이란 항상 원심을 지니고서 모두 실현되길 바라는 것이며, 역바라밀이란 선행을 더욱 배가하여 닦아서 진위를 판별하는 능력(勝解)이 생기는 것이고, 지바라밀이란 일체법을 잘 아는 지혜를 말한다. 이전의 반야바라밀이 무분별지라면, 이 네 종류 바라밀은 모두 후득지에 속하는 것들이다. 이하의 『解深密經』경문에서는 이전의 육바라밀 이외에 다시 4바라밀을 시설한 이유를 설하였는데, 그에 따르면 방편바라밀은 보시·지계·인욕 등의 바라밀을 도와주고(助伴), 원바라밀은 정진바라밀을 도와주며, 역바라밀은 정려바라밀을 도와주고, 지바라밀은 반야바라밀을 도와주기 때문에 네 종류를 설했다고 하였다.

佛告觀自在菩薩。善男子。與前六種波羅蜜多。爲助伴故。

석 이하는 두 번째로 여래께서 바로 설하신 것이다. 이 중에 두 가지가 있다. 처음은 '4'라는 (수는) 증감이 없다고 설한 뜻을 총괄해서 답한 것이다. 나중은 사도가 증감이 없다는 의미를 따로 해석한 것이다.

이것은 오직 넷인 이유를 총괄해서 답한 것이니, 능히 여섯 종류 도에 대해 조반助伴이 되어 주기 때문에 오직 네 종류만 있고 (그 개수는) 늘지도 줄지도 않는다.

따라서 『성유식론』에서는 말한다. "뒤의 오직 네 개만이 앞의 여섯 가지를 도와서 수행을 원만하게 충족되도록 하며, (네 개의 수는) 늘지도 줄지도 않기 때문이다. 방편선교方便善巧는 보시 등의 세 종류를 보조하고, 원願은 정진을 보조하며, 역力은 정려를 보조하고, 지智는 반야를 보조하여 수행을 원만하게 충족되도록 하기 때문이다."[477]

釋曰。自下第二如來正說。於中有二。初總答說四無增減意。後別釋四度無增減義。此即總答唯四所由。能與六種爲助伴故。唯有四種而無增減。故成唯識云。後唯四者。爲助前六。令[1]滿足。不增減故。方便善巧助施等三。願助精進。力助靜慮。智助般若。令[2]滿足故。

1) ㉭『成唯識論』 권9(T31, 51c18)에 '令' 뒤에 '修'가 있다. 2) ㉭『成唯識論』 권9(T31, 51c20)에 '令' 뒤에 '修'가 있다.

(나) 따로 해석함

㉮ 방편도方便度가 앞의 세 가지 도를 도와줌을 밝힘

---

477 『成唯識論』 권9(T31, 51c18).

a. 해석

경 말하자면 보살들은 이전의 세 종류 바라밀다로 거두었던 바의 유정들을 모든 섭사攝事의 방편선교로써 거두어들여 선품에 안치해 준다.

謂諸菩薩。於前三種波羅蜜多所攝有情。以諸攝事方便善巧。而攝受之。安置善品。

석 이하는 두 번째로 차례대로 네 가지 도度를 따로 해석하였으니, 곧 (경문도) 네 가지로 구분된다.

이것은 첫 번째로 방편도方便度가 앞의 세 가지 도를 돕는 것에 대해 해석한 것이다. 앞은 해석이고 뒤는 결론이다. 뒤의 세 가지 바라밀도 이에 준해서 알아야 한다.

이것은 방편도가 세 가지 도를 도와주는 것에 대해 바로 해석한 것이다. 말하자면 모든 보살들은 이전의 세 가지 도로 거두었던 바의 유정들을 모든 섭사攝事의 방편선교로써 거두어들여 선품에 안치한다는 것이다.

그런데 '모든 섭사'란 갖가지 방편으로 거두어들이는 것을 통틀어 말한 것이니, 『상속해탈경』과 『심밀해탈경』에서도 모두 '섭사'라고만 하고 '사四'는 말하지 않았기 때문이다.[478] 혹은 '모든 섭사'란 사섭사四攝事(四攝法)에 해당한다고 볼 수도 있다. 따라서 양梁『섭대승론석』에서는 이전의 세 가지 도度로 거두었던 바의 중생을 사섭사로 말미암아 선처善處에 안립해 준다고 하였다.[479]

---

[478] 이 『解深密經』 등의 경문에서 '제섭사諸攝事'라고 한 것은 '사섭법四攝法(四攝事)'을 가리킨다고 볼 수도 있지만, '사四'를 붙이지 않고 단지 '섭사'라고만 했기 때문에 방편으로 중생을 거두어들이는 모든 종류의 실천을 통칭한 말일 수 있다.

[479] 양梁『攝論』에는 이와 정확하게 일치하는 문장은 없고, 다만 네 종류 광대廣大 중에

釋曰。自下第二次第別釋四度。即分爲四。此即第一釋方便度助前三度。先釋。後結。後之三度。准此應知。此即正釋方便助三。謂諸菩薩。於前三度所攝有情。以諸攝事方便善巧。而攝受之。安置善品。然諸攝事。通說種種方便攝受。相續深密。皆云攝事。不言四故。或可諸攝。即四攝事。故梁攝論云。於前三度所攝衆生。由四攝事。安立善處。

b. 결론

경 그러므로 나는 방편선교바라밀다는 이전의 세 종류 바라밀다에 대해 조반이 된다고 설하였다.

是故我說。方便善巧波羅蜜多。與前三種。而爲助伴。

석 두 번째는 결론지은 문장이니, 알 수 있을 것이다.

釋曰。第二結文可知。

㉄ 원도願度가 정진精進을 도와줌을 밝힘

a. 해석

'이익안락의광대利益安樂意廣大'에 대해 설명하는 중에 이와 유사한 문구가 있다. "중생을 잘 교화해서 악처惡處를 떠나 선처善處에 안립해 주므로 이것을 '이익의利益意'라고 하였고, 이 공덕은 미래에 획득될 과보에 대해 일체중생이 뜻한 대로 수용하길 바라므로 이것을 '안락의安樂意'라고 하였다.……또 이 광대는 사섭四攝을 체로 삼으니, 앞의 두 가지 섭攝을 '안락의'라고 하고, 뒤의 두 가지 섭을 '이익의'라고 한다." 진제 역, 세친의『攝大乘論釋』권11(T31, 233b17~24) 참조.

a) 원을 일으킨 이유를 밝힘

경 만약 보살들이 현법現法 중에서 번뇌가 많기 때문에 수행을 무간으로 하는 것을 감당할 능력이 없거나, 하열한 의요意樂 때문에 (또는) 하계의 승해勝解 때문에 내심에 머무는 것을 감당할 능력이 없거나, 보살장에 대해 능히 듣지도 연려하지도 잘 수습하지도 못하기 때문에 (그의) 모든 정려가 능히 출세간의 지혜를 이끌어 내지 못한다면,

若諸菩薩。於現法中。煩惱多故。於修無間。無有堪能。羸劣意樂故。下界勝解故。於內心住。無有堪能。於菩薩藏。不能聞緣善修習故。所有靜慮。不能引發出世間慧。

석 이하는 두 번째로 원도願度가 정진을 도와줌을 밝힌 것이다. 이 중에 두 가지가 있으니, 앞은 해석이고 뒤는 결론이다.

이것은 해석에 해당한다. 이 중에 두 가지가 있다. 처음에는 원을 일으킨 이유를 밝혔고, 나중에는 원이 정진을 도와줌을 밝힌다.

이것은 첫 번째로 원을 일으킨 이유다. 경문에 세 구절이 있으니, 세 가지 이유(緣)에 해당한다.

첫째는 보살이 현법現法 중에서 번뇌가 많기 때문에 무간으로 모든 선품의 법들을 닦는 것을 감당할 능력이 없는 것이다.【『심밀해탈경』에는 "현신現身 중에서"라고 하였다.[480]】

둘째는 하열한 의요 때문에 (또는) 욕계의 산란된 지위의 승해 때문에, 이 두 가지 연으로 말미암아 내적으로 머무는 선정을 감당할 능력이 없는

---

[480] 『解深密經』에서 "현법 중에서(於現法中)"라는 경문은 『深密解脫經』에는 "현신 중에서(於現身中)"라고 되어 있다. 참고로 보리유지 역 『深密解脫經』 권4(T16, 681c28)에는 "菩薩現身。依多煩惱。而亂其心。"이라고 하였다.

것이다. 양梁『섭대승론석』에서는 "혹은 하계에 태어나길 원함으로 말미암아, 혹은 마음이 하열함으로 말미암아, 항상된 수습이나 마음의 내적인 머묾에 있어 어떤 공능이 없다."481라고 하였다.

셋째는 대승의 가르침을 능히 듣지 못하고 능히 연려하지 못하며 능히 잘 수습하지 못하기 때문에 모든 정려가 출세간의 지혜를 능히 이끌어 내지 못하는 것이다.

이상의 세 가지 연으로 인해서 원도願度를 일으킨다.

> 釋曰。自下第二願助精進。於中有二。先釋。後結。此即釋也。於中有二。初明起願所由。後明願助精進。此即第一起願所由。文有三節。即爲三緣。一者。菩薩於現法中煩惱多故。於無間修諸善品法。無有堪能。【深密經云。於現身中】二者。羸劣意樂故。欲界散位勝解故。由此二緣。於內位¹⁾定。無有堪能。梁攝論云。或爲²⁾願生下界。或由心羸劣。於恒修習及心內位。³⁾ 無有功能。三者。於大乘教。不能聽聞。不能緣慮。不能善修習故。所有靜慮。不能引發出世間慧。由上三緣。故起願度。

1) ㉰ '位'는 '住'인 듯하다.　2) ㉰『攝大乘論釋』권10(T31, 227a21)에 '爲'가 '由'로 되어 있다.　3) ㉰『攝大乘論釋』권10(T31, 227a22)에 '內位'가 '住內'로 되어 있다.

b) 원이 정진을 도와줌을 밝힘

(a) 원을 일으킴

경 그는 곧장 약간의 협소한 복덕의 자량을 거두어들여서, 미래세에 번뇌가 경미해지도록 하기 위해서 마음으로 바른 원을 낸다.

481　진제 역, 세친의『攝大乘論釋』권10(T31, 227a21).

彼便攝受少分狹劣福德資粮。爲未來世煩惱輕微。心生正願。

석 이하는 두 번째로 원도願度가 정진을 도와줌을 바로 밝힌 것이다. 이 중에 두 가지가 있다. 처음에는 원을 일으킴을 밝혔고, 나중에는 원이 정진을 도와줌을 밝힌 것이다.

이것은 원을 일으킴을 밝힌 것이다. 말하자면 저 보살은 약간의 보시 등에 의한 복덕을 거두어들여서 곧 이런 원을 일으키니, 이 복의 힘으로 미래세에는 번뇌가 희박해지는 것이다.

양梁『섭대승론석』에는 '적은 선근'이라 하였다.[482]

釋曰。自下第二正明願助精進。於中有二。初明起願。後釋助願[1]精進。此明起願。謂彼菩薩。攝受少分布施等福。便作是願。由斯福力。於未來世。煩惱微薄。梁攝論云。薄少善根。

1) ㉠ '助願'은 '願助'의 도치인 듯하다.

(b) 원이 정진을 도와줌

경 이와 같은 것을 '원바라밀다'라고 이름하니, 이 원으로 말미암아 번뇌가 미약해져서 능히 정진을 닦는 것이다.

如是名願波羅蜜多。由此願故。煩惱微薄。能修精進。

석 '원'이 정진을 도와줌을 바로 밝힌 것이니, 경문 그대로 알 수 있을

---

482 위의 경문에서 "약간의 협소한 복덕의 자량"이라는 문구는 진제 역, 세친의 『攝大乘論釋』 권10(T31, 227a23)에서는 "적은 선근(薄少善根)"이라고 하였다.

것이다.

釋曰。正明願助精進。如文可知。

b. 결론

경 그러므로 나는 원바라밀다가 정진바라밀다에 대해 조반이 된다고 설하였다.

是故我說。願波羅蜜多。與精進波羅蜜多。而爲助伴。

석 두 번째는 총결지은 것임을 알아야 한다.

釋曰。第二總結應知

㉰ 역도力度가 정려靜慮를 도와주는 것을 해석함

a. 해석

a) 역도를 해석함

경 만약 보살들이 선사善士[483]와 친하게 지내며 정법을 청문하고 이치에 맞게 작의한 것이 인연이 되었기 때문에 하열한 의요를 전환시켜 수승한 의요를

---

[483] 선사善士 : 이하의 해석에 따르면, '선사'는 '선우善友'와 같은 의미다. 한편, 『俱舍論記』권24(T41, 363a25)에서는 "유학有學의 정견正見을 성취하고……팔정도를 갖추게 된다면 이는 유학으로서 모두 '선사'라고 이름한다."라고 하였다.

성취하고 또한 능히 상계의 승해도 획득한다면,

若諸菩薩。親近善士。聽聞正法。如理作意。爲因緣故。轉劣意樂。成勝意樂。亦能獲得上界勝解。

석 세 번째는 역도力度가 정려靜慮를 도와줌을 밝힌 것이다. 앞은 해석이고, 뒤는 결론이다.

이것은 해석이다. 이 중에 두 가지가 있다. 처음에는 역도를 해석하였고, 나중에는 역이 정려를 도와줌을 해석하였다.

이것은 역도에 대해 해석한 것이다. 말하자면 보살들은 세 가지 인연으로 수승한 의요를 획득하고 또 승해를 획득한다. 세 가지 인연이란, 첫째 선우와 친하게 지내는 것이고, 둘째는 정법을 청문하는 것이며, 셋째는 이치에 맞게 작의하는 것이다. 이 세 가지 인연으로 하열한 의요를 전환시켜 수승한 의요를 획득하고, 또한 상계上界의 승해를 획득할 수 있으니, 곧 이 두 가지 법을 '역'이라 이름한 것이다.[484]

그런데 세 가지 인연 중에서 '이치에 맞게 작의한다'라고 한 것은, 『상속해탈경』에서는 '내적으로 바르게 사유한다(內正思惟)'라고 하였고,[485] 양梁 『섭대승론석』도 이러하며, 『심밀해탈경』에서는 '여실하게 사유한다(如實思惟)'라고 하였다.[486] (세 경론의) 이름은 달라도 의미는 똑같다. 혹은 이 중에서 당본唐本(현장 역 『해심밀경』)이 바르다고 볼 수도 있으니, '내적으로 바르게 사유한다'는 것이 '역'에 포함되기 때문이다.[487]

---

484 원측의 해석에 따르면, '역力'이란 수승한 의요意樂와 상계의 승해勝解라는 두 가지 법을 통칭하는 말이다.
485 『相續解脫地波羅蜜了義經』 권1(T16, 716a23).
486 『深密解脫經』 권4(T16, 682a7).
487 『相續解脫經』과 양梁 『攝大乘論釋』과 『深密解脫經』 등에서는 '내적으로 바르게 사유한다'라고 하거나 '여실하게 사유한다'라고 했는데, 이것은 수승한 의요나 수승한 이

釋曰。第三力助靜慮。先釋。後結。此卽釋也。於中有二。初釋力度。後釋力助靜慮。此釋力度。謂諸菩薩。由三因緣。得勝意樂。及得勝解。三因緣者。一親近善友。二聽聞正法。三如理作意。由此三緣。轉劣意樂。得勝意樂。亦能獲得上界勝解。卽用二法。名之爲力。然三緣中。如理作意。相續經內正思惟。梁論亦爾。深密經云。如理[1]思惟者。名異義同。或可此中唐本爲正。內正思惟。攝在力中。

1) ㉔『深密解脫經』권4(T16, 682a8)에 '理'가 '實'로 되어 있다.

문 여기서 말하는 의요意樂와 승해勝解는 어떤 차이가 있는가?

해 『상속해탈경』에서는 "하열한 희망㤭望(하열한 의요)을 전환시켜 강력한 희망을 획득하여 수승한 상계上界에서 능히 일심一心에 든다."[488]라고 하였다. 그 경의 뜻에 준해 볼 때, "하열한 희망을 전환시켜"라는 것은 하계의 하열한 욕락을 (버리는 것이고,) "강력한 희망을 획득하여"라는 것은 욕계의 수승한 욕락을 얻는 것이다. "상계에서 능히 일심에 든다."라는 것은 정려靜慮에 해당한다. 『심밀해탈경』에서는 말한다. "저 옅은 마음을 전환시키고 선한 힘을 증장시켜서 저 진여법계 안에서 증상된 힘을 획득하니, 이는 보살의 역力바라밀로 내심의 선정을 획득한 것이다. 그러므로 나는 역바라밀이 선禪바라밀에 대해 조반이 된다고 설하였다."[489]

해 (위의 『상속해탈경』과 『심밀해탈경』의 인용문은) 잘못된 결론이니, 이는 번역가의 오류다. 지금 이 경에서 "하열한 의요를 전환시켜 수승한 의요를 획득하고"라고 한 것은 하열한 욕락을 버리고 수승한 욕락을 획

해를 본질로 하는 '역力' 그 자체와 다름이 없다. 그런데 경문에서는 그러한 사유의 힘을 획득하게 되는 인연을 가리켜서 '이치에 맞게 작의한다(如理作意)'라고 하였다. 따라서 '내적으로 바르게 사유한다'는 것과는 구별된다.

[488] 『相續解脫地波羅蜜了義經』권1(T16, 716a24).
[489] 『深密解脫經』권4(T16, 682a8).

득한다는 것이고, "또한 능히 (상계의 승해도) 획득한다면(亦得)"이라고 한 것은 오직 욕계뿐만 아니라 또한 상계도 획득한다는 것이다. 이와 같은 의요를 역도라고 한 것이다. 양梁『섭대승론석』에서 설하길 "허약한 심지心地(의요)를 능히 제거하고 미묘한 경계에서 강력하고 수승한 심지를 획득한다."490라고 하였는데, 또한 이것도 번역가의 오류다.491

문 이 역도는 후득지後得智인데, 어떻게 욕欲과 승해勝解를 자성으로 삼겠는가?

해 (후득지의) 자성은 혜慧를 체로 삼는 것이지만, 지금은 조반에 의거해서 법체를 나타냈기 때문에 '욕' 등이라 설한 것이다.

問。此所說意樂勝解。有何異耶。解云。相續經云。轉劣悕望。得力悕望。殊勝上界。能內一心。准彼經意。轉劣悕望者。於下界劣欲樂。得力悕望者。得欲界勝欲樂。上界能內一心者。即是靜慮也。深密經云。轉彼薄心。增長善力。於彼眞如法界之中。得增上力。是菩薩力波羅蜜。得內心定。是故我說。力波羅蜜。與般若¹⁾波羅蜜爲伴。解云。謬結。譯家錯也。今此經云。轉劣意樂得勝意樂者。捨劣欲樂。得勝欲樂。言亦得者。非唯欲界。亦得上界。如是意樂。以爲力度。梁論說云。能除羸弱心地。於微²⁾妙境。得強勝心地者。亦是譯家謬也。問。此力度是後得智。如何欲及勝解。爲自性耶。解云。自性以慧爲體。今依助伴出體。故說欲等。

---

1) 원 '般若'는 현행하는 경에 '禪'으로 되어 있다.   2) 역 『攝大乘論釋』 권10(T31, 227a29)에 '微'가 '美'로 되어 있다.

---

490 진제 역, 세친의 『攝大乘論釋』 권10(T31, 227a28).
491 원측에 따르면, 경문에서 "또한 능히 상계의 승해를 획득한다면"이라고 한 것은 전후 문맥상으로 그 앞에 "오직 욕계뿐만 아니라"라는 말이 생략된 것이고, 이를 모두 갖추어 진술하면 "오직 욕계뿐만 아니라 또한 능히 상계의 승해를 획득한다."라고 한 것이다. 그런데 이역본 『相續解脫經』과 『深密解脫經』, 그리고 양梁 『攝大乘論釋』 등의 문구는 단지 '상계의 승해만을 획득한다'는 의미이기 때문에 이는 모두 번역가의 오류라고 하였다.

b) 역이 정려를 도와줌

경 이와 같은 것을 '역바라밀다'라고 이름하니, 이 역으로 인해 내심에 머무는 것을 감당할 능력이 있다.

如是名力波羅蜜多。由此力故。於內心住。有所堪能。

석 두 번째는 역이 정려를 도와줌을 밝힌 것이다. 말하자면 이상에서 설한 것을 역도라고 이름하며, 이 역으로 말미암아 내심에 머무는 정려도에서 뛰어난 감당 능력이 있다는 것이다.

釋曰。第二力助靜慮。謂如上說。名爲力度。由此力故。於內心住靜慮度中。有勝堪能。

b. 결론

경 그러므로 나는 설하길 '역바라밀다는 정려바라밀다에 대해 조반이 된다'라고 설하였다.

是故我說。力波羅蜜多。與靜慮波羅蜜多。而爲助伴。

석 두 번째는 결론지은 문장이니, 알 수 있을 것이다.

釋曰。第二結文可知。

㉔ 지도智度가 반야를 도와줌을 밝힘

a. 해석

a) 지도를 해석함

경 만약 모든 보살이 보살장에 대해 이미 능히 듣고서 연려하여 잘 수습하기 때문에 능히 정려를 일으킨다면,

若諸菩薩。於菩薩藏。已能聞緣善修習故。能發靜慮。

석 네 번째는 지도智度가 반야를 도와줌을 밝힌 것이다. 앞은 해석이고, 뒤는 결론이다.

해석 중에 두 가지가 있다. 처음에는 지도智度를 해석하였고, 나중에는 지도가 반야를 도와줌을 밝혔다.

이것은 처음에 해당한다. 말하자면 보살장의 가르침(菩薩藏敎)을 '능히 듣는다'는 것은 문혜이고, '연려한다'는 것은 사혜이며, '잘 수습한다'는 것은 수혜이며, 이로 말미암아 능히 정려를 일으키는 것이다. 혹은 문혜와 사혜가 능히 정려를 일으키는 것이고, 정려는 곧 수혜에 속하는 것이라고 볼 수도 있다.

자세하게 분별하면 양梁 『섭대승론석』에서 설한 것과 같으니, 그 논에서는 말한다. "(이것은) 보살이 보살장의 문구를 연려하여 생겨난 바의 문혜·사혜·수혜, 그리고 오명五明[492]을 연려하는 지智이다. 이러한 지가 능히 이치에 맞게 진眞·속俗의 경계를 간택하는 지를 생한다. 이 지는 혹은 무분별지 이전에 있기도 하고, 혹은 무분별지 이후에 있기도 하니, 이

---

[492] 오명五明: 불교의 입장에서 학문을 내명內明·인명因明·성명聲明·의방명醫方明·공업명工業明 등의 다섯 종류로 구분한 것을 말한다. 이에 관해서는 뒤의 '혜바라밀의 세 품류'에 대한 해석과 역주 참조.

것이 보살의 지(智)바라밀이다. 이 지로 인해 능히 선정을 생하고 또 출세간의 반야를 이끌어 낸다. 따라서 지바라밀은 반야바라밀의 조반이라 한 것이다."[493]

> 釋曰。第四智助般若。先釋。後結。釋中有二。初釋智度。後明智助般若。此即初也。謂於菩薩藏敎。能聞是聞慧。緣卽思慧。善修習者。卽是修慧。由此能發靜慮。或可聞思能發靜慮。靜慮卽是修慧所攝。若廣分別。如梁論說。彼云。菩薩緣菩薩藏文句所生聞思慧修慧。及緣五明智。此智能生如理簡擇眞俗境智。此智或在無分別智前。或在無分別智後。是菩薩智波羅蜜。由此智能生定。及引出世般若。故智波羅蜜。是般若波羅蜜助伴。

b) 지도가 반야를 도와줌을 밝힘

경 이와 같은 것을 '지바라밀다'라고 이름하니, 이 지로 인해서 능히 출세간의 지혜를 이끌어 낼 수 있다.

> 如是名智波羅蜜多。由此智故。堪能引發出世間慧。

석 두 번째는 지도가 반야를 도와줌을 바로 밝힌 것이니, 경문 그대로 알 수 있을 것이다.

> 釋曰。第二正明智助般若。如經可知。

b. 결론

---

493 진제 역, 세친의 『攝大乘論釋』 권10(T31, 227b2).

경 그러므로 나는 '지바라밀다는 혜바라밀다에 대해 조반이 된다'고 설하였다.

是故我說。智波羅蜜多。與慧波羅蜜多。而爲助伴。

석 두 번째는 결론지은 문장이니, 알 수 있을 것이다.
『상속해탈경』과 『심밀해탈경』도 이 『해심밀경』과 거의 동일하게 설한다. 자세한 것은 양梁 『섭대승론석』 제10권에서 설한 것과 같다.
네 가지 바라밀을 자세히 해석하면, 예를 들어 『선계경』 제9권과 『지지론』 제10권과 『유가사지론』 제49권에서 설한 것과 같다.

釋曰。第二結文可知。相續深密。大同此經。廣如梁攝論第十卷說。廣釋四度。如善戒經第九。地持第十。瑜伽四十九。

⑥ 육도六度의 차례를 분별한 문

가. 청문

경 관자재보살이 다시 부처님께 여쭈었다. "세존이시여, 어떤 인연에서 여섯 종류 바라밀다를 이와 같은 차례로 설하셨습니까?"

觀自在菩薩。復白佛言。世尊。何因緣故。宣說六種波羅蜜多。如是次第。

석 이하는 여섯 번째로 모든 도度의 차례에 대해 분별한 문이다. 앞은 청문이고, 뒤는 대답이다.
이것은 육도의 전후 차례를 정한 이유에 대해 청문한 것이다.

생략해 버리고 뒤의 네 종류 도의 차례에 대해 설명하지 않았다. 혹은 (이 경문은) 앞의 경문에 이어지는 것이고 이미 그 뜻을 설명하였기 때문에 그것을 설하지 않았을 수도 있다.

> 釋曰。自下第六分別諸度次第門。先問。後答。此即請問六度前後次第所由。略而不辨後四次第。或次前文。已辨其義。故不說之。

나. 대답

가) 표장으로서 간략히 답함

경 부처님께서 관자재보살에게 말씀하셨다. "선남자여, 능히 이후의 (바라밀을) 인발하는 의지처가 되기 때문이다.

> 告觀自在菩薩曰。善男子。能爲後後引發依故。

석 이하는 여래께서 바로 설하신 것이다. 이 중에 세 가지가 있다. 처음에는 표장으로서 간략히 설하였고, 다음에는 종지에 의거해서 해석하였으며, 세 번째로 총결지었다.

이것은 여래께서 표장으로 간략히 대답하길, '나는 의지처의 인발 때문에 육바라밀을 이와 같은 차례로 설하였다.' 말하자면 (앞의 것이) 능히 이후의 (바라밀의) 의지처가 된다는 의미가 있기 때문이다.

> 釋曰。自下如來正說。於中有三。初標章略說。次依宗釋。第三總結。此即如來標章略答。我依引發。故說六度。如是次第。謂能爲後後依止義故。

나) 종지에 의거해서 해석함

경 말하자면 보살들이 만약 자신의 재물에 연연해하는 바가 없다면, 곧 능히 청정한 금계禁戒를 수지하고, 금계를 수호하기 위해 곧 능히 인욕하며, 인욕을 닦고 나서는 능히 정진을 일으키고, 정진을 일으키고 나서는 능히 정려를 갖추며, 정려를 갖추고 나서는 곧 능히 출세간의 지혜를 획득하는 것이다.

謂諸菩薩。若於身財。無所顧悋。便能受持清淨禁戒。爲護禁戒。便能忍辱。修忍辱已。能發精進。發精進已。能辦靜慮。具靜慮已。便能獲得出世間慧。

석 이것은 두 번째로 육도의 전후 차례에 대해 바로 해석한 것이다.
이것은 『장엄경론』에서 말한 '인발하는 차례(引發次第)'에 해당한다. 따라서 『대승장엄경론』 제7권에서는 말한다. "'전후前後'란 이전 것에 의지해서 이후 것이 일어날 수 있음을 말한다. 어째서인가? 재물을 돌아보지 않기 때문에 계행을 수지할 수 있고, 계행을 수지하고 나면 능히 인욕을 일으키며, 인욕을 일으키고 나면 능히 정진을 일으키고, 정진을 일으키고 나면 능히 선정을 일으키며, 선정을 일으키고 나면 능히 참된 법을 이해한다."[494]

또 『섭대승론석』 제7권에서는 "**논** 어떤 이유에서 이와 같은 여섯 종류 바라밀다를 이런 차례로 설하였는가? 이전의 바라밀다가 수순해서 이후의 바라밀다를 생하기 때문이다."라고 하였다.

무성이 해석하였다. "'수순해서 이후의 바라밀다를 생하기 때문이다'라고 했는데, 말하자면 재물·지위에 탐착하지 않고 나서야 능히 시라尸羅

---

[494] 『大乘莊嚴經論』 권7(T31, 628b9).

(계)를 수호한다. 시라를 갖추고 나서 곧 능히 인내하여 받아들인다. 인내하며 받아들이고 나서는 괴리되는 일을 감내할 수 있기 때문에 정진을 일으킨다. 정진을 일으키고 나서는 마음이 곧 선정을 얻는다. 마음이 선정을 얻고 나서는 능히 여실하게 안다. 따라서 이 여섯 종류를 이와 같은 차례로 설한 것이다."[495] 세친은 해석하였다. "이와 같은 육도는 생하는 전후 순서에 의거해서 이런 차례를 설한 것이다."[496]

釋曰。此即第二正釋六度前後次第。此當莊嚴引發次第。故莊嚴論第七卷云。前後者。謂依前後得起。何以故。由不顧資財故。受持戒行。持戒行已。能起忍辱。起忍辱已。能起精進。起精進已。能起禪定。起禪定已。能解眞法。又攝大乘第七卷云。論曰。何因緣故。如是六種波羅蜜多。此次第說。謂前波羅蜜多。隨順生後波羅蜜多故。無性釋云。隨順生後波羅蜜多故者。謂於財位不著已。能守尸羅。具尸羅已。便能忍受。能忍受已。堪耐乖違。故發精進。發精進已。心便得定。心得定已。能如實知。故此六種如是次第。世親釋云。如是六度。依生前後。說此次第。

다) 총결

경 그러므로 나는 바라밀다를 이와 같은 차례로 설하였다.

是故我說波羅蜜多如是次第。

석 세 번째는 총괄해서 결론지은 것임을 알아야 한다.

---
495 무성의 『攝大乘論釋』 권7(T31, 420c14).
496 세친의 『攝大乘論釋』 권7(T31, 355c18).

釋曰。第三總結應知。

(＊육바라밀의 차례에 대한 여러 교설들)

그런데 육도의 차례에 대해 여러 교설이 같지 않다.

혹은 하나의 의미로 차례를 해석한다. 즉 이『해심밀경』과『상속해탈경』과『심밀해탈경』, 신역『섭대승론』및 (세친과 무성의) 두 종류『석론』에서는 모두 '인발'이라는 (의미로) 전후 차례를 설명하였다.

혹은 두 가지 의미로 (해석하기도 하니,) 예를 들어 양梁『섭대승론석』과 같다. 첫째는 인발하는 차례이니, 이는 이『해심밀경』등과 동일하다. 둘째는 청정을 지켜 주는 차례이니, 그 논에서는 "이전(前前)의 바라밀들은 이후(後後)의 바라밀들에 의해 청정해지기 때문이다."[497]라고 하였다.[498]

然六次第。諸教不同。或以一義。以釋次第。即此經相續深密。新攝大乘及二釋論。皆以引發。以明前後。或以二義。如梁攝論。一引發次第。同此經等。二持淨次第。論云。前前波羅蜜。由後後波羅蜜所淸淨故。

혹은 세 가지 의미로 (차례를 해석하니,) 예를 들어『선계경』제9권과『지지론』제10권과『유가사지론』제49권과 같다. 첫째는 대치對治 때문이고, 둘째는 생기生起 때문이며, 셋째는 득과得果 때문이다.[499] 구체적인 것

---

497 진제 역, 세친의『攝大乘論釋』권9(T31, 216a29).
498 발생의 순서로 보면 앞의 바라밀이 뒤의 바라밀을 생하게 하는 관계에 있지만, 청정의 순서로 보면 뒤의 바라밀에 의해 앞의 바라밀이 청정해지는 관계에 있다는 것이다. 그 논에서는 다음과 같이 말한다. "보시(施)는 지계로 인해 청정해지니, 어떤 사람이 계를 수지하지 않는다면 신업·구업·의업이 청정하지 못한 것이므로 그가 실천했던 보시도 또한 청정하지 않은 것이다. 왜냐하면 지계라는 의지依止가 청정하지 못하기 때문이다. 지계라는 의지가 청정하기 때문에 보시도 청정해질 수 있다." 진제 역, 세친의『攝大乘論釋』권9(T31, 216b1) 참조.
499 이 논에서는 육바라밀의 차례를 건립한 세 가지 이유에 대해 다음과 같이 말한다. 첫

은 『유가사지론』과 같다.

또 세 가지 의미로 (차례를 해석하니,) 예를 들어 『잡집론』 제11권과 같다. 첫째는 인발하는 (차례), 둘째는 청정을 지켜 주는 (차례), 셋째는 거칢과 미세함의 차례이다. 인발하거나 청정을 지켜 주는 차례는 이전과 같이 알아야 한다.[500] '거칢과 미세함의 (차례)'란, 제행 가운데서 보시행이 가장 거친 것이기 때문에 앞에 건립하였고, 인욕 등의 행에서 지계가 가장 거칠기 때문에 다음에 건립하였고, 나아가서 혜에 비해 정려는 거칠고 일체행 중에 혜가 가장 미세하기 때문에 최후에 건립하였다.

또 『장엄경론』에서 또한 세 가지 의미로 (차례를 해석한다.) 첫째는 전前과 후後이니, 곧 인발의 (차례와) 동일하다. 둘째는 하下와 상上이니, 전자는 하이고 후자는 상이다.[501] 셋째는 거칢과 미세함이니, 『잡집론』의 설과 동일하다. 따라서 그 논의 게송에서 말한다. "전과 후, 하와 상, 거칢과 미세함이 차례대로 일어나니, 이와 같이 육도가 혼란되지 않음에 세 가지 이유가 있다고 말하네."[502]

或以三義。如善戒經第九卷。地持論第十。瑜伽四十九。一對治故。二生起

째, 대치의 측면에서 바라밀의 차례를 건립한 것이다. 말하자면 인색함(慳)과 악행惡行, 유정들에 대한 원한怨恨, 해태懈怠와 산란散亂과 우치愚癡 등과 같은 여섯 가지 법이 보리를 장애하므로 그 순서대로 각각의 경우를 대치시키기 위해 보시·지계·인욕·정진·선정·반야 등의 차례를 건립한 것이다. 둘째, 생기하는 순서대로 바라밀의 차례를 건립한 것이니, 이는 『解深密經』 등에서 앞의 것이 뒤의 것을 이끌어 낸다고 했던 것과 같다. 셋째, 이숙과異熟果에 따라 차례를 건립한 것이다. 말하자면 현재의 법 안에서 보시 등의 선법을 부지런히 수학하면 미래세에 그 이숙과를 받게 되는데, 보시의 힘에 의해 외적인 오묘한 각종 재물을 획득하고, 그 밖의 계 등의 바라밀에 의해 내적인 다섯 가지 원만을 획득한다. 이에 관한 자세한 설명은 『瑜伽師地論』 권49(T30, 566a19) 참조.
500 앞에 진술되었던 양梁『攝大乘論釋』의 해석 참조.
501 이 논에 따르면, 보시가 하下이고 지계는 상上이며, 인욕이 하이고 정진은 상이며, 선정이 하이고 지혜는 상이다.
502 『大乘莊嚴經論』 권7(T31, 628b6).

故。三得果故。其如瑜伽。又以三義。如雜集第十一。一者引發。二者持淨。三者麤細。引發持淨。如前應知。言麤細者。於諸行中。施行最麤。故先建立。於忍等行。戒爲最麤。故次建立。乃至於慧。靜慮爲麤。一切行中。慧爲最細。故最後立。又莊嚴論。亦以三義。一者前後。卽同引發。二者下上。前者爲下。後者爲上。三者麤細。卽同雜集。故彼偈云。前後及下上。麤細次第起。如是說六度。不亂有三因。

혹은 네 가지 의미로 (해석하니,) 예를 들면『성유식론』제9권과 같다. 첫째는 인발, 둘째는 청정을 유지시킴, 셋째는 거칢과 미세함, 넷째는 쉬운 것과 어려운 것이다. 혹은 쉬운 것과 어려운 것이란 앞에서 말한 거친 것과 미세한 것을 해석한 것이라 볼 수도 있다.[503] 따라서『성유식론』제9권에서는 말한다. "열 종류 (바라밀다의) 차례란, 이전의 것들이 이후의 것들을 인발하고, 또 이후의 것들이 이전의 것들을 청정하게 유지시키며, 또 이전의 것들은 거칠고 이후의 것들은 미세하기 때문이다. 쉬운 것과 어려운 것을 수습하는 차례가 이와 같다."[504]

或以四義。如成唯識第九卷。一引發。二持淨。三麤細。四易難。或可易難釋上麤細。故成唯識第九卷云。十次第者。謂由前前引[1]後後。及由後後持淨前前。又前前麤後後細[2] 易難修習。次第如是。

---

1) ㉠『成唯識論』권9(T31, 51c21)에 '引' 뒤에 '發'이 있다. 2) ㉠『成唯識論』권9(T31, 51c23)에 '細' 뒤에 '故'가 있다.

---

503 『成唯識論』에서 이에 해당하는 문구는 "……또 이전의 것은 거칠고 이후의 것은 미세하기 때문이다. 쉬운 것과 어려운 것을 수습하는 차례가 이와 같다.(……又前前麤後後細故易難修習次第如是)"이다. 이 중에서 '易難修習'을 네 번째 이유로 볼 수도 있지만, 전후 문맥상 이것은 앞의 '麤細'에 대한 부연설명으로 간주할 수도 있다는 것이다.
504 『成唯識論』권9(T31, 51c21).

⑦ 육도六度의 품류의 차별을 밝힌 문

가. 청문

경 관자재보살이 다시 부처님께 여쭈었다. "세존이시여, 이와 같은 여섯 종류 바라밀다에 각기 몇 가지 품류의 차별이 있습니까?"

觀自在菩薩。復白佛言。世尊。如是六種波羅蜜多。各有幾種品類差別。

석 이하는 일곱 번째로 육도의 품류의 차별을 밝힌 문이다. 앞은 청문이고, 뒤는 대답이다.
이것은 육도의 품류 차별에 대해 청문한 것이다.

釋曰。自下第七六度品類差別門。先問。後答。此問六度品類差別。

나. 대답

가) 총괄해서 표명함

경 부처님께서 관자재보살에게 말씀하셨다. "선남자여, 각기 세 종류가 있다.

佛告觀自在菩薩曰。善男子。各有三種。

석 이하는 두 번째로 세존께서 바로 설하신 것이다. 이 중에 두 가지가 있다. 처음에는 육도六度에 세 개씩 있으므로 합해서 열여덟 가지가 있다고 총괄해서 표명하였다. 나중에는 차례로 여섯 종류의 각각의 세 가지를 따로 해석하였다.

이것은 처음에 해당한다.

그런데 이 품류에 대해 여러 교설들이 같지 않다.

『해심밀경』,『상속해탈경』,『심밀해탈경』,『섭대승론』,『유가사지론』제78권에서는 (십도十度 중에) 앞의 육도에 의거해서 각기 세 품류를 나누었는데, 해석하지는 않았다.

『유가사지론』「보살지」, 무성과 세친의 『섭대승론석』, 양조梁朝 『섭대승론석』,『잡집론』에서는 육도에서 각기 세 품류씩 나누었는데, 또한 해석하지는 않았다.

『성유식론』에 의하면, 구체적으로 십도에 의거해서 앞의 여섯 도에 각기 세 개, 뒤의 네 도에 각기 두 개가 있는데, 해석하지는 않았다. (뒤의) 네 도에 각기 두 개라는 것은 (다음과 같다.) 방편方便에 두 가지가 있으니, 첫째는 회향迴向의 방편선교이고, 둘째는 발제拔濟의 방편선교이다. 원願에 두 가지가 있으니, 첫째는 보리를 구하는 원이고, 둘째는 남을 이롭게 하고 즐겁게 하려는 원이다. 역力에 두 가지가 있으니, 첫째는 사택력思擇力이고, 둘째는 수습력修習力이다. 지智에 두 가지가 있으니, 첫째는 법락을 수용하는 지이고, 둘째는 유정을 성숙시키는 지이다.

따라서 지금은 경문에 의거해서 우선 앞의 여섯 종류를 해석하고, 그 중간의 같거나 다른 점은 경문에 대응해서 설명하고 해석하겠다.

釋曰。自下第二世尊正說。於中有二。初總標六三合有十八。後次第別開[1]六種各三。此即初也。然此品類。諸教不同。解深密經。相續深密。攝大乘論。瑜伽七十八。約前六度。各開三類。而不解。瑜伽菩薩地。無性世親攝大乘釋。梁朝釋論。及雜集論。開六各三。而亦解釋。依成唯識。具約十度。前六各三。後四各二。而不解釋。四各二者。方便有二。一迴向方便善巧。

二拔濟方便善巧。願有二種。一求菩提願。二利樂他願。力有二種。一思擇力。二修習力。智有二種。一受用法樂智。成²⁾熟有情智。故今依經。且釋前六。其間同異。對文辨釋。

1) ㉠ 뒤의 '第二次第別釋'이라는 문구에 의거하면, '開'는 '釋'인 듯하다. 2) ㉠ '成' 앞에 '二'가 누락된 듯하다.

나) 차례대로 따로 해석함

(가) 보시布施의 세 가지 품

경 시施의 세 종류란, 첫째는 법의 보시이고, 둘째는 재물의 보시이며, 셋째는 무외의 보시이다.

施三種者。一者法施。二者財施。三者無畏施。

석 이하는 두 번째로 차례대로 따로 해석한 것이다. 여섯 종류의 세 품을 해석하므로 곧 여섯 가지로 구분된다.
이것은 첫 번째로 보시의 세 가지 품에 해당한다.
『유가사지론』제39권에서는 아홉 가지 상으로 보시의 세 품류를 해석하였다.[505] 그 논에서는 말한다.

---

505 『瑜伽師地論』제39권에서는 아홉 가지 상(九種相)으로 보시를 상세하게 설명하였다. 아홉 가지 상이란 ① 자성시自性施, ② 일체시一切施, ③ 난행시難行施, ④ 일체문시一切門施, ⑤ 선사시善士施, ⑥ 일체종시一切種施, ⑦ 수구시遂求施, ⑧ 차세타세락시此世他世樂施, ⑨ 청정시淸淨施 등이다. 이 중에, '자성시'란 보시의 체를 총괄해서 나타낸 말이다. '일체시'란 보시행의 모습을 따로따로 설명한 것으로, 보시행은 하나가 아니므로 '일체'라고 한 것이다. '난행시'란 재난을 버리는 것이나 혹은 수승한 보시행을 말한다. '일체문시'란 모든 보시행을 가장 포괄적으로 거두어 '일체문'이라 한 것이다. '선사시'란 보시행과 지은 바가 매우 순수하고 선한 것을 말한다. '일체종시'란 모

'재물의 보시'란 최상의 오묘하고 (청정한) 여법한 재물로 혜시惠施를 행하고, 인색함의 번뇌(垢)를 조복시키면서 혜시를 행하며, 축적하려는 (번뇌를) 조복시켜 혜시를 행하는 것이다.

자세히 설하면 그 논과 같다.

'무외의 보시'란 사자나 호랑이나 이리나 귀신과 도깨비 등에 대한 두려움에서 구제해 주고, 왕王·적賊 등에 대한 두려움에서 구제해 주며, 물·불 등에 대한 두려움에서 구제해 주는 것을 말한다.
'법의 보시'란 전도 없이 법을 설하고 이치에 맞게 법을 설하며 부지런히 학처學處(계율)를 닦는 것을 말한다.
이와 같은 일체의 것을 총괄해서 아홉 가지 상을 설한 것이다.[506]

釋曰。自下第二次第別釋。釋六種三。即分爲六。此即第一布施三品。瑜伽三十九。以九種相。釋施三類。彼云。財施者。謂以上妙。[1] 如法財物。而行惠施。調伏慳垢。而行惠施。調伏畜積。[2] 而行惠施。廣說如彼。無畏施者。謂濟拔師子虎狼鬼魅等畏。濟拔[3] 王賊等畏。濟拔*水火等畏。法施者。無[4] 倒說法。稱理說法。勤[5] 修學處。如是一切。總說九相。

---

1) ㉠『瑜伽師地論』권39(T30, 510a3)에 '妙' 뒤에 '淸淨'이 있다. 2) ㉠『瑜伽師地論』권39(T30, 510a5)에 '畜積'이 '積藏垢'로 되어 있다. 3) ㉠『瑜伽師地論』권39(T30, 510a8)에 '濟拔'이 '拔濟'로 되어 있다. 이하 동일. 4) ㉠『瑜伽師地論』권39(T30, 510a8)에 '無' 앞에 '謂'가 있다. 5) ㉠『瑜伽師地論』권39(T30, 510a9)에 '勤'

든 인연 가운데서 이 보시행을 성취하는 것을 말한다. '수구시'란 구걸하러 오는 자(來者)의 정情에 딱 맞게 보시해 주는 것을 말한다. '차세타세락시'란 이번 세(此世)와 다른 세(他世)에서 타인에게 즐거움과 이익을 주는 것을 말한다. '청정시'란 보시행에 허물이 없고 지은 바에 죄가 없는 것을 말한다.『瑜伽師地論』권39(T30, 505b2),『瑜伽論記』권10(T42, 530b20) 참조.
506 이상은『瑜伽師地論』권39(T30, 510a3) 참조.

이 '權'으로 되어 있다.

그런데 이 세 종류의 이름은 모든 곳에서 차이가 없다.
세친은 해석한다. 〈법과 재물과 무외란 그 순서대로 타인의 선근과 몸과 마음을 이익 되게 하는 것이다. 이런 인연으로 세 종류 보시를 설하였다.〉[507]

무성의 『섭대승론석』에는 두 번의 부차復次(부연설명)가 있다. 처음 설은 『유가사지론』을 따랐고 뒤의 설은 세친의 것과 동일하니, 따라서 거듭 진술하지 않겠다.

『잡집론』 제12권에서는 열여덟 종류의 '임지任持'로써 육도의 세 품을 나타냈는데, 재물·무외·법의 보시란 그 순서대로 몸과 마음과 선근을 임지해 주는 것이니,[508] 세친이 몸과 마음 등을 이롭게 한다고 했던 것과 동일하다.

양梁『섭대승론석』에 의하면 두 번의 부차復次가 있는데, 그 논에서 말한다.

> 법의 보시는 타인의 마음을 이익 되게 하는 것이고, 재물의 보시는 타인의 몸을 이익 되게 하는 것이며, 무외의 보시는 통틀어 타인의 몸과 마음을 이익 되게 하는 것이다.

---

[507] 법의 보시로 인해 타인의 선근을 도와줄 수 있고, 재물의 보시로 인해 타인의 몸을 도와줄 수 있으며, 무외의 보시로 인해 타인의 마음을 도와줄 수 있다. 세친의 『攝大乘論釋』 권7(T31, 356c20) 참조.

[508] 육바라밀에 각기 세 품씩 있으므로 열여덟 종류 바라밀다가 성립하는데, 이 열여덟 종류 바라밀다가 각기 무엇인가를 '책임지고 지켜 준다'는 의미에서 '열여덟 종류의 임지任持'로 각각의 바라밀다의 차별적 특징을 설명했다는 것이다. 그중에서 시施바라밀의 세 품, 즉 재물보시·무외보시·법보시는 각기 그 순서대로 신임지身任持·심임지心任持·선법임지善法任持 등으로 특징지을 수 있다. '열여덟 종류의 임지'에 대한 자세한 설명은 『雜集論』 권12(T31, 749b25) 참조.

다시 또 재물의 보시로 인해 오로지 악한 짓만 하던 자를 이끌어서 선으로 돌아가게 하고, 무외의 보시로 인해 그를 거두어 권속이 되도록 하며, 법의 보시로 인해 그의 선근이 생하여 성숙하고 해탈하게 한다.
이런 의미를 갖추고 있기 때문에 보시에 세 품류가 있다고 설한 것이다.[509]

此三種名。諸處無異。世親釋曰。法財無畏。如次益他善根身心。以是因緣。故說三種。無性釋論。有二復次。初順瑜伽。後同世親。故不重述。雜集十二。十八任持。顯六三品。財無畏法如次身心善根任持。同世親說益身心等。依梁釋論。有二復次。彼云。法施利益他心。財施利益他身。無畏施通[1]益[2]身心。復次。由財施。有向惡者。引令皈善。由無畏施。攝彼令成眷屬。由法施。生彼善根。及成熟解脫。由其此義故。說施有三品。

1) ㉡『攝大乘論釋』권9(T31, 218c24)에 '通' 뒤에 '利'가 있다.   2) ㉡『攝大乘論釋』권9(T31, 218c24)에 '益' 뒤에 '他'가 있다.

(나) 계戒의 세 가지 품

경 계의 세 종류란, 첫째는 불선을 전사하는 계이고, 둘째는 선을 전생하는 계이며, 셋째는 유정에게 요익을 전생하는 계이다.

戒三種者。一者轉捨不善戒。二者轉生善戒。三者轉生饒益有情戒。

석 두 번째는 계의 세 품류를 밝힌 것이다.
이름은 비록 조금 달라도 뜻은 『섭대승론』이나 『성유식론』 등에서 말한

---
509 진제 역, 세친의 『攝大乘論釋』 권9(T31, 218c23).

것과 같다. 계 중의 세 품이란, 율의계律儀戒와 섭선법계攝善法戒와 요익유정계饒益有情戒를 말한다.^510 따라서 『유가사지론』 제40권에서 말한다.

재가·출가의 양측의 청정한 계에 대략 세 종류가 있다.
첫째는 율의계이니, 보살들이 받은 칠중七衆의 별해탈계別解脫戒[511]를 말한다.
둘째는 섭선법계이니, 보살들이 별해탈계를 받은 이후에 지니게 된 일체를 말한다.[512] 대보리를 위해 신·어·의로 모든 선善을 쌓는 것을 총괄해서 설하여 '섭선법계'라고 한 것이다.
셋째는 요익유정계이니, 보살들이 유정들에게 이익(義利)을 이끌어 내주는 것을 말한다.[513]

자세하게 설하면 그 논과 같다.

---

510 율의계律儀戒·섭선법계攝善法戒·요익유정계饒益有情戒 등 세 가지를 삼취정계三聚淨戒라고 하며, 대승보살의 세 종류 계법을 가리킨다. 첫째, 율의계란 섭률의계攝律儀戒라고도 하는데, 모든 악을 방지하는 모든 율의를 가리키며, 칠중七衆(비구·비구니·식차마나·사미·사미니·우바새·우바이)이 받은 계를 말한다. 둘째, 섭선법계攝善法戒는 보살이 신·구·의의 선업善業을 닦거나 육바라밀 등 모든 선법善法을 행하는 것을 말한다. 셋째, 요익유정계란 섭중생계攝衆生戒라고도 하며, 자비심으로 모든 중생을 거두어 이익을 주는 것을 말한다.
511 별해탈계別解脫戒 : 율의계律儀戒·별해탈률의別解脫律儀·바라제목차율의波羅提木叉律儀라고도 한다. 이것은 수계한 작법에 의지하여 오계·십계·구족계 등을 받아 지님으로써 몸이나 입으로 짓는 모든 악업을 하나하나 따로따로 해탈하도록 하는 계를 말한다. 이 계는 비구·비구니 등 칠중七衆이 수지한 계로서, 가령 하루 동안 수지하는 근주남녀近住男女의 팔재계와는 달리, 목숨이 끝날 때까지 수지해야 한다.
512 이 논에서 "별해탈계를 받은 이후에 지니게 된 일체"라고 한 것에 대해 다음과 같은 해석이 있다. 〈율의계와 섭선법계 등의 삼취정계는 실제로는 동시에 받지만 의미상으로 전과 후를 설한 것이다. 말하자면 율의계가 악을 방지하는 것이라면 섭선법계는 선을 쌓는 것인데, 의미상 먼저 악을 떠난 후에 비로소 선을 쌓기 때문에 전후를 설한 것이다.〉 둔륜의 『瑜伽論記』 권10(T42, 533c6) 참조.
513 이상은 『瑜伽師地論』 권40(T30, 511a14) 참조.

釋曰。第二明戒三品。名雖稍異。意同攝論。成唯識等。戒中三品。謂律儀戒。攝善法戒。饒益有情戒。故瑜伽論四十云。在家出家二分淨戒。略有三種。一律儀戒。謂諸菩薩所受七衆別解脫戒。二攝善法戒。謂諸菩薩受別解脫[1]後所有一切。爲大菩提。由身語意。積集諸善。總說名爲攝善法戒。三饒益有情戒。謂諸菩薩。於諸有情。能引義利。廣說如彼。

1) ㉑『瑜伽師地論』권40(T30, 511a21)에 '別解脫'이 '律儀戒'로 되어 있다.

세친이 해석하였다. 〈처음의 것(율의계)은 의지계依持戒이다. 그 밖의 두 가지 계를 건립하기 위해서 (이 율의에 안주하니,) 이것으로 인해 모든 불법을 닦고 쌓아 대보리를 깨닫게 되고, 다시 요익유정계를 건립할 수 있기 때문이다.[514]〉[515]

무성이 해석하였다. "율의계란 불선不善을 능히 멀리 떠나는 법을 방호防護하거나 수지하는 것을 말한다. 모든 악하고 불선한 신업·어업 등을 능히 방호하기 때문에 '율의'라고 이름하니, 이것은 계에 해당한다. 이것으로 능히 뒤의 두 가지 시라(계)를 건립하는 것이다."[516]

해 저 논의 '등等'이라는 말은 의사업意思業(의업) 중의 계까지 똑같이 취급한 것이다.[517]

(무성이) 뒤의 두 가지 계에 대해 해석한 의취는 세친의 것과 동일하다.

---

514 율의계가 의지처가 되어 그 밖의 섭선법계와 요익유정계를 건립할 수 있다. 말하자면 율의에 안주함으로 인해 모든 불법佛法 즉 선법善法을 닦고 쌓을 수 있고(섭선법계), 또 모든 유정에게 요익을 주는 행을 하게 된다(요익유정계).
515 세친의『攝大乘論釋』권7(T31, 356c24) 참조.
516 무성의『攝大乘論釋』권7(T31, 422a8).
517 이것은 무성의『攝大乘論釋』에서 "모든 악하고 불선한 신업·어업 등"이라는 문장 중에서 마지막에 나온 '등' 자를 해석한 것이다. 이 인용문에서는 신업과 어업만을 말했지만, 의사意思가 몸에서 발동되면 신업이라 하고, 말하는 곳에서 발동되면 어업이라고 한다. 따라서 '율의계'라는 것은 의사업 중에 갖춰진 계(율의)도 함께 내포된 것이고, 이런 의미에서 '등' 자를 붙였다는 것이다. 무성의『攝大乘論釋』권4(T31, 402a2) 참조.

양조梁朝『섭대승론석』도 세친과 거의 동일하게 설한다.

또 저 (세친의 『섭대승론석』에서) 다시 말한다. "이 세 품의 계는 사무외四無畏[518]의 인因에 해당한다. 그 이유는 무엇인가? 최초의 계는 단덕斷德이고, 두 번째 계는 지덕智德이며, 세 번째 계는 은덕恩德이다.[519] 사무외는 이 세 가지 덕을 벗어나지 않기 때문에 '사무외의 인에 해당한다'라고 한 것이다."[520]

『잡집론』에서 해석하길, '율의계와 섭선법계와 요익유정계는 그 차례대로 선善·보리·비悲 등 세 종류를 임지한다'라고 하였다.[521]

世親釋云。初是依持。[1] 爲欲建立其餘二戒。由此修集一切佛法。證入[2]菩提。復能建立益有情戒。無性釋云。律儀戒者。謂於不善能遠離法。防護受持。由能防護諸惡不善身語等業。故名律儀。此即是戒。此能建立後二尸羅。解云。彼論等言。等取意思中戒。釋後二戒。意同世親。梁朝釋論。大同世親。又彼復云。此三品戒。即四無畏因。何以故。初戒是斷德。第二戒是

---

[518] 사무외四無畏 : 불보살이 설법할 때 다음과 같은 네 가지 두려움이 없다(四無畏)고 한다. 첫째는 제법현등각무외諸法現等覺無畏로서, 제법에 대해 모두 깨달아 알아 정견에 머물면서 굽히지 않는 것을 말한다. 둘째는 일체누진지무외一切漏盡智無畏로서, 모든 번뇌를 끊어 없앴기 때문에 외도의 비난에 두려움이 없는 것을 말한다. 셋째는 장법불허결정수기무외障法不虛決定授記無畏로서, 장애(障礙)의 법을 열어 수행하면서 어떤 비난에 부딪혀도 두려움이 없는 것을 말한다. 넷째는 위증일체구족출도여성무외爲證一切具足出道如性無畏로서, 출리出離의 도를 설하면서 두려워하는 바가 없는 것을 말한다.
[519] 일체의 번뇌를 단멸시킨 상태를 단덕斷德이라 하고, 일체의 법을 평등하게 관찰하는 지혜를 지덕智德이라 하며, 중생 구도의 원력으로 중생을 구제해 주는 은혜를 은덕恩德이라 한다. 이 세 가지 공덕은 일반적으로 불과佛果에 갖추어진 공덕으로 간주되는데, 여기서는 그것을 각기 율의계律儀戒와 섭선법계攝善法戒와 요익유정계饒益有情戒에 배대하여 해석하였다.
[520] 세친의 『攝大乘論釋』 권9(T31, 219a7).
[521] 『雜集論』 권12(T31, 749b26)에서는 열여덟 종류의 임지任持에 의해 열여덟 종류 바라밀다의 차별을 설명한다. 이에 따르면, 계바라밀의 세 품 즉 율의계·섭선법계·요익유정계는 그 순서대로 선善과 보리와 자비를 담지하고 있다는 점에서 차별된다.

智德。第三戒是恩德。四無畏不出此三德故。言即四無畏因也。雜集釋云。
律儀攝善饒益有情。如其次第。菩菩提悲三種任持。

1) ㉠『攝大乘論釋』 권7(T31, 356c24)에 따르면 '特'은 '持'의 오기다.   2) ㉠『攝大乘論釋』 권7(T31, 356c27)에 따르면 '入'은 '大'의 오기다.

(다) 인忍의 세 가지 품

경 인의 세 종류란, 첫째는 원망스런 해침을 참는 인이고, 둘째는 고통을 편안히 받아들이는 인이며, 셋째는 제법을 자세하게 관찰하는 인이다.

忍三種者。一者耐怨害忍。二者安受苦忍。三者諦察法忍。

석 세 번째는 인忍의 세 품을 설명한 것이다.
「보살지菩薩地」의 〈인품忍品〉에서 말한다.[522]

'인'에 세 종류가 있다. 첫째는 원망스런 해침을 참는 인(耐怨害忍)이다. 보살들은 다른 사람의 원망스런 해침에 의해 생겨난 모든 고통이 현전해 있을 때, 마땅히 다음과 같이 배워야 한다. '이와 같은 것은 바로 나 자신의 업의 허물일 뿐이다. 나의 이전 업으로 인해 지금 이런 고통을 받는 것이다.'[523]

자세하게 설하면 그 논과 같다.

---

522 이하의 인용문은 『瑜伽師地論』「本地分中菩薩地」 중 열다섯 번째 초지유가처初持瑜伽處의 인품忍品에서 발췌한 것이다.
523 이상 '내원해인耐怨害忍'에 대한 설명은 『瑜伽師地論』 권42(T30, 523b1) 이하의 내용을 요약한 것이다.

둘째는 고통을 편안히 받아들이는 인(安受苦忍)이다. 보살은 (다음과 같이) 사택한다. '나는 이제 안락을 능히 이끌어 내는 최상의 선품을 구하기 위해 항상 마땅히 사택하면서 백천 구지拘胝[524]의 큰 고통을 참고 받아들여야 할 터인데, 하물며 조그만 고통도 참고 받아들이지 못하겠는가.' 이와 같이 이치에 맞게 사유하기 때문에 보리를 구하기 위해 모든 일의 고통을 다 참고 받아들일 수 있는 것이다.[525]

셋째는 법을 사유하여 승해하는 인(法思勝解忍)이다. 말하자면 보살들은 일체의 법을 능히 바르게 사택하여 승해를 잘 안립한다.[526]

자세하게 설하면 그 논과 같다.

釋曰。第三明忍三品。依菩薩地忍品說云。忍有三種。一耐怨害忍。謂諸菩薩。從他怨害所生諸苦。現在前時。應如是學。如此是我自業過耳。由我先業。今受此苦。廣說如彼。二安受苦忍。菩薩思擇。我今爲求能引安穩[1]最勝善品。尚應思擇。忍受百千拘胝大苦。況少小苦而不忍受。如是如理正思惟故。爲求菩提。悉能忍受一切事苦。三法思勝解忍。謂諸菩薩。於一切法。能正思擇。善安勝解。廣說如彼。

---

[524] 구지拘胝(Ⓢ koṭi) : 인도에서 쓰던 수량 단위다. 『解深密經』이나 『大智度論』에서는 구지가 '억'이라 하였는데, 『俱舍論』 등에서는 '천만'이라고 설하기도 한다. 이에 대해 이전의 『分別瑜伽品』에서 '건립建立'의 의미를 해석하면서 자세히 논의한 바 있다.

[525] 이것은 보살의 배움의 태도를 설한 것이다. 보살은 자신이 예전부터 욕欲을 추구해 왔고 고의적으로 사유하고 판단하면서 모든 고통의 인을 만들어 왔기 때문에 언제라도 사택하고 추구할 때는 한량없는 큰 고통을 받을 자세가 되어 있어야 한다는 것이다. 이상 '안수고인安受苦忍'에 대한 설명은 『瑜伽師地論』 권42(T30, 523c29) 이하의 내용을 요약한 것이다.

[526] 보살들이 일체의 법에 대해 잘 사택해서 그에 대한 수승한 이해를 일으키고 또 그런 수승한 이해가 일어난 곳에 대해 각종의 승해처勝解處를 잘 안립하는 것을 말한다. 이상의 '법사승해인法思勝解忍'에 대한 설명은 『瑜伽師地論』 권42(T30, 524c6) 이하의 내용을 요약한 것이다.

1) ㉭『瑜伽師地論』권42(T30, 524a6)에 '穩'이 '樂'으로 되어 있다.

세친이 해석하였다. 〈'원망스런 해침을 참는 인(耐怨害忍)'이란 타인이 지었던 원망스런 해침을 능히 참고 받아들이는 것이다. '고통을 편안히 받아들이는 인(安受苦忍)'이란 조우하는 온갖 고통을 능히 바로 참고 받아들이는 것이다. '제법을 자세하게 관찰하는 인(諦察法忍)'이란 능히 제법을 상세하게 관찰하는 일을 감당하는 것이다.〉[527] 구체적으로 설하면 그 논과 같다.

무성이 해석하였다. "'원망스런 해침을 참는 인'이란 모든 유정이 성숙하도록 굴리는 인因이다. '고통을 편안히 받아들이는 인'이란 성불의 인이니, 추위와 더위나 배고픔과 목마름 등의 갖가지 고통스런 일들을 모두 능히 참고 받아들이면서 물러남이 없기 때문이다. '제법을 자세하게 관찰하는 인'이란 앞의 두 가지 인忍의 의지처가 되는 것이니, 심오하고 광대한 법을 감당해 낼 수 있기 때문이다."[528]

양조梁朝『섭대승론석』은 세친의 것과 거의 동일하다.

『잡집론』의 세 가지 인의 명칭이 이 경과 동일하니, 그 차례대로 유정을 버리지 않음, 하열한 마음을 버림, 무생법인無生法忍[529]이라는 세 종류를 임지하는 것이다.[530]

世親釋云。耐怨害忍。能忍受他所作怨害。安受苦忍。能正忍受所遭衆苦。察諦[1]法忍。堪能審諦觀察諸法。具說如彼。無性釋云。耐怨害忍。是諸有

---

527 이상은 세친의『攝大乘論釋』권7(T31, 356c28) 참조.
528 무성의『攝大乘論釋』권7(T31, 422a15).
529 무생법인無生法忍 : 생멸을 멀리 떠난 진여실상의 이치를 무생법無生法이라 하고, 진지眞智로 그 이치에 편안히 머물면서 움직이지 않는 것을 무생법인無生法忍이라 한다.
530 『雜集論』권12(T31, 749b27).

情成熟轉因。安受苦忍。是成佛因。寒熱飢渴種種苦事。皆能忍受。無退轉故。諦察法忍。是前二忍所依止處。堪忍甚深廣大法故。梁朝攝論。大同世親。雜集三忍名同此經。如其次第。不捨有情。捨下劣心。無生法忍。三種任持。

1) ㉝『攝大乘論釋』권7(T31, 357a3)에 따르면 '察諦'는 '諦察'의 도치다.

(라) 정진精進의 세 가지 품

경 정진의 세 종류란, 첫째는 갑옷을 입은 정진이고, 둘째는 선법을 연달아 생하는 가행정진이며, 셋째는 유정에게 요익을 주는 가행정진이다.

精進三者。一者被甲精進。二者轉生善法加行精進。三者饒益有情加行精進。

석 네 번째는 정진의 세 품류를 설명한 것이다.【『상속해탈경』에서는 "널리 서원하는 정진(弘誓精進), 훌륭한 방편의 정진(善方便精進), 중생을 이롭게 하는 정진(利衆生精進)"[531]이라 하였다. 『심밀해탈경』에서는 "발기하는 정진(發起精進), 선법을 수행하는 정진(修行善法精進), 중생을 이롭게 하는 정진(利衆生精進)"[532]이라 하였다.】

『유가사지론』「보살지」의 〈정진품精進品〉에서 말한다. 정진에 세 가지가 있다.

첫째는 갑옷을 걸친 정진(擐甲精進)이다. 말하자면 보살들은 가행정진을 (발하기 이전에) 그 마음이 용맹스러워 먼저 서원의 갑옷을 걸친다. '나는 한 유정을 고통에서 벗어나게 해 주기 위해서라면 천대겁千大劫과 같은 하루 밤낮을 나락가(지옥)에 처한다 해도 (그 밖의 취趣에 있지 않으며

---

[531] 『相續解脫地波羅蜜了義經』권1(T16, 716b8).
[532] 『深密解脫經』권4(T16, 682a29).

내지는 보살은) 이만큼의 시간이 지나서 위없는 깨달음을 증득할 것이다. 설사 이 백천 구지俱胝의 배倍가 되는 수의 시겁을 지나서야 위없는 깨달음을 증득한다 해도 나의 용맹함으로 또한 물러서거나 굴하지 않을 것이다.' 이런 것을 일컬어 '보살의 갑옷을 걸친 정진'이라 한다. 자세하게 설하면 그 논과 같다.533

둘째는 선법을 거두는 정진(攝善法精進)이다. 말하자면 보살들의 모든 정진은 능히 모든 바라밀의 가행과 완성을 위한 것이다. 자세하게 설하면 그 논과 같다.534

셋째는 유정에게 요익을 주는 정진(饒益有情精進)이니, 예를 들어 '계품' 중의 '요익시라饒益尸羅(요익유정계)'에서 설한 것과 같다.535

釋曰。第四辨精進三。【相續經云。弘誓精進。善方便精進。利衆生精進。深密經云。發起精進。修行善法精進。利衆生精進】瑜伽菩薩地精進品云。精進有三。一擐甲精進。謂諸菩薩¹⁾加行。²⁾ 其心勇悍。先擐誓甲。若我爲脫一一有情苦。以千大劫等一日夜。處那落迦。³⁾ 經爾所時。證無上覺。假使過此百千俱胝倍數時劫。證無上覺。我之勇悍。亦無退屈。是名菩薩擐甲精進。廣說如彼。二攝善法精進。謂諸菩薩所有精進。能爲諸度加行成辦。廣說如彼。三饒益有情精進。如戒品中饒益尸羅中說。

---

1) ㉓『瑜伽師地論』권42(T30, 525c20)에 '薩' 뒤에 '於發'이 있다. 2) ㉓『瑜伽師地論』권42(T30, 525c20)에 '加行' 뒤에 '精進之前'이 있다. 전후 문맥상 최소한 '前'을 보입해야 한다. 3) ㉓『瑜伽師地論』권42(T30, 525c23)에 '迦' 뒤에 '不在餘趣。乃至菩薩'이 있다.

---

533 이상의 '환갑정진擐甲精進'에 대한 해석은『瑜伽師地論』권42(T30, 525c20)의 내용을 요약한 것이다.
534 이상의 '섭선법정진攝善法精進'에 대한 해석은『瑜伽師地論』권42(T30, 526a5)의 내용을 요약한 것이다.
535 이상의 '요익유정정진饒益有情精進'에 대한 해석은『瑜伽師地論』권42(T30, 526a21)의 내용을 요약한 것이다.

『섭대승론』에서는 경(『박가범계경』)의 다섯 구句를 해석하면서,[536] 세 품으로 총괄하였다. 이른바 갑옷을 입은 정진(被甲精進), 가행정진加行精進, 겁약도 없고 퇴전도 없으며 만족도 없는 정진(無怯弱無退轉無喜足精進)이다.

세친이 해석하였다.

세 품의 정진에서 그 체가 차별되니, 곧 경에서 '기세가 있고(有勢), 부지런함이 있으며(有勤), 용맹함이 있고(有勇), 굳세고 날쌔며(堅猛), 선한 멍에(善軛)[537]를 버리지 않는다'라고 설했던 것에 해당한다.

그 경의 다섯 구는 곧 이 논 중에서 세 품의 정진의 체에 의해 해석되었던 것이다. (말하자면) 갑옷을 입은 정진 때문에 최초에 기세가 있는 것이다. 가행하기 때문에 부지런히 닦을(精勤) 수 있는 것이다. 겁약도 없고 퇴전도 없으며 만족도 없는 정진 때문에 그 차례대로 용맹함이 있고 굳세고 날쌔며 선한 멍에를 버리지 않는 것이다.……이하 생략……[538]

무성의 『섭대승론석』 제7권과 양梁 『섭대승론석』 제9권의 뜻도 세친의 것과 동일하니, 번거로울까 봐 서술하지 않겠다.

『잡집론』에서는 피갑被甲·방편方便·요익饒益의 정진은 그 차례대로 선근의 방편, 선근의 원만한 증득, 선근의 다함없음이라는 세 종류를 임지

---

[536] '경의 다섯 구'란 이하의 세친의 해석에 나오듯 『薄伽梵契經』에서 설했다고 전해지는 "有勢, 有勤, 有勇, 堅猛, 不捨善軛" 등을 말한다. 『薄伽梵契經』이 어떤 경인지 현재 확인할 수 없다.

[537] 선한 멍에(善軛) : 규기의 『成唯識論述記』 권6(T43, 437c12)에서는 다음과 같이 해석한다. "멍에(軛)란 수레의 멍에(車軛)를 말한다. 소에 멍에를 메어 소가 벗어나지 않고 가야 할 곳으로 가게 하니, 수행에 멍에를 멘 자가 선품善品을 벗어나지 않고 열반의 궁전을 향해 가면서 수행에 일찍이 만족하는 적이 없음을 비유적으로 일컫는 것이다."

[538] 세친의 『攝大乘論釋』 권7(T31, 357a4).

한다고 하였다.[539]

攝大乘論。釋經五句。總攝爲三。所謂被甲精進。加行精進。無怯弱無退轉無喜足精進。世親釋云。三精進中。其體差別。卽經中說。有勢有勤。有勇堅猛。不捨善軛。彼經五句。卽是此中三精進體之所解釋。由被甲故。最初有勢。由加行故。能有精勤。由無怯弱無退轉無喜足故。如其次第。有勇堅猛。不捨善軛。乃至廣說。無性第七。梁論第九。意同世親。恐繁不述。離[1)]集論云。被甲方便饒益。如次。善根方便。善根圓證。善根無盡。三種任持。

1) ⓔ '離'는 '雜'의 오기인 듯하다.

(마) 정려靜慮의 세 가지 품

경 정려의 세 종류란, 첫째는 분별없는 적정과 지극한 적정과 죄 없음 때문에 번뇌의 온갖 고를 대치한 낙주樂住의 정려이고, 둘째는 공덕을 이끌어 내는 정려이며, 셋째는 유정에게 이익을 이끌어 내주는 정려이다.

靜慮三者。一者無分別寂靜。極寂靜。無罪故。對治煩惱衆苦樂住靜慮。二者引發功德靜慮。三者引發饒益有情靜慮。

석 다섯 번째는 정려의 세 품류를 설명한 것이다.
그런데 첫 번째 품에 대해 네 구가 있다. 그 상相을 알기 어렵기 때문에 지금 여러 경론에 의거해서 이 네 구를 해석하겠다.
첫째, "분별없는 적정"이란, 모든 허망분별과 추중을 떠났기 때문에

---
539 『雜集論』 권12(T31, 749b28) 참조.

'분별없는 적정'이라고 이름한 것이다. 따라서『상속해탈경』에서는 "망상 妄想을 떠난 적정"540이라 하였고, 또『유가사지론』에서는 "(보살들의 모든 정려는) 일체의 분별을 멀리 떠나서 능히 심신의 경안輕安을 생한다."541라고 하였다.

둘째, "지극한 적정"이란,『유가사지론』에서 "모든 애미愛味를 멀리 떠나 모든 상을 없애 버린다."542라고 하였다.

셋째, "죄 없음 때문에"란, 무성의『섭대승론석』에서는 "만慢과 견見과 애愛를 떠나서 청정을 획득했기 때문"543이라 하였고,『유가사지론』에서는 "교만함(憍擧)을 멀리 떠났다."544라고 하였으며, 또『유가사지론』에서는 '죄 없음이란 육도六度의 수번뇌隨煩惱를 멀리 떠난 것'이라 하였다.545

넷째, "번뇌의 온갖 고통을 대치한 낙주"란, 이 선정으로 능히 번뇌의 고통을 대치하고 신통자재하여 현법락現法樂546을 획득한다는 것이다. 양조梁朝『섭대승론석』에서는 '이 선정이 모든 오염을 떠났기 때문에 현세에 안락주安樂住를 획득한다'라고 하였다.547 세친의『섭대승론석』에서는 "이로 인해 능히 현법락주에 안주한다."548라고 하였다.

---

540 『相續解脫地波羅蜜了義經』권1(T16, 716b9).
541 『瑜伽師地論』권43(T30, 527c4).
542 『瑜伽師地論』권43(T30, 527c5).
543 무성의『攝大乘論釋』권7(T31, 422a28).
544 『瑜伽師地論』권43(T30, 527c5).
545 원측 소의 원문은 "遠離六痩隨煩惱也"라고 되어 있는데, '六痩'는 아마도 '六度'의 오기인 듯하다. 가령 원측은 이「地波羅蜜多品」후반부의 주석에서 '육도六度와 어긋나는 장애'를 설명하면서 다시 이『瑜伽師地論』권75(T30, 712a24)의 "無罪者, 謂遠離一切種施等隨煩惱."라는 문장을 인용하였다. 전후 문맥으로 볼 때 '六痩'란 '施等'을 가리키기 때문에 '六痩'를 '六度'의 오기로 간주하였다.
546 현법락現法樂 : 현법락주現法樂住라고도 하며, 청정한 무루無漏의 정려靜慮에 의지해서 현현하는 법락法樂에 머무는 것을 말한다. 이 현법락주는 색계사정려의 근본정根本定에 의거하고, 근본정近分定과 무색계의 선정에는 통하지 않는다.『瑜伽論記』권4(T42, 378b1) 참조.
547 진제 역, 세친의『攝大乘論釋』권9(T31, 219b10) 참조.

뒤의 두 품은 경문 그대로 알 수 있을 것이다.

釋曰。第五明靜慮三。然初品中。有其四句。其相難知。故今依諸經論。釋此四句。一無分別寂靜者。離一切虛妄分別及以麤重。故名無分別寂靜。故相續經云。離妄想寂靜。又瑜伽云。遠離一切分別。能生身心輕安。二極寂靜者。瑜伽論云。遠¹⁾諸愛味。泯一切相也。三無罪故者。無性論云。離慢見愛。得淸淨故。瑜伽論云。遠離憍擧。又瑜伽云。無罪者。遠離六瘦²⁾隨煩惱也。四對治煩惱衆苦樂住者。由此定能治煩惱苦。神通自在。得現法樂。梁朝論云。此定離諸染汚故。現世得安樂住。世親論云。由此能安現法樂住。後之二品。如文可知。

---

1) ㉠『瑜伽師地論』권43(T30, 527c5)에 '遠'이 '離'로 되어 있다. 2) ㉠ '六瘦'는 '六度'의 오기인 듯하다. 해당 번역문 역주 참조.

『유가사지론』(「보살지」의) 〈정려품〉에서 말한다.

다시 세 종류가 있다.

첫째는 현법락주의 정려다. 말하자면 보살들의 모든 정려는 일체 분별을 멀리 떠나고, 심신의 경안을 능히 생하며, 가장 지극히 적정하고, (교만을 멀리 떠나며,) 모든 애미愛味를 떠나고, 모든 상들을 소멸시킨다. 이것을 보살의 현법락주의 정려라고 함을 알아야 한다.

둘째는 보살의 등지等持의 공덕을 이끌어 내는 정려다. 말하자면 보살들의 모든 정려는 갖가지 수승하고 사유할 수 없고 헤아릴 수 없는 십력종성十力種姓[549]에 의해 섭지되는 등지를 능히 이끌어 내어 능히 머무

---

548 세친의 『攝大乘論釋』 권7(T31, 357a22).
549 십력종성十力種姓 : 보살의 지위에서는 습종성習種性을 가리킨다. 『瑜伽論記』 권10(T42, 525c24) 참조.

는 것이다. 일체의 성문과 연각 등은 그 이름도 알지 못하는데, 어찌 하물며 능히 깨달아 들겠는가.……중간 생략……

셋째는 유정에게 요익을 주는 정려다. 말하자면 보살들은 정려에 의지해서, 모든 유정들이 능히 이익(義利)을 이끌어 내는 저 각각의 사업에서 더불어 도움(助伴)을 주고, (고통이 있는 자에게) 능히 고통을 제거해 준다. 능히 이치에 맞게 (법을) 설해 주고, 모든 유정들에게 그 마음을 잘 따라서 굴린다. 중생을 위해 신통을 나타내서 방편으로 (두렵게 하여) 이끌어 들인다.[550]

구체적으로 설하면 그 논과 같다.[551]

依瑜伽論靜慮品云。復有三種。一現法樂住靜慮。謂諸菩薩所有靜慮。遠離一切分別。能生身心輕安。最極寂靜。離諸愛味。泯一切相。當知是名菩薩現法[1)]住靜慮。二者能引菩薩等持功德靜慮。謂諸菩薩所有靜慮。能引能住種種殊勝不可思議不可度量十力種姓所攝等持。一切聲聞及獨覺等。不知其名。何況能入。乃至廣說。三者饒益有情靜慮。謂諸菩薩。依止靜慮。於諸有情。能引義利彼彼事業。與作助伴。能爲除苦。能如理說。於諸有情。善隨心轉。爲物現通。方便[2)]引攝。具說如彼。

1) 옘『瑜伽師地論』권43(T30, 527c6)에 '法' 뒤에 '樂'이 있다. 2)『瑜伽師地論』권43(T30, 527c21)에 '方便'이 '恐怖'로 되어 있다.

세친의 『섭대승론석』에서 말한다. "안주정려安住靜慮란 이것으로 인해

---

550 원측 소에서 '爲物現通方便引攝'이라 한 것은 본래『瑜伽師地論』에는 '爲物現通恐怖引攝'으로 되어 있다. 보살이 신통을 나타내는 의도를 두 가지로 설명하였다. 혹은 놀라서 떨게(驚恐) 하려고, 혹은 타인을 이끌어 들이려고 신통을 나타낸 것이다. 이에 관한 자세한 설명은『瑜伽論記』권10(T42, 536a27) 참조.
551 이상은『瑜伽師地論』권43(T30, 527c2)의 내용을 요약한 것이다.

능히 현법락주에 안주하는 것이다. 인발정려引發靜慮란 이것으로 인해 여섯 종류 신통을 능히 이끌어 내는 것이다. 성소작사정려成所作事靜慮란 이에 의지하기 때문에 지어야 할 바의 유정을 이롭게 하는 사업을 성립시키는 것을 말한다."[552]

무성의『섭대승론석』에서 말한다. "'안주정려'라 한 것은 현법락주를 획득하여 만慢·견見·애愛 등을 떠나 청정을 획득하였기 때문이다. '인발정려'라 한 것은 육신통 등의 수승한 공덕을 능히 이끌어 내기 때문이다. '성소작사정려'라 한 것은 모든 유정의 부류에게 요익을 주기 위해서 기아와 전염병과 모든 두려움 등의 괴로운 일들을 능히 그치게 해 주기 때문이다."[553]

『잡집론』에서는 '현법락주의 (정려), 신통을 인발하는 (정려), 유정에게 요익을 주는 (정려)'라고 하였다. 그 차례대로 세 종류의 '맡아 지님任持'임을 알아야 하니, 첫째로 싫증 내거나 피로해 함이 없고, 둘째로 모든 생각했던 바의 사업을 완성하며, 셋째로 온갖 업을 다스리는 것이다.[554]

양조梁朝『섭대승론석』도 세친의 논과 거의 동일하니, 번거로울까 봐 서술하지 않겠다.

『대승장엄경론』에 의하면, (정려의 세 품류란) 유각有覺 등의 세 종류를 말한다.[555]

---

552 세친의『攝大乘論釋』권7(T31, 357a22).
553 무성의『攝大乘論釋』권7(T31, 422a27).
554 『雜集論』권12(T31, 749c8)에서는 정려靜慮의 세 종류를 "現法樂住靜慮, 引發神通靜慮, 饒益有情靜慮."라고 하였다. 그런데 이에 앞서 그 논에서 열여덟 종류의 '맡아 지님(任持)'에 의거해서 육바라밀의 차별적 모습을 설명하였다. 둔륜에 따르면, 그 열여덟 종류의 '맡아 지님' 중에서 "無厭倦任持. 諸所思事成滿任持. 御衆業任持." 등 세 종류의 '맡아 지님'은 바로 정려바라밀의 세 품류에 의해 담지되는 것이다.
555 『大乘莊嚴經論』에서 '유각有覺 등의 세 종류'라 한 것은 유각유관有覺有觀·무각유관無覺有觀·무각무관無覺無觀 등의 세 종류 선정을 말하고, 신역에서는 각기 유심유사有尋有伺·무심유사無尋唯伺·무심무사無尋無伺라고 한다. 『大乘莊嚴經論』권8(T31,

世親論云。安住靜慮者。由此能安現法樂。¹⁾ 引發靜慮者。由此能引六種神通。成所作事靜慮者。謂依此故。成立所作利有情事。無性論云。安住靜慮。爲得現法樂住。離慢見愛。得淸淨故。引發靜慮。爲能引發六神通等殊勝功德。成所作事靜慮。爲欲饒益諸有情類。以能止息飢儉疾癀²⁾ 諸怖畏等苦惱事故。雜集論云。現法樂住。引發神通。饒益有情。如次應知三種任。³⁾ 一無厭惓。二諸所思議⁴⁾成滿。三御衆業。梁朝攝論。大同世親論。恐繁不述。依莊嚴論。有覺等三。

1) ㉠ 세친의 『攝大乘論釋』 권7(T31, 357a23)에 '樂' 뒤에 '住'가 있다. 2) ㉤ '癀'는 '疫'인 듯하다. ㉠『攝大乘論釋』 권7(T31, 422b1)에 따르면, '疫'이 바르다. 3) ㉠ '任' 뒤에 '持'가 누락된 듯하다. 4) ㉠『雜集論』 권12(T31, 749c1)에 '議'가 '事'로 되어 있다.

(바) 혜慧의 세 가지 품

경 혜의 세 종류란, 첫째는 속제를 반연하는 지혜이고, 둘째는 승의제를 반연하는 지혜이며, 셋째는 유정에게 요익을 주는 일을 반연하는 지혜이다.

慧三種者。一者緣俗諦慧。二者緣勝義諦慧。三者緣饒益有情慧。

석 여섯 번째는 혜의 세 품류를 설명한 것이다.

『유가사지론』(「보살지」의) '혜품慧品'에 따르면 두 종류의 삼혜三慧가 있다.

처음의 삼혜란, 첫째 알아야 할 진실을 능히 수각隨覺하는 지혜, 둘째 오명五明과 삼취三聚에 대한 결정적 지혜, 셋째 모든 유정에게 이익(義利)을 주는 지혜이다.⁵⁵⁶

630a18) 참조.
556 첫 번째 삼혜에 대한 설명은『瑜伽師地論』권43(T30, 528c13) 참조.

해 처음의 한 (지혜는) 진제眞諦를 반연하는 것이고, 다음의 하나는 속제俗諦의 자리自利를 반연하는 것이며, 마지막 하나는 속제의 이타利他를 반연하는 것이다.【'오명五明'이란 내명內明 등의 학문(明論)에 해당한다.[557] '삼취三聚'란 곧 능히 이익(義利)을 이끌어 내는 법취, 능히 이익 아닌 것(非義利)을 이끌어 내는 법취, 능히 이익도 아니고 이익 아닌 것도 아닌 것(非義利非非義利)을 이끌어 내는 법취이다.[558]】

뒤의 삼혜란, 첫째 심오한 법무아法無我를 능히 아는 지혜, 둘째 유정을 조복시키는 방편을 능히 아는 지혜, 셋째 모든 알아야 할 경계를 아는 데 있어 장애가 없는 지혜이다.[559]

해 처음의 하나는 법공法空을 증득한 지혜이고, 다음의 하나는 인공人空을 증득한 지혜이며, 마지막 하나는 두 가지 공을 짝지어 증득한 지혜이다.

釋曰。第六明慧三品。瑜伽慧品。有二種三。初三慧者。一能於所知眞實隨覺慧。二於五明及三聚中決定慧。三於一切有情義利慧。解云。初一緣眞。次一緣俗自利。後一緣俗利他。【五明者。即內明等明論也。三聚者。即是能引義利法聚。能引非義利法聚。能引非義利非非義利法聚。】後三慧者。一能知甚深法無我智。二能知有情調伏方便智。三了知一切所知境界無障礙智。解云。初一法空智。次一人空智。後一雙證二空智。

---

557 오명五明이란 불교도의 관점에서 학문을 내명內明·인명因明·성명聲明·의방명醫方明·공업명工業明 등 다섯 가지로 분류한 것이다. 이 중에서 '내명'이란 불교의 진리에 관한 학문이고, '인명'은 인因에 관한 학문 즉 논리학이며, '성명'이란 문자·음운·조어造語 등에 관한 학문 즉 문법학이고, '의방명'은 병의 치료와 예방에 관한 학문이며, '공업명'이란 각종의 기술에 관한 학문이다.
558 여기서 말하는 '이익(義利)'이란 선善을 뜻하고, '이익 아닌 것(非義利)'이란 불선不善을 뜻하며, '이익도 아니고 이익 아닌 것도 아닌 것(非義利非非義利)'이란 무기無記를 뜻한다. 『瑜伽論記』 권10(T42, 524b29) 참조.
559 두 번째 삼혜에 대한 설명은 『瑜伽師地論』 권43(T30, 529a1) 참조.

『성유식론』에서는 생공生空(人空), 법공法空, 구공俱空(人·法의 공)의 삼혜라고 하였다.[560]

『섭대승론』에서는 가행지와 정지와 후득지를 삼혜라고 하였다. 무성의 『섭대승론석』에서 말하길 "무분별가행혜無分別加行慧(가행지)란 진관眞觀 이전의 수승한 방편지方便智를 말하고, 무분별혜無分別慧(정지)란 진관지眞觀智를 말하며, 무분별후득혜無分別後得慧(후득지)란 현관변現觀邊[561]의 모든 세속지世俗智로서 갖가지 설법 등의 일을 일으키는 것을 말한다."[562]라고 하였다.

『잡집론』에서는 세속世俗을 반연하는 혜, 승의勝義를 반연하는 혜, 유정을 반연하는 혜라고 하였다. 그 차례대로 대지大地(極喜地)에 깨달아 들어가고, 불법佛法을 이끌어 내며, 불사佛事를 건립하는 등의 세 종류 '맡아 지님(任持)'에 해당한다.[563]

육도의 각각 세 품의 차별에 대해 자세하게 설하면 가령 양梁『섭대승론석』제9권과『현양성교론』제3권과 같으니, 번거로울까 봐 서술하지 않겠다.

어째서 여러 교설에 이런 차이가 있는가. 의품義品은 하나가 아닌데 각

---

560 이 논에서는 반야바라밀의 세 품류를 설명하면서 "般若有三種。謂生空無分別慧。法空無分別慧。俱空無分別慧。"라고 하였다.『成唯識論』권9(T31, 51b13) 참조.
561 현관변現觀邊 : 견도현관見道現觀의 최후 단계(後邊)에서 획득되는 지智를 말한다. 소승의 설일체유부에 따르면 고류지·집류지·멸류지의 삼류지三類智의 최후에 획득되는 지에 해당하고, 이에 비해『成唯識論』등에 따르면 여섯 종류 현관現觀 중에 다섯 번째 현관변지제현관現觀邊智現觀에 해당한다. 즉 네 번째 현관지제현관現觀智諦現觀의 이후에 건립되었기 때문에 이렇게 칭한 것이다.『成唯識論』권9(T31, 50c9) 참조.
562 『攝大乘論釋』권7(T31, 422b2)
563 『雜集論』권12(T31, 749c9)에서는 혜바라밀의 세 품류를 나열하면서 "慧三種者。謂緣世俗慧。緣勝義慧。緣有情慧。"라고 하였다. 이 세 가지 지혜바라밀의 차별은 가령 그 논에서 설했던 열여덟 종류의 임지任持 중에 "證入大地任持。引發佛性任持。建立佛事任持。"로 설명될 수 있다.

기 하나의 의미에 의거해서 말한 것이다. 따라서 서로 어긋나는 것은 아니다.

成唯識論。生空法空俱空爲三。攝大乘論。加行正智後得爲三。無性釋云。無分別加行慧。謂眞觀前勝方便智。無分別慧。謂眞觀智。無分別後得慧。謂現觀邊諸世俗智。能起種種說法等事。雜集論云。緣世俗[1]勝義緣有情慧。如其次第。證入大地。引發佛法。建立佛事。三種任持。六度各各三品差別。廣如梁攝論第九顯揚第三。恐繁不述。如何諸敎有此異者。義品非一。各據一義。故不相違。

1) ㊁『雜集論』권12(T31, 749c10)에 '俗' 뒤에 '緣'이 있다.

육도의 체성의 차별을 간략하게 설명하면, 예를 들어『성유식론』제9권에서 말한 것과 같다.

십도의 자성은 (다음과 같다.)
시施는 무탐無貪과 그에 의해 지어진 바의 세 가지 업業을 자성自性으로 한다.
계戒는 보살계를 받고(受) 배울(學) 때의 세 가지 업을 자성으로 한다.
인忍은 무진無瞋·정진精進·심혜審慧 및 그에 의해 일으켜진 바의 세 가지 업을 자성으로 한다.[564]
정진精進은 근勤 및 그에 의해 일으켜진 바의 세 가지 업을 자성으로

---

564 여기서는 통틀어 '무진 등과 그것의 삼업을 자성으로 삼는다'고 하였지만, 좀 더 구체적으로 진술하면 다음과 같다. 세 종류 인忍 중에 내원해인耐怨害忍은 무진無瞋 및 그에 의해 일으켜진 바의 삼업을 자성으로 삼고, 안수고인安受苦忍은 정진精進 및 그에 의해 일으켜진 바의 삼업을 자성으로 삼으며, 법사승해인法思勝解忍은 심혜審慧 및 그에 의해 일으켜진 바의 삼업을 자성으로 삼는다. 이에 관한 자세한 설명은 규기窺基의『成唯識論述記』권10(T43, 578b27~c14) 참조.

한다.

정려靜慮는 단지 등지等持(삼마지)를 자성으로 한다.

뒤의 다섯 가지는 택법擇法을 자성으로 하니, '이는 근본지와 후득지다'라고 설하였기 때문이다.[565·566]

구체적으로 설하면 그 논과 같다.
(육바라밀의 체성을) 자세하게 설하면 『별장』과 같다.

略辨六度體性別者。如成唯識第九卷云。十度性者。施以無貪及彼所造三業爲性。戒以受學菩薩戒時三業爲性。忍以無瞋精進審慧及[1]所起三業爲性。精進以勤及[2]所起三業爲性。靜慮但以等持爲性。後五皆以擇法爲性。說是根本後得智故。其說如彼。廣如別章。

1) ㉑『成唯識論』 권9(T31, 51b20)에 '及' 뒤에 '彼'가 있다. 2) ㉑『成唯識論』 권9(T31, 51b21)에 '及' 뒤에 '彼'가 있다.

⑧ 바라밀다라는 이름을 얻은 이유를 밝힌 문

가. 청문

해심밀경소 권9
서명사 사문 원측이 찬술하다

---

565 '택법擇法'이란 지혜의 힘으로 제법의 진위를 가리어 판단하는 것인데, 십도十度 중에 뒤의 다섯 바라밀의 본성은 모두 이와 같은 '지혜'의 성질이다. 가령 『攝大乘論』 제7권에서 여섯 번째 반야바라밀과 뒤의 방편方便·원願·력力·지智의 바라밀 등 다섯 가지는 '근본지根本智와 후득지後得智에 해당한다'고 하였기 때문이다. 말하자면, 여섯 번째 반야는 근본의 무분별지無分別智이고, 뒤의 넷은 모두 후득지에 해당한다. 『成唯識論述記』 권10(T43, 578c26) 참조.
566 『成唯識論』 권9(T31, 51b18).

지바라밀다품 제7의 나머지

解深密經疏卷第九
西明寺沙門 圓測撰
地波羅蜜多品第七之餘

경 관자재보살이 다시 부처님께 여쭈었다. "세존이시여, 어떤 인연 때문에 바라밀다를 '바라밀다'라고 이름한 것입니까?"

觀自在菩薩。復白佛言。世尊。何因緣故。波羅蜜多。說名波羅蜜多。

석 이하는 여덟 번째로 바라밀다라는 이름을 획득한 (이유를 밝힌) 문이다. 앞은 청문이고 뒤는 대답이다.

이것은 첫 번째로 보살의 청문이다. '어떤 인연 때문에 바라밀다라고 이름하는가.'

총괄적 이름(總名)과 개별적 이름(別名)은 이미 앞에서 설명했던 것과 같고, 지금은 인연을 물으면서 '어떤 의미 때문에 바라밀이라는 이름을 획득하는가'라고 하였다.

釋曰。自下第八。波羅蜜多得名門。先問。後答。此卽第一菩薩請問。何因緣故。名波羅蜜多。釋總別名。已如上說。今問因緣。何義故得波羅蜜名。

나. 대답

가) 표장으로서 개수를 둠

경 부처님께서 관자재보살에게 말씀하셨다. "선남자여, 다섯 가지 인연 때문이다.

佛告觀自在菩薩曰。善男子。五因緣故。

석 두 번째는 세존께서 바로 설하신 것이다. 이 중에 네 가지가 있다. 첫째는 표장으로서 개수를 든 것이고, 둘째는 개수에 의거해서 이름을 나열한 것이며, 셋째는 차례로 따로따로 해석한 것이고, 넷째는 난점을 따라가며 거듭 해석한 것이다.
이것은 첫 번째로 표장으로서 개수를 든 것이다.
'다섯 가지 상(五相)' 때문에 '도피안'이라 이름한 것이다.【『상속해탈경』에서는 단지 "다섯 종류(五種)"[567]라고만 하였고, 『심밀해탈경』에서는 "다섯 가지 의미(五義)"[568]라고 하였다.】

釋曰。第二世尊正說。於中有四。一標章擧數。二依數列名。三次第別釋。四逐難重釋。此卽第一標章擧數。由五相故。名到彼岸【相續但言五種。深密云五義。】

나) 개수에 의거해서 이름을 나열함

경 첫째는 오염된 집착이 없기 때문이고, 둘째는 돌아보며 연연함이 없기 때문이며, 셋째는 죄의 허물이 없기 때문이고, 넷째는 분별이 없기 때문이며, 다섯째는 바르게 회향하기 때문이다.

---

[567] 『相續解脫地波羅蜜了義經』 권1(T16, 716b14).
[568] 『深密解脫經』 권4(T16, 682b8).

一者無染著故。二者無顧戀故。三者無罪過故。四者無分別故。五者正迴向故。

석 두 번째는 개수에 맞춰 이름을 나열한 것이다.【『상속해탈경』에서는 “장애가 없고 돌아봄이 없으며 허물이 없고 망상이 없으며 회향하는 것이다.”[569]라고 하였고, 『심밀해탈경』에서는 “집착하지 않고 희망하지 않으며 허물이 없고 분별하지 않으며 회향하는 것이다.”[570]라고 하였다. 『현양성교론』 제3권에서는 단지 그 이름만 나열하고 해석하지 않았다. 따라서 그 논에서는 말한다. 〈시도施度는 다섯 종류 공덕과 상응하므로 ‘도피안’이라 이름한다. 첫째로 집착이 없기 때문에 버리고, 둘째로 보지 않기 때문에 버리며, 셋째로 과실이 없기 때문에 버리고, 넷째로 분별이 없기 때문에 버리며, 다섯째로 회향하기 때문에 버린다. ‘시施’와 마찬가지로 ‘계戒’에서 ‘혜慧’에 이르기까지 또한 이와 같음을 알아야 한다.〉[571]】

釋曰。第二依數列名。【相續經曰。無閡無顧無過無忌[1)]想迴向。深密經云。不著不希望無過不分別迴向。顯揭[2)]第三。但列其名。而不解釋。故彼論云。施度與五功德相應。名到彼岸。一無著故捨。二不觀故捨。三無失故捨。四無分別故捨。五迴向故捨。如施如是戒乃至慧。應知亦爾。】

1) ㉮『相續解脫經』 권1(T16, 716b15)에 따르면, ‘忌’는 ‘忘’의 오기다. 2) ㉮ ‘揭’는 ‘揚’의 오기다.

다) 차례대로 따로 해석함

(가) 집착이 없는 모습

569 『相續解脫地波羅蜜了義經』 권1(T16, 716b14).
570 『深密解脫經』 권4(T16, 682b9).
571 『顯揚聖敎論』 권3(T31, 492a4) 참조.

경 집착이 없다는 것은, 바라밀다와 상위하는 모든 사事에 집착하지 않는 것을 말한다.

無染著者。謂不染著波羅蜜多諸相違事。

석 이하는 세 번째로 차례대로 따로 해석한 것이다. 다섯 가지 인연을 나열하였으니 곧 다섯 가지로 구분된다.

이것은 첫 번째로 집착이 없는 모습이다. 말하자면 육도와는 어긋나는 여섯 가지의 상위하는 장애를 '상위'라고 하고, 그 상위하는 것에 대해 집착함이 없기 때문이다. 여섯 가지 장애를 자세하게 해석하면, 이하의 경문에서 설한 것과 같다.[572]

『유가사지론』 제75권에 의하면 이『해심밀경』과 동일하다. 따라서 그 논에서는 말한다.

보살들의 모든 보시는 대략 다섯 종류 공덕과 상응하면 보시도피안의 수數에 들어갈 수 있다. 어떤 것이 다섯 종류인가? 첫째는 집착이 없는 것이고, 둘째는 연연함이 없는 것이며, 셋째는 죄가 없는 것이고, 넷째는 분별이 없는 것이며, 다섯째는 회향하는 것이다.

보시와 마찬가지로 계 등도 이와 같음을 알아야 한다.

'집착이 없다'는 것은 모든 종류의 보시 등을 장애하는 법 안에서 걸림이 없는 것을 말한다.[573]『상속해탈경』에서는 "'장애가 없다'는 것은 바라밀과는 서로 어긋나는 일에 염착하지 않는 것이다."[574]라고 하였다. 『심밀해탈경』에서

---

[572] 뒤에 나오는 "어떤 것들을 일컬어 바라밀다와는 어긋나는 일들이라고 합니까?"라는 경문 이하에서 자세히 진술된다.
[573] 『瑜伽師地論』 권75(T30, 712a18).
[574] 『相續解脫地波羅蜜了義經』 권1(T16, 716b15).

는 "'집착이 없다'는 것은 이른바 바라밀과 상위하는 모든 일에 집착하지 않음을 말한다."575)라고 하였다. 양梁『섭대승론석』제9권에서는 "'집착이 없는 청정'이란 바라밀과 상위하는 법을 일으키지 않는 것을 말한다."576)라고 하였다.】

釋曰。自下第三次第別釋。列五緣卽分爲五。此卽第一無染著相。謂違六度六相違障名相違。於彼相違。無染著故。廣釋六障。如下經說。依瑜伽論第七十五。與此經同。故彼論云。謂諸菩薩所有布施。略與五種功德相應。得入布施1)彼岸數也。何等爲五。一者無著。二者無戀。三者無罪。四者無分別。五者迴向。如施。戒等當知亦爾。無著者。謂於一切種施等障法中。無有罣礙。【相續經云。無閡者。謂於波羅蜜相違事不染著。深密經云。無著。2) 所謂不著諸波羅蜜相違事。梁攝論第九卷云。一無著清淨。謂不起與波羅蜜相違法。】

---

1) ㉯『瑜伽師地論』권75(T30, 712a20)에 '施' 뒤에 '到'가 있다.　2) ㉯『深密解脫經』권4(T16, 682b10)에 '無著'이 '不著者'로 되어 있다.

(나) 돌아보며 연연하지 않는 모습

경 '돌아보며 연연하지 않는 모습'이란 모든 바라밀다의 모든 과의 이숙 및 보은에 대해 마음이 속박됨이 없음을 말한다.

無顧戀相者。謂於一切波羅蜜多諸果異熟及報恩中。心無繫縛。

석 두 번째는 돌아보며 연연하지 않는 모습이다. 말하자면 육도의 모든 결과 및 보은을 기대하지 않으면서 보시 등을 행하는 것을 일컬어 '돌아보며 연연하지 않는다'고 한다.

---

575 『深密解脫經』권4(T16, 682b10).
576 진제 역, 세친의『攝大乘論釋』권9(T31, 213b14).

"육도의 모든 과"란 이하의 경문에서 해석한 것과 같다.[577]

『유가사지론』에서는 말하길, "'돌아보며 연연하지 않는다'는 것은 오염 있는 것(有染) 및 그 과에 대해 마음이 계착됨이 없는 것을 말한다."[578]라고 하였다.

해 "오염 있는 것에 대해 마음이 계착됨이 없다."라고 한 것은 경문에서는 "및 보은에 대해 마음이 속박됨이 없는 것을 말한다."라고 설했던 것에 해당한다.[579] 『상속해탈경』에서는 "'돌아봄이 없다'는 것은 바라밀의 과보 및 현세의 이익에 마음이 속박되지 않는 것이다."[580]라고 하였다. 『심밀해탈경』에서는 "'희망하지 않는다'는 것은 모든 바라밀이 수용하게 될 과보나 보은에 대해 희구하는 마음이 없음을 말한다."[581]라고 하였다. 양梁『섭대승론석』에서는 "'보지 않는 청정(不觀淸淨)'이란 자신 및 바라밀의 과보와 보은에 대해 마음으로 항상 보지 않음을 말한다."[582]라고 하였다. 『금강반야론』에서는 (게송으로) "자신과 보은과 과보, 이에 집착하지 않는다네."[583]라고 하였다.】

釋曰。第二無顧戀相。謂不望悕六度諸果及報恩。而行施等。名無顧戀。六度諸果。如下經釋。瑜伽論云。無顧[1)]戀者。謂於有染及彼果中。心無繫著。解云。謂於有染心無繫著者。經卽所說及報恩中心無繫縛也。【相續經云。無顧者。謂於波羅蜜果報及現世利。心不繫縛。深密經云。不悕望者。於諸波羅蜜受用

---

[577] 뒤에 나오는 "세존이시여, 이와 같은 모든 바라밀다는 어떤 과의 이숙을 얻습니까?"라는 경문 이하에서 진술된다.
[578] 『瑜伽師地論』 권75(T30, 712a23).
[579] 『解深密經』에서 "바라밀다의 모든 과의 이숙 및 보은"이라고 한 것은 『瑜伽論』에는 "오염 있는 것 및 그 과"라고 하였다. 그중에 '보은에 대해 마음의 집착이 없다'고 한 것은 '오염 있는 것에 대해 마음의 집착이 없다'고 한 것과 동일하다.
[580] 『相續解脫地波羅蜜了義經』 권1(T16, 716b16).
[581] 『深密解脫經』 권4(T16, 682b11).
[582] 진제 역, 세친의 『攝大乘論釋』 권9(T31, 213b15).
[583] 천친天親 조造 『金剛般若波羅蜜經論』 권1(T25, 782b12).

果報報恩中。無求心。梁攝論云。二不觀淸淨。謂於自身及波羅蜜果報報恩中。心常不觀。金剛波若論云。自身及報恩。果報斯不著也。】

1) ㉠『瑜伽師地論』권75(T30, 712a23)에 '顧'가 없다.

해 또는 이것은『유가사지론』에서 말한 두 종류 보시에 해당한다. 따라서『유가사지론』(「보살지」의) '시품施品'에서 말한다.

'보은報恩을 바라지 않는 보시'란 어떤 것인가? 보살들이 슬퍼하는 마음과 불쌍히 여기는 마음으로 혜시를 행하면서도 끝내 다른 이에게서 보은을 갚아 주기를 기대하지 않고, 단지 즐거움만 추구하여 애욕에 불타 버린 세력 없는 성고性苦의 중생을 관하면서 깊이 마음으로 슬퍼하고 가엾게 여기면서 혜시를 행하는 것이다.

'이숙異熟을 바라지 않는 보시'란 어떤 것인가? 보살들이 혜시를 수행하면서도 끝내 미래에 획득하게 될 바의 재보財寶의 원만함과 자기 몸(自身)의 원만함이라는 '보시의 과의 이숙(施果異熟)'을 희망하지 않고, 일체행의 본성이 헛되고 속이는 것임을 관하고 대보살의 가장 수승한 공덕을 관하면서 혜시를 행하는 것이다.[584]

이 (두 번째) 상相을 자세히 해석하면, 예를 들어 세친 보살 및 공덕시의『반야론』제1권과 같다.[585]

又解。此當瑜伽二種施也。故瑜伽論施品說云。云何不望報恩施。謂諸菩薩

---

[584]『瑜伽師地論』권39(T30, 510b18).
[585] '세친 보살의『반야론』'이란 천친天親 조造『金剛般若波羅蜜經論』(T25)을 말하고, '공덕시의『반야론』'이란 공덕시功德施 조造『金剛般若波羅蜜經破取著不壞假名論』(T25)을 말한다.

悲心愍心。而行惠施。終不於他希望反報。但觀求樂愛火所燒無有勢力性
苦眾生。深心悲愍。而行惠施。云何不希異熟施。謂諸菩薩修行惠施。終不
希望當來所得財寶圓滿自身圓滿施果異熟。觀一切行性是虛偽。觀大菩薩
最勝功德。而行惠施。廣釋此相。如世親菩薩及功德施波若論第一。

(다) 죄의 허물이 없는 모습

경 '**죄의 허물이 없다**'는 것은, 말하자면 이와 같은 바라밀다의 간간의 잡
염법이 없고, 그릇된 방편행을 떠나는 것이다.

無罪過者。謂於如是波羅蜜多。無間雜染法。非離[1]方便行。

―――
1) ㉠『解深密經』권4(T16, 706a3)에 따르면, '非離'는 '離非'의 도치다.

석 세 번째는 죄의 허물이 없는 모습이다.
　죄의 허물에는 두 가지가 있다. 첫째는 간간의 잡염법이니, 이하에서
설하는 것처럼 자비 없는 가행(無悲加行) 등의 네 종류 과실을 말한다.[586]
둘째는 그릇된 방편행이니, 이하에서 설하는 것처럼 단지 재물만을 거두
어 유정 등에게 요익을 주는 것을 말한다. 구체적인 것은 이하의 경문과
같다.[587] 이 두 종류 (허물을) 떠나서 보시 등을 행하므로 또한 '죄의 허물

―――
586 원측 소의 원문은 "一聞離雜染法……"이라고 되어 있는데, 이 중에 오자와 잉자가 있
는 듯하다. 위의 경문에서 '죄의 허물이 없다'는 것에 대해 '無間雜染法'과 '離非方便
行'이라 하였기 때문에, 그와는 상반되는 '죄의 허물'에 대해서는 '間雜染法'과 '非方便
行'이라고 해야 한다. 또 뒤의 경문에서 바라밀다의 중간에 끼어든 네 종류 가행 등을
설하는 가운데 '間雜染法'과 '非方便行'이라는 문구가 나온다. 이에 의거해서, '一聞離
雜染法'에서 '聞'은 '間'의 오기이고, '離'는 잉자로 간주하였다.
587 뒤에 나오는 "세존이시여, 어떤 것들을 일컬어 바라밀다의 간간의 잡염법이라고 합니
까?"라는 경문 이하, 그리고 "세존이시여, 어떤 것들을 일컬어 그릇된 방편행이라고
합니까?"라는 경문 이하에 이와 관련된 설명이 나온다.

이 없다'고 한 것이다.

『유가사지론』에서는 "'죄가 없다'는 것은 모든 보시 등의 수번뇌隨煩惱를 멀리 떠나는 것을 말한다."[588]라고 하였다.【해석해 보겠다. '수번뇌'라는 것은 또한 『유가사지론』 제75권에서 설한 것과 같으니, 그곳에서 말한다. "시施바라밀다에는 안과 바깥에 열 가지 수번뇌가 있고 그것을 대치시키기 때문에 시바라밀다를 획득하게 된다.[589] 외문外門에 의거할 때는 다섯 가지 수번뇌가 있다. 첫째는 두루 오염된 번뇌의 성질이고, 둘째는 포기해 버리는 성질이며, 셋째는 좋아할 만한 것을 지니지 않는 성질이고, 넷째는 마음의 희망(意望)이 원만하지 않은 성질이며, 다섯째는 성숙되지 않는 성질이다. 내문內門에 의거할 때는 다섯 종류 수번뇌가 있다. 첫째는 출리하지 않는 성질이고, 둘째는 잡염된 번뇌의 성질이며, 셋째는 희박해지지 않는 성질이고, 넷째는 현전한 (번뇌에) 떨어지는 성질이며, 다섯째는 법을 다 소멸시키는 성질이다."[590] 『심밀해탈경』과 『상속해탈경』도 이 경과 동일하게 설한다. 양梁 『섭대승론석』에서는 설하길, "셋째는 '과실이 없는 (청정)'이니, 바라밀과 서로 뒤섞인 염오법을 떠나는 것 및 그릇된 방편을 떠나는 것을 말한다."[591]】

釋曰。第三無罪過相。罪過有二。一聞[1]離雜染法。如下所說無悲加行等四種過失。二非方便行。如下所說。但攝財物饒益有情等。具如下經。離此二種。而行施等。亦無罪過。瑜伽論云。無罪者。謂遠離一切施等隨煩惱。【釋云。隨煩惱者。亦如瑜伽七十五說。彼云。於施波羅蜜多。由內及外。有十隨煩惱。對治彼故。得施波羅蜜多。依於外門。有五隨煩惱。一遍染總[2]性。二棄捨法。[3] 三不持

---

588 『瑜伽師地論』 권75(T30, 712a24).
589 이에 관해서는 『瑜伽師地論』 권39 「本地分中菩薩地」(T30, 505a27 이하)에서 자세히 설한 바 있다. 그 설명에 따르면, 보살의 시바라밀施波羅蜜은 아홉 가지 특징(九種相)으로 설명될 수 있으며, 내외의 수번뇌를 대치시킴으로 말미암아 시바라밀다의 청정함을 획득하게 된다.
590 『瑜伽師地論』 권75(T30, 712b3).
591 진제 역, 세친의 『攝大乘論釋』 권9(T31, 213b16).

可樂性。四意望不圓滿性。五不成就⁴⁾性。依於內門。有五隨煩惱。一不出離性。二雜染總⁵⁾性。三不劣薄性。四現前惱⁶⁾性。五盡滅法性。深密相續。亦同此經。梁攝論云。三無失。謂離與波羅⁷⁾相雜染汙法。及雜⁸⁾非之方便⁹⁾也。】

1) ㉑ '聞'은 '間'으로 되어 있는 곳도 있다. ㉐ 경문에 따르면, '聞離'에서 '聞'은 '間'의 오기, '離'는 잉자인 듯하다. 해당 번역문 역주 참조. 2) ㉑ '總'은 '惱'인 듯하다. ㉐『瑜伽師地論』권75(T30, 712b6)에 '惱'로 되어 있다. 3) 『瑜伽師地論』권75(T30, 712b6)에 따르면, '法'은 '性'의 오기다. 4) ㉐『瑜伽師地論』권75(T30, 712b7)에 '就'가 '熟'으로 되어 있다. 5) ㉑ '總'은 '惱'인 듯하다. ㉐『瑜伽師地論』권75(T30, 712b8)에 '惱'로 되어 있다. 6) ㉐『瑜伽師地論』권75(T30, 712b9)에 '惱'가 '墮'로 되어 있고, 교감주에 따르면 '隨'로 된 곳도 있다. 7) ㉐『攝大乘論釋』권9(T31, 213b16)에 '羅' 뒤에 '蜜'이 있다. 8) ㉐『攝大乘論釋』권9(T31, 213b17)에 따르면, '雜'은 '離'의 오기다. 9) ㉐『攝大乘論釋』권9(T31, 213b17)에 '之方便'이 '方便行'으로 되어 있다.

(라) 분별이 없는 모습

경 '분별이 없다'는 것은 이와 같은 바라밀다에서 언설 그대로 자상에 집착하지 않는 것을 말한다.

無分別者。謂於如是波羅蜜多。不如言詞執著自相。

석 네 번째는 분별이 없는 모습이다. 말하자면 언설 그대로 육도의 모습에 집착하는 것을 떠남을 일컬어 '분별이 없다'고 한다.
『유가사지론』에서는 "'분별이 없다'는 것은 보시 등에서 변계소집자상遍計所執自相을 보지 않음을 말한다."라고 하였다.[592]

---

[592] 아직 출세간의 지혜를 얻지 못한 사람들은 '육바라밀의 상'에 대한 설법을 들으면 그것이 일단 임시로 시설된 언어임을 알지 못하고 언어로 설한 그대로의 상이 실재한다고 집착한다. 이처럼 범부들이 언어적 표현 그대로 어떤 상에 집착할 때, 그것을 '변계소집의 자성(자상)에 집착한다'고 한다.『瑜伽師地論』권75(T30, 712a25).

해 또는 '분별이 없다'는 것은 '삼륜三輪의 청정함'을 말하니, 육도에서의 삼륜의 청정함을 자세히 해석한다면 예를 들어 양梁『섭대승론석』제9권과 같다.[593]『상속해탈경』에서는 "'망상妄想이 없다'는 것은 모든 바라밀에서 언설 그대로 자상을 헤아려 집착하지 않는 것이다."[594]라고 하였다.『심밀해탈경』에서는 "'분별하지 않는다'는 것은 모든 바라밀에서 들었던 그대로 자상에 집착하지 않는 것이다."[595]라고 하였다. 양梁『섭대승론석』에서는 "넷째 무분별의 청정함이란 언설 그대로 바라밀의 상에 집착하는 것을 떠남을 말한다."[596]라고 하였다.】

釋曰。第四無分別相。謂離如言執六度相。名無分別。瑜伽論云。無分別者。謂於施等。不觀遍計所執自相。又解。無分別者。謂三輪淸淨也。廣釋六三輪淸淨。如梁攝論第九。【相續經云。無異[1)]想者。於諸波羅蜜。不如言說計著自相。深密經云。不分別者。諸波羅蜜中。不如所聞執著自相。梁攝論云。四無分別淸淨。謂離如言執波羅蜜相也。】

1) ⑪ '異'가 '忘'으로 된 곳도 있다. ㉯『相續解脫經』권1(T16, 716b18)에 따르면, '異'는 '妄'의 오기다.

(마) 바르게 회향하는 모습

---

593 진제 역, 세친의『攝大乘論釋』에는 육바라밀에 각기 '비길 바 없는(無等)' 여섯 가지 수승한 특징이 갖추어져 있음을 설명하는 대목이 있다. 이 중의 하나가 '방편의 무등(方便無等)'인데, 이것은 보살의 무분별지無分別智의 수승함을 가리킨다. 이 논에 따르면, 보살의 방편은 매우 특별한데, 그 이유는 삼륜에 있어서 청정하기 때문이다. 여기서 '삼륜'이란 '보시하는 자(能施)와 보시 받는 자(受施)와 보시된 재물(所施財物)'을 가리킨다. 보살은 무분별지로 인해 이 삼륜을 분별하지 않지만, 세상 사람들과 이승인들은 이 삼륜에 대한 분별을 떠나지 못하기 때문에 아애我愛와 재물에 대한 집착을 일으킨다는 것이다. 시바라밀의 삼륜청정과 마찬가지로 계戒바라밀 등의 삼륜청정에 대해서도 동일한 방식의 해석이 가능하다. 진제 역, 세친의『攝大乘論釋』권9(T31, 215b25) 참조.
594 『相續解脫地波羅蜜了義經』권1(T16, 716b18).
595 『深密解脫經』권4(T16, 682b13).
596 진제 역, 세친의『攝大乘論釋』권9(T31, 213b17).

경 '바르게 회향한다'는 것은 이와 같이 지었던 바이고 모았던 바의 바라밀다로써 회향하여 위없는 대보리의 과를 구하는 것을 말한다."

正迴向者。謂以如是所作所集波羅蜜多。迴求無上大菩提果。

석 다섯 번째는 바르게 회향하는 모습이다. 말하자면 처음 일으켜 지었을 때를 일컬어 '지었던 바(所作)'라고 하였고, 증장되었을 때를 일컬어 '모았던 바(所集)'라고 하였다.

『유가사지론』에서는 "'회향'이란 시施 등의 모든 행들로써[597] 아뇩다라삼먁삼보리의 (과果를) 획득하기를 원하는 것이다."[598]라고 하였다.

회향에 대해 자세하게 해석한다면, 예를 들어 『발보리심경發菩提心經』과 『화엄경』「회향품」의 설과 같다.

【『상속해탈경』에서는 "'회향'이란 이 모든 바라밀을 이미 지었고 이미 증장시키고 나서 위없는 대보리의 과를 구하기 위한 것이다."[599]라고 하였다. 『심밀해탈경』에서는 "'회향'이란 모든 바라밀에 의해 지었던 바이고 모았던 바를 회향하여 대보리의 과를 취하는 것이다."[600]라고 하였다. 양梁『섭대승론석』에서는 "다섯째는 회향의 청정함이니, 말하자면 육도六度가 이미 생장하였거나 또 아직 생장하지 않은 가운데 항상 보리를 획득하길 추구하는 것이다."[601]라고 하였다. (회향의) 다섯 가지 모습에 대해 자세하게 해석한다면, 예를 들어 진제眞諦의 양梁『섭론소攝論疏』제8권의 설과 같다.】

---

597 원측 소의 원문은 '施求諸行'이라 되어 있는데, 『瑜伽師地論』 권75(T30, 712a26)에서 이와 상응하는 문구는 "謂以一切施等諸行"이다. 이에 의거해서 '施求諸行'을 '施等諸行'으로 간주하였다.
598 『瑜伽師地論』 권75(T30, 712a26).
599 『相續解脫地波羅蜜了義經』 권1(T16, 716b19).
600 『深密解脫經』 권4(T16, 682b14).
601 진제 역, 세친의 『攝大乘論釋』 권9(T31, 213b18).

釋曰。第五正迴向相。謂初起作。名爲所作。增長之時。名爲所集。瑜伽論云。迴向者。施求¹⁾諸行。願得阿耨多羅三藐三菩提。廣釋迴向。如發菩提心經。及華嚴經迴向品也。【相續經云。迴向者。謂此諸波羅蜜。已作已增長。爲求無上大菩提果。深密經云。迴向者。諸波羅蜜。所作所集。迴向取大菩提果。梁攝論云。五迴向淸淨。謂於六度已生長。及未生長中。常求得菩提。廣釋五相。如眞諦梁攝論疏第八。】

---
1) ㉷ '求'는 '等'인 듯하다. 해당 번역문 역주 참조.

그런데 여기서 설했던 '도피안到彼岸'의 상相에 대해 여러 교설이 같지 않다.

혹은 네 가지 상으로 도피안을 해석하니, 예를 들어 『대승장엄경론』 제7권에서 말한다.

> 육도六度 하나하나마다 모두 네 가지 상을 갖고 있다.
> 첫째는 장애를 대치하는 것이다. 인색함(慳) 등을 대치하기 때문이다.
> 둘째는 지혜와 합하는 것이다. (육도는) 다 무분별지와 함께 행해지기 때문이다.
> 셋째는 원을 만족시켜 주는 것이다. '시도施度'로 구하는 자들에게 바라는 대로 공급해 주고, 나아가서는 '혜도慧度'로 의심하는 자에게 바라는 대로 의심을 풀어 준다.
> 넷째는 중생을 성숙시키는 것이다. 먼저 '시도'로 거두어들이고 나중에 삼승법으로 (그 근기에 맞게 성숙시키며,) 나아가서는 먼저 '혜도'로 거두어들이고 나중에 삼승법으로 그 적절한 근기에 맞게 성숙시킨다.[602]

---
602 『大乘莊嚴經論』 권7(T31, 628a23) 참조.

또 『잡집론』 제11권에서 또한 네 가지 상을 설한다. 그 논에서 말한다. 〈어떤 것이 바라밀의 모습인가? 첫째는 발기發起 때문이고, 둘째는 습기習氣 때문이며, 셋째는 자체自體 때문이고, 넷째는 등류等流 때문이다.603〉604 생각해 보면 알 수 있을 것이다.

혹은 다섯 가지 상을 설한다. 예를 들면 이 『해심밀경』·『상속해탈경』·『심밀해탈경』, 『유가사지론』 제75권과 제78권, 『현양성교론』 제3권, 양梁 『섭대승론석』 제9권 등이다. 하나하나 모두 똑같이 설하니, 이 경문 그대로 알아야 한다. 또 『잡집론』에서도 또한 다섯 가지 상을 설하니, 그 논에서는 말한다. 〈어떤 것이 바라밀의 상인가? 말하자면 종성種姓 때문이고, 원願 때문이며, 의요意樂 때문이고, 사事 때문이며, 자체自體 때문이다.605〉606 생각해 보면 알 수 있을 것이다.

然此所說。到彼岸相。諸敎不同。或以四相。釋到彼岸。如莊嚴論第七卷云。六度二。1) 皆有四相。一者治障。治慳等故。二者合智。悉與無分別智共行故。三者願滿。2) 施於求者隨欲給之。乃至智於疑者隨欲決疑。四者成生。先施攝。後以三乘。乃至先以慧攝。後三乘。隨其所度3)而成就之。又雜集

---

603 '발기發起'라고 한 것은 일체지성一切智性에 의지해서 생기한 모든 보시행 등을 다 일체지성에로 회향함을 말한다. '습기習氣'라고 한 것은 이 보시행 등을 훈습해서 닦음으로써 이루어진 습기가 미래의 일체지성을 불러낼 수 있음을 말한다. '자체自體'라고 한 것은 보시행 등이 일체지성을 거두고 있음을 말하니, 즉 이 보시행 등이 궁극적으로 원만해질 때 불법신佛法身이 완전히 현현하기 때문이다. '등류等流'라고 한 것은 이 이후부터는 수용신受用身과 변화신變化身의 등류문等流門에 의해 모든 일체지一切智의 사업을 일으키기 때문이다. 이상은 『雜集論』 권11(T31, 747b16) 참조.
604 『雜集論』 권11(T31, 747b16) 참조.
605 여기서 '종성種姓'이란 보살법성菩薩法性을 말하고, '원'이란 보리심을 말하며, '의요'란 자비롭게 인도하는 마음(悲導心)을 말하고, '사'란 모든 소유所有를 말하며, '자체'란 신업과 어업과 의업을 말한다. 말하자면, 모든 보살들은 보살법성과 보리심을 의지처로 삼고, 자비롭게 인도하는 마음으로, 모든 때의 소유와 신업·어업·의업을 버리는 방식으로 바라밀의 상을 나타낸다. 『雜集論』 권11(T31, 747a23) 참조.
606 이상은 『雜集論』 권11(T31, 747a26) 참조.

論第十一卷。亦說四相。彼云。云何波羅蜜相。一發起故。二習氣故。三自體故。四等流故。尋卽可知。或說五相。如卽此經。相續。深密。瑜伽七十五及七十八。顯揚第三。梁攝論第九。一一皆同。如經應知。又雜集論。亦說五相。彼云。云何波羅蜜相。謂種姓故。願故。意樂故。事故。自體故。尋卽可知。

1) 옌『大乘莊嚴經論』권7(T31, 628a23)에 따르면, '二'는 '一一'의 오기다. 2) 옌『大乘莊嚴經論』권7(T31, 628a24)에 '願滿'이 '滿願'으로 되어 있다. 3) 옌『大乘莊嚴經論』권7(T31, 628b3)에 따르면, '度'는 '應'의 오기다.

혹은 여섯 가지 상을 설하기도 한다. 예를 들어 『섭대승론석』 제7권에서 "이 여섯 종류의 상을 어떻게 볼 수 있는가? 여섯 종류가 가장 수승하기 때문이다."[607]라고 하였다.

해 이 여섯 종류는 『성유식론』에 나온 뒤의 여섯 종류 상과 동일하니, 따라서 서술하지 않겠다.

혹은 일곱 가지 상을 설하기도 한다. 예를 들어 『성유식론』 제9권에서 말한다.

이 십도十度의 상相은 반드시 일곱 가지의 가장 수승함(最勝)에 포괄되는 것이라야 비로소 '바라밀다'라고 건립할 수 있다.

첫째는 안주安住의 가장 수승함이니, 반드시 보살종성에 안주하는 것을 말한다.

둘째는 의지依止의 가장 수승함이니, 반드시 대보리심에 안주하는 것을 말한다.

셋째는 의요意樂의 가장 수승함이니, 반드시 모든 유정을 가엾게 여기는 것을 말한다.

넷째는 사업事業의 가장 수승함이니, 반드시 일체의 사업을 갖추어

---

607 무성의 『攝大乘論釋』 권7(T31, 420b19), 세친의 『攝大乘論釋』 권7(T31, 355b17).

행하는 것을 말한다.

다섯째는 교묘한 방편(巧便)의 가장 수승함이니, (그 방편은) 반드시 모습 없는 지혜(無相智)에 포괄됨을 말한다.

여섯째는 회향廻向의 가장 수승함이니, 반드시 위없는 보리로 회향함을 말한다.

일곱째는 청정淸淨의 가장 수승함이니, 반드시 두 가지 장애(번뇌장과 소지장)가 중간에 뒤섞이지 않음을 말한다.

이러한 일곱 가지로 포괄되는 것이 아니라면, 행해진 보시 등은 도피안이 아니다.[608]

혹은 여덟 가지 상을 설하기도 하니, 예를 들어 『현양성교론』 제3권과 같다.

혹은 열두 가지 상을 설하기도 하니, 예를 들어 『잡집론』 제11권과 『중변론』 제3권과 같다.

或說六相。如攝大乘第七卷云。此六種相。云何可見。由六種最勝故。解云。此六同成唯識後六種相。故不述之。或說七相。如成唯識第九卷云。此十相者。要七最勝之所攝受。方可建立波羅蜜多。一安住最勝。謂要安住菩薩種性。二依止最勝。謂要依止大菩提心。三意樂最勝。謂要悲愍一切有情。四事業最勝。謂要具行一切事業。五巧便最勝。謂要無相智所攝受。六廻向最勝。謂要廻向無上菩提。七淸淨最勝。謂要不爲二障間雜。若非此七所攝受者。所行施等。非到彼岸。或說八相。如顯揚第三。或說十二相。如雜集十一。中邊第三。

---

608 『成唯識論』 권9(T31, 51b26).

라) 난점을 따라가며 거듭 해석함

(가) 문답으로 바라밀다와 상위하는 사事에 대해 분별함

㉮ 청문

경 "세존이시여, 어떤 것들을 일컬어 바라밀다와 상위하는 모든 사事라고 합니까?"

世尊。何等名爲波羅蜜多諸相違事。

석 이하는 네 번째로 난점을 따라가며 거듭 해석한 것이다. 혹은 문답으로 자세하게 해석했다고 말할 수도 있다. 이 중에 네 가지가 있다. 첫째는 문답으로 바라밀다와 상위하는 사에 대해 분별한 것이다. 둘째로 "세존이시여, 이와 같은" 이하는 문답으로 모든 과果의 이숙異熟에 대해 분별한 것이다. 셋째로 "세존이시여, 어떤 것들을" 이하는 문답으로 바라밀다의 간간의 잡염법에 대해 분별한 것이다. 넷째로 "세존이시여, 어떤 것들을 그릇된 방편행이라고 이름합니까?" 이하는 앞서 말한 그릇된 방편행에 대해 해석한 것이다. 생략해 버리고 (바라밀다의 다섯 가지 상 중에) "분별이 없기 때문"이라고 한 것과 "바르게 회향하기 (때문)"이라 한 것은 해석하지 않았으니, 알기 쉽기 때문이다.[609]

---

609 여기서부터는 바라밀다라는 이름을 붙인 다섯 가지 인연을 거듭 해석한(重釋) 것이다. 그 다섯 가지 인연 중에서 첫 번째 '집착이 없기 때문(無染著故)'이라 한 것은 '어긋나는 일(相違事)'에 대한 설명을 통해 거듭 해석하였고, 두 번째 '돌아보며 연연해함이 없기 때문(無顧戀故)'이라 한 것은 '과의 이숙(果異熟)'에 대한 설명을 통해 거듭 해석하였으며, 세 번째 '죄가 없기 때문(無罪故)'이라 한 것은 '바라밀의 간간의 잡염법(度間雜法)'과 '그릇된 방편행(非方便行)'을 통해서 거듭 설명하였다. 그런데 네 번째 '분별

이것은 첫 번째로 상위하는 사에 대해 해석한 것이다. 앞은 청문이고, 뒤는 대답이다.

이것은 육바라밀과 상위하는 사에 대해 청문한 것이다.

釋曰。自下第四逐難重釋。或可說問答廣釋。於中有四。一問答分別波羅蜜相違事。二世尊如是下問答分別諸果異熟。三世尊何等下。問答分別度間雜法。四世尊何等名爲非方便行下。釋上非方便行。略而不釋無分別故及正迴向。易可知故。此卽第一釋相違事。先問。後答。此卽請問違六度事。

㈏ 대답

a. 표장으로 개수를 둠

경 "선남자여, 이런 일은 대략 여섯 종류가 있음을 알아야 한다.

善男子。當知此事。略有六種。

석 이하는 두 번째로 여래께서 바로 설하신 것이다. 이 중에 두 가지가 있다. 처음은 표장으로서 개수를 든 것이다. 나중은 차례대로 따로 해석한 것이다.

이것은 '여섯 종류의 상위하는 사가 있다'라고 총괄해서 표명한 것이다.

釋曰。自下第二如來正說。於中有二。初標章擧數。後次第別釋。此卽總標。

이 없기 때문(無分別故)'이라 한 것과 '바르게 회향하기 때문(正廻向故)'이라 한 것은 알기 쉽기 때문에 생략하고 거듭 설명하지 않았다.

有六相違事也。

b. 차례대로 따로 해석함

a) 시도施度와 상위하는 사사

경 첫째, 재부財富와 자재自在와 제욕諸欲을 좋아하고(喜) 즐기며(樂) 바라는(欲) 즐거움 가운데서[610] 깊이 공덕과 뛰어난 이익을 보는 것이다.

一者。於喜樂欲財富自在諸欲樂中。深見功德及與勝利。

석 이하는 두 번째로 차례대로 따로 해석한 것이다. 여섯 가지의 상위하는 사에 대해 해석하므로 곧 여섯 단락이 된다.
그런데 이 상위하는 사에 본래 세 종류가 있다.
첫째는 개별적으로 대치되는 바의 장애이니, 가령 무성의 『섭대승론석』 제7권에서 '대치되는 바의 잡염에 포섭되는 인색함(慳悋)과 범계犯戒와 성냄(忿恚)과 게으름(懈怠)과 산동散動과 악혜惡慧'라고 한 것과 같다.
둘째는 공통되거나 개별적인 장애를 합해서 설하는 것이다. 말하자면 '재물 등을 좋아하며 집착한다'는 것은 그것(施度)의 개별적 장애이고, '세 가지에서 깊이 공덕과 뛰어난 이익을 본다'는 것은 공통적 장애이다.
지금 이 경문에서는 공통적·개별적 장애를 해석하였다.

---

610 이하의 원측 소에 따르면, "於喜樂欲財富自在諸欲樂中"이라는 경문에 대해 두 가지 해석이 있고, 그에 따라 번역도 달라진다. 원측은 별도로 어느 해석이 더 우수하다고 판정하지 않았는데, 위의 번역문은 첫 번째 해석에 의거한 것이다. 이와는 달리, 두 번째 해석에 따르면, "욕欲(五欲의 경계)과 재부와 자재를 좋아하고(喜) 즐기는(樂) 모든 욕락欲樂 가운데서"라고 번역된다.

이것은 첫 번째인 시도와 상위하는 장애를 해석한 것이다.

釋曰。自下第二次第別釋。六相違事。卽爲六段。然此違事。自有三種。一別所治障。如無性釋第七卷云。所治雜染所理。[1] 慳悋。犯戒。恐[2]恚。懈怠。散動。惡慧。二者。合說通別障。謂樂著財等。是其別部。於三中深見功德及與勝利。卽是通障。今此中釋通別障。此釋第一違施度障。

1) 옝『攝大乘論釋』권7(T31, 422b19)에 '所理'가 없다. '所攝'이거나, 잉자인 듯하다.　2) 옝『攝大乘論釋』권7(T31, 422b21)에 따르면, '恐'은 '忿'의 오기다.

"좋아하고(喜) 즐기며(樂)……"라고 했는데, 이에 세 가지 해석이 있다.[611]

한편에서는 말한다. 〈"(……)을 좋아하고(喜) 즐기며(樂) 바라는(欲)"이란 모두 '낙욕樂欲'의 다른 이름이다. "재부財富와 자재自在와 제욕諸欲"이란 즐기는 바의 경계이다. 뒤의 "즐거움 가운데서(樂中)"라는 것은 세 가지 경계에서의 즐거움을 말한다.〉

한편에서는 말한다. 〈'희락喜樂'이란 '욕락樂欲'의 뜻이니, 그 체는 욕欲이다. '욕'이란 오욕五欲을 말하니, 다섯 가지 경계에 해당한다.[612] '재부財富'란 재보를 많이 축적한 것을 말한다. '자재自在'란 앞의 두 가지 일(오욕과 재부)의 수용에서 자재함을 말한다. '모든 욕락(諸欲樂)'이라 한 것은 곧 오욕의 경계를 희락하고, 재부를 희락하며, 자재를 희락하는 것이니, 세 종류의 희락을 일컬어 '욕락'이라 하였다. 이 세 종류의 희락하는 사事에서

---

611 이하에서는 '於喜樂欲財富自在諸欲樂中'이라는 경문에 대한 몇 가지 해석을 소개하였다. 첫 번째와 두 번째의 해석의 차이는 위의 문장을 읽는 방식이 다르기 때문인데, 의미상으로는 크게 다르지 않다. 말하자면, '오욕과 재부와 자재'라는 세 가지 대상을 희락하는 즐거움을 언급한 것이라고 본다는 점에서는 같다. 다만 앞의 '欲'과 뒤의 '諸欲' 중에 어느 것을 '오욕의 경계'로 간주하는가에서 두 해석 간의 차이가 있다.

612 이 해석에서는 앞의 '於喜樂欲'의 '欲'을 '즐긴다'는 동사적 의미가 아니라 색·성·향·미·촉이라는 오욕의 경계를 가리킨다고 보았다.

깊이 공덕과 뛰어난 이익을 보는 것이다. (이 경문의) 뜻을 총괄적으로 말하면, 세 종류를 희락하는 욕락【애락의 낙(愛樂樂)이다.】 가운데서 깊이 공덕과 뛰어난 이익을 보는 것은 시도施度의 장애가 된다는 것이다.〉

한편에서는 말한다. 〈'희락喜樂'이란 희수喜受·낙수樂受에 해당하고, 나머지는 앞의 설명과 같다.〉

『상속해탈경』에서는 "욕(오욕)과 재물과 자재를 즐긴다."⁶¹³라고 하였고, 『심밀해탈경』에서는 "오욕과 자생資生과 자재를 즐긴다."⁶¹⁴라고 하였다. 양梁 『섭대승론석』 제9권에서 말한다. "육도六度에 여섯 가지 장애가 있다. 첫 번째 장애는 욕망의 경계(欲塵)를 희락하는 것이니, 부귀한 재물과 자신이 수용한 즐거움 가운데서 뛰어난 공덕을 보는 것이다. 보시로 이 장애를 제거할 수 있다."⁶¹⁵】

言喜樂等者。此有三釋。一云。於喜樂欲者。皆是樂欲異名。財富最¹⁾自在諸欲者。所樂之境。後樂中者。三境上樂。一云。喜樂者。是樂欲義。體卽是欲。欲謂五欲。卽是五境。言財富者。多畜財寶。言自在者。於上二事受用自在。諸欲樂者。卽說喜欲境。喜樂財富。喜樂自在。三種喜樂。名爲欲樂。於此三種喜樂事中。深見功德及與勝利。總說意云。喜樂三種欲樂【愛樂樂也】中。深見功德及與勝利。爲施度障。一云。喜樂卽喜樂受。餘如前。【相續經云。樂欲財自在。²⁾深密經。樂於五欲資生自在。梁攝論第九云。六度有六障。第一障者。喜樂欲塵。於富財物自身愛³⁾樂中。見勝功德。施能除此。】

1) 엽 경문에 따르면 '最'는 잉자다.   2) 엽 『相續解脫經』 권1(T16, 716b23)에 '樂欲財自在'가 '欲樂錢財自在'로 되어 있다.   3) 엽 『攝大乘論釋』 권9(T31, 213a14)에 따르면, '愛'는 '受'의 오기다.

---

613 『相續解脫地波羅蜜了義經』 권1(T16, 716b23).
614 『深密解脫經』 권4(T16, 682b19).
615 진제 역, 세친의 『攝大乘論釋』 권9(T31, 213a13).

b) 계도戒度와 상위하는 사事

경 둘째, 즐기는 바에 따라 멋대로 신업과 어업과 의업이 현행하는 것에서 깊이 공덕과 뛰어난 이익을 보는 것이다.

二者。於隨所樂。縱身語意。而現行中。深見功德及與勝利。

석 두 번째는 계도와 상위하는 사이니, 그가 즐기는 바를 따르는 것이다. 말하자면 살생 등의 세 종류 업에서 공덕과 뛰어난 이익이 있다고 보는 것이니, 예를 들면 양을 죽이면 하늘에 태어날 수 있다고 말하는 따위와 같다.【양梁『섭대승론석』에서 말하길, '두 번째 장애는 멋대로 신업·구업·의업을 일으키는 것이니, 계戒로 이 장애를 능히 제거한다'라고 하였다.[616]】

釋曰。第二違戒度事。隨其所樂。謂殺生等三種業中。見有功德及與勝利。如言殺羊得生天等。【梁攝論云。第二障者。疑[1]心起身口[2]業。戒能除此。】

---
1) 옉『攝大乘論釋』에 따르면, '疑'는 '縱'의 오기다. 2) 옉『攝大乘論釋』 권9(T31, 213a16)에 '口' 뒤에 '意'가 있다.

c) 인도忍度와 상위하는 사事

경 셋째, 다른 사람의 업신여김을 참지 못하는 것에서 깊이 공덕과 뛰어난 이익을 보는 것이다.

三者。於他輕蔑不堪忍中。深見功德及與勝利。

---
616 진제 역, 세친의 『攝大乘論釋』 권9(T31, 213a16) 참조.

석 두 번째는 인도와 상위하는 사이니, 경문 그대로 알 수 있을 것이다. 【양梁 『섭대승론석』에서 말하길, '세 번째 장애는 업신여김(輕慢)과 치욕(毀辱)과 추위·더위 등의 고통을 편안히 받아들이지 못하는 것이니, 인忍으로 이 장애를 능히 제거한다'라고 하였다.[617]】

釋曰。第三違忍度事。如經可知。【梁攝論云。第三障者。不能安受輕慢毀辱寒熱等苦。忍能除此。】

d) 정진도精進度와 상위하는 사事

경 넷째, 부지런히 닦지 않고 욕락에 집착하는 것에서 깊이 공덕과 뛰어난 이익을 보는 것이다.

四者。於不勤修著欲樂中。深見功德及與勝利。

석 네 번째는 정진도와 상위하는 사이니, 즉 게으름과 방일 등을 공덕으로 여기는 것이다. 【양梁 『섭대승론석』에서 말하길, '네 번째 장애는 수행하지 않는 것이 낙樂이라 집착하고, 아직 얻지 않은 것을 얻었다고 헤아리면서, 얻는 것에서 공덕을 보지 못하는 것이니, 정진으로 이 장애를 능히 제거한다'라고 하였다.[618]】

釋曰。第四違精進事。卽用懈怠及放逸等。以爲功德。【梁攝論云。第四障者。執不修行爲樂。未得計得。於[1] 不見功德。精進能除[2]。】

---

1) 옌『攝大乘論釋』권9(T31, 213a21)에 의거해서 '於' 뒤에 '得'을 추가하였다. 2) 옌『攝大乘論釋』권9(T31, 213a22)에 '除' 뒤에 '此障'이 있다.

---

617 진제 역, 세친의『攝大乘論釋』권9(T31, 213a18) 참조.
618 진제 역, 세친의『攝大乘論釋』권9(T31, 213a20) 참조.

e) 정도定度와 상위하는 사事

경 다섯째, 소란스런 곳에 머물면서 세간의 잡란된 행에서 깊이 공덕과 뛰어난 이익을 보는 것이다.

五者。於處憒閙世雜亂行。深見功德及與勝利。

석 다섯 번째는 정도와 상위하는 사이다. 말하자면 다섯 종류 산란이나 혹은 여섯 종류 산란에서 뛰어난 공덕 등을 보는 것이다.[619]【『상속해탈경』에서는 "세간의 잡란된 온갖 사를 익히고 가까이하는 것이다."[620]라고 하였고, 『심밀해탈경』에서도 동일하게 설한다. 양梁『섭대승론석』에서 말하길, '다섯 번째 장애는 서로 뒤섞여 머물기를 즐기면서 세간의 보기 드문 일이나 산란된 인연에서 공덕이 있다고 보는 것이니, 정도로 이 장애를 능히 제거한다'라고 하였다.[621]】

釋曰。第五違定度事。謂於五種散亂。或六散亂。見勝功德等。【相續經。習近世間雜亂衆事。深密亦同。梁攝論云。第五障。[1] 樂相雜住。於世間希有事及散亂因緣。見有功德。定能除此。】

1) ㉠『攝大乘論釋』권9(T31, 213a23)에 따르면, '障' 다음에 '者'가 누락되었다.

---

619 '다섯 종류 산란과 여섯 종류 산란'에 대해서는 이『解深密經』「分別瑜伽品」에서 '지관을 장애하는 것들'에 대해 논하면서 이미 자세하게 설명한 바 있다. 이 경에서 거론한 5종 산동散動(산란)이란 작의산동作意散動, 외심산동外心散動, 내심산동內心散動, 상산동相散動, 추중산동麁重散動이다. 그 밖에『雜集論』제1권과『辯中邊論』제3권 등에서는 6종 산란, 즉 자성自性산란, 내內산란, 외外산란, 상相산란, 추중麁重산란, 작의作意산란을 설한다. 이에 대한 자세한 설명은 원측의『解深密經疏』「分別瑜伽品」중 '⑮ 지관의 모든 장애의 차별을 밝히는 문' 참조.
620 『相續解脫地波羅蜜了義經』권1(T16, 716b26).
621 진제 역, 세친의『攝大乘論釋』권9(T31, 213a23) 참조.

f) 혜도慧度와 상위하는 사事

경 여섯째, 보고(見) 듣고(聞) 깨닫고(覺) 아는 것(知)과 언설희론에서 깊이 공덕과 뛰어난 이익을 보는 것이다."

六者。於見聞覺知言說戲論。深見功德及與勝利。

석 여섯 번째는 혜도와 상위하는 사이니, 경문 그대로 알 수 있을 것이다.『심밀해탈경』은 이 경과 동일하다.『상속해탈경』에서 말하길, "다섯째는 세간의 잡란된 온갖 사를 익히고 가까이하면서 보고(見) 듣고(聞) 깨치고(覺) 아는 것(識)이고, 여섯째는 세간의 희론이 복덕과 이익을 짓는다고 보는 것"[622]이라 하였다. 번역가가 잘못했기 때문에 보고 듣는 등의 사를 다섯 번째에 포함시킨 것이다.『섭대승론』에서 말하길, "일체의 견취見趣의 모든 그릇된 악혜惡慧"[623]라고 하였다. 양梁『섭대승론석』에서 말하길, "여섯 번째 장애는 보고 듣고 깨치고 아는 것을 여실하다고 헤아리고, 세간의 희론을 부지런한 마음으로 수학하며, 불요의경에 대해 문자 그대로 의미를 판단하는 것이니, 지혜로 이 장애를 제거할 수 있다."[624]라고 하였다. 자세한 것은 진제眞諦의『섭론소攝論疏』제8권에서 설한 것과 같다.】

釋曰。第六違慧度事。如經可知。【深密經。即同此經。相續經云。五者習近世間雜亂衆事見聞覺識。六者世間戲論作福利見者。譯家謬故。見聞等事。攝屬第五。攝大乘云。一切見趣諸耶惡慧。梁攝論云。第六障者。於見聞覺知。計爲如實。於世間戲論。心[1]修學。於不了義經。如文判義。智慧能除此障。廣如眞諦攝論疏第八卷說也。】

1) ㊈『攝大乘論釋』권9(T31, 213a26)에 '心' 앞에 '懃'이 있다.

---

622 『相續解脫地波羅蜜了義經』권1(T16, 716b26).
623 『攝大乘論本』권2(T31, 144b29).
624 진제 역, 세친의『攝大乘論釋』권9(T31, 213a25).

(나) 모든 과과의 이숙異熟을 분별함

【경】 "세존이시여, 이와 같은 일체의 바라밀다는 어떤 과이숙果異熟을 (얻습니까)?"

世尊。如是一切波羅蜜多。何果異熟。

【석】 두 번째는 문답으로 육도의 모든 과果에 대해 분별한 것이다. 앞은 청문이고, 뒤는 대답이다.

釋曰。第二問答分別六度諸果。先問。後答。

㉮ 청문

이것은 청문이니, '이와 같은 육도는 각각 어떤 과보를 획득하는가'라고 한 것이다. 따라서 『심밀해탈경』에서 말하길, "어떤 것이 모든 바라밀의 과보입니까?"[625]라고 하였다.

此即請問。如是六度。各各得何果報。故深密云。何者是諸波羅蜜果報。

㉯ 대답

a. 표장으로서 개수를 둠

【경】 "선남자여, 이에 또한 대략 여섯 종류가 있음을 알아야 한다.

---

625 『深密解脫經』 권4(T16, 682b25).

善男子。當知此亦略有六種。

석 이하는 여래께서 바로 설하신 것이다. 이 중에 두 가지가 있다. 처음은 표장으로서 개수를 든 것이고, 나중은 차례대로 따로 해석한 것이다.

이것은 처음에 해당한다. 능히 닦음(能修)이라는 인因에 이미 여섯 가지 차별이 있으니,(그로 인해) 초감되는 바의 과보에 또한 여섯 종류가 있다.

釋曰。自下如來正說。於中有二。初標章擧數。後次第別釋。此卽初也。能修之因。旣有六別。所感果報。亦有六種。

b. 차례대로 따로 해석함

경 첫째는 큰 재부를 획득하는 것이다. 둘째는 선취에서 왕생하는 것이다. 셋째는 원망도 없고 파괴됨도 없는 많은 희락들이다. 넷째는 중생의 주인이 되는 것이다. 다섯째는 몸의 원해가 없는 것이다. 여섯째는 대종엽大宗葉[626]이 있는 것이다."

一者得大財富。二者往生善趣。三者無怨無壞多諸喜樂。四者爲衆生主。五者身無怨害。六者有大宗葉。

석 두 번째는 차례대로 따로 해석한 것이다. 그 차례대로, 보시의 힘으로 인해 큰 재부를 획득하고, 지계로 인해 선취에서 왕생하며, 인욕으

---

[626] 대종엽大宗葉 : 종족의 무리가 광대하게 번성한 것을 말한다. 참고로 『一切經音義』 권 48(T54, 624c11)에서는 "宗葉(子紅反。廣雅。宗本也。葉世也。謂族類繁盛也。詩云。支百世是也。)"라고 하였다.

로 인해 원망도 없고 파괴됨도 없는 희락들이 많고, 부지런한 정진으로 인해 큰 존귀함을 획득하여 중생의 주인이 되며, 정려로 인해 번뇌를 조복시켜 없애므로 원해怨害 없는 몸을 능히 감득해 내고, 반야로 인해 오명五明(다섯 종류 학문)을 자세하게 이해하여 대종엽을 획득하는 것이다. '엽葉'이란 종족을 퍼트리는 것이다.『상속해탈경』에서 "첫째는 큰 재부이고 둘째는 선취이며 셋째는 원망 없음"이라고 한 것은 이『해심밀경』과 동일하고, "넷째는 파괴되지 않음이고, 다섯째는 희락이 많은 중생의 증상된 주인(增上主)이며, 여섯째는 자기 몸을 손상시키지 않고 대감능大堪能을 소유하는 것"[627]이라 하였다.『심밀해탈경』에서는 "부유한 재물을 획득하기 때문이고, 선도善道에 나아가기 때문이며, 원적怨敵이 없기 때문이고, 파괴되지 않는 많은 희락 때문이며, 항상 중생의 주인이 되기 때문이고, 자기 몸을 해치지 않기 때문이며, 큰 위덕의 힘 때문이다."[628]라고 하였다. 해『상속해탈경』은 차례가 잘못되었고,『심밀해탈경』은 일곱 가지 과果를 합해 놓고 구별하지 않았으니, 이는 번역가가 다르기 때문이다.】

釋曰。第二次第別釋。如其次第。由施力故。得大財富。由持戒故。往生善趣。由忍辱故。無怨無壞。多諸歡喜。由勤精進故。得大尊貴。爲衆生主。由靜慮故。伏除煩惱。故能感得身無怨害。由波若故。廣解五明。得大宗葉。葉者施族。【相續經云。一大財二善趣三無怨者。與此經同。四不壞。五多喜樂衆生增上主。六者不害自身有大堪能。深密經云。得福[1]財故。趣善道故。無怨敵故。不壞多喜樂故。當[2]爲衆生主故。不害自身故。大威德[3]故。解云。相續失次第。深密七果合不分別。譯家別故。】

1) 옌『深密解脫經』권4(T16, 682b27)에 '福'이 '富'로 되어 있다. 2) 옌『深密解脫經』권4(T16, 682b28)에 따르면, '當'은 '常'의 오기다. 3) 옌『深密解脫經』권4(T16, 682b29)에 '德' 뒤에 '力'이 있다.

627『相續解脫地波羅蜜了義經』권1(T16, 716b29).
628『深密解脫經』권4(T16, 682b27).

『잡집론』 제11권에서는 육바라밀이 각기 다섯 가지 과를 획득함을 구체적으로 설하였고, 지금 이 경의 문장은 (각기) 하나의 과를 (획득함을) 구체적으로 설한 것이다. 따라서 그 논에서는 말한다.

'공덕'이란 다섯 가지 과果에 의거해서 무량무변의 칭찬할 만한 뛰어난 이익들을 모두 '공덕'이라 이름한 것이다.

말하자면 자기의 대치시켜야 할 대상을 능히 영원히 끊으니, 이는 모든 바라밀다의 이계과離繫果[629]다.

현재의 법에서 이 보시 등으로 인해 자기와 타인을 거두어들이니, 이는 사부용과士夫用果[630]다.

미래세에는 이후로 갈수록 늘어나고 수승해지면서 연속해서 생기하니, 이는 등류과等流果[631]다.

대보리는 증상과增上果[632]다.

큰 재부를 불러냄, 선취에서 왕생함, 원망도 없고 파괴됨도 없는 많

---

[629] 이계과離繫果 : 무루無漏의 도道로써 장애를 끊고 증득한 선한 무위법을 가리킨다. 이 이계과는 깨달음의 결과로서 주어지는 것으로서, 어떤 원인과도 상응하지 않는다고 한다.

[630] 사부용과士夫用果 : 사용과士用果라고도 한다. 비유하면 작업하는 자가 여러 작업 도구를 이용해서 '일'을 완성하는 경우와 같이, 사람·도구와 같은 여러 요인들이 공동으로 작용해서 만들어진 결과를 가리킨다. 일반적으로 원인과 결과가 동시에 생기는 경우, 서로 간에 인因이 되기도 하고 과果가 되기도 하는 관계에서는 구유인俱有因과 사용과의 관계가 성립한다.

[631] 등류과等流果 : 대개 선·불선·무기의 행위들로 인해 발생되는 동류同類의 법들을 가리킨다. 구체적으로 원인이 선하거나 악하면 똑같이 결과도 선하거나 악하고 원인이 무기이면 결과도 무기로 되는 경우처럼, 전후의 짧은 시간에 그 성질이 동일하게 이어지는 것을 말한다. 이때 이전의 법을 동류인同類因이라 하고, 이후의 법을 등류과라고 한다.

[632] 증상과增上果 : 모든 것은 서로 연관되어 있기 때문에, 하나의 것이 생겨날 때는 그 이외의 모든 것을 원인으로 한다. 자기 이외의 모든 것은 능작인能作因이라 하고, 그 결과를 증상과라고 한다.

은 희락들, 유정 중의 존귀한 자, 몸에 손해가 없음, 광대한 종족은 그 차례대로 보시바라밀다 등의 이숙과異熟果[633]다.[634]

또 『성유식론』 제9권에서 말한다.

(바라밀다의) 유루의 과는 네 종류가 있고 이계과를 제외하며, 무루의 과는 네 종류가 있고 이숙과를 제외한다.[635]

그런데 어떤 곳에서 (육바라밀다가) 다섯 가지 과를 갖춘다고 설하는데, 혹은 서로 간에 의지하기 때문이거나 혹은 (유루·무루의 과를) 합해서 설했기 때문이다.[636]【이것은 『잡집론』의 설명을 회통시켜 해석한 것이다.[637]】

依雜集論第十一卷。具說六度各得五果。今此經文。具說一果。故彼論云。功德者。謂依五果。無量無邊稱讚勝利。皆名功德。謂能永斷自所對治。是

---

633 이숙과異熟果 : 과거에 행했던 선하거나 악한 행위로 인해 미래에 좋아할 만하거나 그렇지 못한 결과를 얻게 될 때, 행동(業)과 과보 사이에는 이숙인異熟因과 이숙과의 관계가 성립한다. 이 경우 인因은 선하거나 악하지만 과果는 선하지도 악하지도 않은 무기無記이다. 유루법有漏法 중에서 선하거나 불선한 법들에 의해 초감된 무기의 과보果報를 말한다.
634 『雜集論』 권12(T31, 750a29).
635 이계과는 오직 무루이기 때문에 유루의 과에서 제외되며, 이숙과는 오직 유루이기 때문에 무루의 과에서 제외된다.
636 『成唯識論』 권9(T31, 52a6).
637 앞서 인용된 『雜集論』에서는 육바라밀 하나하나가 모두 다섯 종류의 과를 획득한다고 설했던 이유를 회통시켜 해석한 것이다. 『成唯識論』에 따르면, 무루無漏의 과에서 이숙과異熟果는 제외되고, 유루有漏의 과에서 이계과離繫果는 제외된다. 그런데 무루가 유루에 의지해서(資) 또한 이숙과를 얻는다거나, 유루가 무루에 의지해서 또한 이계과를 얻는다는 측면에서는 '서로 간에 의지한다(互相資)'고 말할 수도 있다. 혹은 유루와 무루 두 가지를 합해서 설하여 '다섯 가지 과를 얻는다'고 말했을 수도 있다. 자세한 설명은 『成唯識論述記』 권10(T43, 581c22) 참조.

諸波羅蜜多離繫果。於現法中。由此施等。攝受自他。是士夫用果。於當來世。後後增勝。展轉生起。是等流果。大菩薩[1]是增上果。感大財富。往生善趣。無怨無壞多諸喜樂。有情中尊。身無損害。廣大宗族。隨其次第。是施等波羅蜜多異熟果。又成唯識第九卷云。有漏有四種。除離繫果。無漏有四。除異熟果。而有處說具五果者。或互相資。或二合說【此即會釋雜集說也。】

1) ㉑『雜集論』권12(T31, 750b4)에 따르면, '薩'은 '提'의 오기다.

(다) 바라밀다의 간간의 잡염법을 분별함

㉮ 청문

경 "세존이시여, 어떤 것들을 일컬어 바라밀다의 간간의 잡염법이라고 합니까?"

世尊。何等名爲波羅蜜多間雜染法。

석 이하는 세 번째로 문답으로 바라밀다의 간간의 잡염법에 대해 분별한 것이다. 이 중에 두 가지가 있다. 앞은 청문이고, 뒤는 정설이다.
이것은 이전에 '죄의 허물이 없음' 중에서 (설했던) '간간의 잡염법'이라 한 것에 대해 물은 것이다.

釋曰。自下第三問答分別度間雜法。於中有二。先請。後說。此即問前無罪過中間雜染法。

㉯ 정설

a. 개수를 표시하며 간략히 답함

경 "선남자여, 대략 네 종류 가행에 말미암은 것임을 알아야 한다.

善男子。當知略由四種加行。

석 이하는 두 번째로 여래께서 바로 설하신 것이다. 이 중에 세 가지가 있다. 처음은 개수를 표시하며 간략히 답한 것이다. 다음은 차례대로 따로 해석한 것이다. 마지막은 난점을 따라 거듭 해석한 것이다.
이것은 첫 번째로 개수를 표시하며 간략히 답한 것이다.

釋曰。自下第二如來正說。於中有三。初標數略答。次次第別釋。後逐難重釋。此卽第一標數略答。

b. 차례대로 따로 해석함

경 첫째는 자비 없는 가행 때문이고, 둘째는 이치에 맞지 않는 가행 때문이며, 셋째는 항상되지 않은 가행 때문이고, 넷째는 존중하지 않는 가행 때문이다."

一者無悲加行故。二不如理加行故。三者不常加行故。四者不殷重加行故。

석 두 번째는 차례대로 따로 해석한 것이다. 말하자면 네 종류 수(四修)를 장애하는 것이기 때문에 네 종류 (가행을) 설한 것이다.
'네 종류 수'란 예를 들어『구사론』제27권에서 설한 것과 같으니, 그 논에서는 말한다.

네 종류 수가 있다.

첫째는 무여수無餘修이니, 복덕과 지혜라는 두 종류 자량을 남김없이 닦았기 때문이다.

둘째는 장시수長時修이니, 3대겁大劫의 아승기야阿僧企耶를 거치면서 게으름이 없이 닦았기 때문이다.

셋째는 무간수無間修이니, 정근함이 용맹하여 찰나 찰나마다 그침이 없이 닦았기 때문이다.

넷째는 존중수尊重修이니, 배워야 할 법을 공경하되 (신명이나 재물을) 돌아보거나 아까워하는 일이 없었고 태만함이 없이 닦았기 때문이다.[638]

『순정리론』제75권에 의하면 또한『구사론』과 동일하다.

『성유식론』에 의하면 다섯 종류 수修가 있다. 따라서 제6권에서 말하길, "혹은 초발심初發心과 장시수長時修와 무간수無間修와 은중수殷重修와 무여수無餘修가 차별되기 때문이다."[639]라고 하였고, 해석하지는 않았다.

지금 이 경문에서는 (다섯 종류 수에서) '초발심'을 제외하였기 때문에 네 종류를 설한 것이다.

첫째, '자비 없는 가행'이란 장시수를 장애하는 것이다. 말하자면 보살이 3대겁 동안 수행할 수 있는 것은 대비大悲의 힘으로 말미암은 것인데, 자비가 없기 때문에 장시간 닦지 못하는 것이다.

둘째, '이치에 맞지 않는 가행'이란 무여수를 장애하는 것이다. 하나의 바라밀을 닦을 때는 모든 바라밀행을 통틀어 닦지 못하기 때문이다.

셋째, '항상되지 않은 가행'이란 무간수를 장애하는 것이다. '상常'이란

---

[638] 『俱舍論』권27(T29, 141b12).
[639] 『成唯識論』권6(T31, 30b1).

'항恒'이다. 게으름 때문에 쉴 틈 없이(無間) 항상 모든 행을 닦을 수가 없는 것이다.

넷째, '존중하지 않는 가행'이란 은중수를 장애하는 것이다. 말하자면 보살들은 육바라밀법을 행할 때 하나하나의 행에 대해 모두 존중하는 마음을 내면서 보시 등을 행하는 것이다.

이와 같은 네 종류가 바라밀을 행할 때 간간이 잡염되어 일어나는 것을 일컬어 '간간의 잡염'이라 이름한 것이다.

釋曰。第二次第別釋。謂障四修故說四種。言四脩者。如俱舍論二十七說。彼云。有四種修。一無餘修。福德智慧二種資粮。修無遺故。二長時修。經三大劫阿僧祇耶。修無倦故。三無間修。精勤勇猛。刹那刹那。修無癈故。四尊重修。恭敬所學。無所顧惜。修無慢故。依順正理第七十五。亦同俱舍。依成唯識。有五種脩。故第六云。或初發心長時無間殷重無餘修差別故。而不解釋。今於此中。除初發心。故說四種。一無悲加行者。障長時修。謂菩薩於三大劫。能修行者。由大悲力。由無悲力。[1] 由無悲故。非長時修。二不如理加行者。障無餘修。修一[2]時。不能通修諸廣[3]行故。三不常加行者。障無間修。常者恒也。由懈怠故。不能無間恒修諸行。四不慇重者。障殷重修。謂諸菩薩行六度法。於二行[4] 皆生尊重。而行施等。如是四種。於行度時。間雜而起。名間雜染也。

1) ㉮'由無悲力'은 잉자인 듯하다. 2) ㉯ '一' 뒤에 '度'가 누락된 듯하다. 3) ㉮ '廣'은 '度'인 듯하다. 4) ㉯ '於二行'에 오탈자가 있는 듯하다. 전후 문맥상 '二'를 '一'의 오기로 간주하였다.

c. 난점을 따라 거듭 해석함

경 "'이치에 맞지 않는 가행'이란, 말하자면 그 외의 바라밀다를 수행할 때는 그 외의 바라밀다를 멀리 떠나서 상실해 버리는 것이다."

不如理加行者。謂修行餘波羅蜜多時。於餘波羅蜜多遠離失壞。

석 세 번째는 난점을 따라가며 거듭 해석한 것이다. 말하자면 앞에서 설했던 '이치에 맞지 않는다'는 말은 비록 통틀어 모든 과실들이 모두 바른 이치(正理)에 어긋난다는 것이지만, 지금 이 경문의 뜻은 관행을 닦는 자가 왜곡되게 하나의 도度를 행하면서 그 밖의 도행을 떠나는 것을 일컬어 '이치에 맞지 않다'고 하였다.

따라서 『심밀해탈경』에서는 "모든 도를 수행하면서 그 밖의 도행을 떠나는 것을 일컬어 '이치에 맞지 않다'고 한다."[640]라고 하였다.【그런데 『상속해탈경』에서 말하길, "넷째는 부돈방편不頓方便이니, '방편을 바르게 사유하지 않는 자(不正思惟方便者)'가 이 모든 도에서 그 밖의 도를 뒤섞어서 어지럽게 수습하는 것이다."[641]라고 한 것은 번역가의 오류다. 혹은 도와서 이루어 주는 행(助成行)을 바른 행(正行)으로 삼았기 때문에 '뒤섞어서 어지럽다'고 한 것일 수도 있다.】

釋曰。第三逐難重釋。謂上所說不如理言。雖通諸過。皆違正理。而今經意。修觀行者。曲行一度者。離餘度行。名不如理。故深密云。修行諸度。離餘度行。名不如理。[1]【而相續云。四者不頓方便。不正思惟方便者。於此諸度。餘度雜亂修習者。譯家謬也。或可助成行。以爲正行。故名雜亂】。

1) ㉠ 『深密解脫經』 권4(T16, 682c9)에 '如理'가 '正思惟'라고 되어 있다.

(라) 그릇된 방편행에 대해 해석함

---

640 『深密解脫經』 권4(T16, 682c8).
641 『相續解脫地波羅蜜了義經』 권1(T16, 716c6).

㉮ 청문

[경] "세존이시여, 어떤 것들을 '그릇된 방편행'이라 합니까?"

世尊。何等名爲非方便行。

[석] 이하부터는 네 번째로 문답을 통해 그릇된 방편행에 대해 분별한 것이다. 이 중에 여섯 가지가 있다. 첫째는 청문이고, 둘째는 대답이며, 셋째는 징문이고, 넷째는 해석이며, 다섯째는 비유이고, 여섯째는 (교법과 비유를) 결합시킨 것이다.
이것은 첫 번째로 앞에서 설했던 '그릇된 방편행'에 대해 질문한 것이다.

釋曰。自中[1])第四問答分別非方便行。於中有六。一問。二答。三徵。四釋。五喩。六合。此卽第一問上所說非方便行。

1) ㉣ '中'은 '下'의 오기인 듯하다.

㉯ 대답

[경] "선남자여, 만약 보살들이 바라밀다로 중생에게 요익을 줄 때 단지 재물을 거두어 중생에게 요익을 주면 곧 기뻐하며 만족스러워 하지만 그를 불선한 곳에서 벗어나게 하여 선한 곳에 안치해 주지 않는다면, 이와 같은 것을 일컬어 '그릇된 방편행'이라 한다."

善男子。若諸菩薩。以波羅蜜多。饒益衆生時。但攝財物。饒益衆生。便爲喜足。而不令其出不善處安置善處。如是名爲非方便行。

석 두 번째는 질문에 맞춰 바로 대답한 것이다. 말하자면 보살들이 네 가지 거둠(四攝) 중에서 다만 재물로 거두면 곧 만족스럽게 여기는데, 그를 불선한 곳에서 벗어나게 하지 못한다면, 이와 같은 것을 일컬어 '그릇된 방편행'이라 한다.

釋曰。第二依問正答。謂諸菩薩。於四攝中。但以財攝。便以爲足。不能令其出不善處。如是名爲非方便行。

㉰ 징문

경 "어째서입니까?"

何以故。

석 세 번째는 '그릇된 방편행'이라고 한 이유를 따져 물은 것이다. 재물을 보시하여 기쁘게 하면 도리어 요익을 주는 것인데 어떤 의미에서 '그릇된 방편행'이라 하는가.

釋曰。第三徵請非方便行所由。施物令喜。還成饒益。以何義故。名非方便。

㉲ 해석

경 "선남자여, 중생에게 오직 이런 사를 지어 주는 것만을 진실한 요익이라 이름하는 것이 아니다.

善男子。非於衆生。唯作此事。名實饒益。

석 네 번째는 여래께서 바로 설하신 것이다. 말하자면 보살들이 중생에게 오직 재물로 거두어서 세간적 기쁨을 지어 주는 것만을 '요익'이라 이름한 것은 아니고, 반드시 법의 보시로 중생들로 하여금 불선한 곳에서 벗어나게 해 주어야 '요익'이라 이름한다.

釋曰。第四如來正說。謂諸菩薩。非於衆生。唯作財攝世間喜悅。名爲饒益。要須法施。令諸衆生。出不善處。乃名饒益。

㈐ 비유

경 비유하면 더러운 똥이 많든 적든 끝내 향기롭고 청결한 것으로 되도록 할 수는 없는 것과 같다.

譬如糞穢。若多若少。終無有能令成香潔。

석 다섯 번째는 비유로 설한 것이다.
마치 세간의 더러운 똥이 많았다가 적어짐으로써 끝내 청결한 사물이 될 수는 없는 것과 같다. '똥'은 행고行苦를 비유하고, '향'은 열반을 비유한 것이다.

釋曰。第五喩說。如世糞穢。多之以少。竟身[1]不能成香潔之物。糞喩行苦。香譬涅槃。

---
1) ㉑ '身'은 잉자인 듯하다.

㈑ 결합

경 이와 같이 중생은 행고行苦로 말미암기 때문에 그 본성이 '고苦'이니, 방편으로 단지 재물로써 잠깐 서로 요익을 주어 '낙樂'으로 되게 할 수는 없고, 오직 묘하고 선한 법 가운데 편안히 처하도록 함이 있어야 비로소 이것을 '제일의 요익'이라 이름한다."

如是衆生。由行苦故。其性是苦。無有方便但以財物暫相饒益可合[1]成樂。唯有安處妙善法中。方便[2]可得名第一饒益。

1) ㉥『解深密經』권4(T16, 706b1)에 따르면, '合'은 '令'의 오기다. 2) ㉥『解深密經』권4(T16, 706b2)에 '便'이 없다.

석 여섯 번째는 비유와 결합시킨 것이다. 말하자면 중생들은 행고로 말미암아 그 본성이 다 '고苦'이니, 재물과 음식으로 요익을 주어서 (그 '고'가) '낙樂'이 되게 할 수는 없고, 오직 보리와 열반의 묘하고 선한 법 가운데 편안히 처하도록 함이 있어야, 이와 같은 것을 '제일의 요익'이라 이름한다는 것이다.

釋曰。第六合喩。謂諸衆生。由行苦故。其性皆苦。無有以財飮食饒益可令成樂。唯有安處菩薩[1]涅槃妙善法中。如是乃名第一饒益。

1) ㉤ '薩'은 '提'인 듯하다.

⑨ 육도六度의 청정淸淨의 개수를 밝힌 문

가. 청문

경 관자재보살이 다시 부처님께 여쭈었다. "세존이시여, 이와 같은 모든 바라밀다에는 몇 가지 청정이 있습니까?"

觀自在菩薩. 復白佛言. 世尊. 如是一切波羅蜜多. 有幾淸淨.

석 이하는 아홉 번째로 모든 도度의 청정의 종류 수를 밝힌 문이다. 이 중에 두 가지가 있다. 앞은 질문이고, 뒤는 대답이다.

이것은 육도에 몇 가지 청정이 있는가라고 총괄해서 물은 것이다.

釋曰. 自下第九諸度淸淨種數門. 於中有二. 先問. 後答. 此卽總問六度有幾淸淨.

나. 대답

가) 청정은 오상五相을 떠나지 않음을 밝힘

경 부처님께서 관자재보살에게 말씀하셨다. "선남자여, 나는 끝내 바라밀다가 앞의 다섯 가지 상을 제외하고 그 밖의 청정함이 있다고 설하지 않는다.

佛告觀自在菩薩曰. 善男子. 我終不說波羅蜜多除上五相有餘淸淨.

석 이하는 두 번째로 여래께서 바로 설하신 것이다. 이 중에 두 가지가 있다. 처음에는 청정은 이전의 오상五相을 떠나지 않음을 밝힌 것이다.[642] 나중에는 오상에 의거해서 총總·별別의 일곱 가지 상을 설했음을

---

[642] 앞에서 육바라밀다가 '바라밀다'라고 불리는 이유를 설명하는 중에 오상五相을 언급한 바 있다. 즉 집착이 없는 모습(無染著相), 돌아보며 연연하지 않는 모습(無顧戀相), 죄의 허물이 없는 모습(無罪過相), 분별이 없는 모습(無分別相), 바르게 회향하는 모습(正迴向相) 등을 말한다.

밝힌 것이다.

이것은 처음에 해당한다. 말하자면 나는 가령 앞에서 설했던 바인 (첫 번째) '집착이 없기 때문'이라 한 것, 내지는 다섯 번째 '바르게 회향하는 모습'이라 한 것, 이 (오상을) 제외하고 별도의 청정한 상이 있다고 설하지 않았다는 것이다.

釋曰。自下第二如來正說。於中有二。初明淸淨不離前相五。[1] 後明依五說總別七。此卽初也。謂我不說。如上所說無染著故。及其[2]第五正迴向相。除此已外。有別淨相。

1) ㉠ '相五'는 '五相'의 도치인 듯하다. 2) ㉠ '及其'는 '乃至'의 오기인 듯하다.

나) 오상에 의거해서 총總·별別의 일곱 가지 상을 설했음을 밝힘

(가) 총괄해서 답함

경 **그런데 나는 곧 이와 같은 모든 사의 총체적·개별적 (상)에 의거해서 바라밀다의 청정의 상에 대해 설할 것이다.**

然我卽依如是諸事總別。當說波羅蜜多淸淨之相。

석 이하는 두 번째로 이전의 다섯 가지 상에 의거해서 총·별의 일곱 가지 상을 설하였다. 이 중에 두 가지가 있다. 처음에는 이전의 다섯 가지 상에 의거해서 총·별의 일곱 가지 상을 설했다고 총괄해서 답하였다. 나중에는 차례대로 총·별의 일곱 가지 상을 따로따로 해석한 것이다.

이것은 처음에 해당한다.

"이와 같은 모든 사"란, 모든 도度를 설하여 '모든 사'라고 하였고, 이와

같은 모든 도에 각기 총·별의 일곱 가지 상이 있다는 것이다.

釋曰。自下第二依前五相說總別七。於中有二。初總答依前五相說總別七。後次第別釋總別七相。此卽初也。如是諸事者。說法[1]度名爲諸事。如是諸度名[2]有總別七種。

1) ㉘ '法'은 '諸'인 듯하다. 2) ㉠ '名'은 '各'의 오기인 듯하다.

(나) 따로 해석함

㉮ 총체적인 일곱 가지 상을 해석함

a. 표장으로서 개수를 둠

경 모든 바라밀다의 청정한 상을 총괄해서 설하면, 일곱 종류임을 알아야 한다.

總說一切波羅蜜多淸淨相者。當知七種。

석 이하는 두 번째로 차례대로 따로 해석한 것이다. 이 중에 두 가지가 있다. 처음은 총체적인 일곱 가지 상을 해석한 것이다. 나중은 개별적인 일곱 가지 상을 해석한 것이다.

전자 중에 두 가지가 있다. 처음은 표장으로서 개수를 든 것이고, 나중은 문답으로 따로 해석한 것이다.

이것은 일곱 종류의 상이 있다고 총괄해서 표명한 것이다.

釋曰。自下第二次第別釋。於中有二。初釋總七相。後釋別七相。前中有二。

初標章擧數。後問答釋別。[1] 此卽總標有七種相。

---

[1] ㉠ 뒤의 '第二問答別釋'이라는 문구에 따르면, '釋別'은 '別釋'의 도치인 듯하다.

b. 문답으로 따로 해석함

a) 총괄해서 물음

경 어떤 것들이 일곱 종류인가?

何等爲七。

석 두 번째는 문답으로 따로 해석한 것이다.
이것은 총괄해서 물은 것이다.

釋曰。第二問答別釋。此卽總問。

b) 일곱 가지 상을 따로 해석함

(a) 첫 번째 상

경 첫째, 보살은 이 모든 법에 있어서 타인이 알아주길 구하지 않는다.

一者。菩薩於此諸法。不求他知。

석 이하는 일곱 종류 상을 따로 해석한 것이다. 이것은 첫 번째 상을 해석한 것이다. 보살은 육도를 비밀스럽게 행하되 타인으로 하여금 알도록 하지 않고 명성이나 이양을 구하지도 않기 때문이다.

釋曰。自下別釋七相。此釋初相。菩薩密行六度。不令他知。不求名聞利養故。

(b) 두 번째 상

경 둘째, 이 모든 법을 보고 나서는 집착을 내지 않는다.

二者。於此諸法見已。不生執著。

석 두 번째는 집착을 내지 않는 모습이니, 이는 삼륜三輪을 떠났기 때문이다. 육도 하나하나마다 각기 삼륜을 떠나니, 예를 들어 양梁『섭대승론석』 제9권에서 자세히 해석한 것과 같다.[643]

釋曰。第二不生執著相。離三輪故。六度一一各離三輪。如梁攝論第九廣釋。

(c) 세 번째 상

경 셋째, 곧 이와 같은 모든 법들에서 '능히 대보리를 증득할 것인가, 아닌가' 하는 의혹을 내지 않는다.

---

[643] 여기서 말하는 '삼륜三輪'이란 '보시하는 자(能施)와 보시 받는 자(受施)와 보시된 재물(所施財物)'을 가리킨다. 보살은 무분별지로 인해 이 삼륜을 분별하지 않지만, 세상 사람들과 이승인들은 이 삼륜에 대한 분별을 떠나지 못하기 때문에 아애我愛와 재물에 대한 집착을 일으킨다는 것이다. 자세한 것은 진제 역, 세친의 『攝大乘論釋』 권9(T31, 215b25) 참조.

三者。卽於如是諸法。不生疑惑。謂爲能得大菩提不。

석 세 번째는 의혹을 내지 않는 모습이니, 신해가 견고하기 때문이다.

釋曰。第三不生疑惑相。信解堅牢故。

(d) 네 번째 상

경 넷째, 끝내 스스로를 칭찬하면서 남을 헐뜯으며 경멸하는 바가 있지 않다.

四者。終不自讚毀他有所輕蔑。

석 네 번째는 스스로를 칭찬하고 남을 헐뜯는 짓을 일으키지 않으니, 무거운 과실을 범하는 것이기 때문이다.

釋曰。第四不起自讚毀他。犯重過故。

(e) 다섯 번째 상

경 다섯째, 끝내 교만·방일하지 않는다.

五者。終不憍傲放逸。

석 다섯 번째는 방일하지 않는 모습이니, 이는 게으름을 떠났기 때문이다.

제7 지바라밀다품 • 377

釋曰。第五不放逸相。離懈怠故。

(f) 여섯 번째 상

경 여섯째, 끝내 조금 얻은 바가 있다 해서 곧장 기뻐하며 만족하는 마음을 내지 않는다.

六者。終不少有所得便生喜足。

석 여섯 번째는 기뻐하며 만족하는 마음을 내지 않는 것이다. 모든 행을 광대하게 닦으려면 싫증 내며 만족하는 마음이 없어야 하기 때문이다.

釋曰。第六不生喜足。廣修諸行。無厭足故。

(g) 일곱 번째 상

경 일곱째, 끝내 이 모든 법으로 말미암아 타인에게 질투를 일으켜 인색하게 굴지 않는다.

七者。終不由此諸法。於他發起嫉妬慳悋。

석 일곱 번째는 질투를 내지 않는 것이다. 보살은 자기가 법을 행한다는 이유로 타인이 인색한 짓을 행하는 것을 보고 질투를 일으켜서 재물·법을 아까워하지 않는다.

釋曰。第七不生嫉妬。菩薩不以自行法故。見他行悋者。發起嫉妬慳悋財法。

㉴ 개별적인 일곱 가지 상을 해석함

a. 표장으로서 개수를 듦

경 모든 바라밀다의 청정한 상을 따로 설하면, 또한 **일곱 종류가 있다.**

別說一切波羅蜜多淸淨相者。亦有七種。

석 이하는 두 번째로 개별적인 일곱 가지 상을 해석한 것이다. 이 중에 두 가지가 있다. 앞은 표장으로서 개수를 든 것이다. 뒤는 문답으로 따로 해석한 것이다.
이것은 첫 번째로 표장으로서 개수를 든 것이다.

釋曰。自下第二釋別七相。於中有二。初標章擧數。後問答別釋。此卽第一標章擧數。

b. 문답으로 따로 해석함

a) 총괄해서 물음

경 어떤 것들이 일곱 종류인가?

何等爲七。

석 이하는 문답으로 따로 해석한 것이다. 이것은 총괄해서 물은 것이다.

釋曰。自下問答別釋。此即總問。

b) 개별적 해석

(a) 시施의 일곱 가지 상

ⓐ 일곱 종류 깨끗한 상을 일으킴을 총괄해서 표명함

경 보살들이 내가 설한 대로 일곱 종류 보시의 청정한 상에 수순해서 수행하는 것을 말한다.

謂諸菩薩。如我所說。七種布施淸淨之相。隨順修行。

석 이하에서는 육도의 일곱 가지 상을 따로 해석하였으니, 곧 여섯 단락이 된다.

이것은 첫 번째로 보시의 일곱 가지 상을 해석한 것이다. 이 중에 세 가지가 있다. 처음은 보살이 일곱 가지 청정한 상을 일으킨다는 것을 총괄해서 표명한 것이다. 다음은 일곱 가지 상을 따로따로 해석한 것이다. 마지막은 일곱 가지 상에 대해 총결지은 것이다.

이것은 보시의 일곱 가지 상을 닦는다는 것을 총괄해서 표명한 것이다.

釋曰。自下別釋六度七相。卽爲六段。此卽第一釋施七相。於中有三。初總標菩薩起七淨相。次別釋七相。後總結七相。此卽總標修施七相。

ⓑ 일곱 종류 상을 따로 해석함

경 첫째, 보시물이 청정함으로 말미암아 청정한 보시를 행한다. 둘째, 계戒가 청정함으로 말미암아 청정한 보시를 행한다. 셋째, 견見이 청정함으로 말미암아 청정한 보시를 행한다. 넷째, 마음이 청정함으로 말미암아 청정한 보시를 행한다. 다섯째, 말(語)이 청정함으로 말미암아 청정한 보시를 행한다. 여섯째, 지智가 청정함으로 말미암아 청정한 보시를 행한다. 일곱째, 때(垢)가 청정함으로 말미암아 청정한 보시를 행한다.

一者。由施物淸淨。行淸淨施。二者。由戒淸淨。行淸淨施。三者。由見淸淨。行淸淨施。四者。由心淸淨。行淸淨施。五者。由語淸淨。行淸淨施。六者。由智淸淨。行淸淨施。七者。由垢淸淨。行淸淨施。

석 두 번째는 차례대로 따로 해석한 것이다.
보시 중에 일곱 가지 상이 있다. 청정하지 않은 물건 등이 아닌 것으로 혜시惠施를 행하는 것을 일컬어 '보시물이 청정하다'고 한다.
모든 악 등을 그치면서 혜시를 행하는 것을 일컬어 '계가 청정하다'고 한다.
'나(我)는 능히 보시를 행하고 보시는 나의 것(我所)이다'[644]라는 등을 헤아리지 않으면서 혜시를 행하는 것을 일컬어 '견이 청정하다'고 한다.
가엾게 여기며 사랑하는 마음 등으로 혜시를 행하는 것을 일컬어 '마음이 청정하다'고 한다.
얼굴을 펴고 미소를 머금고 먼저 안부를 묻는 말을 하는 등 (이와 같이) 혜시를 행하는 것을 일컬어 '말이 청정하다'고 한다.

---

[644] 원측 소에 "不計度我能行施。爲我所……"라고 되어 있는데, '爲' 앞에 '施'가 누락된 듯하다. 이 문구는 『瑜伽師地論』 제74권의 내용을 발췌한 것인데, '견見의 청정함의 열 가지 모습'을 설명하면서 "不計度我能行施。施爲我所。而行惠施。"라고 하였다. 『瑜伽師地論』 권74(T30, 709b5) 참조.

'보시'라는 이름과 그 체에 대해 모두 여실하게 아는 등 (이와 같이) 혜시를 행하는 것을 일컬어 '지가 청정하다'고 한다.

게으름과 탐욕·성냄·우치 등의 때(垢)를 멀리 떠나서 혜시를 행하는 것을 일컬어 '때가 청정하다'고 한다.

보살이 보시를 행할 때 반드시 이와 같은 청정한 상으로 말미암아야 청정한 보시가 되는 것이니, 구체적인 것은 『유가사지론』의 설명과 같다.

釋曰。第二次第別釋。施中七相。非不淨物等。而行惠施。名施物清淨。息除諸惡等。而行惠施。名爲戒淨。不計度我能行施。爲[1]我所等。而行惠施。名爲見淨。以憐愛心等。而行惠施。名爲心淨。舒顔含笑。先言問執[2]等。而行惠施。名爲語淨。於施名體。皆如實知等。而行惠施。名爲智淨。遠離懈怠貪瞋癡等垢。而行惠施。名爲垢淨。菩薩行施。要由如是七清淨相。乃成淨施。具如瑜伽論說。

1) ㉡ '爲' 앞에 '施'를 보입해야 한다.   2) ㉮ '執'은 '訊'인 듯하다.

ⓒ 일곱 종류 상에 대해 총결지음

경 이것을 일컬어 일곱 종류의 보시의 청정한 상이라 한다.

是名七種施清淨相。

석 이것은 세 번째로 총괄해서 결론지은 것임을 알아야 한다.

釋曰。此卽第三總結應知。

그런데 이 일곱 가지 상은 하나하나 각기 열 가지 상으로 분별하는데,

예를 들어 『유가사지론』 제74권과 같다. 그 논에서 말한다.

다시 마치 모든 보살이 행했던 바의 혜시처럼 이 보시는 일곱 종류 상으로 말미암아 청정을 획득함을 알아야 한다. 말하자면 보시물이 청정하고, 계가 청정하며, 견이 청정하고, 마음이 청정하며, 말이 청정하고, 지혜가 청정하며, 때가 청정한 것을 말한다.

이와 같은 청정은 일체가 모두 열 가지 상이 있음을 알아야 한다. 어떤 것이 보시물의 청정함의 열 가지 상인가?

첫째는 광대한 보시이니, 온갖 다양한 것들이 차별되기 때문이다.

둘째는 평등한 보시이니, 늘어남도 없고 줄어듦도 없기 때문이다.

셋째는 때에 맞는 보시이니, 그가 좋아하는 것을 맞춰 주기 때문이다.

넷째는 최상의 오묘한 보시이니, 색 등을 구족하기 때문이다.

다섯째는 청정한 보시이니, 청정하지 않은 물건으로 뒤섞이거나 더럽혀진 것이 아니기 때문이다.

여섯째는 여법한 보시이니, 죄 없음과 상응하기 때문이다.

일곱째는 즐거움을 따라 주는 보시이니, 구하는 자가 좋아하는 것을 따라 주기 때문이다.

여덟째는 이익을 주는 보시이니, 그에게 마땅한 것을 따라 주기 때문이다.

아홉째는 혹은 단박에 혹은 점차로 보시하는 것이니, 저 구하는 자를 관찰해서 (베풀어 주기) 때문이다.

열째는 무간無間의 보시이니, 단절이 없기 때문이다.[645]

계戒와 견見과 마음(心)과 말(語)과 지혜(智)와 때(垢) 등 여섯 종류의 청정

---

[645] 『瑜伽師地論』 권74(T30, 709a16).

도 각기 열 가지 상으로 분별하는데, 구체적으로 설하면 저 『유가사지론』과 같다.

> 然此七相。一一各以十相分別。如瑜伽論第七十四。彼云。復次如諸菩薩所行惠施。當知此施。由七種相乃得淸淨。謂施物淸淨。戒淸淨。見淸淨。心淸淨。語淸淨。智淸淨。垢淸淨。如是淸淨。當知一切皆有十相。云何施物淸淨十相。一廣大施。謂衆多差別故。二平等施。謂無增無減故。三應時施。謂當彼所樂故。四上妙施。謂色等具足故。五淸淨施。謂非不淨物所雜穢故。六如法施。謂無罪相應故。七隨樂施。謂隨求者所愛樂故。八利益施。謂隨彼所宜故。九或頓或漸施。謂隨求有[1]故。十無間施。謂無斷絶故。戒見心語智垢六種。各以十相分別。具說如彼。

---
[1] 옙 『瑜伽師地論』 권74(T30, 709a25)에 '隨求有'가 '觀彼求者'로 되어 있고, 이를 따랐다.

(b) 계계(戒)의 일곱 가지 상

ⓐ 해석

ㄱ. 두 가지 상을 잘 요지함을 밝힘

경 또 보살들은 율의의 모든 학처를 제정한 것에 대해 능히 잘 요지하고, 범했던 것에서 출리하는 것에 대해 능히 잘 요지하며,

> 又諸菩薩。能善了知制立律儀一切學處。能善了知出離所犯。

석 이하는 두 번째로 계의 일곱 가지 상에 대해 설명한 것이다. 앞은

해석이고, 뒤는 결론이다.

일곱 가지 상을 해석했는데, 곧 둘로 구분된다. 처음은 두 가지 상을 능히 잘 요지함을 밝힌 것이다. 나중에는 다섯 가지 상이 있으니, '수지함'을 바로 나타낸 것이다.

이것은 처음에 해당한다.

첫째는 율의계 중의 모든 학처를 능히 잘 요지하는 것이다. 따라서 『상속해탈경』에서는 "모든 종류의 율의계를 잘 제정한다."[646]라고 하였다.

둘째는 범했던 것에서 출리하는 것에 대해 잘 아는 것이니, 즉 이는 죄를 벗어나는 참회법이다. 따라서 『상속해탈경』에서는 "죄를 벗어나는 계를 잘 안다."[647]라고 하였고, 『심밀해탈경』에서는 "모든 허물을 떠나는 법을 (잘 안다.)"[648]라고 하였다.

釋曰。自下第二辨戒七相。先釋。後結。釋七相卽分爲二。初明二相能善了知。後有五相。正顯受持。此卽初也。一能善了知律儀戒中一切學處。故相續經云。善制一切[1]律儀戒。二能善了知出離所犯。卽是出罪懺悔法也。故相續經云。善於出過。[2] 深密經云。離諸過法。

1) ㉡『相續解脫經』권1(T16, 716c27)에 '一切' 뒤에 '種'이 있다.　2) ㉡『相續解脫經』권1(T16, 716c27)에 '過'가 '罪戒'로 되어 있고, 이를 따랐다.

ㄴ. 다섯 가지 상으로 수지受持를 바로 나타냄

경 항상된 시라를 갖추고, 시라를 견고히 하고, 시라를 항상 짓고, 시라를 항상 굴리며, 일체의 모든 학처를 수학하는 것이다.

---

646 『相續解脫地波羅蜜了義經』 권1(T16, 716c26).
647 『相續解脫地波羅蜜了義經』 권1(T16, 716c27).
648 『深密解脫經』 권4(T16, 683a12).

具常尸羅。堅固尸羅。常作尸羅。常轉尸羅。受學一切所有學處。

석 이 뒤의 다섯 가지 상은 '수지'를 바로 나타낸 것이다.

'다섯 가지 상'이란, 첫째는 항상된 시라를 갖추는 것이고, 둘째는 시라를 견고히 하는 것이며, 셋째는 항상 시라를 짓는 것이고, 넷째는 시라를 항상 굴리는 것이며, 다섯째는 일체의 모든 학처를 수학하는 것이다.

이 뒤의 다섯 가지 상은 가령 『유가사지론』 제82권에서 차례대로 해석한 것과 같다. 따라서 그 논에서는 말한다.

어째서 시라를 항상 지킨다고 하는가? 모든 학처를 버리지 않기 때문이다. 【『유가사지론』 제42권에서는 "'항상계恒常戒'란 비록 수명이 다해도 소학처所學處(계율)를 버리지 않기 때문이다."[649]라고 하였다.】

어째서 시라를 견고하게 지킨다고 하는가? 모든 학처를 훼범하지 않기 때문이다. 【『유가사지론』 제42권에서는 "'견고계堅固戒'란 모든 이양공경利養恭敬과 다른 논(他論)과 근본번뇌·수번뇌가 조복시킬 수 없고 빼앗을 수도 없기 때문이다."[650]라고 하였다.】[651]

어째서 시라를 항상 짓는다고 하는가? 학처에 구멍이 뚫리는 일이 없기 때문이다.

어째서 시라를 항상 굴린다고 하는가? 구멍이 뚫리고 나서 다시 도로 청정해지기 때문이다.

---

649 『瑜伽師地論』 권42(T30, 522a29).
650 『瑜伽師地論』 권42(T30, 522b1).
651 원측 소에 "瑜伽四十二云。堅固戒者。一切利養恭敬他論本隨煩惱。不能伏故。不能奪故。"라는 문장이 본문으로 편찬되어 있다. 그런데 이 문구는 협주인 듯하다. 이 단락에서는 『瑜伽師地論』 권82를 인용하여 오상五相을 설명하였고, 협주 안에서 같은 책 권42와 권22, 혹은 『顯揚聖敎論』 등의 설명과 대조하였다. 따라서 권82 인용문의 중간에 삽입된 이 권42의 인용문을 협주로 간주하였다.

어째서 시라의 학처를 수학受學한다고 하는가? 갖추어서 모든 학처를 수학隨學하기 때문이다.⁶⁵²【이러한 상을 자세하게 해석하자면, 가령 『현양성교론』 제7권과 『유가사지론』 제22권과 같다.】

『현양성교론』 제13권에서도 다섯 가지 상을 따로따로 해석했는데, 또한 『유가사지론』과 동일하다.

【해】 '항상된 (시라를) 갖춘다'거나 '견고하게 한다(堅固)'라고 하는 두 종류 시라는 (그 순서대로) '버리지 않음(不捨)'과 '범하지 않음(不犯)'이고, 이것이 두 가지 상이 된다. '(시라를) 항상 짓는다(常作)'거나 '항상 굴린다(常轉)'라고 하는 두 종류 시라는 (그 순서대로) '전심으로 다하면서 범하지 않음'과 '범하고 나면 곧바로 참회함'이고, 이것이 두 가지 상이 된다. (다섯 번째) '학처시라를 (수학한다)'는 것은 모든 학처를 다 갖추어 수행하는 것을 말한다. 어떤 해석에 따르면, 일곱 가지 상 중에 처음의 두 개는 율의계律儀戒⁶⁵³이고, 다음의 두 개는 섭선법계攝善法戒⁶⁵⁴이며, 마지막 두 개는 이유정계利有情戒(요익유정계)⁶⁵⁵이고, 일곱 번째 한 종류는 통틀어 앞의 세 종류 계를 포괄한다.】

釋曰。此後五相。正顯受持。言五相者。一具常尸羅。二堅固尸羅。三常作尸羅。四常轉尸羅。五受學一切所有學處。此後五相。如瑜伽論第六¹⁾十二次第解釋。故彼論云。云何常守尸羅。謂不棄捨諸學處故。【瑜伽四十二云。恒

---

652 『瑜伽師地論』 권82(T30, 758c29).
653 율의계律儀戒 : 섭률의계攝律儀戒라고도 하는데, 모든 악을 방지하는 모든 율의를 가리키며, 칠중七衆(비구·비구니·식차마나·사미·사미니·우바새·우바이)이 받은 계를 말한다. 이에 관한 자세한 설명은 이전의 '⑦ 육도六度의 품류의 차별을 밝힌 문' 중에서 '(나) 계戒의 세 가지 품' 참조.
654 섭선법계攝善法戒 : 보살이 신身·구口·의意의 선업善業을 닦거나 육바라밀 등 모든 선법善法을 행하는 것을 말한다. 이에 관한 자세한 설명은 이전의 '⑦ 육도六度의 품류의 차별을 밝힌 문' 중에서 '(나) 계戒의 세 가지 품' 참조.
655 이유정계利有情戒 : 요익유정계饒益有情戒 혹은 섭중생계攝衆生戒라고도 하며, 자비심으로 모든 중생을 거두어 이익을 주는 것을 말한다. 이에 관한 자세한 설명은 이전의 '⑦ 육도六度의 품류의 차별을 밝힌 문' 중에서 '(나) 계戒의 세 가지 품' 참조.

常成者。離²⁾盡壽命。不棄所學處。³⁾】云何堅守尸羅。謂不毀犯諸學處故。【瑜伽四十二云。堅固戒者。一切利養恭敬他論本隨煩惱。不能伏故。不能奪故。】⁴⁾ 云何常作尸羅。謂於學處。穿⁵⁾穴故。云何常轉尸羅。謂穿穴已。復還淨故。云何受學尸羅之處。謂具隨學諸處故。【廣釋此相。如顯揚第七。瑜伽二十二。】顯揚十三。別釋五相亦同瑜伽。【解云。具常堅固二種尸羅。不捨不犯。爲二。常作常轉二種尸羅。專精不犯。犯已卽悔。爲二。學處尸羅。謂具修行一切學處。有釋。七中初二是律儀戒。次二攝善法戒。後二利有情戒。第七一種。通攝前三也。】

1) ㉘ '穴'은 '八'의 오기인 듯하다. 2) ㉘『瑜伽師地論』권42(T30, 522a29)에 따르면, '離'는 '雖'의 오기다. 3) ㉘『瑜伽師地論』권42(T30, 522b1)에 '處' 뒤에 '故'가 있다. 4) ㉘ "瑜伽四十二云。堅固戒者。一切利養恭敬他論本隨煩惱。不能伏故。不能奪故。"라는 문구는 원측 소의 본문으로 편찬되어 있는데, 협주인 듯하다. 해당 번역문 역주 참조. 5) ㉘『瑜伽師地論』권82(T30, 759a2)에 '穿' 앞에 '無'가 있다.

ⓑ 결론

【경】 이것을 일곱 종류 계의 청정한 모습이라 한다.

是名七種戒淸淨相。

【석】 이것은 두 번째로 총결지은 것임을 알아야 한다.

釋曰。此卽第二總結應知。

(c) 인忍의 일곱 가지 상

ⓐ 해석

ㄱ. 첫 번째 상

경 만약 보살들이 자기의 모든 업과의 이숙에 대해 깊이 믿음을 낸다면, 일체의 있는 바 요익되지 않는 일들이 눈앞에 나타났을 때 분한 마음을 내지 않고

若諸菩薩。自於¹⁾所有業果異熟。深生仰信。一切所有不饒益事。現在前時。不生憤發。

1) ㉠『解深密經』권4(T16, 706b26)에 따르면, '自於'는 '於自'의 도치다.

석 이하는 세 번째로 인忍의 일곱 가지 상을 해석한 것이다. 이 중에 두 가지가 있다. 앞은 해석이고, 뒤는 결론이다.

해석 중에 일곱 가지 상이 있고, 이것은 일곱 가지 중 첫 번째 상이다. 말하자면 보살들이 인과를 깊이 믿고 자기 업으로 말미암아 있는 모든 거스르는 경계를 알아서, 분한 마음을 내지 않는다. 이 중에 '업을 믿는다'는 것은 인내의 원인에 해당하고, '요익되지 않는 일'이란 인내의 경계에 해당하며, '분한 마음을 내지 않는다'는 것은 인내의 체體에 해당하니, 이 세 가지 연緣으로 첫 번째 상을 나타낸 것이다.

또『유가사지론』제42권에서는 말한다.

말하자면 보살들이 타인의 원해로부터 생겨난 바의 온갖 고통이 현전해 있을 때, 마땅히 이와 같이 배워야 한다. 〈이와 같은 것은 내 스스로 지은 업의 허물일 뿐이다. 내가 지난 세에 스스로 종종의 부정不淨한 업을 지었기 때문에 지금 이와 같은 종종의 고통스런 과보를 받는 것이다. 참지 못한다면 다시 미래에 큰 고통의 인처因處가 될 것이다.〉[656]

자세하게 설하면 그 논과 같다.

釋曰。自下第三釋忍七相。於中有二。先釋。後結。釋中七相。此卽七中第一相也。謂諸菩薩。深信因果。知由自業所有違境。不生憤發。於中。信業。卽是忍因。不饒益事。卽是忍境。不生憤發。卽是忍體。由此三緣。顯第一相。又瑜伽論四十二云。謂諸菩薩。從他怨害所生衆苦。現在前時。應如是學。如此是我自業過耳。由我先世自造種種不淨業故。今受如是種種苦果。若不忍者。復爲當來大苦因處。廣說如彼。

ㄴ. 두 번째 상

경 또한 되받아 욕하지 않고, 성내지도 않고 때리지도 않으며, 두렵게 하지도 않고 조롱하지도 않으며, 갖가지 요익되지 않는 일로써 되돌려주며 서로 해를 가하지 않는다.

亦不反罵。不瞋不打。不恐不弄。不以種種不饒益事反相加害。

석 두 번째 상을 나타낸 것이다. 말하자면 보살들은 두 가지 공에 깊이 통달하니, '능히 욕하는 자(能罵)'도 '욕먹는 대상(所罵)'도 없는 것이다. 또 인忍이 속히 성취될 수 있기를 바라기 때문에 능히 인을 행하면서 되받아 앙갚음하지 않는다. 만약 되받아 앙갚음한다면, 큰 이익을 잃게 된다.

釋曰。顯第二相。謂諸菩薩。深達二空。無能所罵。又欲令忍速得成就。故

---
656 『瑜伽師地論』 권42(T30, 523b3).

能行忍。不加反報。若反報者。失大利也。

또 『유가사지론』 제30권에서는 말한다.

이 중에는 능히 욕하는 자나 욕먹는 대상, 능히 성내는 자나 성내는 대상, 능히 놀리는 자나 놀림 받는 자, 능히 때리는 자나 맞는 자란 전혀 없고, 오직 (욕하는 등의) 음성만 있고, 오직 명자名字만 있는 것이다.

또 나의 이 몸은, 생겨난 곳을 따라서 색의 추중麤重과 사대소조四大所造가 있고, 머무는 곳을 따라서 다시 이와 같은 촉觸에 의해 괴롭힘을 받음이 있다. 대략 두 종류 촉이 있으니, 음성音聲의 촉과 손·발·흙덩이·칼·지팡이 등의 촉이다. 이 몸과 촉은 모두 다 무상하고, 능히 이와 같이 요익되지 않은 짓을 하는 자도 역시 무상하다.

또 다시 일체의 유정의 부류는 다 생·노·병·사 등의 법이 있으니, 본성이 바로 고苦이다. 따라서 내가 본성이 고통인 모든 유정들에게 다시 그 고통을 가하면서 즐거움을 주지 않는 것은 하지 말아야 한다.

또 역시 원수의 집안에게는 선지식이 되어 주지 않는다거나, 일체유정의 부류들을 거두어 자기 몸(自體)으로 삼지 않는다거나 하지는 말아야 한다.

또 세존께서 말씀하셨다. "나는 이와 같은 종류의 유정들이 시작 없는 때부터 세세로 생사를 거치고 오랜 시간 유전하면서 서로 간에 혹은 부모·형제·자매, 궤범사軌範師나 친교사親敎師나 그 밖의 존중받는 자가 되지 않았었다고는 보지 않는다. 이 인연에 따르면 모든 미워하는 품류가 모두 나의 친한 품류가 아님이 없다. 또 미워하는 품류와 친한 품류란 결정적이고 진실한 것은 얻을 수 없는 것이다. 어째서인가. 친한 품류가 그 밖의 때에는 바뀌어 미워하는 품류가 되고, 미워하는 품류도 그 밖의 때에는 바뀌어 친한 품류가 된다. 일체는 결정된 것이 없다. 따라서 나는 지금 모든 유정의 부류에게 인욕의 마음을 행할 것이다."[657]

又瑜伽論第三十云。此中都無能罵所罵。能瞋所瞋。能弄所弄。能打所打。
唯有音聲。唯有名字。又我[1]身隨所生起。名[2]有色麤重四大所造。隨所住
處。便有[3]如是解[4]觸所逼惱。略有三[5]觸。謂音聲觸。及手足魂[6]刀杖等觸。
是身及觸。皆悉[7]無常。能爲如是不饒益者。亦是無常。又復一切有情之類。
皆有生老病死等法。本性是苦。故我不應於本性苦諸有情上。更加其苦。而
不與樂。又亦不應。不與怨家作善知識。不攝一切有情之類以爲自體。又世
尊言。我不觀見。如是種類有情。可得無始世來。經歷生死。長時流轉。亦[8]
互相爲或父母兄弟姉妹。若軌範師。若親教師。若餘尊重者。由是因緣。一
切怨品。無不皆是我之親品。又恐[9]親品。無有決定眞實可得。何以故。親
品餘時。轉成怨品。怨品餘時。轉成親品。是故一切無有決定。故我今者。
應於一切有情之類。行忍辱心。

1) ㉠『瑜伽師地論』권30(T30, 453b26)에 '我' 뒤에 '此'가 있다. 2) ㉠『瑜伽師地
論』권30(T30, 453b26)에 '名'이 없다. 3) ㉠『瑜伽師地論』권30(T30, 453b27)에 따
르면, '有'는 '爲'의 오기다. 4) ㉮ '解'는 잉자인 듯하다. ㉠『瑜伽師地論』권30(T30,
453b27)에 '解'가 없다. 5) ㉠『瑜伽師地論』권30(T30, 453b27)에 따르면, '三'은 '二'
의 오기다. 6) ㉮ '魂'은 '觸'인 듯하다. ㉠『瑜伽師地論』권30(T30, 453b28)에 따르
면, '魂'은 '塊'의 오기다. 7) ㉠『瑜伽師地論』권30(T30, 453b29)에 '悉'이 '是'로 되
어 있다. 8) ㉠『瑜伽師地論』권30(T30, 453c6)에 따르면, '亦'은 '不'의 오기다. 9)
㉠『瑜伽師地論』권30(T30, 453c9)에 따르면, '恐'은 '怨'의 오기다.

ㄷ. 세 번째 상

경 원한 맺힌 마음을 품지도 않고,

不懷怨結。

---
657 『瑜伽師地論』권30(T30, 453b24).

석 세 번째 상을 밝힌 것이다. 인忍의 뛰어난 이익을 안다면 결코 원한 맺힘이 없다.

『유가사지론』제42권에서는 말한다. 〈타인이 손해를 주고 괴롭힐 때 또한 혐오하는 의요가 상속하면서 항상 현전해 있음도 없고, 요익을 지어 주려는 데 있어 선후가 달라짐도 없다.〉[658]

釋曰。明第三相。知忍勝利。必無怨結。瑜伽論四十二云。他損惱時。亦無怨嫌意樂相續恆現在前。欲作饒益。先[1]無異。

1) ㉠『瑜伽師地論』권42(T30, 525b18)에 '先' 뒤에 '後'가 있다.

ㄹ. 네 번째 상

경 만약 (남이) 뉘우칠 때라면 화나게 하거나 괴롭히지 않고

若諫誨時。不令恚惱。

석 네 번째 상을 설명한 것이다. 보살은 원가怨家의 사람이 와서 뉘우치면 곧바로 사죄를 받아들이되 (그에게) 괴로움이 생기도록 하지 않는다.

『유가사지론』에서는 "끝내 다른 사람으로 하여금 지쳐서 싫증이 나도록 한 연후에 사죄를 받아들이는 것이 아니라, 그가 지쳐서 싫증낼까 염려하여 사죄하자마자 곧 받아들인다."[659]라고 하였다.『심밀해탈경』에서는 "만약 그가 뉘우침을 구하면 그 즉시 받아들이고 그가 괴로워하지 않도록 해야 한다."[660]라고

---

658 『瑜伽師地論』권42(T30, 525b17) 참조.
659 『瑜伽師地論』권42(T30, 525b19).
660 『深密解脫經』권4(T16, 683a19).

하였다.】

釋曰。辨第四相。菩薩怨家而來諫誨。卽便受謝。不令生惱。瑜伽論云。終不令他生疲厭已。然後受謝。恐其疲厭。纔謝便受。【深密經云。若彼取¹⁾悔。時卽應受。²⁾不令他惱。】

1) ㉘ '取'는 '求'인 듯하다. ㉭『深密解脫經』권4(T16, 683a19)에 '求'로 되어 있다.
2) ㉭『深密解脫經』권4(T16, 683a19)에 '時卽應受'가 '應時卽受'로 되어 있다.

ㅁ. 다섯 번째 상

[경] 또한 다시 다른 사람이 와서 뉘우치기를 기다리지도 않는다.

亦復不待他來誨諫。¹⁾

1) ㉭『解深密經』권4(T16, 706c2)에 따르면, '誨諫'은 '諫誨'의 도치다.

[석] 다섯 번째 상을 나타낸 것이다. 보살의 원수 가문이 보살에게 손해를 주고 나면, 보살은 빨리 스스로 그 원수의 처소에 가서 참회와 사죄를 구하되, 타인이 와서 뉘우치기를 기다리지 않는다.
『유가사지론』에서는 "원한이 있는 자를 스스로 찾아가서 참회하고 사죄한다."[661]라고 하였다.『상속해탈경』에서는 "타인이 범죄를 저질렀어도 참회하고 사죄하기를 바라지 않는다."[662]라고 하였다.】

釋曰。顯第五相。菩薩怨家。損菩薩已。菩薩速自往彼怨所。而求懺謝。不待他來而諫誨也。瑜伽論云。於有怨者。自往悔謝。【相續經云。若他觸犯。不望

---
661 『瑜伽師地論』권42(T30, 525b19).
662 『相續解脫地波羅蜜了義經』권1(T16, 717a3).

懺謝也.】

ㅂ. 여섯 번째 상

경 두려움이나 염애 있는 마음으로 말미암아 인욕을 행하지는 않는다.

不由恐怖有染愛心而行忍辱。

석 여섯 번째 상을 설명한 것이다. 말하자면 보살들은 가령 왕의 처소 등에 있을 때처럼 타인을 두려워하여 인욕을 행하는 것이 아니고, 또한 가령 음식 등을 구할 때처럼 오염된 마음으로 구하는 바가 있어서 인욕을 행하는 것도 아니며, 다만 타인을 이롭게 해 주기 위해서 인욕을 행하는 것이다. 『상속해탈경』에서는 '두려움도 없고 (필요한 것을) 구함도 없이 인욕을 행한다'라고 하였다.[663] 『심밀해탈경』에서는 "두려움이 있어서도 아니고 음식을 위한 것도 아니면서 인욕을 행한다."[664]라고 하였다.】

釋曰。辨第六相。謂諸菩薩。不以怖他。而行忍辱。如王所等。亦不以染心。而有所求。而行忍辱。如求飲食等。但爲利他。故行忍也。【相續經云。無畏無求。而行忍也。深密經云。不爲有畏。不爲飲食。而行忍也。】

ㅅ. 일곱 번째 상

경 (한 번) 은혜를 지어 주는 것으로써 곧장 방기해 버리지는 않는다.

---

663 『相續解脫地波羅蜜了義經』 권1(T16, 717a3) 참조.
664 『深密解脫經』 권4(T16, 683a20).

不以作思¹⁾而便施²⁾捨。

1) ㉮ '思'는 경문에 '恩'으로 되어 있다. ㉠『解深密經』권4(T16, 706c2)에 '恩'으로 되어 있다. 2) ㉮ '施'는 경문에 '放'으로 되어 있다. ㉠『解深密經』권4(T16, 706c2)에 '放'으로 되어 있다.

석 일곱 번째 상을 설명한 것이다. 보살은 항상 중생에 요익을 주려고 하니, 한 번의 바라밀로 중생을 요익되게 해 줌으로써 족하다고 생각하고는 곧장 방기해 버리고 재차 그 밖의 일로써 서로 요익을 주지 않는 것은 아니다.

『유가사지론』에서는 "한 번 이익을 주고 나서 그만두고 이익을 주지 않는 것은 아니다."⁶⁶⁵라고 하였다.『상속해탈경』에서는 "항상 요익을 행하려는 마음을 폐기하지는 않는다."⁶⁶⁶라고 하였다.】

釋曰。辨第七相。菩薩常欲饒益衆生。不以一度饒益衆生。以爲思足。而便施¹⁾捨。更不以餘事。而相饒益。瑜伽論云。非一益已捨而不益。【相續經云。常行饒益心。不癈捨也。】

1) ㉠『解深密經』권4(T16, 706c2)의 경문에 따를 때, '施'는 '放'인 듯하다.

ⓑ 결론

경 이것을 일곱 종류 인의 청정한 모습이라고 한다.

是名七種忍淸淨相。

665 『瑜伽師地論』권42(T30, 525b18).
666 『相續解脫地波羅蜜了義經』권1(T16, 717a3).

석 이것은 두 번째로 인의 일곱 가지 상에 대해 결론지은 것이다.

釋曰。此卽第二結忍七相。

(d) 정진精進의 일곱 가지 상

ⓐ 해석

ㄱ. 첫 번째 상

경 만약 보살들이 정진의 평등한 본성에 통달하고,

若諸菩薩。通達精進平等之性。

석 이하는 네 번째로 정진의 일곱 가지 상이다. 이 중에 두 가지가 있다. 앞은 해석이고, 뒤는 결론이다.
해석 중에 일곱 가지 상이 있다.
이것은 첫 번째로 평등한 정진에 해당한다. 보살의 정진은 느긋함과 급함이 있을 수 없기 때문에 '평등'이라 한다.
따라서『유가사지론』제42권에서는 말한다. "만약 보살들이 부지런한 정진을 일으키되 느긋하지도 않고 급하지도 않으며 평등하게 짝지어 운용하면서 널리 일체의 마땅히 지어야 할 일들 가운데서 또한 능히 평등하게 은중하게 수작修作한다면, 이것을 보살의 평등한 정진이라고 이름한다."[667]

---

[667]『瑜伽師地論』권42(T30, 527a27).

釋曰。自下第四精進七相。於中有二。先釋。後結。釋中七相。此第一平等
精進。菩薩精進。緩急不得。故名平等。故瑜伽論四十二云。若諸菩薩。發
勤精進。不緩不急。平等雙運。普於一切應作事中。亦能平等殷重修作。是
名菩薩平等精進。

또 『오분율』 제21권에서 설한 뜻도 『유가사지론』과 동일하니, 그 율전
에서 말한다.

    이때 이십억二十億[668]이 불세존께 여쭈었다. "원컨대 출가하여 구족계
를 받도록 허락해 주십시오." 부처님께서 곧 그것을 허락하셨다.
    출가한지 오래지 않아 시다림에서 정진하면서 경행經行할 때 발에 상
처가 나서 피가 흘렀지만, 이십억은 곧 이렇게 생각했다. '불제자 중에
정진은 나보다 뛰어난 자가 없는데, 지금 아직도 고苦의 근원을 다 없애
지 못했다. 나의 집안은 다행히 재보가 많으니 역시 환속해서 공덕을 짓
는 게 좋겠다.'
    부처님께서 그의 생각을 아시고 그의 처소에 이르시어, 이십억에게
물으셨다. "너는 지금 진실로 이런 생각을 하지 않았느냐?"
    (이십억이) 대답하였다. "진실로 그렇습니다."
    부처님께서 다시 말씀하셨다. "내가 지금 너에게 묻겠으니 네 뜻에
따라 답하거라. 너는 재가자일 때 거문고를 잘 타지 않았느냐?"

---

668 이십억二十億 : 이십억이二十億耳라고도 한다. 중인도 이난나발벌다국伊爛拏鉢伐多
國의 장자의 아들로서 부처님의 교화를 받고 출가한 불제자 중에서 '정진제일精進第
一'로 불리는 사람이다. 다음의 『五分律』에 나온 일화는 그가 정진제일이라 불리게 된
일화를 소개한 것이다. 그가 각고의 정근精勤을 행하면서 밤낮으로 자지도 않고 도품
道品을 닦았으나 모든 번뇌를 다 제거하지 못했기 때문에 수도를 그만두고 집에 돌아
가려 했는데, 부처님이 아시고서 그를 불러 가르침을 주시자 다시 뜻을 세워 정진하
여 과를 얻게 되었다는 내용이다.

(이십억이) 대답하였다. "잘 탔습니다."

또 물으셨다. "거문고 줄이 팽팽할 때 소리가 좋았는가?"

(이십억이) 대답하였다. "좋지 않았습니다."

또 물으셨다. "거문고 줄이 느슨할 때 소리가 좋았는가?"

(이십억이) 대답하였다. "좋지 않았습니다."

또 물으셨다. "어떻게 해야 좋아질 수 있겠느냐?"

(이십억이) 대답하였다. "팽팽하지도 않고 느슨하지도 않은 연후에야 좋아집니다."

부처님께서 말씀하셨다. "나의 법 가운데서도 또한 이와 같다. 너무 느긋하거나 너무 급해서야 어떤 연으로 도를 얻을 수 있겠느냐. 정진이 (급함도 느긋함도 아닌) 그 중간에 처한다면 오래지 않아 고통이 다 사라질 것이다."

이십억이(이십억)는 부처님의 말씀을 듣고 나서 곧 경행의 처에 나아가 남김없이 번뇌를 다하였다.[669]

구체적으로 설하면 그 율전과 같다. 『증일아함경』 제12권, 『잡아함경』 제9권, 『사분율』 등에서도 『오분율』과 거의 동일하게 설한다.

又五分律第十九。[1] 意同瑜伽。故彼律云。時二十億白佛世尊。願聽出家受具足戒。佛即許之。出家不分。[2] 於尸陀林。精進經行。足傷血流。二十億便作是念。佛弟子中。精進無勝我者。而今未得盡諸苦原。[3] 我家幸多財寶。亦可返俗。快作功德。佛知其念。往到其所。問二十億云。汝實作此念不。答言。實爾。佛復語言。我今問汝。隨汝意答。汝在家時。善彈琴不。答。[4] 又問。琴絃急時。聲調好不。答言。不好。又問。琴絃緩時。聲調好不。答言。不

---

669 이상은 『五分律』 권21(T22, 146a11이하) 참조.

好。又問。云何得好。答言。不急不緩。然後乃好。佛言。於我法中。亦復如
是。太緩太急。何緣得道。精進處中。不久盡苦。二十億耳。聞佛說已。卽於
經行處。漏盡無餘。具說如彼。增一阿含經第十二。雜阿含第九。四分律等。
大同五分。

1) ㉐ '十九'는 '二十一'인 듯하다. 이하의 문답은 『五分律』권21의 인용문이다.　2)
㉜ '分'은 '久'인 듯하다. ㉐『五分律』권21(T22, 146a23)에 '久'로 되어 있다.　3) ㉐
『五分律』권21(T22, 146a25)에 '原'이 '源'으로 되어 있다.　4) ㉜ '答' 뒤에 '爾'가 누락
된 듯하다. ㉐『五分律』권21(T22, 146b3)에 '答' 뒤에 '言善'이 있다.

ㄴ. 두 번째 상

경 용맹하고 부지런한 정진으로 말미암아 스스로 거만해져서 타인을 깔보
지 않으며,

不由勇猛勤精進故。自擧淩他。

석 이것은 두 번째로 거만을 떠난 정진을 밝힌 것이다. 보살의 정진은
타인을 이롭게 하는 것이 우선인데, 어떻게 타인에게 도리어 교만을 일으
키겠는가.
『유가사지론』에서는 '부지런히 정진하며 거만함을 떠나기 때문에 거만
을 떠난 정진이라 이름한다'라고 하였다.[670]

釋曰。此明第二離慢精進。菩薩精進。利他爲先。如何於他反起憍慢。瑜伽
論云。由勤精進。離高擧故。是故名爲離慢精進。

---

670 『瑜伽師地論』권42(T30, 526a15) 참조.

ㄷ. 뒤의 다섯 가지 상

경 대세력을 갖추고, 대정진을 갖추며, 감당할 능력이 있고, 견고하고 용맹하며, 모든 선법에서 끝내 멍에(軛)를 버리지 않는다면,

具大勢力。具大精進。有所堪能。堅固勇猛。於諸善法。終不捨軛。

석 이것은 (정진의 일곱 가지 상 중에) 뒤의 다섯 가지 정진의 상을 밝힌 것이다.

'다섯 가지 정진의 상'이란, 첫째는 대세력을 갖추는 것이고, 둘째는 대정진을 갖추는 것이며, 셋째는 감당할 능력이 있는 것이고, 넷째는 견고함과 용맹함이며, 다섯째는 모든 선법에서 끝내 (선한) 멍에를 버리지 않는 것이다.

그런데 이 다섯 구(句)에 대해 여러 교설들이 같지 않다.

『현양성교론』 제1권과 『유가사지론』 제42권에서는 다만 경문의 다섯 구만 들었고 해석하지는 않았다.

『집론』 제1권에서는 의미상으로 다섯 개의 이름을 건립하고, 해석하지 않았다.

『성유식론』 제6권과 『잡집론』 제1권과 『유가사지론』 제57권에서는 의미상으로 다섯 가지 이름을 세우고, 경문의 다섯 구에 배당시켰으며, 그 다음에 따로따로 해석하였다.

『유가사지론』 제89권에서는 의미상으로 다섯 가지 이름을 세우고 또한 해석도 하였지만, 경의 문구에 배당시키지는 않았다.

무성과 세친의 『섭대승론석』 제7권에서는 의미상으로 이름을 세우고 또한 배당시켜 해석하였다.

따라서 이제 자세하게 『성유식론』 제6권과 무성의 『섭대승론석』 제7권

과 『유가사지론』 제89권에 의거해서 이 경문을 해석하겠다.

> 釋曰。此明後五精進之相。五精進者。一具大勢力。二具大精進。三有所堪能。四堅固勇猛。五於諸善法。終不捨軛。然此五句。諸教不同。顯揚第一。瑜伽四十二。但學經五句。而不解釋。集論第一。以義立五名。而不釋。[1] 成唯識第六。雜集第一。瑜伽五十七。以義立五名。配經五句。下別解釋。瑜伽八十九。以義立五名。而亦解釋。不配經句。無性世親論[2] 攝論第七。以義立名。而亦配釋。故今具依成唯識第六。無性第七。瑜伽八十九。以釋此經。

1) ㉮ '釋' 앞에 '解'가 누락된 듯하다. 2) ㉠ '論'은 잉자인 듯하다.

따라서 『성유식론』에서는 말한다.

갑옷을 걸친(被甲) 정진, 가행加行하는 정진, 하열함 없는(無下) 정진, 물러남 없는(無退) 정진, 만족함 없는(無足) 정진은 경[671]에서 '세력이 있고(有勢) 정근이 있으며(有勤) 용맹함이 있고(有勇) 견고하고 날쌔며(堅猛) 선한 멍에를 버리지 않는다(不捨善軛)'라고 설했던 것에 그 차례대로 해당함을 알아야 한다.[672]

무성이 해석하여 말한다.

'갑옷을 걸친 정진'이란 최초의 시기에는 스스로 격려하며 '나는 마땅히 이와 같은 일을 할 것이다'라고 하는 것을 말한다. 곧 이는 경에서 처음에 '세력이 있다(有勢)'라고 한 문구를 해석한 것이다.

---

671 세친의 『攝大乘論釋』 권7(T31, 357a5)에는 '薄伽梵契經'이라고 되어 있다.
622 『成唯識論』 권6(T31, 30a27).

'가행하는 정진'이란 가행할 때 의도했던 그대로 부지런히 가행을 닦는 것을 말한다. 곧 이는 경에서 그 다음에 '정근이 있다(有勤)'라고 한 문구를 해석한 것이다.

자기의 피로와 괴로움에서 마음이 물러나지도 굴하지도 않는 것을 일컬어 '겁약함이 없는(無怯弱) 정진'이라고 한다.

타인의 핍박과 괴롭힘에서 마음이 움직이지 않는 것을 '퇴전함이 없는(無退轉) 정진'이라고 한다.

보리에 이르기까지 그 중간에 선품을 진수進修하면서 일찍이 게을리 그만둔 적이 없는 것을 '만족함이 없는(無喜足) 정진'이라고 한다.[673]

『유가사지론』에서는 말한다.

또 부지런한 정진에는 다섯 종류가 있음을 알아야 한다.

첫째는 갑옷을 걸친 정진이고, 둘째는 가행하는 정진이며, 셋째는 하열하지 않은 정진이고, 넷째는 동요 없는 정진이며, 다섯째는 만족함 없는 정진이다.

이 중에서 최초의 것은 맹렬한 의요를 일으키는 것임을 알아야 한다.

다음 것은 하고 싶은 대로 견고하고 과감한 방편을 일으키는 것이다.

다음 것은 받아들였던 바의 모든 법을 증득하기 위해 스스로를 경멸하지 않고 또한 겁내거나 두려워함도 없는 것이다.

다음 것은 추위나 더위 등의 고통을 감내할 수 있는 것이다.

마지막 것은 하열한 것에 만족을 내지 않고 이후의 더욱 수승하고 더

---

673 이 논에 따르면, '겁약함이 없다'고 한 것과 '퇴전함이 없다'고 한 것과 '만족함이 없다'고 한 것은 차례대로 경에서 설했던 바 '용맹함이 있고(有勇), 견고하고 날쌔며(堅猛), 선한 멍에를 버리지 않는다(不捨善軛)'라는 세 구를 해석한 것이다. 이상은 무성의 『攝大乘論釋』 권7(T31, 422a18) 참조.

욱 묘한 공덕들에 머무는 것을 기쁘게 추구하는 것이다.[674]

故唯識云。被甲。加行。無下。無退。無足。卽經所說。有勢。有勤。有勇。猛。[1] 不捨善軛。如次應知。無性釋云。被甲精進。謂最初時自勵。我當作如是事。卽是釋經初有勢句。加行精進。謂加行時。如所意樂。勤修加行。卽是釋經次有勤句。於自疲苦。心不退屈。名無怯弱。於他逼惱。心不移動。名無退轉。乃至菩提。於其中間。進修善品。嘗無懈疲。[2] 名無喜足。瑜伽論云。又勤精進。應知五種。一被甲精進。二加行精進。三不下精進。四無動精進。五無喜足精進。此中最初當知。發起猛利意樂。[3] 次隨所欲。發起堅固勇悍方便。次爲證所得諸受法。[4] 不自輕蔑。亦無怯懼。次能堪忍寒熱等苦。後於下劣不生喜足。次[5]勤[6]求後後轉勝轉妙諸功德住。

1) ㉯『成唯識論』권6(T31, 30a28)에 '猛' 앞에 '堅'이 있다. 2) ㉯『攝大乘論釋』권7(T31, 422a25)에 따르면, '疲'는 '廢'의 오기다. 3) ㉯『瑜伽師地論』권89(T30, 801c15)에 '意樂'이 '樂欲'으로 되어 있다. 4) ㉯『瑜伽師地論』권89(T30, 801c16)에 '證所得諸受法'이 '證得所受諸法'으로 되어 있고, 이를 따랐다. 5) ㉯『瑜伽師地論』권89(T30, 801c18)에 따르면, '次'는 '欣'의 오기다. 6) ㉯『瑜伽師地論』권89(T30, 801c18)에 '勤'이 없다.

ⓑ 결론

경 이와 같은 것을 일컬어 일곱 종류의 정진의 청정한 상이라고 한다.

如是名爲七種精進淸淨之相。

석 이것은 두 번째로 일곱 가지 상에 대해 총결지은 것이다.

---

674 『瑜伽師地論』권89(T30, 801c12).

釋曰。此卽第四¹⁾總結七相。

1) ㉕ 목차에 따르면, '四'는 '二'의 오기인 듯하다.

(e) 정려靜慮의 일곱 가지 상

ⓐ 해석

ㄱ. 초반부 세 종류 정려의 상

경 만약 모든 보살들이 상相에 잘 통달하는 삼마지정려[675]가 있고, 원만圓滿 삼마지정려가 있으며, 구분俱分 삼마지정려가 있고,

若諸菩薩。有善通達相三摩地靜慮。有圓滿三摩地靜慮。有俱分三摩地靜慮。

석 다섯 번째는 정定바라밀의 일곱 가지 상을 해석한 것이다. 이 중에서, 앞은 해석이고 뒤는 결론이다.

이것은 바로 해석한 것이다. 이는 처음의 세 정려의 (상을 밝힌 것이다.)

속제俗諦의 상에 잘 통달한 선정을 일컬어 '상에 통달하는 (정려)'라고 이름한다.

저 원만한 진여의 경계를 반연하는 선정은, 경계로부터 이름을 얻었으므로 '원만(정려)'라고 이름한다.

통틀어 진제·속제 두 가지 경계를 반연하는 선정을 일컬어 '구분俱分

---

675 이하의 원측의 해석에 따르면, '삼마지정려'라는 복합어는 두 가지로 번역될 수 있으니, 즉 '삼마지의 정려' 또는 '삼마지와 정려'다.

(정려)'라고 이름한다.

> 釋曰。第五釋定七相。於中。先釋。後結。此卽正釋。初三靜慮。謂善通達俗諦相定。名通達相。緣彼圓滿眞如境定。從境得名。名爲圓滿。通緣眞俗二境之定。名爲俱分。

ㄴ. 네 번째, 다섯 번째, 여섯 번째 상

경 운전運轉 삼마지정려가 있고, 소의가 없는 삼마지정려가 있으며, 잘 닦아 대치하는 삼마지정려가 있고,

> 有運轉三摩地靜慮。有無所依三摩地靜慮。有善修治三摩地靜慮。

석 이것은 네 번째와 다섯 번째와 여섯 번째 상을 밝힌 것이다. 이것은 그 차례대로 가행지加行智와 정지正智(근본지)와 후득지後得智라는 세 종류 지혜와 상응하는 선정이다.

그 가행지는 오직 유루작의有漏作意로 운전하는 것이니, (그 지혜의) 소의所依인 선정을 일컬어 '운전'이라 하였다.[676]

그 근본지는 소의의 선정에 의지한다고 할 만한 다른 경계의 상이 없으니, '소의가 없는 (정려)'라고 하였다.

후득지로 능히 종종의 제행을 잘 닦아 대치하니, (그 지혜의) 소의인 선정을 일컬어 '잘 닦아 대치하는 (정려)'라고 하였다.

---

[676] 이 해석에 따르면, 유루의 가행지加行智가 '능히 의지하는 자(能依)'라면 그 가행지가 의지하는 바(所依)인 선정을 일컬어 '운전運轉 삼마지정려'라고 한다.

釋曰。此明第四第五及第六相。如其次第。加行正知[1]後得三智相應定也。其加行智。唯是有漏作意運轉。所依之定。名爲運轉。其根本智。無異境相可爲依止所依之定。名無所依。以後得智。能善修治種種諸行。所依之定。名善修治。

1) ㉠ '知'는 '智'의 오기인 듯하다.

ㄷ. 일곱 번째 상

경 보살장을 듣고 연려하며 무량한 삼마지를 수습하는 정려가 있다면,

有於菩薩藏聞緣修習無量三摩地靜慮。

석 이것은 일곱 번째 상을 설명한 것이다. 되돌아가 방편의 지혜를 말한 것이다.

"보살장"이란 대승의 가르침을 말한다.

이 가르침에 대해, '능히 듣는 선정(能聞定)'이란 의미상으로 문혜(聞慧)를 설한 것이니, 선정의 지위에서도 또한 가르침을 들을 수 있기 때문이다.

'(보살장을) 연려한다(緣)'는 것은 선정 중에서는 의미상 '사혜(思慧)'를 설한 것이다.

'무량한 삼마지를 수습한다'는 것은 수혜(修慧)에 해당하니, 선정의 지위에서는 능히 무량한 종종의 선정을 능히 닦기 때문이다.

釋曰。此明第七相也。卽却談方便時[1]慧。菩薩藏者。謂大乘敎。於此敎中。能聞定者。義說聞慧。於定位中。亦得聞敎。緣者。卽是定中。義說思慧。修習無量三摩地者。卽是修慧。於定位中。能修無量種種定故。

1) ㉠ '時'는 '智'의 오기인 듯하다.

(∗ 정려의 일곱 가지 상에 대한 또 다른 해석)

해 또는 혜慧와 상응하는 선정에서는 혜가 증상되기 때문에 능히 법상法相을 통달하니, 이를 '상에 통달한 (선정)'이라 한다. 원만(진여)을 내증한 선정은 비록 혜와 상응하더라도 선정이 증상되었으니, 이를 '원만정圓滿定'이라 한다. 선정과 지혜가 균등하게 상응하는 선정을 '구분정俱分定(둘 다 갖춘 선정)'이라 한다. 능히 신통을 일으키는 선정을 '운전運轉 (선정)'이라 한다. 무분별지와 상응하는 선정을 '소의가 없는 (선정)'이라 한다. 후득지와 상응하는 선정을 '잘 닦는 (선정)'이라 한다. "보살장에 대해(有於菩薩藏)" 이하는 가행의 선정을 밝힌 것이다. 말하자면 대승의 보살장의 가르침에 대해 문혜가 연이 되어서 한량없는 모든 정려를 수습하기 때문이다.

【어떤 상전相傳(대대로 전해 오는 설)에서 말한다. 처음의 하나는 선정 쪽이 편중되게 수승한 정려인데, 단지 상분相分(인식대상)을 관하는 것을 일컬어 '상에 통달한 (정려)'라고 한 것이다. 세 번째는 지혜 쪽이 편중되게 수승한 정려인데, 단지 견분見分(인식작용)만 관하여 자체가 원만해지도록 한 것을 일컬어 '원만'이라고 하였다. 선정과 지혜가 균등한 정려를 일컬어 '구분의 (정려)'라고 하였다. 여리지如理智(근본지根本智)와 상응하는 견도見道의 정려를 '소의가 없는 (정려)'라고 하였고, 여리지와 상응하는 수도修道의 정려를 '잘 닦는 (정려)'라고 하였다. "보살장에 대해" 이하는 가행의 정려이니, '들음(聞)'이란 문혜를 말하고, '연려함(緣)'이란 사혜를 말하며, '수습修習'이란 수혜를 말한다. 이 세 가지 지혜에 의거해서 한량없는 삼마지정려를 널리 닦기 때문이다. "삼마지 및 정려"라고 한 것은, '삼마지'는 선정의 체이고 '정려'는 선정의 작용이다.[677]】

又解. 與慧相應定. 慧增上故. 能通達法相. 名通達相. 內證圓滿定. 雖慧

---

[677] 이 해석에 따르면, 위의 경문은 "보살장에 대해 듣고 사유하며 수습하는 한량없는 삼마지와 정려가 있다."라고 번역된다.

相應。而定增上。名爲圓滿定。定慧均等相應定。名爲俱分。能起神通定。名有[1])運轉。與無分別智相應定。名無所依。與後得智相應定。名善修。有於菩薩藏下。明加行定。謂於大乘菩薩藏敎。以聞慧爲緣。修習無量諸靜慮故。【有相傳云。初一是定分。偏勝靜慮。但觀相分。名通達相。第三是慧分。偏勝靜慮。但觀見分。令自體圓滿。名圓滿。定慧均等靜慮。名爲俱分。如理智相應見道靜慮。名無所依。如理智相應修道靜慮。名善修。於菩薩藏下。是加行靜慮。聞慧[2])謂聞慧。緣謂思慧。修習謂修慧。依此三慧。廣修無量三摩地靜慮故。言三摩地及靜慮者。三摩地是定體。靜慮是定用也。】

---

1) ㉩ '有'는 '爲'인 듯하다. 2) ㉩ '慧'는 잉자인 듯하다.

ⓑ 결론

경 이것을 일컬어 일곱 종류 정려의 청정한 상이라 한다.

是名七種靜慮淸淨之相。

석 두 번째는 총결지은 것이니, 문장 그대로 (알 수 있을 것이다.)

釋曰。第二總結如文。

(f) 혜慧의 일곱 가지 상

ⓐ 해석

ㄱ. 첫 번째 상

경 만약 모든 보살들이 증익과 손감이라는 두 가지 극단을 멀리 떠나서 중도를 행하면, 이것을 '혜'라고 한다.

若諸菩薩。遠離增益損減二邊。行於中道。是名爲慧。

석 여섯 번째는 혜慧의 일곱 가지 상을 해석한 것이다. 앞은 해석이고 뒤는 결론이다.
해석 중에 일곱 가지 상이 있다.
이것은 처음의 상에 해당한다.
"증익增益과 손감損減이라는 두 극단을 멀리 떠나서 중도中道를 행하면"이라고 한 것은 가령 무성의 『섭대승론석』 제1권에서 말한 것과 같다.

'없는 것(無)'을 이유 없이 억지로 '있다(有)'고 건립하기 때문에 '증익'이라 하고, '있는 것'을 이유 없이 억지로 '없다'고 부정하기 때문에 '손감'이라 한다. 이와 같은 증익과 손감을 둘 다 '극단(邊)'이라 설하니, 이는 '떨어짐(墜墮)'을 뜻한다. 이 두 가지 (극단적 견해가) 일어날 때 중도를 잃고 무너뜨리는 것이다.
변계소집遍計所執에 대해서는 오직 증익만 있을 뿐 손감은 없으니, (그것은) 전혀 있지 않는 것이기 때문이다. 반드시 있는 것에 대해서 비로소 손감이 일어나게 된다.[678]
의타기依他起에 대해서는 증익은 없으니, (그것은) 체가 있는 것이기 때문이다. 반드시 '있지 않는 것'에 대해서 비로소 증익이 있는 것이다.

---

678 변계소집의 존재란 가령 토끼뿔처럼 이름만 있고 실체는 없는 것이다. 만약 그것을 없다고 한다면, 이는 '없는 것을 없다'고 한 셈이므로 손감損減의 집착을 일으킨 것은 아니다. 만약 그것을 있다고 한다면, 이는 '없는 것을 있다'고 한 셈이므로 증익增益의 집착을 일으킨 것이다.

또한 손감도 없으니, 그것은 오직 허망하게 있기 때문이다.[679]

원성실圓成實에 대해서는 증익이 있지 않다. 이는 실유하는 것이기 때문에 오직 손감만 있다.[680]

구체적으로 설하면 그 논과 같다.

釋曰。第六釋慧七相。先釋後結。釋中七相。此即初相。言遠離增益損減二邊行中道者。如無性攝論第一卷云。於無無因。強立爲有。故名增益。於有無因。強撥爲無。故名損減。如是增益乃與損減。俱說爲邊。此墜隨[1]義。此二轉時。失壞中道。於遍計所執。唯有增益。而無損減。都無有故。以要於有。方起損減。於依他起。無有增益。以有體故。要於非有。方有增益。亦無損減。唯妄有故。於圓成實。無有增益。是實有故。唯有損減。具說如彼。

1) ㉢『攝大乘論釋』권1(T31, 382b22)에 따르면, '隨'는 '墮'의 오기다.

또『성유식론』제7권에서는 말한다.

아我·법法은 있는 것이 아니고 공空·식識은 없는 것이 아니니, (이러한 견해는) 있음도 떠나고 없음도 떠나기 때문에 중도에 계합한다. 자존慈尊(미륵보살)께서는 이에 의거해서 두 게송을 설하셨다.[681]

---

679 의타기의 존재란 가령 '식識'처럼 인연에 의해 생겨난 법을 가리키는데, 이러한 법들은 전혀 '없는 것(無)'이라고 할 수는 없지만 설사 있다 해도 '가짜로 있는 것(假有)'이다. 따라서 이 의타기의 존재에 대해서는 '없는 것을 있다'고 하는 증익의 집착이 일어난다고 볼 수도 없고, '있는 것을 없다'고 하는 손감의 집착이 일어난다고 볼 수도 없다는 것이다.

680 원성실의 존재는 진실한 존재(實有)이기 때문에 이것에 대해서는 '있는 것을 없다'고 하는 손감의 집착만 일어날 수 있다. 이상은 무성의『攝大乘論釋』권1(T31, 382b20) 참조.

681 이하의 두 게송은 세친의『辯中邊論』권1(T31, 464b16)에서 인용된 것이다. 그 논의

허망분별은 있고
이것에 두 가지는 전혀 없으며,[682]
이 가운데는 오직 공만 있고
그것에는 또한 이것도 있다.[683]

따라서 모든 법들을 설하여
공도 아니고 공이 아닌 것도 아니라 하니,
있음과 없음 및 있음 때문이다.[684]
이것이 중도에 계합한다.[685]

중도에 대해 자세하게 해석하면 예를 들어 『중도장中道章』의 설과 같다.

본송本頌은 미륵보살이 지었기 때문에 '자존慈尊께서 설하셨다'고 하였다. 『成唯識論述記』 권7(T43, 490a4) 참조.
[682] '허망분별虛妄分別'이란 파악하는 자(能取)와 파악되는 대상(所取)의 이원적 구조로 헤아리는 삼계의 허망한 마음 즉 식識을 가리킨다. 굳이 있다면 헤아려진 대상이 있는 것이 아니라 '분별한다'고 하는 사실 자체가 있고, 그러한 분별 속에 나타난 파악하는 자와 파악되는 대상, 혹은 아我와 법法이라는 두 가지 구분은 실재하는 것이 아니다. 따라서 '허망분별은 있고, 이것에는 두 가지 구분은 실제로 없다'고 하였다. 『辯中邊論』 권1(T31, 464b18), 『成唯識論述記』 권7(T43, 490a5) 참조.
[683] 이 허망분별에는 파악하는 자(能取)와 파악되는 대상(所取), 혹은 아我와 법法을 떠남으로써 현현되는 공성空性만이 실재하므로 '이것에는 오직 공만 있다'고 하였다. 그러한 공성 가운데는 또한 이 허망분별이 있다는 의미에서 '그것에는 또한 이것도 있다'라고 하였다. 『辯中邊論』 권1(T31, 464b20), 『成唯識論述記』 권7(T43, 490a13) 참조.
[684] 일체법은 공空도 아니고 불공不空도 아니라고 한 것은, "① 있음과 ② 없음 및 ③ 있음 때문이다."라고 했는데, ① 공성과 허망분별은 있는 것이기 때문에 '공이 아니다(非空)'라고 하였고, ② 능취·소취 혹은 아·법은 없기 때문에 '공이 아닌 것도 아니다(非不空)'라고 하였으며, ③ 허망분별 안에 공성이 있고 공성 중에 허망분별이 있다는 것이다. 이와 같이 유위有爲와 무위無爲의 모든 법을 다 일방적으로 공이라고 하거나 불공이라고 하지 않는 것이 바로 '중도'의 의미에 부합한다는 것이다. 『辯中邊論』 권1(T31, 464c1), 『成唯識論述記』 권7(T43, 490b1) 참조.
[685] 『成唯識論』 권7(T31, 39b1).

又成唯識第七卷云。我法非有。空識非無。離有離無。故契中道。慈尊於¹⁾ 此說二頌言。虛妄分別有。於此二都無。此中唯有空。於彼亦有此。故說一切法。非空非不空。有無及有故。是則契中道。廣釋中道。如中道章。

1) ㉰『成唯識論』권7(T31, 39b2)에 '於'가 '依'로 되어 있다.

ㄴ. 두 번째 상

경 이 혜로 인해 해탈문의 뜻을 여실하게 요지하니, 공·무원·무상의 해탈문을 (요지하는 것을) 말한다.

由此慧故。如實了知解脫門義。謂空無願無相解脫門。

석 두 번째 상을 밝히면서, 세 가지 삼해탈문의 지智를 설하였다. 이 세 가지 해탈문은 가령 『현양성교론』 제2권에서 설한 것과 같으니, 그 논에서는 말한다.

해탈문이란 세 종류 해탈문을 말하니, 첫째는 공空해탈문이고, 둘째는 무상無相해탈문이며, 셋째는 무원無願해탈문이다.
공해탈문에 두 종류가 있다. 첫째는 알아야 할 대상(所知)이고, 둘째는 (능히 아는) 지혜(智)다. '알아야 할 대상'이란, '중생'이라는 변계성소집법遍計性所執法(변계소집성)에서, 또 '법法'이라는 변계성소집법에서, 이 두 가지 변계성을 함께 떠나 있는 무성無性 및 그에 의해 남겨진 바의 무아無我의 유성有性을 말한다.⁶⁸⁶ 제법 가운데 변계성이 없으면 곧 무아성

---

686 공해탈문空解脫門에서 알아야 할 대상(所知)은 두 종류이니, 말하자면 '중생(我)·법의 무성無性', 그리고 그에 의해 남겨진 '무아無我의 유성有性'이다. 말하자면 중생·법이라는 두 종류 대상은 두루 헤아림에 의해 집착된 바(遍計所執性)의 존재들로서 그 법체

은 있는 것이고, 제법 가운데 무아성이 있으면 곧 변계성이 없는 것이니, 곧 이러한 가운데서 유有·비유非有의 둘 없는 성질인 무분별의 경계가 ('알아야 할 대상'이다.) '지혜'란 그런 경계를 반연하여 여실하게 아는 것을 말한다.

무상해탈문에도 두 종류가 있다. 첫째는 알아야 할 대상이고, 둘째는 (능히 아는) 지혜이다. '알아야 할 대상'이란, 알아야 할 공空이라는 경계에서는 이 경계의 상으로 말미암아 모든 상들이 현행하지 않는 것을 말한다.[687] 지혜란 앞에서 설한 것과 같다.[688]

무원해탈문에도 두 종류가 있다. 첫째는 알아야 할 대상이고, 둘째는 (능히 아는) 지혜다. '알아야 할 대상'이란, 지혜가 없기 때문에 전도되어 일어난 제행의 모습(相貌)들을 말한다. 지혜란 그런 경계를 대상으로 하여 (그것이) 싫어해야 할 것임을 아는 것을 말한다.

'공행空行'이란, 제행諸行 중에서 '아我'의 얻을 수 없음 및 제상諸相 중에서 세속분별법의 얻을 수 없음을 (관하는 것을) 말한다.[689]

'무상행無相行'이란, 제행 중에서 중생의 무아성(인무아)을 얻을 수 있음 및 제상 중에서 세속분별법의 무아성(법무아)을 얻을 수 있음, 그리고 멸제滅諦 중의 멸滅·정靜·묘妙·이離의 행상行相 등을 (관하는 것을) 말

가 '무無(空)'이지만, 그러한 중생·법의 무성에 의해 현현되는 무아성無我性(空性의 이치)은 '유有'다. 유식종에서는 이와 같은 유·무의 도리를 잘 알 때 '공을 잘 안다'고 한다.

[687] 진여眞如라는 공상空相에 있어서는 제상諸相은 현행하지 않으니, 이것을 일컬어 '무상無相'이라 한다.

[688] 이전에 설한 것과 마찬가지로 '지혜'란 그러한 무상無相의 경계를 아는 지혜를 말한다.

[689] 이것은 공空해탈문의 관행觀行을 설명한 것이다. '공행空行'이란 고제苦諦의 공空·무아無我라는 두 가지 행상을 관하는 것인데, 말하자면 모든 것이 인연에 의해 생겼으므로 아我·아소我所의 둘이 모두 공함을 관하는 것이다. 이 『현양성교론顯揚聖教論』에 따르면, 인아人我와 법아法我 두 가지가 모두 공함을 관하고, 또 고제苦諦 하의 네 가지 행상行相, 즉 비상非常·고苦·공空·비아非我 중에서 '공'의 행상을 관하는 것이다.

한다.⁶⁹⁰

'무원행無願行'이란, 무상無常·고苦·부정不淨 등을 마치 병과 같고 악창과 같으며 화살과 같다고 (관하거나,) 인因·집集·생生·연緣의 행상을 (짓거나,) 지공도智空道⁶⁹¹를 반연하여 도道·여如·행行·출出의 행상을 짓는 것을 말한다.⁶⁹² 이것은 또한 공행空行이기도 하다.⁶⁹³ 지무상도智無相道⁶⁹⁴를 반연하여 도·여·행·출의 행상을 지으면 이것은 또한 무상행無相行이기도 하다. 지무원도智無願道⁶⁹⁵를 반연하여 도·여·행·출의 행상을 지으면 이것은 또한 무원행이기도 하다.

만약 차별 없이 총괄해서 공·무상·무원이라 이름했다면, 이는 문聞·사思·수修에 의해 생겨난 지혜 및 세간·출세간의 지혜에 통하는 것임을 알아야 한다. 만약 공·무상·무원의 삼마지라고 이름했다면, 이는 오직

---

690 이것은 무상無相해탈문의 관행觀行을 설명한 것이다. 무상해탈문은 멸제滅諦의 멸滅·정정靜·묘妙·이離 등의 네 가지 행상행상行相과 상응하는 삼매이다. 멸제(擇滅, 열반)는 색色·성聲·향香·미味·촉觸 등의 5법과 남녀男女의 2상과 세 가지 유위상 등을 떠나 있기 때문에 '무상'이라 관하는 것이다. 이 『顯揚聖教論』에 따르면, 중생무아성衆生無我性과 법무아성法無我性이라는 두 가지 공에 의해 현현되는 진여眞如 및 멸제滅諦 하의 네 가지 행상이 무상임을 관하는 것이다.
691 지공도智空道 : '지智'는 '관하는 지'이고 '공空'은 그 지에 의해 관찰되는 경계인데, 그 지와 공은 모두 도제道諦에 속하기 때문에 도제를 일컬어 '지공도'라고 하였다.
692 여기서는 무원無願해탈문의 관행觀行을 설명하였다. 무원해탈문은 고제의 고苦·무상無常과 집제의 인因·집集·생生·연緣과 도제의 도道·여如·행行·출出 등의 열 가지 행상을 관하는 것이다. 즉 고제에 대해 그것은 고통이고 무상하며, 집제에 대해 그것이 고통의 인因 등이라고 관하여 모두 싫어할 만한 것들임을 알고, 또 도제는 뗏목과 같은 수단이므로 결국 버려야 할 것임을 아는 것이다. 이와 같은 3제諦의 행상을 반연하는 선정에서는 아무것도 원하거나 추구함이 없기 때문에 '무원'이라 이름하였다.
693 이하에서 설명하듯 '지무상도智無相道'나 '지무원도智無願道'를 반연하는 경우 각기 '무상행'과 '무원행'에 해당하는 것처럼, 이것은 '지공도智空道'를 반연하므로 '공행'에 해당한다는 것이다.
694 지무상도智無相道 : 이전과 마찬가지로 '무상無相'을 관하는 지智와 그 지의 경계인 '무상'은 모두 도제에 속하므로 '지무상도'라고 한 것이다.
695 지무원도智無願道 : 이전과 마찬가지로 '무원無願'을 관하는 지智와 그 지의 경계인 '무원'은 모두 도제에 속하므로 '지무원도'라고 하였다.

수행에 의해 생겨난 지혜로서, 세간 및 출세간의 (지혜에) 통하는 것임을 알아야 한다. 만약 공·무상·무원의 해탈문이라 이름했다면, 이는 오직 출세간의 (지혜임을) 알아야 한다.

자세하게 분별하자면, 구체적인 것은 『별장』과 같다.

釋曰。明第二相。說三解脫門智。此三解脫門。如顯揚論第二卷說。彼云。解脫門者。謂三解脫門。一空解脫門。二無相解脫門。三無願解脫門。空有二種。一所知。二智。所知者。諸[1]謂於衆生遍計性所執法中。及法遍計性所執法中。此二遍計性俱離無性。及彼所餘無我有性。於諸法中遍計性無。即是無我性有。於諸法中無我性有。即是遍計性無。即於此中。有及非有。及非有[2]無二之性無分別境。智者。謂緣彼境如實了知。無相亦有二種。一所知。二智。所知者。謂即所知空境。由此境相一切諸相之所不行。智者。謂如前說。無願亦有二種。一所知。二智。所知者。謂由無智故。顚倒所起諸行相貌。智者。謂緣彼境厭[3]惡了知。空行者。謂於諸行。我不可得。及諸相中。世俗分別法不可得。無相行者。諸[4]謂即於諸行中。衆生是無我[5]可得。及諸相中。世俗分別法無我性可得。及於滅中。滅靜妙離行。無願行者。謂無常苦不淨。如病如癰如箭。因集生緣行。緣智空道。作道如行出行。此亦是空行。緣智無相道。作道如行出行。此亦是無相行。緣智無願道。作道如行出行。此亦是無相[6]行。若無差別總名空無相無願者。此通聞思修所生之慧。世及出世應知。若名空無相無願三摩地者。唯是修所生慧。通世出世應知。若名空無相[7]願解脫門者。此唯出世應知。若廣分別。具如別章。

1) ㉠ '諸'는 잉자인 듯하다. ㉡『顯揚聖教論』권2(T31, 490a14)에 '諸'가 없다. 2) ㉠ '及非有'가 없는 곳도 있다. ㉡『顯揚聖教論』권2(T31, 490a18)에 따르면 '及非有'는 잉문이다. 3) ㉠ '厭'은 '伏'으로 된 곳도 있다. ㉡『顯揚聖教論』권2(T31, 490a23)에 '厭'으로 되어 있다. 4) ㉠ '諸'는 잉자인 듯하다. ㉡『顯揚聖教論』권2(T31, 490a25)에 '諸'가 없다. 5) ㉡『顯揚聖教論』권2(T31, 490a26)에 '是無我'가 '無我性'으로

되어 있다. 6) ㉣ '相'은 '願'으로 되어 있는 곳도 있다. ㉠『顯揚聖敎論』권2(T31, 490b2)에 '願'으로 되어 있다. 7) ㉠『顯揚聖敎論』권2(T31, 490b4)에 '相' 뒤에 '無'가 있다.

ㄷ. 세 번째 상

[경] '자성 있음'의 의미를 여실하게 요지하니, 변계소집이나 의타기나 원성실의 세 종류 자성을 (요지하는 것을) 말한다.

如實了知有自性義。謂遍計所執。若依他起。若圓成實。三種自性。

[석] 세 번째 상을 설명하였다. 말하자면 두 극단적 혜를 멀리 떠났기 때문에 세 종류 자성의 의미를 여실하게 요지한다는 것이다. 삼성의 의미는 이전의 삼성 중에서 설했던 것과 같다.[696]

釋曰。明第三相。謂由遠離二邊慧故。如實了知三自性義。三性之義。如何[1]
三性中說。

1) ㉣ '何'는 '前'인 듯하다.

ㄹ. 네 번째 상

[경] '자성 없음'의 의미를 여실하게 요지하니, 상·생·승의의 세 종류 무자성성을 (요지하는 것을) 말한다.

---

[696] 변계소집성遍計所執性과 의타기성依他起性과 원성실성圓成實性 등 삼성三性의 의미는 이전의 「一切法相品」에서 자세히 설한 바 있다.

如實了知無自性義。謂相生勝義三種無自性性。

석 네 번째 상을 설명한 것이다. 삼무성의 의미는 이전에 이미 설했던 것과 같다.[697]

釋曰。明第四相。三無性義。如前已說。

ㅁ. 다섯 번째 상

경 세속제의 의미를 여실하게 요지하니, 오명처를 (요지하는 것을) 말한다.

如實了知世俗諦義。謂於五明處。

석 다섯 번째 상을 설명한 것이다. 말하자면 오명처五明處(다섯 종류 학문)를 요지하는 지智를 세속제라고 한 것이다.

『대승광백론석론』제10권에서 말한다. "'세속제'란 연을 따라서 생하는 세간·출세간의 색법·심법 등을 말한다. (이것을) 직접 증득하면(親證) '설說'과 분리되어도 전전하면서 언표될 수 있으니, 직접 증득이 선행된 후에 비로소 (이에 관한) '설'을 일으키는 것이다. 이 세속제는 있는 것(有)이고 또한 생하는 것(生)이니, 가짜로 화합해서 이루어진 것이 마치 모든 환사와 같고, 분별로부터 일어나는 것이 마치 꿈속에서 만들어진 것과 같다. 언설될 만한 상相이 있는 것을 일컬어 '세속제'라고 한다."[698]

『현양성교론』제2권에서는 말한다. "'세속제'란 명신名身·구신句身·문신

---

697 상무성相無性과 생무성生無性과 승의무성勝義無性 등 삼무성三無性의 의미는 이전의「無自性相品」에서 자세히 설한 바 있다.
698 『大乘廣百論釋論』권10(T30, 249c1).

文身 및 그에 의지하는 의미(義), 모든 언설 및 언설에 의해서 이해되는 바의 의미, 또 일찍이 획득한 적이 있는 세간적 심심·심법심소법(심법과 심소법) 및 그것의 소행경의所行境義(인식되는 영역·경계)를 말한다."[699]

『유가사지론』제64권에서는 "모든 언도言道에 의해 언설될 수 있는 일체가 모두 세속제에 포섭된다."[700]라고 하였다.

釋曰。明第五相。謂了五明處智。名世俗諦。依廣百論第十卷云。世俗諦者。謂從緣生世出世間色心等法。親證離說。[1] 展轉可言。親證爲先。後方起。[2] 此世俗諦。亦有亦生。假合所成。猶諸幻事。從分別起。如篋[3]所爲。有相可言。名世俗諦。顯揚第二云。世俗諦者。謂名句文身。及依彼義。一切言說。及依言說所解了義。又曾得世間心及心法。及彼所行境義。瑜伽六十四云。謂諸所有言道可宣。一切皆是世俗諦攝。

1) ㉲ '說'은 '脫'로 되어 있는 곳도 있다. ㉠『大乘廣百論釋論』권10(T30, 249c2)에 '說'로 되어 있다. 2) ㉠『大乘廣百論釋論』권10(T30, 249c2)에 '起' 뒤에 '說'이 있다. 3) ㉲ '篋'은 '夢'인 듯하다. ㉠『大乘廣百論釋論』권10(T30, 249c4)에 '夢'으로 되어 있다.

'오명五明'이라 한 것에서, 첫째는 내명처內明處이니, 바른 인과 등을 나타내 보인 것이다. 둘째는 인명처因明處이니, 타인의 (주장) 등을 굴복시키는 법을 현시하는 것을 말한다. 셋째는 성명처聲明處이니, 어공語工[701]의 학문(明) 등을 현시한 것을 말한다. 넷째는 의방명처醫方明處이니, 병 자체와 병의 원인 등을 현시한 것을 말한다. 다섯째는 공업명처工業明處이니,

---

699 『顯揚聖敎論』권2(T31, 485c13).
700 『瑜伽師地論』권64(T30, 654c1).
701 어공語工 : 문법학(聲明)의 한 영역으로서 단어에 있어서 남성 단어(男聲)나 여성 단어(女聲) 또는 상성上聲이나 하성下聲 등에 대해 설명하는 분야인 듯하다. 참고로『瑜伽論記』권10(T42, 526c3)에서는 "二者。顯示語工勝利相者。辨聲明用。所謂男女上下等聲名語工勝利。"라고 하였다.

즉 짓거나 만드는 업 등을 현시한 것을 말한다. 자세한 것은 『유가사지론』 제38권과 제15권 등에서 설한 것과 같다.

보살이 이 오명을 추구하는 의도는 가령 『유가사지론』 제38권의 설과 같으니, 그 논에서는 말한다.

> 보살은 어째서 정법正法을 듣기를 추구하는가.
> 말하자면 보살들이 내명內明을 구할 때는 법수법행法隨法行[702]을 바르게 수행하기 위함이고, 자세하게 열어 보여서 타인을 이롭게 하고 깨우쳐주기 위함이다.
> 인명因明을 구할 때는 외도들의 인론因論(원인에 관한 학문)이 나쁜 언설임을 (여실하게) 알기 위함이고, 다른 모든 이론異論들을 굴복시키기 위함이다.
> 성명聲明을 구할 때는, 성전聖典의 언어를 믿고 좋아하는 중생들로 하여금 보살신菩薩身에 대해 깊이 공경과 믿음을 내게 하기 위함이고, 고훈詁訓[703]의 언음言音·문文·구句의 차별에 대해 깨닫기 위함이다.
> 의명醫明을 구할 때는, 중생들의 갖가지 질병을 그치게 하기 위해서다.
> 공업工業에 (관한 지식을) 구할 때는, 조금의 공력을 들여 진귀한 재물을 많이 모아서 중생을 요익되게 하기 위해서다.
> 보살들이 이러한 일체의 오명을 추구하는 것은, 무상정등보리라는 대지혜의 자량이 빨리 원만해지도록 하기 위함이니, 이 모든 학문(明處)

---

702 법수법행法隨法行 : 이에 대해서는 여러 가지 해석이 있다. 한편에서는 '법法과 수법隨法을 행하는 것'으로 해석하기도 한다. 다른 한편에서는 '법을 듣고 배워서 그 법을 따라 행하는 것'으로 해석하기도 하는데, 예를 들어 『瑜伽論記』 권10(T42, 529a18)에서는 원측의 해석을 인용하면서 "'법法'이란 법을 배우는 것(學法)이고 '수법행'이란 배움의 의식(學之儀式)이다."라고 한다. 이 '법수법행'에 대해서는 이후에 나오는 "법수법행을 잘 성취시킨다."라는 경문 해석에서 다시 자세하게 진술된다.
703 고훈詁訓 : 훈고학, 즉 고서古書에 자구를 붙여 해석하는 것을 말한다.

을 차례대로 수학하지 않고도 장애 없는 일체지지一切智智[704]를 능히 증득하는 것은 아니다.[705]

구체적으로 설하면 그 논과 같다.
『지지경론』 제3권과 『선계경』 제4권과 『대승장엄경론』 제5권에서 설한 뜻도 『유가사지론』과 동일하다.

言五明者。一內明處。謂卽顯示正因果等。二因明處。謂卽顯示摧伏他等。三聲明處。謂卽顯示諸[1]工明等。四醫方明處。謂卽顯示病體病因等。五工業明處。謂卽顯示營造業等。廣如瑜伽第三十八。及第十五等。菩薩求此五明意者。如瑜伽論三十八說。彼云。菩薩何故求聞正法。謂諸菩薩求內明時。爲正修行法隨法行。爲廣開示利悟於他。求因明時。[2] 欲[3]了知外道[4]因論是惡言說。爲欲降伏他諸異論。求聲明時。爲令欲[5]信樂典語衆生。於菩薩身。深生敬信。爲欲悟入詁訓音聲[6]文句差別。求醫明時。爲息衆生種種疾病。求工業[7]時。爲小功力。多集珍財。饒益衆生。菩薩求此一切五明。爲令無上正等菩提大智資糧速得圓滿。非不於此一切明處次第修學能得無障一切智[8]。具說如彼。地持論第三。善戒經第四。莊嚴論第五。意同瑜伽。

1) ㉠ '諸'는 '語'의 오기다. 2) ㉡ 『瑜伽師地論』 권38(T30, 503a4)에 '時' 뒤에 '爲'가 있다. 3) ㉡ 『瑜伽師地論』 권38(T30, 503a4)에 '欲' 뒤에 '如實'이 있다. 4) ㉡ 『瑜伽師地論』 권38(T30, 503a4)에 '道' 뒤에 '所造'가 있다. 5) ㉡ 『瑜伽師地論』 권38(T30, 503a8)에 '欲'이 없다. 6) ㉡ 『瑜伽師地論』 권38(T30, 503a9)에 '音聲'이 '言音'으로 되어 있다. 7) ㉡ 『瑜伽師地論』 권38(T30, 503a12)에 '業' 뒤에 '智處'가 있다. 8) ㉡ 『瑜伽師地論』 권38(T30, 503a18)에 '智' 뒤에 '智'가 있다.

---

704 일체지지一切智智: 일체지一切智는 성문·연각 등도 공유하지만, 불보살의 일체지는 그중에서도 가장 수승한 지혜이므로 '일체지지'라고 한다.
705 『瑜伽師地論』 권38(T30, 503a1).

ㅂ. 여섯 번째 상

ㄱ) 경계를 들어 지혜를 나타냄

경 승의제의 뜻을 여실하게 요지하니, 일곱 가지 진여를 (아는 것을) 말한다.

如實了知勝義諦義。謂於七眞如。

석 여섯 번째 상을 설명한 것이다. 이 중에 두 가지가 있다. 처음에는 경계를 들어 (그것을 아는) 지혜(智)를 나타내고, 나중에는 세 가지 이유로 (그 지혜를) 성립시킨다.
이것은 처음에 해당한다.
('승의제'에서) '승勝'이란 수승한 지혜(勝智)를 말하고, '의義'란 경계(境義)에 해당한다. 일곱 종류 진여는 '수승한 지혜의 경계(勝智之境義)'이기 때문에 '승의제'라고 하였다. 이는 의주석에 해당한다.[706]
따라서 『대반야경』제569권에서는 말한다. 〈천왕이여, 무릇 언설이 있는 것을 일컬어 세속제라고 하고, 언설을 떠난 고요한 성스런 지혜의 경계를 '승의제'라고 함을 알아야 한다.〉[707]
『대승광백론석론』에서는 말한다. "'승의제'란 성인에게 알려지는 대상

---

[706] 두 개 이상의 단어로 합성된 복합어를 해석할 때, 넓은 의미에서 앞 단어에 의해 뒤 단어가 제한되는 관계에 있는 모든 복합어를 의주석依主釋이라 한다. 특히 한역된 복합어가 'A之B'의 관계로 분석되는 경우는 모두 의주석으로 간주된다. 이처럼 A之B의 관계로 분석되는 복합어에서 앞의 수식어가 반드시 '~의'라는 소유격으로 번역되는 것은 아니다. 예를 들어 산사山寺는 '산의 절(山之寺)'로 분석되는데, 이 경우 앞 단어는 처격으로서 '산에 있는 절'을 뜻한다.
[707] 『大般若波羅蜜多經』권569(T7, 939a5) 참조.

이니, 분별과 명언이 모두 미칠 수 없는 것이고, 스스로 내적으로 증득된 것이지 다른 연緣으로 말미암은 것이 아니며, 모습이 없고 언어가 끊어진 것을 일컬어 '승의제'라고 한다."[708]

釋曰。明第六相。於中有二。初舉境顯智。後三因成立。此即初也。勝謂勝智。義卽境義。七種眞如。卽是勝智之境義。故名勝義諦。謂是依主釋。故大般若五百六十九云。天王。當知。凡有言說。名世俗諦。離言寂靜聖智境界。名勝義諦。廣百論云。勝義諦者。謂聖所知。分別名言。皆所不及。自內所證。不由他緣。無相絕言。名勝義諦。

ㄴ) 세 가지 이유로 지혜를 성립시킴

경 또 분별이 없고 모든 희론을 떠나서 순수한 하나의 이치(理趣)에 많이 머물기 때문에, 한량없는 총법을 소연으로 삼기 때문에,[709] 또 비발사나이기 때문에,

又無分別離諸戲論。純一理趣多所住故。無量總法爲所緣故。及毗鉢舍那故。

석 두 번째는 세 가지 이유로 '진여를 반연하는 지혜(緣眞之智)'를 성립

---

708 『大乘廣百論釋論』 권10(T30, 249c4).
709 지관止觀 수행에서 교법을 관할 때, 총제적인 교법을 관하기도 하고 개별적인 교법을 관하기도 한다. 경문에서 '총법總法을 소연으로 삼는다'고 한 것은 '모든 교법을 총괄해서 관의 대상으로 삼는다'는 것인데, 이때 '총법'이란 모든 교법의 내적인 본질인 '진여'를 뜻할 수도 있고, 혹은 십이부경에서 설한 교법 전체를 가리킬 수도 있다. 이하의 해석에서는 전자는 정체지正體智의 경계이고, 후자는 후득지後得智의 경계라고 하였다.

시킨 것이다.

"또 분별이 없고……"라고 한 것은 정체지正體智(근본지)를 나타낸 것이니, 갖가지 분별희론이 없이 오직 진여라는 하나의 이치(理趣) 중에 대부분 안주한다는 것이다. 이 지혜에 대해 자세히 해석하면, 예를 들어 『잡집론』 제14권과 『섭대승론』 제8권에서 설한 것과 같다.

"한량없는 총법을 소연으로 삼기 (때문에)"라고 한 것은 이 정체지가 총법의 진여를 소연으로 삼음을 나타낸 것이다.

해 또는 "한량없는 총법을 소연으로 삼기 (때문에)"라고 한 것은 후득지를 나타낸 것이다. 말하자면 이 총법에는 세 종류가 있다. 첫째는 소총법少總法이니, 십이부경을 각기 따로 반연하기 때문이다.[710] 둘째는 대총법大總法이니, 십이부경으로 총합해서 반연하기 때문이다. 셋째는 한량없는 총법이니, 한량없는 여래의 십이부경을 총합하여 반연하기 때문이다. 이 (경문에서 말한) 지혜는 세 번째 총법을 반연하는 지혜다.

"또 비발사나이기 (때문에)"라고 한 것은 이 지가 수혜修慧임을 나타냈기 때문이다.

> 釋曰。第二三因成立緣眞之智。又無分別等者。顯正體智。無有種種分別戲論。唯於眞如一理趣中。多分安住。廣釋此智。如雜集十四攝論第八。無量總法爲所緣者。謂此正智。以總法眞如爲所緣也。又解。無量總法爲所緣者。顯後得智。謂此總法。有其三種。一少總法。十二部經。各別緣故。二大總法。十二部經。總合緣故。三無量總法。無量如來十二部經。總合緣故。此智卽緣第三法也。及毗鉢舍那者。謂顯此智是修慧故。

---

[710] 후득지後得智로 십이부경十二部經 중의 각각 경전의 총법總法을 대상으로 삼아 관할 때, 그 후득지가 관하는 대상을 '소총법少總法'이라 한다. 이하의 '대총법大總法'과 '무량총법無量總法'의 경우도 마찬가지로 이해될 수 있다.

ㅅ. 일곱 번째 상

경 법수법행을 잘 성취할 수 있다.

能善成辦法隨法行。

석 일곱 번째는 수법행隨法行의 지혜를 나타낸 것이다. 그런데 이 법행에 대해 여러 교설들이 같지 않다.

『대비바사론』제181권에 의하면 다음과 같다. 〈'법'이란 열반을 말하고, '수법隨法'이란 팔지성도를 말한다.[711] 만약 이 중에서 의미에 수순해서 행한다면, 이른바 열반을 구하기 위해서 팔지성도를 수습하는 것을 일컬어 '법수법행'이라 하고, 여기에 능히 안주하는 자를 일컬어 '법수법행자'라고 한다.〉[712] 자세하게 설하면 그 논과 같다.

무성의『섭대승론석』제2권에서 말한다.

'법수법행'이란, 증득되는 바(所證)를 '법'이라 하고, 도道를 '수법'이라 하니, (그 도는) 그것(증득되는 바의 법)에 수순하기 때문이다. 또 출세간의 도를 '법'이라 하고, 세간의 도를 '수법'이라 한다.

행자는 그것을 행하는 자기 마음의 상속에 그것을 식수하여 증장시키기 때문에, 그것을 현행하도록 하여 자재를 얻기 때문이다.

이것은 곧 그 수행에 의해 성취된 지혜(修所成智)를 설한 것이다.[713]

해 "그것을 행하는 자기 마음의 상속"이란 이 수혜修慧로써 그것을 행하는 선

---

711 열반을 '법法'이라 한다면, 팔지성도는 열반의 법에 수순隨順하는 것이기 때문에 '수법隨法'이라 한다.
712 『大毘婆沙論』권181(T27, 910c12) 참조.
713 무성의『攝大乘論釋』권2(T31, 386a14).

정의 마음이 상속하는 곳(處)이다. "그것을 식수하여 증장시키기 때문에"라고 한 것은, 그 '행行'의 의도를 해석한 것이니, 식수하여 건립하는 것이고, 또한 씨앗을 (심는) 것이기도 하다. 그 선정의 마음에 그 수혜를 식수하여 건립하고 증장시키기 때문에 '행'이라 설한 것이다. "그것을 현전(현행)하도록 하여 자재를 얻기 때문이다."라는 것은 '증장'의 의미를 거듭 해석한 것이다. 저 수혜가 마음에 현행하여 자재한 작용을 얻음으로 말미암아 진리를 증득할 수 있고 미혹을 끊고 과를 획득하는 등 갖가지 작용을 한다. "이것은 그 수행에 의해 성취된 지혜를 설한 것이다."라는 것은 설명되는 대상에 배속시킨 것이다.】

또 세친의 『섭대승론석』 제2권에서는 "'법수법행'이란 가르침에 맞게 행하기 때문이다."[714]라고 하였다.

釋曰。第七隨法行智。然此法行。諸教不同。若依婆沙一百八十一云。法謂涅槃。隨法謂八支聖道。若於此中。隨義而行。所謂爲求涅槃故。修習八支聖道。名法隨法行。能安住此。名法隨法行者。廣說如彼。若依無性攝論第二云。法隨法行者。所證名法。道名隨法。隨順彼故。又出世道名法。世間道名隨法。行者行彼自心相續。樹增彼故。令彼現行。得自在故。此則說其修所成智。【解云。行彼自心相續者。以此修慧行彼定心相續之處也。言樹增彼故者。釋其行意。樹殖建立也。亦種也。於彼定心。樹立增長彼修慧故。說名爲行。言令彼現前得自在故者。重釋增意。由彼修慧。於心現行。得自在用。能證眞理。斷惑得果。種種作用。言此卽說其修所成智者。屬當所明也】又世親論第二卷云。法隨法[1]者。如教行故。

---

1) ⑳『攝大乘論釋』권2(T31, 327a9)에 '法' 뒤에 '行'이 있고, 교감주에 따르면 없는 판본도 있다.

---

714 세친의 『攝大乘論釋』 권2(T31, 327a9).

ⓑ 결론

경 이런 것을 일컬어 일곱 종류의 혜의 청정한 상이라 한다.

是名七種慧淸淨相。

석 두 번째는 총결지은 것이니, 문장 그대로 (알 수 있다.)

釋曰。第二總結。如文。

⑩ 오상五相의 오업五業을 분별한 문

가. 청문

경 관자재보살이 다시 부처님께 여쭈었다. "세존이시여, 이와 같은 다섯 가지 상에는 각기 어떤 작용(業)이 있습니까?"

觀自在菩薩。復白佛言。世尊。如是五相。各有何業。

석 열 번째는 (이전에 설한) 다섯 가지 상(五相)의 다섯 가지 작용(五業)에 대해 분별한 문이다. 앞은 청문이고, 뒤는 대답이다.
이것은 앞서 말한 '오염된 집착이 없는 모습(無染著相)' 등 다섯 가지 상의 작용에 대해 물은 것이다. 말하자면 저 다섯 가지 상에 각기 몇 개의 작용이 있는가.

釋曰。第十分別五相五業門。先問。後答。此卽問上無染著等五相業用。謂彼五相各有幾業。

나. 대답

가) 총괄해서 답함

경 부처님께서 관자재보살에게 말씀하셨다. "선남자여, 그 상들에 다섯 종류 작용이 있음을 알아야 한다.

佛告觀自在菩薩曰。善男子。當知。彼相有五種業。

석 두 번째는 여래께서 바로 설하신 것이다. 이 중에 두 가지가 있다. 앞은 총괄해서 답한 것이고, 뒤는 따로 해석한 것이다.
　이것은 '각기 하나의 작용이 있다'고 총괄해서 답한 것이다.
　따라서 『심밀해탈경』에서는 "부처님께서 관세자재觀世自在(관자재)보살에게 말씀하셨다. 이 다섯 종류에 각기 하나의 작용이 있음을 알아야 한다."[715]라고 하였다.

釋曰。第三[1] 如來正說。於中有二。先總。後別。此卽總答各有一業。故深密云。佛告觀世自在。此五種各有一[2] 業。應知。

---
1) ㉯ '三'은 '二'의 오기다.　2) ㉯ 『深密解脫經』 권4(T16, 683b17)에 '一'이 '五'로 되어 있고, 교감주에 따르면 '一'로 된 곳도 있다.

---

715 『深密解脫經』 권4(T16, 683b17)에는 "佛言觀世自在。此五種觀。各有五業。應知。"라고 하였다. 이 판본에서 '五業'이라 했는데, 교감주에 따르면 '五業'이 '一業'으로 된 곳도 있다. 아마도 원측이 참조했던 판본은 후자인 듯하다.

나) 따로 해석함

(가) 무염착상無染著相의 작용

경 말하자면 보살들은 오염된 집착이 없기 때문에, 현법 안에서 수습해야 할 바인 바라밀다에 대해 항상 은중하게 부지런히 가행을 닦되 방일함이 없는 것이다.

謂諸菩薩無染著故。於現法中。於所修習波羅蜜多。恒常慇重。勤修加行。無有放逸。

석 두 번째로 '다섯 가지 상에 각기 하나의 작용이 있다'는 것을 따로 따로 해석하였다.
이것은 첫 번째로 '오염된 집착이 없는 모습'에 있는 바의 개별적 작용에 해당하니, 즉 부지런히 가행을 닦으면서 방일함이 없게 하는 작용이다.
'오염된 집착이 없는 모습'이란 앞에서 자세하게 설명했던 것처럼, 오염된 집착이 없기 때문에 현재의 몸이 (있는) 가운데 무간으로 은중하게 부지런히 육도를 닦으면서 방일함이 없는 것이다.

釋曰。第二別釋五相各有一業。此卽第一無染著相所有別業。卽是勤修加行。無放逸業。無染著相。如上廣說。由無染故。於現身中。無間慇重。勤修六度。無有放逸。

(나) 무고연상無顧戀相의 작용

경 돌아보며 연연해함이 없기 때문에 미래의 불방일不放逸[716]의 인因을 거두어들인다.

無顧戀故。攝受當來不放逸因。

석 두 번째는 돌아보며 연연해함이 없는 모습에 있는 바의 (개별적) 작용을 밝힌 것이다. 육도六度의 모든 이숙과異熟果[717] 및 보은報恩에 대해 얽매임이 없기 때문에 능히 미래의 불방일의 인을 거두게 된다. 곧 저 미래의 불방일 때문에 능히 육도를 닦아서 점점 증장시킬 수 있는 것이다.

釋曰。第二無顧戀相所有業也。由於六度諸異熟果及報恩中。無繫縛故。能攝未來不放逸因。卽彼未來不放逸故。能修六度。漸漸增長。

(다) 무죄상無罪相의 작용

경 죄의 허물이 없기 때문에, 능히 바르게 지극히 원만하고, 지극히 청정하며, 지극히 순백한 바라밀다를 수습한다.

無罪過故。能正修習。極善圓滿。極善淸淨。極善鮮白。波羅蜜多。

석 세 번째는 죄가 없는 모습에 있는 바의 작용(業)을 밝힌 것이다. 말

---

716 불방일不放逸 : 나쁜 일을 막고 오로지 선법善法에 전념하게 하는 정신작용을 말한다. 이것이 방일放逸을 대치하고 모든 선법을 성취시키므로 선심소善心所 중에 포함된다.
717 육도六度의 모든 이숙과異熟果 : 지금 지은 육바라밀행으로 인해 미래(當來)에 받게 될 고락苦樂의 과보를 일컫는다. 보살은 자기가 지은 바라밀의 이숙과에 대해 연연해하지 않기 때문에 미래에도 언제나 방일하지 않고 부지런히 바라밀을 닦을 수 있는 원인(因)을 갖고 있다는 것이다.

하자면 죄가 없는 모습은 곧 네 구의 작용이 있다. 첫째는 능히 바르게 수습하고(能正修習), 둘째는 지극히 원만하며(極善圓滿), 셋째는 지극히 청정하고(極善淸淨), 넷째는 지극히 순백하다(極善鮮白). 이전에 설했던 네 종류 '간간의 잡염법(間雜法)'을 떠남, 말하자면 자비 없는 가행과 이치에 맞지 않는 가행과 항상되지 않은 가행과 은중하지 않는 가행을 (떠남으로) 인해서 이 네 구를 설한 것이다.

한편에서는 말한다. 〈'능히 바르게 수습한다'는 것은 총괄적 구(總句)이다.[718] 이하의 세 구는 삼덕三德의 인因을 따로 나타낸 것이다. 첫째 '지극히 원만하다'는 것은 단덕斷德의 인을 나타낸 것이고, (둘째) '지극히 청정하다'는 것은 지덕智德의 인을 나타낸 것이며, (셋째) '지극히 순백하다'는 것은 은덕恩德의 인을 나타낸 것이다.〉

釋曰。第三明無罪相所有業也。謂無罪相卽有四句業。一能正修習。二極善圓滿。三極善淸淨。四極善鮮白。由離前說四間雜法。謂無悲加行。不如理加行。不常加行。不慇重加行。故說此四句。一云。能正修習者。是想[1]句。下之三句。前[2]別顯三德因。一極善圓滿者。顯斷德因。極善淸淨者。顯智德因。極善鮮白者。顯恩德因。

1) ㉠ '想'은 '總'인 듯하다. 해당 번역문 역주 참조. 2) ㉮ '前'은 '卽'인 듯하다.

(라) 무분별상無分別相의 작용

경 분별이 없기 때문에, 방편선교로 바라밀다를 속히 원만해지게 할 수 있다.

---

718 원측 소의 원문은 '是想句'로 되어 있는데, 이 중에 오자가 있는 듯하다. 이 두 번째 해석에 따르면, 뒤의 세 구는 무죄상無罪相의 세 가지 공덕(三德)을 따로따로 나타낸(別顯) 것이다. 이에 대조해 볼 때, 앞의 첫 번째 구는 '총괄적으로 나타낸 것(總顯)'이라 본 듯하다. 이런 맥락에서 '是想句' 중의 '想'를 '總句'로 간주하였다.

無分別故。方便善巧。波羅蜜多。速得圓滿。

석 네 번째는 분별이 없는 모습에 있는 바의 개별적 작용을 밝힌 것이다. 말하자면 언어적 표현 그대로 모든 상들에 집착하지는 않기 때문에 곧 능히 선교방편으로 모든 바라밀을 속히 원만해지게 할 수 있다.

(경문에서 말한 '방편선교'란) 십도 중의 '방편바라밀'을 말하는 것은 아니다.[719]

釋曰。第四無分別相所有別業。謂不如言詞執諸相故。即能善巧方便。令諸波羅蜜。速得滿之。[1] 非十度中方便。

1) ㉔ '之'는 '足'인 듯하다.

(마) 정회향正迴向의 작용

경 바르게 회향하기 때문에, 모든 생처生處의 바라밀다 및 그것의 좋아할 만한 모든 과의 이숙異熟들이 모두 다함이 없고, 나아가 무상정등보리에 이르는 것이다."

正迴向故。一切生處波羅蜜多。及彼可愛諸果異熟。皆得無盡。乃至無上正等菩提。

---

[719] 십도十度(십바라밀)란 시施・계戒・인忍・정진精進・선禪・반야般若 등의 육바라밀에다 방편方便・원願・력力・지智의 네 가지 바라밀을 추가한 것이다. 특히 뒤의 방편・원・력・지의 네 가지는 후득지後得智에 해당하는데, 그 후득지의 하나인 '방편'이란 갖가지 간접적 방법으로 지혜를 개발시키는 것을 말한다. 그런데 위의 경문에서 "방편선교"라고 한 것은 십바라밀 중의 그 방편바라밀을 가리키는 것은 아니다.

석 다섯 번째는 바른 회향의 작용을 밝힌 것이니, 경문 그대로 알 수 있을 것이다.

釋曰。第五正迴向業。如經可知。

⑪ 가장 광대함(最廣大) 등의 오상五相을 밝힌 문

가. 청문

경 관자재보살이 다시 부처님께 여쭈었다. "세존이시여, 이와 같이 설했던 바의 바라밀다는 어떤 것이 가장 광대하고, 어떤 것이 염오가 없으며, 어떤 것이 가장 밝고 치성하고, 어떤 것이 동요될 수 없으며, 어떤 것이 가장 청정합니까?"

觀自在菩薩。復白佛言。世尊。如是所說波羅蜜多。何者最廣大。何者無染汙。何者最明盛。何者不可動。何者最清淨。

석 이하는 열한 번째로 '가장 광대함' 등 다섯 가지 상을 밝힌 문이다. 앞은 청문이고, 뒤는 대답이다.

이것은 보살이 일찍이 그 밖의 경에서 이런 다섯 가지 상이 있다고 들은 적이 있기 때문에 이런 물음을 일으킨 것이다. 혹은 여래의 가피력 때문에 이런 질문을 했을 수도 있다.

釋曰。自下第十一最廣大等五相門。先問後答。此卽菩薩曾聞餘經有此五相。故作此問。或可如來加被力故。作此問也。

나. 대답

가) 오상을 두 종류로 분류함

(가) 가장 광대한 상

경 부처님께서 관자재보살에게 말씀하셨다. "선남자여, 오염된 집착이 없는 성질, 돌아보며 연연해함이 없는 성질, 바르게 회향하는 성질은 가장 광대한 것이다.

佛告觀自在菩薩曰。善男子。無染著性。無顧戀性。正迴向性。最爲廣大。

석 이하는 여래께서 바로 설하신 것이다. 이 중에 두 가지가 있다. 처음에는 다섯 가지 상을 두 종류 상으로 구분하였다.[720] 나중에는 지위에 의거해서 뒤의 세 종류 상을 해석한다.[721]

여기서는 다섯 가지 상 중에 '오염된 집착이 없는 성질, 돌아보며 연연해하지 않는 성질, 바르게 회향하는 성질' 등 세 종류를 '가장 광대하다'고 이름하였으니, (그 세 종류 성질들의) 행상行相은 광대하여 모든 지위를 포괄하면서도 그 가운데서 서로 어긋나지 않기 때문이다.

---

[720] '다섯 가지 상'이란 서두에서 설했던 바라밀다의 다섯 가지 상(五相), 즉 ① 오염된 집착이 없는 모습(無染著相), ② 돌아보며 연연해하지 않는 모습(無顧戀相), ③ 죄의 허물이 없는 모습(無罪相), ④ 분별이 없는 모습(無分別相), ⑤ 바르게 회향하는 모습(正迴向相)을 말한다. 또 '두 가지 상으로 구분했다'는 것은 바로 직전에 설했던 다섯 가지 상 중에서 '가장 광대함(最廣大)'과 '염오가 없음(無染汚)'이라는 두 가지 상을 앞의 오상에 배대시켰다는 것이다.

[721] '뒤의 세 종류 상'이란 직전의 경문에서 설했던 다섯 가지 상 중에 '가장 밝고 치성함(最明盛), 동요될 수 없음(不可動), 가장 청정함(最淸淨)'을 가리킨다.

釋曰。自下如來正說。於中有二。初約五相。分爲三¹⁾種。後依位地釋後三相。此卽五中。無染著性。無顧戀性。正迴向性三種。名最廣大。行相廣大。攝於諸位中不相違故。

1) ㉠ '三'은 '二'의 오기인 듯하다.

(나) 염오가 없는 상

경 죄의 허물이 없는 성질과 분별이 없는 성질은 염오가 없는 것이다.

無罪過性。無分別性。無有染汙。

석 다섯 가지 상 중에 '죄의 허물이 없는 성질' 및 '무분별지'를 '염오가 없다'고 하였다. 말하자면 행한 바의 도度의 자성 (자체가) 염오가 없는 것이니, 무분별지로 능히 염오를 제거하기 때문이다. 이 '염오가 없는 성질'은 또한 모든 지위에 공통되는 것이다.

釋曰。五中無罪過性。及無分別智。名無染汙。謂所行度自性無染。無分別智能除染故。此無染性。亦通諸位。

나) 지위에 의거해서 뒤의 세 종류를 해석함

(가) 밝고 치성한 상

경 사택으로 지어진 바는 가장 밝고 치성하다.

思擇所作。最爲明盛。

석 두 번째는 지위에 의거해서 뒤의 세 가지 상을 설명한 것이다.

이것은 '밝고 치성함'에 대해 해석한 것이다. '밝다(明)'는 것은 저 육도六度를 말하니, 이는 수승한 사택에 의해 지어진 사업이기 때문에 '밝고 치성하다'고 한 것이다. 이것은 지위 상으로는 앞의 일곱 개의 지(초지에서 제7지까지)에 있다.

『심밀해탈경』에서는 "어떤 것이 치성한 것인가?"[722]라고 하였다.

> 釋曰。第二約位辨後三相。此釋明盛。明謂彼六度。以勝思擇所作事故。名爲明盛。此卽位在前之七地。深密經云。何者熾然。

(나) 동요될 수 없는 상

경 이미 물러남 없는 법의 지地에 들어간 것을 '동요될 수 없는 것'이라 이름한다.

> 已入無退轉法地者。名不可動。

석 네 번째 '동요될 수 없는 상'은 제8지와 제9지의 두 종류 지에 해당한다.

'동요되지 않음(不動)'의 의미는 앞에서 이미 설했던 것과 같다.[723] 『심밀해탈경』에서 '초지初地(歡喜地) 이상을 부동지라고 한다'라고 한 것은 번역가가 다르기 때

---

722 『深密解脫經』 권4(T16, 683c2)에는 "觀世自在言。世尊。何者爲明妙。佛言。所謂緣滅諸法應知。"라고 되어 있다. 아마도 원측이 참고했던 판본에 '明妙'가 '熾然'으로 된 듯한데, 지금은 확인할 수 없다.
723 '부동不動'에 관해서는 이전의 지명地名의 의미를 해석하는 중에 '아) 부동지不動地' (p.146 이하)에서 자세히 논한 바 있다.

문이다.[724]

釋曰。第四不可動相。第八第九二種地也。不動之義。如上已說。【深密經云。初地已上。名不動者。譯家別故。】

(다) 가장 청정한 상

경 제10지에 속하고 불지에 속하는 것이면 '가장 청정한 것'이라 이름한다.

若十地攝佛地攝者。名最淸淨。

석 다섯 번째는 '가장 청정한 상'이다. 말하자면 열 번째 지는 인因 중에서 가장 뛰어나고, 여래지如來地(불지)는 과果 중에서 가장 뛰어나니, (이 두 개의 지는) 궁극적으로 청정한 것이기 때문이다.

그러므로 『잡집론』 제11권에서는 말한다. "'원만최승圓滿最勝'이란, 열 번째 지와 여래지의 모든 보시 등의 바라밀다를 말하니, 그 차례대로 (제10지에서는) 보살이 원만하기 때문이고, (여래지에서는) 부처님이 원만하기 때문이다."[725]

(* 뒤의 세 가지 명칭의 차별)

그런데 이 세 가지 명칭에 차별이 있다. 가령 『유가사지론』 제37권과 같으니, 그 논에서는 말한다.

---

724 『深密解脫經』 권4(T16, 683c4) 참조.
725 『雜集論』 권11(T31, 748a16).

본성이 순수하고 도탑기 때문에, 극히 맹렬하고 성하기 때문에, 상품
上品의 광대한 과보를 가질 수 있기 때문에, 크고 뛰어난 이익 때문에,
'치성하다(熾然)'고 하였다.【『심밀해탈경』에 '치성하다(熾燃)'라고 하였다.】

바뀌어 돌아가지 않기 때문에, 물러나 떨어지지 않기 때문에, 항상
수승하게 나아가기 때문에, '동요됨이 없다(無動)'고 하였다.

보살지 중에 최상의 위없는 것이기 때문에 '지극히 청정하다(極善淸
淨)'고 설했음을 알아야 한다.[726]

釋曰. 第五最淸淨相. 謂第十地因中最勝. 若如來地果中最勝. 究竟淸淨
故. 是故雜集第十一云. 圓滿最勝. 謂第十地及如來地. 所有施等波羅蜜
多. 如其次第. 菩薩圓滿故. 佛圓滿故. 然此三名. 有差別者. 如瑜伽論第
三十七. 彼云. 性淳[1]故. 極猛盛故. 能有上品廣大果故. 大勝利故. 名爲
熾.[2]【深密經云. 熾然.】不轉還故. 不退墮故. 常勝進故. 名爲無動. 菩薩地
中. 最無上故. 當知說名極善淸淨.

1) ㉭『瑜伽師地論』권37(T30, 498b19)에 '淳' 뒤에 '厚'가 있다. 2) ㉭『瑜伽師地論』
권37(T30, 498b19)에 '熾' 뒤에 '然'이 있다.

⑫ 육도의 인과가 다함없음을 밝힌 문

가. 청문

경 관자재보살이 다시 부처님께 여쭈었다. "세존이시여, 어떤 인연으로 보
살이 획득한 바의 바라밀다의 모든 좋아할 만한 과果 및 모든 이숙異熟들은
항상 다함이 없고 바라밀다도 또한 다함이 없습니까?"

---

726 『瑜伽師地論』권37(T30, 498b18).

觀自在菩薩。復白佛言。世尊。何因緣故。菩薩所得波羅蜜多。諸可愛果。
及諸異熟。常無有盡。波羅蜜多。亦無有盡。

석 이하는 열두 번째로 육도의 인과가 다함없음을 밝힌 문이다. 이 중에서 앞은 질문이고, 뒤는 대답이다.

이것은 청문에 해당한다. 여기서는 과果와 인因이 항상 다함이 없는 것에 대해 물었다. 육도는 '인因'에 해당하고, 그 도에 의해 획득된 바의 이계과離繫果 등 네 종류 좋아할 만한 과果들 및 이숙과異熟果 등 이와 같은 다섯 종류를 모두 '과'라고 이름하였다. 다섯 가지 과에 대해 자세하게 해석하면, 이전에 인용했던 『잡집론』 제12권의 설과 같다.[727]

釋曰。自下第十二六度因果無盡門。於中。先問。後答。此卽問也。此問果
因常無有盡。六度因。彼度所得離繫等四可愛諸果。及異熟果。如是五種。
總名爲果。廣釋五果。如前所引雜集十二。

나. 대답

경 부처님께서 관자재보살에게 말씀하셨다. "선남자여, (인因·과果가) 전

---

[727] 『雜集論』 권12에서는 바라밀다의 공덕을 이상의 오과五果에 배당시켜 다음과 같이 말한다. "능히 자신이 대치시켜야 할 것들을 영원히 끊을 수 있는 것은 바로 모든 바라밀다의 이계離繫果에 해당한다. 현재의 법 가운데서 이 보시 등으로 자기와 타인을 거두어들이는 것은 사용과士用果에 해당한다. 미래세에 뒤로 가면 갈수록 더욱 수승해지면서 연속해서 생기하는 것을 등류과等流果라고 한다. 대보리는 증상과增上果이다. 큰 재부를 받고, 선취善趣에서 왕생하며, 원한 없고 무너짐 없는 즐거움을 많이 받고, 유정들 가운데서 존귀한 자가 되며, 몸에 손상을 입지 않고, 많은 종족을 널리 퍼트리는 것은, 그 순서대로 보시바라밀다 등의 이숙과異熟果에 해당한다." 『雜集論』 권12(T31, 750a29) 참조.

전하며[728] 서로 의지해서 생기하여 수습이 중간에 끊어짐은 없기 때문이다."

佛告觀自在菩薩曰。善男子。展轉相依生起。修習無間斷故。

【석】 두 번째는 여래께서 바로 설하신 것이다. 말하자면 육도六度에 의지해서 모든 과果를 능히 획득하고, 그 과에 의지하기 때문에 육도를 능히 닦는 것이다. 이와 같이 전전하며 서로 의지해서 생기하여 중간에 끊어짐이 없기 때문이다. (이것이) 곧 '다함이 없음'의 의미다.

『잡집론』에서는 '미래세에서 이후로 갈수록 증장되고 수승해지며 연속해서 생기하기 때문에 이를 바라밀다의 등류과等流果[729]라고 한다'라고 하였다.[730]

【『상속해탈경』에서는 말한다. "어째서 항상 다함없는 바라밀다의 과보 및 다함없는 바라밀다를 획득합니까? 부처님께서 관세음보살에게 말씀하셨다. '전전하며 서로 의지하여 수습을 버리지 않기 때문이다.'"[731] 【해】 이는 번역가의 오류이다.[732] 『심밀해탈경』에서는 말한다. "부처님께서 말씀하셨다. '이른바 (인과가) 서로 갈마들면서 인因서 묘한 업과를 낸다는 것을 알아야 한다.'"[733] 【해】 이는 번역가가 다르기 때문이다.】

---

728 인과因果가 전전展轉한다는 것은 전후로 연쇄적으로 이어지며 앞의 것이 인因이 되어 뒤의 과果를 생하는 관계를 말한다.
729 어떤 법이 전후 찰나에 걸쳐 동일한 것으로서 지속하고 있을 때, 이전의 법은 동류인同類因이고 이후의 법은 등류과等流果라고 한다. 구체적으로, 각각의 법의 인과 관계에서 원인이 선하거나 악하면 똑같이 결과도 선하거나 악하고 원인이 무기이면 결과도 무기로 되는 경우처럼, 그 성질이 동일하게 이어지는 것을 말한다.
730 『雜集論』 권12(T31, 750b3) 참조.
731 『相續解脫地波羅蜜了義經』 권1(T16, 717b2).
732 원측은 『相續解脫經』의 역자가 '바라밀다의 수습(因)이 연속적으로 의지해서 일어난다'는 의미로 번역했기 때문에 번역가의 오류라고 하였다. 원측의 해석에 따르면 이 경문은 바라밀행(因)과 그것의 과보(果)가 연속적으로 서로 의지해서 일어남을 설한 것이다.
733 『深密解脫經』 권4(T16, 683c10).

釋曰。第二如來正說。謂依六度能得諸果。由依果故。能修六度。如是展轉。相依生起。無間斷故。便無盡義。雜集論云。於當來世。後後增勝。展轉生起。是故波羅蜜多等流果。【相續經云。何故。常得無盡波羅蜜多果報。及無盡波羅蜜多。佛告觀世音。展轉相依。捨俙習故。解云。譯家謬也。深密經云。佛言。所謂迭相因生如[1] 業果應知。解云。譯家別故。】

1) ㉠『深密解脫經』권4(T16, 683c10)에 따르면, '如'는 '妙'의 오기다.

⑬ 도度를 좋아하지만 도과度果를 좋아하지 않음을 밝힌 문

가. 청문

경 관자재보살이 다시 부처님께 여쭈었다. "세존이시여, 어떤 인연에서 이 모든 보살들은 바라밀다를 깊이 믿고 좋아하지만, 이와 같은 바라밀다에 의해 획득되는 바의 좋아할 만한 모든 과이숙들을 (좋아하지는) 않습니까?"

觀自在菩薩。復白佛言。世尊。何因緣故。是諸菩薩。深信愛樂波羅蜜多。非於如是波羅蜜多所得可愛諸果異熟。

석 이하는 열세 번째로 도度를 좋아하지만 도의 과度果를 좋아하지는 않음을 밝힌 문이다. 앞은 청문이고, 뒤는 대답이다.

이것은 청문이다. '어째서 보살은 도를 좋아하지만 도를 행함으로써 획득되는 과를 좋아하지는 않는가.'

그런데 이 질문의 의도는 세 개의 판본에 다르게 되어 있다. 『상속해탈경』에서는 "어째서 보살은 바라밀다의 과보를 깊이 좋아합니까?"[734]라고

734 『相續解脫地波羅蜜了義經』권1(T16, 717b5).

하였고, 『심밀해탈경』의 질문은 이 『해심밀경』과 동일하다. 대답한 경문에 준해 보면 『상속해탈경』의 번역은 오류다.

釋曰。自下第十三愛度不愛度果門。先問。後答。此卽請問。如何菩薩愛度。而不愛度行得果耶。然此問意。三本不同。相續經云。何故菩薩深愛波羅蜜多果報。深密經問。與此經同。若准答文。相續經謬也。

나. 대답

가) 표장으로서 개수를 듦

경 부처님께서 관자재보살에게 말씀하셨다. "선남자여, 다섯 가지 인연 때문이다.

佛告觀自在菩薩曰。善男子。五因緣故。

석 이하는 세존께서 바로 설하신 것이다. 이 중에 두 가지가 있다. 처음은 표장으로서 개수를 든 것이고, 나중은 차례대로 따로 해석한 것이다. 이것은 처음에 해당한다.

釋曰。自下世尊正說。於中有二。初標章擧數。後次第別釋。此卽初也。

나) 차례대로 따로 해석함

경 첫째, 바라밀다는 가장 증상된 희락의 인因이기 때문이다. 둘째, 바라밀다는 그가 궁극적으로 일체의 자·타를 요익되게 하는 인이기 때문이다. 셋째, 바라밀다는 미래세에 저 좋아할 만한 과이숙을 (초감하는) 인이기 때문이다. 넷째, 바라밀다는 모든 잡염이 의지하는 바의 사事는 아니기 때문이다. 다섯째, 바라밀다는 끝내 변하여 무너지는 법이 아니기 때문이다."

> 一者。波羅蜜多是最增上喜樂因故。二者。波羅蜜多是其究竟饒益一切自他因故。三者。波羅蜜多是當來世彼可愛果異熟因故。四者。波羅蜜多非諸雜染所依事故。五者。波羅蜜多非是畢竟變壞法故。

석 두 번째는 차례대로 다섯 종류의 인의 모습을 따로 해석하였다.

그 차례대로, 타수용他受用의 지智와 불과佛果에서 수용하는 법락·희락의 인이기 때문이고, 저 이숙은 아니지만 이런 수승한 작용이 있어서 궁극적으로 자기를 이롭게 하고 타인을 이롭게 하는 인이기 때문이며, 수승하게 미래의 이숙을 능히 초감하는 인이기 때문이고, 업·번뇌가 의지하는 바의 인은 아니기 때문이며, 마치 이숙처럼 받고 나면 다하는 것이 아니기 때문이다.[735]【두 본本(『심밀해탈경』과 『상속해탈경』)은 거의 동일하기 때문에 서술하지 않겠다.】

> 釋曰。第二次第別釋五種因相。如其次第。於他受用智及與佛果受用法樂喜樂因故。非彼異熟。有此勝用。究竟自利利他因故。勝能減當來異熟因故。非業煩惱所依因故。非如異熟受已盡故。【二本大同。故不述之。】

⑭ 모든 도의 위덕의 종류 수를 밝힌 문

---

[735] 이숙인異熟因에 의해 초감된 이숙과異熟果의 경우, 그 과보를 받고 나면 그 인의 힘이 다하게 되므로 더 이상 과를 불러내지 않는다. 그러나 바라밀다의 인과는 끝내 다하는 일 없이 지속된다는 의미에서 '끝내 변괴하지 않는 법'이라 하였다는 것이다.

가. 청문

경 관자재보살이 다시 부처님께 여쭈었다. "세존이시여, 일체의 바라밀다에 각기 몇 종류의 가장 수승한 위덕이 있습니까?"

觀自在菩薩。復白佛言。世尊。一切波羅蜜多。各有幾種最勝威德。

석 이하는 열네 번째로 모든 도度의 위덕의 종류 수를 밝힌 문이다. 앞은 청문이고, 뒤는 대답이다.
이것은 총괄해서 물은 것이다.『상속해탈경』에서는 ('위덕'을) '덕력德力'이라 하였고,[736]『심밀해탈경』에서는 '뛰어나고 묘한 힘(勝妙之力)'이라 하였는데,[737] 번역가가 다르기 때문이지 의미상 어긋남은 없다.】

釋曰。自下第十四諸度威德種數門。先問。後答。此即總問。【相續經云。名爲德力。深密經云。勝妙之力。譯家異故。義無乖違也。】

나. 대답

가) 표장으로서 개수를 듦

경 부처님께서 관자재보살에게 말씀하셨다. "선남자여, 일체의 바라밀다에 각기 네 종류의 가장 수승한 위덕이 있음을 알아야 한다.

---

[736] 『相續解脫地波羅蜜了義經』 권1(T16, 717b10) 참조.
[737] 『深密解脫經』 권5(T16, 683c24) 참조.

佛告觀自在。善男子。當知。一切波羅蜜多。各有四種最勝威德。

석 이하는 여래께서 바로 설하신 것이다. 이 중에 두 가지가 있다. 처음은 표장으로서 개수를 든 것이다. 나중은 차례대로 따로 해석한 것이다. 이것은 처음에 해당한다.

釋曰。自下如來正說。於中有二。初標章擧數。後次第別釋。此卽初也。

나) 차례대로 따로 해석함

(가) 첫 번째 위덕

경 첫째, 이 바라밀다를 바르게 수행할 때는 인색함(慳悋)과 범계犯戒와 마음속 분노(心憤)와 게으름(懈怠)과 산란散亂과 견취見趣와 같은 대치되어야 할 것들을 능히 버린다.

一者。於此波羅蜜多。正修行時。能捨慳悋犯戒心憤懈怠散亂見趣所治。

석 이하는 두 번째로 차례대로 네 종류 위덕을 따로 해석한 것이다.
이것은 처음에 해당한다. 말하자면 저 육도가 그 차례대로 여섯 가지 폐해를 제거할 수 있다는 것이다.
『잡집론』에서는 말한다. 〈말하자면 스스로 끊어야 할 장애를 능히 영원히 끊는 것이니, 이는 모든 바라밀다의 이계과離繫果[738]다.〉[739]

---

[738] 이계과離繫果: 오과五果의 하나이다. 지혜의 간택하는 힘에 의해 모든 번뇌를 끊고 유루법有漏法의 계박을 멀리 여의고 택멸무위擇滅無爲라는 열반의 과果를 증득한 것을 가리킨다. 『俱舍論』 등에 따르면, 육인六因에는 각기 그에 상응하는 과가 있지만,

釋曰。自下第二次¹⁾別釋四種威德。此卽初也。謂彼六度。如其次第。能除六
弊。雜集論云。謂能永斷自所斷障。是諸波羅蜜多離繋果。

1) ㉔ '次' 뒤에 '第'가 누락된 듯하다.

(나) 두 번째 위덕

경 둘째, 이것을 바르게 수행할 때 무상정등보리의 진실한 자량이 될 수
있다.

二者。於此正修行時。能爲無上正等菩提眞實資糧。

석 두 번째 위덕은 보리에 대해 진실한 자량이 될 수 있다는 것이다.
법신法身에 대해 요인了因이 될 수 있기 때문이고, 두 가지 신身에 대해 생
인生因이 될 수 있기 때문이다.[740]
『잡집론』에서는 말하길, '대보리는 모든 바라밀다의 증상과增上果[741]'라
고 하였다.[742]

釋曰。第二威德。能與菩提眞實資糧。能與法身作了因故。能與二身作生因

이 이계과는 과이기는 하지만 어떤 인因과도 상응하지 않는다.
739 『雜集論』 권12(T31, 750b1) 참조.
740 모든 바라밀다의 진실한 수행은 마치 등불이 사물을 비추듯 법신이 분명하게 현현하
도록 보조하는 역할을 한다는 점에서는 요인了因이라고 한다. 모든 바라밀다의 진실
한 수행은 마치 곡식의 종자에서 뿌리와 싹이 나오듯 보신과 화신을 직접 발생시키는
원인이라는 점에서는 생인生因의 의미를 갖는다.
741 증상과增上果 : 불교의 인과론에 따르면 모든 것은 서로 연관되어 있기 때문에 하나의
것이 생겨날 때는 그 이외의 모든 것을 원인으로 한다. 자기 이외의 모든 것은 자기에
대해 직간접적으로 영향을 미치므로 그것들을 모두 능작인能作因이라 한다면, 그러한
인에 의해 산출된 결과를 '증상과'라고 한다.
742 『雜集論』 권12(T31, 750b4) 참조.

故。雜集論云。大菩提。諸波羅蜜多增上果。

(다) 세 번째 위덕

경 셋째, 이것을 바르게 수행할 때 현법 중에서 능히 스스로 유정을 거두어들여 요익되게 한다.

三者。於此正修行時。於現法中。能自攝受饒益有情。

석 이것은 세 번째 위덕을 밝힌 것이니, 현재의 몸 가운데서 유정을 이롭게 하기 때문이다.
『잡집론』에서는 말하길, "현법 가운데서 이 보시 등으로 자타를 거두어 들이니, 이는 사부용과士夫用果[743]다."[744]라고 하였다.

釋曰。此明第三威德。於現身中。益有情故。雜集論云。於現法中。由此施 等。攝受自他。是士夫用果。

(라) 네 번째 위덕

경 넷째, 이것을 바르게 수행할 때 미래세에 능히 광대하고 다함없는 좋아할 만한 모든 과이숙을 획득한다."

---

[743] 사부용과士夫用果 : 사용과士用果라고도 한다. 일반적으로 원인과 결과가 동시에 생기해 있는 경우, 서로 간에 인因이 되기도 하고 과果가 되기도 하는 관계에서는 구유인俱有因(혹은 相應因)과 사용과의 관계가 성립한다.
[744] 『雜集論』 권12(T31, 750b2).

四者。於此正修行時。於未來世。能得廣大無盡可愛諸果異熟。

석 이것은 네 번째 위덕을 밝힌 것이니, 육바라밀에 의해 획득되는 모든 과이숙을 말한다.

『잡집론』에서는 말한다. "큰 재부를 불러내고, 선취에 왕생하며, 원망도 없고 무너짐도 없는 희락들이 많고, 유정 가운데서 존귀한 자가 되며, 몸에 손상을 입지 않고, 광대한 종족을 이루니, 그 순서대로 이는 보시 등의 바라밀다의 이숙과異熟果[745]다."[746]라고 하였다.

釋曰。明第四威德。六度所得諸果異熟。雜集論云。感大財富。往生善趣。無怨無壞多諸喜樂。有情中尊。身無損害。廣大宗族。隨其次第。是施等波羅蜜多異熟果。

⑮ 모든 바라밀의 인과因果와 이익義利을 밝힌 문

가. 청문

경 관자재보살이 다시 부처님께 여쭈었다. "세존이시여, 이와 같은 모든 바라밀다는 어떤 인과 어떤 과와 어떤 이익義利이 있습니까?"

觀自在菩薩。復白佛言。世尊。如是一切波羅蜜多。何因何果。有何義利。

---

[745] 이숙과異熟果 : 과거에 지었던 선하거나 악한 행위로 인해 후세에 좋아할 만하거나 그렇지 못한 결과를 얻게 될 때, 시간적으로 멀리 떨어져 있는 행동(業)과 그 과보 간의 인과를 이숙인異熟因과 이숙과異熟果라고 한다. 이 경우 인因의 성질은 선이거나 악한 성질이지만, 과果는 선도 악도 아닌 무기無記의 성질을 갖는다. 따라서 '다르게 무르익은 과'라고 한다.
[746] 『雜集論』 권12(T31, 750b4).

석 이하는 열다섯 번째로 모든 도의 인과와 이익을 밝힌 문이다. 이 중에 두 가지가 있다. 앞은 청문이고, 뒤는 대답이다.

이것은 첫 번째로 세 가지의 의미를 물은 것이니, 첫째는 인이고, 둘째는 과이며, 셋째는 이익이다.

釋曰。自下第十五諸度因果義利門。於中有二。先問。後答。此卽第一問其三義。一因。二果。三者義利。

나. 대답

경 부처님께서 관자재보살에게 말씀하셨다. "선남자여, 이와 같은 모든 바라밀다는 대비를 인(因)으로 삼고, 미묘하고 좋아할 만한 모든 과이숙으로 모든 유정에게 요익을 주는 것을 과(果)로 삼으며, 원만하고 위없고 광대한 보리를 큰 이익(大義利)으로 삼는다."

佛告觀自在菩薩曰。善男子。如是一切波羅蜜多。大悲爲因。微妙可愛諸果異熟。饒益一切有情爲果。圓滿無上廣大菩提。爲大義利。

석 두 번째는 여래께서 바로 설하신 것이다. 말하자면 보살들은 대비의 힘으로 육도를 행하고, 도를 행하기 때문에 수승한 이숙을 불러내어 유정에게 요익을 주며, 이런 인연으로 무상정등보리를 증득할 수 있다.

釋曰。第二如來正說。謂諸菩薩。由大悲力。行於六度。由行度故。感勝異熟。饒益有情。由此因緣。能得無上正等菩提。

⑯ 중생의 자업(自業)의 과실을 밝힌 문

가. 청문

경 관자재보살이 다시 부처님께 여쭈었다. "세존이시여, 만약 보살들이 일체의 다함없는 재보를 구족하고 대비를 성취하였다면, 어떤 인연으로 세간에는 현재 중생들의 가난과 고통이 있을 수 있습니까?"

觀自在菩薩。復白佛言。世尊。若諸菩薩。具足一切無盡財寶。成就大悲。何緣世間。現有衆生貧苦可得。

석 이하는 열여섯 번째로 중생의 자업의 과실을 밝힌 문이다. 이 중에 두 가지가 있다. 앞은 청문이고, 뒤는 대답이다.

이것은 청문에 해당한다. 말하자면 보살들이 재보와 대비라는 두 가지 연을 구족했는데, 어째서 세간에는 현재 중생의 빈궁과 고뇌가 있는가라고 물은 것이다.

釋曰。自下第十六衆生自業過失門。於中有二。先問。後答。此卽請問。謂諸菩薩。財寶大悲。二緣具足。如何世間。現有衆生貧窮苦惱。

나. 대답

가) 법法

(가) 순석順釋

경 부처님께서 관자재보살에게 말씀하셨다. "선남자여, 이는 모든 중생의 자업의 과실이다.

佛告觀自在菩薩曰。善男子。是諸衆生自業過失。

석 이하는 두 번째로 여래께서 바로 설하신 것이다. 이 중에 세 가지가 있다. 처음은 법이고, 둘째는 비유이며, 마지막은 결합(合)이다.

이것은 법을 설한 것이다. 이 중에 두 가지가 있다. 처음은 순석順釋이고, 나중은 반해反解다.

이것은 처음에 해당한다. 보살이 비록 재보와 대비를 갖추었다 해도 저 중생 자신의 악업 때문에 보살의 재보를 능히 수용하지 못하니, 보살의 허물은 아닌 것이다.

釋曰。自下第二如來正說。於中有三。初法。次喻。後答。[1] 此卽法說。於中有二。初順釋。後反解。此卽初也。菩薩雖具財寶大悲。而彼衆生自惡業故。不能受用菩薩財寶。非菩薩咎。

---
[1] ㉠ '答'은 '合'의 오기인 듯하다.

(나) 반해反解

경 그렇지 않다고 하면, 보살들은 항상 타인에게 요익을 주려는 마음을 품고 있고 또 항상 다함없는 재보를 구족하고 있으니, 모든 중생에게 자신의 악업이 능히 장애가 되는 일이 없다면 어떻게 세간의 가난과 고통이 있을 수 있겠는가?

若不爾者。菩薩常懷饒益他心。又常具足無盡財寶。若諸衆生。無自惡業能爲障礙。何有世間貧苦可得。

석 두 번째는 반해反解다.

중생들 자신의 업으로 말미암은 것이 아니라면, 세간에 빈궁이란 있을 수 없다. 왜냐하면 보살이 능히 타인에게 요익을 줄 수 있기 때문이다. 이미 빈궁이 있기 때문에 '자신의 업'임을 알 수 있다.

따라서 『대지도론』 제30권에서 말한다.

문 부처님이 세상에 계실 때 중생들에게 항상 기아 등의 고통이 있었지만 부처님도 능히 구제하지 못하였는데, 어찌 하물며 보살이 능히 구제하겠는가?

답 보살의 마음은 한계가 없고 복덕의 과보 또한 한량없다. 다만 중생이 한량없는 아승기겁 동안 지은 죄의 두터운 장애 때문에 능히 할 수 없었던 것이다. 가령 사리불의 제자 라빈주羅頻周 비구가 계를 지키며 정진하면서 6일간 걸식했는데도 얻을 수가 없었고, 7일째에 이르자 목숨의 보존할 날이 멀지 않았다. 도를 함께하던 자가 있어 음식을 빌어서 가져다주었는데 새가 곧바로 가져가 버렸다. 이때 사리불이 대목련大目連에게 말하였다. '그대가 대신력大神力으로 이 음식을 수호하여 그가 그것을 얻을 수 있게 해 주시오.' 즉시 목련이 음식을 가져다주었다. 처음에 입에 넣으려 하자 진흙으로 변해 버렸다. 또 사리불이 음식을 빌어서 가져다주니 입이 저절로 다물어졌다. 그러므로 보살이 모든 중생의 원을 채워 주려고 해도 그가 죄 때문에 능히 얻지 못하는 것이지 보살에게는 허물이 없는 것이다. 또 마치 용왕龍王 등의 마음에서는 비가 내리는데 사람에게는 물로 여겨지고 귀신에게는 불로 여겨지는 것과 같다. 또 마치 천둥·번개·벼락 등이 귀머거리에게 들리지 않는다 해도 천둥소리에 허물이 없는 것과 같다.[747]

---

[747] 이상은 『大智度論』 권30(T25, 278a8), 권30(T25, 284b10) 이하의 내용을 문답으로 정리한 것이다.

또 『무구칭경』에서는 말한다. 〈해와 달이 밝더라도 맹인은 보지 못하니, 이는 맹인의 허물이지 해와 달의 허물이 아니다. 중생의 죄 때문에 세존의 불국토가 장엄되고 청정함을 보지 못하는 것이지, 여래의 허물 때문은 아니다.〉[748]

【『불지경론』 제5권에서 '세 종류 중생은 자기의 악업으로 인해 여래의 원경지圓鏡智의 영상을 감득하지 못한다'라고 한 것을 여기에서 인용해야 한다. 또 세친과 무성의 『섭대승론석』 제10권에서 '부처님은 일체에 대해 자재함을 얻었지만 장애를 갖춘 사람(具障人)[749]과 종성이 없는 사람(無性人), 두 종류의 (종성이) 결정된 사람에 대해서는 부처님들도 자재할 수가 없다'라고 했는데,[750] 이런 (맥락에서) 알아야 한다.】

釋曰。第二反解。衆生若不由自業者。世間無有貧窮可得。菩薩以能饒益他故。既有貧窮。故知自業。故智度論第三十云。問。佛在世時。衆生當[1]有飢餓等苦。佛不能救。何況菩薩而能救耶。答。菩薩心無齊限。福德果報亦無量。但衆生無量阿僧祇劫罪厚障故。而不能得。如舍利弗[2]子羅頻[3]周比丘。持戒精進。乞食六日而不能得。乃至七日。命存不久。有同道者。乞食持與。鳥卽持去。時舍利弗。語大目連。汝大神力。守護此食。令彼得之。卽時目連持食往與。始欲向口。變成爲泥。又舍利弗乞食持與。而口自合。以是故。菩薩欲滿一切衆生願。彼以罪故。而不能得。菩薩無咎。又如龍王等心降雨。在人爲水。在鬼爲火。又如雷電礔礰。聾者不聞。雷聲無咎。又無垢稱云。日月雖明。盲者不見。是盲過。非日月咎。衆生罪故。不見世尊佛土嚴淨。非如來咎。【佛地論第五。三種衆生。由自惡業不減[4]如來圓鏡智影。此中應引。

---

748 『說無垢稱經』 권1(T14, 559c29) 참조.
749 장애를 갖춘 사람(具障人) : 번뇌·업 등의 장애를 갖추고 있어서 한량없는 부처님들이 세상이 출현하신다 해도 완전한 열반에 들게 할 수 없는 자를 말한다. 『攝大乘論釋』 권10(T31, 376b9) 참조.
750 세친의 『攝大乘論釋』 권10(T31, 376a13), 무성의 『攝大乘論釋』 권10(T31, 445a9) 참조.

又世親無性攝論第十。佛於一切。雖得自在。於具障人無性人二種決定中。諸佛無自在。此中應知。】

1) ㉠『大智度論』권30(T25, 278a8)에 따르면, '當'은 '常'의 오기다. 2) ㉠『大智度論』권30(T25, 278c2)에 '弗' 뒤에 '弟'가 있다. 3) ㉠『大智度論』권30(T25, 278c3)에 '煩'은 '頻'으로 되어 있다. 4) ㉣ '減'은 '感'인 듯하다.

나) 비유(喩)

경 비유하면 아귀는 매우 심한 더위의 갈증이 그 몸을 핍박하는데도 큰 바다의 물이 모두 다 고갈되었다고 보니, 큰 바다의 허물이 아니라 바로 모든 아귀 자업의 허물일 뿐인 것과 같다.

譬如餓鬼爲大熱渴逼迫其身。見大海水悉皆涸竭。非大海過。是諸餓鬼自業過耳。

석 이것은 두 번째로 비유를 들어 거듭 설명한 것이다. 마치 아귀가 자신의 악업의 힘으로 말미암아 바다가 고갈되었다고 보지만, 이는 바다의 허물이 아닌 것과 같다.

釋曰。此卽第二擧喩重說。由如餓鬼。自惡業力。見海涸竭。非海咎也。

(＊ 보살의 재보를 받아 쓰지 못하는 다섯 가지 인연)

무착無著의『섭대승론』에 의하면, 다섯 가지 인연이 있어서 중생이 보살의 보시를 감득하지 못하는 것이다. 무성의『섭대승론석』제8권과 세친의『섭대승론석』제9권에서 차례대로 그 다섯 종류 인연을 해석하였다. 이 경에서 (설한 것은 그 다섯 가지 인연 중에) 첫 번째 인因에 해당한다.

『섭대승론』에서 말하였다.

　만약 보살들이 이와 같은 증상시라增上尸羅(增上戒)와 증상질다增上質多(增上心)와 증상반야增上般若(增上慧)의 공덕의 원만함을 성취하여 모든 재물(財位)에 대해 대자재를 획득했다고 한다면, 어째서 현견하듯이 유정들의 궁핍한 재물 상태가 있는 것인가?【이것은 총괄인 질문이고, 이하에서는 따로따로 답하였다.】
　저 유정이 모든 재물에 대해 무거운 업장이 있다고 보기 때문이다.【이것은 첫 번째 이유다.】[751]

무성이 해석하였다.

　보살들이 저 유정에게 그의 재물(財位)에 대해 무거운 업장이 있음을 보기 때문에 베풀어 주지 않는 것이니, 혜시가 헛되이 아무런 결과가 없어서는 안 된다. 설사 다시 그에게 베풀어 주어도 또한 능히 받지 못하는데, 보시가 무슨 소용이 있겠는가?
　가령 어떤 게송에서 말하길, "마치 엄마가 아기에게 젖을 먹일 때, 한 달이 지나도 피로해하지 않지만, 아기의 목구멍이 막혔다면 젖 주는 엄마인들 어찌하리오."라고 한 것과 같다.[752]

세친이 해석하였다.

　유정들은 보살의 신통력을 장애하는 악업이 있으니, 그 악업으로 말

---

[751] 『攝大乘論本』 권3(T31, 148c2).
[752] 무성의 『攝大乘論釋』 권8(T31, 434b8).

미암아 보살의 장애 없는 지(無障礙智)를 장애하는 것이다. 이런 것을 보기 때문에 비록 (보살은) 감당할 능력이 있고, 그가 궁핍하다 해도 (그에게 베풀어 주기를) 곧 포기하는 것이다.

여기서는 마땅히 '아귀의 강'이라는 비유를 인용해야 한다. 마치 강에 물이 있고 마시려는 자를 장애하는 것이 없는데도, 모든 아귀들은 자기 업의 허물로 인해 마실 수가 없다.

이것 또한 이와 같다. '강'은 보살을 비유하고, '재물'은 물로 비유되며, 아귀는 유정을 비유한다. 마치 저 아귀가 강의 깨끗한 물을 마시지 못하게 된 것처럼, 이와 같이 유정들도 보살의 재물을 수용하지 못하게 된 것이다.753

若依無著攝大乘論。有五因緣。衆生不感菩薩布施。無性第八。世親第九。次第釋彼五種因緣。此經卽常1)初一因也。攝論曰。若諸菩薩。成就如是增上尸羅。增上質多。增上般若。功德圓滿。於諸財位。得大自在。何故現見諸有情遺2)乏財位。【此卽總問。以下別答】見彼有情。於諸財位。有重業障故。【此第一因】無性釋云。謂諸菩薩。見彼有情。於其財位。有重業障。故不施與。勿令惠施空無有果。設復施彼。亦不能受。何用施爲。如有頌言。如母乳嬰兒。經一月無倦。嬰兒唯3)若閇4)。乳母欲何爲。世親釋云。謂諸有情。有障菩薩神力惡業。由彼惡業。障礙菩薩無障礙智。由見此故。雖有堪能。雖彼遺5)乏。而便棄捨。此中應引餓鬼江喩。如江有水。無障飮者。然諸餓鬼。由自業過。不能得飮。此亦如是。江喩菩薩。財位喩水。鬼喩有情。如彼餘6)鬼。不令飮用江中淨水。如是有情。不令受用菩薩財位。

---

1) ㉮ '常'은 '當'인 듯하다. 2) ㉡ 『攝大乘論本』 권3(T31, 148c4)에 '遺'가 '實'로 되어 있다. 3) ㉮ '唯'는 '喉'인 듯하다. ㉡ 『攝大乘論釋』 권8(T31, 434b12)에 '喉'로 되어 있다. 4) ㉡ '閇'는 '閉'와 같다. 5) ㉡ 『攝大乘論釋』 권9(T31, 148c9)에 '遺'가 '實'로

---

753 세친의 『攝大乘論釋』 권9(T31, 368c12).

되어 있다. 6) ㉯ '餘'는 '餓'인 듯하다. ㉭『攝大乘論釋』권9(T31, 368c18)에 '餓'로 되어 있다.

『섭대승론』에서 말하길, "저 유정에게 재물(財位)을 보시해 주면 선법이 생하는 데 장애가 된다고 보기 때문이다.【이것은 두 번째 이유다.】"[754]라고 하였다.

무성이 해석하였다. "보살들은 저 유정이 비록 재물에 대해 무거운 업장은 없더라도 그가 만약 재물의 원만함을 얻으면 대개 방일해져서 선법을 짓지 않을 것이라 보면서, '차라리 그의 현법現法(현재의 몸)이 잠시 동안 빈천할지언정 그가 내생에 많은 시간을 빈천하게 살게 하지 말자'라고 사유하기 때문에 그가 소유한 재물을 베풀어 주지 않는다."[755]

세친이 해석하였다. "다시 유정이 업장은 없더라도 보살은 '그가 상속하는 (몸) 안에서 마땅히 선법을 낼 것인데 재물을 베풀어 주면 부귀의 즐거움을 느끼기 때문에 그가 선법을 내는 것을 장애한다'고 보면서, '차라리 그가 빈천하게 지내면서 선법을 따르며 내게 할지언정 그의 부귀가 선법이 생하는 것을 장애하게 해서는 안 된다'라고 사유한다. 이런 도리로 인해 (보살은 자재함을 얻었다 해도) 재물을 베풀어 주지 않는 것이다."[756]

論云。見彼有情。若施財位。障生善法故。【此第二因。】無性釋云。謂諸菩薩。見彼有情。雖於財位。無重業障。而彼若得財位圓滿。多[1]放逸不作善法。作是思惟。寧彼現法少時貧賤。勿彼來生多時貧賤。故不施彼所有財位。世親釋云。復有情[2]雖無業障。菩薩[3]彼於相續中。當生善法。若施財位。受富樂故。障彼生善法。[4] 作是思惟。寧彼貧賤。順生善法。勿彼富貴障善法生。

---

754 『攝大乘論』권3(T31, 148c5).
755 무성의『攝大乘論釋』권8(T31, 434b13).
756 세친의『攝大乘論釋』권9(T31, 368c20).

由此道理。不施財位。

1) ⓔ『攝大乘論釋』 권8(T31, 434b15)에 '多' 앞에 '便'이 있다. 2) ⓔ『攝大乘論釋』 권9(T31, 368c20)에 '情'이 '餘補特伽羅'로 되어 있다. 3) ⓔ『攝大乘論釋』 권9(T31, 368c20)에 '薩' 뒤에 '見'이 있다. 4) ⓔ『攝大乘論釋』 권9(T31, 368c22)에 '法'이 없다.

『섭대승론』에서 말하길, "저 유정은 재물이 궁핍하면 싫어하여 떠나려는 마음이 현전할 것이라 보기 때문이다.【이것은 세 번째 이유다.】"[757]라고 하였다.

무성이 해석하였다. "보살들이 저 유정은 재보가 궁핍하면 생사를 싫어하는 마음이 곧 현전하여 출리出離를 구할 것이고, 부귀를 획득하면 곧 교만하고 방일한 마음을 낼 것이라고 보기 때문에 그에게 소유한 재물을 베풀어 주지 않고, '차라리 그가 빈천하여 생사를 싫어하여 떠나려는 마음이 항상 현전할지언정 그가 부귀에 즐거움을 느끼고 방일해져서 생사를 싫어하지도 선법을 일으키지도 않게 해서는 안 된다'고 사유한다."[758]

세친의 해석도 또한 같다.

論云。見彼有情。若乏財位。厭離現前故。【此第三因】無性釋云。謂諸菩薩。見彼有情。若乏財位。厭生死心。便現在前。求欲出離。若得富貴。卽生憍逸。故不施彼所有財位。作是思惟。寧彼貧財。1) 厭離生死心常現前。勿彼富貴受樂放逸不厭生死起善法。世親亦同。

1) ⓔ『攝大乘論釋』 권8(T31, 434b20)에 '財'가 '賤'으로 되어 있다.

『섭대승론』에서 말하길, "저 유정에게 재물을 베풀어 주면 곧 불선한

---

757 『攝大乘論本』 권3(T31, 148c6).
758 무성의 『攝大乘論釋』 권8(T31, 434b18).

법을 적집하는 원인이 될 것이라 보기 때문이다.【이것은 네 번째 이유다.】"[759]
라고 하였다.

무성이 해석하였다. "보살들은 저 유정은 그에게 보시해 주면 재물에 만족하면서 곧장 방일해져서 갖가지 악한 불선한 업을 쌓을 것이라 보기 때문에 그가 소유한 재물을 보시해 주지 않는다. 어떤 게송에서는 말한다. 〈차라리 재물에서 궁핍해지도록 하여 악취惡趣의 모든 악행을 멀리 떠나게 할지언정, 그의 부귀가 모든 근根들을 어지럽혀 미래의 온갖 고기苦器[760]를 감득하게 하지 말라.〉"[761]

세친의 해석도 또한 같다.

論云。見彼有情。若施財位。即爲積集不善法因故。【此第四因。】無性釋云。謂諸菩薩。見彼有情。爲[1]當施。[2]滿足財位。即便放逸。積集種種惡不善業。故不施彼所有財位。如有頌言。寧便[3]貧乏於財位。遠離惡趣諸惡行。勿彼富貴亂諸根。令感當來衆苦器。世親。[4]

1) ㉯『攝大乘論釋』권8(T31, 434b23)에 따르면 '爲'는 '若'의 오기다. 2) ㉯『攝大乘論釋』권8(T31, 434b24)에 '施' 뒤에 '彼'가 있다. 3) ㉯『攝大乘論釋』권8(T31, 434b26)에 따르면, '便'은 '使'의 오기다. 4) ㉳ '親' 다음에 '亦同'이 누락된 듯하다.

『섭대승론』에서 말하길, "저 유정에게 재물을 보시해 주면 곧 그 밖의 한량없는 유정들의 손해(損惱)의 원인이 될 것이기 때문이다.【이것은 다섯 번째 이유다.】"[762]라고 하였다.

---

759 『攝大乘論本』권3(T31, 148c6).
760 고기苦器 : 고통을 받는 신체, 즉 지옥·축생·아귀 등의 신체를 가리킨다. 혹은 고과苦果의 의지처인 악업惡業을 뜻한다. 가령『瑜伽論記』권2(T42, 339a16)에서는 "景云。惡業是苦報依處。名爲苦器。"라고 하였다.
761 무성의『攝大乘論釋』권8(T31, 434b23).
762 『攝大乘論本』권3(T31, 148c7).

무성이 해석하였다. "보살들은 저 유정이 부귀를 얻으면 곧 한량없는 유정들에게 손해를 끼치는 것이라 보기 때문에, 그가 소유한 바의 재물을 베풀어 주지 않고 '차라리 저 한 몸이 빈천의 고통을 받게 할지언정 그 밖의 많은 유정들에게 손해를 끼치게는 하지 말자'고 생각한다."[763]

세친의 해석도 또한 같다.

論云。見彼有情。若施財位。卽便作餘無量有情損惱因故。【此第五因。】無性釋云。謂諸菩薩。見彼有情。若得富貴。卽便損惱無量有情。故不施彼所有財位。作是念言。寧彼一身受貧賤苦。勿令損惱餘多有情。世親亦同。

『섭대승론』에서 말하였다.

그러므로 현견하는 것처럼 유정들의 궁핍한 재물의 상태가 있는 것이다. 이에 대해 게송으로 말한다.

업業과 장애(礙)와 현전現前과
적집積集과 손해(損惱)를 보기 때문에[764]
현재 모든 유정들은

---

[763] 무성의 『攝大乘論釋』 권8(T31, 434b29).
[764] '업業과 장애(礙)와 현전現前과 적집積集과 손해(損惱)'라는 게송의 문구는 지금까지 인용했던 『攝大乘論』에서 설했던 다섯 가지 이유를 요약한 것이다. 말하자면 보살들은 재물(財位)에 대해 자재함을 획득했음에도 여전히 재물의 궁핍에 시달리는 중생들을 구제하지 않고 내버려 두는 이유는 다섯 가지다. 첫째, 저 유정이 모든 재물에 대해 무거운 업장業障이 있다고 보기 때문이다. 둘째는 저 유정에게 재물을 보시해 주면 선법이 생하는 데 장애障礙가 된다고 보기 때문이다. 셋째, 저 유정은 재물이 궁핍하면 (생사를) 싫어하여 떠나려는 마음이 현전할 것이라 보기 때문이다. 넷째, 저 유정에게 재물을 베풀어 주면 곧 불선한 법을 적집하는 원인이 될 것이라 보기 때문이다. 다섯째, 저 유정에게 재물을 보시해 주면 곧 그 밖의 한량없는 유정들의 손해(損惱)의 원인이 된다고 보기 때문이다.

보살들의 보시를 감득하지 못하네.【이는 무착無著의 총괄적 결론이다.】[765]

세친이 해석하였다. "이러한 의미를 나타내기 위해서 다시 게송을 설한 것이다. 말하자면 유정들을 보면, 업의 장애가 있기 때문에, (보시해 주면) 선법을 내는 데 장애가 되기 때문에, (빈궁하면 생사에 대한) 염증이 현전할 것이기 때문에, (보시해 주면) 악을 적집할 것이기 때문에, 타인에게 손해를 끼치기 때문에, (유정들은) 보살이 베풀어 주는 그 재물을 감득하지 못한다. 그러므로 현재 궁핍한 유정이 있는 것이다."[766]

양梁『섭대승론석』제12권에서 설했던 다섯 가지 이유의 대의도 또한 동일하다. 따라서 번거롭게 서술하지 않겠다.

論云。是故現見有諸有情遺[1]乏財位。此中有頌。見業障現前。積集損惱故。現有諸有情。不感菩薩施。【無著總結】世親釋云。爲顯此義。復說伽他。謂見有情。業[2]障故。障生善故。厭現前故。積集惡故。損惱他故。不感菩薩施彼財位。是故現有遺[3]乏有情。梁論十二。所說五因。大意亦同。故不繁述。

---
1) ㉠『攝大乘論』권3(T31, 148c9)에 '遺'가 '實'로 되어 있다. 2) ㉠『攝大乘論釋』권9(T31, 369a11)에 '業' 앞에 '有'가 있다. 3) ㉠『攝大乘論釋』권9(T31, 369a13)에 '遺'가 '實'로 되어 있다.

다) 결합(合)

경 이와 같이 보살이 베풀어 주는 재보는 마치 큰 바다와 같아서 어떤 과실도 없고, 중생들 자신의 업의 과실일 뿐이다. 마치 아귀가 자기의 나쁜 업력으로 (좋은) 과가 없어지게 하는 것과 같다.

---
765 『攝大乘論本』권3(T31, 148c9).
766 『攝大乘論釋』권9(T31, 369a10).

如是菩薩所施財寶。猶如大海。無有過失。是諸衆生自業過耳。猶如餓鬼。自惡業力。令無有果。

석 세 번째는 법동유法同喩[767]를 든 것이니, 문장 그대로 알 수 있을 것이다.

(＊아귀의 종류)
『대지도론』제30권에서는 말한다.

'귀鬼'에는 두 종류가 있으니, 폐귀弊鬼와 아귀餓鬼이다. '폐귀'는 천天과 마찬가지로 즐거움을 받지만, 단 아귀와 함께 머무는 것이니, 곧 그들의 주인(主)이다. '아귀'는 배가 산골짜기 같고 목구멍은 바늘 같다. 몸에는 오직 세 가지 사물만 있으니, 검은 피부와 근육과 뼈다. 무수백세無數百歲가 지나도록 음식 이름도 듣지 못하는데 하물며 볼 수가 있겠는가.

다시 어떤 아귀는 불이 입에서 나오는데 날아다니는 나방이 불 속에 들어오면 먹이로 삼는다. 어떤 것은 똥·눈물·침·고름·피나 세수 그릇에 남은 찌꺼기를 먹기도 한다. 혹은 제사 음식을 얻기도 하고, 혹은 출산할 때의 부정한 것을 먹기도 한다. 이와 같은 종종의 아귀가 있다.[768]

釋曰。第三舉法同喩。如文可知。智度論第三十云。鬼有二種。弊鬼餓鬼。弊鬼如天受樂。但與餓鬼同住。卽爲其主。餓鬼腹如山谷。咽如針。身[1]唯有三事。黑皮筋骨。色[2]數百歲。不聞飲食之名。何況得見。復有餓鬼。火從

---

767 법동유法同喩 : '합合'이라고도 하며, 직전의 비유를 이전에 설했던 법에 적용시켜서 진술한 문장을 가리킨다.
768 『大智度論』 권30(T25, 279c21).

口出。飛蛾投火。以爲飮食。有食糞涕唾膿血。洗器遺餘。或得祭祀。或食產生不淨。如是等種種餓鬼。

1) ㉤ '身'은 '耳'인 듯하다. ㉠『大智度論』권30(T25, 279c23)에 '身'으로 되어 있다.
2) ㉠『大智度論』권30(T25, 279c24)에 따르면, '色'은 '無'의 오기다.

『유가사지론』제4권에서는 말한다.

또 아귀의 취趣에 대략 세 종류가 있다. 첫째는 외부에서 먹는 것을 장애하는 것이고, 둘째는 내부에서 먹는 것을 장애하는 것이며, 셋째는 먹는 데 장애가 없는 것이다.

'외부에서 먹는 것을 장애하는 것'이란 어떤 것인가? 말하자면 저 유정은 상품의 인색함(慳)을 익혔기 때문에 아귀의 취에 태어나서 항상 기갈과 상응한다. 살가죽과 혈맥이 다 말라 버려서 마치 타 버린 숯과 같고, 머리카락은 쑥대처럼 흐트러졌으며, 그 얼굴은 시커멓고 입술은 건초 같은데 항상 그 혀로 입술 표면을 핥는다. 굶주리고 목말라서 어찌할 줄 몰라 하며 곳곳으로 질주하지만, 도착한 샘이나 연못에는 그 밖의 유정들이 손에 칼·방망이나 올무 줄을 들고서 늘어서서 지키면서 이르지 못하게 한다. 간혹 억지로 이르렀다 해도 곧 그 샘이 피고름으로 변해 있음을 보고는 스스로 먹지 않으려 한다. 이와 같은 따위의 아귀를 '외부에서 먹는 것을 장애하는 것'이라 한다.

'내부에서 먹는 것을 장애하는 것'이란 어떤 것인가? 그 유정은 입이 바늘처럼 생긴 것도 있고, 입이 횃불처럼 생긴 것도 있으며, 다시 목에 혹이 난 것도 있는데, 그 배는 넓고 크다. 이런 인연으로 설령 음식을 얻더라도 다른 장애가 없는데 자연히 씹거나 먹을 수가 없다. 이와 같은 아귀를 '내부에서 먹는 것을 장애하는 것'이라고 한다.

'먹는 데 장애가 없는 아귀'란 어떤 것인가. 어떤 아귀는 '맹염만猛焰

鬘'이라 불리는데, 먹고 씹는 곳마다 다 불타 버리니, 이런 인연으로 기갈의 큰 고통이 일찍이 잠시도 그친 적이 없다. 다시 어떤 아귀는 '식분예食糞穢'라고 불리는데, 혹은 일부는 똥을 먹고 오줌을 마시며, 혹은 일부는 지극히 역겨운 '생숙취예生熟臭穢'769를 먹을 수 있을 뿐, 설령 향기롭고 맛있는 것을 얻더라도 먹을 수가 없다. 간혹 일부는 스스로 몸의 살을 잘라서 그것을 씹어 먹는데, 설령 그 밖의 음식을 얻더라도 끝내 씹을 수가 없다. 이와 같은 '귀'들을 '먹는 데 장애가 없는 것'이라 한다.

依瑜伽論第四卷云。又餓鬼趣。略有三種。一者由外障礙飮食。二者由內障礙飮食。三者飮食無有障礙。云何由外障礙飮食。謂彼有¹⁾有情。由習上品慳故。生鬼趣中。常與飢渴相應。皮肉血脉。皆悉枯槁。猶如灰炭。頭髮蓬亂。其面黯黑。唇口乾焦。常以其舌。舐略口面。飢渴惶惶。處處馳走。所到泉池。爲餘有情。手執刀杖。及以羅索。行列守護。令不得趣。或强趣之。便見其泉變成膿血。自不欲飮。如是等鬼。是名由外障礙飮食。云何由內障礙飮食。謂彼有情。口或如針。口或如炬。或復頸癭。其腹寬大。由此因緣。得²⁾飮食。無他障礙。自然不能若噉若飮。如是等鬼。是名由內障礙飮食。云何飮食無有障礙。謂有餓鬼。名猛焰鬘。隨所飮噉。皆被燒然。由此因緣。飢渴大苦。未嘗蹔息。復有餓鬼。名食糞穢。或有一分。食糞飮溺。或有一分。唯能飮噉極可猒³⁾惡生熟臭穢。縱得香善。而不能食。或有一分。自割身肉。而噉食之。縱得餘食。竟不能噉。如是等鬼。是名飮食無有障礙。

---

1) ㉘『瑜伽師地論』권4(T30, 297b15)에 '有'가 없다. 2) ㉘『瑜伽師地論』권4(T30, 297b16)에 '得' 앞에 '縱'이 있다. 3) ㉘『瑜伽師地論』권4(T30, 297b22)에 '猒'가 '厭'으로 되어 있다.

---

769 생숙취예生熟臭穢 : 정확한 의미는 알 수 없다. 아마도 '냄새나는 오물(臭穢)' 중에서 아직 날것인 상태를 '생취예生臭穢', 더 오래되어 변질된 상태를 '숙취예熟臭穢'라고 한 듯하다.

⑰ 반야로 법무성法無性을 취하는 것에 대해 밝힌 문

가. 청문

경 관자재보살이 다시 부처님께 여쭈었다. "세존이시여, 보살은 어떤 바라밀다로써 일체법의 무자성성을 파악하게 됩니까?"⁷⁷⁰

觀自在菩薩。復白佛言。世尊。菩薩以何等波羅蜜多。取一切法無自性性。

석 이하는 열일곱 번째로 반야에 의해 법의 자성 없음을 파악하는 것에 대해 밝힌 문이다. 이 중에 다섯 가지가 있다. 첫째는 청문이고, 둘째는 대답이며, 셋째는 힐난이고, 넷째는 회통이며, 다섯째는 결론이다.
이것은 첫 번째 보살의 청문이다. 육도 중에 어떤 도로써 능히 모든 법의 자성 없음을 파악하는가.

釋曰。自下第十七般若取法無性門。於中有五。一問。二答。三難。四通。五結。此卽第一菩薩請問。於六度中。何度能取諸法無性。

나. 대답

경 부처님께서 관자재보살에게 말씀하셨다. "선남자여, 반야바라밀다로 모든 법의 무자성성을 파악할 수 있다."

---

770 이 경에서 '무자성성無自性性'이라 한 것은 소승의 '공空'과 구별해서 대승의 '공성空性'을 표현한 것이다. 이 '공성'은 단지 어떤 것의 없음을 뜻하는 것이 아니라 생공生空·법공法空 등에 의해 현현되는 진여, 혹은 삼성三性의 무자성無自性을 가리킨다. 이에 관한 자세한 설명은 「無自性相品」 참조.

佛告觀自在菩薩曰。善男子。以般若波羅蜜多。能取諸法無自性性。

석 두 번째는 여래께서 바로 답하신 것이다. 육도六度의 반야는 혜慧의 성질이기 때문에 능히 제법의 무자성성을 파악한다는 것이다.

그런데 여기서 말한 '무자성성'이란 진여眞如로서의 무자성성이거나, 혹은 세 종류 무자성성(相·生·勝義의 무성)이라 볼 수도 있다.

釋曰。第二如來正答。六十¹⁾般若是慧性故。能取諸法無自性性。然此所說無自性性。卽是眞如無自性性。或是三種無自性性。

1) ㉠ '十'은 '中' 혹은 '度'의 오기인 듯하다.

다. 힐난

경 "세존이시여, 반야바라밀다로 능히 제법의 무자성성을 취하는데, 어째서 유자성성을 취하지는 않습니까?"

世尊。般若波羅蜜多。能取諸法無自性性。何故不取有自性性。

석 세 번째는 보살이 힐난을 설정한 것이다. 이 힐난의 의도를 말하자면, 만약 자성 없음(無性)을 취하면 곧 집착이고 마땅히 소집(변계소집상)을 취하는 것인데, 어째서 유자성성有自性性을 취하지는 않는가.

해 또는 (힐난의 의도를 말하자면,) 만약 반야로 능히 제법의 무자성성을 취한다면 또한 능히 유자성성을 취하는 것이기도 하니, 하나의 진여에는 자성 있음과 자성 없음의 의미가 갖추어져 있기 때문이다. 혹은 세 종류 무자성성에 또한 자성 없음과 자성 있음이라는 두 가지 의미가 있는데, 어째서 자성 있음의 의미를 취하지 않는가라고 한 것이라 볼 수도 있다.

釋曰。第三菩薩設難。此難意云。若取無性。卽是執著。應取所執。如何不取有自性性。又解。謂若般若能取諸法無自性性。亦應能取有自性性。於一眞如具有性無性義故。或可云三種無自性性。亦有無性有性二義。如何不取有性義耶。

라. 회통

가) 반해反解

경 "선남자여, 나는 끝내 무자성성으로 무자성성을 취한다고 설하지는 않는다.

善男子。我終不說以無自性性取無自性性。

석 이하는 네 번째로 여래께서 해석하여 회통시킨 것이다. 이 중에 세 가지가 있다. 반해(도리와 반대되는 경우로써 설명함)와 순석(도리에 따르는 경우로써 설명함), 외인의 숨겨진 비난을 회통시킨 것이다.
이것은 반해로서 외인의 힐난을 회통시킨 것이다.
이에 두 가지 해석이 있다. 한편에서는 말한다. 〈나는 끝내 무자성성에 집착하는 (마음으로) 무자성성을 취한다고 설하지 않으니, 따라서 나는 (그런 것을 일컬어) 유자성성을 취하는 것이라 설한다.〉 한편에서는 말한다. 〈나는 끝내 무자성성으로 무자성성을 취한다고 설하지는 않는다. 무자성성이란 명언을 떠나 있기 때문이다. 그러므로 또한 유자성성을 취한다고 말할 수도 없다.〉

釋曰。自下第四如來釋通。於中有三。反解。順釋。通外伏難。此卽反解。通外難。自有兩釋。一云。我終不說以有執著無自性性取無自性性。故我說取有自性性。一云。我終不說以無自性性取無[1]性性。以無自性性離名言故。是故亦不得言取有自性性。

1) ㉠ '無' 뒤에 '自'가 누락된 듯하다.

나) 순석順釋

경 그런데 무자성성이란 모든 문자를 떠나서 자기 내면에서 증득된 것이다.

然無自性性。離諸文字。自[1]所證。

1) ㉠ 『解深密經』 권4(T16, 707b24)에 '自' 뒤에 '內'가 있다.

석 두 번째는 순석順釋하면서 '무자성성은 바로 내면에서 증득된 것'이라 하였다.

그러므로 첫째 권에서 말하였다. 〈승의제는 모든 명언名言을 떠난 것이고, 사유(尋思)는 다만 언어의 경계에서 행하여질 뿐이다. 또 승의제는 모든 성자들이 자기 내면에서 증득된 것(自內所證)이고, 사유의 영역(所行)은 모든 이생들이 전전하면서 증득되는 것(展轉所證)이다.[771]〉[772]

---

[771] 이 경의 「勝義諦相品」에 따르면, 성자들은 승의제勝義諦를 내면에서 스스로 증득하는 반면에, 범부들은 스스로 증득하기보다는 단지 남으로부터 언설을 전해 듣고 또 다시 다른 이에게 전해 주는 일련의 과정에서 깨닫게 된다. 전자를 '자내소증自內所證'이라 한다면, 후자를 '전전소증展轉所證'이라 한다. 후자의 경우 범부들에게 알려진 것은 단지 '사유로 인식되는 영역(尋思所行)'에 불과하고, 진정으로 승의제를 증득한 것은 아니다.

[772] 『解深密經』 「勝義諦相品」에서는 승의제의 다섯 가지 상(五相)을 설하는데, 위의 인용문은 그중에서 '심사의 영역을 넘어서 있는 모습(超過尋思所行相)'을 설하는 과정에서 나온다. 자세한 것은 『解深密經』 권1(T16, 689c25) 참조.

또 『유가사지론』 제36권에서는 말한다. "또 모든 보살은 능히 법무아를 깊이 깨달아 들어가는 지혜로 일체법의 이언자성離言自性을 여실하게 알고 나서는, 분별을 일으킬 만한 어떤 조금의 법 및 조금의 품류도 없음을 통달하여, 오직 그 사事만 취하고 오직 진여만 취하되 '이것은 오직 사이고 이것은 오직 진여다'라는 이런 생각(念)을 일으키지 않고 단지 (그 궁극적) 의미(義 : 승의)를 행할 뿐이다."[773]

釋曰。第二順釋。無自性性。是內所證。故初卷云。勝義諦。謂離諸名言。尋思但行名言境界。又勝義諦。是諸聖者。自內所證。尋思所行。是諸異生展轉所證。又瑜伽論三十六云。又諸菩薩。由能深入法無我智。於一切法離言自性。如實知已。達無少法及少品類可起分別。唯取其事。唯取眞如。不作是念。此唯是[1]事。是唯眞如。俱[2]行於義。

1) ⓨ『瑜伽師地論』 권36(T30, 487b21)에 따르면 '唯是'는 '是唯'의 도치다.   2) ⓨ『瑜伽師地論』 권36(T30, 487b21)에 따르면 '俱'는 '但'의 오기다.

다) 숨겨진 힐난(伏難)을 회통시킴

경 언설문자를 버리고는 능히 선설할 수가 없다.

不可捨於言說文字而能宣說。

석 세 번째는 외인의 숨겨진 비난을 해석한 것이다. 말하자면 외인의 숨겨진 힐난에 따르면, '만약 언설을 떠났다면 어째서 이전에는 반야로 무자성성을 취한다고 설하였는가.'라고 한다. 따라서 이처럼 회통하길,

---

773 『瑜伽師地論』 권36(T30, 487b18).

'언설을 버리고는 능히 선설할 수가 없다'고 하였다.

이와 같은 문답은 또한 가령 『유가사지론』 제36권에서 설한 것과 같다.

문 언어를 떠났다면, 어떤 인연으로 일체법의 이언자성에 대해 언설을 일으킬 수 있는가?

답 언설을 일으키지 않는다면, 타인을 위해 일체법의 이언자성을 설해 줄 수 없고, 타인 또한 이와 같은 의미에 대해 들을 수도 없다. 들은 적이 없다면 이러한 일체법의 이언자성을 알 수가 없다. 그러므로 이 이언자성에 대해 언설을 일으킨 것이다.[774]

또 제66권에서는 말한다. "제법의 자성은 모두 희론을 떠나 있고 언어의 길을 넘어선 것이다. 그러나 언설을 의지처로 삼기 때문에 비로소 취하거나 관하거나 깨달을 수 있게 된다. 그러므로 일체의 제법은 심히 통찰하기 어려운 것임을 알아야 한다."[775]

釋曰。第三釋外伏難。謂外伏難。若離言說。何故前說般若能取無自性性。故作此通。不可捨言而能宣說。如是問答。亦如瑜伽論三十六說。問。若離言[1]者。何因緣故。於一切法離言自性。而起言說。答。若不起言說。則不能爲他說一切法離言自性。他亦不能聞如是義。若無有聞。則不能知此一切法離言自性。是故於此離言自性。而起言說。又六十六云。諸法自性。皆絕戲論。過語言道。然由言說爲依止故。方乃可取可觀可覺。是故當知。一切諸法。甚深難見。

―――――

1) ㉔『瑜伽師地論』 권36(T30, 489c3)에 '離言'이 '如是'로 되어 있다.

―――――

774 『瑜伽師地論』 권36(T30, 489c3).
775 『瑜伽師地論』 권66(T30, 668b3).

마. 결론

경 그러므로 나는 반야바라밀다로 능히 제법의 무자성성을 취한다고 설하였다."

是故我說般若波羅蜜多。能取諸法無自性性。

석 다섯 번째 결론지은 문장은 알 수 있을 것이다.

釋曰。第五結文可知。

⑱ 세 종류 바라밀다를 밝힌 문

가. 청문

경 관자재보살이 다시 부처님께 여쭈었다. "세존이시여, 가령 부처님께서 설하셨던 바라밀다와 근近바라밀다와 대大바라밀다에서, 어떤 것이 바라밀다이고 어떤 것이 근바라밀다이며, 어떤 것이 대바라밀다입니까?"

觀自在菩薩。復白佛言。世尊。如佛所說。波羅蜜多。近般若[1]波羅蜜多。大波羅蜜多。云何波羅蜜多。云何近波羅蜜多。云何大波羅蜜多。

---
1) ㊋『解深密經』권4(T16, 707b28)에 '般若'가 없다.

석 이하는 열여덟 번째로 세 종류 바라밀다를 밝힌 문이다. 이 중에 두 가지가 있다. 앞은 청문이고, 뒤는 대답이다.
  이것은 청문에 해당한다. 청문 중에 두 가지가 있다. 먼저 (표제를) 내걸었고(牒), 나중에 질문하였다.

어떤 한 판본의 경에는, (표제를) 내건 곳에 세 가지가 있고, 질문한 곳에 두 가지만 나오는데, 이는 처음의 한 질문을 빠뜨린 것이다. 『유가사지론』과 『상속해탈경』과 『심밀해탈경』에 의거하면 모두 세 가지 질문이 있으니, 따라서 (그 판본에 하나의 질문을) 빠뜨렸음을 알 수 있다.

> 釋曰。自下第十八三種波羅蜜多門。於中有二。先問。後答。此卽問也。[問中有二先問後答此卽問也]。[1] 問中有二。先牒。後問。有一本經。牒中有三。問中但二。脫初一問。若依瑜伽相續深密。皆有三問。故知脫也。
>
> 1) ㉔ '問中有二先問後答此卽問也'라는 열두 글자는 잉자인 듯하다.

나. 대답

가) 첫 번째 질문에 대한 해석

[경] 부처님께서 관자재보살에게 말씀하셨다. "선남자여, 만약 보살들이 한량없는 시간을 거치는 동안에 보시 등을 수행하여 선법을 성취하였음에도 번뇌들은 예전처럼 현행한다.[776] (그 번뇌를) 아직 능히 조복하지 못하지만 그것이 조복되게 하려 한다. 말하자면 승해행지勝解行地[777]에서 연품軟品·중품中

---

776 이 첫 번째 바라밀다의 단계와 뒤의 두 번째 근近바라밀다의 단계를 설하는 경문에 동일하게 모두 "번뇌들이 예전처럼 현행한다.(而諸煩惱猶故現行)"라고 하였다. 여기서 "예전처럼(猶故)"이라는 문구는 "여전히 일부러(猶故)"라고 번역하는 경우도 있다. 그러나 이후의 해석에 따르면, 첫 번째 시기에는 아직은 번뇌를 능히 조복하지 못하기 때문에 자기도 모르게(不覺) 번뇌가 현행하는 것이고, 반면에 두 번째 시기에는 번뇌를 능히 조복할 수 있음에도 '일부러(故)' 현행하도록 한다는 의미가 있다. 그 두 가지 의미를 모두 포괄하기 위해서 '猶故'를 "예전처럼"이라고 번역하였다.

777 승해행지勝解行地 : 아직 초지初地에 들기 전인 삼현三賢의 계위에서 사유하고 이해하는 힘에 의거해서 수행하는 지위를 가리킨다.

品의 승해가 일으킬 때, 이것을 '바라밀다'라고 이름한다.

佛告觀自在菩薩曰。善男子。若諸菩薩。於[1]無量時。修行施等。成就善法。而諸煩惱。猶故現行。未能制伏。然爲彼伏。謂於勝解行地。耎中勝解轉時。是名波羅蜜多。

1) 역『解深密經』권4(T16, 707c1)에 '於'가 '經'으로 되어 있다.

석 이하는 두 번째로 여래께서 바로 답하신 것이다. 이 중에 세 가지 (대답이) 있으므로 곧 세 단락이 된다.

이것은 첫 번째로 처음의 질문에 대해 해석한 것이다. 3아승기 동안 닦았던 보시 등은 세 가지 이름으로 차별하여 부른다. 말하자면 최초의 아승기에는 보시 등을 성취하지만 여섯 가지 폐해(六弊) 등이 여전히 예전처럼 현행하는데,[778] 아직 그것을 조복하지 않았지만, 여섯 가지 폐해의 조복을 이루려 한다.

"말하자면 승해행지에서"라고 한 것은 그 지위를 나타낸 것이다.

"연품·중품의 승해가 일어날 때"라고 한 것은 수행하는 때를 제시한 것이다. 십지 이전에 닦았던 것은 아직 상품上品을 성취하지 못하였고, 이는 연품耎品(하품)과 중품中品의 승해가 일어날 때이다.

"이것을 바라밀다라고 이름한다."라는 것은 그 이름에 대해 결론 내린 것이다.

778 '여섯 가지 폐해(六弊)가 예전처럼 현행한다'고 했는데, 이는 보시(施) 등의 육바라밀(六度)에 의해 대치되는 폐단들, 즉 인색함(慳吝)과 범계犯戒와 마음의 분노(心憤)와 게으름(懈怠)과 산란散亂과 견취見趣 등이 여전히 현행하는 것을 말한다. 이 폐해들은 이전의 경문 중에 '바라밀의 위덕의 종류 수'를 논하는 과정에서 이미 언급된 바 있다.

釋曰。自下第二如來正答。中有三。卽爲三段。此卽第一釋初也。三僧祇中所修施等。三名差別。謂初僧祇成就施等。六弊等增¹⁾故現行。未能伏彼。然爲六弊之制伏。言謂於勝解行地者。出其位地。言奘中勝解轉時者。出修行時。地前所修未成上品。是奘品中品勝解轉勝。²⁾言是名波羅蜜多者。結其名也。

---

1) ㉯ 경문과 대조해 보면 '增'은 '猶'의 오기인 듯하다.   2) ㉱ '勝'이 '時'로 된 곳도 있다.

나) 두 번째 질문에 대한 해석

경 다시 한량없는 시간 동안에 보시 등을 수행하여 점차 더욱 증상되어 선법을 성취하였음에도 번뇌들은 예전처럼 현행한다.[779] 그런데 (그 번뇌를) 능히 조복할 수 있어서 그에 의해 조복 당하지는 않는다. 말하자면 초지 이상부터를 '근近바라밀다'라고 이름한다.

復於無量時。修行施等。漸復增上。成就善法。而諸煩惱猶故現行。然能制伏。非彼所伏。謂從初地已上。是名近波羅蜜多。

석 두 번째 질문에 대답한 것이다. 이 중에 세 개의 절이 있다. 처음은 해석이고, 다음은 지위를 제시한 것이며, 마지막은 이름에 대해 결론 내린 것이다.

말하자면 초지 이상부터는 제2아승기 동안 닦았던 보시 등이 점차 증

---

[779] 경문에서는 최초의 바라밀다와 마찬가지로 두 번째의 근近바라밀다일 때에도 모두 "번뇌들이 예전처럼 현행한다.(諸煩惱猶故現行)"라고 하였다. 이하의 『成唯識論』 등의 해석에 따르면, 최초의 바라밀다를 닦을 때는 번뇌를 능히 조복하지 못하기 때문에 자기도 모르게(不覺) 번뇌가 현행하는 것이라면, 두 번째의 근바라밀다를 닦을 때는 번뇌를 능히 조복할 수 있음에도 고의로 번뇌가 현행하게 하는 것이다.

상되었기 때문에 탐貪 등의 번뇌가 비록 현행한다 해도 능히 그것을 조복할 수 있어서 그에 의해 조복 당하지는 않는다. 보리에 점차 가까워지기 때문에 '근近(바라밀다)'라고 한 것이다.

釋曰。答第三¹⁾二問。於中三節。初釋。次出位地。後結名。謂從初地已上。第二僧祇所修施等。漸增上故。貪等煩惱。雖設現行。然能伏彼。非彼所伏。漸近菩提。爲近也。

1) ㉠ '三'은 잉자인 듯하다.

다) 세 번째 질문에 대한 해석

경 다시 한량없는 시간 동안에 보시 등을 수행해서 더욱 더 증상되어 선법을 성취하고 모든 번뇌가 다 현행하지 않는다. 말하자면 제8지 이상부터를 '대大바라밀다'라고 이름한다."

復於無量時。修行施等。轉復增上。成就善法。一切煩惱。皆不現行。謂從八地已上。是名大波羅蜜多。

석 세 번째 질문에 대답한 것이다. 이 중에 세 개의 절이 있으니, 이전에 준해서 알아야 한다. 말하자면 제8지 이상은 제3아승기 동안 닦았던 보시 등이 더욱 증상되었기 때문에, 항상 관에 들기 때문에, 모든 번뇌가 다 현행하지 않는다. 8지 이상은 공용 없이 닦는데(無功用修) 하나하나의 행 가운데서 한량없는 행을 일으키기 때문에 '대大'라는 이름을 얻는다.

『성유식론』 제9권에서 말한 뜻도 이 경과 동일하다. 따라서 그 논에서 말한다.

이 열 가지 인위因位에는 세 종류 이름이 있다.

첫 번째는 '원遠바라밀다'라고 이름하니, 최초의 무수겁을 말한다.[780] 이때에는 보시 등의 세력이 오히려 미약해서 번뇌에 조복 당하고 아직 그것을 능히 조복하지는 못한다. 이로 인해 번뇌가 자기도 모르게 현행한다.

두 번째는 '근近바라밀다'라고 이름하니, 두 번째의 무수겁을 말한다. 이때에는 보시 등의 세력이 점점 증상되어 번뇌에 조복 당하지는 않고 능히 그것을 조복한다. 이로 인해 번뇌를 고의로 바야흐로 현행한다.[781]

세 번째는 '대大바라밀다'라고 이름하니, 세 번째의 무수겁을 말한다. 이때에는 보시 등의 세력이 더욱 증상되어 능히 끝내 모든 번뇌를 조복시킨다. 이로 인해 번뇌가 영원히 현행하지 않는다. 그런데 여전히 소지장所知障의 미세한 현행과 종자 및 번뇌장煩惱障의 종자가 있기 때문에 아직은 궁극적인 것은 아니다.[782]

『유가사지론』 제45권에 의하면 (세 종류 바라밀다를) '하下·중中·상上'이라 이름한다. 따라서 그 논에서는 말한다.

> 복덕과 지혜라는 두 종류 장엄莊嚴(자량) 중에, 보살이 최초의 무수대

---

[780] 이 논에서 '원바라밀다遠波羅蜜多'라고 한 것은 위의 경문에서 세 종류 바라밀다 중 첫 번째, 즉 승해행지勝解行地일 때의 '바라밀다'에 해당한다. 대승에서는 보살의 수행이 완성되는 데 3아승기겁이 걸린다고 하는데, 여기서 '최초의 무수겁無數劫'이란 3아승기겁 중의 첫 번째 아승기겁을 말한다. 이때 행하는 바라밀다는 궁극의 보리와는 거리가 멀기 때문에 '원遠바라밀다'라고 한다.

[781] 『解深密經』에 의하면, 보살은 초지에서 십지까지는 고의적으로 번뇌를 일으키기도 하는데, 번뇌가 일어나면 스스로 알아차리지 못하는 경우가 없으므로 오염된 모습이 없고, 그로 인해 자기 몸에서 고苦가 생기지는 않기 때문에 과실이 없으며, 이처럼 번뇌를 일으킴으로써 유정계有情界에서 고苦의 원인을 끊기 때문에 한량없는 공덕이 있다고 한다. 『解深密經』 권4 「地波羅蜜多品」(T16, 708a4) 참조.

[782] 『成唯識論』 권9(T31, 52b9).

겁 동안 수습했던 것을 '하'라고 이름한다는 것을 알아야 한다.

두 번째의 무수대겁 동안 수습했던 것을 '중'이라 이름한다는 것을 알아야 한다.

세 번째 무수대겁 동안 수습했던 것을 '상'이라 이름한다는 것을 알아야 한다.[783]

『선계경』 제7권과 『지지경론』 제7권도 역시 『유가사지론』과 동일하게 설한다.

『상속해탈경』은 이 『해심밀경』과 거의 동일하다.

『심밀해탈경』에 의하면 이 경과 조금 다르다. 바라밀과 근바라밀을 십지 이전에 배정하였고 대바라밀을 초지 이상에서 멀게는 제10지까지 배정하였다. 또 십지 이전의 보살은 또한 번뇌를 조복시키되 번뇌가 (그를) 조복하는 것은 아니라고 했는데, 이는 번역가의 오류이다.

釋曰。答第三問。於中三節。准前應知。謂八地已上。第三僧祇所修施等轉增故。當[1)]入觀故。一切煩惱皆不現行。八地已上無功用修。一一行中。起無量行。故得大名。依成唯識第九卷中。意同此經。故彼論云。此十因位。有三種名。一名[2)]波羅蜜多。謂初無數劫。爾時施等勢力尙微。被煩惱伏。未能伏彼。由斯煩惱不覺現行。二名近波羅蜜多。謂第二無數劫。爾時施等勢力漸增。非煩惱伏。而能伏彼。由斯煩惱故意方行。三名大波羅蜜多。謂第三無數劫。爾時施等勢力轉增。能畢竟伏一切煩惱。由斯煩惱永不現行。猶[3)]所知微細現種及煩惱種。故未究竟。依瑜伽論第四十五。名下中上。故彼論云。福德智慧二種莊嚴。[4)] 菩薩於初無數大劫所修習者。應知名下。若於第二無數大劫所修習者。應知名中。若於第三無數大劫所修習者。應知

---

[783] 『瑜伽師地論』 권45(T30, 539b24).

名上。善戒經第七。地持第七。亦同瑜伽。相續解脫。大同此經。依深密經。
與此少異。波羅蜜。近波羅蜜。配入地前。大波羅蜜。配入初地已上。望第
十地。又地前菩薩亦伏煩惱非煩惱伏者。譯家謬也。

---

1) ㉠ '當'은 '常'의 오기인 듯하다. 2) ㉠ 『成唯識論』 권9(T31, 52b9)에 '名' 뒤에 '遠'이 있다. 3) ㉠ 『成唯識論』 권9(T31, 52b16)에 '猶' 뒤에 '有'가 있다. 4) ㉠ 『瑜伽師地論』 권45(T30, 539b24)에 '二種莊嚴'이 '資糧'으로 되어 있다.

(3) 지地에 의거해서 일으킨 도度가 대치시키는 장애를 따로 해석함

① 수면隨眠의 종류 수

가. 청문

경 관자재보살이 다시 부처님께 여쭈었다. "세존이시여, 이 모든 지에서 번뇌수면은 몇 종류가 있다고 볼 수 있습니까?"『상속해탈경』에서는 '번뇌사煩惱使는 몇 개인가'라고 하였고,[784] 『심밀해탈경』에서는 '사번뇌使煩惱는 몇 개인가'라고 하였다.[785]

> 觀自在菩薩。復白佛言。世尊。此諸地中煩惱隨眠。可有幾種。【相續經云。幾許煩惱使。深密經云。幾許使煩惱。】

석 이하는 세 번째로 지地 중의 수면隨眠 등의 장애에 대해 분별한 것이다. 이 중에 네 가지가 있다. 첫째는 수면의 종류 수가 어느 정도(多少)

---

784 『相續解脫地波羅蜜了義經』 권1(T16, 717c13)에서는 "此諸地幾種煩惱使"라고 하였다.
785 『深密解脫經』 권5(T16, 684b12)에서는 "此諸地中有幾種使煩惱"라고 하였다.

인지 분별한 것이다. 둘째는 추중麤重의 단멸에 의해 현시되는 것에 대해 분별한 것이다. 셋째는 추중이 끊어지는 데 드는 시간을 분별한 것이다. 넷째는 보살 번뇌의 공덕과 과실을 분별한 것이다.

이것은 첫 번째로 수면의 종류 수가 어느 정도인지 분별한 것이다. 이 중에 (두 가지가 있으니,) 앞은 청문이고, 뒤는 대답이다.

이것은 청문에 해당한다.

釋曰。自下第三分別地中隨眠等障。於中有四。一分別隨眠種數多少。二分別麤重斷所顯示。三分別麤重斷之時分。四分別菩薩煩惱德失。此卽第一分別隨眠種數多少。於中先問。後答。此卽問也。

범음 아노야阿奴耶(S anuśaya)는 여기 말로 수면隨眠이라 한다. '수隨'란 '따라다닌다(隨逐)'는 말이고, '면眠'이란 '잠복해 있다(伏眠)'는 것이다. 따라다니는 것이 잠복해 있으면서 일어나지 않았기 때문에 '수면'이라 이름하였다.

살바다종에 의하면, 탐貪 등의 번뇌는 경계를 따라서 늘어나기(隨增) 때문에 '수면'이라 이름한다.[786] 대중부 등에 의하면, 현행한 것을 '전纏'이라 이름하고, 불상응행법을 수면이라 이름한다.[787] 예를 들어 『이부종륜론異部宗輪論』에서 설한 것과 같다.

이와 같은 학설들은 다 이치에 맞지 않다. 수면이라는 이름의 의미와

---

[786] 살바다종에 따르면, 탐貪·진瞋·만慢·무명無明·견見·의疑 등은 근본이 되는 수면들로서, 이 수면들은 '경계를 따라서 증장된다(隨增)'는 의미를 갖고 있다. 『俱舍論』 권19(T29, 98c1) 참조.
[787] 대중부의 경우 탐 등의 번뇌가 현행한 것을 '전纏'이라고 하고 이것은 현재 마음과 상응하여 작용하는 번뇌이므로 심상응법心相應法인 반면, 그것을 야기하는 '수면'은 잠재된 것이고 심·심소와는 별개의 실체로서 상응하지 않으므로 불상응행법不相應行法으로 간주하였다. 『異部宗輪論』 권1(T49, 15c28) 참조.

는 상응하지 않기 때문이다.

경부종과 대승종은 '종자'를 수면이라 설한다.[788]

梵音阿奴耶。此云隨眠。謂[1]隨逐。眠卽伏眠。隨逐行者。眠伏不起。故名隨眠。薩婆多宗。貪等煩惱。於境隨增。故名隨眠。大衆部等。現行名纏。不相應行。名爲隨眠。如宗輪論。如是等說。皆不應理。隨眠名義不相應故。是經部及大乘宗。卽說種子名爲隨眠。

1) ㉯ '謂' 앞에 '隨'가 누락된 듯하다.

나. 대답

가) 개수를 표시하며 간략히 답함

경 부처님께서 관자재보살에게 말씀하셨다. "선남자여, 대략 세 종류가 있다.

佛告觀自在菩薩曰。善男子。略有三種。

석 이하는 두 번째로 여래께서 바로 답하신 것이다. 이 중에 두 가지가 있다. 처음은 개수를 표시하며 간략히 답한 것이다. 나중은 차례대로 따로 해석한 것이다.

---

788 경부종에서는 번뇌가 각성되어 활동하는 상태를 '전纏'이라 하고, 이에 대해 번뇌가 잠복된 상태인 종자種子를 '수면隨眠'이라 하며, 이것은 심상응법도 아니고 불상응법도 아니라고 한다. 대승의 유식종에서는 번뇌가 곧 수면이라는 살바다종의 설을 인정하지 않고, 단지 번뇌의 습기習氣를 수면이라고 하니, 곧 수면이란 번뇌의 종자를 일컫는 말이다. 이 번뇌의 종자는 아뢰야식 안에 잠자는 상태로 잠재되어 있다고 한다.

이것은 처음에 해당한다. 말하자면 번뇌는 갖가지라서 한량없는 수가 있지만 대략 세 종류로 포괄할 수 있다.

釋曰。自下第二如來正答。於中有二。初標數略答。後次第別釋。此卽初也。 謂煩惱種種。雖有無量。略攝爲三。

나) 차례대로 따로 해석함

(가) 해반수면害伴隨眠

경 첫째는 해반수면이다. 앞의 다섯 지에 있는 것을 말한다. 어째서인가? 선남자여, 모든 구생俱生하지 않는 현행의 번뇌는 바로 구생번뇌의 현행에 대해 조반助伴이 (되는데), 그것이 이때는 영원히 다시 있지 않게 된다. 그러므로 (앞의 다섯 지의 구생번뇌를) '해반수면'이라 이름한다.

一者害伴隨眠。謂於前五地。何以故。善男子。諸不俱生煩惱現行。[1] 是俱生煩惱現行助伴。彼於爾時。永無復有。是故說名害伴隨眠。

---
1) ㉠『解深密經』 권4(T16, 707c14)에 '煩惱現行'이 '現行煩惱'로 되어 있다.

석 이하는 두 번째로 차례대로 세 종류 수면을 따로 해석한 것이다.
이것은 첫 번째 해반수면에 대해 해석한 것이다. 경문에 다섯 개의 절이 있다. 첫째는 이름을 표시한 것이고, 둘째는 지위에 배정한 것이며, 셋째는 따져 물은 것이고, 넷째는 바로 해석한 것이며, 다섯째는 이름에 대해 결론지은 것이다.
"해반(수면)이다."라고 한 것은 이름을 표시한 것이다.
"앞의 다섯 지에 있는 것"이라고 한 것은 지위에 배정한 것이다.

"어째서인가."라고 한 것은 따져 물은 것이다.

"선남자여,……"라고 한 것은 이름의 의미를 바로 해석한 것이다. 대승종에 의하면, 일체의 번뇌는 대략 두 종류가 있다. 첫째는 구생俱生(俱生起)이고, 둘째는 분별기分別起이다. '분별(분별기 번뇌)'이란 견도에서 끊어지는 미혹(見所斷惑)이고, '구생(구생기 번뇌)'이란 수도에서 끊어지는 미혹(修所斷惑)이다. 따라서 『성유식론』 제1권에서 말한다.

> 모든 아집我執에는 대략 두 종류가 있다. 첫째는 구생이고, 둘째는 분별이다.
> '구생아집'이란 무시이래로 허망하게 훈습된 내적인 원인(內因)의 힘으로 말미암은 것이기 때문에 항상 몸과 더불어 구생한다. 삿된 가르침이나 삿된 분별을 기다리지 않고도 자유로이(任運) 일어나기 때문에 '구생'이라 이름한 것이다.[789]

구체적으로 설하면 그 논과 같다.

> '분별아집'이란 또한 현재의 외적인 조건(外緣)으로 말미암은 것이기 때문에 몸과 더불어 구생하는 것이 아니다. 반드시 삿된 가르침이나 삿된 분별을 기다린 연후에야 비로소 일어나기 때문에 '분별'이라 이름한 것이다.[790]

구체적으로 설하면 그 논과 같다.

지금 (경문에서) "모든 구생하지 않는 현행의 번뇌"라고 한 것은 견도

---

[789] 『成唯識論』 권1(T31, 2a9).
[790] 『成唯識論』 권1(T31, 2a17).

에서 끊어지는(見道所斷) 분별번뇌를 말하고, "구생"이라고 한 것은 제6식과 상응하는 수도에서 끊어지는(修道所斷) 미혹이다. 견도위 이전에는 상호 간(展轉)에 서로 조반이 되어 현행할 수 있는데, 이제 견도 이후에는 이미 견혹見惑(견도에서 끊어지는 번뇌)인 불구생의 조반을 없애 버렸기 때문에 '해반害伴'이라 이름한 것이다.[791] 실제로는 해반이란 현행한 미혹이다. 그런데 (그것의) 수면을 설하여 해반이라 이름한 것은, '해반의 수면(害伴之隨眠)'이기 때문에 '해반'이라 한 것이니, 육합석 중에 의주석에 해당한다.[792] "그러므로……"라고 한 것은 결론지은 문장이니, 알 수 있을 것이다.

釋曰。自下第二次第別釋三種隨眠。[此釋三種隨眠]。[1)] 此釋第一害伴隨眠。文有五節。一標名。二配位。三徵詰。四正釋。五結名。言害伴者。標名也。言在[2)]於五地者。配位也。何以故者徵詰。言善男子等。正釋名義。依大乘宗。一切煩惱。略有二種。一者俱生。二分別起。分別卽是見所斷惑。言俱生者。修所斷惑。故成唯識第一卷云。然諸我執。略有二種。一者俱生。二者分別。俱生我執。無始時來。虛妄熏習內因力故。恒與身俱生。不待耶[3)]敎及耶*分別。任運而轉。故名俱生。具說如彼。分別我執。亦由現在外緣力故。非與身俱。要待耶*敎及耶*分別。然後方起。名[4)]分別。具說如彼。今言諸不俱生現行煩惱者。見道所斷分別煩惱。言俱生者。六識相應修所斷惑。見道位前。展轉相伴。而得現行。今見道後。已害見惑不俱生伴。故名害伴。

---

[791] 제6식과 상응하는 수도소단修道所斷의 구생俱生번뇌는 견도 이전에는 불구생不俱生의 번뇌와 더불어 상호 간(展轉)에 서로 조반助伴이 됨으로써 현행할 수 있었다. 그러나 이제 견도 이후부터는 견혹見惑(견도소단)에 해당하는 불구생번뇌라는 조반이 이미 손상되었기 때문에, 견도 이후의 구생번뇌를 일컬어 '조반이 손상된 것(害伴)'이라 한다.

[792] 이 해석에 따르면, '해반'은 현행한 번뇌를 말하고 수면隨眠은 그 번뇌의 수면을 가리키는 것이다. 따라서 '해반수면'이란 '해반 그 자체가 수면(害伴卽隨眠)'이라는 의미가 아니고, '해반의 수면(害伴之隨眠)'을 뜻하는 것이다. 따라서 육합석 중에서는 의주석, 즉 한정복합어에 해당한다고 하였다.

據實害伴。是現行惑。而說隨眠名害伴者。是害伴之隨眠。故名害伴。卽六釋中依主釋也。言是故等者。結文可知。

1) ㉑ '此釋三種隨眠'은 잉자인 듯하다. 2) ㉠ 경문과 대조해 보면 '在'는 '前'의 오기인 듯하다. 3) ㉠ '耶'는 '邪'이다. 이하 동일. 4) ㉠ 『成唯識論』 권1(T31, 2a19)에 '名' 앞에 '故'가 있다.

(나) 이열수면羸劣隨眠

경 둘째는 이열수면이다. 제6지와 제7지에서 미세하게 현행하는 것을 말한다. 만약 수습해서 조복되면 현행하지 않기 때문이다.

二者羸劣隨眠。謂於第六第七地中。微細現行。若修所伏。不現行故。

석 두 번째는 이열수면을 밝힌 것이다. 경문에 세 개의 절이 있으니, 이름을 표시하였고, 지위에 배정하였으며, 이름을 해석하였다.

"이열수면이다."라고 한 것은 이름을 표시한 것이니, 또한 의주석에 해당한다.[793] 앞에 준해서 알아야 한다.

"제6지와 제7지에서 미세하게 현행한 것"이라고 한 것은 지위에 배정한 것이다. 이전의 거친 것과 대비시켰기 때문에 '미세'라고 이름하였다.

"만약 수습해서 조복되면 현행하지 않기 때문이다."라고 한 것은 '이열'의 뜻을 해석한 것이다. "만약(若)"이란 '일정하지 않다'는 말이다. 말하자면 어떤 보살은 7지까지는 번뇌를 조복시키지 못하므로 (그 번뇌로 하여금) 현행하도록 하고, 어떤 보살은 조복시켜서 일어나지 않게 하니, 이런 일정하지 않음이 있기 때문에 '만약'이라는 말을 설한 것이다. 이 (경

---

[793] '이열수면羸劣隨眠'도 이전의 해반수면과 마찬가지로 한정복합어로서 '이열의 수면(羸劣之隨眠)', 즉 이열번뇌의 수면으로 해석된다.

문의) 뜻을 말하자면, 설사 그것이 현행한다 해도 또한 '이열'이라 이름한다는 것이다. 어째서인가? 만약 수습해서 (그 번뇌가) 조복되면 현행하지 않기 때문이다.

'이열'이라는 이름을 해석하면, 앞에 준해서 알아야 한다.[794]

釋曰。第二羸劣隨眠。文有三節。謂標名。配位。釋名。言羸劣隨眠者。卽是標名。亦依主釋。准上應知。言六七地中微細現行者。配位。對前麤故。名爲微細。言若修所伏不現行故者。釋羸劣義。若者。不定之聲。謂有菩薩。七地已來。不伏煩惱。故令現行。自有菩薩。伏令不起。有此不定。故說若言。此中意說。設彼現行。亦名羸劣。何以故。若修所伏。不現行故。釋羸劣名。准上應知。

(다) 미세수면微細隨眠

경 셋째는 미세수면이다. 제8지 이상에 있는 것을 말한다. 이 지 이상부터는 일체의 번뇌가 다시는 현행하지 않고, 오직 소지장만 있어서 의지처로 삼기 때문이다."

三者微細隨眠。謂於第八地已上。從此已去。一切煩惱。不復現行。唯有所知障。爲依止故。

석 세 번째는 미세수면을 밝힌 것이다. 경문에 세 개의 절이 있으니,

---

794 이전의 '해반수면'이라는 이름을 해석하면, '해반'은 실제로는 현행한 번뇌(미혹)를 가리키며, 그 해반번뇌의 수면(害伴之隨眠)을 일컬어 '해반수면'이라 한 것이다. 마찬가지로 '이열수면'에서도 '이열'이란 현행한 번뇌를 가리키며, 그 이열번뇌의 수면을 일컬어 '이열수면'이라 한 것이다.

이름을 표시하였고, 지위에 배정하였으며, 이름을 해석하였다.

"미세수면이다."라고 한 것은 이름을 표시한 것이다.

"제8지 이상에 있는 것을 말한다."라고 한 것은 지위에 배정한 것이다.

"이 지 이상부터는……"이라고 한 것은 '미세'라는 이름의 의미를 해석한 것이다. 그에 두 가지 이유가 있다. 첫째, 제8지 이상에서는 일체의 번뇌가 다 현행하지 않고 일체의 때에 항상 관에 들기 때문에, 설사 관에 들지 않았더라도 곧 그것의 등류等流인 멸진정滅盡定 등이 현행해 있기 때문에,[795] 이런 도리로 인해 일체의 번뇌가 현행하는 때가 없다. 둘째, 오직 소지장만이 있어서 의지처가 되어 주기 때문이다. 말하자면 8지 이상에서는 번뇌가 없기 때문에, 오직 말나식과 함께하는 소지장만 있어서 유루법에 대해 의지처가 되어 준다는 것이다.

해 또는 비록 능히 의지하는 자(能依)인 현행의 번뇌는 없지만 의지처(所依)인 현행의 소지장은 있기 때문이다.

이 두 가지 이유로 인해, 비록 종자가 있어도 그 상相을 알기 어렵기 때문에 '미세'라고 이름한 것이다.【그런데 이 후자(두 번째)의 이유에 대해 『심밀해탈경』에서는 "오직 일체경계미세장一切境界微細障이 있다."[796]라고 하였고, 『상속해탈경』에서는 "또 이염장爾炎障(소지장)이라는 의지처가 조금 있기 때문이다."[797]라고 하였다. 『성유식론』에서는 경을 인용하면서 "오직 의지처가 되는 소지장이 존재한다."[798]라고 하였다.】

이것은 '미세 그 자체가 수면(微細卽隨眠)'이라는 (뜻이기) 때문에, 육합석 중에서는 지업석에 해당한다.[799]

---

795 설사 관에 들지 않았다 해도 산란된 상태에 있는 것은 아니고, 그 '관'과 동일한 선정의 흐름이라 할 수 있는 멸진정滅盡定 등에 들기 때문에 번뇌가 현행하는 일이 없다고 하였다.
796 『深密解脫經』 권5(T16, 684b22).
797 『相續解脫地波羅蜜了義經』 권1(T16, 717c18).
798 『成唯識論』 권5(T31, 24c1).
799 '미세수면微細隨眠'은 '미세'와 '수면'이라는 두 단어의 동격복합어로서 '미세 그 자

釋曰。第三微細隨眠。文有三節。謂標名。配位。釋名。言微細隨眠者。謂標名也。言謂於第八地已上者。配位。言從此已去等者。釋微細名義。有其二因。一者。八地已上。一切煩惱。皆不現行。於一切時。常入觀故。設不入觀。卽彼等流滅盡定等。而現行故。由斯道理。一切煩惱。無時現行。二者。唯有所知障。爲依止故。謂以八地已上。無煩惱故。唯有末那識俱所知障。與有漏法。爲所依止。又解。雖無能依現行煩惱。而有所依現行所知障故。由此二因。雖有種子。其相難知。故言微細。【然此後因。深密經云。唯有一切境[1] 微細障。相續經云。及爾炎[2] 障依少故。成唯識論。所引經云。唯有所依[3] 知障在也。】此卽微細卽隨眠故。於六釋中。持業釋也。

1) ⓔ『深密解脫經』 권5(T16, 684b22)에 '境' 뒤에 '界'가 있다.   2) ⓔ『相續解脫經』 권1(T16, 717c18)에 '炎'이 '焰'으로 되어 있다.   3) ⓔ『成唯識論』 권5(T31, 24c1)에 '依' 뒤에 '所'가 있다.

🔹 이 세 종류 수면은 어떤 장애에 속하는가?

🔹 이에 세 가지 해석이 있다. 한편에서는 말하길, 이 세 종류는 오직 소지장이라고 한다. 한편에서는 말하길, 처음의 둘은 번뇌장이고, 세 번째 수면은 오직 소지장이라고 한다. 한편에서는 말하길, 이 세 종류는 오직 번뇌장이라고 한다. 비록 세 가지 해석이 있지만 최후의 설이 바르다. (경문의) 문맥과 맞기 때문이다.

🔹 세 종류 수면은 체가 동일하지 않은가?

🔹 이에 세 가지 설이 있다. 한편에서는 말한다. 〈세 종류의 체는 각기 다르다. 거친 것(麤)과 미세한 것(細)의 차이가 있기 때문이다.[800]〉 한편

체가 수면(微細卽隨眠)'이라는 뜻이다. 따라서 육합석 중에서는 지업석持業釋에 해당한다.

800 원측 소에 "麤行隨也細異故"라고 되어 있는데, 문장의 의미가 통하지 않는다. 아마도 중간에 오탈자가 있는 듯하다. 참고로 석진흥釋眞興이 찬술한 『唯識義』 권1(D37, 384a2)에 이 내용을 그대로 인용하면서, "西明深蜜疏曰.……一云. 三種躰各不同. 麁

에서는 말한다. 〈뒤의 것들이 앞의 것들을 포괄한다. 따라서 포괄적인 것(寬)과 협소한 것(狹) 간의 차이가 있다.〉 한편에서는 말한다. 〈이 세 종류는 계위에 의거해서 차이를 판별하였고,[801] 제8지 이상부터는 바꿔서 '미세'라고 부른다.〉[802] 이 세 가지 설 중에 세 번째 설이 뛰어나다.

> 問。此三隨眠。何障所攝。答。有三釋。一云。此三唯所知障。一云。初二煩惱。第三隨眠。唯所知障。一云。此三唯煩惱障。雖有三釋。後說爲正。順文相故。問。三隨眠爲同體不。自有三說。一云。三種體各不同。麤行隨也[1]細異故。一云。後後攝前前。故寬狹有異。一云。此三約位辨劣。[2] 八地已上。轉名微細。於三說中。第三爲勝。

1) ㉠ '行隨也' 3자는 잉자인 듯하다. 해당 번역문 역주 참조. 2) ㉠ '劣'은 '異'의 오기인 듯하다. 해당 번역문 역주 참조.

② 추중麤重의 단멸에 의해 현시되는 것

가. 청문

경 관자재보살이 다시 부처님께 말하였다. "세존이시여, 이 모든 수면은 몇 종류 추중의 단멸에 의해 현시되는 것입니까?"

細異故。一云。後後攝前前故。寬狹有異。……"라고 하였다. 이곳에는 '麤行隨也細異故'라는 7자가 '麁細異故'라는 4자로 되어 있는데, 후자가 전후 문맥에 더 잘 맞는다. 이것을 참고하여 '麤行隨也細異故'의 중간에 삽입된 '行隨也'를 잉자로 간주하였다.

801 원측 소에 "此三約位辨劣"이라고 되어 있는데, 문장의 의미가 분명하지 않다. 참고로 석진흥釋眞興이 찬술한 『唯識義』 권1(D37, 384a2)에서 이 내용을 그대로 인용하면서, "西明深蜜䟽曰。……一云。三種躰各不同。麁細異故。一云。後後攝前前故。寬狹有異。一云。此三約位辨劣。躰無差別……"이라고 하였다. 이것을 참고하여 '此三約位辨劣' 중의 '辨劣'을 '辨異'로 간주하였다.

802 이 세 번째 해석에 따르면, 십지의 계위에 의거해서 차이를 구별하였지만 본래 체體는 동일하다. 8지 이상부터는 '미세수면'이라 부른다.

觀自在菩薩。復白佛言。世尊。此諸隨眠。幾種麤重斷所顯示。

석 이하에서는 두 번째로 추중의 단멸에 의해 현시되는 것을 분별하였다. 이 중에 두 가지가 있다. 앞은 청문이고, 뒤는 대답이다.

그런데 이 한 단락의 의취를 이해하기가 어렵다. 따라서 먼저 수면隨眠·추중麤重의 차별적 모습에 대해 분별하고, 나중에 경문을 해석하겠다.

釋曰。自下第二分別麤重斷所顯示。於中有二。先問。後答。然此一段意趣難解。故先分別隨眠麤重差別之相。後方釋文。

(* 수면隨眠·추중麤重의 차별적 모습)

'수면隨眠'이란 종자種子의 다른 이름이다. 이장二障의 종자는 뒤따라 다니는 자이니, 잠복해 있으면서 생기지 않았기 때문에 '수면'이라 이름한 것이다.

번뇌의 수면 중에 견도에서 끊어지는 것(見所斷)은 초지에 들어가면 끊어진다.[803] 그 밖의 것은 수도에서 끊어지는 것(修所斷)이기 때문에 끊어지지 않고 반드시 금강유정金剛喩定[804]에 이르러서야 일시에 단박에 끊게 된다.

소지장 중에 견도에서 끊어지는 종자는 초지에 들어갈 때 견도위에서 끊고, 수도에서 끊어지는 것들은 지마다 따로 끊는다. 모두 무간도無間道·해탈도解脫道로 끊는데, 해탈도에서는 택멸擇滅을 증득한다.[805]

---

803 견도소단見道所斷의 번뇌의 수면은 보살의 견도에 해당하는 초지初地에 들었을 때 끊어진다.
804 금강유정金剛喩定이란 보살의 제10지의 마지막 마음에서 현전하는 선정을 말한다. 이 선정으로 마지막 미세한 번뇌를 끊고 불과를 얻게 된다고 한다.
805 무간도無間道란 해탈도解脫道 직전의 단계로서 번뇌를 곧바로 끊는 지위를 말하고, 해탈도란 무간도에서 번뇌를 끊은 직후 일념의 정지正智가 일어나서 그것으로 진리를 증득하는 지위를 말한다. 각 지地에서 1품의 미혹을 끊을 때마다 무간도와 해탈도

'추중麤重'이라 했는데, 이장의 종자의 세력(勢分力) 때문에 유루의 몸을 감능堪能할 수 없게 만드는 것을 '추중'이라 하고, 또한 습기習氣라고도 한다. 이것은 유루의 법과는 하나도 아니고 다르지도 않다. (이 추중을) 끊은 지위와 아직 끊지 않은 지위는 차별되기 때문에 '하나'라고 말할 수 없고, 오온(유루의 몸)을 떠나 그 외에 별도의 체가 없기 때문에 '다르다'고 말할 수도 없다. 이런 의미 때문에 (추중을 끊기 위해) 무간도·해탈도라는 두 종류 단도斷道를 따로 일으킬 수는 없고, 또한 (추중을 끊었다 해서) 택멸무위擇滅無爲를 따로 증득하는 것도 아니다. 다만 지혜의 힘으로 점차 종자에 의해 인발되는 추중을 제거해 가는 것이다.

이와 같은 추중 및 그것의 수면에는 포괄적인 것과 협소한 것이 있는데, 예를 들어 『유가사지론』 제2권에서 말한 것과 같다. "모든 종자 중에 번뇌품煩惱品에 속하는 것이면,[806] (추중이라 하고 또한 수면이라고도 한다. 이숙품異熟品에 속하거나 그 밖의 무기품無記品에 속하는 것이면 오직 추중이라 할 뿐 수면이라 하지 않는다. 신信 등의 선법품善法品에 속하는 종자라면) 추중이라 하지도 않고 또한 수면이라 하지도 않는다. 어째서인가? 이 법(선법의 종자)이 생길 때는 소의 자체(번뇌가 붙어 다니는 몸 자체)는 오직 감능堪能이 있을 뿐 불감능不堪能은 있지 않기 때문이다.[807··808]

가 있다고 한다. 그런데 무간도에서 번뇌를 끊은 직후 해탈도에서 정지正智가 일어날 때 '지혜(智)'의 간택하는 힘(簡擇力)에 의해 번뇌를 끊고 멸제滅諦(열반)를 증득하는데, 이처럼 지혜의 간택에 의해 증득되는 멸제를 '택멸擇滅'이라 한다.

806 여기서는 추중과 수면이라는 단어의 용례의 차이를 설명하였는데, 이하에 많은 문장이 누락되어 전후 문맥이 통하지 않는다. 원측 소에는 "모든 종자 중에 번뇌품에 속하는 것이면"이라는 문구에 곧 이어서 "추중이라고 하지 않고 또한 수면이라고 하지도 않는다."라는 문구가 나오는데, 그 두 문구는 의미상 서로 상충된다. 원측이 인용했던 『瑜伽師地論』권2(T30, 284c3)에는 "所有種子. 若煩惱品所攝.[名爲麤重亦名隨眠. 若異熟品所攝及餘無記品所攝. 唯名麤重. 不名隨眠. 若信等善法品所攝種子.] 不名麤重亦非隨眠."이라고 되어 있는데, 원측 소에는 괄호 안의 문구가 모두 누락되었다. 전후 문맥이 통하려면, 괄호 안의 전체 문구를 보입하거나 혹은 최소한 밑줄 친 부분을 보입해야 한다. 위의 번역문에서는 괄호 안의 문구 전체를 보입하였다.

해 이곳에서 "모든 종자 중에 만약 번뇌품에 속하는 것이면 추중이라 한다."라고 설했는데, 곧 번뇌의 종자를 추중이라 하는 것이지 이곳에서 설한 바의 무감임성無堪任性을 (말하는 것은) 아니다. 저 종자가 체성體性을 갖기 때문이다.

言隨眠者。種子異名。二障種子。隨逐行者。眠伏不起。故名隨眠。煩惱隨眠見所斷者。入初地斷。餘修所[1]故。由不斷要至金剛一時頓斷。若所知障見所斷種。入初地時。見道位斷。修所斷者。地別斷。皆用無間解脫道斷。於解脫道。證得擇滅。言麤重者。由二障種勢分力故。令有漏身無所堪能。名爲麤重。亦名習氣。與有漏法。非一非異。斷與未斷位差別故。不可言一。離五蘊外。無別體故。可不[2]言異。由斯義故。更不可別起無間解脫二種斷道。亦不別得擇滅無爲。但由智力。漸除種子所引麤重。如是麤重及彼隨眠。有寬狹者。如瑜伽論第二卷云。所有種子。若煩惱品所攝。種身。[3] 不名麤重。亦非隨眠。何以故。此法生時。所依自體。唯有堪能。非不堪能。解云。此說所有種子。若煩惱品所攝名麤重者。卽煩惱種子。名爲麤重。非此所說無堪任性。以彼種子有體性故。

1) 옐 '所' 뒤에 '斷'이 누락된 듯하다. 2) 옐 '可不'은 '不可'의 도치인 듯하다. 3) 옐 '種身'은 오자이고, 이곳에 많은 글자가 누락된 듯하다. 해당 번역문 역주 참조.

그런데 이 추중에 대해 대략 네 문으로 분별하겠다. 첫째는 이름을 해

---

807 '의지처 자체(所依自體)'란 이숙오온異熟五蘊의 신체를 말한다. 불감능不堪能 혹은 무감임無堪任이란 번뇌장과 소지장의 종자에 의해 심신心身의 상태가 혼미해져서 성도聖道를 감당하지 못하는 상태를 말하고, 그와 반대되는 상태를 '감능堪能' 혹은 '감임堪任'이라고 한다. 선법의 종자가 생겨나면 신체에는 그러한 불감능의 성질이 없고 오직 감능의 성질만 있기 때문에, 선법의 종자를 추중이라고도 하지 않고 수면이라고도 하지 않는다는 것이다.
808 『瑜伽師地論』 권2(T30, 284c3).

석하고, 둘째는 체성을 제시하며, 셋째는 종류 수가 어느 정도인지 밝히고, 넷째는 끊는 지위를 나타내겠다.

然此麤重。略以四門分別。一釋名字。二出體性。三種數多少。四斷之位地。

이름을 해석하는 것에서, 먼저 공통적 이름을, 나중에 개별적 이름을 (해석하겠다.)

'삼추중三麤重'이라는 것에서, '삼'은 수를 표시한 것이니, 피추중皮麤重 등의 세 종류를 말한다. 모든 선법을 감당할 능력이 없어지기 때문에 추중이라 이름한 것이고, 육합석 중에 대수석帶數釋에 해당한다.[809]

개별적 이름을 피皮·실實·심心이라 한 경우는 예를 들면『불성론』제3권과『삼무성론』제1권과 양梁『섭대승론석』제11권과『유가사지론』제75권이다.

혹은 피皮·부膚·실實이라 하는데, 예를 들어『유가사지론』제48권이다.

혹은 피皮·부膚·골骨이라 하는데, 예를 들어『선계경』제8권과『지지경론』제9권과『심밀해탈경』·『상속해탈경』및 이 경의 제1권이다.

이와 같은 세 종류는 비유를 따라 이름을 붙인 것이니, 이는 지업석이다.[810] 혹은 의주석일 수도 있으니, 생각해 보면 알 수 있을 것이다.

釋名字者。先通。後別。三麤重者。三是標數。謂皮等三。於諸善法。無所堪能。故名麤重。卽六釋中帶數釋也。言別名皮實心。如佛性論第三。三無性

---

809 '삼추중三麤重'은 삼과 추중이라는 두 단어의 복합어인데, 앞의 단어가 '숫자'로 되어 있고, 그 숫자가 여러 개의 취합을 뜻할 때 대수석帶數釋이라 한다.
810 껍질(皮)과 살(膚)과 뼈(骨) 등은 모두 비유적 표현으로서, 껍질 같은 추중, 살 같은 추중, 뼈 같은 추중을 말한다. 이처럼 앞의 단어가 뒤의 단어를 형용하는 관계에 있는 복합어는 지업석持業釋으로 간주한다.

第一。梁攝論十一。瑜伽七十五。或名皮膚實。如瑜伽論第四十八。或皮膚骨。如善戒經第八。地持第九。深密相續及此經第一。如是三種。從喻得名。是持業釋。或可依主。尋卽可知。

체성을 나타낸다고 한 것은 (다음과 같다.)

(＊진제 삼장과 대당 삼장의 해석)
진제 삼장眞諦三藏은 『삼무성론』에 의거해서 탐貪 등과 같은 (번뇌 중에) 수도에서 끊어지는 미혹은 피추중皮麤重이고, 견도에서 끊어지는 미혹은 육추중肉麤重이며, 또 심번뇌를 심심(심추중)의 체라고 설하였다. 이로 인해 예로부터 여러 논사들이 대부분 이렇게 해석해 왔다.

대당 삼장大唐三藏은 호법종에 의거해서 이와 같이 말한다. 〈이장二障(번뇌장과 소지장)의 종자를 수면隨眠이라 하고 그에 의해 인발된 무감임성無堪任性(無堪能性)을 추중麤重이라 한다.〉 따라서 『성유식론』 제9권에서 말한다. "또 '열 종류 무명은 염오가 아니다(不染汙)'라고 한 것은 오직 십지十地의 수도에서 끊어지는 (장애에) 의거해서 설한 것이다. 비록 이 지위에서도 또한 번뇌를 조복시키고 그것의 추중을 끊기는 하지만, 이는 (보살의) 바른 의취는 아니다. 수면을 끊지 않았기 때문에 이것(번뇌장)을 (끊었다고) 설하지는 않는다.811"812 또 『성유식론』 제10권에서 말한다. "비록 수

---

811 『成唯識論』의 권9에서 말한 '열 종류 불염오의 무명(十種不染汚無明)'이란 십지十地의 수도修道에서 끊어지는 소지장품所知障品의 장애를 가리킨다. 이 논에 따르면, 수도 위에서 소지장품에 속하는 열 종류 불염오의 무명을 끊고, 그와 마찬가지로 번뇌장품의 번뇌와 그 추중을 끊는다. 그런데 이 번뇌장을 끊는다는 것은 보살의 바른 의도는 아니다. 왜냐하면 보살은 번뇌장을 남겨 둠으로써(留) 원願을 돕기 위해 생을 받기도 하기 때문이다. 그러므로 번뇌장의 수면을 아직 끊지 않았기 때문에 '번뇌장을 끊었다'고 설하지 않는다.
812 『成唯識論』 권9(T31, 52c13).

도修道의 십지의 지위에서 번뇌장의 종자를 모두 단멸시킨 것은 아니지만 그 추중을 또한 점차로 단멸시킨다. 이에 따르기 때문에 설하길, '두 가지 장애의 추중을 하나하나 모두 세 종류 지위에서 끊는다는 의미가 있다'라고 한 것이다.813 비록 모든 지위에서 다 추중을 끊기는 하지만 세 종류 지위에서 두드러지기 때문에 편중해서 ('그 지위들에서 끊는다'라고) 설한 것이다."814 이런 도리에 따를 때 이 논에서 말한 추중은 종자를 가리키는 것은 아니다.815

(＊그 밖의 논서들의 학설)

『유가사지론』 제73권에서는 말한다. 〈피皮·육肉·심心이란, 견도에서 끊어지는 미혹의 추중을 '피'라고 하고, 수도에서 끊어지는 미혹의 추중을 '육'이라 하며, 견도·수도에서 끊어지는 소지장품所知障品의 추중을 '심'이라 한다.〉816 이것은 이장二障 중에 견도와 수도에서 끊어지는 (장애에) 의거해서 개별적으로 (또는) 총괄해서 건립한 것이다.817

---

813 '세 종류 지위에서 두 가지 장애의 종자를 끊는다'라고 한 것은 『瑜伽師地論』 제48권의 본문을 가리킨다. 비록 모든 지위에서 다 추중을 끊기는 해도 이 세 가지 지위에서 그러한 끊어짐이 더욱 두드러지기 때문이다. 여기서 말한 '세 종류 지위'란 극희주極喜住(초지)와 무가행무공용무상주無加行無功用無相住(제8지)와 최상성만보살주最上成滿菩薩住(제10지)를 말한다. 극희주에서는 일체의 악취품惡趣品의 번뇌의 추중을 다 영원히 끊고, 무가행무공용무상주에서는 무생법인無生法忍을 장애하는 번뇌의 추중을 다 영원히 끊으며, 최상성만보살주에서 모든 번뇌의 습기 등을 다 영원히 끊는다. 『成唯識論述記』 권10(T43, 590b9) 참조.
814 『成唯識論』 권10(T31, 54a18).
815 『成唯識論』 권9에 따르면, 십지의 수도에서 번뇌와 그 추중을 끊기는 하지만, 이는 보살의 바른 뜻이 아니고 그 수면까지 끊은 것은 아니라고 하였다. 이에 따를 때, 번뇌의 추중과 수면은 구분되고 추중을 종자로 간주한 것이 아니라 수면을 종자로 간주한 것으로 볼 수 있다. 또 이어서 인용된 제10권에도 '번뇌의 종자를 모두 단멸시키는 것은 아니지만 그 추중은 점차로 단멸시킨다'는 말이 나오는데, 여기서도 마찬가지로 추중을 종자로 간주하지 않았음을 알 수 있다.
816 『瑜伽師地論』 권73(T30, 701c29) 참조.
817 『瑜伽師地論』 권73에서는 ① 악취불락품惡趣不樂品은 피皮에 있는 추중이고, ② 번뇌

가령 『유가사지론』 제48권 등에서는 피皮·부膚·실實 등 세 가지 (추중은) 오직 소지장을 체성으로 삼는다고 하였다.[818]

양조梁朝 『섭대승론석』에 따르면, 십지 이전과 십지의 하나하나 지에 들고(入) 머물며(住) 나옴(出)에 의거해서 피皮·육肉·심心이라 이름한 것이다. 이는 거침과 미세함의 의미로써 세 종류를 구분한 것이다.

『삼무성론』에 따르면, 여덟 종류 분별이 세 종류 번뇌를 발생시키니, 탐욕(貪) 등과 같은 미혹의 사事들을 피皮라고 하고, 아만我慢과 같은 사의 부류들은 육肉이라 하며, 모든 희론戱論의 사들은 심心이라 한다.[819]

『불성론』에서는 상想·견見·심心의 전도顚倒를 그 차례대로 피皮·육肉·심心의 미혹이라 이름하였다.[820]

장품煩惱障品은 육肉에 있는 추중이며, ③ 소지장품所知障品은 심心에 있는 추중이라고 하였다. 이 경우는 번뇌장과 소지장을 총괄하거나 혹은 따로 분리시켜 세 종류의 추중을 건립한 것이다. 말하자면 첫 번째 피추중은 번뇌장과 소지장을 총괄해서 건립한 것이고, 두 번째 육추중은 번뇌장품에 속하며, 세 번째 심추중은 소지장에 속하는 것이다. 『成唯識論了義燈』 권7(T43, 805b16) 참조.

818 앞서 언급했던 『瑜伽師地論』 권73에서는 이장二障을 통합하거나 따로 독립시켜 세 가지 추중을 건립했던 것에 비해, 같은 책 권48에서는 오직 소지장 안에서 세 종류 추중을 구분한 경우다. 『瑜伽師地論』 권48(T30, 562b8) 참조.

819 『三無性論』에서는 '자성분별自性分別·차별분별差別分別·취집일일분별聚中執一分別' 등과 같은 여덟 종류의 분별을 크게 희론의 부류(戱論類), 아견아만의 부류(我見我慢類), 욕 등과 같은 미혹의 부류(欲等惑類) 등 세 종류 사事로 분류하고, 이 세 종류 사들이 다시 세 종류 번뇌를 발생시킨다고 한다. 이에 관한 자세한 설명은 『三無性論』 권1(T31, 869b9 이하), 같은 책 권1(T31, 870b28 이하) 참조.

820 『佛性論』 권3에서는 "言顚倒者。一切凡夫有三倒。謂想見心。即皮肉心等三煩惱故。"라고 하였다. 이 논에 따르면, 상想·견見·심心의 측면에서 네 가지 전도(四倒)가 일어나는 것을 일컬어 그 차례대로 피번뇌皮煩惱·육번뇌肉煩惱·심번뇌心煩惱라고 하였다. 여기서 말한 네 가지 전도란 상常·낙樂·아我·정淨에 대해 거꾸로 생각하는 것을 말한다. 즉 무상한 것을 상주한다고 하는 전도(於無常常倒), 고를 낙이라 하는 전도(於苦樂倒), 부정을 정이라 하는 전도(於不淨淨倒), 무아를 아라고 하는 전도(於無我我倒)이다. 이러한 전도는 상想과 견見과 심心의 차원에서 일어나는 것을 상도想倒·견도見倒·심도心倒라고 한다. 『佛性論』 권3(T31, 806a7), 같은 책 권2(T31, 798a25), 같은 책

논하는 자의 뜻이 다르므로 회통시켜 해석할 수가 없다.

言出體性者。眞諦三藏。依三無性論。卽說貪等修所斷惑爲皮。見所斷惑爲肉。及心煩惱以爲心體。由斯舊來諸師多作此釋。大唐三藏。依護法宗。作如是說。二障種子。名曰隨眠。由彼所引無堪任性。名爲麤重。故成唯識第九卷云。又十無明不染汙者。唯依十地修所斷說。雖此住[1]中。亦伏煩惱。斷彼麤重。而非正意。不斷隨眠。故此不說。又唯識第十卷云。雖於修道十地位中。皆不斷滅煩惱障種。而彼麤重。亦漸[2]滅。由斯故說。二障麤重一一。皆有三住[3]斷義。雖諸住*中。皆斷麤重。而三位顯。是故偏說。由斯道理。此中麤重。卽非種子。瑜伽七十三云。皮肉心者。見所斷惑麤重名皮。修所斷惑麤重名肉。見修所斷所知障品麤重名心。此約二障見修所斷。別總建立。如四十八等。皮膚實三。唯所知障。以爲體性。梁朝攝論。地前十地。一一地中。依入住出。名皮肉心。以麤細義。分爲三種。三無性論。八種分別。生三煩惱。貪等惑事名皮。我慢事類名肉。諸戱論事名心。佛性論說。想見心倒。如次名爲皮肉心惑。論者意別。不可會釋。

1) ㉠『成唯識論』권9(T31, 52c14)에 '住'가 '位'로 되어 있다. 2) ㉠『成唯識論』권10(T31, 54a20)에 '漸' 뒤에 '斷'이 있다. 3) ㉠『成唯識論』권10(T31, 54a21)에 '住'가 '位'로 되어 있다. 이하 동일.

종류 수의 정도라고 한 것을 (밝히겠다.)
어떤 곳에서는 오직 소지장 중에서 세 종류 추중을 나누기도 하니, 예를 들어『선계경』제8권,[821]『지지경론』과『유가사지론』과 같다. 따라서 저

권3(T31, 806a8) 참조.
821 지장智障(所知障)을 피皮·부膚·골骨 세 종류로 구분하는 내용은『菩薩善戒經』권8에 나온다. 예를 들면 지장의 세 종류를 설명하면서, "智障有三。一者皮。二者膚。三者骨。得喜行時。已斷皮障。得無相行。能斷膚障。得如來行。能斷骨障。"이라고 하였다.『菩薩善戒經』권8(T30, 1007a9) 참조.

『유가사지론』제48권에서는 말한다.

또 이와 같이 설한 열두 종류의 모든 보살주菩薩住로 말미암아,[822] 3 무수대겁이라는 시간(時量)을 거치면서 일체의 번뇌장품煩惱障品의 모든 추중을 능히 끊고, 또 일체의 소지장품所知障品의 모든 추중을 끊는다.

세 종류 주住에서 번뇌장품의 모든 추중을 능히 끊을 수 있음을 알아야 한다. 말하자면 극희주極喜住(열두 종류 보살주 중 세 번째)에서는 일체의 악취惡趣의 모든 번뇌품의 모든 추중을 다 영원히 끊어서, 일체의 상품·중품의 모든 번뇌품들이 다 현행하지 않게 된다. 무가행무공용무상주無加行無功用無相住(열 번째 보살주)에서는 일체 한결같은 청정의 무생법인無生法忍을 능히 장애하는 모든 번뇌품들의 모든 추중을 다 영원히 끊어서, 일체의 번뇌가 다 현전하지 않게 된다. 최상성만보살주最上成滿菩薩住(열두 번째 보살주)에서는 일체의 번뇌의 습기와 수면의 장애를 다 영원히 끊고서 여래주如來住(열세 번째 최후의 주)에 들어감을 알아야 한다.

일체의 소지장품의 모든 추중들에 또한 세 종류가 있음을 알아야 한다. 첫째는 껍질(皮)에 있는 추중이고, 둘째는 살갗(膚)에 있는 추중이며, 셋째는 살 속(實)에 있는 추중이다. 이 중에 껍질에 있는 추중을 극희주에서 모두 다 이미 끊었고, 살갗에 있는 추중을 무가행무공용무상주에

---

[822] 여기서 말하는 '열두 종류 보살주'란 『瑜伽師地論』「本地分中菩薩地」에서 설했던 보살의 수행의 계위를 말한다. 그 논에서는 인위因位에서 과위果位에 이르기까지 보살의 모든 수행 계위를 열두 종류로 포괄하였는데, 여기에 다시 열세 번째 여래주如來住를 추가하여 '십삼주十三住'가 된다. 이 중에 열두 종류 보살주란, ① 보살종성주菩薩種性住, ② 승해행주勝解行住, ③ 극환희주極歡喜住, ④ 증상계주增上戒住, ⑤ 증상심주增上心住, 그리고 ⑥ 각분과 상응하는 증상혜주(覺分相應增上慧住), ⑦ 모든 제와 상응하는 증상혜주(諸諦相應增上慧住), ⑧ 연기유전의 그침과 상응하는 증상혜주(緣起流轉止息相應增上慧住)(⑥·⑦·⑧은 증상혜주를 3분한 것), ⑨ 유가행유공용무상주有加行有功用無相住, ⑩ 무가행무공용무상주無加行無功用無相住, ⑪ 무애해주無礙解住, ⑫ 최상성만보살주最上成滿菩薩住 등이다.

서 모두 다 이미 끊었으며, 살 속에 있는 추중을 여래주에서 모두 다 이미 끊었다면, 일체의 장애가 지극히 청정해진 지혜(一切障極淸淨智)를 획득한다는 것을 알아야 한다.

세 종류 주住에서 번뇌장·소지장이라는 두 가지 장애를 영원히 끊고, 그 밖의 모든 주에서는 그 차례대로 단멸의 자량을 닦는 것이다.[823]

言種數多少者。有處。唯依所知障中。開三麤重。如善戒經曰。地持論及瑜伽論。故彼瑜伽四十八云。又由如是所說十二諸菩薩住。經三無數大劫時量。能斷一切煩惱障品所有麤重。及斷一切所知障品所有麤重。於三住中。當知能斷煩惱障品所有麤重。謂於極[1]喜住中。一切惡趣諸煩惱品所有麤重。皆悉永斷。一切上中諸煩惱品。皆不現行。於無加行無功用無相住中。一切能障一向清淨無生法忍諸煩惱品所有麤重。皆悉永斷。一切煩惱。皆不現前。於最上成滿菩薩住中。當知一切煩惱習氣隨眠障等。[2] 皆悉永斷。入如來住。當知。一切所知障品所有麤重。亦有三種。一者在皮麤重。二者在膚麤重。三者在實[3]麤重。當知。此中在皮麤重。極喜住。皆悉已斷。在膚麤重。無加行無功用無相住。皆悉已斷。在實[4]麤重。如來住中。皆悉已斷。得一切障極清淨智。於三住中。煩惱所知二障永斷。所餘諸住。如其次第。修斷資糧。

1) ㉨『瑜伽師地論』권48(T30, 562b2)에 '極' 뒤에 '歡'이 있다. 2) ㉯ '等'은 '礙'로 되어 있는 곳도 있다. ㉨『瑜伽師地論』권48(T30, 562b7)에 '礙'로 되어 있다. 3) ㉨『瑜伽師地論』권48(T30, 562b10)에 '實'이 '肉'으로 되어 있고, 교감주에 따르면 '實'로 된 곳도 있다. 4) ㉨『瑜伽師地論』권48(T30, 562b12)에 '實'이 '肉'으로 되어 있고, 교감주에 따르면 '實'로 된 곳도 있다.

어떤 곳에서는 번뇌장·소지장을 합해서 세 종류로 설하기도 한다. 예

---

823 『瑜伽師地論』 권48(T30, 562a27).

를 들어 『유가사지론』 제73권에서는 번뇌장 중에 견도와 수도에서 (끊어지는 것을) 둘로 나누어서 '피皮·육肉'이라고 하였고, 소지장을 '심心'에 있는 추중이라 하였다. 따라서 그 논에서는 말한다.

🔘 이 성만위成滿位[824]에서 몇 개의 승을 건립하고, 어느 정도 시간이 되어야 그것을 증득하는가?

🔘 세 종류 근의 차별을 따라서 증득하기 때문에 삼승을 건립한다. (그런데 저 이승二乘도) 아뇩다라삼먁삼보리의 과果를 근본으로 삼는다. 또 저 이승은 연緣의 차별을 따르고 성숙되는 곳을 따르되 결정된 것이 없기 때문에 증득하는 시간의 양도 또한 결정되지 않는다. 그 최후승最後乘은 반드시 세 종류 무수대겁[825]을 거쳐야만 비로소 증득할 수 있다. 세 종류 추중을 끊었는가에 의해서 구별되기 때문이다. (세 종류 추중이란 어떤 것인가?)

첫째, 악취불락품惡趣不樂品은 껍질(皮)에 있는 추중이니, 그것을 끊었기 때문에 악취에 가지 않고 방편을 닦을 때 좋지 않은 일(不樂)이 중간에 끼어들지 않게 된다. 둘째, 번뇌장품煩惱障品은 살(肉)에 있는 추중이니, 그것을 끊었기 때문에 모든 종류의 극히 미세한 번뇌가 또한 현행하지 않는다. 그런데 아직은 모든 수면을 영원히 없앤 것은 아니다. 셋째, 소지장품所知障品은 심心에 있는 추중이니, 그것을 끊었기 때문에 일체

---

[824] 성만위成滿位 : 관행觀行을 닦는 자들이 소연所緣의 경계상境界相을 제거하기 위해 거치는 다섯 가지 단계 중 마지막 단계를 말한다. 이 논에 따르면, 먼저 바른 선정 상태에서 알아야 할(所知) 경계의 영상을 자세히 관찰한 다음에 '승의작의의 힘(勝義作意力)'으로 인해 유상有相을 버리고 무상無相을 획득하는데, 이 무상을 획득하기 위해 다시 ① 소분위少分位, ② 편만위遍滿位, ③ 유동위有動位, ④ 유가행위有加行位, ⑤ 성만위成滿位 등 다섯 단계를 거친다고 한다. 『瑜伽師地論』 권73(T30, 701c17) 참조.
[825] 세 종류 무수대겁(三種無數大劫) : 보살의 수행이 완성되는 데 걸리는 3아승기겁을 가리킨다.

의 모든 수면을 영원히 없애고 두루 일체의 알아야 할 바(所知)의 경계에서 장애 없는 지혜(無障礙智)가 자재하게 전전한다.[826]

或有處說。煩惱所知合說三種。如瑜伽七十三。煩惱障中。見修分二。名爲皮肉。若所知障。五[1]心麤重。故彼論云。問。於此成滿建立幾乘。齊何時證。答。隨三種根差別證故。建立三乘。用[2]阿耨多羅三藐三菩提果。以爲根本。又彼二乘。隨緣差別。隨所成就。[3] 無決定故。證得時。[4] 亦不決定。其最後乘。要經三種無數大劫。方可證得。依斷三種麤重。[5] 一惡趣不樂品。在皮麤重。由斷彼故。不住[6]惡趣。修方便時。不爲不樂之所間離。[7] 二煩惱障品。在肉麤重。由斷彼故。一切種極微細煩惱。亦不現行。然未永害一切隨眠。三所知障品。在心麤重。由斷彼故。永害一切所有隨眠。遍於一切所知境界。無障礙智。自在而轉。

1) ㉠ '五'는 '在'의 오기인 듯하다. 2) ㉠『瑜伽師地論』권73(T30, 701c25)에 '用' 앞에 '然彼二乘'이 있다. 3) ㉠『瑜伽師地論』권73(T30, 701c27)에 '就'가 '熟'으로 되어 있다. 4) ㉠『瑜伽師地論』권73(T30, 701c27)에 '時' 뒤에 '量'이 있다. 5) ㉠『瑜伽師地論』권73(T30, 701c29)에 '麤重' 뒤에 '別故'가 있다. 6) ㉠『瑜伽師地論』권73(T30, 702a2)에 따르면, '住'는 '往'의 오기다. 7) ㉠『瑜伽師地論』권73(T30, 702a3)에 따르면, '離'는 '雜'의 오기다.

끊는 지위라는 것에는 대략 네 개의 문이 있다.

첫째는 세 종류 주住에 의거해서 끊기 때문에 피皮추중 등을 설한다. 예를 들면 『유가사지론』 제48권 등과 같다.

둘째는 세 가지 수면隨眠을 나타내면서 피추중 등을 단멸하는 것을 설한다. 예를 들면 이 경과 같다.

셋째는 (지地에) 들고(入) 머물며(住) 나옴(出)에 따라서 피추중 등을 단멸하는 것이다. 예를 들면 양梁『섭대승론석』에서 말하길, 지전地前·십지十

---

826 『瑜伽師地論』 권73(T30, 701c24).

地에서는 들어가고 머물며 나옴에 의해 33아승기 동안의 두 종류 지地에서 피추중 등 세 종류를 끊는다고 한 것과 같다.[827]

넷째는 진실에 의거해서 분별하자면 12주住에서 다 추중을 끊지만, 상相이 두드러진 것을 따랐기 때문에 '세 종류 주住에서 끊는다'라고 설한 것이다. 예를 들면 『성유식론』 제10권의 설과 같다.

이와 같이 여러 교설이 다른 까닭은 (다음과 같다.) 피추중 등의 세 종류를 설한 의도는 끊는 대상(所斷)에 거친 것과 미세한 것이 있다는 의미를 나타내려는 것이다. 따라서 네 개의 문에 의거해서 추중의 뜻을 나타내었으니,[828] 이치상으로 어긋나는 것은 없다. 생각해 보면 알 수 있을 것이다.

言斷位地者。略有四門。一住[1]三住斷。故說皮等。如四十八等。二顯三隨眠。說斷皮等。如卽此經。三隨入住出。由斷皮等。如梁攝論。地前十地。依入住出。三十三僧祇二地中。斷皮等三。四就實分別。於十二住。皆斷麤重。隨相顯故。說住三[2]斷。如成唯識第十卷說。所以如是諸教異者。說皮等三。意顯所斷有麤細義。故依四門顯麤重義。於理無違。尋卽可知。

1) ㉠ '住'는 '依'의 오기인 듯하다. 2) ㉠ '住三'은 '三住'의 도치인 듯하다.

(* 경문 해석)

---

827 이 논에 따르면, 지전地前(方便地)과 십지十地(正地)라는 두 종류 지에서 '33아승기阿僧祇'를 거치는데, 그것은 다음과 같다. 우선 십지 이전에 3아승기를 거치니, 첫째는 신행信行의 아승기이고 둘째는 정진행精進行의 아승기이며 셋째는 취회행趣向行의 아승기이다. 또 십지에 들어가서 다시 30아승기를 거치니, 십지 각각의 지마다 들고(入) 머물며(住) 나오는(出) 데 걸리는 3아승기가 있기 때문이다. 이와 같이 지전과 십지라는 두 종류 지에서 33아승기 동안 피추중 등의 세 종류 추중을 끊는다. 진제 역, 세친의 『攝大乘論釋』 권11(T31, 231b28) 참조.

828 이상으로 추중의 이름을 해석하고(釋名字), 체성을 나타내며(出體性), 종류 수의 정도를 밝히고(種數多少), 끊는 지위(斷之位地)에 대해 설명했던 것을 말한다.

이상으로 수면과 추중의 차별적 모습에 대해 이미 설명했으므로, 다음에는 경문을 해석하겠다. 여기서의 질문한 의도는, 세 종류 추중 중에 몇 종류를 끊는 것에 의해 저 수면을 현시하는가 하는 것이다. 『상속해탈경』에서는 말하길, "몇 종류 허물을 끊는 것을 일컬어 '저 번뇌(彼使)'를 끊었다고 하는가."[829]라고 하였다. 해 이 경(『상속해탈경』)의 뜻은, 번뇌(使) 중의 추중을 끊는 것을 일컬어 '번뇌를 끊는다'라고 가설하였지만 실제로는 끊은 것이 아니라는 것이다. 왜냐하면 보살은 일부러 남겨 두었다가 금강정(金剛定)에 이르러서야 (그것을 모두 다 끊기) 때문이다. 『심밀해탈경』에서는 "몇 종류를 허물을 끊어야 '모든 번뇌(諸使)를 끊었다'고 합니까."[830]라고 했는데, 뜻은 『상속해탈경』과 동일하다.】

上來已辨隨眠麁重差別之相。次當釋文。此中問意。三麁重中。由斷幾種。顯彼隨眠。【相續經云。幾種過斷。名斷彼使。解云。經意斷使中麁重。假說名斷使。據實不斷。菩薩故留至金剛故。深密經云。斷幾種[1])名斷諸使者。意相續同。】

1) 옌 『深密解脫經』 권5(T16, 684b26)에 '種' 뒤에 '過'가 있다.

나. 대답

가) 개수를 표시하며 간략히 답함

경 부처님께서 관자재보살에게 말씀하셨다. "선남자여, (수면은) 단지 두 종류의 (단멸로) 말미암아 (현시되는 것이다.)

佛告觀自在菩薩曰。善男子。但由二種。

---

829 『相續解脫地波羅蜜了義經』 권1(T16, 717c19).
830 『深密解脫經』 권5(T16, 684b25).

석 이하는 두 번째로 여래께서 바로 설하신 것이다. 이 중에 두 가지가 있다. 처음에는 개수를 표시하며 간략히 답하였고, 나중에는 두 종류를 따로 해석하였다.

이것은 개수를 표시하며 간략히 답한 것이다. 말하자면 피皮·부膚라는 두 종류 추중을 단멸하였기 때문에 (수면이 현시된다는 것이다.)

수면이 추중과 분리된다는 의미를 구체적으로 나타내자면, 그 의미는 (이하에서) 따로 해석한 것과 같다.

釋曰。自下第二如來正說。於中有二。初標數略答。後別釋二種。此即標數略答。謂斷皮膚二麤重故。具顯隨眠離麤重義。義如別釋。

나) 두 종류를 따로 해석함

(가) 두 종류 추중을 끊음에 의해 현시되는 수면을 해석함

경 말하자면 껍질에 있는 추중을 끊음으로 인해 저 처음의 두 종류를 현시하고, 다시 살에 있는 추중을 끊음으로 인해 저 세 번째를 현시하는 것이다.

謂由在皮麤重斷故。顯彼初二。復由在膚麤重斷故。顯彼第三。

석 이하는 '(수면은) 다만 두 종류 상으로 말미암아 (현시된다)'고 한 것을 따로 해석한 것이다. 이 중에 두 가지가 있다. 처음에는 '다만 두 종류로 말미암는다'고 한 것을 해석하였고, 나중에는 골추중骨麤重을 끊음에 의해 별도로 현시하는 것은 아님을 해석하였다.

이것은 '다만 두 종류로 말미암는다'라고 한 것에 대해 따로 해석한 것이다. 말하자면 이전에 설했던 세 종류 수면은 다만 소지장 중에 두 종류

추중을 끊음에 의해서 현시되는 것이다. 이른바, 첫째로 극희지에서 제7지까지 '피추중'을 끊는데, 이 하나의 추중을 끊는다는 의미로 인해 해반수면害伴隨眠과 이열수면羸劣隨眠이 추중과는 분리된다는 의미를 능히 현시한다. 혹은 두 번째 추중을 끊음으로 인해 다시 제9지와 제10지 중의 미세수면微細隨眠이 추중과는 분리된다는 의미를 능히 현시한다.

> 釋曰。自下別釋但由二種相。於中有二。初釋但由二種。後釋斷骨不別顯示。此卽別釋但由二種。謂前所說三種隨眠。但斷所知障中二種麤重之所顯示。所謂一者。從極喜地乃至七,[1] 斷皮麤重。由斷此一麤重義故。能顯害伴羸劣隨眠離麤重義。或由第二麤重斷故。便能顯示第九第十地中微細隨眠離麤重義。

---
1) ㉠ '七' 뒤에 '地'가 누락된 듯하다.

문 그렇다면 (『유가사지론』) 제48권에서 '세 종류 주住에서 세 종류 추중을 끊는다'라고 설했던 것과는 어떻게 회통시켜 해석하겠는가?[831]

해 이 경과 저 논에 나온 이름은 비슷하지만 의미가 다르니, 회통시켜 해석할 필요는 없다. 혹은 이 경과 (저 논의) 제48권과는 의미상으로 차별이 없다고 할 수 있다. 말하자면 피추중은 초지에서 이미 끊었고, 제8지에서는 부추중을 끊으며, 불지에서 골추중을 끊는데, 해반(·이열·미

---
831 원측 소에 "三十八說……"이라고 되어 있는데, '三十八'은 '四十八'인 듯하다. 이것은 앞서 인용되었던 『瑜伽師地論』 제48권의 인용문을 가리킨다. 그곳에서는 보살은 '세 종류 주(三住)에서 세 종류 추중(三麤重)을 모두 끊는다'라고 설하였다. 우선 모든 번뇌장품 중에 있는 모든 습기와 수면의 장애는 보살의 극희주極喜住(열두 종류 보살주菩薩住 중 세 번째), 무가행무공용무상주無加行無功用無相住(열 번째 보살주), 최상성만보살주最上成滿菩薩住(열두 번째 보살주)에서 모두 끊는다. 또 소지장품 중에, 껍질(皮)에 있는 추중은 극희주에서 모두 끊고, 살갗(膚)에 있는 추중은 무가행무공용무상주에서 모두 끊으며, 살 속(實)에 있는 추중은 여래주에서 모두 다 끊는다고 하였다.

세) 등 세 종류 수면의 의미(義相)가 아직 현시되지 않았다. 초지에서 피추중을 끊는 것으로 말미암아 해반·이열이라는 두 가지 (수면의) 의미가 비로소 현시되니, 따라서 '피추중을 끊음으로 인해 저 처음의 두 가지가 드러난다'라고 설한 것이다. 제8지에서 부추중을 끊는 것에 의해 미세수면의 의미가 드러나니, 따라서 '부추중을 끊는 것으로 말미암아 저 세 번째가 현시된다'라고 말한 것이다.

이와 같은 대답에 대해 이미 두 가지 해석이 있으니, 이에 준해 보면 질문에도 또한 두 가지 의도가 있는 것이다. (그에 대한 해석은) 대답에 준해서 알아야 한다.

問。若爾。三¹⁾十八說三住斷三麤重。如何會釋。解。此經與彼名雖相似。義即不同。不須會釋。或可此經與四十八。義無差別。謂皮麤重。初地已斷。八地斷膚。佛地斷骨。害伴等三義相未顯。由於初地。斷皮麤重。害伴羸劣二義方顯。故言由斷皮故顯彼初二。於第八地。斷膚麤重。微細義顯。故言由斷膚故顯彼第三。如是答中卽既有兩釋。准此問中。亦有二意。准答應知。

1) ㉠ '三'은 '四'의 오기인 듯하다. 해당 번역문 역주 참조.

(나) 골추중을 끊음에 의해 수면이 별도로 현시되는 것은 아님

경 만약 뼈에 있는 추중마저 끊었다면, 나는 일체의 수면을 영원히 떠나서 지위는 불지에 있다고 설한다."

若在於骨麤重斷者。我說永離一切隨眠。位在佛地。

석 두 번째는 골추중을 끊음에 의해 (수면이) 별도로 현시되는 것은 아님을 밝힌 것이다.

여기서의 뜻을 말하자면, 소지장 중에 '뼈에 있는 추중(在骨麤重)'은 지극히 미세하기 때문에 해탈도에 이르러서야 비로소 다 끊을 수 있다. 이 지위에서는 '세 종류 수면이 추중과는 분리된다'는 의미를 별도로 현시한 것은 아니고, 총체적 상으로 현시하면서 '지위가 불과佛果에 있으면 세 종류 수면의 종자를 영원히 떠난다'라고 하였다.

【『상속해탈경』에서는 말한다.〈"몇 종류 허물을 끊어야 '저 번뇌(使)를 끊었다'고 합니까?" 부처님께서 관세음보살에게 말씀하셨다. "세 종류가 있다. 처음은 피皮의 허물을 끊는 것이고, 두 번째는 부膚의 허물을 끊는 것이며, 세 번째는 골骨의 허물을 끊는 것이다. 일체의 번뇌를 떠나는 것은, 나는 '오직 불지佛地'라고 설한다. (……세 종류 허물은) 3겁을 거치면서 끊는다."〉832 『심밀해탈경』에서는 말한다.〈"몇 종류 허물을 끊어야 '모든 번뇌를 끊었다'고 합니까?" 부처님께서 말씀하셨다. "세 종류 허물을 끊음으로써 모든 번뇌를 끊을 수 있다. 관세자재여, 처음에 피皮의 장애를 끊음으로써 첫 번째 허물을 떠나고, 다음에 부膚의 장애를 끊음으로써 두 번째 허물을 떠나며, 다음에 골骨의 장애를 끊음으로써 세 번째 허물을 떠난다. 나는 모든 번뇌가 다한 것을 불지佛地라고 이름한다. (이것을 끊는 데는) 3겁을 거친다."〉833 해 두 종류 경과 이 경이 차이나는 것은 번역가가 다르기 때문이다. (두 종류 경에서는) 다만 번뇌장 중에서 세 종류 추중을 설한 것이다. 그런데 '뼈에 있는 것(在骨)을 (끊으면) 불과佛果라고 설한다'고 한 것은 해탈도에서 추중을 끊었기 때문이다. 해 또는 이 (『해심밀경』) 중에서 세 종류 추중이란 단지 번뇌장 중의 세 종류 추중을 설한 것이고, '뼈에 있는 것을 (끊으면) 불과라고 설한다'는 것은 해탈도에서 추중을 끊기 때문이다.】

혹은 여기에 나온 세 종류 추중 중에, 앞의 두 종류는 번뇌장에 속하고 세 번째 추중은 소지장에 속한다고 볼 수도 있으니, 예를 들면 『유가사지론』 제73권의 설과 같다.

---

832 이상은 『相續解脫地波羅蜜了義經』 권1(T16, 717c19) 참조.
833 이상은 『深密解脫經』 권5(T16, 684b25).

釋曰。第二明斷骨麁重不別顯示。此意說言。所知障中在骨麁重極微細故。至解脫道。方能斷盡。此位中。不別顯示三種隨眠離麁重義。總相顯示。位在佛果。永離三種隨眠種子。【相續經云。幾種過斷名斷彼使。佛告觀[1]音。有三種。初皮過斷。第二膚過斷。第三骨過斷。離一切使者。我說唯佛地。經三劫斷。深密經云。斷幾種過。名斷諸使。佛言。斷三[2]過。能斷諸使。觀音[3]自在。初斷皮障。離第一過。次斷膚障。離第二過。次斷骨障。離第三過。我說一切使盡。是名爲佛[4]。經三劫。解云。二經與此經異者。譯家別故。但說煩惱障中三種麁重。而言在骨說佛果者。解脫道中。斷麁重故。又解。此中三種麁重。但說煩惱障中三種麁重。而言在骨說佛果者。解脫道中。斷麁重故。】或可此中三種麁重。前之二種。屬煩惱障。第三麁重。屬所知障。如瑜伽論第七十三。

1) ㉠『相續解脫經』 권1(T16, 717c20)에는 '觀' 뒤에 '世'가 있다. 2) ㉣ '三' 다음에 '種'이 있는 곳도 있다. 3) ㉠『深密解脫經』 권5(T16, 684b27)에 '音'이 '世'로 되어 있다. 4) ㉠『深密解脫經』 권5(T16, 684b29)에 '佛' 뒤에 '地'가 있다.

🗨 어찌 두 가지 장애에 각기 수면과 그것의 추중이 있지 않겠는가. 어째서 이 경은 수면을 설하는 곳에서는 오직 번뇌장만 취하고, 추중을 설하는 곳에서는 다만 소지장이라 설하는가? 이에 어떤 의도가 있는가?

🗨 모든 성스런 가르침에서 제법에 대해 설할 때 그에 여러 문들이 있다. 첫째는 진실에 의거해서 이치를 다하는 문(就實盡理門)이니, 예를 들어 『유가사지론』 제48권과 같다. 말하자면 번뇌장 중의 세 종류 추중 및 소지장 중의 세 종류 추중을 각각 따로 설하는 것이니, 자세한 것은 이전의 인용문과 같다. 둘째는 영략해서 서로 나타내는 문(影略互顯門)이다.[834] 말

---

834 설명을 간략하게 하기 위해 서로 연관된 두 가지 사실 중에 각각 하나만 설명하고 다른 하나는 생략하여 미루어 알게 하는 방법을 '영략호현影略互顯'이라 한다. 위의 문장을 예로 들면, 번뇌장·소지장에 각기 세 종류 추중이 있지만, '수면'을 설명할 때는 번뇌장의 세 종류만 설하고 '추중'을 설명할 때는 소지장의 세 종류만 설하는 방식으로 그 나머지 하나는 준해서 알게 하는 것을 말한다.

하자면 지금 이 경의 수면문隨眠門에서는 단지 번뇌장만 설하고 소지장은 설하지 않았으니, 영략해서 소지장 또한 세 종류가 있음을 나타낸 것이다. 추중의 의미를 (밝힌 문)에서는 다만 소지장만 설했으니, 영략해서 번뇌장도 또한 세 종류가 있음을 나타낸 것이다. 그래서 두 가지 장애 중에 각기 세 종류 추중이 있으니, 가령 『유가사지론』 제48권과 같다. 생각해 보면 알 수 있을 것이다.

問。豈不二障各有隨眠及彼麤重。如何此經。說隨眠處。唯取煩惱。而麤重處。但說所知。有何意耶。答。諸聖教。宣說諸法。有其多門。一就實盡理門。如瑜伽四十八。謂各別說煩惱障中三種麤重及所知障三種麤重。廣如前引。二影略互顯門。謂今此經隨眠門中。但說煩惱而非所知。影顯所知亦有三種。麤重義中。但說所知。影顯煩惱亦有三種。而二障中。各三麤重。如四十八。尋則可知。

③ 추중을 끊는 데 걸리는 시간

가. 청문

경 관자재보살이 다시 부처님께 여쭈었다. "세존이시여, 얼마나 되는 불가수겁不可數劫(무수겁)을 거쳐서 이와 같은 추중을 능히 끊습니까?"

觀自在菩薩。復白佛言。世尊。經幾不可數劫。能斷如是麤重。

석 이하는 세 번째로 추중을 끊는 데 걸리는 시간을 분별한 것이다. 이 중에 두 가지가 있으니, 앞은 질문이고 뒤는 대답이다.
　이것은 청문이다.

釋曰。自下第三分別麤重斷之時節。於中有二。先問。後答。此卽問也。

나. 대답

경 부처님께서 관자재보살에게 말씀하셨다. "선남자여, 3대불가수겁을 거치거나 혹은 무량겁을 거치니, 이른바 연·월·반월·주야, 1시時·반시半時, 수유와 순식과 찰나의 양의 겁을 셀 수 없기 때문이다."

佛告觀自在菩薩曰。善男子。經於三大不可數劫。或無量劫。所謂年。月。半月。晝夜。一時。半時。須臾。瞬息。刹那。量劫不可數故。

석 이하는 추중을 끊는 데 걸리는 시간에 대해 총괄해서 답한 것이다. 말하자면 3겁이나 혹은 무량겁을 거친다. 세 종류 판본의 경에서 모두 따로 해석하지는 않았다.

지금 이 경문을 해석하자면 본래 두 가지 설이 있다.

한편에서는 말하길, 최초의 겁에 '피皮'를 끊고 두 번째 겁에 '부膚'를 끊으며 세 번째 겁에 '골骨'을 끊는다고 한다. 따라서 양梁『섭대승론석』제11권에서는 "피皮·육肉·심心 세 종류 번뇌를 제거하는 것에 의거하였으므로 3아승기겁을 건립한 것이다."[835]라고 하였다. 또『유가사지론』제73권에서는 "그 최후승最後乘은 반드시 세 종류 무수대겁을 거쳐야 비로소 증득할 수 있으니, 세 종류 추중을 끊는 것에 의해서 구별되기 때문이다."[836]라고 하였다.

한편에서는 말하길, 이전의 2아승기에서는 피추중을 끊고, 세 번째 아

---

[835] 진제 역, 세친의『攝大乘論釋』권11(T31, 230b16).
[836] 『瑜伽師地論』권73(T30, 701c28).

승기에서는 부추중을 끊으며, 여래지에 들면 골추중을 끊는다고 한다. 비록 두 가지 설이 있지만 뒤의 설이 경문과 잘 맞는다.【다시 생각해 보라.】

釋曰。自下總答麤重斷之時節。謂經三劫。或無量劫。而三本經。皆不別釋。今釋此文。自有兩說。一初斷皮。第二斷膚。第三斷骨。故梁攝論第十一云。約除皮肉心三煩惱故。立三阿僧祇劫。又瑜伽論七十三云。其最後乘。要經三種無數大劫。方可證得。依斷三種麤重別故。一云。前二僧祇。斷皮麤重。第三斷膚。入如來地。斷骨麤重。雖有兩說。後說順經。【更思。】

"무량無量"이라고 했는데, 연·월 등으로 셀 수 없기 때문에 '무량겁'이라 하였다.

그런데 이 경문 중에는 그 아홉 가지 수數가 나온다. 첫째는 연年이고, 둘째는 월月이며, 셋째는 반월半月이고, 넷째는 주야晝夜이며, 다섯째는 1시時이고, 여섯째는 반시半時이며, 일곱째는 수유須臾(S muhūrta)이고, 여덟째는 순식瞬息(S lava)이며, 아홉째는 찰나刹那(S kṣaṇa)이다.[837]

『상속해탈경』에서는 말한다. "3무량이 있으니, 혹은 찰나刹那, 라파라파(S lava), 마후투로摩睺妬路(S muhūrta), 반시, 1시, 일야日夜, 반월, 1월, 이두離兜《두 달이 1절節이고, 1절을 '이두'라고 한다.》[838]이다."[839] 『심밀해탈경』에서는 말한다. "3대아승기겁, 무량한 시時, 무량한 반월半月, 무량한 야夜, 무량한 주일晝日, 무량한 염念, 무량한 찰나刹那, 무량

---

[837] 위의 경문에 나온 아홉 종류 시간의 단위들은 이후의 해석에서 매우 자세히 다뤄진다. 이 중에 찰나刹那(S kṣaṇa)는 고대 인도인들이 시간을 재는 최소의 단위이고, 이 찰나를 기준으로 더 큰 단위들이 만들어진다. 예를 들어 『俱舍論』 권12(T29, 62b17)에서 따르면, "120찰나는 1달찰나呾刹那(S tat-kṣaṇa)이고, 60달찰나는 1랍박臘縛(S lava)이며, 30랍박은 1모호율다牟呼栗多(S muhūrta)이고, 30모호율다는 1주야晝夜(S ahorātra)이며, 30주야는 1월月(S māsa)이고, 총 12월은 1년年(S varṣa)이다."
[838] 《 》안의 문구는 본래 구나발타라 역 『相續解脫經』에 실려 있는 협주다.
[839] 『相續解脫地波羅蜜了義經』 권1(T16, 717c23).

한 무후다無睺多, 무량한 라파겁羅婆劫"⁸⁴⁰이라 하였다.】

言無量者。依年月等。不可數故。名無量劫。然於此中。有其九數。一年。二月。三半月。四晝夜。五一時。六半時。七須臾。八瞬息。九刹那。【相續經云。有三無量。或刹那。羅婆。摩睺妬路。半時。一時。日夜。半月。一月。離兜。[二月爲一節。一節名離兜。] 深密經云。三大阿僧祇劫。無量時。無量半月。無量夜。無量晝日。無量念。無量刹那。無量無睺多。無量羅婆劫也。】

🔲 이치상 '찰나의 양' 등을 먼저 설하고 '대겁(대불가수겁)'을 나중에 설했어야 하는데 어째서 먼저 겁을 설하고 나중에 찰나를 설했는가?⁸⁴¹

🔲 이것은 가령 『대비바사론』 제136권에서 설한 것과 같으니, 그 논에서는 말한다. "(문) 찰나刹那 등이 모여서 주야晝夜가 되고, 주야가 모여서 반월半月과 월月 등이 되며, (반월과 월 등이) 모여서 대겁大劫이 된다. 어째서 먼저 굵직한 것을 설하고 나중에 미세한 것을 설하는가? 🔲 저 논을 지은 자의 의도가 이러하기 때문이다. 어떤 이는 말한다. '아비달마는 마땅히 상相으로써 구하되 선후를 (따지지는) 않으니, 단지 법상法相과 어긋나지 않는다면 그 설을 따라도 과실이 없다.' 어떤 다른 논사는 말한다. '이 논에서 먼저 굵직한 것을 설하고 나중에 미세한 것을 설해서 학자들로 하여금 점차로 깨닫게 하려 했기 때문이다.'"⁸⁴² 이 경도 이와 같으니, 따라서 과실이 없다. 이 경문을 해석하면서 뒤의 것에서 앞의 것으로 향하도록 한 것이다.

---

840 『深密解脫經』 권5(T16, 684c2).
841 앞의 경문에서 아홉 종류 시간의 단위를 열거할 때 가장 큰 단위인 '3대불가수겁'에서부터 가장 작은 단위인 '찰나'의 순서로 나열했던 것에 특별한 의도가 있는지를 물은 것이다.
842 『大毘婆沙論』 권136(T27, 701a21).

問。理應先說刹那量等。後說大劫。如何先劫。後刹那耶。答。此如婆沙一百三十六說。彼云。由刹那等。積成晝夜。晝夜積成半月半月等。[1] 積成大劫。[2] 何故前說麁。後說細耶。答。彼作論者意欲爾故。有作是說。阿毗達磨。應以相求。不以先後。以但不違法相。隨說無失。有餘師說。此論中。先說麁。後說細。令諸學者。漸次入故。此經亦爾。故無有失。令釋此經。從後向前。

1) ⑭『大毘婆沙論』권136(T27, 701a21)에 '半月半月等'이 '半月月等半月月等'으로 되어 있다. 2) ⑭『大毘婆沙論』권136(T27, 701a22)에 '大劫'이 '劫故'로 되어 있다.

"찰나刹那(⑤ kṣaṇa)"라고 말한 것은 찰나 및 달찰나怛刹那(⑤ tat-kṣaṇa)이다. 범음 '찰나'는 여기 말로 '극히 짧은 시간(極少時)'이라 한다. 따라서『대지도론』에서는 말하길, "시간 중에 최소인 것은 60념念 중의 1념이다."[843] 라고 하였다. 또『잡심론』제2권에서는 말한다. "'짧은 시간(少時)'이란 한 찰나를 말한다. 시간의 극소는 일념에 이르러 끝난다. 따라서 찰나를 '시간의 극한(時分齊)'이라 설하는 것이다. 찰나의 양에 대해 어떤 이는 말한다. '가령 장부가 빠르게 돌면서 여러 별들을 스치며 볼 적에 그가 하나의 별을 스칠 때마다 한 찰나가 된다.'"[844] 자세하게 설하면 그 논과 같다.

言刹那者。卽是刹那及怛刹那。梵音刹那。此云極少時。故智度論云。時中最少。六十念中一念也。又雜心論第二卷云。言少時者。謂一刹那。時之至少。極於一念。故說刹那爲時分齊。刹那量者。有說。如壯夫疾迴。歷觀衆星。隨其[1]歷一星。一刹那。廣說如彼。

1) ⑭『雜阿毘曇心論』권2(T28, 886c19)에 '其' 뒤에 '所'가 있다.

또『대비바사론』제136권에서 말한다.

---

843 『大智度論』권38(T25, 339b25).
844 『雜阿毘曇心論』권2(T28, 886c17).

又大婆沙一百三十六云。

문 저 찰나의 양은 어떻게 알 수 있는가?

(**답**) 어떤 이는 이렇게 설한다. 〈『시설론施設論』에서 말하길, 「가령 중년 여인이 솜털을 꼬아서 이을 때 가는 털을 털어 버리는 데845 (드는 시간은) 길지도 않고 짧지도 않으니, 이 정도 되는 것을 설하여 '달찰나 怛刹那의 양'이라 한다」고 하였다. 그 논은 털실의 길고 짧음을 말하려는 것이 아니라 다만 솜털이 손가락 사이에서 빠져 나오는 것을 설한 것이니,846 빠져나오는 (시간의) 양을 따라서 '달찰나'라고 한 것이다.〉

문 전에 찰나에 대해 물었는데, 어째서『시설론』을 인용하여 '달찰나'에 대해 설하는가?

답 여기서는 거친 것을 들어서 미세한 것을 나타내었으니, (미세한 것은) 알기 어려워서 나타낼 수 없기 때문이다. 말하자면 120찰나가 1달찰나다.……이하 생략……

問。彼刹那量。云何可知。有作是說。施設論說。如中年女滑繢¹⁾氎時。樹棡²⁾細毛。不長不短。齊此說爲怛刹那量。彼不欲說氎縷短長。但說氎毛從指間出。隨所出量。是怛刹那。問。前問刹那。何緣乃引施設論。說怛刹那量。各。³⁾ 此中擧麤。以顯於細。難⁴⁾知不可顯故。謂百二十刹那。成一怛刹那。乃至廣說。

1) ㉹『大毘婆沙論』권136(T27, 701b3)에 따르면, '滑繢'은 '緝繢'의 오기다.　2) ㉹『大毘婆沙論』권136(T27, 701b3)에 따르면, '樹棡'은 '抖擻'의 오기다.　3) ㉹ '各'은 '答'인 듯하다. ㉹『大毘婆沙論』권136(T27, 701b7)에 '答'으로 되어 있다.　4) ㉹『大

---

845 원측 소에 '樹棡'으로 되어 있는데,『大毘婆沙論』에 따르면 이는 '抖擻'의 오기다. '抖擻'란 손으로 물건을 들어서 털어 버리는 것을 말한다.
846 앞에서 '길지도 않고 짧지도 않다'고 한 말의 의미가 불분명하므로 다시 이에 대해 설명한 것이다.

毘婆沙論』권136(T27, 701b7)에 '難' 앞에 '以細'가 있다.

　어떤 이는 말한다. 〈이것은 굵직해서(麤), 찰나의 양은 아니다. 나의 주장과 같다면, 가령 장부가 손가락을 튕기는 사이 64찰나를 거친다.〉
　어떤 이는 말한다. 〈그렇지 않다. 나의 주장과 같다면, 가령 두 명의 장부가 많은 가시迦尸(Ⓢ Kaśi)847의 가는 실(細縷)을 끌어당겨 끊을 때 이 만큼의 실이 끊어질 때마다 이 만큼의 찰나를 거친다.〉
　어떤 이는 말한다. 〈그렇지 않다. 나의 주장과 같다면, 가령 두 명의 장부가 많은 가시의 가는 실을 잡아당겨서 한 장부가 지나至那(Ⓢ Cīna) 국의 백련百練의 강철 칼로 재빨리 끊어 버릴 때 이 만큼의 실이 끊어질 때마다 이 만큼의 찰나를 거치게 된다.〉

有說。此麤非刹那量。如我義者。如壯夫彈指頃。經六十四刹那。有說。不然。如我義者。如二壯夫。制手1)斷衆多迦尸2)細縷。隨爾所縷斷。經爾所刹那。有說。不然。如我義者。如二壯夫。執持3)衆多迦尸細縷。有一壯夫。以至那國百練剛刀。捷疾而斷。隨爾所縷斷。經爾所刹那。

1) ㉠『大毘婆沙論』권136(T27, 701b15)에 따르면, '制手'는 '掣'의 오기다.　2) ㉠『大毘婆沙論』권136(T27, 701b16)에 따르면, '思'는 '尸'의 오기다.　3) ㉠『大毘婆沙論』권136(T27, 701b17)에 '持'가 '挽'으로 되어 있다.

　어떤 이는 말한다. 〈(앞에서 말한 것들도) 여전히 굵은 것이라서 찰나의 양은 아니다. 실재의 찰나의 양은 세존께서 설하지 않으셨으니, 그렇다는 것을 어떻게 아는가? 가령 계경에서 설하였다.

---

847 가시迦尸 : 뜻을 정확히 알 수 없으나, 문맥상 가는 실의 원료가 되는 초목의 이름인 듯하다. 참고로『一切經音義』권22(T54, 444b12)에서 이와 관련하여 다음과 같은 설명이 나온다. "가시란 서역의 대나무(竹)의 이름이다. 그 대나무는 화살을 만들기에 좋다.……(迦尸者。西域竹名也。其竹堪爲箭笴。……)"

한 필추가 부처님이 계신 곳에 와서 양발에 머리 숙여 예배하고 물러나서 한쪽 면에 머물면서 세존께 여쭈었다. "수행壽行(命根, 수명)은 얼마나 빠르게 생멸합니까?"

부처님께서 말씀하셨다. "내가 말해 줄 수 있지만 그대는 알 수 없을 것이다."

비구가 말하였다. "비유가 있다면 현시할 수 있지 않겠습니까?"

부처님께서 말씀하셨다. "있다. 이제 그대에게 말해 주겠다. 비유하면 네 명의 활 잘 쏘는 사람이 각자 활과 화살을 잡고 서로 등지고 모여서 사방으로 활을 쏘려고 한다. 어떤 한 민첩한 사람이 와서 말하길, 「너희들이 지금 일시에 화살을 쏜다면 내가 능히 두루 맞잡아서 모두 땅에 떨어지지 않게 할 수 있다.」고 하였다. 네 생각에는 어떠한가? 이 자는 빠르지 않은가?"

비구가 부처님께 말하였다. "매우 빠릅니다. 세존이시여."

부처님께서 말씀하셨다. "그 사람이 빠르기는 하지만 땅으로 다니는 약차(地行藥叉)에 미치지 못한다. 땅으로 다니는 약차가 빠르기는 하지만 공중으로 다니는 약차(空行藥叉)에 미치지 못한다. 공중으로 다니는 약차가 빠르기는 하지만 사대왕중천四大王衆天에 미치지 못한다. 그 천이 빠르기는 하지만 일륜日輪·월륜月輪에 미치지 못한다. 두 종류 윤輪이 빠르기는 하지만 견행의 천자(堅行天子)에 미치지 못하니, 이 (천자는) 일월의 수레를 이끄는 자이다. 이러한 모든 천들은 점점 갈수록(展轉) 빠르기는 해도, 수행壽行의 생멸은 그보다 빨라서 찰나에 유전하면서 잠시도 머문 적이 없다."

이로 말미암아 세존께서 실재의 찰나의 양을 설하지 않으셨음을 알 수 있다.〉

有說。猶麤非刹那量。實刹那量。世尊不說。云何知然。如契經說。有一苾

芻。來諸¹⁾佛所。頂禮雙足。却住一面。白世尊言。壽行云何速疾生滅。佛
言。我能宣說。汝不能知。芯芻言。頗有譬喩。能顯示不。佛言。有。今爲汝
說。譬如四善射弓²⁾夫。各執弓箭。相背攢立。欲射四方。有一捷夫。來語之
曰。汝等今可一時放箭。我能遍接。但³⁾令不墮。於意云何。此捷疾不。芯芻
白佛。甚疾世尊。佛言。彼⁴⁾捷疾。不及地行藥叉。地行捷疾。不及空行藥叉。
空行捷疾。不及四大王衆天。彼天捷疾。不及日月輪。二輪捷疾。不及聖⁵⁾
行天子。此是導引日月輪車者。此等諸天。展轉捷疾。壽行生滅。捷疾於彼。
刹那流轉。無有蹔停。由此故知。世尊不說實刹那量。

1) ㉠『大毘婆沙論』권136(T27, 701b21)에 따르면 '諸'는 '詣'의 오기다. 2) ㉠ 원문에 '弓'이 없다. 3) ㉠『大毘婆沙論』권136(T27, 701b27)에 따르면, '但'은 '俱'의 오기다. 4) ㉠『大毘婆沙論』권136(T27, 701b28)에 따르면 '彼' 뒤에 '人'이 있다. 5) ㉠『大毘婆沙論』권136(T27, 701c2)에 따르면, '聖'은 '堅'의 오기다.

[문] 어째서 세존께서는 다른 사람을 위해 실재의 찰나의 양을 설해 주지 않으셨는가?

[답] 능히 알아들을 만한 유정들이 없기 때문이다.

[문] 어찌 사리자도 또한 알지 못하겠는가?

[답] 그가 능히 안다 해도 그에게 아무 소용이 없기 때문에 설해 주지 않았다. 부처님께서는 헛되이 법을 설하시지는 않기 때문이다.⁸⁴⁸

問。何故世尊。不爲他說實刹那量。答。無有有情堪能知故。問。豈舍利子亦
不知耶。答。彼雖能知。而於彼無用。是故不說。佛不空說。¹⁾佛不空說法故。

1) ㉠ '佛不空說'은 잉자인 듯하다.

범음 '랍박(Ⓢ lava)'은 여기 말로 '순식瞬息'이라 한다.【구역에서는 '라바羅婆'

848 이상은『大毘婆沙論』권136(T27, 701b2).

라고 하였다.} '순瞬'이란 눈을 깜빡이는 것을 말하고, '식息'이란 숨을 쉬는 것이다.

『대비바사론』에서는 "120찰나는 1달찰나가 되고, 60달찰나는 1랍박이 되니, 이것(1랍박)에 칠천이백 찰나가 있다."[849]라고 하였다.

『비담론』도 역시 동일하다.[850]

梵音臘縛。此云。瞬息。【舊云。羅婆。】瞬謂目瞬。息是氣息。婆沙論云。百二十刹那。成一怛刹那。六十怛刹那。成[1]臘縛。此云[2]有七千二百刹那。毘曇亦同。

1) ⓔ『大毘婆沙論』권136(T27, 701b9)에 '成' 뒤에 '一'이 있다. 2) ⓔ『大毘婆沙論』권136(T27, 701b10)에 '云'이 없다.

범음 모호율다(Ⓢ muhūrta)는 여기 말로 '수유須臾'라고 한다.【구역에서는 '마후라다摩侯羅多'라고 하였다.】

『대비바사론』에서는 "30랍박이 1모호율다가 되니, 이것(1모호율다)에 216천千(이십일만 육천) 찰나가 있다."[851]라고 하였다.

『비담론』에서는 "이십일만 육천 찰나가 있다."[852]라고 하였다.

梵音牟呼栗多。此云。須臾。【舊云。摩侯羅多。】婆沙論云。三十臘縛。成一牟呼栗多。此有二百一十六千刹那。毘曇論云。有二十一萬六千刹那。

"반시半時"라고 했는데, 『대지도론』에 의하면 주야晝夜로 각기 세 개의

---

849 『大毘婆沙論』 권136(T27, 701b8).
850 『雜阿毘曇心論』 권2(T28, 887b10) 참조.
851 『大毘婆沙論』 권136(T27, 701b9).
852 『雜阿毘曇心論』 권2(T28, 887b11).

시時가 있고 합하면 여섯 개의 시가 있으니, '반시'는 즉 1의 절반의 시다. "1시時"라고 한 것은 (주야의) 여섯 개의 시 중에 하나의 시에 해당한다.

해 또『구사론』에 의거하면 "1년 중에서 나누면 세 개의 시가 되니, 말하자면 추운 시기(寒時)와 더운 시기(熱時)와 비 오는 시기(雨時)다. (그 시에) 각기 네 개의 달(月)이 있다."[853]라고 하였다. 지금 여기서 말한 '반시'란 비 오는 달(雨月)이고, '1시'라 한 것은 네 달이다.

비록 두 가지 해석이 있지만, 앞의 설이 뛰어나다. 그러한 까닭은, 지금 이 경문의 뜻은 짧은 것에서 긴 것에 이르는 (순서로 설하려는 것인데,)『구사론』에 의하면 '시'는 주야보다 길다.[854] 따라서 앞의 설이 바르다.

『법화론』에 의하면 시時는 일日보다 길다. 따라서 그 논에서는 '주야晝夜·일日·시時·연年을 셀 수 없기 때문'이라 하였다.『구사론』에서 설한 '시'는『법화론』에서 (설한 시에) 해당한다.

言半時者。依智度論。晝夜各三時。合有六時。半時者。卽是一中之半時也。言一時者。卽六時中之一時也。又解。依俱舍論。一年之中。分爲三時。謂寒熱雨。各有四月。今此半時。卽雨月也。言一時者。卽四月也。雖有兩釋。前說爲勝。所以然者。今此經意。從短至長。若依俱舍。時長晝夜。是故前說。以爲正也。依法華論。時長於日。故彼論云。晝夜日時年不可數故。俱舍說時。當法華論。

"주야晝夜(S ahorātra)"라고 한 것에 대해『대비바사론』에서는 말한다.

---

853 『俱舍論』권12(T29, 62b21).
854 이『解深密經』에서 "연年·월月·반월半月·주야晝夜, 1시時·반시半時, 수유와 순식과 찰나의 양……"이라고 한 것은 긴 시간 단위로부터 시작해서 뒤로 갈수록 짧은 시간 단위가 되는데, 이 경우 '1시'는 '주야'보다 짧다. 그러나『俱舍論』에 따르면 1시란 한寒·열熱·우雨의 세 시기 중의 한 시기를 가리키므로 1시는 주야보다 길다.

"30모호율다는 1주야가 되니, 이것에 '약 20이 부족한 육천오백천(육백사십팔만)' 찰나가 있다.[855] 이 오온의 몸은 하나의 낮과 하나의 밤에 이만큼의 생멸의 무상함을 거친다."[856]

『비담론』에서는 "육백사십팔만 찰나가 있다."[857]라고 하였다.

言晝夜者。婆沙論云。三十牟呼栗多。成一晝夜。此有少二十不滿六千五百千刹那。此五蘊身。一晝一夜。經於爾所生滅無常。毘曇論云。有六六[1)]百四十八萬刹那也。

1) ㉠ '六'은 잉자인 듯하다. ㉡『雜阿毘曇心論』권2(T28, 887b14)에 '六'이 없다.

"반달(半月)"이란 곧 15일이다.

"한 달(一月, ⓢ māsa)"이란 곧 30일이다.

"연年(ⓢ varṣa)"이라고 한 것은 12개월이다.

따라서『구사론』제10권에서는 말한다. "120찰나는 1달찰나이고, 60달찰나는 1랍박이며, 30랍박은 1모호율다고, 30모호율다는 1주야이며, 30주야는 1달이고, 12달을 총합하면 1년이다. 1년 중에서 세 개의 시時를 구분하니, 추운 시와 더운 시와 비 오는 시를 말하며, (그 시마다) 각기 4달씩 있다."[858] 자세하게 설하면 그 논과 같다.

言半月者。卽十五日也。言一月者。卽三十日也。所言年者。十二月也。故俱舍論第十云。刹那百二十。爲一怛刹那。六十怛刹那。爲一臘縛。三十臘

---

855 '약 20이 부족한 육백오백천(少二十不滿六千五百千)'이란 6,500에서 20을 뺀 6,480개의 천千, 즉 뒤의『비담론』에서 말한 '648만(6,480,000)'을 가리킨다. 1주야晝夜에 이만큼의 찰나가 있다.
856 『大毘婆沙論』권136(T27, 701b11).
857 『雜阿毘曇心論』권2(T28, 887b11).
858 『俱舍論』권12(T29, 62b17).

縛。爲一牟呼栗多。三十牟呼栗多。爲一晝夜。三十晝夜。爲一月。總十二月。爲一年。於一年中。分爲三時。謂寒熱雨。各有四月。廣說如彼。

'찰나' 등을 '겁'이라 이름한 까닭은 예를 들어『대비바사론』제135권에서 설한 것과 같다. 그 논에서 말한다.

(문) 어째서 '겁'이라 했고, '겁'은 어떤 의미인가?

(답) 분별시분分別時分[859]이기 때문에 '겁'이라 이름하였다. 말하자면 분별(겁)의 찰나·랍박·모호율다의 시분들로써 주야를 이루고, 분별의 주야의 시분들로써 반달과 한 달과 시時(1년 중의 한寒·열熱·우雨의 3시)와 연을 이룬다. 분별의 반달 등의 시분으로써 겁劫을 이루니, (이것이) 분별시분 중의 극한에 해당하기 때문에 총괄적 이름을 얻는 것이다.[860]

성론聲論[861]의 논사들은 말한다. 〈분별의 단계(位)이기 때문에 '겁'이라 이름한 것이다. 그 이유는 무엇인가? '겁'이란 분별의 유위행有爲行 중에 궁극의 단계(究竟位)이기 때문이다.〉[862]

刹那等。所以名爲劫者。如婆沙論一百三十五說。彼云。何故名劫。劫是何

---

[859] 분별시분分別時分 : '분별시절分別時節'이라고도 하며, 범음 겁랍파劫臘波(S kalpa)의 의역이다. 원측 소의「序品」에서 '겁劫'을 '분별分別'이라 칭하는 이유를 설명한 바 있다. 그에 따르면, 모든 유위법有爲法은 시겁時劫에 포섭되고 그 시겁은 '부분 부분마다 차별되기(分分差別)' 때문에 '분별'이라 이름하였다. 원측/백진순 옮김,『해심밀경소 제1 서품』(서울 : 동국대학교출판부, 2013), pp.402~403 참조.
[860]『大毘婆沙論』제135권의 설명에 따르면, 찰나와 랍박과 모호율다와 주야와 반달과 한 달과 시와 연 등도 모두 '분별시분分別時分'의 단위들이라는 점에서는 '겁'이라 불릴 수 있지만, 이 단위들 중에 가장 극대한 것에 대해 특별히 '겁'이라는 총괄적 명칭을 부여한 것이다.
[861] 성론聲論 : '말(聲音)은 우주적 실재로서 이 세계에 영원히 머문다'고 주장하는 인도 철학의 한 학파를 가리키며, 흔히 성상주론聲常住論이라 부른다.
[862]『大毘婆沙論』권135(T27, 700c4).

義。答分別時分。故名爲劫。謂分別刹那臘縛牟呼栗多時分。以成晝夜。分別晝夜時分。以成半月月時年。分別半月等時分。以成於劫。是[1]分別時分中極。故得總名。聲論者意[2] 分別位故。說名爲劫一。[3] 所以者何。劫是分別有爲行中究竟位故。

---

1) ㉠『大毘婆沙論』권135(T27, 700c8)에 '是' 앞에 '以劫'이 있다. 2) ㉠『大毘婆沙論』권135(T27, 700c8)에 따르면, '意'는 '言'의 오기다. 3) ㉠『大毘婆沙論』권135(T27, 700c9)에 '一'이 없다.

범음 아승기야阿僧企耶(⑤ asaṃkhya)는 여기 말로 '무수無數'라고 하고, 범음 겁파劫波(⑤ kalpa) 혹은 겁파라劫波羅는 여기 말로 '시時'라고 번역하니, (곧 아승기겁이란) '무수한 시간'을 말한다.

이 아승기에 대해 여러 교설들이 다르다.

『구사론』에 의하면 60가지 전轉(수數의 단위) 중에 아승기겁은 그 하나의 수에 해당한다.[863] 따라서 그 논에서는 말한다.

사겁四劫이 있음을 알아야 하니,
괴壞·성成·중中·대大의 겁을 말한다.

괴겁은 지옥에 (유정이 새로) 태어나지 않는 때부터
외부 기세간이 다 사라질 때까지고[864]
성겁은 바람이 일어나는 때부터

---

[863] '아승기야(無數)'란 '셀 수 없는 수'를 뜻할 수도 있지만, 특히 『俱舍論』에 따르면 60종류 수의 단위 중 하나에 해당한다.
[864] 괴겁壞劫의 시기에는 먼저 유정 세간이 허물어지고 난 다음 기세간이 허물어지는데, 유정 세간이 무너질 때는 먼저 가장 밑바닥에 있는 지옥 유정부터 소멸하기 시작한다. 따라서 '지옥에 유정이 더 이상 새로 생겨나지 않는 때부터 외부의 기세간이 다 멸진할 때까지'를 괴겁의 시간에 해당한다고 하였다. 『俱舍論』 권12(T29, 62c7) 참조.

지옥에 (유정이) 최초로 태어나기까지다.⁸⁶⁵

중겁은 (수명이) 한량없는 때부터

수명이 감소하여 오직 10세에 이르고

다시 증가와 감소가 열여덟 번이 있은

이후에 증가하여 8만 세에 이르기까지

이와 같이 이루어지고 나서 머무는 겁을

중中의 20겁이라 이름한다.⁸⁶⁶

성겁과 괴겁, 허물어지고 나서 텅 비는

시간(공겁의 시간)은 모두 주겁과 동등하고

이러한 80중겁을 대겁이라 하니⁸⁶⁷

---

865 이 세계가 삼재三災에 의해 파괴되고 나서부터 20중겁中劫 동안 텅 빈 상태로 존재하고(空劫), 그 다음에는 다시 주겁住劫의 20겁, 그와 동등한 기간의 성겁에 이른다. 그런데 괴겁의 시기에는 유정세간이 먼저 파괴되지만 성겁의 시기에는 기세간이 먼저 성립한다. 말하자면 일체유정의 업의 증상력에 의해 텅 빈 허공 중에 점차 미세한 바람이 생겨나게 되니, 이것이 바로 기세간이 장차 이루어지려고 하는 조짐이다. 그러다 바람이 점차 증가하여 왕성해지고 풍륜風輪·수륜水輪·금륜金輪 등이 성립하는데, 이것이 바로 외부 기세간이 이루어지는 것이다. 이처럼 바람이 불기 시작하여 외부 기세간의 성립이 이루어질 때부터 유정 세간 중에 마지막으로 최하처의 지옥 유정이 처음으로 새로 생겨나기까지를 '성겁의 기간'이라고 한다. 자세한 설명은 『俱舍論』 권12(T29, 63a9) 참조.
866 성겁成劫을 거쳐 세계가 이루어지면 그 다음에 유정들이 머물면서 수명이 점차로 감소하는 시기가 존재하는데, 이를 주겁住劫이라 한다. 세계가 성립했을 때 그 최초의 유정의 수명은 한량없지만 마침내 10세에 이르게 되는데, 첫 번째 주住의 중겁中劫이라고 한다. 그리고 8만 세에서 10세로 감소하거나 10세에서 8만 세로 증가거나 하는 증감을 열여덟 번 거치게 된다. 그리고 이러한 열여덟 번의 증가와 감소가 있은 후에 10세로부터 증가하여 마침내 8만 세에 이르게 되는 것을 일컬어 스무 번째 중겁이라고 한다. 이와 같은 20중겁을 총칭하여 '이루어지고 나서 머무는(成已住) 겁' 즉 주겁住劫이라고 한다. 자세한 설명은 『俱舍論』 권12(T29, 63a21) 참조.
867 성겁成劫·괴겁壞劫·공겁空劫의 기간도 주겁住劫과 마찬가지로 20중겁中劫씩 있으므로 모두 합하면 80중겁이 되는데, 이러한 80중겁을 대겁大劫이라고 한다.

대겁이란 3무수無數의 겁이다.[868]

나아가 그 논에서는 말한다.

이상에서 설한 성成·주住·괴壞·공空의 (겁은) 각기 20중겁中劫이고 누적되면 80중겁인데, 이 80중겁을 총괄하면 대겁大劫의 양이 된다.
겁劫의 본성은 무엇인가?
말하자면 오직 오온五蘊이다.[869]
경에서 설하기를, '3겁劫의 아승기야 동안 정진하고 수행하여야 비로소 성불할 수 있다'라고 하였는데, 앞에서 설했던 네 종류 겁 가운데 어떠한 겁을 쌓아야 '3겁의 무수無數(3아승기야)'를 이룰 수 있는가? 앞의 대겁을 쌓아서 십이나 백이나 천 개가 되고 나아가서는 3겁의 무수를 이루게 된다는 것인가? 이미 '셀 수 없다(無數)'라고 칭했는데 어째서 다시 '3'을 말하는가. (이렇다면,) '무수'라는 말은 셀 수 없음을 나타내는 것이 아니라, 『해탈경』에서 설한 60수數 중의 '아승기야'가 바로 그 하나의 수다. ……이하 생략……[870]

해 아승기수阿僧祇數는 52번째 수로서, 전송傳誦하는 자들이 (60수 중에) 뒤의 여덟 종류 수를 잊어버린 것이다.[871] 따라서 『대비바사론』 제177

---

868 이상은 『俱舍論』 권12(T29, 62b28)에 실린 게송이다.
869 『俱舍論』에서는 '유위법'을 시간의 변화에 대한 관념을 일으키는 근거라는 뜻에서 '시간의 길(世路)'이라고 하였다. 설일체유부에 따르면 시간은 실재하는 것이 아니라 유위법의 변화에 의거해서 가립된 것이다. 따라서 '시간'의 본성은 유위법을 이루는 오온五蘊이라고 한 것이다.
870 『俱舍論』 권12(T29, 63b7).
871 60종류 수 중에 52종류만 나오는데, 이 '아승기수'보다 더 큰 단위의 수가 나오지 않는 것은 이 수가 최후의 수이기 때문이 아니라 그 뒤의 여덟 종류 수의 단위를 전승 과정에서 상실해 버렸기 때문이라는 것이다.

권에서 아승기야는 60수 중에 52번째라고 하였다.[872] 혹은 아승기는 60번째 수인데, 전송하는 자들이 앞의 여덟 종류 수를 잊어버린 것일 수도 있다.

『화엄경』「아승기품」에 따르면, 120전轉(수의 단위) 중에 103번째 수를 아승기라고 이름한다.[873]

『대지도론』제4권의 설에 따르면, 11전 중에 11번째 수를 아승기라고 이름한다.[874] 『대지도론』제5권에서는 『불가사의경』을 인용하면서 122종류 수 중에 아승기수는 107번째라고 하였다.[875]

자세하게 분별하면, 구체적인 것은 『별장』의 설과 같다.

梵音阿僧企耶。此云無數。梵音劫波。或云劫波羅。此翻爲時。謂無數時也。然此僧祇。諸教不同。若依俱舍。六十轉中。阿僧祇劫。是其一數。故彼論云。應知有四劫。謂壞成中大。壞從獄中[1]生。至外器都盡。成劫從風起。至地獄初生。中劫從無量。減至壽唯十。次增減十八。後增至八萬。如是成已住。名中二十劫。成壞壞已空。時皆等住劫。八十中劫[2]大劫。大劫[3]無數。乃至彼云。如是所說成住壞空。各二十中。積成八十。總此八十。成大劫量。劫性是何。謂唯五蘊。經說。三劫阿僧企耶。精進修行。方得成佛。於前所說四種劫中。積何劫成三劫無數。累前大劫。爲十百千。乃至積成三劫無數。旣稱無數。何復言。[4]非無數言顯不可數。解脫經說。六十數中。阿僧企

---

872 『大毘婆沙論』권177(T27, 891b11) 참조.
873 '120전轉'이란 고대 인도의 계산법에서 쓰이던 극대수의 단위의 명칭이다. 이 수들은 자승自乘해서 이루어진 수로서, 예를 들어 구지俱胝(ⓢ koṭi)의 구지 배를 '1아유다阿庾多(ⓢ ayuta)'라고 하고 아유다의 아유다 배를 '1나유타那由他(ⓢ nayuta)'라고 한다. 실차난타實叉難陀 역 80권 『華嚴經』권45「阿僧祇品」(T10, 237b15) 참조.
874 『大智度論』권4에는 열한 종류 수가 열거되는데, 이 중에 '아승기'란 천인天人들 가운데 능히 계산할 수 있는 자가 더 이상 알 수 없는 극대수를 일컫는다. 『大智度論』권4(T25, 86c18) 참조.
875 『大智度論』권5(T25, 94c15) 참조.

耶。是其一數。乃至廣說。解云。阿僧祇數。是第五十二。諸傳誦者。忘失後八。故大婆沙一百七十七云。阿僧企耶。是六十數中第五十二。或可僧⁵⁾是第六十。諸傳誦者。忘失前八。若依華嚴阿僧祇品。百二十轉中。第一百三。名阿僧祇。若依智度論第四卷說。十二⁶⁾轉中。第十一數。名阿僧祇。又智度論第五卷中。引不可思議經。一百二十二數中。阿僧祇數。是第一百七。若廣分別。其如別章。

---

1) ㉓『俱舍論』권12(T29, 62b29)에 따르면, '中'은 '不'의 오기다. 2) ㉓『俱舍論』권12(T29, 62c6)에 '劫'이 없다. 3) ㉓『俱舍論』권12(T29, 62c6)에 '劫' 뒤에 '三'이 있다. 4) ㉓『俱舍論』권12(T29, 63b12)에 '言' 뒤에 '三'이 있다. 5) ㉓ '僧' 뒤에 '祇' 혹은 '企'가 누락된 듯하다. 6) ㉤ '二'는 '一'로 되어 있는 곳도 있다.

問 보살이 대보리를 성취하려면 반드시 3겁을 거쳐야 하는가, (아니면) 일정하지 않은가?

答 『유가사지론』제73권과 『지지경론』제9권과 『선계경』제8권과 無性『섭대승론석』제1권에 따르면 반드시 3대겁을 거쳐야 한다. 『무량의경』과 『화엄경』 등에 따르면 결정된 것은 아니니, 3겁을 채우지 않아도 성불하기 때문이다. 『대반야경』에 의하면 3대겁을 (훨씬) 넘어가야 성불할 수 있다. 따라서 『대반야경』제568권에서 말한다. 〈'3무수겁을 수행해서 성불한다'는데, 그 의미가 그러하지 않다. 무량한 겁을 거치기 때문이다.〉⁸⁷⁶

問。菩薩成大菩提。要經三劫。爲不定耶。答。瑜伽七十三。地持第九。善戒經第八。無性攝論第一。要經三大劫。無量義經。華嚴經等。而不決定。不滿三劫卽成佛故。依大般若。過三大劫。乃得成佛。故大般若五百六十八云。三無數劫修行成佛。其義不爾。經無量劫故。

---

876 『大般若波羅蜜多經』권568(T7, 936a24) 문답 참조.

④ 보살 번뇌의 공덕과 과실을 분별함

가. 청문

[경] 관자재보살이 다시 부처님께 여쭈었다. "세존이시여, 이 보살들의 모든 지地에서 생겨난 바의 번뇌는 어떤 모습이고, 어떤 과실이 (있고), 어떤 공덕이 (있다고) 알아야 합니까."

觀自在菩薩。復白佛言。世尊。是諸菩薩。於諸地中。所生煩惱。當知何相何失何德。

[석] 이하는 네 번째로 보살의 번뇌와 (그것의) 공덕과 과실을 분별한 것이다. 이 중에 두 가지가 있다. 앞은 청문이고, 뒤는 대답이다.
청문한 뜻은 대답에 준해서 알아야 한다.

釋曰。自下第四分別菩薩煩惱德失。於中有二。先問。後答。問意准答應知。

나. 대답

가) 첫 번째 질문에 대한 대답

(가) 이름을 표시하며 간략히 답함

[경] 부처님께서 관자재보살에게 말씀하셨다. "선남자여, (보살의 번뇌는) '염오가 없는 모습'이다.

佛告觀自在菩薩曰。善男子。無染汙相。

석 이하는 두 번째로 세존께서 앞의 세 가지 질문에 바로 답하신 것이니, 나누면 세 가지가 된다.
이것은 첫 번째 질문을 해석한 것이다. 이 중에 네 가지가 있다.
이것은 첫 번째로 이름을 표시하며 간략히 대답한 것이다.

釋曰。自下第二世尊正答上三問。卽分爲三。此釋初問。於中有四。此卽第一標名略答。

(나) 반힐反詰

경 어째서인가?

何以故。

석 두 번째는 되물은 것이다.

釋曰。第二反詰。

(다) 해석

경 이 보살들은 초지 중에서의 선정에 대해, 일체 제법의 법계에 대해, 이미 잘 통달하였으니, 이런 인연으로 보살들은 반드시 (번뇌의 과실을) 알고 나서야 비로소 번뇌를 일으키는 것이지, 알지 못한 채 (일으키는 것은) 아니다.

제7 지바라밀다품 • 527

是諸菩薩。於初地中定。於一切諸法法界。已善通達。由此因緣。菩薩要知。方起煩惱。非爲不知。

석 세 번째는 바로 해석한 것이다. 말하자면 번뇌의 과실을 잘 알고 나서야 비로소 미혹을 일으키기 때문에 '염오가 없는 모습'이라 이름한다. 실제로는 '오염된 것'이지만 지혜를 따라 생겨났으므로 '염오가 없다'고 하였다.

또 『무상의경』에서는 말한다. 〈아난이여, 일체의 부처님들은 인因의 지위에 있을 때 여래계如來界에 의지해서 선근을 수행하였고, 중생에게 이익을 주기 위해 삼계로 들어온 것이다. 이 보살들의 생로生老 등의 고통은 진실로 있는 것이 아니다. 어째서인가? 이미 여실하게 여래계를 보았기 때문에, 비록 번뇌가 있다 해도 (그것이) 능히 오염시키지 못한다.〉[877] 구체적으로 설하면 그 경과 같다.

釋曰。第三正釋。謂能了知煩惱過失。方起惑故。名無染相。據實是染。而從智生。名爲無染。又無上依經云。阿難。一切諸佛。在因地中。依如來界。修行善根。爲利衆生。來入三界。是諸菩薩。生老等苦。非眞實有。何以故。已如實見如來界故。雖有煩惱。不能染汙。具說如彼。

(라) 결론

경 그러므로 '오염이 없는 모습'이라고 설하였다.

是故說名無染汙相。

---

877 『無上依經』 권1(T16, 470a20) 참조.

석 네 번째는 결론지은 문장이니, 알 수 있을 것이다.

釋曰。第四結文可知。

나) 두 번째 질문에 대한 대답

경 (그 번뇌는) 자기 몸에서 능히 고통을 생하지 못하기 때문에 과실은 없다.

於自身中。不能生苦。故無過失。

석 이것은 두 번째 질문에 답한 것이다. 비록 번뇌가 있어도 이미 초지에서 조복되었기 때문에 능히 고통을 생하지 못한다. 따라서 과실이 되지 않는다.

무성의 논(『섭대승론석』)에서는 "능히 고통을 불러일으키지 못하기 때문에 죄가 있지 않다."[878]라고 하였다.

또 『집론』 제7권에서 말하길, "이 보살들은 아직은 일체의 번뇌를 영원히 끊지는 못했지만, 이 번뇌는 마치 주약呪藥으로 조복되어 버린 독들과 같아서 일체의 번뇌의 과실을 일으키지 않는다. (보살은) 모든 지地 중에서 마치 아라한이 이미 번뇌를 끊은 것과 같다.[879][880]라고 하였다.

『성유식론』 제3권과 『잡집론』 제14권과 『유가사지론』 제79권에서도 또

---

878 무성의 『攝大乘論釋』 권7(T31, 426c29).
879 십지十地의 보살은 비록 모든 번뇌를 끊지는 못했지만 그 번뇌의 과실을 일으키지 않는다. 십지의 보살이 모든 지위에서 그렇게 할 수 있는 것은 마치 아라한들이 이미 모든 번뇌를 끊은 경우와 같다는 것이다.
880 『集論』 권7(T31, 692c8).

한 『집론』과 동일하게 설한다.881

또 『섭대승론』 제10권에서는 말하길, "<u>논</u> 번뇌를 조복시키되 단멸하지는 않으니, 마치 독이 주약에 의해 손상되는 것처럼, 미혹을 남겨서 미혹의 멸진에 도달하여, 부처님의 일체지를 증득한다네."라고 하였다. (이에 대해) 무성이 해석하였다.

"번뇌를 조복시키되 단멸하지는 않으니"라고 한 것은 보살의 지위에서는 모든 번뇌들을 조복시키기는 해도 영원히 끊지는 않는다는 말이다.

"마치 독이 주약에 의해 손상되는 것처럼"이라고 한 것은, 비유하자면 여러 독들이 신험神驗한 주약에 의해 해침 당하게 되면 (그 독의) 체는 멸하지 않았다 해도 병환이 되지 않는 것과 같다. 번뇌도 또한 이러하니, 염지력念智力에 의해 현행한 번뇌(纏)를 조복시켰어도 수면隨眠은 여전히 남아 있다.

어째서 번뇌의 수면을 여전히 남겨 두는가? 성문승이 속히 반열반하는 것과 똑같아질까 염려하기 때문이다.

이런 도리에 따라 번뇌를 인因으로 삼아 번뇌의 멸진에 도달하고 일체지一切智를 획득하는 것이다. 예를 들어 어떤 게송에서 말한다.

염지력에 의해 제어되는
번뇌가 보리를 증득하니
마치 독이 주약에 의해 유지되듯
과실이 공덕으로 된다네.882

---

881 『成唯識論』 권3(T31, 13b19), 『雜集論』 권14(T31, 763c29) 참조.
882 무성의 『攝大乘論釋』 권10(T31, 444c13).

세친의 해석도 거의 동일하다.

釋曰。此答第二問也。雖有煩惱。已初伏故。不能生苦。故不成過。無性論云。不能招苦。故無有罪。又集論第七卷云。此諸菩薩。雖未永斷一切煩惱。然此煩惱。猶如呪藥所求[1] 諸毒。不起一切煩惱過失。一切地中。如阿羅漢[2] 煩惱。成唯識第三。雜集十四。瑜伽七十九。亦同集論。又攝大乘第十卷云。論云。煩惱伏不滅。如毒呪所害。留惑至惑盡。證佛一切智。無性釋云。煩惱伏不滅者。謂菩薩位中。伏諸煩惱。而未永斷。如毒呪所害者。譬如衆毒爲神驗呪之所損害。體雖未滅。而不爲患。煩惱亦爾。由念智力。伏現行纏。隨眠猶在。何故煩惱隨眠猶在。恐同聲聞乘速般涅槃故。由道現理。[3] 煩惱爲因。至煩惱盡。得一切知。[4] 有[5] 頌言。念智力所滅。[6] 煩惱證菩提。如毒呪所害。[7] 過失成功德。世親大同。

---

1) ㉓『集論』권7(T31, 692c9)에 '求'가 '伏'으로 되어 있다. 2) ㉓『集論』권7(T31, 692c10)에 '漢' 뒤에 '已斷'이 있다. 3) ㉓『攝大乘論釋』권10(T31, 444c20)에 '道現理'가 '此道理'로 되어 있다. 4) ㉓『攝大乘論釋』권10(T31, 444c21)에 '知'가 '智'로 되어 있다. 5) ㉓『攝大乘論釋』권10(T31, 444c21)에 '有' 앞에 '如'가 있다. 6) ㉓『攝大乘論釋』권10(T31, 444c22)에 '滅'이 '制'로 되어 있다. 7) ㉓『攝大乘論釋』권10(T31, 444c22)에 '害'가 '持'로 되어 있다.

다) 세 번째 질문에 대한 대답

(가) 여래의 대답

경 보살은 이와 같은 번뇌를 생기하여 유정계에서 능히 고의 인을 끊는다. 그러므로 그에 한량없는 공덕이 있다."

菩薩生起如是煩惱。於有情界。能斷苦因。是故彼有無量功德。

석 이하는 세 번째로 세 번째 질문에 답한 것이다. 이 중에 두 가지가 있다. 처음은 여래의 대답이고, 나중은 보살의 찬탄이다.

이것은 처음에 해당한다. 말하자면 보살은 일부러 번뇌를 일으켜 중생의 고통을 끊는 것이라면, 곧 보살의 번뇌를 설하여 '고의 인을 끊는 것'이라고 한다.

해 또 보살이기 때문에 중생의 번뇌를 끊는 것이라면, 곧 중생의 번뇌를 설하여 '고의 인'이라 한다. 생사의 고통을 초감하는 것은 번뇌로 말미암기 때문이다.

그런데 초지 이상부터 제7까지 번뇌를 일으키는 것에는 본래 두 가지 의취가 있다.

첫째, 무성의 『섭대승론석』에서 말하길, "혹은 이미 조복시켰으나 그의 능력을 시험해 보기 위해 일부러 마음에 잠시 일으킨 것이다."[883]라고 하였다.

둘째, 일부러 번뇌를 일으켜서 분단신分段身을 받아 중생을 이익 되게 하고, 이로 인해서 (보살의 번뇌에) 한량없는 공덕이 있는 것이다. 따라서 『유가사지론』에서 말하길, '그런데 보살들은 자기 번뇌로 말미암아 능히 일체 중생의 이익을 지어 주고 한량없는 복을 생하게 한다'라고 하였다.[884] 또 『섭대승론』에서 말하길, '보살이 선교방편으로 살생 등의 열 종류 작업을 행한다고 해도 죄가 없고 한량없는 복을 생기게 하여 빠르게 보리를 증득한다'라고 하였다.[885] 무성은 해석하길, "(그 번뇌가 자기에게) 능히 고통을 초감하지 못하기 때문에 죄가 없고, 능히 도道를 도와주므로 한량없는 복을 생기게 한다."[886]라고 하였다.

---

883 무성의 『攝大乘論釋』 권7(T31, 426c29).
884 『瑜伽師地論』 권79(T30, 742c3) 참조.
885 『攝大乘論本』 권3(T31, 146b28) 참조.
886 무성의 『攝大乘論釋』 권7(T31, 426c29).

釋曰. 自下第三答第三問. 於中有二. 初如來答. 後菩薩歎. 此卽初也. 謂
菩薩故起煩惱. 斷衆生苦. 卽說菩薩煩惱. 名斷苦因. 又解. 由菩薩故. 斷
衆生煩惱. 卽說衆生煩惱. 名爲苦因. 感生死苦. 由煩惱故. 然初地已上.
乃至七地. 所起煩惱. 自有二意. 一者. 無性攝論云. 惑[1]已伏[2] 爲譏[3]彼力.
故心甖起. 二者. 故起煩惱. 受分段身. 利益衆生. 由斯故有無量功德. 故
瑜伽云. 然諸菩薩. 由自煩惱. 能作一切衆生利益. 生無量福. 又攝大乘云.
菩薩善巧方便. 行煞生等十種業作.[4] 而無有罪. 生無量福. 速證菩提. 無
性釋云. 不能招苦. 故無有罪. 能助道故. 生無量福.

1) ㉺『攝大乘論釋』권7(T31, 426c29)에 '惑'이 '或'으로 되어 있다. 2) ㉺『攝大乘論釋』권7(T31, 426c29)에 '伏' 뒤에 '除'가 있다. 3) ㉺『攝大乘論釋』권7(T31, 426c29)에 '譏'이 '試'로 되어 있다. 4) ㉺『攝大乘論本』권3(T31, 146b29)에 '業作'이 '作業'으로 되어 있다.

(나) 보살의 찬탄

㉮ 불佛의 공덕에 대한 찬탄

경 관자재보살이 다시 부처님께 말하였다. "매우 기이합니다, 세존이시여. 위없는 보리에는 이와 같은 큰 공덕의 이익이 있어서

觀自在菩薩. 復白佛言. 甚奇. 世尊. 無上菩提. 乃有如是大功德利.

석 두 번째는 보살이 찬탄한 것이다. 이 중에 두 가지가 있다. 처음은 부처님의 공덕을 찬탄한 것이고, 나중은 보살의 공덕을 찬탄한 것이다.
　이것은 부처님의 공덕을 찬탄한 것이다. 말하자면 보살이 구하는 바의 미래의 보리는 이와 같은 큰 공덕의 이익이 있다고 하였다. 혹은 현재의 (모든 불보살), 혹은 삼세의 모든 불보살의 공덕의 이익 때문에 보살이 지

었던 것들을 다 수승해지도록 한다고 볼 수 있다.

釋曰。第二菩薩讚歎。於中有二。初嘆佛德。後嘆菩薩德。此嘆佛德。謂菩薩所求未來菩提。乃有如是大功德利。或可現在。或可三或[1]諸佛菩薩功德利故。能令菩薩所作皆勝。

1) ㉑ '或'은 '世'인 듯하다.

㉯ 보살의 공덕에 대한 찬탄

경 모든 보살들이 생기한 번뇌조차도 오히려 일체의 유정·성문·독각의 선근보다 뛰어나게끔 하는데, 하물며 그 밖의 한량없는 공덕은 어떻겠습니까?"

令諸菩薩生起煩惱。尚勝一切有情聲聞獨覺善根。何況其餘無量功德。

석 두 번째는 보살의 공덕을 찬탄한 것이다. 보살이 생기한 번뇌의 선근조차도 오히려 일체의 이생異生(범부)과 이승二乘이 소유한 선근보다 뛰어난데, 하물며 그 밖의 모든 선한 공덕은 어떻겠는가. 범부가 발심하면 곧 이승보다 뛰어난데, 하물며 지상의 보살이 중생에게 이익을 주기 위해 일부러 번뇌를 일으킨 것은 어떻겠는가.

釋曰。第二嘆菩薩德。菩薩生起煩惱善根。尚勝一切異生二乘所有善根。何況其餘諸善功德。凡夫發心。卽勝二乘。何況地上菩薩。爲利衆生故起煩惱。

따라서 『대지도론』 제78권에서는 말한다.

아라한과 벽지불이 비록 번뇌가 다하였다 해도 처음 발심한 보살만은 못하니, 비유하면 전륜성왕의 태자가 비록 태 안에 있지만 이미 그 밖의 자식들보다 뛰어난 것과 같고, 또 국왕의 태자가 아직 즉위하지 않았다 해도 모든 대신大臣 중에 지위나 부귀가 있는 자들보다 뛰어난 것과 같다.

어째서인가? 일체의 중생은 다 스스로 즐거움을 추구하면서 스스로 자신을 위하기 때문에 그에게 친근한 것을 좋아한다. 일체의 이승은 비록 세간적 즐거움을 탐하지 않지만, 스스로 고苦를 소멸시키기 위해서 열반의 즐거움을 구하는 것이지, 능히 중생을 위하는 것이 아니다. 보살은 중생을 제도하기 위해 발심하기 때문에 더 뛰어나다.

비유하면 (다음과 같다.) 어떤 한 육신통의 아라한이 한 사미를 데리고 가며 의발衣鉢을 짊어지도록 하고 길을 따라 가고 있었다.

사미가 사유하였다. 「나는 어떤 승으로 열반에 들어야 할까.」 곧 발심하였다. 「불佛을 세존이라 하고 가장 높고(最上) 가장 묘하다(最妙)고 하니 나는 마땅히 불승佛乘으로 열반에 들어야겠다.」

스승이 그의 생각을 알고는 곧 의발을 가져다 자기가 짊어지고, 사미를 밀어서 앞에서 가게 했다.

사미가 다시 사유하였다. 「불도佛道는 매우 어렵다. 오랫동안 생사에 머물며 한량없는 고통을 받으니, 우선 소승으로 빨리 열반에 들어야겠다.」

스승이 (그의 생각을) 알고 다시 의발을 사미에게 돌려주어 짊어지게 하고 "뒤에서 가라."라고 말했다.

이와 같이 하길 세 차례에 이르자, 사미가 스승에게 말하였다. "스승님이 연로하시어 정신이 없으신지 어린아이처럼 구십니까. 방금 처음에는 나보고 앞에서 가라고 하시고, 그리고 나서 다시 나보고 뒤에서 가라고 하시니, 어찌 그리 심히 변덕스럽습니까?"

스승이 대답하였다. "너는 처음에는 발심하여 부처가 되겠다고 생각하였다. 이 마음을 귀중히 여겨, 곧 나의 사도師道 중에 머문 것이다. 이와 같은 사람을 모든 벽지불들조차도 마땅히 공양할 텐데 하물며 아라한은 어떻겠는가? 이런 이유에서 너를 밀어서 앞에 가게 한 것이다. 그런데 너는 마음속으로 다시 후회하면서 소승을 취하려고 하면서 아직 얻지는 못하였으니, 너와 나의 거리는 현격히 먼 것이다. 그러므로 너로 하여금 뒤에서 가라고 했다."

사미가 듣고 나서는 놀라며 깨우쳤다. 「나의 스승은 능히 나의 마음을 아신다. 내가 한번 뜻을 발하면 이미 이승보다 뛰어난데, 하물며 성취할 경우는 어떻겠는가.」 그는 곧 스스로 굳건하게 대승법에 머물게 되었다.[887]

故智度論七十八云。阿羅漢辟支佛雖漏盡。不如初發心菩薩。譬如轉輪聖王太子。雖在胎中。已勝餘子。又如國王太子。雖未卽位。勝諸大臣有位富貴者。何以故。一切衆生。皆自求樂。自爲身故。愛其所說。[1] 一切二乘。雖不貪世樂。自爲滅苦故。求涅槃樂。不能爲衆生。菩薩爲度衆生故發心。是故勝也。譬如有一六通阿羅漢。將一沙彌。令負衣鉢。隨[2] 路而行。沙彌思惟。我當以何乘入涅槃。卽發心。佛爲世尊。最尊[3] 最妙。我當以佛乘入涅槃。師知其念。卽取衣鉢自擔。推[4] 沙彌在前行。沙彌覆思惟。佛道甚難。久住生死。受無量苦。且以小乘早入涅槃。師知。[5] 復以衣鉢還與沙彌令擔。語在後行。如是至三。沙彌白師。師年老毛[6] 狀如小兒戲。方始令我在前。已復令我後。何其大[7] 速。答。汝初念發心作佛。是心貴重。則作[8] 我師道中。如是人。諸辟支佛。當應供養。何況阿羅漢。以是故推汝在前。汝心還悔。欲取小乘。而未便得。汝云[9] 我懸遠。是故令汝在後。沙彌聞已驚悟。我師能知我心。我一意發。[10] 已勝二乘。何況成就。卽自堅固住大乘法。

---

887 이상은 『大智度論』 권78(T25, 609c19) 이하의 내용을 발췌한 것이다.

1) ⓐ『大智度論』권78(T25, 610a3)에 '說'이 '親'으로 되어 있다. 2) ⓐ『大智度論』권78(T25, 610a6)에 '隨'가 '循'으로 되어 있다. 3) ⓐ『大智度論』권78(T25, 610a8)에 '尊'이 '上'으로 되어 있다. 4) ⓐ『大智度論』권78(T25, 610a9)에 '榷'가 '推'로 되어 있다. 5) ⓐ『大智度論』권78(T25, 610a11)에 '知'가 없다. 6) ⓐ『大智度論』권78(T25, 610a13)에 '毛'가 '毟'로 되어 있다. 7) ⓐ『大智度論』권78(T25, 610a14)에 '大'가 '太'로 되어 있다. 8) ⓐ『大智度論』권78(T25, 610a15)에 '作'이 '住'로 되어 있다. 9) ⓗ '云'은 '與'인 듯하다. 혹은 잉자다. ⓐ『大智度論』권78(T25, 610a18)에 따르면 '去'로 되어 있다. 10) ⓐ『大智度論』권78(T25, 610a19)에 '意發'이 '發意'로 되어 있다.

또『대지도론』제56권에서는 말한다.

삼천대천세계 안에 마치 벼·삼·대나무·갈대처럼 가득 차 있는 이승을 공양하는 것은 한 명의 처음 뜻을 발한 보살을 공양하는 것만 못하다.

🄫 이승은 이미 실제實際를 증득한 자이고 일체 중생의 복전인데, 어째서 처음 뜻을 발한 보살만 못하다고 합니까?

🄐 세 가지 일 때문에 그만 못하다는 것이다. (보살은) 첫째, 살바야(일체지)의 마음으로 (반야를) 행한다. 둘째, 항상 육바라밀 등의 모든 공덕을 떠나지 않는다. 셋째, 이 보살로 말미암아 삼악도를 끊고 삼승에서 태어난다. 이승은 그렇지 않다. 그러므로 (보살이) 더 뛰어나다.[888]

又智度論五十六云。供養三千大千世界滿中二乘如稻麻竹葦。不如供養一初發意菩薩。問曰。二乘已證實際。是一切衆生福田。何以故。不如初發意菩薩。答曰。以三事故不如。一者。用薩婆若心行。二者。常不離六波羅蜜等諸功德。三者。由是菩薩。斷三惡道。出生三乘。二乘不爾。是故勝也。

---

888 이상은『大智度論』권56(T25, 459c22 이하), 권56(T25, 460a20 이하)의 내용을 발췌한 것이다.

(4) 불여래佛如來께서 일승一乘을 설한 뜻을 설명함

① 청문

경 관자재보살이 다시 부처님께 여쭈었다. "세존이시여, 가령 세존께서는 성문승이든 다시 대승이든 오직 일승일 뿐이라 설하셨는데, 이는 어떤 비밀스런 뜻입니까?"

觀自在菩薩。復白佛言。世尊。如世尊說。若聲聞乘。若復大乘。唯是一乘。此何密意。

석 이하는 네 번째로 '일승一乘'이라 설한 뜻을 설명한 것이다. 이 중에 두 가지가 있으니, 앞은 청문이고, 뒤는 정설이다.

이것은 청문에 해당한다. 말하자면 불세존께서 여러 『아함경』들에서 성문승을 설하시고 대승경에서는 보살승을 설하셨다. 곧 가령 『법화경』 등에서 저 두 종류 승은 일승이라고 설하는데, 이는 어떤 비밀스런 뜻인가 하는 것이다.

釋曰。自下第四分別說一乘意。於中有二。先請。後說。此卽請問。謂佛世尊。諸阿含中。說聲聞乘。大乘經中。說菩薩乘。卽說彼二說爲一乘。如法華等。此何密意。

② 정설

가. 밀의密意를 바로 해석함

경 부처님께서 관자재보살에게 말씀하셨다. "선남자여, 가령 나는 저 성문승 중에서는 갖가지 제법의 자성, 이른바 오온이나 안의 육처나 밖의 육처 등을 설하였는데, 이와 같은 부류들을 대승 중에서는 곧 저 법은 동일한 법계이고 동일한 이치(理趣)라고 설하였기 때문에 나는 승乘의 차별성을 설하지는 않았다.

佛告觀自在菩薩曰。善男子。如我於彼聲聞乘中言。[1] 宣說種種諸法自性。
所謂五蘊。或內六處。或外六處。如是等類。於大乘中。
卽說彼法同一法界
同一理趣。故我不說乘差別性。

1) ㉥『解深密經』권4(T16, 708a15)에 '言'이 없다.

석 두 번째는 여래께서 바로 설하신 것이다. 이 중에 세 가지가 있다. 처음은 밀의를 바로 해석하신 것이다. 다음은 미혹한 자가 잘못 집착함을 밝힌 것이다. 마지막은 밀의에 대해 결론지은 것이다.

이것은 바로 설하신 것이다. 부처님께서 관자재보살에게 말씀하셨다. 〈가령 나는 저 성문승 중에서는 오온 등을 설하였으니, 이 이치로 인해 여러 승들은 차별된다. 그런데 나는 이 대승교 중에서 (그것들의) 동일한 성품과 진여의 동등함을 설했기 때문에, 혹은 이전의 제2권에서 '하나의 이치를 함께하고 도를 함께한다'라고 설했기 때문에 '일승'이라 설하였지만,[889] 여러 승들에 차별이 없는 것은 아니다.〉

---

889 이것은 『解深密經』 권2「無自性相品」(T16, 695a13)에서 다음과 같이 설했던 것을 가리킨다. "다시 승의생이여, 모든 성문승의 종성을 가진 유정들도 또한 이 도道와 이 행적行迹을 따라서 위없는 안온한 열반을 증득하였고, 모든 독각승의 종성을 가진 유정들과 모든 여래승의 종성을 가진 유정들도 또한 이 도와 이 행적을 따라서 위없는 안온한 열반을 증득하였다. 모든 성문과 독각과 보살은 모두 이 하나의 오묘하고 청정한 도를 함께하고 모두 이 궁극의 청정을 함께하니, 다시 두 번째 승이란 없는 것이다. 이에 의거해서 비밀스런 의미로 오직 일승이 있을 뿐이라고 설하였다."

釋曰。第二如來正說。於中有三。初正釋密意。次明迷者謬執。後結成密意。
此卽正說。佛告觀自在曰。如我於彼聲聞乘中。說宣[1]蘊等。由此理趣。諸
乘差別。而我於此大乘敎中。說同一性。眞如同故。或前第二卷。說同一理
趣同道故。說爲一乘。非無諸乘有差別。

---

1) ㉯ '宣'은 '五'인 듯하다.

나. 미혹한 자가 잘못 집착함을 밝힘

가) 증익增益과 손감損減에 대해 밝힘

경 이 가운데서 혹은 언설 그대로의 의미에 대해 허망하게 분별을 일으킴
이 있으니, 한 부류는 증익이고 한 부류는 손감이다.

於中。或有如言於義。妄起分別。一類增益。一類損減。

석 이하에서는 두 번째로 그릇되게 집착함을 밝힌다. 이 중에 두 가지
가 있다. 처음에는 증익과 손감을 밝혔고, 나중에는 쟁론을 일으킴을 밝
혔다.
  이것은 처음에 해당한다. 말하자면 여래께서 삼승의 교문을 설하시면
문자 그대로의 의미에 집착하는 것이다.
  삼승을 설하시는 것을 듣고서 결정코 삼승은 한결같이 각기 다르다고
집착하는 것을 '증익增益'이라 설한다. '부정不定(종성이 결정되지 않은 자)이 성
불成佛할 수 있다'는 의미를 인정하지 않기 때문이다.[890]

---

890 '증익增益과 손감損減'은 삼성의 유무有無의 이치를 알지 못한 채 그릇된 주장을 펼치
는 것을 말한다. 본래, 증익이란 없는 것을 결정코 있다고 집착하는 것이고, 손감이란
있는 것을 결정코 없다고 집착하는 것이다. 여기서는 '삼승이 결정코 다르다'고만 집

혹은 일승을 (설하는 것을) 듣고서 모두 다 성불하며 결정코 오직 일승일 뿐이라 (집착하는 것을) '손감損減'이라 설한다. 이는 '적정寂靜의 (성문・연각은) 성불하지 못한다'는 (의미를) 손감시키기 때문이다.[891]

釋曰。自下第二謬執。於中有二。初明增減。後興諍論。此卽初也。謂如來說三乘教門。如文執義。聞說三乘。定執義[1]三乘一向各異。說名增益。不許不定佛成[2]義故。或聞一乘。總皆成佛。定唯一乘。名爲損減。損減寂靜不成佛故。

1) ㉠ '義'는 잉자인 듯하다. 2) '佛成'은 '成佛'의 도치인 듯하다.

나) 쟁론을 일으킴을 밝힘

경 또 모든 승의 차별적 도리에 대해 서로 모순된다고 말하면서 이와 같이 상호 간에(展轉) 번갈아서 쟁론을 일으킨다.

又於諸乘差別道理。謂互相違。如是展轉。遞興諍論。

---

[891] 착하는 것을 '증익'이라 하였는데, '삼승이라는 종성의 차별'을 절대적인 것으로 증익시키기 때문이다. 이렇게 삼승의 차별을 절대적인 것으로 보면, 가령 '종성이 결정되지 않은 이승(不定二乘)은 성불할 수도 있다'는 점을 부정하게 된다. 그런데 이 『解深密經』「勝義諦相品」에서는 '보리로 회향한 성문에게는 성불의 의미가 있다'고 설한다. 본래 '손감損減'이란 있는 것을 결정코 없다고 주장하는 것을 말한다. 여기서는 '오직 일승만 있다'고 집착하는 것을 '손감'이라 하였는데, 오직 일승만 있고 삼승 종성의 차별은 전혀 없다고 하는 것은 어떤 면에서 '삼승의 차별은 있다'고 하는 측면을 손감시키기 때문이다. 이렇게 삼승의 차별이 결코 존재하지 않는다면, 가령 '오로지 적정에로만 나아가는 성문·연각(一向趣寂聲聞緣覺)이 성불한다는 의미가 없다'고 하는 점을 부정하게 된다. 그런데 이 『解深密經』「勝義諦相品」에서는 '한결같이 적멸에로만 나아가는 성문(一向趣寂聲聞)은 끝내 미래의 도량에 앉아 무상보리를 증득하게 할 수 없다'고 설한다.

석 두 번째는 함께 쟁론을 일으킨다는 것이다. 말하자면 일승을 설하는 것을 (들으면) 결정코 삼승이란 방편의 설이라고 알고, 삼승을 설하는 것을 들으면 결정코 삼승은 일승과 어긋난다고 집착한다.

그 진실한 의미를 논하자면, 삼승이 있다고 설해도 일승과 어긋나지 않으니, 삼승은 비록 다르지만 (궁극적으로는) 동일한 진여이기 때문에 삼승이든 일승이든 서로 어긋나는 것은 아니다. 따라서 이전의 제2권에서 말하였다.

다시 승의생이여, 모든 성문종성을 가진 유정들도 또한 이 도道와 이 행적行迹을 따르므로 위없는 안은한 열반을 증득하고, 연각과 보살도 모두 이 도를 함께하니, 다시 두 번째 승이란 없는 것이다. 나는 이에 의거해서 밀의로 오직 일승이 있을 뿐이라 설하였다.

(그러나) 일체의 유정계 중에 갖가지 유정의 종성이 없는 것은 아니니, 혹은 둔한 근성이고, 혹은 중간 근성이며, 혹은 예리한 근성으로서 유정들은 차별된다.

선남자여, 만약 한결같이 적멸에로 나아가는 성문은 비록 부처님들께서 시설해 주신 갖가지 인도를 받는다 해도 끝내 미래에 도량에 앉아 대보리를 증득하게 할 수가 없다.[892]

구체적으로 설하면 그 경과 같다. 따라서 '일승'은 이행理行에 의거해서 설한 것과 같다.

釋曰。第二共興諍論。謂說一乘。定知三者[1]是方便說。聞說三乘。定執三乘違於一乘。論其實義。說有三乘。不違一乘。三乘雖異。而同一如。故三

---

[892] 이상은 『解深密經』 권2 「勝義諦相品」(T16, 695a13)의 내용을 요약한 것이다.

或一。五不相違。故前第二卷云。復次勝義生。諸聲聞種性有情。亦由此道此行迹故。證得無上安隱涅槃。緣覺菩薩。皆共此道。更無第二。我依此故。密意說言唯有一乘。非於一切有情界中。無有種種有情²⁾性。或鈍。³⁾或鈍根性。或中根性。或利根性。有情差別。善男子。若一向趣⁴⁾聲聞。雖蒙諸佛施設種種導。終不能令當坐道場證大菩提。具說如彼。故如一乘。約理行說。

1) ㉠ '者'는 '乘'의 오기인 듯하다. 2) ㉠『解深密經』권2(T16, 695a21)에 '有情' 뒤에 '種'이 있다. 3) ㉑ '或鈍'은 잉자인 듯하다. ㉠『解深密經』권2(T16, 695a21)에 '或鈍'이 없다. 4) ㉠『解深密經』권2(T16, 695a22)에 '趣' 뒤에 '寂'이 있다.

다. 밀의에 대해 결론지음

경 이와 같은 것을 일컬어 이 중에서 밀의라고 이름한 것이다."

如是名爲此中密意。

석 세 번째는 결론짓는 문장이니, 알 수 있을 것이다.

이 삼승은 차별되지만 이치에 의거하면 동일하기 때문에 밀의로 일승이라 설하였다. 오온 등의 법에 의거하면 '일一'이라 말할 수는 없다.

'일승'에 대해 자세하게 해석하자면, 예를 들어 제4권의 기記에서 이미 설했던 것과 같다.⁸⁹³

---

893 '제4권의 기記'란『解深密經』제4권에 대한 기, 말하자면 원측의『解深密經疏』「無自性相品」을 가리킨다. 여기에서 원측은 '일승一乘'이라 할 때 '일一'의 의미를 크게 세 가지로 해석하였다. 첫째 도道가 하나이기 때문에 '일'이라고 하거나, 둘째 과果가 하나이기 때문에 '일'이라고 하거나, 셋째 이치(理)가 하나이기 때문에 '일'이라고 한다. 이『解深密經』권2「無自性相品」(T16, 695a13)에서는 '오묘하고 청정한 도'가 하나이고, '궁극의 청정한 과'가 하나라는 의미에서 '일승'이라 설하였고, 권4「地波羅蜜多品」(T16, 708a13)에서는 '이치에 차별이 없다'는 점에서 일승이라 설하였다.

釋曰。第三結文可知。是三乘差別。而約理同。是故密意說爲一乘。據蘊等法。不得言一也。廣釋一乘。如第四卷記中已說。

2) 게송으로 간략히 설함

(1) 게송의 발기

경 이때 세존께서 이런 의미를 거듭 펼치시려고 게송을 설하셨다.

爾時世尊。欲重宣此義。而說頌曰。

석 이하는 두 번째로 게송을 들어 간략히 설한 것이다. 이 중에 두 가지가 있다. 처음은 게송을 발기하는 문장이고, 나중은 게송을 들어 바로 설한 것이다.
이것은 처음에 해당한다.

釋曰。自下第二擧頌略說。於中有二。初發起頌文。後擧頌正說。此卽初也。

(2) 게송을 바로 설함

① 처음의 한 송 : 지도地度

경 "모든 지의 포섭(攝)과 상想과 대치되는 대상(所對治)
　　수승殊勝과 생生과 원願과 모든 학學
　　부처님이 설하신 이 대승에 의지하고
　　이것을 잘 닦음으로 말미암아 대각을 이루네.

諸地攝想所對治。殊勝生願及諸學。
由依佛說是大乘。於此善修成大覺。

석 이하는 두 번째로 게송을 들어 바로 설한 것이다. 그에 세 개의 게송이 있으니, 이상의 장행에서 (설한 것을 간략히) 읊은 것이다. 이 중에 두 가지가 있다. 처음의 한 송은 이상으로 설한 지도地度에 대해 읊은 것이다. 뒤의 두 송은 이상으로 설한 일승一乘에 대해 읊은 것이다.

이것은 처음에 해당한다.

'모든 지의 포섭(攝)'이란 이상으로 설한 네 가지 청정淸淨과 열한 가지 분分이 모든 지地들을 능히 포섭함을 읊은 것이다.

'모든 지의 상想'이란 이상으로 십지의 이름을 해석했던 것을 읊은 것이다. '상想'이란 명칭(名)을 말한다. 명칭은 상을 따라 일어나니, 원인을 따라 이름을 세웠으므로 '상'이라 한 것이다.

'모든 지의 대치되는 대상(所對治)'이란 스물두 가지 우치와 열한 가지 추중에 대해 읊은 것이다. 십지의 행에 의해 대치되는 대상이기 때문이다.

'모든 지의 수승殊勝'이란 이상으로 설한 여덟 종류 수승한 청정에 대해 읊은 것이다.

'모든 지의 생生'이란 이상으로 설한 보살의 수승한 생에 대해 읊은 것이다.

'모든 지의 원願'이란 이상으로 설한 세 가지 원에 대해 읊은 것이다.

'모든 지의 모든 학學'이란 이상으로 설한 모든 도度(바라밀)의 갖가지 문들에 대해 읊은 것이다.

문 어째서 모든 수면隨眠 등에 대해서는 읊지 않았는가?

해 (모든 지地에서의) 대치되는 대상(所對治)에 의미상 이미 포함된 것이기 때문이다. 따라서 따로 읊지 않았다.

이상으로 바로 게송으로 말하는 것을 마친다.

뒤의 두 구가 나오는데, 대승을 배우라고 권하여 대각大覺을 성취하게 한 것이다. 혹은 두 구는 (뒤의 두 송을) 생기하는 구라고 할 수도 있다.

釋曰。自下第二擧頌正說。有其三頌。頌上長行。於中有二。初之一頌。頌上地度。後之二頌。頌上一乘。此卽初也。諸地攝者。頌上四淨及十一分能攝諸地。諸地想心¹⁾者。頌釋十地名。想者名也。名從想起。從因立名。名之爲相。²⁾ 諸地所對治者。頌二十二愚及十一麤重。十地之行所對治故。諸地殊勝者。頌上八種殊勝淸淨。諸地殊勝³⁾生者。頌上菩薩勝生。諸地願者。頌上三願。諸地諸學者。頌上諸度種種諸門。問。如何不頌諸隨眠等。解云。何⁴⁾所對治。義已攝故。故不別頌。上來正頌已訖。後有二句。勸學大乘。令取大覺。或可二句生起二頌。

1) ㉠ '心'은 잉자인 듯하다. 2) ㉠ '相'은 '想'인 듯하다. 3) ㉑ '殊勝'은 잉자인 듯하다. 4) ㉠ '何'는 '以' 혹은 '地'의 오기인 듯하다.

② 다음의 두 송 : 일승一乘

[경] 제법의 갖가지 자성을 설하였고
다시 모두 동일한 이치라고 설하였으니
말하자면 하승 혹은 상승에 대해
따라서 나는 승에 차이가 없다고 설하였네.

宣說諸法種種性。復說皆同一理趣。
謂於下乘或上乘。故我說乘無異性。

[석] 이하의 두 번째 게송은 이상으로 설했던 '일승'에 대해 읊은 것이

다. 이것은 부처님은 삼승에 차별이 없다고 말하신 것에 대해 읊은 것이다. 말하자면 하위의 성문 및 상위의 여래에 대해, 동일한 이치이기 때문에 나는 그것에 차이가 있다고 설하지 않는다는 것이다. 진여에서는 동일하기 때문이다.

釋曰。自下第二頌。頌上一乘。此頌佛告至¹⁾乘差別。謂於下聲聞及上如來。同一理趣。故我不說有其異性。眞如同故。

---
1) ㉠ '至'는 '無'인 듯하다.

경 언설 그대로의 의미를 허망하게 분별하여
　　 증익이나 손감이 있기도 하니

如言於義妄分別。或有增益或損減。

석 앞서 "이 가운데서……한 부류는 손감이다."라고 한 것에 대해 읊은 것이다.

釋曰。頌上於中乃至一類損減。

경 이 두 종류가 서로 위배된다고 하면서
　　 어리석은 의해로 어그러져 다툰다."

謂此二種互相違。愚癡意解成乖諍。

석 이것은 "또 모든 승의……이 중에서 밀의라고 이름한 것이다."라고 한 것에 대해 읊은 것이다.

'일승'에 대해 자세하게 해석하면, 이전의 제4권의 기記 중에서 이미 설했던 것과 같다.[894]

釋曰。此頌久[1]於諸已下乃至此中密意。廣釋一乘。如前第四說[2]中已說。
1) ㉭ 경문과 대조하면 '久'는 '又'의 오기인 듯하다. 2) ㉭ '說'은 '記'의 오기인 듯하다.

---

894 「無自性相品」에 대한 원측 소 중에서 '일승'에 대해 자세히 해석한 바 있다.

2. 의교봉지분依敎奉持分

1) 청문

경 이때 관자재보살마하살이 다시 부처님께 말하였다. "세존이시여, 이 '해심밀'의 법문에 대해 이것을 어떤 가르침이라 이름하고, 저희는 마땅히 어떻게 받들어 지녀야 합니까?"

爾時。觀自在菩薩摩訶薩。復白佛言。世尊。於是解深密法門中。此名何敎。我當云何奉持。

석 이하는 큰 단락의 두 번째인 의교봉지분이다. 이 중에 두 가지가 있으니, 앞은 청문이고, 뒤는 대답이다.
이것은 '받들어 지닌다(奉持)'는 의미에 대해 청문한 것이다.

釋曰。自下大段第二依敎奉持分。於中有二。先問。後答。此卽請問奉持之義。

2) 대답

(1) 배우고 받들어 지니라고 권함

경 부처님께서 관자재보살에게 말씀하셨다. "선남자여, 이것을 '모든 지바라밀다의 요의了義의 교敎'라고 이름하니, 이 모든 지바라밀다의 요의의 교를 그대는 마땅히 받들어 지녀야 한다."

경 佛告觀自在菩薩曰。善男子。此名諸地波羅蜜多了義之敎。於此諸地波羅蜜多了義之敎。汝當奉持。

석 이하는 두 번째로 여래께서 바로 답하신 것이다. 이 중에 두 가지가 있다. 처음은 배우고 받들어 지니라고 권한 것이다. 나중은 교를 설한 수승한 이익에 대해 설한 것이다.
이것은 첫 번째로 배우고 받들어 지닐 것을 권한 것이다.

釋曰。自下第二如來正答。於中有二。初勸學奉持。後明說敎勝利。此卽第一勸學奉持。

(2) 교敎를 설한 수승한 이익을 밝힘

경 이 모든 지바라밀다의 요의의 교를 설했을 때 모임 중에 있던 칠십오천(칠만 오천) 보살들이 다 보살의 대승광명삼마지를 증득하였다.

說此諸地波羅蜜多了義敎時。於會中有七十五千菩薩。皆得菩薩大乘光明三摩地。

석 이것은 교를 설한 수승한 이익에 대해 설한 것이다.
"대승광명삼마지"라는 것은, 가령 『성유식론』 제9권에서 "'대승광명정大乘光明定'이라 한 것은 이 (선정이) 대승의 이리理·교敎·행行·과果를 비추어 아는 지혜의 광명을 능히 발하기 때문이다."[895]라고 한 것과 같다.
또 양梁『섭대승론석』 제11권에서 말한다.

---

895 『成唯識論』 권9(T31, 52a13).

논 대승광명삼마제大乘光明三摩提(大乘光三摩提).[896]

석 '대승'은 세 가지 의미가 있다. 첫째는 성性이고, 둘째는 수隨이며, 셋째는 득得이다. '성'이란 곧 세 종류 무성(三無性 : 상相·생生·승의勝義의 무성)이고, '수'란 복덕·지혜의 행에 거두어지는 십지의 십도十度가 (세 종류) 무성에 수순하는 것을 말하며, '득'이란 (그 십도에 의해) 증득되는 바의 네 가지 덕(四德 : 상常·낙樂·아我·정淨)의 과를 말한다. 이 선정(삼마제)은 이 세 종류를 반연하여 경계로 삼기 때문에 '대승'이라 이름한 것이다.

이 선정에 의지해서 무분별지를 증득하고, (이 무분별지로) 진여 및 불佛과 다르지 않음을 비추기 때문에 '광명'이라 이름한다. 또 이 선정은 능히 일천제(성불의 종자가 끊어진 자)의 무명無明의 어둠을 깨뜨릴 수 있으니, 이 어둠을 대치하기 때문에 '광명'이라 이름한다.

釋曰。此明說教勝益。大乘光明三摩地者。如成唯識第九卷云。大乘光明定者。謂此能發照了大乘理教行果智光明故。又梁攝論第十一云。論曰。大乘光明[1]三摩提。釋曰。大乘有三。[2] 一性。二隨。三得。性即三無性。隨即福[3]智所攝十地十度。隨順性無。[4] 得門[5]所得四德之果。此之[6]緣此三種[7]爲境。故名大乘。依止此定。得無分別智。照[8]眞如乃[9]佛不異。故名光明。[10] 又此定能破一闡提[11]無明闇。是闇對治。故名光明。[12]

1) ㉥『攝大乘論釋』권11(T31, 234c21)에 '明'이 없다. 2) ㉥『攝大乘論釋』권11(T31, 234c21)에 '三' 뒤에 '義'가 있다. 3) ㉥『攝大乘論釋』권11(T31, 0234c22)에 '福智'가 '福德智慧行'으로 되어 있다. 4) ㉥『攝大乘論釋』권11(T31, 234c23)에 따르면, '性無'는 '無性'의 도치다. 5) ㉥『攝大乘論釋』권11(T31, 234c23)에 따르면, '門'은 '即'의 오기다. 6) ㉥『攝大乘論釋』권11(T31, 234c24)에 따르면, '之'는 '定'의 오기다. 7) ㉥『攝大乘論釋』권11(T31, 234c24)에 '種'이 없다. 8) ㉥『攝大乘論釋』권11(T31, 234c25)에 '照' 앞에 '由無分別智'가 있다. 9) ㉥『攝大乘論釋』권11(T31,

---

896 진제 역, 세친의『攝大乘論釋』(양梁『攝論』)에는 '大乘光明三摩提'가 '大乘光三摩提'로 되어 있고, 이하는 이 삼마제(선정)를 '大乘光'이라 명명한 이유를 설명한 것이다.

234c25)에 따르면, '乃'는 '及'의 오기다. 10) ㉭『攝大乘論釋』권11(T31, 234c26)에 '明'이 없다. 11) ㉭『攝大乘論釋』권11(T31, 234c27)에 '提' 뒤에 '習氣'가 있다. 12) ㉭『攝大乘論釋』권11(T31, 234c28)에 '明'이 없다.

찾아보기

가색지稼穡地 / 52
가시迦尸(Ⓢ Kāśi) / 514
가행정진加行精進 / 322, 403
각품상응증상혜주覺品相應增上慧住 / 71
겁劫 / 520, 523
겁파劫波(Ⓢ kalpa) / 521
겁파라劫波羅 / 521
견불공양승사청정見佛供養承事淸淨 / 193, 202
견사번뇌見思煩惱 / 139
견취見趣 / 244
결정수決定數 / 282
결정승도決定勝道 / 282, 284
결택도決擇道 / 260
계戒 / 243, 244, 280, 331
계도戒度와 상위하는 사事 / 354
계무회戒無悔 / 92
계산수計算數 / 282
계에 수순하는 계(隨戒戒) / 249
계戒의 세 가지 품 / 313
계戒의 일곱 가지 상 / 384
계학戒學 / 251
골추중骨麤重 / 505
공등지空等持 / 90
공업工業 / 420
공업명처工業明處 / 419
공위력共威力 / 218
공空해탈문 / 413

공행空行 / 414
관세음觀世音 / 58
관세자재보살觀世自在菩薩 / 58
관세자재여래觀世自在如來 / 58
관음보살觀音菩薩 / 58
관자재보살觀自在菩薩 / 57
관정지灌頂地 / 153
광대공양廣大供養 / 203, 207
광명지光明地 / 133
광세음보살光世音菩薩 / 58
광세음여래光世音如來 / 58
교타공양敎他供養 / 203
구보리원求菩提願 / 309
구분정俱分定 / 408
구생기俱生起 / 482
구생위력俱生威力 / 218
구족문지다라니무명具足聞持陀羅尼無明 / 99
구지拘胝(Ⓢ koṭi) / 318
귀鬼 / 462
규음보살闚音菩薩 / 58
그릇된 방편행(非方便行) / 368, 369
극난승極難勝 / 140
극난승지極難勝地 / 138
극미세애우치極微細礙愚痴 / 187
극환희주極歡喜住 / 61, 71
극희極喜 / 129
극희주極喜住 / 63, 497
극희지極喜地 / 72, 128
극히 짧은 시간(極少時) / 512

근바라밀다近波羅蜜多 / 471, 474, 476

낙주樂住 / 71
난승難勝 / 140
난승지難勝地 / 138, 139
난승지難勝地의 장애 / 178
내명內明 / 420
내명처內明處 / 419
내원해인耐怨害忍 / 317, 319
내의來意 / 54
내정사유內正思惟 / 295
네 종류 청정(四種淸淨) / 60
능득보살인다라니能得菩薩忍陀羅尼 / 96, 97
능전能詮 / 185

다라니陀羅尼 / 96, 98
단도斷道 / 260
달찰나怛刹那([S] tat-kṣaṇa) / 512, 513
대바라밀다大波羅蜜多 / 471, 475, 476
대법광명大法光明 / 134
대법총지大法總持 / 134
대비大悲 / 195, 197~199, 225
대세생大勢生 / 213
대승광명삼마제大乘光明三摩提 / 551
대승광명삼마지大乘光明三摩地 / 550
대승광명정大乘光明定 / 550
대신통우치大神通愚癡 / 186

대자大慈 / 200
대장부大丈夫 / 225
대총법大總法 / 424
도度 / 52
도내법신道內法身 / 154
도내수득道內修得 / 154
도전성득道前性得 / 154
도피안到彼岸 / 225, 238~241, 334, 345
도피안청정到彼岸淸淨 / 193, 201
도후지득道後至得 / 154
등각等覺 / 160
등관지等觀地 / 147
등인等引 / 88, 93, 94
등인지等引地 / 88, 89, 93, 95
등지等持 / 86, 87, 89, 90, 94, 98
등지等至 / 86, 87, 89, 90, 95, 98, 99
등지애等至愛 / 101
등지애우치等至愛愚癡 / 175

라바羅婆 / 516
랍박([S] lava) / 516

마후라다摩侯羅多 / 517
맹염만猛焰鬘 / 463
멸진등지滅盡等至 / 91
명名·구句·미味 / 118
명지明地 / 133, 134
명혜明慧 / 133

554 • 해심밀경소

모호율다(Ⓢ muhūrta) / 517
무가행무공용무상주無加行無功用無相住 / 71, 497
무간수無間修 / 365
무감임無堪任 / 171
무감임성無堪任性 / 172
무겁약무퇴전무희족정진無怯弱無退轉無喜足精進 / 322
무겁약정진無怯弱精進 / 403
무고연상無顧戀相 / 337, 429
무동정진無動精進 / 403
무량설법무량법구문자후후혜변다라니자재우치無量說法無量法句文字後後慧辯陀羅尼自在愚痴 / 184
무량정설법무량명구미난답교언자재다라니무명無量正說法無量名句味難答巧言自在陀羅尼無明 / 118
무분별상無分別相 / 342, 431
무비가행無悲加行 / 364, 365
무상관無相觀 / 110, 141, 183
무상등지無相等持 / 90
무상등지無想等至 / 91
무상사유無相思惟 / 109, 112, 144
무상작의無相作意 / 108, 112, 143
무상주無相住 / 113
무상無相해탈문 / 413
무상행無相行 / 414
무생법인無生法忍 / 319
무생원인無生願忍 / 77
무생인無生忍 / 199
무수無數 / 521
무심위無心位 / 92
무애無礙 / 150
무애해주無礙解住 / 71

무여수無餘修 / 365
무염공양無染供養 / 203, 207
무염착상無染著相 / 429
무외의 보시(無畏施) / 310~312
무원등지無願等持 / 90
무원無願해탈문 / 413
무원행無願行 / 415
무유생사無有生死 / 124, 125, 165
무자성성無自性性 / 465~468
무죄과상無罪過相 / 340
무죄상無罪相 / 430
무집착상無染著相 / 336
무퇴전정진無退轉精進 / 403
무희족정진無喜足精進 / 403
문지다라니聞持陀羅尼 / 86, 87
문훈습聞熏習 / 156
미세번뇌현행장微細煩惱現行障 / 176
미세범과무명微細犯過無明 / 85
미세상행기무명微細相行起無明 / 112
미세상현행우치微細相現行愚痴 / 180
미세수면微細隨眠 / 485, 486, 504
미세오범우치微細誤犯愚痴 / 172
밀의密意 / 538, 543

바라밀波羅蜜 / 241
바라밀다波羅蜜多(Ⓢ pāramitā) / 52, 239, 241, 242, 333, 471, 473
바라밀다의 간간의 잡염법(波羅蜜多間雜染法) / 363
바라밀다의 등류과等流果 / 361, 440
바라밀다의 사부용과士夫用果 / 361, 447

바라밀다의 이계과離繫果 / 361, 445
바라밀다의 이숙과異熟果 / 362, 448
바라밀다의 증상과增上果 / 361, 446
바라밀다의 청정(波羅蜜多淸淨) / 373, 374, 379
반달(半月) / 519
반시半時 / 517
반야般若 / 278
발광지發光地 / 86, 133, 134
발광지發光地의 장애 / 174
발제拔濟의 방편선교 / 309
방광분方廣分 / 264
방편方便 / 309
방편도方便度 / 288, 289
방편생사方便生死 / 81, 82, 85, 106, 165
방편무애혜方便無礙慧 / 117
방편선교方便善巧 / 288
방편선교바라밀다方便善巧波羅蜜多 / 290
방편선교수方便善巧修 / 273
방편소섭수습도품무명方便所攝修習道品無明 / 106
방편方便·원願·력力·지智 / 287
번뇌장품煩惱障品 / 497
범부성무명凡夫性無明 / 168
법계무섭法界無攝 / 103
법계무염정法界無染淨 / 109
법계무증감法界無增減 / 115
법계상속불이法界相續不異 / 107
법계승류法界勝流 / 100
법계종종법무차별法界種種法無差別 / 112
법계편만法界遍滿 / 82
법다라니法陀羅尼 / 87, 96
법무애法無礙 / 116
법무애해法無礙解 / 184
법사승해인法思勝解忍 / 318
법수법행法隨法行 / 420, 425, 426
법아분별무명法我分別無明 / 81
법애法愛 / 101
법애무명法愛無明 / 102
법애우치法愛愚痴 / 175
법운지法雲地 / 120, 152, 155, 159
법운지法雲地의 장애 / 186
법위력法威力 / 218
법의 보시(法施) / 310~312
법현지法現地 / 142
변견보안보살遍見普安菩薩 / 58
변무애해辨無礙解 / 185
변역과보變易果報 / 165
변역생사變易生死 / 82, 165
변재무애혜辨才無礙慧 / 117
변재자재우치辨才自在愚痴 / 184
변화變化 / 216
별보別報 / 222
별해탈계別解脫戒 / 314
보광공덕산왕불普光功德山王佛 / 58
보리분법菩提分法 / 64, 101
보미步彌(S bhūmi) / 50
보살바라밀다장菩薩波羅蜜多藏 / 264
보살십지菩薩十地 / 55
보살장바라밀다菩薩藏波羅蜜多 / 264
보시布施의 세 가지 품 / 310
보행報行 / 147
복덕福德 / 255, 258~261
복덕자량福德資粮 / 254, 255
복덕福德·지혜智慧 / 256
부동지不動地 / 113, 146~148
부동지不動地의 장애 / 182
분단생分段生과 변역생變易生 / 222
분별기分別起 / 169, 482

분별시분分別時分 / 520
불佛 / 161, 162
불공위력不共威力 / 218
불상가행不常加行 / 364, 365
불여리가행不如理加行 / 364~366
불은중가행不慇重加行 / 364, 366
불지佛地 / 123, 160~162
불하정진不下精進 / 403
불현전공양不現前供養 / 203
비悲 / 195, 197, 199
비마힐毗摩詰 / 58
비청정비淸淨 / 193, 195
뼈에 있는 추중(在骨麤重) / 506

사도四度 / 285, 286
사무색등지四無色等至 / 91
사무애詞無礙 / 116
사무애해詞無礙解 / 185
사무외四無畏 / 316
사정려四靜慮 / 89
사종주四種住 / 61, 68, 69
사종청정四種淸靜 / 68
사택력思擇力 / 309
사행장邪行障 / 173
삼마발저三摩鉢底(Ⓢ samāpatti) / 87
삼마발제애무명三摩跋提愛無明 / 102
삼마지三摩地(Ⓢ samādhi) / 87, 94
삼마지를 갖춘 지(三摩地俱) / 89, 92
삼마희다三摩呬多(Ⓢ samāhita) / 88
삼마희다지三摩呬多地 / 89
삼약삼불타三藐三佛陀 / 225

삼무등三無等 / 239
삼승三乘 / 542
삼추중三麤重 / 492
삼취三聚 / 150
삼학三學 / 246, 251, 281
상다현행우치相多現行愚癡 / 179
상상수기무명相想數起無明 / 109
상섭相攝 / 246, 247, 249, 252, 253, 258
생生 / 78~80
생사열반일향배취사유무명生死涅槃一向背
   取思惟無明 / 106
생청정生淸淨 / 193, 212
석사무애혜釋詞無礙慧 / 117
선禪 / 280
선교설다라니善巧說陀羅尼 / 118
선사善士 / 294
선상지善相地 / 151
선우善友 / 269, 270
선지식善知識 / 268, 270
선혜善慧 / 149, 151
선혜지善慧地 / 115, 149
선혜지善慧地의 장애 / 184
설리라공양設利羅供養 / 202, 204
섭보과攝報果 / 222
섭사攝事 / 289
섭선법계攝善法戒 / 314, 387
섭선법정진攝善法精進 / 321
성계性戒 / 85, 131
성과법신聖果法身 / 154
성론聲論 / 520
성만위成滿位 / 499
성명聲明 / 420
성명처聲明處 / 419
성성聖性 / 169

성소작사수成所作事修 / 273
성소작사정려成所作事靜慮 / 327
성위력聖威力 / 218
성취유정청정成就有情淸淨 / 193, 210
성행聖行·천행天行·범행梵行 / 225
세력수생勢力受生 / 227
세상현행장細相現行障 / 181
소지장품所知障品 / 497
소총법少總法 / 424
손감損減 / 540, 541
수修 / 273
수념隨念 / 208
수류생隨類生 / 213, 234
수면隨眠 / 478, 479, 489, 493
수면隨眠·추중麤重 / 489
수법隨法 / 425
수법행隨法行 / 62, 425
수습력修習力 / 309
수신해隨信解 / 62
수심계隨心戒 / 249
수심행유隨心行有 / 213
수지계隨智戒 / 249
수용상섭隨用相攝 / 249, 250
수유須臾 / 517
수현상섭隨顯相攝 / 249, 251
숙식宿食 / 78
순식瞬息 / 516
스물두 종류 우치(二十二種愚痴) / 166
습기習氣 / 490
승공양勝供養 / 203
승생勝生 / 213
승유勝有 / 213
승의제勝義諦 / 422
승정지勝定地 / 88

승해勝解 / 296
승해수勝解修 / 273
승해인勝解忍 / 72, 76, 77
승해행주勝解行住 / 71
승해행지勝解行地 / 77, 472
승행勝行 / 77
승혜지勝慧地 / 139
시時 / 521
시施 / 242~245, 279, 310, 331
시施·계戒·수修 / 176
시도施度와 상위하는 사事 / 351
시施의 일곱 가지 상 / 380
식분예食糞穢 / 464
신信 / 63, 66
신견身見 / 177
신요信樂 / 194
신통위력神通威力 / 218
신행지信行地 / 77
심원지深遠地 / 145
심일경성心一境性 / 93
심청정心淸淨 / 193, 194
심추중心麤重 / 493
심학心學 / 251
십도十度 / 235
십도十度의 상相 / 347
십력종성十力種姓 / 325
십물什物 / 271
십법행十法行 / 75, 265~267
십변처등지十遍處等至 / 91
십분十分 / 82
십정행十正行 / 75

아귀餓鬼 / 462, 463
아노야阿奴耶(S anuśaya) / 479
아라가阿羅呵 / 225
아세야阿世耶(S aśaya) / 61
아승기수阿僧祇數 / 523, 524
아승기야阿僧企耶(S asaṃkhya) / 521, 524
악도업무명惡道業無明 / 81
악취잡염우치惡趣雜染愚癡 / 167
안수고인安受苦忍 / 317~319
안주정려安住靜慮 / 326
어공語工 / 419
어무상관작공용무명於無相觀作功用無明 / 114
어무상작공용우치於無相作功用愚癡 / 182
어상자재우치於相自在愚癡 / 182
어상행자재무명於相行自在無明 / 114
어일체소지경계극미세착우치於一切所知境界極微細著愚癡 / 187
어일체응지경미세애무명於一切應知境微細礙無明 / 124
어일체응지경미세착무명於一切應智境微細著無明 / 124
업력생業力生 / 229
업자재의지業自在依止 / 122
여덟 종류 수승(八種殊勝) / 192
여래주如來住 / 71, 497
여래지如來地의 장애 / 187
여리작의如理作意 / 295
여실사유如實思惟 / 295
역力 / 288, 295, 309
역도力度 / 294, 295
역바라밀다力波羅蜜多 / 298

연年(S varṣa) / 519
연기관緣起觀 / 110
연기상응증상혜주緣起相應增上慧住 / 71
연생관緣生觀 / 109
열한 종류 분(十一種分) / 70
열한 종류 추중(十一麤重) / 166
염오가 없는 상 / 435
염지炎地 / 136
염지燄地 / 136
염혜燄慧 / 135
염혜지燄慧地 / 100, 135, 137
염혜지焰慧地의 장애 / 175
오명五明 / 329, 419
오명처五明處 / 418
오입미세비밀우치悟入微細祕密愚癡 / 186
오현견五現見 / 95
요樂 / 63
요설무애樂說無礙 / 116
요신樂信 / 62
요익유정계饒益有情戒 / 314
요익유정정진饒益有情精進 / 321
욕欲 / 66
욕애무명欲愛無明 / 99
욕탐우欲貪愚 / 174
욕탐우치欲貪愚癡 / 174
용마지龍馬地 / 52
우왕지牛王地 / 52
운전運轉 / 408
운전삼마지정려運轉三摩地靜慮 / 406
원願 / 288, 309
원거遠去 / 145
원달지遠達地 / 144
원도願度 / 290, 291, 293
원력생原力生 / 229

원력수생願力受生 / 228
원만문지다라니우치圓滿聞持陀羅尼愚痴 / 174
원만법신圓滿法身 / 121
원만정圓滿定 / 408
원만최승圓滿最勝 / 437
원바라밀다願波羅蜜多 / 293
원바라밀다遠波羅蜜多 / 476
원인願忍 / 77
원행지遠行地 / 110, 143~145
원행지遠行地의 장애 / 180
위덕청정威德淸淨 / 193, 218
위력威力 / 218
유가행유공용무상주有加行有功用無相住 / 71
유광지有光地 / 134
유상관有相觀 / 183
유심위有心位 / 92
유유생사有有生死 / 82, 115, 118, 165
유자성성有自性性 / 466, 467
육도六度 / 246, 251, 262, 279, 301, 345
육도六度의 모든 과果 / 358
육도六度의 수數 / 274, 284
육도六度의 청정淸淨 / 371
육도六度의 품류 / 308
육도인과六度因果 / 439
육도피안六到彼岸 / 238
육신통혜무명六神通慧無明 / 121
육추중肉麤重 / 493
율의계律儀戒 / 269, 314, 387
은중수殷重修 / 365
의다라니義陀羅尼 / 96, 97
의명醫明 / 420
의무애義無礙 / 116

의무애해義無礙解 / 184
의무애혜義無礙慧 / 117
의방명처醫方明處 / 419
의사무애변결의생해무명依四無礙辨決疑生解無明 / 118
의요意樂 / 62, 194, 296
의요청정意樂淸淨 / 64
의지계依持戒 / 315
의지방편수依止方便修 / 273
의지의요수依止意樂修 / 273
의지임지수依止任持修 / 273
의지자재수依止自在修 / 273
의지작의수依止作意修 / 273
이구지離垢地 / 83, 130
이구지離垢地의 장애 / 172
이달離達 / 131
이락타원利樂他願 / 309
이생離生 / 79, 80
이생성장異生性障 / 167, 168
이십억二十億 / 398
이언자성離言自性 / 469, 470
이열수면羸劣隨眠 / 484, 504
이염장爾炎障 / 486
이유정계利有情戒 / 387
이장利障·둔장鈍障 / 168
이혹利惑·둔혹鈍惑 / 168
인忍 / 242, 243, 280, 331
인도忍度와 상위하는 사事 / 354
인명因明 / 420
인명처因明處 / 419
인발정려引發靜慮 / 327
인연생사因緣生死 / 82, 106, 109, 112, 165
인忍의 세 가지 품 / 317

인忍의 일곱 가지 상 / 388
일곱 가지 진여七眞如 / 422
일승一乘 / 538, 539, 542, 543, 546, 548
일체경계미세장一切境界微細障 / 486
일체지一切智 / 225
일체지지一切智智 / 421
일체편만一切遍滿 / 82
일향무상사유방편무명一向無相思惟方便無明 / 112
일향무상작의방편우치一向無相作意方便愚痴 / 180
일향작의기배생사우치一向作意棄背生死愚痴 / 178
일향작의취향열반우치一向作意趣向涅槃愚痴 / 178
입미세비밀불법무명入微細秘密佛法無明 / 122

자내소증自內所證 / 468
자량資糧 / 256, 257
자량도資糧道 / 260
자성법신自性法身 / 154
자성상섭自性相攝 / 249
자작공양自作供養 / 203, 205
자재유自在有 / 213
작의수作意修 / 273
작의정행作意正行 / 266, 267
장시수長時修 / 365
장시수長時修 · 무간수無間修 · 은중수殷重修 · 무여수無餘修 / 272
재경공양財敬供養 / 203, 207

재물의 보시財施 / 310~312
재부추중在膚麤重 / 503
재심추중在心麤重 / 499
재육추중在肉麤重 / 499
재피추중在皮麤重 / 499, 503
전전소증展轉所證 / 468
정定[S] samādhi) / 89, 243
정도定度와 상위하는 사事 / 356
정려靜慮 / 89, 244, 278, 295, 299, 332
정려바라밀다靜慮波羅蜜多 / 298
정려靜慮의 세 가지 품 / 323
정려靜慮의 일곱 가지 상 / 405
정력생定力生 / 229
정설원만법신正說圓滿法身 / 121
정성正性 / 78
정성리생正性離生 / 78, 79
정수正受 / 87
정애定愛 / 101, 175
정정현전正定現前 / 87
정진精進 / 243, 278, 280, 290, 291, 293, 332
정진도精進度와 상위하는 사事 / 355
정진精進의 세 가지 품 / 320
정진精進의 일곱 가지 상 / 397
정취定聚 / 79
정행공양正行供養 / 203, 209
정회향正迴向 / 432
정회향상正迴向相 / 344
제다공양制多供養 / 202, 204
제재생除災生 / 222, 228, 234
제제상응증상혜주諸諦相應增上慧住 / 71
제찰법인諦察法忍 / 65, 317, 319
조도助道 / 260
조반상섭助伴相攝 / 249, 251

존중수尊重修 / 365
종성주種性住 / 71
종종상업행무명種種相業行無明 / 85
종종업취우치種種業趣愚痴 / 172
주住 / 70, 71
주다라니呪陀羅尼 / 96, 97
주야晝夜(S ahorātra) / 518
증상增上 / 248
증상계增上戒 / 247
증상계주增上戒住 / 61, 71, 85
증상계청정增上戒淸淨 / 61, 67
증상계학增上戒學 / 246, 251, 255
증상생增上生 / 213
증상생도增上生道 / 282, 284
증상심增上心 / 248
증상심분增上心分 / 99
증상심주增上心住 / 61, 68, 71
증상심청정增上心淸淨 / 61, 68
증상심학增上心學 / 246, 251
증상의요增上意樂 / 62, 65, 66, 193
증상의요청정增上意樂淸淨 / 61, 193
증상혜增上慧 / 248
증상혜주增上慧住 / 61
증상혜청정增上慧淸淨 / 61, 68
증상혜학增上慧學 / 246, 251, 255
증요지增曜地 / 137
증익增益 / 540
증익손감增益損減 / 410
증제행법생기상속무명證諸行法生起相續無明 / 109
지地 / 50~52, 70, 161, 162, 260
지智 / 288
지공도智空道 / 415
지도智度 / 298, 299

지명地名 / 127
지무상도智無相道 / 415
지무원도智無願道 / 415
지바라밀다智波羅蜜多 / 300, 301
지바라밀다의 요의了義의 교教 / 549
지자재의지智自在依止 / 118
지제支提 / 202
지혜智慧 / 255, 258~261
지혜자량智慧資糧 / 254, 255
직심直心 / 194
진進 / 243
진보지珍寶地 / 52
집착보특가라급법우치執著補特迦羅及法愚痴 / 167

찰나刹那(S kṣaṇa) / 512
찰나의 양(刹那量) / 513, 514
청정의요淸淨意樂 / 193
청정의행淸淨意行 / 62
초지初地의 우치 / 167
총보總報 / 222
총지總持 / 96
총지자재總持自在 / 184
최상성만보살주最上成滿菩薩住 / 71, 497
최후생最後生 / 213
추상현행장麤相現行障 / 180
추중麤重 / 171, 490, 491, 493
추중보麤重報 / 81, 85, 99, 102, 106, 109, 112, 115, 118, 124, 164, 171

통력생通力生 / 229

팔승처등지八勝處等至 / 91
팔해탈八解脫 / 90
폐귀弊鬼 / 462
피갑정진被甲精進 / 320, 322, 402, 403
피皮 · 부膚 · 골骨 / 492
피皮 · 부膚 · 실實 / 492, 495
피皮 · 육肉 · 심心 / 494, 495
피추중皮麤重 / 492, 493

한 달(一月, ⓢ māsa) / 519
해반害伴 / 483
해반수면害伴隨眠 / 481, 504
해심밀법문解深密法門 / 549
해탈解脫 / 89
해행지解行地 / 65, 77
현견등지現見等至 / 90

현기가행수現起加行修 / 273
현료법신顯了法身 / 154
현법락주現法樂住 / 269
현전공양現前供養 / 202, 204
현전관찰제행유-전우-치現前觀察諸行流轉愚痴 / 179
현전지現前地 / 107, 141
현전지現前地의 장애 / 179
혜慧 / 243, 244, 280
혜광지慧光地 / 150
혜도慧度와 상위하는 사사 / 357
혜바라밀다慧波羅蜜多 / 301
혜慧의 세 가지 품 / 328
혜慧의 일곱 가지 상 / 409
혜학慧學 / 251
혹장惑障 · 지장智障 / 136
화경和敬 / 270
환갑정진擐甲精進 / 320, 321
회향迴向 / 344
회향迴向의 방편선교 / 309
후유後有 / 213
희망悕望 / 194

120전전轉 / 524

한글본 한국불교전서

신·라·출·간·본

신라 1 인왕경소
원측 | 백진순 옮김 | 신국판 | 800쪽 | 35,000원

신라 2 범망경술기
승장 | 한명숙 옮김 | 신국판 | 620쪽 | 28,000원

신라 3 대승기신론내의약탐기
태현 | 박인석 옮김 | 신국판 | 248쪽 | 15,000원

신라 4 해심밀경소 제1 서품
원측 | 백진순 옮김 | 신국판 | 448쪽 | 24,000원

신라 5 해심밀경소 제2 승의제상품
원측 | 백진순 옮김 | 신국판 | 508쪽 | 26,000원

신라 6 해심밀경소 제3 심의식상품 제4 일체법상품
원측 | 백진순 옮김 | 신국판 | 332쪽 | 20,000원

신라 7 해심밀경소 제5 무자성상품
원측 | 백진순 옮김 | 신국판 | 536쪽 | 27,000원

신라 8 해심밀경소 제6 분별유가품 상
원측 | 백진순 옮김 | 신국판 | 480쪽 | 25,000원

신라 9 해심밀경소 제6 분별유가품 하
원측 | 백진순 옮김 | 신국판 | 340쪽 | 20,000원

신라 12 무량수경연의술문찬
경흥 | 한명숙 옮김 | 신국판 | 800쪽 | 35,000원

신라 13 범망경보살계본사기 상권
원효 | 한명숙 옮김 | 신국판 | 272쪽 | 17,000원

신라 14 화엄일승성불묘의
견등 | 김천학 옮김 | 신국판 | 264쪽 | 15,000원

신라 15 범망경고적기
태현 | 한명숙 옮김 | 신국판 | 612쪽 | 28,000원

신라 16 금강삼매경론
원효 | 김호귀 옮김 | 신국판 | 666쪽 | 32,000원

신라 17 대승기신론소기회본
원효 | 은정희 옮김 | 신국판 | 536쪽 | 27,000원

신라 18 미륵상생경종요 외
원효 | 성재헌 외 옮김 | 신국판 | 420쪽 | 22,000원

신라 19 대혜도경종요 외
원효 | 성재헌 외 옮김 | 신국판 | 256쪽 | 15,000원

신라 20 열반종요
원효 | 이평래 옮김 | 신국판 | 272쪽 | 16,000원

신라 21 이장의
원효 | 안성두 옮김 | 신국판 | 256쪽 | 15,000원

신라 22 본업경소 하권 외
원효 | 최원섭·이정희 옮김 | 신국판 | 368쪽 | 22,000원

신라 23 중변분별론소 제3권 외
원효 | 박인성 외 옮김 | 신국판 | 288쪽 | 17,000원

신라 24 지범요기조람집
원효·진원 | 한명숙 옮김 | 신국판 | 310쪽 | 19,000원

신라 25 집일 금광명경소
원효 | 한명숙 옮김 | 신국판 | 636쪽 | 31,000원

신라 26 복원본 무량수경술의기
의적 | 한명숙 옮김 | 신국판 | 500쪽 | 25,000원

신라 27 보살계본소
의적 | 한명숙 옮김 | 신국판 | 534쪽 | 27,000원

고·려·출·간·본

고려 1 일승법계도원통기
균여 | 최연식 옮김 | 신국판 | 216쪽 | 12,000원

고려 2 원감국사집
충지 | 이상현 옮김 | 신국판 | 480쪽 | 25,000원

| 고려 3 | 자비도량참법집해
조구 | 성재헌 옮김 | 신국판 | 696쪽 | 30,000원

| 고려 4 | 천태사교의
제관 | 최기표 옮김 | 4X6판 | 168쪽 | 10,000원

| 고려 5 | 대각국사집
의천 | 이상현 옮김 | 신국판 | 752쪽 | 32,000원

| 고려 6 | 법계도기총수록
저자 미상 | 해주 옮김 | 신국판 | 628쪽 | 30,000원

| 고려 7 | 보제존자삼종가
고봉 법장 | 하혜정 옮김 | 4X6판 | 216쪽 | 12,000원

| 고려 8 | 석가여래행적송·천태말학운묵화상경책
운묵 무기 | 김성옥·박인석 옮김 | 신국판 | 424쪽 | 24,000원

| 고려 9 | 법화영험전
요원 | 오지연 옮김 | 신국판 | 264쪽 | 17,000원

| 고려 10 | 남명천화상송증도가사실
□련 | 성재헌 옮김 | 신국판 | 418쪽 | 23,000원

| 고려 11 | 백운화상어록
백운 경한 | 조영미 옮김 | 신국판 | 348쪽 | 21,000원

| 고려 12 | 선문염송 염송설화 회본 1
혜심·각운 | 김영욱 옮김 | 신국판 | 724쪽 | 33,000원

| 고려 13 | 선문염송 염송설화 회본 2
혜심·각운 | 김영욱 옮김 | 신국판 | 670쪽 | 32,000원

조·선·출·간·본

| 조선 1 | 작법귀감
백파 긍선 | 김두재 옮김 | 신국판 | 336쪽 | 18,000원

| 조선 2 | 정토보서
백암 성총 | 김종진 옮김 | 4X6판 | 224쪽 | 12,000원

| 조선 3 | 백암정토찬
백암 성총 | 김종진 옮김 | 4X6판 | 156쪽 | 9,000원

| 조선 4 | 일본표해록
풍계 현정 | 김상현 옮김 | 4X6판 | 180쪽 | 10,000원

| 조선 5 | 기암집
기암 법견 | 이상현 옮김 | 신국판 | 320쪽 | 18,000원

| 조선 6 | 운봉선사심성론
운봉 대지 | 이종수 옮김 | 4X6판 | 200쪽 | 12,000원

| 조선 7 | 추파집·추파수간
추파 홍유 | 하혜정 옮김 | 신국판 | 340쪽 | 20,000원

| 조선 8 | 침광집
침광 현변 | 이상현 옮김 | 신국판 | 300쪽 | 17,000원

| 조선 9 | 염불보권문
명연 | 정우영·김종진 옮김 | 신국판 | 224쪽 | 13,000원

| 조선 10 | 천지명양수륙재의범음산보집
해동사문 지환 | 김두재 옮김 | 신국판 | 636쪽 | 28,000원

| 조선 11 | 삼봉집
화악 지탁 | 김재희 옮김 | 신국판 | 260쪽 | 15,000원

| 조선 12 | 선문수경
백파 긍선 | 신규탁 옮김 | 신국판 | 180쪽 | 12,000원

| 조선 13 | 선문사변만어
초의 의순 | 김영욱 옮김 | 4X6판 | 192쪽 | 11,000원

| 조선 14 | 부휴당대사집
부휴 선수 | 이상현 옮김 | 신국판 | 376쪽 | 22,000원

| 조선 15 | 무경집
무경 자수 | 김재희 옮김 | 신국판 | 516쪽 | 26,000원

| 조선 16 | 무경실중어록
무경 자수 | 성재헌 옮김 | 신국판 | 340쪽 | 20,000원

| 조선 17 | 불조진심선격초
무경 자수 | 성재헌 옮김 | 신국판 | 168쪽 | 11,000원

| 조선 18 | 선학입문
김대현 | 성재헌 옮김 | 신국판 | 240쪽 | 14,000원

| 조선 19 | 사명당대사집
사명 유정 | 이상현 옮김 | 신국판 | 508쪽 | 26,000원

| 조선20 | 송운대사분충서난록
신유한 엮음 | 이상현 옮김 | 신국판 | 324쪽 | 20,000원

| 조선21 | 의룡집
의룡 체훈 | 김석군 옮김 | 신국판 | 296쪽 | 17,000원

| 조선22 | 응운공여대사유망록
응운 공여 | 이대형 옮김 | 신국판 | 350쪽 | 20,000원

| 조선23 | 사경지험기
백암 성총 | 성재헌 옮김 | 신국판 | 248쪽 | 15,000원

| 조선24 | 무용당유고
무용 수연 | 이상현 옮김 | 신국판 | 292쪽 | 17,000원

| 조선25 | 설담집
설담 자우 | 윤찬호 옮김 | 신국판 | 200쪽 | 13,000원

| 조선26 | 동사열전
범해 각안 | 김두재 옮김 | 신국판 | 652쪽 | 30,000원

| 조선27 | 청허당집
청허 휴정 | 이상현 옮김 | 신국판 | 964쪽 | 47,000원

| 조선28 | 대각등계집
백곡 처능 | 임재완 옮김 | 신국판 | 408쪽 | 23,000원

| 조선29 | 반야바라밀다심경략소연주기회편
석실 명안 엮음 | 강찬국 옮김 | 신국판 | 296쪽 | 17,000원

| 조선30 | 허정집
허정 법종 | 성재헌 옮김 | 신국판 | 488쪽 | 25,000원

| 조선31 | 호은집
호은 유기 | 김종진 옮김 | 신국판 | 264쪽 | 16,000원

| 조선32 | 월성집
월성 비은 | 이대형 옮김 | 4X6판 | 172쪽 | 11,000원

| 조선33 | 아암유집
아암 혜장 | 김두재 옮김 | 신국판 | 208쪽 | 13,000원

| 조선34 | 경허집
경허 성우 | 이상하 옮김 | 신국판 | 572쪽 | 28,000원

| 조선35 | 송계대선사문집 · 상월대사시집
송계 나식 · 상월 새봉 | 김종진 · 박재금 옮김 | 신국판 | 440쪽 | 24,000원

| 조선36 | 선문오종강요 · 환성시집
환성 지안 | 성재헌 옮김 | 신국판 | 296쪽 | 17,000원

| 조선37 | 역산집
영허 선영 | 공근식 옮김 | 신국판 | 368쪽 | 22,000원

| 조선38 | 함허당득통화상어록
득통 기화 | 박해당 옮김 | 신국판 | 300쪽 | 18,000원

| 조선39 | 가산고
월하 계오 | 성재헌 옮김 | 신국판 | 446쪽 | 24,000원

| 조선40 | 선원제전집도서과평
설암 추붕 | 이정희 옮김 | 신국판 | 338쪽 | 20,000원

| 조선41 | 함홍당집
함홍 치능 | 성재헌 옮김 | 신국판 | 348쪽 | 21,000원

| 조선42 | 백암집
백암 성총 | 유호선 옮김 | 신국판 | 544쪽 | 27,000원

| 조선43 | 동계집
동계 경일 | 김승호 옮김 | 신국판 | 380쪽 | 22,000원

| 조선44 | 용암당유고 · 괄허집
용암 체조 · 괄허 취여 | 김종진 옮김 | 신국판 | 404쪽 | 23,000원

| 조선45 | 운곡집 · 허백집
운곡 충휘 · 허백 명조 | 김재희 · 김두재 옮김 | 신국판 | 514쪽 | 26,000원

| 조선46 | 용담집 · 극암집
용담 조관 · 극암 사성 | 성재헌 · 이대형 옮김 | 신국판 | 520쪽 | 26,000원

| 조선47 | 경암집
경암 응윤 | 김재희 옮김 | 신국판 | 300쪽 | 18,000원

| 조선48 | 석문상의초 외
벽암 각성 외 | 김두재 옮김 | 신국판 | 338쪽 | 20,000원

| 조선49 | 월파집 · 해붕집
월파 태율 · 해붕 전령 | 이상현 · 김두재 옮김 | 신국판 | 562쪽 | 28,000원

| 조선50 | 몽암대사문집
몽암 기영 | 이상현 옮김 | 신국판 | 348쪽 | 21,000원

| 조선51 | 징월대사시집
징월 정훈 | 김재희 옮김 | 신국판 | 272쪽 | 16,000원

조선 52 통록촬요
엮은이 미상 | 성재헌 옮김 | 신국판 | 508쪽 | 26,000원

조선 53 충허대사유집
충허 지책 | 성재헌 옮김 | 신국판 | 296쪽 | 18,000원

조선 54 백열록
금명 보정 | 김종진 옮김 | 신국판 | 364쪽 | 22,000원

조선 55 조계고승전
금명 보정 | 김용태·김호귀 옮김 | 신국판 | 384쪽 | 22,000원

조선 56 범해선사시집
범해 각안 | 김재희 옮김 | 신국판 | 402쪽 | 23,000원

조선 57 범해선사문집
범해 각안 | 김재희 옮김 | 신국판 | 208쪽 | 13,000원

조선 58 연담대사임하록
연담 유일 | 하혜정 옮김 | 신국판 | 772쪽 | 34,000원

조선 59 풍계집
풍계 명찰 | 김두재 옮김 | 신국판 | 438쪽 | 24,000원

조선 60 혼원집·초엄유고
혼원 세환·초엄 복초 | 윤찬호 옮김 | 신국판 | 332쪽 | 20,000원

조선 61 청주집
환공 치조 | 성재헌 옮김 | 신국판 | 416쪽 | 23,000원

조선 62 대동영선
금명 보정 | 이상하 옮김 | 신국판 | 556쪽 | 28,000원

조선 63 현정론·유석질의론
득통 기화·지은이 미상 | 박해당 옮김 | 신국판 | 288쪽 | 17,000원

조선 64 월봉집
월봉 책헌 | 이종수 옮김 | 신국판 | 232쪽 | 14,000원

조선 65 정토감주
허주 덕진 | 김석군 옮김 | 신국판 | 382쪽 | 22,000원

조선 66 다송문고
금명 보정 | 이대형 옮김 | 신국판 | 874쪽 | 41,000원

조선 67 소요당집·취미대사시집
소요 태능·취미 수초 | 이상현 옮김 | 신국판 | 500쪽 | 25,000원

조선 68 선원소류·선문재정록
설두 유형·진하 축원 | 조영미 옮김 | 신국판 | 284쪽 | 17,000원

조선 69 치문경훈주 상권
백암 성총 | 선암 옮김 | 신국판 | 348쪽 | 21,000원

조선 70 치문경훈주 중권
백암 성총 | 선암 옮김 | 신국판 | 304쪽 | 19,000원

조선 71 치문경훈주 하권
백암 성총 | 선암 옮김 | 신국판 | 322쪽 | 20,000원

조선 72 월저당대사집
월저 도안 | 김두재 옮김 | 신국판 | 504쪽 | 26,000원

※ 한글본 한국불교전서는 계속 출간됩니다.

원측圓測
(613~696)

스님의 휘諱는 문아文雅이고 자字는 원측圓測이며, 신라 국왕의 자손이다. 3세에 출가해서 15세(627)에 입당하였다. 처음에는 경사京師의 법상法常과 승변僧辯 등에게 강론을 들으면서 중국 구舊유식의 주요 경론들을 배웠다. 정관 연간正觀年間(627~649)에 대종문황제大宗文皇帝가 도첩을 내려 승려로 삼았다. 장안의 원법사元法寺에 머물면서 『비담론毗曇論』, 『성실론成實論』, 『구사론俱舍論』, 『대비바사론大毘婆沙論』 등 고금의 장소章疏를 열람하였다. 현장玄奘이 귀국한 이후에는 『유가사지론瑜伽師地論』, 『성유식론成唯識論』 등을 통해 신新유식에도 두루 통달하였다. 서명사西明寺의 대덕이 된 이후부터 본격적 저술 활동에 들어가서 『성유식론소成唯識論疏』, 『해심밀경소解深密經疏』, 『인왕경소仁王經疏』 및 『관소연론觀所緣論』, 『반야심경般若心經』, 『무량의경無量義經』 등의 소疏를 찬술하였다. 지금은 『인왕경소』 3권과 『반야바라밀다심경찬般若波羅蜜多心經贊』 1권, 그리고 『해심밀경소』 10권만 전해진다. 말년에 역경에 종사하다 낙양洛陽의 불수기사佛授記寺에서 84세로 생을 마감하였다. 후대에 중국 법상종法相宗의 양대 산맥 중 하나인 서명파西明派를 탄생시킨 장본인으로 추앙받았다.

옮긴이 백진순

이화여자대학교 사회학과와 동 대학원 철학과 석사과정을 거쳐, 연세대학교 대학원 철학과에서 『성유식론成唯識論』의 가설假說(upacāra)에 대한 연구로 박사학위를 받았다. 현재는 동국대학교 불교학술원 조교수로 재직 중이다. 주로 중국 법상종의 유식 사상에 대한 논문들을 발표하였고, 역주서로 『인왕경소』, 『해심밀경소 제1 서품』, 『해심밀경소 제2 승의제상품』, 『해심밀경소 제3 심의식상품·제4 일체법상품』, 『해심밀경소 제5 무자성상품』, 『해심밀경소 제6 분별유가품 상』, 『해심밀경소 제6 분별유가품 하』 등이 있으며, 공저로 『인물로 보는 한국의 불교 사상』 등이 있다.

증의
강찬국(전 울산대학교 인문과학연구소 연구교수)
박인석(동국대학교 불교학술원 조교수)